河北杂粮

◎ 李明哲　郝洪波　崔海英　郭安强　主编

中国农业科学技术出版社

图书在版编目（CIP）数据

河北杂粮／李明哲等主编．—北京：中国农业科学技术出版社，2019.8

ISBN 978-7-5116-4326-1

Ⅰ.①河…　Ⅱ.①李…　Ⅲ.①杂粮-农业产业-产业发展-研究-河北　Ⅳ.①F326.11

中国版本图书馆 CIP 数据核字（2019）第 158890 号

责任编辑　褚　怡　崔改泵
责任校对　马广洋

出 版 者　中国农业科学技术出版社
北京市中关村南大街 12 号　邮编：100081
电　　话　(010) 82109194（编辑室）　(010) 82109702（发行部）
(010) 82109709（读者服务部）
传　　真　(010) 82106650
网　　址　http://www.castp.cn
经 销 者　各地新华书店
印 刷 者　北京建宏印刷有限公司
开　　本　787mm×1 092mm　1/16
印　　张　22.75
字　　数　540 千字
版　　次　2019 年 8 月第 1 版　2019 年 8 月第 1 次印刷
定　　价　90.00 元

《河北杂粮》
编委会

作者分工

前　言…………………郝洪波（河北省农林科学院旱作农业研究所）

第一章…………………郝洪波（河北省农林科学院旱作农业研究所）

第二章…………………郝洪波（河北省农林科学院旱作农业研究所）

第三章　主要杂粮的育种目标与途径

第一节…………………李明哲、郭安强（河北省农林科学院旱作农业研究所）

第二节…………………李明哲（河北省农林科学院旱作农业研究所）

第三节…………………李源（河北省农林科学院旱作农业研究所）

第四节…………………李源（河北省农林科学院旱作农业研究所）

第五节…………………李和平、李积铭（河北省农林科学院旱作农业研究所）

第四章　主要杂粮的高产栽培技术

第一节…………………李明哲（河北省农林科学院旱作农业研究所）
赵发辉（河北省农作物引育种中心）

第二节…………………郝洪波（河北省农林科学院旱作农业研究所）

第三节…………………李源（河北省农林科学院旱作农业研究所）

第四节…………………李源（河北省农林科学院旱作农业研究所）

第五节…………………李和平、李积铭（河北省农林科学院旱作农业研究所）

第五章　主要杂粮的高效种植模式

第一节…………………郝洪波（河北省农林科学院旱作农业研究所）

第二节…………………李明哲（河北省农林科学院旱作农业研究所）
赵发辉（河北省农作物引育种中心）

第三节…………………李明哲（河北省农林科学院旱作农业研究所）
王文霞（河北省农作物引育种中心）

第四节…………………李明哲（河北省农林科学院旱作农业研究所）
赵发辉（河北省农作物引育种中心）

第六章…………………崔海英（河北省农林科学院旱作农业研究所）

第七章…………………张萍（衡水市第二人民医院）

全书由以上作者执笔，其他作者参加了实验和示范的工作。

前　言

河北省是我国杂粮杂豆主要生产和贸易省份，目前生产的杂粮主要包括谷子、糜（黍）子、食用豆（绿豆、红小豆、豌豆、蚕豆、豇豆、莱豆等）、荞麦、燕麦、高粱等，这些小宗粮豆作物生育期较短，地域性较强，主要分布在河北省的干旱、半干旱地区和西北高寒山区。小杂粮是河北省区域性特色农作物，在当前河北省农业种植结构调整、供给侧改革、维持粮食安全、地下水压采、季节性休耕、丰富人民膳食等方面具有独特的、不可替代的作用。

河北省是全国最大的地下水漏斗区，其地下水超采量和超采面积均占全国的 1/3。深层地下水位降落漏斗区有 7 个，范围涉及 17 个县（市），影响面积最大的是衡水—德州漏斗区，达到 7 933.5km^2，主要包括衡水市、景县、吴桥、冀州、枣强等地，事实上，华北平原深层地下水降落漏斗已经连成一片，形成华北区域大漏斗。人类开采地下水是该区域地下水位下降的主导因子，而冬小麦为该区农业灌溉用水的主要消耗作物，是造成农业水分供需失衡的主要原因。从我国食物安全的角度来看，完全放弃冬小麦种植不太可行。在地下水严重超采区适度压缩小麦种植，能够在一定程度上缓解或恢复地下水漏斗带来的生态和地质负面影响，但同时造成大量土地春季闲置，也造成大量的光热资源的浪费。因此，在节水压采的大背景下，调整种植结构，压减小麦、玉米等高耗水作物，逐渐增加高粱、谷子、杂豆等杂粮节水作物在农业种植中的比重，适度开展季节性休耕，对于推动河北省农业供给侧结构性改革，保证粮食安全，加快构建现代农业产业体系、生产体系、经营体系，建成产能稳定、产业协调、产品安全、功能拓展、生态节水、优质高效的现代农业生产格局具有重要意义。而且随着经济水平提高，居民膳食结构发生了巨大变化，动物性食物的摄入量不断攀升，谷类食物及其他植物性食物摄入量显著下降。全国营养调查数据显示，1982—2012 年 30 年间，我国居民谷类食物的摄入量下降了 172.4g/d。谷类食物构成显示，2012 年我国居民粗杂粮类食物摄入量不足 20g/d，因此，《中国居民膳食指南 2016》在建议一般成年人每日摄入谷薯类食物 250~400g 的基础上，强调其中全谷物和杂豆类要达到 50~150g。但是 2010—2012 年，我国成年人杂粮摄入量为男性 13.9g/d，女性 14.6g/d，仅 13.1%的居民杂粮摄入量在推荐量 50~150g 的范围内。城市化程度越高地区的居民，谷类食物和谷薯类食物的摄入量越低。全谷物营养健康食品是当今世界公认有效防止心血管疾病、癌症，慢性呼吸道疾病和糖尿病等“富贵病”的健康食品。全谷物食品已经是全球粮食加工和食品工业的发展方向。因此，因地制宜发展小杂粮，推进杂粮产业发展，对于丰富粮食多样性，调整农业产业结构，保障国民健康，实现农业可持续发展具有重要意义。

河北省小杂粮种植分散，生产地区地形、气候环境各异，栽培技术不高，优良品种推广困难，杂粮生产潜力受到严重制约。因此，积极对杂粮作物开展综合研究，集成新品种新技术高效栽培技术，因地制宜调整产业布局，实现产、学、研相结合，对于提高河北省小杂粮的综合生产力，促进杂粮产业化进程，实现可持续发展都具有积极作用。多年来，河北省农林科学院旱作农业研究所一直坚持杂粮研究，尤其在抗旱育种、节水栽培技术研究、病虫害无公害防治等方面科研成果颇丰，为此，在河北省重点研发项目（项目编号：179276117H）的资助下，由河北省农林科学院旱作农业研究所牵头，组织相关专家共同撰写出版《河北杂粮》一书。书中介绍的部分研究成果是在国家谷子高粱产业体系、河北省杂粮杂豆产业体系的资助下取得的。

全书以研究与栽培为两条主线，突出主要杂粮的种质资源、育种及栽培技术和病虫害，全书始终贯穿河北省杂粮布局问题，旨在抛砖引玉，以期对河北省杂粮产业发展有所裨益。

由于水平有限，书中难免有不当和错误之处，敬请专家、同行及读者批评指正。

编　者

2018 年 6 月

目　　录

第一章　河北省杂粮生产概况

第一节　杂粮发展及在国民经济中的地位

一、杂粮概说

所谓杂粮，是相对于小麦、玉米、水稻等大宗粮食作物而言的，主要包括谷子、糜（黍）子、食用豆（绿豆、红小豆、豌豆、蚕豆、豇豆、菜豆等）、荞麦、燕麦、高粱等，这些生育期较短、地域性强、种植规模不大且分布零散的小宗粮豆作物，主要分布在我国东北、华北、西北和西南等干旱、半干旱地区和高寒山区。杂粮具有抗旱耐瘠、适应性强等特点，生态效益和经济效益并存，具有鲜明的地域特色，这对于合理利用农业资源、维持当今人们食物多样性具有重要作用。

河北省是我国杂粮杂豆主要生产和贸易省份，目前生产的杂粮主要包括谷子、糜（黍）、高粱、燕麦、食用豆（绿豆、红小豆）等，种类多、栽培分散、面积不大，但在当前河北省种植结构调整、供给侧改革、地下水压采、季节性休耕、丰富人民膳食等方面具有独特的、不可替代的作用。

近年来，随着社会经济水平提高，居民膳食结构发生了巨大变化，动物性食物的摄入量不断攀升，谷类食物及其他植物性食物摄入量显著下降。全国营养调查数据显示，1982—2012 年 30 年间，我国居民谷类食物的摄入量下降 172.4g/d。谷类食物构成显示，2012 年我国居民粗杂粮类食物摄入量不足 20g/d，因此，《中国居民膳食指南2016》在建议一般成年人每日摄入谷薯类食物 250~400g 的基础上，强调其中全谷物和杂豆类要达到 50~150g。但是有研究表明，我国居民的饮食结构不尽合理，杂粮摄入量相对较低。2010—2012 年，我国成年人杂粮摄入量为男性 13.9g/d，女性 14.6g/d，比膳食指南对全谷物及杂豆类的推荐量还有一定差距，仅 13.1%的居民杂粮摄入量在推荐量 50~150g 的范围内。城市化程度越高地区的居民，谷类食物和谷薯类食物的摄入量越低。与米面等细粮相比，杂粮富含膳食纤维，具有较低的血糖生成指数，可降低超重肥胖、糖尿病和心血管疾病的发生风险。

二、杂粮生产在河北省社会经济中的地位

（一）杂粮在我国农业发展史上占有相当重要的地位

在中国古代的五谷即稻、黍、稷、麦、菽（另一学说指麻、黍、稷、麦、菽）中有三种黍（糜）、稷（即粟、谷子）、菽（即豆）已演变为了现在的杂粮。但无论哪种

学说，杂粮代表了我国传统农业生产及其方式，为华夏文明的孕育、发展作出了基础性贡献。

磁山新石器遗址位于河北省武安市磁山村，从 1976 年考古工作者先后发现 476 个灰坑，其中 88 个窖穴内有堆积的粟、黍灰层，一般厚度为 0.2～2m，其中有 10 个窖穴的粮食堆积厚度达 2m 以上，数量之多、堆积之厚都是惊人的，在中国发掘的新石器时代文化遗存中极为罕见。吕厚远（2009 年）等人通过植硅体方法对河北磁山遗址植物遗存重新年代测定的结果：在距今 8 700～10 000年前，磁山遗址保存的早期农作物是黍，在距今 7 500～8 700年，开始出现少量粟的植硅体，因此磁山遗址被确认为是世界上粮食作物——粟的最早发源地。2012 年杨晓燕等人对河北省徐水县南庄头遗址（早于距今 11 000年）和北京市门头沟区东胡林遗址（距今 9 500～11 000年）出土石器和陶器的表面残留物，以及文化层沉积物中的古代淀粉遗存进行的提取和分析结果，在距今 11 000年以前，古代淀粉残留物中已经出现了具有驯化特征的粟类淀粉粒，说明当时人类已经开始了对粟（*Setaria italica*）和黍（*Panicum milliaceum*）这两种作物的野生祖本的驯化，该研究将人类对粟类植物（狗尾草属和黍属）的利用界定到了 10 000年以上。

黍和粟的野生祖先因其极强的抗逆性以及短生育期的特性，成为中华民族首选的栽培作物，种植粟、黍标志着中国北方原始农业的开端。自新石器时代晚期粟取代黍的地位后，在古代一直是北方地区的重要食粮。《诗经・国风》中“硕鼠硕鼠，无食我黍”的诗句反映出谷黍在当时作为主粮的事实。粟还是古代政府税收的来源之一、社会财富的重要象征。中国几千年以农立国、稷神崇拜和祭祀之风相延。对稷的崇拜经历了“稷官—后稷—稷神”的演变，古代稷神与社神祭祀往往并提，“社稷”成为国家的象征。

目前国际上公认粟、黍起源于我国，无论是从考古文物中，还是在古籍文献记载上，都能看到粟这种栽培作物贯穿在中华民族的历史长河中。粟作为五谷之首，不仅是华夏民族的传统主粮，而且谷子和谷草作为战略储备物，对历次战争的胜负起到了举足轻重的作用，使其成为国家稳定和社会发展的关键。

粟、黍都是小粒型谷物，属典型的 C_4 禾本科植物，生长期短、较耐贫瘠，粟和黍虽然在植物分类上不同“属”，但二者的传播、种植和分布则常常在一处，生理特性和栽培条件也很相似。粟黍被驯化以后，从华北地区很快扩展开来，向西传到新疆地区，向东北传到吉、辽地区，向西南传到西藏、云南地区，向东南传到东南沿海和台湾地区，并逐步传播到世界其他地区。

目前谷子在世界上分布范围很广，主要在亚洲东南部、非洲北部和小亚细亚等地，以中国、印度、巴基斯坦、埃及栽培较多。我国各地均有栽培，主要在北方的河北、山西、内蒙古、河南、山东及东北三省等地，其中河北、河南分布较多，而河北省谷子种植面积约为全国的 17.42%。

五谷中的“菽”即为豆类的总称。我国是一些豆类的起源地，如小豆、豇豆、饭豆、绿豆等，虽然这些观点目前尚未得到完全证明，但不可否认这些豆类与我国农业同时起源，并在我国农业漫长的发展史上占有重要地位。湖南长沙马王堆一号汉墓出土有小豆实物，为目前世界发现年代最早的古代小豆遗物，“小豆”一词最早见于《氾胜之书》，约在公元前一世纪后期，书中对小豆的播种、田间管理及收获等都有明确的记载。在喜马拉雅山脉曾采集到小豆野生种和半野生种，近年来在辽宁、云南、山东、湖北、陕西等地也发现了小豆野生种及半野生种。

高粱起源和进化问题多年来一直有两种说法，一说由非洲或印度传入，二说中国原产。但是许多研究者认为高粱原产于非洲，以后传入印度，元代以后高粱传入我国，明朝以后统一了高粱的名称。最早记载高粱的史籍为西晋张华的《博物志》，但是在我国发现了多起有关高粱的考古发现，在山西万荣县新石器时代遗址及在江苏新沂县新石器时代至西周年间均发现了高粱及叶片的碳化物，这些为高粱的外来学说提出了疑义。但是，无论哪种起源说，都说明了高粱在我国悠久的栽培历史。

我国是燕麦的原产地之一，内蒙古自治区（全书简称内蒙古）的武川县是世界燕麦发源地之一，被誉为中国的“燕麦故乡”。古书中早有记载。在《尔雅·释草》中名为“蘥”，《史记·司马相如传》中称“簛”，《唐本草》中谓之“雀麦”。《本草纲目》说：“燕麦多为野生，因燕雀所食，故名”。此外，《救荒本草》和《农政全书》等古籍中，都有记述。唐代刘梦得有“菟葵燕麦，动摇春风”之句，说明燕麦在我国栽培利用历史悠久，且各地皆有分布，特别是华北北部长城内外和青藏高原、内蒙古、东北一带牧区或半牧区栽培较多。华北的长城内外、山西朔州和陕南秦巴山区高寒地带，由于气候凉爽，自古就广泛种植燕麦。在《唐书·吐蕃传》中记载了青藏高原一带早已种植着一种稞燕麦（也称莜麦）。这些都说明了我国也是燕麦的起源中心之一。

（二）发展杂粮产业可以推进农业供给侧结构性改革，对于河北省粮食生产具有重要意义

中国是世界最大粮食生产和加工大国，连续 12 年取得粮食丰收，粮食年总产量已达 6.2 亿 t 左右，中国用只占世界 8.06%耕地，而生产了占全球 25%的粮食。河北省是粮食生产大省，对我国粮食安全做出了重要贡献。过去只抓大宗粮食生产且存在片面追求高产的现象，粮食结构中稻米占 37%、玉米占 27%、小麦占 20%，薯类和杂粮各占 8%，由于供需不一致，致使玉米等主要粮食出现高产量、高库存、高进口的“三高”现象，从而影响粮食安全。

国家在“十三五”乃至更长时期要进行粮食生产的供给侧结构性改革，中央提出优化农业结构和区域布局，要大力发展特色经济林、优质特色杂粮等特色产业。优质特色杂粮成为种植业推进农业供给侧结构性改革，实施“调结构、转方式、促升级”战略的重要替代作物，是改善我国居民膳食结构的重要口粮品种。

2015 年 12 月 30 日，河北省人民政府办公厅《关于加快转变农业发展方式的实施意见》提出了要优化粮食作物内部结构，以市场为导向，以提质增效为目的，因地制宜发展薯类和杂粮杂豆。山地、丘陵、黑龙港等严重缺水地区适当压缩小麦、玉米种植面积，扩大抗旱、耐盐碱的“张杂谷”等优质谷子和甘薯、高粱等杂粮作物种植面积，建设优质杂粮和经济作物产业带；坝上地区建设优质马铃薯和特色杂粮产业带。2017 年 12 月 3 日，河北省政府印发的《河北省农业供给侧结构性改革三年行动计划（2018—2020 年）》，明确要求制定特色优势农产品区域布局规划，杂粮也位列其中；

《河北省“十三五”脱贫攻坚规划》将杂粮产业作为特色种植业扶贫工程提出并在实践中进行了大力推进。总之，杂粮产业发展在河北农村经济发展和改善民生方面将会发挥越来越重要的作用。

（三）杂粮是河北省旱作可持续生态农业的重要组成部分，也是干旱形势发展的战略储备作物

杂粮普遍具有耐旱、耐瘠薄、适应性强的生物学特性，可以在旱地、山坡地和薄地种植。生育期短的杂粮在适宜地区可夏播，也是救灾填闲作物。所以即使在大宗粮食作物难以生长的旱瘠薄地，常常也能获得相对稳定的产量；杂豆与大宗作物间套种，是民间常用的耕作模式，能够提高土地利用率，同时可以借生物固氮作用实现农地用养结合。河北省是一个多山的省份，农业立地条件复杂多样，是中国唯一兼有高原、山地、丘陵、盆地、平原、草原和海滨的省份，其中山区面积11.7万km^2，占全省国土总面积的62%，由纵贯西部的太行山和横跨北部的燕山组成，环绕在京津及河北平原的西部和北部，是河北省“三农”问题最突出、最尖锐的区域之一，农业生产力条件相对落后，大宗作物生产力不高，但却是杂粮杂豆生产的重要主产区。研究实践证明，杂粮的种植特性对改善荒漠化地区的农业生态具有独特功效。河北省处于海河流域风蚀沙化重点地区和燕山、太行山水土流失重点防治区，按照全国沙漠化治理区划，属于中国北部沙漠化治理区，一半湿润地带沙漠化土地零星分布区和半干旱草原地带与荒漠草原地带沙漠化发展区，涉及平原、山地和高原3个地貌类型。目前全省沙漠化土地面积总计为272万hm^2，涉及114个县市区，占全省土地总面积的14.5%，主要以固定沙地、沙改田、闯田、流动沙地的形式存在，集中分布在坝上高原、坝下丘陵山地以及永定河下游等沙化区。根据地貌类型、地质、地形条件以及地理位置和沙漠化成因等因素，将河北省沙漠化土地划分为坝上高原、北部山地和平原3个沙化类型区。

为保障粮食安全，除了种植小麦、玉米等主粮之外，还要大力发展杂粮生产。因为杂粮具有耐旱耐瘠等特点，适应范围广，不仅能种植于生产条件差的冷凉地区、山地、丘陵旱地及新垦荒地薄地等，而且也能种植在田头地角、沟沿和田岸上，或套种果园、药园和林地中。另外，有些杂粮作物生育期短，管理粗放，收获容易，是应对自然灾害的最佳作物。所以，种植杂粮是提高我国土地利用率、增加粮食总产量和保障粮食安全的重要措施。杂粮中的很多种类具有抗旱、耐瘠薄的特点，在适度盐碱地区也可以生长良好，这是大宗作物如小麦、玉米所不具备的。谷子是河北省主要杂粮作物之一。谷子抗旱，这是人们从千百年来的生产实践中得出来的结论，现代研究证明，谷子根系发达，而且谷子的光合速率、气孔导度、蒸腾速率3个生理指标对干旱胁迫均反应敏感，这些都为谷子抗旱性提供了有力的科学依据。谷子每生产1g物质所消耗的水量仅为271g，比高粱、玉米、小麦需水少15.8%~47.1%，在一些干旱地区，谷子可实现缺水有产，足水丰产。这是其他作物所无法实现的。谷糠既能酿酒做醋，又是家禽的好饲料，且能提炼谷浆油、糠醛等。而且谷子是粮草兼备的作物，收获籽粒后，剩余秸秆可做谷草，据考证，古时候军队出征时“兵马未动粮草先行”中的“草”即为谷草。谷草营养价值高，含粗蛋白质3.16%、粗脂肪1.35%、无氮浸出物44.3%、钙0.32%、磷0.14%，高于其他禾本科牧草，接近豆科牧草，品质优良，适口性强，耐贮藏，是

大牲畜的优质饲料。

糜（黍）的种子萌发出苗需水量很小，能适应旱地播种，其叶片上气孔少而小，生产单位重量的干物质的需水量在禾谷类作物中是最低的，既能忍受土壤干旱又抗干热风；糜（黍）还具有很强的耐瘠性，在干旱贫瘠的土壤中能获得其他作物所达不到的产量，所以常用做开荒、改造盐碱地和治理沙漠的作物。同时，它对肥料也敏感，少量施肥则增产显著。另外，糜（黍）的生育期短，不仅是广适的秋作物，灾年还可作补救作物。糜（黍）耐瘠薄，在新开垦的荒地上或新开垦的牧草地上，种植其他作物，往往因土壤肥力低而不能正常生长，有时甚至颗粒无收，而糜（黍）耐瘠薄土壤，第一年一般种植糜（黍），可以收获较高的产量。

食用豆作物耐瘠薄，大多数生育期较短，适于各种轮作换茬，间作、套作等多种耕作制度，又因具有根瘤菌附生，可以固定土壤内空气中的游离氮，除供本身生长外，其残枝落叶还可培肥土壤，被称为“三营养作物”，即营养人类（豆类食品）、营养牲畜（作为饲料）、营养土地（固氮作用）。

燕麦耐寒、抗旱，对土壤的适应性很强，能自播繁衍。国际上多年的研究实践认为燕麦的生长特性和其利用价值是达到首选粮草兼用型作物，燕麦是畜、禽的上好饲料，据国内外试验，用其喂猪增重快、瘦肉多；喂鸡下蛋多而大、味道好。其主要原因是裸燕麦的蛋白质含量15%，是玉米的近2倍；特别是做饲料重要指标的赖氨酸含量较高，100g燕麦中含0.68g赖氨酸，是玉米的2倍多。各种营养成分不仅全面而且高，是很好的饲料作物。燕麦的秸秆和麦稃是上等的饲草，可作为刈青饲草和青贮饲料，青燕麦秸秆多汁、柔嫩、适口性好，是世界养牛业所公认的提高奶牛产奶量的最好饲草之一。收获脱粒后的干秸秆蛋白质、脂肪、可消化纤维高于小麦、大麦、黑麦、谷子、玉米等作物的秸秆，难以消化的粗纤维较少。

（四）发展杂粮生产对于改善居民饮食结构、提高国民健康状况具有重要意义

国民健康状况是国际社会衡量一个国家社会进步和社会经济状况满意度的标志，显示一个国家社会经济、劳动、人口、国防、文化与精神文明等方面的实力，而营养缺乏与营养失衡是影响国民健康的重要原因。大力发展全谷物营养健康食品是我国食品和粮食行业落实中央建设“健康中国”伟大发展战略的重要组成部分。随着现代人们膳食结构及生活方式的改变，“五谷杂粮”日渐从人们的餐桌上减少，居民膳食纤维摄取量逐渐下降，肥胖、高血压、糖尿病等“富贵病”发病率持续上升。据统计，全球每年约有3 600万人死于“富贵病”，占全球每年死亡人数的63%，“富贵病”已成为人类生命的头号杀手。研究表明，不健康饮食结构是导致“富贵病”的重要原因，所以“全谷物”健康食品的研究和开发已成为全球共同关注的热点课题。从20世纪80年代以来，发达国家对全谷物的营养价值和保健作用进行了大量研究，据美国全谷物委员会的资料，长期摄入全谷物食品，可以有效降低心血管疾病、糖尿病、结肠癌和脑卒中的发病率，食用全谷物食品的保健作用，使中风危险降低30%～36%，心脏疾病危险下降25%～28%，Ⅱ型糖尿病危险下降21%～30%，结肠癌危险下降21%～43%。因为全谷物营养健康食品是当今世界公认有效防止心血管疾病、癌症，慢性呼吸道疾病和糖尿病等“富贵病”的健康食品。全谷物食品已经是全球粮食加工和食品工业的发展方向。

小米营养价值高、易消化，含蛋白质 7.5%~17.5%，脂肪 3%~4.6%，碳水化合物 72.8%，还含有人体所必需的氨基酸和钙、磷、铁及维生素 A、B_1、胡萝卜素等。每百克小米可产生热量 1 516kJ，比大米、小麦面粉、高粱、玉米都高。此外还含有大量的人体所必需的氨基酸（每百克小米含蛋氨酸 297mg，色氨酸 194mg，赖氨酸 334mg，苏氨酸 463mg）和钙、磷、铁、胡萝卜素等。对某些化学致癌物质有抵抗作用的维生素 E（5.59~22.36mg/100g 小米）、硒（小米含量 25mg/kg）的含量也很高。同时对动脉硬化、心脏病有医疗作用的维生素 B_1 量更为突出，每百克小米含 1.03~0.66mg。它是一种很好的营养品，体弱多病者和产妇食用具有较好的滋补、强身作用。小米除焖饭、煮粥等直接食用外，还可加工煎饼、发糕、小米酥系列产品，如高蛋白酥卷、保健酥卷、强化酥卷和营养调味食品，如高级米醋、米酒饮料、冰淇淋以及酿酒、制糖等。谷粒、谷糠、谷芽入药后主治多种病。

豆类的营养价值较高，由于其中多数种类的种子含有丰富的蛋白质，是人类和牲畜蛋白质营养的重要来源。有些豆类如大豆、落花生和四棱豆除有丰富的蛋白质以外，还含有大量可食用的油脂。许多豆类种子的蛋白质含量为 20%~40%，少数可达 40%~60%，其蛋白质含量比谷类高 2~3 倍，比薯类高 5~10 倍。此外，豆类的茎秆和枝、叶也富含蛋白质，通常可达 8%~14%，而谷类秆、叶蛋白质含量仅有 4%~6%，所以豆类的茎、叶又是营养价值较高的饲料和优质的绿肥。新鲜的豆荚、种子和茎、叶还含有多种维生素，为富有营养的蔬菜及牲畜青饲料。而且我国自古就有药食同源，食用豆类作为我国人民重要的食用作物，更是与我国中药学密不可分，如赤小豆利水除湿，消肿解毒；绿豆清热解毒；豌豆和中下气，利小便，解疮毒等，有的可单独使用，有的须与其他药物配伍才能发挥药效。

高粱米中的蛋白质以醇溶性蛋白质为多，色氨酸、赖氨酸等人体必需的氨基酸较少，是一种不完全的蛋白质，不易为人体吸收，如将其与其他粮食混合食用，则可提高营养价值。高粱米中的尼克酸（又名维生素 B_3、维生素 PP、烟酸、抗癞皮病因子）含量虽不如玉米多，但由于玉米中的尼克酸其化学结构为结合型，不易被人体吸收利用，而高粱的却能为人体所吸收，因此多食用高粱的地区很少发生“癞皮病”即三“D”症状：皮炎（dermatitis）、腹泻（diarrhea）、痴呆（dementia）；口腔溃疡等。

据中国医学科学院卫生研究所综合分析，中国裸燕麦含粗蛋白质达 15.6%，脂肪 8.5%，还有淀粉释放热量以及磷、铁、钙等元素，与其他 8 种粮食相比，均名列前茅。燕麦中水溶性膳食纤维分别是小麦和玉米的 4.7 倍和 7.7 倍。

燕麦素有保健美食之称，是一种品质上乘，营养平衡，具有降血脂、降血糖、降血压功效的经济作物。近年来开发势头强劲，全国年加工销售量达到 50 万 t，并且仍然以每年 20%~30%的速度递增，已从原先的产区自产自用作物，走向全国、迈出国门，有人预言燕麦（包括莜麦）会成为中国人的第三大主粮作物。河北省栽培的主要是裸燕麦，其营养成分全面、价值高，是任何一种谷类作物不可比拟的，其蛋白质、脂肪（主要是不饱和脂肪酸）、热能、粗纤维、矿物质均高于小麦、水稻、玉米、谷子、糜（黍）等 8 种谷类作物，而碳水化合物却明显低于这些作物。燕麦富含人体必需的 8 种氨基酸，尤其是对增进人体骨骼和智力发育的赖氨酸含量较高；裸燕麦脂肪中富含亚油酸，据分析，亚油酸含量占脂肪含量的38.1%～52%；即占籽粒重的2.0%～3.0%。亚油酸一般被认为有降血脂、通脉络的功效，是益寿宁和脉通的主要成分。裸燕麦籽粒中还富含多种维生素和矿物质，其维生素E、B_2和铁、钙、磷矿物质显著高于小麦面粉和大米。特别是还含有其他谷类作物所没有的皂素，据澳大利亚学者证实，谷类作物只有燕麦含有皂苷。微量的皂苷可与纤维结合吸取胆汁酸，促使肝脏的胆固醇转变为胆汁，随粪便排出体外，以此来解释燕麦降低胆固醇的机理。近年来国内外还研究证实，从裸燕麦（包括普通栽培燕麦）中可提取有降低高胆固醇患者的低密度脂蛋白（LDL）-葡聚糖。裸燕麦的淀粉含量为64.8%，低于小麦粉的74.6%、大米的76.8%，所以美国食品和药物管理局（FDA）1997年已认证燕麦是最好的降血糖谷物，具有控制Ⅱ型糖尿病的功效。

第二节　主要杂粮生产与分布概况

河北省为中国杂粮主要生产和贸易省份，杂粮常年种植面积78.7万hm^2左右，主要产区集中在黑龙港流域低平原干旱地区和太行山、燕山地区，占全省粮食总面积的12.6%左右，总产量约82万t，占全省粮食总量的7.7%左右。河北省种植的杂粮种类较多，主要包括杂豆（绿豆、红小豆、豌豆、蚕豆、豇豆）、谷子、莜麦和糜子等。其中，河北省是全国谷子生产最大的产区，常年种植面积占全国的1/4左右，总产约占全国的1/3。杂粮作物因种类不同，其分布也有所区别（表1-1），播种面积及产量差异很大（表1-2）。

表1-1　河北省杂粮作物类型及主要分布区域

作物	主要分布区域
谷子	邢台、邯郸、沧州、衡水、保定、石家庄、承德
糜子	张家口、承德
甘薯	保定、邯郸、石家庄、秦皇岛、衡水、沧州
高粱	沧州、秦皇岛、唐山、邢台、承德、衡水、张家口、石家庄
莜麦	张家口、承德
荞麦	张家口、承德、秦皇岛
大麦	张家口、邯郸、秦皇岛
绿豆	张家口、沧州、邯郸、邢台、保定、衡水、石家庄
红小豆	张家口、唐山、廊坊、衡水、保定、石家庄
蚕豆	张家口
芸豆	张家口
豌豆	秦皇岛、廊坊、张家口
豇豆	秦皇岛、唐山、石家庄、张家口

表 1-2　1998—2017 年河北省主要粮食作物和杂粮生产面积情况

河北省最近 20 年主要粮食与杂粮的播种面积（khm^2）

作物	1998年	1999年	2000年	2001年	2002年	2003年	2004年	2005年	2006年	2007年	2008年	2009年	2010年	2011年	2012年	2013年	2014年	2015年	2016年	2017年
粮食作物	7 305.71	7 236.12	6 918.67	6 628.93	6 484.42	5 943.98	6 003.42	6 240.24	6 271.71	6 168.23	6 158.11	6 216.50	6 282.20	6 286.11	6 302.37	6 315.87	6 332.00	6 392.48	6 327.41	6 658.52
小麦	2 763.97	2 729.88	2 678.80	2 579.78	2 449.60	2 192.92	2 161.49	2 377.14	2 504.47	2 412.39	2 416.14	2 394.47	2 420.33	2 396.05	2 409.97	2 377.74	2 342.74	2 318.87	2 313.90	2 373.36
玉米	2 580.99	2 663.76	2 478.57	2 543.41	2 577.43	2 488.81	2 630.57	2 677.40	2 799.87	2 862.58	2 841.07	2 950.47	3 008.59	3 035.78	3 049.14	3 108.77	3 170.88	3 248.08	3 191.05	3 544.06
谷子	332.62	304.45	309.64	273.58	262.26	226.75	222.72	194.76	194.15	176.34	173.46	146.17	154.83	164.46	151.75	144.50	147.20	148.30	149.30	—
高粱	77.10	69.64	52.26	54.91	46.15	45.58	43.52	30.43	28.95	24.12	23.08	18.41	16.23	14.21	13.95	13.60	12.80	11.50	10.70	—
其他谷物	335.88	308.31	215.95	190.39	179.29	153.88	181.05	243.89	136.05	102.41	113.63	158.35	152.08	142.67	152.63	152.40	153.70	153.70	156.80	—
大麦	—	—	—	—	—	—	—	—	—	—	—	0.08	0.07	0.04	0.03	0.20	0.10	0.40	0.60	—
豆类	647.80	584.60	592.15	483.95	452.10	383.96	359.72	333.11	269.96	248.37	249.62	219.34	194.43	179.34	171.75	166.38	162.33	153.72	145.61	90.12
大豆	496.15	438.09	423.68	379.17	331.29	280.52	274.29	254.85	210.93	188.47	187.64	165.81	147.87	136.09	127.60	124.50	122.30	115.90	105.70	—
绿豆	—	—	—	—	32.31	26.77	21.48	20.08	17.61	17.97	18.11	15.51	16.65	15.13	14.11	13.90	13.40	12.50	13.30	—
红小豆	—	—	—	—	16.64	14.55	13.69	14.00	10.81	11.57	12.42	9.53	8.84	7.77	7.69	7.20	7.30	6.80	7.10	—
薯类	414.15	420.82	447.37	408.84	406.55	376.50	320.82	295.85	249.53	257.50	259.58	244.19	256.02	270.58	267.26	265.69	257.52	273.61	278.54	211.65
马铃薯	169.99	174.85	211.52	181.40	184.63	160.81	150.26	140.97	127.66	136.76	149.08	133.33	155.00	170.59	166.73	169.50	160.00	178.30	181.30	—
药材	10.66	13.24	21.71	24.66	29.97	32.94	35.31	31.43	10.09	10.17	19.85	27.21	28.39	33.69	35.05	46.00	47.60	62.10	69.00	—
青饲料	11.28	11.58	44.50	151.29	123.11	154.27	115.75	84.38	68.00	62.90	63.99	66.85	64.27	63.15	60.01	59.70	58.60	55.80	117.40	—

数据来源：国家统计局网站公布数据

河北省杂粮加工正在改变以小作坊生产为主的状态，但是目前仍以初级加工为主，加工技术仍然比较落后，产品附加值较低，精深加工严重不足，缺乏大的品牌，加工企业对整个产业带动力不足。

一、谷子

河北省是我国重要的谷子生产地区之一，全省各地区均有种植。春谷品种主要分布在张家口的阳原、蔚县、赤城等地；夏谷种植品种包括冀谷系列、衡谷系列及豫谷系列等，主要在邯郸、邢台、衡水、沧州、保定、石家庄等地。河北省谷子播种面积和全国播种面积一样，总体呈下降趋势。但河北省仍为全国谷子主要产区。谷子生产的配套农机具最全，几乎涵盖了从播种、中耕、施药到收获，甚至地膜回收等整个生产流程的各个田间管理环节。

河北省谷文化源远流长，武安市是谷子的发源地之一，小米是武安市农业重点支柱产业之一，武安小米品质优良，色泽金黄，入口甘甜糯香，极富营养价值，市场声誉好，深受消费者青睐。2004 年，武安市被河北省农业厅命名为“河北小米之乡”，2005 年被农业部命名为“中国小米之乡”。另外，河北蔚县的“蔚州贡米”在明清时期就成为全国“四大名米”而久负盛名，2010 年荣获国家质检总局认证的“地理标志产品保护”标志。河北省农林科学院旱作研究所培育的衡谷系列品种，在河北省邯郸、衡水、邢台等地区种植，均表现出了抗旱、高产的特点。张家口市农业科学院在几代人的努力下，培育出来的张杂谷系列品种，创造了 12 150kg/hm^{2}的高产纪录（表 1-3、表 1-4）。

表 1-3　河北省谷子主产县、主栽谷子类型、品种及平均产量①

县（区）、市	面积（万 hm^2）	谷子类型	主要品种	平均亩产②（kg）
蔚县	1.22	春谷	冀张杂 5、张杂 3、张杂 5	—
阳原县	0.35	春谷	冀张杂 5、张杂 3、张杂 5	—
赤诚县	0.23	春谷	冀张杂 5、张杂 3、张杂 5	—
宣化县	0.37	春谷	冀张杂 5、张杂 3、张杂 5	—
平泉县	0.24	春谷	承谷 8 号、承谷 12	231
承德县	0.2	春谷	承谷 8 号、承谷 12	276.5
丰宁县	0.2	春谷	吨谷、小红谷、张杂 3、张杂 5	—
迁安市	0.13	春谷、夏谷	张杂 3、张杂 5、小香米、冀谷 20	250
青龙满族自治县	0.37	夏谷	冀谷 19、20，锦谷 12	198
曲阳县	0.39	夏谷	冀谷 19、26、22、31，保谷 18	257
涞源县	0.15	夏谷	冀谷 19、22、26，保谷 18	153
唐县县	0.3	夏谷	冀谷 19、保谷 18	195
盐山县	0.2	夏谷	冀谷 19、20、31，沧谷 3	200
黄骅市	0.2	夏谷	沧 170、沧谷 3、冀谷 19、20、31	—
献县	0.13	夏谷	沧谷 3、冀谷 19、20、31	250

① 图表数据来源：《谷子规模化高效栽培技术研究》，中国农业科学技术出版社，2016 年出版

② 1 亩≈667m^2；15 亩 = 1hm^2。全书同

（续表）

县（区）、市	面积（万 hm^2）	谷子类型	主要品种	平均亩产②（kg）
武安市	1.62	夏谷	冀谷 19、20、31	273
涉县	0.27	夏谷	冀谷 19、20、31	219
磁县	0.5	夏谷	冀谷 19、20、31，张杂 8	210
永年县	0.25	夏谷	冀谷 19、20、31，张杂 8	216
邯郸县	0.26	夏谷	冀谷 19、20、31	265
馆陶县	0.07	夏谷	冀谷 19、20、31	365
枣强县	0.37	夏谷	冀谷 19、31，衡谷 9	285
冀州市	0.2	夏谷	冀谷 19、31，衡谷 9	200
南宫市	0.67	夏谷	冀谷 19、31、衡谷 9	276
巨鹿县	0.15	夏谷	张杂 8、冀谷 31	231
南和县	0.02	夏谷	张杂 8、冀谷 31	—
威县	0.69	夏谷	冀谷 19、31，衡谷 9	372
新河县	0.27	夏谷	冀谷 19、20、31	231
沙河市	0.25	夏谷	冀谷 19、20、26、31	218
辛集市	0.38	夏谷	冀谷 19、20、31	347
晋州市	0.19	夏谷	冀谷 19、20、25、31	309
井陉县	0.14	夏谷	冀谷 19、20、25、31	145

表 1-4　河北省谷子种植面积、产量在粮食中所占的比重①

区　域	县（区）、市	谷子种植面积占粮食种植面积的比例（%）	谷子产量占粮食产量的比例（%）
河北省太行山丘陵区	全省平均	2.90	1.70
	井陉县	5.65	2.80
	赞皇县	2.75	1.88
	平山县	4.16	1.06
	元氏县	2.82	1.62
	邯市峰峰矿区	6.66	5.35
	涉县	11.39	9.06
	磁县	8.64	5.30
	武安市	20.18	17.00
	邢台县	6.19	4.26
	临城县	6.57	2.71
	内丘县	5.25	2.32
	沙河市	8.15	4.69
	涞水县	3.25	1.76
	阜平县	3.86	2.07
	唐县	9.34	5.46
	涞源县	8.58	4.59
	曲阳县	14.53	10.35
	顺平县	3.43	1.28

① 图表数据来源：《谷子规模化高效栽培技术研究》，中国农业科学技术出版社，2016 年出版

②

（续表）

区　域	县（区）、市	谷子种植面积占粮食种植面积的比例（%）	谷子产量占粮食产量的比例（%）
燕山山区	迁西县	6.31	4.76
	秦市海港区	3.01	1.98
	青龙县	13.03	8.07
	抚宁县	3.36	1.66
	张市宣花区	7.15	1.27
	张市下花园区	16.59	11.13
	宣化县	12.28	5.24
	蔚县	22.45	15.89
	阳原县	9.45	6.67
	怀安县	7.06	2.89
	万全县	3.50	1.48
	怀来县	4.96	1.31
	涿鹿县	4.42	1.29
	赤城县	10.28	7.73
	承市双桥区	9.32	6.01
	承市双滦区	6.35	4.15
	承市营子区	10.03	7.99
	承德县	7.27	4.74
	兴隆县	5.57	4.91
	平泉县	6.58	3.50
	滦平县	5.31	3.20
	隆化县	5.20	3.27
	丰宁县	3.52	2.25
	宽城县	7.62	4.91
山前平原区	辛集市	5.32	4.16
	晋州市	3.43	2.37
	邯郸县	6.71	3.42
	成安县	3.47	2.59
	永年县	3.32	1.65
	柏乡县	3.61	2.08
	邱县	6.80	5.84

（续表）

区　域	县（区）、市	谷子种植面积占粮食种植面积的比例（%）	谷子产量占粮食产量的比例（%）
黑龙港低平原区	鸡泽县	2.97	2.30
	巨鹿县	9.85	7.24
	新河县	10.64	6.64
	广宗县	12.7	10.42
	平乡县	3.73	2.60
	威县	24.65	23.77
	清河县	3.97	2.73
	临西县	7.23	5.59
	南宫市	16.45	14.02
	孟村县	3.96	4.07
	枣强县	7.70	6.34
	冀州市	5.11	2.80
滨海平原区	黄骅市	2.88	4.13

河北省有三大小米集散地，分别是石家庄藁城马庄小米集散地、沧州孟村小米集散地、张家口蔚县吉家庄杂粮中转站。其中藁城南营镇马庄村位于藁城、赵县、栾城三县（市）交界的特殊位置，该村小米加工经营历史悠久。马庄村小杂粮加工起步于20世纪80年代，经过30余年的发展，全村已拥有小杂粮加工企业80余家，从业人员2 300余人，形成了以华北为依托，经销网络辐射全国的马庄小杂粮批发市场和华北最大的小杂粮集散地，年交易额达3.8亿元，年销售小米等杂粮30万t，农民可增收近500万元。通过对马庄市场监测，50%谷子货源来自内蒙古，30%来自东北，河北省只占10%。河北省小米加工企业约有180家，主要分布在邯郸、张家口等谷子主产区以及石家庄、沧州等小米集散地。但是成规模、大型龙头企业较少；绿色认证、有机认证的产品匮乏。

二、食用豆

食用豆类除芸豆、蚕豆、普通菜豆、多花菜豆主产于北部的张家口、承德等高寒地区外，其他食用豆在河北省各地都有种植，主要分布在山区、丘陵及旱薄、盐碱等地区，以小豆、绿豆、蚕豆、豌豆面积相对较大，范围较广。长城以北的张家口、承德地区，由于无霜期短，为春播一年一季；长城以南的大部分地区，既可春播又可夏种，因气候、地力、地势等条件而异；平原高水肥地区主要与棉花、玉米等作物间作套种，山坡，丘陵等瘠薄地平作。绿豆河北省历年种植面积为4.0万~5.3万hm^2，主要集中在张家口、保定、邢台、邯郸、廊坊、沧州和衡水，占全省种植面积的90%左右，目前生产上主要推广的绿豆品种有冀绿 7 号、冀绿 9 号、冀绿 11 号、冀绿 13 号、张绿 1 号、冀绿 0816 号；小豆河北省历年种植面积 3.3 万~4.7 万 hm^2，1994 年达到最高 8 万 hm^2，主要集中在廊坊、唐山、保定、沧州、张家口等地，约占全省种植面积 80%，小豆品种有冀红 9218、冀红 352、冀红 16 号、保红 947；芸豆主要分布在张家口康保县、张北县、沽源县、尚义县，品种有坝上小芸豆、冀张芸 1 号、冀张芸 3 号；蚕豆集中在张家口、承德等地，面积 5.3 万 hm^2左右，约占全国的 10%，品种有张蚕 1 号。豌豆分为粒用豌豆和菜用豌豆。粒用豌豆主要分布在张家口、承德山区，菜用豌豆除这两个地区外还在城市郊区种植；豇豆、饭豆等其他豆类主要在干旱、瘠薄、水肥条件差的山坡、丘陵地零星种植。食用豆生产配套机械目前可用的主要是绿豆、红豆精量播种机，绿豆、芸豆起拔脱粒机，滚筒式绿豆脱粒机。

河北省的红小豆、绿豆、蚕豆和芸豆企业以原粮初加工、分级加工为主，综合利用差，其加工企业在全省各地有零星分布，规模比较大的几个加工企业主要分布张家口蔚县、阳原县、康保县和衡水的故城，以小作坊加工为主，缺乏品牌意识及龙头企业带动，以本地市场为主，产品辐射范围有限，没有形成以品牌建设为导向的加工模式。

三、燕麦

我国多数种植的是裸燕麦，主要分布在华北阴山，燕山山脉的晋、冀、蒙 3 省区和西北的贺兰山，六盘山南麓的陕、甘、宁、青 4 省区，以及新疆、西藏、黑龙江、吉林的部分旗县，年种植面积在 70 万 hm^2 左右。

河北省是全国第二大燕麦主产区，主要分布在西北部的张家口、承德地区，优势产区主要在张家口坝上地区的张北、尚义、康保、沽源 4 个县，坝下地区的崇礼区以及承德的围场，占全省种植面积的 90%以上，种植面积在 150 万~200 万亩，占产区粮食播种面积的 30%~50%，平均亩产 100kg 左右，总产 4 000万 kg 左右，这一区域建有世界上最大的有机燕麦种植基地，被称作全国燕麦最佳产区。生产上主要是裸燕麦。燕麦没有专用农机具，现有的播种、收获农机具主要是小麦用的农机具，基本能满足燕麦生产的需要。

河北省的燕麦企业 200 多家，其中大小各类加工企业 100 多家，主要集中在张家口万全地区，相较于其他类杂粮加工而言，燕麦产业链条发育相对完善，加工的产品主要有燕麦粉、燕麦片、燕麦米、燕麦方便面，其中燕麦粉加工约占加工总量的 80%，燕麦片和燕麦米加工占加工总量的 15%左右，燕麦方便面加工占加工总量的 5%左右，除了这些传统燕麦食品以外，燕麦化妆品等高端深加工产品开发研制已取得初步成效，张家口燕麦加工产业发展居全省之首。全省从事燕麦育种、栽培、推广、种子管理、加工、机械、农业经济的科技人员约 40 名。其中从事燕麦育种与栽培研究的科技人员 15 名（包括承担区域试验人员 5 名），从事燕麦品种推广的科技人员 6 名，从事燕麦加工的科技人员 5 名，从事燕麦机械（加工机械和收获机械）的科技人员约 10 名，从事农业经济的科技人员很少。随着科学技术的不断发展和对燕麦的深入研究，人们对燕麦的营养价值和医疗保健作用的认识不断提高，食用燕麦的城乡居民迅速增加，燕麦产品在全国的销量逐年上升，并开始打入国际市场，社会各界对燕麦产业发展的认识进一步提高，河北省的燕麦产业将得到进一步发展。

四、高粱

河北省主要以糯高粱品种为主，大部分实现了订单生产，主要种植区域集中在衡水、沧州、邢台等黑龙港流域，该区域高粱种植面积占全省的85%以上，在当地与季节性休耕、雨养农业项目结合。主要涉及阜城、武强、枣强、故城、献县、河间、任丘、黄骅、青县、泊头、宁晋、柏乡、临城、新河、文安等县（市），衡水阜城县近两年正逐步成为北方重要的糯高粱生产基地之一。

目前生产上种植面积较大的糯高粱主要为红缨子、红茅粱6号、冀酿2号、兴湘粱2号等几个品种，其主要特点是商品性好，大多可以实现订单生产。高粱基本实现机械化收获，配套农机有勺轮式和气吸式播种机；收获机械多为小麦联合收割机替换割台进行工作。

五、黍（糜）

冀北地区是中国黍（糜）的主要产区，属北方春糜子区，主要分布于长城沿线的张家口、承德两地的山区、丘陵及半丘陵地区，多为雨养农业，历年播种面积10万~14万 hm^2，年际间变幅较大。种植面积较大的县区有蔚县、宣化、阳原、涿鹿、万全、平泉、宽城等，尤其在蔚县、阳原、宣化，糜（黍）历来是农民日常主食。

第三节　杂粮发展存在的问题

河北省杂粮生产普遍存在种植分散、管理粗放、加工企业科技含量低、产业链不完善等共性问题，但因种类不同又存在特殊个性问题，下面仅以几个代表性作物为例加以分析。

一、谷子

（一）生产现状与问题

1. 生产方式落后

目前，我国谷子种植大多仍沿用传统的耕作栽培，多数农户还是采用原始的人畜木耧进行耕作，从播种、定苗、施肥、除草到收获，机械化程度低，劳动强度大，生产效率低，生产方式远远落后于玉米、小麦等主要农作物。据调研，河北谷子机械化率不到30%，与小麦、玉米等作物的轻简技术水平差距逐步扩大。由于普通谷子不抗除草剂以及谷子需要发挥群体顶土优势出苗，导致谷子栽培耕作方式千百年来依赖人工间苗、人工除草。同时由于长期对谷子农机研发投入少、研发人员少，以及谷子目前大部分种植在丘陵山区而大型机械难以使用等问题，谷子配套农业机械极其缺乏，谷子生产机械化水平低已成为制约谷子规模化生产的主要问题。虽然近年来谷子已培育出抗除草剂品种，但仅针对禾本科杂草，还需与其他双子叶除草剂配合使用；播种逐步向以半人工、半机械化方向转变，但中耕施肥及植保管理的机械却很少；收获基本可以实现机械化，但晾晒基本还是以自然晾晒为主，这些因素严重制约了谷子规模化生产。

2. 种植面积分散

谷子耐旱、耐贫瘠、适应性广、抗逆性强，因此，在人们的传统观念中，谷子都是种植在比较贫瘠的旱地丘陵、山区，因此很多地区谷子都是零星分散的种植，这种种植方式会直接导致无法进行机械化生产，管理跟不上，产量水平低，品质也难以保证。据调查，大部分农户并不种植谷子，现阶段主要还是种植玉米、小麦、棉花等农作物，种植谷子的规模所占比重较低。虽然近年来有些地方出现了谷子专业合作社等形式的小型规模化生产，但较分散，难以成片，加之缺少科学的栽培技术指导，存活寿命很短。

3. 种植者栽培技术落后，素质不高

通过对谷子主产区调研发现，82.7%的户主年龄为40~60岁；81.2%的户主文化程度处于初中及以下水平；具备农业技能的仅占12.38%。劳动者素质、文化水平低，导致农户接受新品种、新技术能力差，是制约谷子产业发展水平的关键因素。主要原因在于农业收入占农户总收入的比例低，农户打工收入占农户总收入的60.56%。农村青壮年劳动力大量外出打工，从事农业生产的主要是老人、妇女和儿童。

4. 加工落后，消费单一，产业链较短

从对谷子产后加工的调查中发现，现有的谷子加工产业还处于起步阶段，谷子加工企业多、规模小、加工业基础差；谷子初级产品占主导地位，目前谷子的消费还是以原粮为主，人们对小米的消费以粥食为主，消费方式的单一直接导致消费驱动不足。谷子在产后加工、综合利用等方面，研究水平低，产品匮乏，深加工产品极少，综合利用还未提上议事日程，无法有效开拓市场，进一步减少了谷子消费量；粗加工设施损耗大、资源有效利用率低；消费市场小，缺少拉动力；原料的单一性难以形成适应性广、畅销的产品；科研产品缺少成果转化平台；加工设施技术滞后，谷子加工基础研究落后，谷子功能成分用途、工业化出口等问题研究不深；谷子产后加工研究长期投入低，研究人员少，产品单一、科技含量较低，很难适应市场发展的需要。

5. 企业规模小，加工层次低，谷子种植效益低

河北省谷子企业缺乏大型龙头企业带动，由于企业的规模小，在开发市场、组织生产、基地建设方面处于不利地位，导致规模效益小。调研显示，组织化、产业化程度越高的地区谷子收购价格越高，谷子种植效益越高。如山西省谷子产业整体水平较高，优质谷子收购价为7~9元/kg，而河北省为3~4元/kg。

6. 谷子单产仍不高

谷子在历史上曾一度被认为是低产作物，随着育种技术的不断提升，出现了一大批高产多抗品种，小面积单产曾达到9 000kg/hm^2，也使谷子由过去的低产作物改变为旱地的稳产、水浇地的高产作物。但是，相对于小麦、玉米等主要作物，谷子单产仍不高，小面积较高产量也是以较高的人工投入为代价的，尤其在机械化程度较高的栽培方式下，单产的较低。

7. 病虫草鸟害严重

在我国，谷子的病虫草害发生比较频繁，也一直是困扰我国谷子生产的重要影响因

素，每年因此造成产量损失都非常严重。通过对我国谷子主产区的详细调查，初步明确了危害我国谷子的主要病虫害有百余种，主要虫害有钻心虫、蝼蛄、黏虫、红蜘蛛、粟芒蝇、玉米螟等，生产上常发病害有白发病、黑穗病、红叶病、谷瘟病、线虫病等；草害主要是谷莠子，谷莠子苗期与谷子不易区分，待发现时已形成为害，而且成熟早、易落粒、传播能力强，种子在土壤中保存多年都不会丧失发芽率，一旦条件适宜即可出苗，即使是牲畜吃掉，过腹后仍具有发芽能力，因此常常会造成谷子生产田大幅度减产；鸟害主要是麻雀，分散的小地块谷田—鸟害重—谷田面积减小—鸟害更严重—面积再减少，恶性循环使得零星的谷田消失，加剧了谷子生产面积的萎缩。

（二）对策与建议

1. 加快推广先进的种植技术，提高农民种植谷子的积极性

加快农业科技服务体系建设，提高科技服务体系的运行效率。现阶段基层的农技推广服务站存在着效率低下、新品种不能及时推广等问题，并且工作人员与农民的联系不紧密，造成了新技术难以及时到达农民的手中，损害了农民的种植积极性，因此政府部门应该引入监督机制，建立科技的推广转化平台，切实提高农民种植谷子的积极性，进而提高农民收入。

2. 探索开发新的生产模式，加快谷子新品种的快速推广

应该开发诸如“公司加农户”“示范园区”等新模式，让农民意识到新模式、新品种的经济效益。因为新模式能推进新品种的推广，优良品种是作物生产见效最快、最有效的增产措施。当前谷子的品种多、乱、杂是影响谷子生产的一大限制因素。科研部门不仅要选育出优质、高产、抗病、适应不同类型地区的优良品种，还要加大宣传推广力度，使优良品种尽快应用到生产中去。同时清理规范种子市场，提高良种的普及率，杜绝多、乱、杂现象。

3. 大力发展谷子加工产业，增加经济效益

政府应该加大对谷子产品小米深加工的政策支持，改变现有谷子产品主要用来喝粥的现状。小米产品应按照国际市场的需求实行生产规范化、产品标准化；严格加强质量检测，做到生产、加工一体化；强化技术服务体系和综合管理措施，形成订单农业为主体，多渠道规范健全的市场体系，产供销一体化，不断满足国内外贸易的需求，从而增加农民的收入，增加其种植谷子的积极性。

二、食用豆

（一）食用豆生产现状、问题

河北省食用豆的发展推广虽然具有众多机遇，但多年来，由于政府部门重视不够，科研经费不足，科研从业人员少，宣传力度小，导致农民自发种植，无序生产，产业化经营理念不强。农家种沿用多年，种性混杂退化，品质下降，单产水平较低，且栽培技术落后，管理粗放，缺乏优质、高产、抗逆、符合市场导向、适应市场需求的更新换代品种，食用豆产业在发展中面临着巨大挑战。如法国是目前欧洲豌豆栽培面积最大也是豌豆育种资源研究最先进的国家，推广种植的品种95%是半无叶株型，而我国生产上，90%的豌豆生产面积和90%以上的推广利用品种，仅相当于法国1980年前后的品种和

生产水平。澳大利亚虽发展年限较短，发展却十分迅速，为加强豌豆资源研究和创新，以株型改造为突破口，采用半无叶豌豆为主要育种目标和推广株型，育成一批特高产的半无叶豌豆品种，单产比普通株型豌豆成倍增长，从而突破了豌豆单产瓶颈，并创新出一批抗褐斑病、抗根腐病、高蛋白含量的半无叶类型优异豌豆资源。

1. 发展水平较低

据测算，农产品从田间到餐桌全过程的总利润，生产环节仅占1/5左右，发达国家农产品加工业产值与农业产值之比大都在（2.0~3.7）：1，发达国家食品工业产值是农业产值的1.5~2倍，如欧洲豌豆消费习惯和用途与中国差异甚大，其培育和大面积种植的豌豆主要用于饲料加工、青豌豆速冻和罐头加工，而我国还不及1/3，其中小食用豆的95%以上仍以原粮组织外销。

2. 企业竞争力差

食用豆加工业虽然有了较快发展，但大多数企业处于小规模分散经营，品牌杂、小、弱，缺乏市场竞争能力，难以创建知名品牌和形成整体优势。产品加工档次低，深加工、精加工不足，产品结构单一。目前食用豆加工企业多数只经过简单加工就把产品投入市场，进一步深层次加工的数量所占比重小，多层次开发的产品更少。长期以来，由于农业科技工作重点放在大宗粮食生产领域，对食用豆生产、加工领域的科研工作重视不够，造成食用豆生产、加工领域技术创新能力不强。大多数中小企业的技术水平低，设备落后，缺乏高质量和高水平的监测手段。

3. 产业链机制不完善

食用豆主要分布在我国中西部地区，农户数量多、规模小、生产分散，农业产业化集中程度低，专业化进程缓慢，原料基地形不成规模，存在分散生产与集中加工的矛盾。食用豆加工企业与农户基本上还是一种松散的买卖关系，而不是一种固定的契约关系或连成利益共同体。同时，由于长期以来忽视加工业对农产品品质和品种的要求，食用豆资源普遍存在品种单一、质量不高、专用性差等问题，导致一方面农民存在销售难，农产品大量积压；另一方面，适合企业深加工要求的优质专用“原材料”短缺，直接影响了农产品制成品的质量和知名品牌的开发。

（二）建议与对策

1. 提高食用豆产学研投入

加大食用豆生产、加工水平，加强食用豆科研，加大投入力度用于保障食用豆的研发、制种和推广。改变传统方式，采用现代新生产方式，发展集约旱作农业技术，提高产出率和优质率。不断推进食用豆区域化布局、规模化种植、标准化管理和产业化经营，以增强食用豆经济的核心竞争力。进一步在开发生产食用豆系列加工食品上做大文章，逐步推出名优品种、品牌，使食用豆出口由单一原料型逐步向方便、营养、保健多元化深加工产品方向发展。

2. 加强食用豆基地建设

在食用豆生产上积极推行订单农业，鼓励食用豆流通加工企业在产区建立基地，支持土地流转，加快形成食用豆的优质化、规模化、区域化发展。按照区域化布局、专业化生产、规模化经营的要求，打破行政区域的界限，建立一批有规模、有特色的食用豆生产基地。借鉴发达国家的经验，根据市场和加工业的需要，建立高度专业化、优质化的大型原料基地和健全的储藏流通体系。

3. 对食用豆流通加工企业加以扶持

以市场为导向，以科技为依托，以出口为龙头，进一步发挥食用豆流通加工企业的作用，坚持以规模大、品牌优、信誉好的企业为龙头带动开发，走“科研+企业（农村合作组织）+农户+基地”的路子。立足国内消费、着眼国际市场，支持本地流通加工企业加快发展，建议各级各部门对食用豆给予收购专项贷款资金，鼓励强势企业和食品研发机构产加销一体化推动发展，确保农民与企业的利益有机衔接。

4. 建立和完善产业化链条

培育和壮大有实力、有辐射力的加工或购销企业为龙头，提高农民组织化程度，提供社会化服务的食用豆专业合作社，把食用豆生产、加工和销售等各产业链条连接为有机整体，并建立合理的利益分配机制，使农民分享合理的工商利润，从而不断激发他们发展食用豆经济的积极性和创造性。采取科技、文化、连锁、绿色营销等现代营销方式，把食用豆当礼品、赠品、保健品、专卖品进行精细化销售。

三、燕麦

（一）生产现状与问题

河北省燕麦种植面积150万~200万亩（包括非统计面积），占产区粮食播种面积的30%~50%，单产100 kg/亩左右（正常年份）。燕麦科技人员包括育种、栽培、加工、机械、农业经济等科技人员共有100多名，其中育种人员20多名，栽培人员15名左右，加工人员60多名，机械维修人员5名，农业经济人员5名。燕麦加工、种子、经营等企业共计150多家，其中种子经营5家，面粉加工企业110家，莜（燕）麦方便面加工企业11家，营销5家。燕麦产业发展已形成育种、栽培、加工、经销为一体的产业化生产技术体系，年加工销售在15万t左右，产品销往全国20多个省市，部分产品出口。

河北省燕麦市场很好，购销两旺，但是加工企业规模小，竞争力差；中低档产品多，高档产品少，产业难提升；无序竞争，压级压价，效益差。另外燕麦科研投资少，经费少，难以开展高层次研究。燕麦是小作物，基础研究开展得少，高新技术难以研究应用。加工技术研究人员少，没有换代的产品。在河北省张承两地燕麦产区，燕麦就是主栽作物，与经济作物蔬菜和马铃薯相比，种植技术跟不上，耕作粗放，种在旱坡薄地，等雨靠天吃饭，单位面积效益较低。

（二）建议与对策

1. 打造和创建国内知名品牌

加强燕麦产品研发与更新换代，实行标准化生产、规模化经营，防止假冒伪劣产品上市。

2. 加强科研投入

积极搭建燕麦研究平台，培养基础研究人才队伍，开展基础研究和高新技术应用研究以及加工技术研究，为应用研究做支撑。培育不同生态型、不同熟期、不同用途的各类品种；开展有机无公害种植技术与免秋耕蓄沙固土种植技术的研究示范；开展燕麦加工新技术、新产品研究。

3. 建立燕麦良种繁育体系

燕麦的生产种植，必须要有新品种及优良、纯净的商品种子作为保障，可以开展与种子经营企业的多种形式的合作，建立燕麦良种繁育基地，为燕麦产业发展保驾护航。

4. 加强宣传

搞好燕麦保建功能和食用方法的宣传，提高消费者对燕麦的认识，不断扩大消费市场，在提高产品质量的同时进入国际市场。

四、糜子

（一）糜子生产现状与问题

1. 优势区域不明显，难以形成产业规模

冀北一直没有进行过全面的糜（黍）区域布局规划，糜（黍）生产多年来处于分散种植、盲目发展的状态。有计划地作为产业来发展几乎是空白。虽然在蔚县、阳原、宣化、赤城、万全等县区形成了多个糜（黍）种植相对集中优势地区，但这些地区或基地内缺乏统一的组织和管理，存在着种植品种类型多而杂，而且多种植在旱薄地，投入少、管理水平低、广种薄收现象严重，造成了产量和品质的不稳定，年际间种植面积变化大，品种退化、混杂严重，品质没有保证，难以形成产业规模。

2. 科研滞后，新品种、新技术宣传推广力度不够

糜（黍）生产劳动效率低，不能满足市场发展的需求，现在冀北各地种植的糜（黍）多为当地农家品种，种植多年，品种生产力低、混杂严重，影响产量和品质；新品种产量水平和抗倒伏性没有重大突破，相关的旱作栽培技术落后，投入相对少，管理粗放，当地糜（黍）多种植在劣茬地，不施肥或少施肥，耕作管理粗放、栽培技术落后。糜（黍）生产机械化程度低下，不能解决劳动力日益匮乏的瓶颈问题，很难提高劳动效率。

3. 糜（黍）生产深加工技术研究少，限制了其增值空间

冀北糜（黍）研究单位少，研究方面仅限于糜（黍）的品种选育及资源创新利用，对糜（黍）抗旱栽培、加工研究不多，深加工研究更少，除了有少量的企业进行加工面粉、酿酒外，其他应用都没有形成规模，仅限于原料的粗加工水平，产业链不能有效地延长，加工增值空间受限。

4. 糜（黍）产区经济落后、信息不灵、市场反应迟缓

信息不畅是糜（黍）产业化发展的又一制约因素。糜（黍）主产区多处于张家口市干旱半干旱的山区、丘陵半丘陵地区，经济相对落后，小规模生产对市场的适应能力和应变能力都很脆弱。没有健全的专业市场，没有专业化的产业协会，没有龙头企业的带动，没有先进加工技术的支撑，难以形成支柱性产业。资金缺乏，农业生产的集约化水平低，社会化服务体系不完备。以原粮和粗加工产品为主，市场走向流动性和随意性很大。

（二）建议与对策

1. 调整育种目标

品种是影响种植业产业化水平和市场水平最关键的生产资料。要在黍子育种上调整目标，在保持和继续提高产量的同时，注重品质，使新品种适应市场和环境发展的需要。多元化产业育种是指专门为某种产业培育专用品种，具有满足产业发展需求和专用的双重性质。冀北黍子资源十分丰富，生态类型差异很大，开展多元化育种十分必要。不仅要开展坝下地区抗旱品种、专用品种的选育，也要积极开展坝上地区和备荒的早熟、极早熟品种、饲草专用品种的选育，促进冀北黍子生产的发展。

2. 发展旱作农业

开发有效的集雨技术、保水技术、平衡施肥技术和机械化高效生产技术，建立配套的旱作农业技术体系。旱作农区虽然农业生产水平低，但人均土地较多，光照条件好，黄土层深厚、结构疏松，投入的边际产出高，蕴藏着较大生产潜力。只要在正确的政策指导下，增加一定的物质和技术投入，在干旱、半干旱雨养冀北农业区，给黍子以恰当的地位，大力推广旱作农业技术成果，生产就会有较大的发展。

3. 实施品牌战略

在黍子的营养研究方面下大力度，做大文章，实施品牌战略，研发大众化食品，加强黍子的深加工技术研究，研发高附加值的黍子功能食品、药膳食品、化妆品甚至药品等，延长产业链，实现产品增值和资源的高效利用，进而打造具有地方特色的黍子产品品牌，并加大宣传力度，逐步扩大产品的市场占有率。

4. 加强示范、推广工作

加大宣传力度，科研单位、行政及推广部门加强协作，建立完善的科研、推广、生产体系，加强黍子新品种的示范、推广工作，使冀北黍子生产布局区域化，种植规模化，生产和产品标准化，经营产业化。

五、高粱

（一）生产现状与问题

1. 种植面积逐年减少

历史上旱、涝灾害频繁发生的地区相当一部分是高粱的主要产区。随着农业生产条件的改善，出现了由高粱改种玉米的局面。伴随人民生活水平的提高，食用高粱逐渐减少；高粱作为其他工业原料的科学研究相对滞后也制约了高粱的生产。这些情况均为导致高粱种植面积下降的原因。

由于种植面积逐年减少，总产下降，依赖进口数量渐增。据美国农业部数据显示，2013 年中国从美国采购高粱 1.30 亿 BU（合 5 118万 t）。随着中国限制进口美国转基因玉米，中国对高粱的进口需求将大幅提高。

河北省水资源严重不足，人均水资源量 386 m^3，相当于全国平均值的 1/8。据资料显示，全省总用水量 212.2 亿 m^3/年，其中耗用地下水资源量为 166.4 亿 m^3/年，年超采深层地下水量 40 亿 m^3。农业种植业用水为 154.4 亿 m^3/年，种植业用水量占总用水量的 72.8%，小麦用水量占种植业用水的 37.85%。位于低平原区的衡水市，是小麦的主产区，水资源更是极度匮乏，年水资源量仅 6.13 亿 m^3，人均水资源量仅占河北省的 48%，年超采 9 亿 m^3，由于地下水连年超采，形成地下水埋深达 100m 的漏斗区，已面临巨大的生态隐患。面对如此严峻的水资源紧缺形势，以小麦为主要作物的生产用水面临前所未有的困境，为减少地下水的超采，发展低耗水作物高粱的种植将被关注。发展高粱产业将成为保障国家粮食安全和生态安全的措施之一。加强高粱产业的发展，能促进河北省农业、畜牧业和能源、工业的发展，缓解资源紧张，对推动农业可持续发展，促进河北实现绿色崛起意义重大。

2. 育种工作滞后于生产需要

从产业发展角度考虑，专用高粱越来越引起企业与消费者的重视，而当前的育种工作远滞后于生产需要，并且由于高粱育种研究工作受多种因素影响，曾几度中断，目前还处于恢复期。尤其是在提高高粱品质与适口性、攻克品种的抗蚜虫、抗倒伏和抗盐碱难题、建立饲用高粱育繁推体系方面，均需要有关部门给予高度重视和鼓励，并从研究经费方面给予支持。

3. 急需实现收获、运输和储藏加工机械化

甜高粱与饲用高粱的植株高大粗壮，一般生物产量高达 75 ~ 150 t/hm^2，人工收获比较困难，在收获运输和储藏加工方面急需实现大型机械化，并降低生产成本。

4. 高粱产业化工作任重道远

利用甜高粱生产燃料乙醇优势尽管明显，但尚未形成规模种植，点片种植后未能进行深加工利用，存在一定程度的污染和浪费，急需形成一条龙式的链条循环经济。不少参与高粱产业的相关企业出现资金瓶颈，制约着产业的发展，政府应在产业化项目方面予以立项支持。

（二）对策与建议

1. 加强科研工作，调整育种目标

高粱生产稳定性依赖于高粱科研工作的进展。通过育种可提高高粱的生产潜力和多抗性。专用高粱越来越引起企业与消费者的重视，应调整育种目标，选育高产、优质、抗旱、耐涝、耐蚜、抗病、耐除草剂的高粱杂交种。注重专用性以适应产业的不同用途，扭转育种工作滞后于生产需要的被动局面。

2. 适应资源条件，调整种植结构

高粱作为抗旱、抗涝的稳产作物，各地应根据其自然条件、水资源条件、自然灾害发生频率及严重程度，因地制宜地调整作物种植结构，稳定扩大高粱种植面积，以增加抵抗自然灾害的能力，保证粮食生产的稳步提高。随着气候变暖，旱灾、水灾发生较频繁，水资源逐渐短缺，耕地逐年减少，人口逐年增加，中国对粮食需求量越来越大，应对高粱种植给予高度关注。

3. 根据市场需求，建立高粱生产基地。首先考虑农业部门、酒厂、粮食部门、养殖企业的联合，走集约化生产的路子，提高高粱生产率。实行订单生产，产、供、销一条龙，保证产品收购价格，提高农民种高粱的积极性，解决酒厂买高粱难的问题，消除中间环节，维护供需各方利益。其次要考虑高粱生产与饲料厂建立稳定的供销合同，建立高粱生产基地。保证及时更新品种，采用良种良法配套，能够实现合理施肥，配方施

肥，水肥配合，提高品质，提高生产效率。通过基地建设，能够鼓励耕地自愿、有偿、有序地向种粮大户或种田能手集中流转，以实现产业化、规模化种植。

4. 强化区域布局，培育龙头企业，延长产业链条

要加快优势高粱区域布局建设，不断优化品种结构。大力发展优质专用品种，完善良种繁育和农技推广体系，提高产业化经营水平，稳定商品高粱质量，提高高粱产业竞争力和综合效益。应重点培育一批起点高、技术含量高、规模大的酿酒和深加工企业，通过深加工延长产业链，开发附加值高、技术含量高的新产品，推动高粱产业的健康发展。

第二章　主要杂粮品种资源

第一节　谷　子

河北省农林科学院旱作农业研究所在20世纪50年代就已开始谷子研究，历史悠久，冀谷1号即为该单位于20世纪70年代选育出来的。目前河北省的谷子品种资源最为丰富。

一、品种资源的搜集与整理

河北省栽培谷子历史悠久，河北省武安市磁山村在7 500~8 700年前就已开始谷子种植，因此磁山遗址被确认为是世界上粮食作物——粟的最早发源地。谷子单穗籽粒多，繁殖系数大，是一个略有异花授粉能力的自交作物，自然界产生杂交变异又能分离保存下来，因而其苗、株、穗、粒各方面有着多样的形态和色泽。20世纪50年代我国组织过一次大规模的地方品种搜集工作，1958年全国第一次大田作物品种会议统计的谷子遗传资源就有23 932份。经过整理更新，1974年全国农作物品种资源大会时统计尚有16 838份谷子资源。1979年《中国谷子品种资源目录》共编入11 678个，这还未包括中国农业科学院作物品种资源研究所的以及国外引进的4千多份材料。到了20世纪80年代，谷子育种理论日渐成熟，新品种开始进入以杂交育种为主，辅以理化诱变及生物技术等多种方法综合利用的阶段，特别是抗除草剂谷子品种和杂交谷子的育成及应用，大大促进了谷子轻简化栽培和机械化生产的推广。谷子育成品种抗旱性、抗病性及品种品质不断提高，特性资源不断涌现。从1986年开始，谷子种质资源繁种入库保存规定入库的材料必须具有资源目录统一编号，至今共入编谷子种质资源27 059份，其中包括国内29个省市约26 554份、国外16个国家的505份。2016年《中国谷子品种》共收入从1986年至2010年25年间育成的谷子新品种230个，其中河北45份，山西54份，吉林29份，辽宁25份，内蒙古19份，河南15份，黑龙江15份，陕西12份，山东8份，甘肃8份（图2-1）。

二、资源研究与利用

（一）谷子形态特征

在形态水平上谷子形成了明显的分化，不仅具有苗、株、穗、粒等多样的形态和色泽，而且多基因决定的数量性状也存在广泛的变异。谷子在不同生态环境下栽培，适应性结果导致了形态学性状和农艺性状的较大变异。

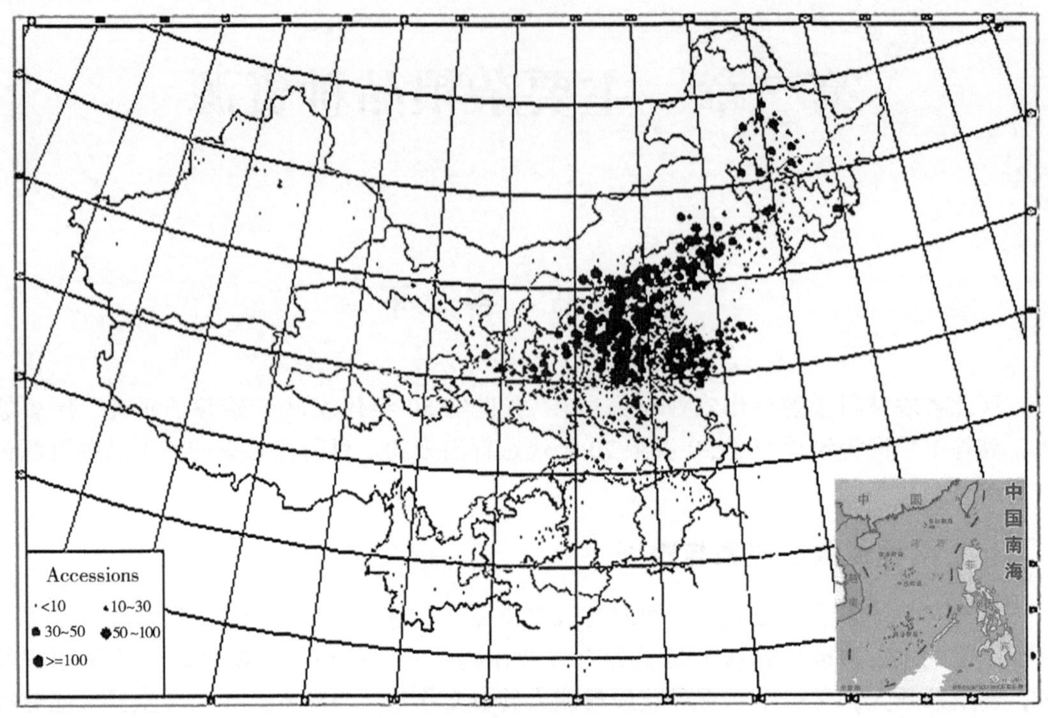

图 2-1　谷子种植资源地理分布示意图

图片来源：中国作物种质资源信息网

1. 穗型

谷子的穗具有三级分枝，穗形轮廓由第一级分枝即穗码的长短和在主轴上的排列方式决定。历史上我国劳动人民又有选种、命名的习惯，在广阔复杂的自然环境下种植和驯化，较易形成并分化为各种各样、类型繁多的地方品种资源，特别是地方品种的名称可以形象生动地反映该品种的特点，如龙爪谷、佛手谷、鸡爪谷、猫爪谷、虎爪谷等。为了便于整合全国谷子种质资源，规范谷子种植资源特征特性整理描述标准，以及新品种特异性、一致性和稳定性的测试和评价，中国农业科学院作物科学研究所在《谷子种植资源描述规范和数据标准》一书中对谷子穗型分类进行了统一，见模式图 2-2。

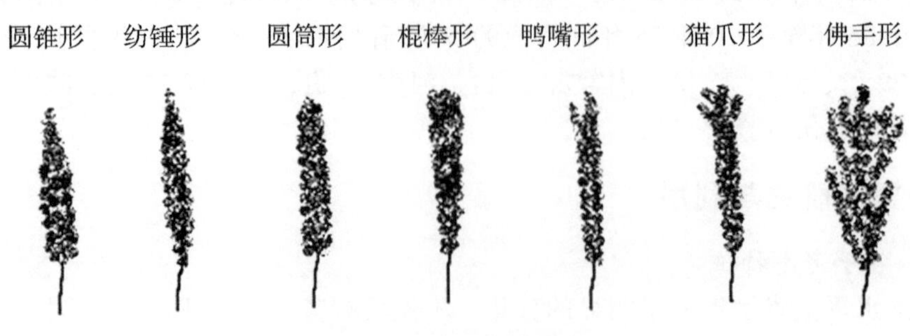

图 2-2　谷子主穗穗型

2. 籽粒

（1）粒色。谷子粒色是指稃色即内外颖成熟后的颜色。粒色中最常见的为黄色和白色、褐色，少有黑色、灰绿色及红色。地方品种中常常把粒色用于品种命名，如红黏谷、小红谷等。

（2）米色。去掉皮的小米颜色一般有黄、白、灰黑、灰绿等，但绝大多数为黄色，白色次之，灰黑/绿为稀少类型。

（3）米质。谷子小米有粳糯之分，少数介于二者之间。生产中多为粳性谷子，糯性多用于酿酒或年糕。

（4）大小。谷子受环境及遗传因子影响，籽粒大小（用千粒重衡量）最小在1.5g，最大在5g以上，但大多数为2.5~3.0g。

3. 苗色

谷子在幼苗期（3~5叶期）叶片、叶鞘因花青素含量、分布不同，会出现三种苗色，通常以苗期第四片叶正面的颜色及包茎（假茎）叶鞘的颜色为调查依据，主要分以下五种：黄绿、绿、浅紫、中紫、紫。幼苗颜色是育种工作的一个重要性状，它常常和一些其他性状有关联，如幼苗紫色的品种耐旱耐寒，但成熟期植株茎秆易倒伏；黄绿苗色的品种干草品质优于绿苗和紫苗的。

4. 刺毛

谷子穗部均有刺毛，长短、颜色因品种而异。观测时期在开花期，长度有短、中、长三个分级，颜色分为黄、绿、紫，一般随着籽粒的成熟刺毛颜色会逐渐褪去（表2-1）。

表2-1　刺毛长度分级标准

夏谷	刺毛长度（mm）	0~4	5~7	>7
	级别	短	中	长
春谷	刺毛长度（mm）	0~2	3~6	>6
	级别	短	中	长

5. 主茎

品种不同，主茎高矮、粗细，节间长短，节数的多少均不同。茎高指植株从茎基部到穗基部第一码着生点的长度，观测时期在灌浆初期，测量从茎基部到穗基部第一码着生点的长度，精确到1cm，通常要随机测量20株主茎茎秆长度，计算平均值。详细分级标准见表2-2至表2-4。

表2-2　谷子主茎茎秆长度分级标准

夏谷	长度（cm）	<60	60~80	81~100	101~130	>130
	级别	极短	短	中	长	极长
春谷	长度（cm）	<100	100~120	121~130	131~150	>150
	级别	极短	短	中	长	极长

表 2-3　主茎茎秆直径分级标准

直径（mm）	<2.0	2.0~5.0	5.1~8.0	8.1~12.0	>12.0
级别	极细	中细	中	粗	极粗

表 2-4　主茎伸长节间数分级标准

主茎伸长节间数	<8	8~10	11~13	14~16	>16
级别	少	中少	中	中多	多

其他一些特征特性如穗颈长度、形状；柱头、花药颜色等详细分类见附件《谷子种质资源描述规范和数据标准》

（二）谷子生理生化特征

1. 生育期

谷子由种子萌发至成熟形成新的种子，这称为谷子的一个生育周期。也称全生育期。而谷子从出苗到成熟所经历的天数称谷子品种的生育期。由于谷子种子在地下萌发的快慢与生态条件有关，而且不易观察，所以通常用谷子的生育期作为一个指标，来衡量一个谷子品种生长时间的长短。

不同品种谷子在同一地区的生育期长短差异很大；同一品种在不同地区种植生育期长短也有很大变比。一般在春播条件下，春谷类型品种生育期为 80~140d，生产上常把生育期少于 110d 的品种定为早熟品种；111~125d 的品种定为中熟品种；125d 以上的品种定为晚熟品种。而夏播条件下，夏谷生育期在 70~80d 的品种为早熟品种；80~90d 的品种为中熟品种，90d 以上的品种为晚熟品种。

2. 光反应特性

谷子是短日照喜温作物，光温反应敏感，每个生态类型的谷子品种具有一定的形态和生长发育上的差别，特别是在光照阶段发育的迟早上存在明显差别。根据谷子的光温反应型，谷子可分为春播和夏播品种两大类，春播品种又分成光温敏型、光敏型、温敏型、中间型、光中温不敏型、不敏感型 6 个光温反应型；夏播品种分成光温敏型、温敏型、中间型和不敏感型 4 个光温反应型。

3. 小米品质

我国谷子育种目标在 1995 年以前基本上以高产为主，育成了冀谷 14 号等为代表的高产多抗品种，产量水平明显提高。1996 年以后逐步开始优质育种，努力实现实现了高产、优质的统一，育成了以冀 17 号、小香米、豫谷 9 号、晋谷 34 号、晋谷 35 号、晋谷 36 号、九谷 11 号为代表的优质高产新品种，打破了优质与高产的矛盾，使优质育种上了新台阶。目前谷子优质育种已经越来越细化、专一化，如河北省农林科学院旱作农业研究所培育的富铁谷子品种衡谷 10 号、高赖氨酸品种衡谷 11 号，以及高蛋白的衡谷 20 号饲草专用谷子品种。谷子的品质是一个综合性状，包括营养品质、蒸煮食味品质、商品外观品质与加工品质等。营养品质指籽粒中含有的粗蛋白质、粗脂肪、脂肪酸、维生素等，蒸煮食味品质指直链淀粉含量、胶稠度、碱硝指数等，其中营养品质一直是研究的热点。

（1）食味品质。又称为口感，主要指气味、食味、硬度等。目前主要以直链淀粉含量、糊化温度和胶稠度作为谷子食味品质的定量测定指标。谷子淀粉由直链淀粉与支链淀粉组成，两种淀粉的比例关系决定着小米饭的适口性，据王润奇等人研究，大多数谷子品种直链淀粉含量为14%~25%，我国公认的沁州黄、晋谷14等优质品种，直链淀粉含量为9.0%~11.9%。直链淀粉含量分别与小米饭的柔软性、香味、色泽、光泽有关。

糊化温度是小米淀粉粒在热水中膨胀而不可逆转时的温度，由此可以反映出胚乳和淀粉粒的硬度。糊化温度越低，小米越容易煮烂，且食味较好。反之糊化温度越高，小米越不易煮烂，且食味较差。谷子品种不同，糊化温度不同。小米的糊化温度划分为低（<60℃）、中（60~63℃）和高（>63℃）三个等级。糊化温度与蒸煮米饭时间及用水量呈正相关。

胶稠度是指小米蒸煮一定时间后，米汤中胶质的流动长度。胶稠度反映了米胶冷却后的黏稠程度，与小米饭的柔软性有关。胶稠度与适口性之间呈正相关。胶稠度在6~7cm的品种，其米饭黏性适中，冷却后仍柔软，有光滑感，食味品质好；胶稠度在6cm以下的品种，其米饭干燥，冷后发硬，适口性差。胶稠度与糊化温度之间呈中度负相关。糊化温度高的品种其米胶质流动长度较短。

其他因素如谷子品种是影响小米食味品质的主要因素。品种不同，小米的直链淀粉含量、糊化温度、胶稠度不同。收获期的早晚，特别是提早收获，籽粒灌浆尚未结束，小米中蛋白质、脂肪与淀粉等物质尚未完全充实，减少了固形物质，而影响食味品质。除此之外，肥料、土壤类型及光、温、水等气候因子的变化也会影响食味品质。

（2）营养品质。营养品质主要包括蛋白质、脂肪、淀粉、维生素和矿物质等。

谷子籽粒中粗蛋白含量高于稻米、小麦粉和玉米，为人类食用米类中营养最高的米种，谷子粗蛋白主要贮存在胚细胞中，主要包括：清蛋白、球蛋白、醇蛋白和谷蛋白。不同品种蛋白质含量差异很大，一般变幅为8.06 %~19.21%，平均含量为13.08%，高于其他禾谷类作物。谷子粗蛋白的氨基酸组成中，赖氨酸和苏氨酸为谷子籽粒粗蛋白的限制氨基酸。赖氨酸为第一限制氨基酸，赖氨酸含量占粗蛋白总量的1.16%~3.65%，平均为2.17%，苏氨酸为第二限制氨基酸。除赖氨酸外，谷子蛋白质的氨基酸含量明显高于其他粮食作物，同时必需氨基酸指数也相对较高，其中亮氨酸含量最为突出（古世禄等，1989）。谷子品种间蛋白质含量的变异相当大。施用肥料的种类、用量不同，对谷子蛋白质含量影响也不同。据张珠玉试验，在单施氮肥时，0~112.5kg/hm^{2}用量范围，其蛋白质含量的增加幅度最大，112.5~168.75kg/hm^{2}时，蛋白质含量的增加趋势减弱，配合施磷与单施氮肥相比，对谷子蛋白质的增加影响不明显。谷子的产地、品种和生产年份不同，蛋白质含量有明显差异。

粗脂肪和脂肪酸也是谷子重要的营养组成部分，是谷子品质的重要特征之一。谷子粗脂肪含量主要存在胚的油质体中。不同品种粗脂肪含量差异较大，谷子籽粒中粗脂肪平均含量为4.28%，变幅为2.45%~5.84%，高于大米、面粉，低于玉米。脂肪酸组成中，不饱和脂肪酸如亚麻酸、亚油酸含量在85%以上，其中亚油酸为65.05%，这对预防动脉粥样硬化等心脑血管病有一定的疗效。干旱有助于谷子脂肪的含量提高。据杨官厅研究，在干旱条件下比在水分充足的条件下脂肪含量提高 9.6%，最高的提高 27.4%。谷子脂肪含量与温度呈负相关。随着积温的增加，脂肪含量呈下降趋势。脂肪含量还随纬度、海拔增加而呈增加趋势，随施肥量增加而呈下降趋势。

不同品种谷子的直链淀粉含量、糊化温度、胶稠度、脂肪酸、维生素含量等性状不同，品种间的差异较大；谷子无论是单施氮肥，还是氮、磷配合，均随施肥量的增加而总淀粉含量减少。而直链淀粉含量则随施肥量增加呈增长趋势，支链淀粉含量则随施肥量增加呈下降趋势。

谷子籽粒中还含有丰富的维生素，每百克谷子含维生素 A 81.6 个国际单位（最高可达 394 个国际单位）、维生素 B_1平均含量为 0.76mg、维生素 B_2平均含量为 0.12mg，谷子中的微量元素含量丰富，硒的平均含量为 0.071mg/kg。维生素 E 含量相当于其他谷类作物的 1.5~3 倍。籽粒中含有的维生素 E，是人类摄取天然维生素 E 的重要来源之一。研究发现，维生素 E 具有明显的抗氧化活性，其抗氧化的生理活性特征与人体防止不饱和脂肪酸氧化、防止动脉硬化、降低胆固醇、改善血液循环、防止心脑血管疾病等有着密切关系。维生素 E 主要由 α-生育酚（a-T）、β-生育酚（β- T）、γ- 生育酚（γ-T）、δ-生育酚（δ-T）4 种组分构成，谷子维生素 E 平均含量为 32.80 μg/g、变幅为 27.72~39.48μg/g，但未见有关谷子维生素 E 各组分的研究报道。

国内关于谷子的营养品质研究，主要集中在粗蛋白质量研究以及不同生态因子对营养品质的影响。张喜文等（1992）认为，随着施氮量的增加，籽粒粗蛋白、直链淀粉含量、胶稠度等增加。而籽粒中粗脂肪、总淀粉和全磷含量则随施肥量的增加而下降。冯献忠等（1997）研究指出，钾处理能提高籽粒产量，增加籽粒粗蛋白，可溶性蛋白和游离氨基酸的含量，钾与灌浆过程中蛋白质积累和氮素周转紧密相关。古世禄等（1998）研究表明，播种期不仅影响谷子籽粒中氨基酸含量，同时也影响必需氨基酸总量和氨基酸组成比例。王文忠等（1999）研究表明，施钾肥能明显促进谷子苗期的生长发育，有助于谷子穗分化，增加千粒重，加速光合产物的运转，提高谷子产量。古世禄等（2000）用红土、黄土和红黄土 3 种土壤在不同海拔高度进行谷子优质栽培，结果表明，红土和黄土地对提高籽粒蛋白质含量的作用较大，因此谷子的优质栽培宜选择海拔在 1 100~1 200m 的红土或黄土地种植。王节芝等（2001）认为，播种期对谷子产量及米质均有影响，只有适期播种，才能优质高产。范静波等（2003）的研究表明，钾可以调节谷子的生长发育过程，改善品质、提高产量。岳海（2005）通过不同态环境和不同栽培管理措施对谷子营养品质的影响，发现通过对环境生态因子的调控，可以适当提高谷子的营养价值。

（三）抗逆性研究

谷子在漫长的演化、驯化过程中，为了适应环境，逐步衍生出优良的抗病、抗虫或抗逆境的遗传资源，如有的抗粟芒蝇，有的耐旱性极强，还有的高抗白发病等，这些抗性资源的研究利用为广适多抗谷子新品种的培育提供了宝贵的种质资源。

1. 抗旱性研究

谷子品种的抗旱性对生产应用显得尤为重要。李萌梅（1991）采用苗期反复干旱法鉴定了谷子品种资源 7 348 份和育成品种 69 份，并露地全生育期鉴定了华北夏谷区品种 3 597 份。苗期与穗期鉴定结果一致率为 94.3%，苗期与成熟阶段鉴定一致率为 75.6%。认为采用苗期反复干旱法鉴定谷子抗旱性，结果可靠，有实用性，可代替全生育期鉴定。张文英等在干旱池模拟干旱条件下，对苗期抗旱性表现不同的谷子品种进行了全生育期抗旱性研究，调查分析了根干重等形态和生理性状在干旱胁迫条件下的变化，采用相关和灰色关联度等方法，分析这些指标与抗旱性（DRI）的关系。结果表明，相对根冠比、相对单穗粒重和灌浆期光合速率、蒸腾速率同抗旱性表现极显著相关，可以作为谷子全生育期抗旱性鉴定的指标，而相对根干重、相对单穗重、相对株高和气孔导度则可以作为谷子全生育期抗旱性鉴定的参考指标，在供试的品种中，红根谷和大齐头白表现了良好的综合抗旱性。同时也发现谷子全生育期抗旱性和苗期反复干旱鉴定结果不一致：如硬半月谷在苗期不抗旱，而在全生育期抗旱性突出；但也存在苗期抗旱，全生育期也抗旱的，如红根谷和七月黄。苗期抗旱的东方亮和大齐头白，根据全生育期抗旱系数判断也抗旱。谷子抗旱性的这种复杂表现和不同发育时期与鉴定方法、指标的不同内涵，要求我们在进行不同研究工作时慎重考虑采用的方法和材料。

谷子抗旱性鉴定时期一般分为苗期、抽穗期、成熟期三个阶段。

（1）干旱胁迫对芽期的影响。谷子芽期耐抗旱性反映了谷子播种后种子萌发、出土阶段抵抗土壤干旱的能力，是谷子早期生长阶段不可忽视的抗逆性状，研究谷子芽期抗旱性具有重要意义。

试验方法：挑选饱满的供试种子，用 0.1% $HgCl_2$ 消毒 10 min，蒸馏水冲洗干净。用 5%、10%、15%、20% PEG-6000 溶液进行处理，对照用蒸馏水。每个处理设 3 次重复，每重复 100 粒种子。分别对 14 个品种进行滤纸皿床发芽试验，每皿放入 10mL 处理液，培养箱温度为（25±1）℃，每天定时观察，并记录种子发芽数。以胚根长度 1mm 作为发芽标准。发芽期间以称重法补充蒸馏水，保持各处理浓度的相对稳定。8d 后结束发芽，计算种子相对发芽率、相对发芽指数、相对活力指数。测定所有萌发的幼苗的根长、苗长，取其平均值。

为避免不同基因型品种在正常条件下本身所存在的差异对试验结果的影响，客观地反映待测品种在水分胁迫条件下的耐旱性差异，所测定指标均采用相对值进行计算。

相对发芽率（%）=（PEG 处理发芽种子数/对照发芽种子数）×100

发芽指数 $GI=\sum Gt/Dt$，Gt 指在不同时间（t 天）发芽数，Dt 指不同的发芽试验天数

活力指数 $VI=S\times\sum Gt/Dt$（S 为鲜重）

相对发芽指数（%）=（PEG 处理发芽指数/对照发芽指数）×100

相对活力指数（%）=（PEG 处理活力指数/对照活力指数）×100

相对芽长（%）=（PEG 处理芽长/对照芽长）×100

相对根长（%）=（PEG 处理根长/对照根长）×100

按照祁娟等[6]的方法计算各品种抗旱性隶属函数，确定抗旱等级。隶属度按四级

制划分标准：隶属度大于 0.7 定为Ⅰ级，为强抗，；隶属度在 0.6~0.4 定为Ⅱ级，为较抗；隶属度在 0.3~0.4 定为Ⅲ级，为弱抗；隶属度小于 0.3 为不抗，定为Ⅳ级。

（2）干旱对苗期的影响。试验方法：试验按照李荫梅等（1991）的方法实施。试验在长×宽×高为 70cm×48cm×20cm 的塑料箱中进行，试验用土为壤土，过筛填盒、土层厚 15cm，4 次重复。播前浇水达到饱和含水量，按方格播种，出苗后定苗，然后进入干旱胁迫期，每个材料 15 株，幼苗长到 3 叶期时开始自然干旱，当土壤水分降至田间持水量的 7% ±2% 时，进行复水，72h 后调查幼苗存活率，然后自然干旱再复水，反复 2 次。调查每次胁迫的死苗率。在日平均气温 20℃ 的条件下，干旱一次需 25d 左右。

（3）谷子灌浆期干旱胁迫研究。灌浆期是谷子产量形成的关键期，也是需水关键期，谷子是我国北方的主要粮食作物，在禾本科中表现了较为突出的抗旱性，但由于谷子主要种植在旱薄地，品种的抗旱性对生产应用极为重要。

试验在干旱棚内进行。灌水量用水表计量，遇雨时干旱防雨棚自动关闭，保证灌水量的准确，每个干旱池离池壁等距离安装 2 根 PVC 管，随时用 CPN503DR 中子土壤水分测试仪测定干旱池土壤水分变化。种植方式：3 次重复、随机排列。行长 2.1m，行距 0.2m，3 行区，小区面积 1.32 m^2。留苗密度按照华北夏谷区生产上的种植密度 3 万株/亩操作。全小区收获，测定小区产量。用抗旱指数（DRI）表示各基因型的抗旱性。

试验一般设 2 个试验处理：干旱池最大含水量 28%左右，播前灌水达最大持水量。非干旱胁迫，全生育期满足水分供应（全生育期灌水 2~3 次，每次 63mm，总灌水量 200mm 左右）；灌浆期干旱胁迫，在保证出苗整齐后至灌浆期不再灌水，灌浆期过后覆水［谷子在土壤最大持水量 28%的情况下，土壤含水量达 9%以下基本停止生长，谷子在土壤含水量低于 9%时灌一次水，63mm/（亩·次）］。

测定项目与方法主要如下：

根系参数：先将待测根系用清水冲洗干净，然后用滤纸吸干附着水，进行各指标的测定。根数、根长按照常规方法测定。根干重采用烘干称重法测定。

叶面积：用直尺测量叶片长度、叶片最大宽度，然后按 Monlgomory（1911）方法进行计算。

叶绿素含量：叶绿素含量测定仪 SPAD-502 用活体叶绿素仪直接测定，测 10 片取平均值。

可溶性糖：用蒽酮比色测定；脯氨酸用茚三酮比色法测定；丙二醛用硫代巴比妥比色法测定；SOD、POD、过氧化氢酶活性。

以上测定均取灌浆期旗叶叶片，重复 3 次。

茎粗（10 株并列量其到第二节）、株高、单株节数、颈长、穗长、穗重、粒重和千粒重。收获前单株取样，每个小区随机选取有代表性的 10 株，收获后室内考种。

叶绿素含量：灌浆期采用便携式叶绿素测定仪（SPAD）进行测定棒三叶，每小区测 5 株，共测 3 次。

株高、产量性状：株高按常规方法进行，穗部性状包括穗长、穗重、干重等，按照常规考种方法进行。产量性状是籽粒产量，按常规考种方法进行。

统计方法和计算公式如下：

统计分析采用唐启义研制的《DPS 数据处理系统》，对所得的数据进行分析。

抗旱性评价指标——抗旱指数。

抗旱指数（DRI）由下述公式计算：

$$DRI=\frac{(Y_a)^2}{Y_m}\times\frac{Y_M}{(Y_A)^2}$$

式中，Y_a是参试品种旱处理产量；Y_m是参试品种水处理产量；Y_M是参试品种水处理平均产量；Y_A是参试品种旱处理平均产量。

另一种抗旱评价指标为抗旱系数（DC）。

$$抗旱系数（DC）=Y_a/Y_m$$

式中，Y_a是参试品种旱处理产量，Y_m是参试品种水处理产量。

（4）全生育期抗旱性及水分利用效率研究。试验设对照和干旱处理，灌水量用水表计量，遇雨时干旱防雨棚自动关闭，保证灌水量的准确，每个干旱池离池壁等距离安装 2 根中子仪管，随时用水分测定仪——中子仪水分测试仪测定土壤水分变化。对照处理指全生育期满足水分供应，干旱处理于干旱棚内干旱池内进行，要求播前灌水达最大持水量，全生育期不再灌水；各处理每品种 3 次重复、随机排列；行长 2.1m，行距 0.2m，8 行区，小区面积 3.3 m^2。留苗密度按照华北夏谷区生产上的种植密度 3.5 万株/亩操作。全小区收获，测定小区产量。用抗旱指数（DRI）表示各基因型的抗旱性。

测定项目与方法：

叶面积：用长×宽×系数法进行测定，在每个时期定株进行测量。

叶绿素含量：叶绿素含量用活体叶绿素仪 SPAD-502 直接测定，在旗叶固定部位做标记，定点测定，测 10 片取平均值。

以上测定均取灌浆后期旗叶叶片，重复 3 次。收获风干后计产，并计算耗水量（灌水量+播前土壤含水量-收后土壤含水量）和水分利用效率（WUE）。

籽粒 WUE=干物质量/（蒸腾量+蒸发量）。

根鲜重、干重：用土钻去行上单株的植株根系，分 0~20cm、20~40cm、40~60cm、60~100cm 以上共 4 个层次分别装入沙袋，同时将区号、土层等资料写一红牌放入沙袋。放入水池中浸泡到土壤与管分离，将泥土冲掉，拣出乳白色的根系，用水冲洗后用滤纸轻轻沾干根系水分，称量其鲜重，后放入烘箱中，75℃烘干 12h，后称量干重。

生物产量（植株鲜重、干重）：收获前单株取样，每个小区随机选取有代表性的 10 株，收获后室内考种。测定植株株高、穗长、穗重、粒重和千粒重、每个品种每小区单位长度（0~20cm）每株根鲜重、干重，不定根数、最长不定根长。

统计方法、计算公式：统计分析采用唐启义研制的《DPS 数据处理系统》对所得的数据进行分析。

抗旱性评价指标——抗旱指数

抗旱指数（DRI）由下述公式计算：

$$DRI=\frac{(Y_a)^2}{Y_m}\times\frac{Y_M}{(Y_A)^2}$$

式中，Y_a是参试品种旱处理产量，Y_m 是参试品种水处理产量，Y_M 是参试品种水处理平均产量，Y_A 是参试品种旱处理平均产量。

水分利用效率（WUE）采用 Fischer 和 Turner 的方法，9 月下旬收获，风干后计产，并计算耗水量（灌水量+播前土壤含水量-收后土壤含水量）和水分利用效率（WUE）。

产量水平 WUE＝籽粒产量/耗水量。

张文英等通过对干旱条件下谷子全生育期的生理状态进行测定，结合相关和灰色关联等方法，确定出相对根冠比、相对单穗粒重和灌浆期光合速率、蒸腾速率为谷子全生育期的鉴定指标；之后又对干旱条件下筛选的 20 个谷子品种的形态和生理生化指标进行测定，并结合主成分分析法，确定出千粒重、单穗重、叶绿素含量（SPAD 值）和超氧化物歧化酶（SOD）活性为谷子孕穗期抗旱综合鉴定指标，而可溶性糖、丙二醛（MDA）含量、SOD 和 SPAD 值可作为谷子抗旱生理生化鉴定指标，为筛选高抗谷子品种及今后选育工作提供了理论依据和技术支撑。

2. 抗病性研究

（1）抗谷瘟病研究。河北农林科学院谷子研究所利用温室苗期鉴定和大田成株期鉴定相结合的方法，对我国各谷子产区 267 份主要生产品种的抗瘟性进行了鉴定。通过对两个生长期鉴定结果的综合评价，共筛选到抗瘟品种 9 份，占鉴定品种的 3.37%；中抗品种 33 个，占鉴定品种的 12.36%。未见高抗和免疫材料。所筛选到的抗性品种山西较多为 5 份，河北 2 份，陕西 1 份，内蒙古 1 份，其他产区无抗病品种。中抗以上品种除甘肃省外，其他各省份均有分布。从不同省份中抗以上品种所占比率来看，以山西最高，为 29.69%。山西省主栽品种中抗瘟性品种所占比率普遍高于其他省份，这也是山西省目前谷瘟病发生较轻的一个重要原因；其次为辽宁、陕西，分别为 28.57%、27.27%。虽然这两个地区主栽品种抗性较差，但干旱的气候不利于谷瘟病的流行为害，因此，近几年这两个省份谷瘟病发生普遍较轻；河南、山东、吉林、河北中抗以上品种所占比率均低于 20%。这几个地区的主栽品种的抗性也明显较低，以感病品种为主。再加上适宜的气候造成了这 4 个省份谷瘟病偏重发生，尤以河北严重。

（2）抗纹枯病研究。河北农林科学院谷子研究所经多年鉴定发现谷子品种间对纹枯病的抗性差异十分明显，但尚未发现免疫品种，高抗材料也极少；大部分材料的抗性在 5~7 级，属感病品种；少量品种的抗病性较强，如‘小架塞谷’‘麦茬谷’‘晋谷 16’‘晋谷 22 号’等；也有少数材料发病很重，如朝阳齐头白、宽九等，属 9 级高感品种。经多次复鉴确定，共有 75 份材料对纹枯病的抗性稳定在 3 级以上（表 2-5）。

表 2-5　纹枯病调查分级标准

级别	性状描述
0 级	全株无病斑免疫（IM）
1 级	仅茎基部叶鞘、叶片发病高抗（HR）
3 级	株高 1/4 以下的叶鞘、叶片发病抗（R）
5 级	株高 1/2 以下的叶鞘、叶片发病中感（MS）
7 级	顶部第二叶鞘以下发病感（S）
9 级	整株发病或整株枯死高感（HS）

（3）抗线虫病研究。对全国各谷子产区的主要生产品种共 64 份材料的线虫病抗性进行了初步鉴定，结果显示大部分品种属于感病品种。从病情指数看，只有红黏谷和冀谷 19 为中感（MS），朝谷 13、朝谷 25、冀谷 21 表现为感病（S），其他均为高感（HS）品种。说明当前谷子主要生产品种均为感病品种，无抗病品种。

（4）抗白发病研究。王雅儒等对来自不同生态区（东北平原、华北平原、内蒙古高原和黄土高原）22 份优异种质用各生态区菌株对本区粟品种进行抗性关系的研究，其中抗 50%小种的品种有 332、龙谷 25 变、张农 12、大红袍、大同北郊、七月黄、大青苗、紫杆黄谷和西城白 9 个，具有广谱抗性而在本生态区亦表现抗病性强的品种有 332、龙谷 25 变、张农 12 等，选出的广谱抗性品种将为粟抗白发病育种、优良品种的合理布局及抗性机理的深化研究提供基础材料。

（5）抗锈病研究。在谷子锈病研究方面，河北省农林科学院谷子研究所将我国谷锈菌区分为 7 群 32 个生理小种，其中强毒性小种是 A77、A73、A57、B37，优势小种是 E3、D7；并将我国谷锈病常发区划分为华北夏谷锈病流行区和东北春谷锈病流行区；建立了谷锈菌毒性监测体系和用强毒性小种鉴定抗源、用本区系的优势小种鉴定同一区系新品种的谷子抗锈鉴定体系；先后共鉴定出 89 份抗源，被 10 个省 31 个育种单位应用后育出 21 个抗锈新品种，成为目前生产上的主推品种。首次依据加权毒性原理提出河北可以从河南、山东引进抗锈品种，共引进 5 个，累计推广 712 万亩，为谷锈病防治发挥了重要作用。另外，还澄清了品种抗锈性与可溶性糖含量呈负相关，与 4 种氨基酸含量呈正相关的抗性机理；明确了 11 份抗源的遗传规律、黄谷的抗锈基因分子标记 UBC504634，38 份抗源的亲缘关系，72 份抗源与谷锈菌优势小种、强毒性小种之间的抗锈异质性关系，并推导出 9 个异质抗锈基因；同时还对抗源的兼抗、优质性进行了鉴定，对 7 份抗锈突出的抗源进行改良，选育出 16 个农艺性状好、兼抗多种病害的新品系。为谷子抗病育种奠定了雄厚的物质基础。陆续将鉴定出的 89 份抗源以及抗源的抗锈机理等研究结果提供给全国各谷子育种单位应用，并对抗源后代进行跟踪鉴定筛选，先后培育和鉴定出一大批抗锈新品种和抗锈新品系，在河北、河南、山东、辽宁、陕西等省推广应用，有效控制了谷锈病的流行危害，促进了谷子产业化力度，使谷子抗旱耐脊的优势得以充分发挥。该研究在理论上为今后谷锈菌毒性监测、抗锈基因等深入研究奠定了基础，在应用上，已鉴定出的抗源和抗锈新品种还将在今后抗锈育种和谷锈病防治上发挥骨干作用。本研究先后鉴定出 41 个抗锈新品种，在河北、河南、山东、辽宁、陕西等省累计推广 9 395万亩，纯增经济效益 361 964万元，2000 年河北省抗病品种覆盖率达到 94%，减少了农业污染和防治投资，使长期困扰我国谷子生产的谷锈病得到有效控制，取得了明显的社会经济效益和生态效益。

(四) 抗除草剂研究

谷子抗除草剂的发现及利用是谷子育种和栽培上的一大变革。目前生产上应用的主要是抗拿捕净和抗咪唑乙烟酸的除草剂的品种。两个类型均为显性遗传，可以为抗性育种很好地利用。

1. 谷子抗除草剂基因的发现

传统的谷子品种不抗任何除草剂，种植过程中间苗、除草仍然依靠手工进行，严重制约谷子规模集约化生产。然而我国现有谷子资源中一直没有发现抗除草剂资源材料。20 世纪 80 年代，法国和加拿大等国科学家分别在谷子近缘野生种中发现了不同类型的抗除草剂基因，在谷子近缘野生种中发现的抗除草剂相关基因主要有：抗拿捕净（sethoxydim）基因，属于显性抗除草剂类型，是由一对显性基因控制的，该基因位于细胞核中；抗阿特拉津（atrazine）基因位于叶绿体中，是受细胞质基因控制的基因；抗氟乐灵（trifluralin）基因，由两对隐性主效基因控制，该基因也位于细胞核中；乙酰羟基酸合成酶基因。

法国科学家 Darmency 博士等人在谷子近缘野生种青狗尾草中发现了抗阿特拉津除草剂的种质，该种质抗除草剂基因在细胞质叶绿体中，属于细胞质遗传，他们利用抗阿特拉津除草剂的青狗尾草做母本，用农艺性状表现良好的谷子栽培种做父本，进行杂交，将得到的后代做母本，同原来的父本继续杂交，经过 4 个世代的选择，他们最终育成了具有抗阿特拉津除草剂的新种质，具有栽培谷子特征，但是它们的细胞质背景是野生种的细胞质。与常规谷子栽培品种相比，它的生物产量及经济产量较低，在高温及高密度的栽培条件下，它的经济损失可达 30%，造成谷子产量损失严重，因此，该抗除草剂品种一直没有应用于现实的生产实践中。

Morrison 等（1989）发现有些谷子的近缘野生种青狗尾草对氟乐灵（二硝基苯胺类药剂）不敏感，进一步研究表明，青狗尾草抗氟乐灵除草剂基因是一个单隐性核基因，Wang 等（1996）利用抗氟乐灵除草剂青狗尾草同谷子栽培品种进行杂交，发现 F2、F3 并不是按照 3 : 1 的比例分离，推测抗氟乐灵除草剂基因是受连锁的两个隐性基因控制。

1996 年 Heap 和 Morrison 在连续使用同一种除草剂的大田里发现了抗拿捕净（sethoxydim）除草剂的青狗尾草；de Prado 等（2004）在欧洲的西班牙发现了一种对乙酰辅酶 A 羧化酶（ACCase）表现不敏感的青狗尾草，这都为谷子抗除草剂研究引入了新的材料。王天宇等研究发现了受细胞核控制的单基因完全显性抗拿捕净除草剂基因 Srf，他们采用 AFLP 的方法找到了与 Srf 基因位点连锁的 AFLP 标记 AP1284 和 AP2350，

AP2350 标记 Srf 连锁紧密，遗传距离为 2.9cM，而 AP1284 标记与 Srf 遗传距离为 6.3cM，AP1284 和 AP2350 位于 Srf 的一侧，遗传距离为 3.4cM，他们将青狗尾草的抗拿捕净基因导入谷子栽培种中，培育出了谷子抗除草剂新品种。

Laplante 等（2009）对 5 组具有抗药性的青狗尾草进行研究，它们均对烟嘧黄隆和氟酮黄隆具有抗性，而只有 3 组还对嘧硫草醚具有抗药性，对它们的 *AHAS* 基因进行测序，发现它们均是单碱基突变，这些突变位点为在 653 的位置由丝氨酸（Ser）突变为苏氨酸（Thr）、天冬酰胺（Asn）和异亮氨酸（Ile）；还有一个新的突变是在 654 位置由甘氨酸（Gly）突变为天冬氨酸（Asp），这 5 组抗药性除草剂青狗尾草品种又为谷子抗除草剂研究添加了新的种质资源。

2. 抗除草剂基因的类型及其作用机理

Marles 等（1993）发现有些杂草抗拿捕净除草剂能力是其他品种的 100 倍之多，原因是它们的乙酰辅酶 A 羧化酶（ACCase）对拿捕净除草剂不敏感。拿捕净除草剂属于环乙烯二酮类、单一靶标类除草剂，作用于植物叶绿体的乙酰辅酶 A 羧化酶，乙酰辅酶 A 羧化酶是一个生物素羧化酶，它所催化的反应是脂肪酸生物合成中的第一步，拿捕净通过抑制丙二酸单酰辅酶 A 的合成从而阻碍脂肪酸合成。在玉米中，ACCase 由两个不同的基因 *Acc*1 和 *Acc*2 编码，任一基因的特定位点突变都可能导致植株具有抗性（Gengenbach et al.，1999）。Zhao 等从抗除草剂拿捕净和感拿捕净的谷子中克隆了两个乙酰辅酶 A 羧化酶的全长 cDNA，分别命名为 fox ACC-R 和 fox ACC-S，在 1780 的位置，fox ACC-R 编码亮氨酸，而 fox ACC-S 编码异亮氨酸，在其他作物中，该处也编码异亮氨酸，亮氨酸/异亮氨酸位点可能是 APPs 和 CHDs 两类除草剂作用的关键位点。Southern 杂交分析的结果显示，该基因在谷子基因组中只有一个拷贝。

氟乐灵（2，6-二硝基-N，N-二丙基-4-三氟甲苯胺）易挥发、易光解，不易在土层中移动，是选择性芽前二硝基苯胺类除草剂，单子叶植物主要通过植物的胚芽鞘吸收，而双子叶植物则主要是通过下胚轴吸收，氟乐灵主要通过抑制分生组织细胞分裂、破坏细胞和抑制光合作用，从而使杂草死亡（刘丽华和郭德金，2005），但是它对已出土的杂草无效；抗氟乐灵除草剂基因受位于细胞核中的两对连锁的隐性主效基因控制（王天宇等，2000）。

细胞质抗除草剂类型和作用机理阿特拉津 C8H14Cl N5（2-氯-4-乙氨基-6- 异丙氨基-1，3，5-三嗪）主要抑制植物光合作用 PSⅡ 中质体醌的电子传递，使能量传递中断，光合作用停止，导致作物死亡（孟颖颖等，2006）；抗除草剂“阿特拉津”特性受细胞质基因的控制，位于叶绿体中。

乙酰羟基酸合成酶是植物生物合成过程中的关键酶，它催化 2 分子丙酮酸缩合产生乙酰乳酸或丙酮酸与 α 丁酮酸缩合形成乙酰羟基丁酸（沈晶晶等，2009）。咪唑乙烟酸主要通过抑制乙酰羟基酸合成酶的活性，从而抑制植物的生物合成，最终导致植物死亡，达到除草的目的。

3. 抗除草剂育种

其他作物抗除草剂基因转入的主要方法有农杆菌介导法和基因枪转化法。但由于谷子遗传转化方面的研究远远落后于水稻、玉米和大豆等主要作物，因此目前谷子抗除草剂品种的培育主要的、最有效的方法还是杂交育种。

王天宇等（2000）采用远缘杂交的方法，将野生资源青狗尾草中的“拿捕净”与“氟乐灵”基因和谷子野生种细胞质抗除草剂“阿特拉津”基因转移到谷子栽培种中，通过一系列的回交和选育，创造出了抗除草剂“拿捕净”“氟乐灵”“阿特拉津”的谷子新种质。抗引1号是王天宇等（2000）通过远缘杂交的手段将野生品种的抗除草剂基因转移到谷子栽培品种，通过不断回交的手段最后得到了抗性基因完全表达、遗传稳定和农艺性状良好的抗除草剂品种。王天宇等（2000）育成了抗除草剂“拿捕净”，抗除草剂“阿特拉津”，抗除草剂“氟乐灵”复抗3种除草剂的SAT1663等品种，它们的抗性水平和农艺性状均表现良好。

周慧等（2002）通过对抗除草剂阿特拉津谷子新品系DSB98-625S喷施不同剂量的除草剂试验，得出2.25kg/hm^2除草剂效果与产量为最佳，但培育出的细胞质抗除草剂品种没有能够在生产上大面积推广，因为细胞质抗除草剂谷子品系普遍存在着丰产性不稳定和产量偏低等问题，细胞质抗性对谷子生长发育有一定的影响。

随着谷子抗除草剂研究的深入，已经有一批可以在生产中使用的抗除草剂良种，这些抗除草剂品种在喷施除草剂后都能有效地除去杂草，从而达到省工、省力和增产的目的。河北省农林科学院谷子研究所利用抗拿捕净谷子材料“WR1”与冀谷14号做杂交，在其杂交的低世代后代中选择抗性分离的单株，高世代中分别选择农艺性状相近的抗拿捕净和不抗拿捕净的同型姊妹系，在分别得到抗拿捕净和不抗拿捕净的同型姊妹系后，将抗拿捕净的姊妹系和不抗拿捕净的姊妹系按照1：（1.5~2.0）的比例进行混合，就既能够发挥集体顶土保全苗，又能够在苗期喷施抗拿捕净除草剂达到间苗定苗的效果。育成的抗“拿捕净”除草剂懒谷系列品种，在参加国家谷子新品种区域试验中表现优异，省去了间苗和除草的烦琐工作。

（五）杂交谷子育种研究

谷子杂种优势利用从1969年开始联合攻关，研究单位达30多家，研究方法以“质核互作三系法”为主，但关键问题难以解决。20世纪70年代，张家口市农业科学院研究成功了“谷子高度雄性不育两系法”，但存在杂交率低、杂交种中自交种难以去除的问题，利用难度大。1995年，张家口市农业科学院从光（温）发现谷子光（温）敏不育源，成功选育世界上第1个谷子光（温）敏感型雄性不育系“821”；1998年，完成“谷子光（温）敏核不育育性转换机理研究”，通过不同地源谷子品种杂交，可以实现谷子光（温）敏核不育和可育之间的转换；2002年，完成“创造谷子光（温）敏不育技术与规律”研究，阐明了创造谷子光（温）敏不育系的技术与规律，建立了光（温）敏两系杂交谷子选育理论技术体系；2000年，成功选育第1个光（温）敏两系杂交谷子品种“张杂谷1号”，该品种参加国家西北区早熟组区试，2年平均较对照增产19.78%，生产试验较对照增产22.67%，实际应用比常规种增产30%以上，甚至成倍增产。

利用作物的杂种优势能够提高作物产量与质量。我国谷子杂交育种起步较早，育成了核隐性高度雄性不育两用系（不育株率100%，不育度95%），但是由于不育系的纯度不高，不育系和恢复系之间杂交率不高，使谷子杂交育种一直很难大规模应用。不育系纯度、杂交结实率、杂种群体纯度和制种产量成为杂种优势的技术关键（王天宇等，2000），抗除草剂品种的出现，为利用抗除草剂基因提高杂种优势利用水平提供了新途径。

利用杂交育种的手段，将显性抗除草剂“拿捕净”基因转育到恢复系中，将得到的携带纯合抗除草剂基因的新恢复系与不育系配制杂交组合，得到的真杂种后代具有抗除草剂特性，因此，通过施用除草剂即可去除假杂种、杂株和杂草，获得整齐一致的杂种群体。利用杂交和回交育种，将隐性抗“氟乐灵”除草剂基因转入不育系（或保持系）中，具有隐性抗除草剂“氟乐灵”基因的不育系在制种时，外源品种等非目的性花粉落到不育系柱头授粉所得到的假杂交种子感除草剂，因此，施用“氟乐灵”除草剂即可同时清除杂株和田间杂草，不仅能够保证不育系的纯度，而且降低了其繁种隔离条件，简化了不育系繁殖的程序（王天宇等，2000）。

2003 年，赵治海等在张家口选育出了抗除草剂新品种坝谷 214，2006 年，成功选育首个光（温）敏两系抗除草剂杂交种“张杂谷 2 号”。目前已培育出一系列张杂谷品种。

（六）核心种质构建

我国谷子品种资源的收集、整理工作始于 20 世纪 50 年代，50 年代全面征集国内谷子曾达到 23 932份，由于“十年动乱”影响致使部分种质损失，截至 1974 年只保存有 16 838份。目前编目入库的谷子种质资源有 27 100份，并已初步完成了形态学特征和农艺性状鉴定，半数种质进行了抗病虫、抗逆、营养品质的特征鉴定，筛选出了一批可供育种和生产利用的种质。

陆平（2007）采用分层取样方法对国家种质资源库中 27 065份谷子进行分组取样。首先分成国内组和国外组，再对国内材料分成地方种质亚组和育成种质亚组，地方种质亚组和育成种质亚组依原产地分成省区小组，国外种质根据原地不同以洲为单位分成小组，最终形成国内地方种质 29 个小组、国内育成品种种质 11 个小组、国外种质 7 个小组。按谷子的农艺形状资料进行聚类，构建了谷子的初级核心种质。根据确定的初级种质群体（2 000份左右），采用平方根法确定各个小组的取样数量，以现有的 19 个性状为基础（包括叶鞘色、幼苗叶色、株茎数、主茎长度、主茎节数、主穗长度、主穗直径、穗松紧度、穗型、刺毛长度、粒色、米色、出苗—抽穗、全生育期、单株草重、单株穗重、单株粒重、千粒重、米粳糯等），通过分组聚类分析，最后补充部分特殊遗传材料和抗逆抗病优异种质，形成包含 2 057份各类种质的初级核心种质，占谷子种质总量的 7.6%。通过初级核心种质与总体样本的比较，表明初级核心种质涵盖了所有种质类型，代表了 90%以上的谷子形态多样性。

（七）谷子遗传多样性的研究进展

20 世纪 70 年代以前，遗传多样性研究主要依靠亲缘关系、形态标记、生理或细胞学标记以及杂交后代的杂种优势表现和变异程度等方法。随后 20 年，同工酶标记被成功地用于植物分类和进化研究，但是同工酶标记的数量有限，且多态性较低。近年来，RFLP、RAPD、AFLP 和 SSR 等分子标记的发展克服了同工酶标记的缺陷，为栽培植物的遗传多样性研究提供了有力的工具。

1. 形态水平上谷子的遗传多样性

在形态水平上，谷子形成了明显的遗传多样性变化，不仅苗、株、穗、粒等具有多样性，而且数量性状也存在广泛的变异。形态水平上一些数量性状是重要的农艺性状，其遗传变异的信息在实际育种工作中非常有用，可以作为亲本材料选择的依据。在不同生态环境下，谷子的适应性导致了形态学性状和农艺性状的较大变异。Sato M 对 324 个世界谷子种质采集材料遗传变异的研究结果表明，所考察的数量性状存在品种间和地理来源间显著的差异；春谷的穗长、株草重、穗码数、千粒重等性状，夏谷的穗粗、穗重、株草重等性状，不同基因型间存在明显的差异，遗传变异系数大；谷子的单株粒重和有效分蘖 2 个性状的遗传变异系数和表型变异系数较高，而株高和生育期的遗传变异系数和表型变异系数较低。

谷子是短日照喜温作物，光温反应敏感，不同生态类型间的谷子品种具有形态和生长发育上的差别，尤其在光照阶段发育的早晚上存在显著差异。根据谷子的光温反应型，谷子可分为春播和夏播 2 大类品种，春播品种分成光温敏型、光敏型、温敏型、中间型、光中温不敏型、不敏感型 6 个光温反应型；夏播品种分成光温敏型、温敏型、中间型和不敏感型 4 个光温反应型。

谷子形态性状的分化曾作为谷子种内分类的重要依据，但形态性状在不同生态环境下易发生变化。

2. 细胞学标记水平上谷子的遗传多样性

染色体的结构特征和数量特征是常见的细胞学标记，染色体的长度、着丝点的位置、染色体臂的长短、次缢痕的位置、随体的大小以及有无等形态能够在一定程度上反映物种的遗传多样性。周翔（1989）研究发现，谷子品种间染色体形态和结构、数目虽然没有明显的差异，但核型各不相同；杨秀英（1998）通过对染色体核型的分析，则认为在不同谷子品种间，不仅核型组成、核型分类方面存在分化，而且在染色体臂比、染色体大小方面均存在差异；封朝晖（1998）通过对自然核型的分析也证实了谷子品种间染色体结构有一定差异，结构变化多集中在 2，3，4，5，6，7 染色体上。谷子不仅在染色体的核型上存在分化，而且不同基因型间染色体的带型也存在差异。王润奇（1993）研究表明，谷子染色体经高分辨分带后的带纹数可达 100~126 条之多，不同谷子品种的带型、带纹数量、宽窄、颜色深浅也存在差异。根据孙培业（1983）、周翔（1989）、田明（1989）、季元甫（1998）、封朝晖（1998）的研究结果显示，不同谷子材料染色体的长度差异较大。谷子染色体组的绝对长度为 21.29~43.93μm，染色体绝对长度变异范围 1.81~5.47μm，最短染色体变异范围 9.81~2.91μm，最长染色体变异范围 3.20~5.47μm；染色体相对长度变异范围为 4.08%~22.61%，最短染色体变异范围为 4.49%~7.09%，最长染色体变异范围为 4.98%~22.61%，相对长度以第 8 号染色体最短，占染色体总长度的 8%左右，第 1 号最长，占染色体总长度的 15%~16%。各染色体相对长度的变异程度最小为 3~5 号染色体，变异系数为 2.15%~2.73%；以第 8~9 号染色体变异程度最大，变异系数 5.76%~6.57%。着丝点和随体是染色体形态的明显特征之一，研究证实谷子染色体的着丝点和随体具有多态性。谷子的第 1~8 号染色体为中部着丝点，而第 9 号染色体为近端着丝点（古世禄，1997）；着丝点指数（短臂/长臂+短臂×100%）最大变幅 27.8%，最小变幅 19.6%。谷子一般具有一对随体染色体，随体的排列顺序因品种而异。杜竹铭（1982）研究表明谷子的随体在 2 号染色体上，与长臂相连；而李秀兰、封朝晖分别报道在第 7 号染色体上；周翔（1989）在第 6、7、8 号染色体上均观察到谷子的随体，且都位于短臂上，这一发现与 Marie-Lam Ence Crouelebois（1993）的研究结果相似。

谷子染色体的形态、随体等核型及带型特征上的差异，不仅从染色体水平上揭示了谷子的遗传多样性，也成为谷子分类的依据。杨秀英（1998）根据核型组成、核型类型和染色体相对长度系数将 17 个供试谷子品种分为 8 个类型，同时认为性状相近的类型变化相对较小；封朝晖（1998）利用臂比数据阵，采用离方差和法对供试品种进行聚类分析，研究结果与系统分类中依穗分枝性状分类相一致。

3. 生化水平上谷子的遗传多样性

在生化水平上，谷子的营养品质含量表现了丰富的多样性。李荫梅（1997）对中国北方主要谷子产区的 312 个参试品种的研究结果表明，谷子蛋白质平均含量为 11.42%，变幅 7.25%~17.5%；粗脂肪平均含量为 4.25%，变幅 2.45%~5.84%；赖氨酸平均含量占蛋白质的 2.17%，变幅 1.16%~3.65%。Vishwanatha（1991）与 Rao（1991）对谷子栽培品种蛋白质、磷、钙、镁含量的研究结果也认为谷子的营养品质有较大的差异。古世禄（1989）研究表明，中国谷子品种间蛋白质含量的变异相当大，变异系数为 11.94%；蛋白质含量最高的品种是陕西的边区 1 号（17.25%），含量最低的品种是内蒙古的黄玉 4 号（8.45%），两者相差 8.8 个百分点。不同谷子品种氨基酸含量的差异也很大，16 种氨基酸变异系数在 13.33%~15.96%。不同品种谷子的直链淀粉含量、糊化温度、胶稠度、脂肪酸、维生素含量等性状差异较大，硬脂酸、油酸、亚油酸、亚麻酸的变异系数分别为 16.08%、10.93%、6.61%、12.59%；维生素 A、维生素 B_1上、维生素 B_2的变异系数分别为 31.84%，13.17%，17.50%。

另外，蛋白质标记的指纹图谱也存在一定的差异。早期研究结果表明，中国和朝鲜的谷子品种间差异较大，而日本谷子品种间差异很小。对世界 10 个地区谷子的脂酶、酸性磷酸脂酶、天冬氨酸脂转移酶、苹果酸脱氢酶和 6-磷酸葡萄糖脱氢酶的同工酶研究结果显示，不同地区间谷子同工酶的组成不同，且地区间差异较种间大。国内不同地区的谷子品种的研究结果表明，不同谷子品种间脂酶同工酶差异较大。内蒙古高原区和黄土高原区谷子品种酶谱类型丰富，变异广泛而复杂，东北平原区和华北平原区的谷子酶谱类型较少（刘润堂，1988；高明君，1989）。有研究认为品种间酶带的相同是主要的，酶带的差异是次要的，种内不同品种间的同工酶谱差异性主要表现为少数酶带的差异及相应酶带相对活性的不同（吴权明，2000）。而通过对国内 72 个谷子品种的过氧化物酶同工酶的研究表明，谷子过氧化物酶同工酶种类多，品种间差异大，且谷子过氧化物酶同工酶的类别与生态类型具有很大一致性（温奎，1990）。谷子同工酶谱的多态性，不仅为分析谷子的遗传多样性及种内遗传变异提供了科学依据，同时也为研究谷子的起源进化提供了重要资料。高明君等（1989）的酯酶同工酶研究结果证明，我国栽培谷子是经我国的青狗尾草野生种驯化而来，同时说明黄土高原及其周边地区可能是中国谷子的起源中心，这与温奎等（1990）过氧化物酶同工酶，吴权明等（2000）酯酶同工酶研究结果相一致，也被我国考古发掘所证明。

禾谷类作物种子贮藏蛋白电泳图谱呈等显性遗传，不受环境条件影响，并且具有丰富的遗传多态性，因此被广泛应用于物种的遗传多样性研究。谷子种子贮藏蛋白的研究结果显示，谷子品种间球蛋白、清蛋白、谷蛋白的SDS-PAGE电泳图谱比醇溶蛋白的SDS-PAGE电泳图谱有更大变异，而谷子中主要贮藏蛋白——醇溶蛋白，其SDS-PAGE几乎是相似或根本没有差异。同时研究表明，欧洲品种和中国品种间贮藏蛋白存在一定差异，但谷子种内蛋白质变异小于种间变异，栽培谷子中遗传变异很小，蛋白质电泳类型几乎一致。

4. 基于DNA水平的多样性研究

利用RAPD标记技术对谷子品种进行遗传多样性分析研究，结果表明，谷子品种间存在一定的遗传多样性，并利用多种引物从DNA水平上对谷子的基因型进行了区分。通过聚类分析，发现不同的遗传类别与地理类型有很大的一致性；同时还发现中国的谷子材料与其他国家的谷子材料相比具有更大的遗传多样性。杨天育等（2003）利用RAPD标记对国内的19份谷子品种进行了遗传多样性研究，结果表明：不同生态地理类型的谷子品种在分子水平上存在一定的遗传差异，但遗传差异程度并不高，而遗传聚类群与生态地理类型间分析比较，发现二者间存在很大的一致性。这一结果与黎裕（1998）对不同生态地理类型谷子RAPD标记的研究结果一致。王志民等（1993）利用RFLP标记对国内27个谷子品种进行了遗传多样性研究，发现在33个小麦单拷贝探针中有22个探针显示出了多态性，占总探针数的66%；在61个珍珠粟探针中有48个探针显示出多态性，占总探针数的78.7%。这些结果表明，小麦和珍珠粟探针都能较好地反映谷子的遗传多样性。Fukunaga等（2002）利用RFLP技术对亚、欧62份谷子进行遗传多样性分析，结果表明：62份材料聚成5类，其中Ⅰ类和Ⅱ类主要包括东亚地区的品种，Ⅲ类主要包括日本、中国台湾、菲律宾和印度的品种，Ⅳ类主要由尼泊尔、缅甸和部分东亚地区的品种构成，Ⅴ类主要由欧亚的中部和西部地区的品种构成；中国的谷子品种分散在其中的4类中，可见中国谷子具有更高的遗传多样性。Fukunaga等（2002）利用RFLP对亚、欧79份谷子进行Waxy基因遗传多样性研究，通过聚类分析，79份品种聚成7类，Ⅰ类和Ⅱ类是无蜡质品种；Ⅲ类和Ⅵ类属于低蜡质品种；Ⅳ、Ⅴ和Ⅶ是典型的蜡质品种，而且它们的分布与地理类型密切相关，Ⅳ类主要来自中国台湾和日本，Ⅴ类主要来自韩国，Ⅶ类则主要来自马来西亚。

第二节　糜　黍

中国古籍中关于五谷之一的稷究竟是粟（谷子）还是黍，农史界曾有过分歧，目前公认稷为粟，即北方谷子，而黍应为穄，即今天的糜、黍。黍类与粟一样同属禾本科作物，一年生粮食作物，黍米，又称糯秫、糯粟、糜子米等，也是我国一种很古老的农作物，被列为五谷之一，在秦汉之前的中国北方是重要的粮食作物。黍米的种植在中国历史同样悠久，在距今8 200年前的中国甘肃秦安大地湾一期遗址中就曾发现了已炭化的粮食作物黍，足可见其种植历史之久。

一、品种资源搜集与整理

我国有悠久的糜子栽培历史，种质资源丰富，类型繁多，主要在北方的内蒙古、甘肃、陕西、黑龙江、吉林、河北、山西、宁夏回族自治区（全书简称宁夏）等省（自治区）种植，而这些地区均属干旱半干旱区，土地广阔但土壤瘠薄。糜黍在河北省有着悠久的栽培历史和极为广泛的分布，在长期的栽培过程中，形成了适于不同地区生态特点的各种各样的糜黍品种类型。20 世纪 40 年代我国几个育种单位就已开始糜黍地方品种的搜集工作，20 世纪 50 年代一些主要生产省份先后开始了遗传资源的搜集整理，20 世纪 70 年代末 80 年代初，在中国农业科学院作物品种资源研究所的协调下又进行了补充征集工作，根据 1985 年出版的《中国黍稷（糜）品种资源目录》，共收入品种 4 202份，其中粳型品种 2 216份，糯型品种 1 986份，后来山东和山西内蒙古等省又整理出 1 377份遗传资源，1987 年编入《中国黍稷（糜）品种资源目录》续篇。

目前我国收集到的糜子种质资源有 102 00份，其中国家保存 8 849份，给糜子育种工作奠定了良好基础。1986 年至今，我国已培育审定了 46 个糜子新品种，其中系统选育的品种有 8 个，占育成品种总数的 17.4%；有性杂交选育的品种有 29 个，占 63%；其他方法育成的品种有 9 个，占 19.6%。目前大面积栽培种植的糜子品种有 28 个，代表品种有内蒙古的内糜（黍）系列、甘肃的陇糜系列、山西的晋黍系列、宁夏的宁糜系列和陕西的榆糜（黍）系列等。

二、品种资源的研究与利用

（一）品种资源分布

1. 地方品种

据不完全统计，“六五”以来河北省共搜集整理糜黍品种资源 733 份，在入编《中国黍稷品种资源目录》及续编目录的 684 份资源中属于河北省资源的有 644 份。全省 644 份糜黍品种资源分布中，冀北张家口、承德 2 市 417 份，占总数的 64.7%；冀中及冀东 5 市（秦皇岛、唐山、廊坊、保定、沧州）117 份，占 18.2%；冀南 4 市（石家庄、衡水、邢台、邯郸）110 份，占 17.1%。由此看出，冀北张家口、承德 2 市是河北省糜黍品种资源的集中分布地，冀中、冀南数量接近相对较少。在 644 份资源中，黍为 433 份，占 67.2%；糜子 211 份，占 32.8%，说明河北省以种植糯性的黍为主，而全国则是糜子资源略多。从分布特点看，433 份黍资源主要分布在冀北 2 市，其中张家口 169 份、承德 145 份，合计 314 份，占全省总数的 70.5%；冀中及冀东 5 市 64 份，占 14.8%；冀南 4 市 55 份，仅占 12.7%。211 份糜子中，冀北 2 市 103 份，占 48.8%；冀中及冀东 5 市 53 份，占 25.1%；冀南 55 份，占 26.6%。由北向南，黍资源所占比例逐渐降低，糜子资源所占比例逐渐增多，尤其是张家口市，全市 188 份糜黍品种资源，黍 169 份，占 89.9%，糜子 19 份，占 10.1%，黍糜比例约为 9：1。而最南部的邯郸。共收集资源 22 份，其中黍 9 份，占 40.9%，糜子 13 份，占 59.1%，糜子多于黍（图 2–3、图 2–4）。

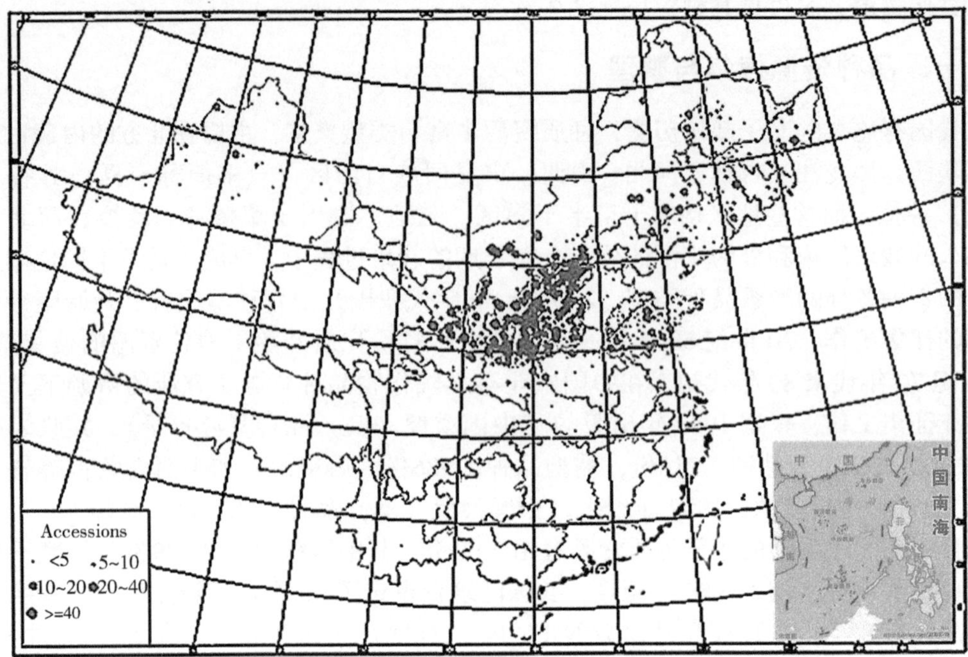

图 2-3　糜（黍）种质资源地理分布示意

图片来源：中国作物种质资源信息网

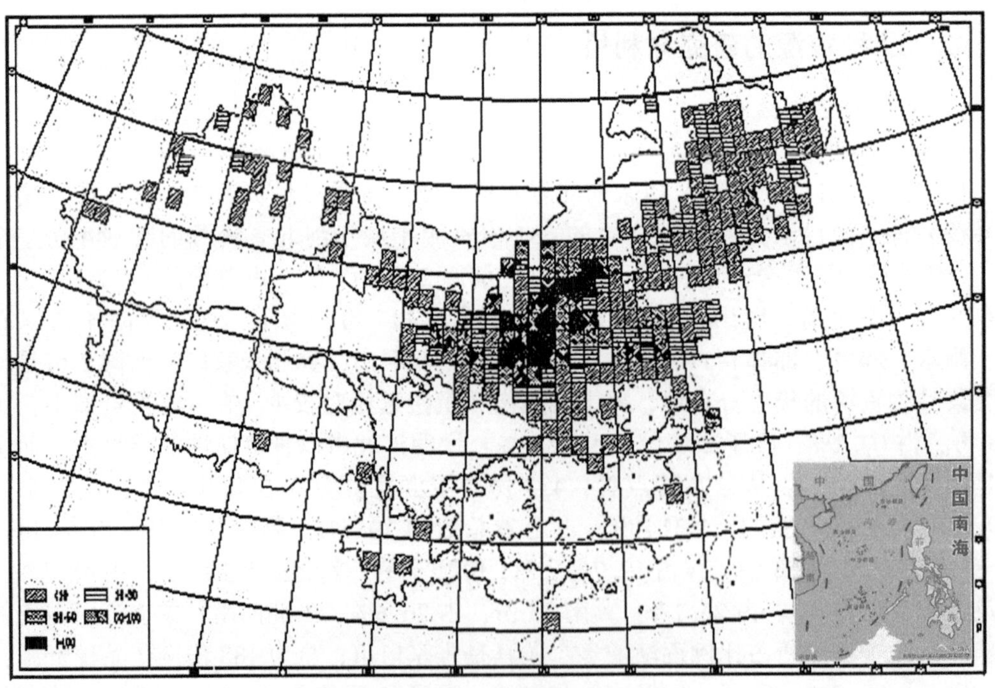

图 2-4　糜黍种质资源密度分布示意

图片来源：中国作物种质资源信息网

2. 野生资源

1937 年日本植物分类学家北川政夫首次将野黍定名为属的一个变种 *P. miliacium* var. *ruderale* Kitag，苏联的科学家于 1968 年将其提升为一个亚种，野黍的染色体与栽培黍数目相同，均为 2n = 36，可以互相杂交。野生黍只有粳型，尚未发现糯型，穗型为散穗型，但较栽培种更疏散，花序颜色有绿色和紫色两类，籽粒小于栽培种，只有褐色和黑条灰色两种，落粒性很强。野黍广泛分布于我国华北、东北和西北地区，常常为栽培黍的伴生杂草。

（二）形态特性

1. 生育期

糜黍生育期的长短，除受品种遗传特性制约外，种植地点、播种期及栽培制度对其亦有显著影响，如春播、夏播对生育期长短影响很大。所以，不同栽培制度很难用统一标准衡量。冀北为春播一年一熟，冀中（包括冀东，下同）、冀南为夏播二年三熟或一年二熟。冀北糜（黍）以生育期 80～95d 的中熟品种为主，95d 以上的晚熟品种次之，小于 80d 的早熟品种很少，而糜子品种，除中熟品种比例略大外，基本各约 1/3。冀中、冀南糜黍品种资源生育期的分布趋势基本一致，晚熟品种比例大，中早熟品种比例较小。冀中是中早比例相当，冀南则是按晚、中、早熟由多渐少，这与冀南无霜期较长，热量资源较丰富的生态特点相吻合。

2. 株高

河北省糜黍品种资源，高秆占 30. 7%、中秆占 33. 0%、矮秆占 36. 3%。糜（黍）3 种株高比例相近，糜子高秆、矮秆品种比例相差较大。从分布特点看，由北向中、南中秆品种比例增加，矮秆品种比例渐小，高秆品种规律性不强。

3. 主穗长度

糜黍主穗长度反映着穗的大小及穗部副产品的利用，河北省糜黍品种资源主穗长度的比例及分布特点是：全省中等长度穗的比例最大，占一半以上，长穗、短穗的比例中糜（黍）是长穗少、短穗多，而糜子则正相反。无论糜（黍）、糜子北、中、南部均是中等长度穗所占比例最大，占 46. 2%～70. 9%。糜子的长穗数量次之，短穗最少；糜（黍）则表现出由北向南长穗、中穗比例渐增，短穗比例渐减。

4. 主茎伸长节间数

河北省糜黍品种资源的主茎伸长节间数，糜（黍）、糜子趋势一致，以节间数居中者（即春播 8～9 节，夏播 7～8 节）为多，多节间和少节间者略少，且后二者相近。分布特点是，冀中、冀南糜（黍）和糜子趋势一致，节间数居中者占 70%左右，多节间者占 20%左右，少节间者不足 10%，冀北的糜（黍）则多、中、少 3 种类型约各占 1/3，糜子以少节间者最多、多节间者次之，中间类型最少，与株高的变异趋势一致。由北向南看，有节间数居中者比例渐增、节间数多者与少者比例渐减的趋势。

5. 穗型

糜黍种质资源的穗型分为散穗型、侧穗型、密穗型三大类型。8 515份种质资源中侧穗型占主导地位，散穗型次之，密穗型最少。且从北向南密穗比例有略增趋势；糜子各种穗型所占的比例与糜（黍）基本一致，不过侧穗型、密穗型比例下降，散穗型比例上升，而且北、中、南各区域比例差异明显，冀北散穗型略多，冀中、冀南则以侧穗型为主，并表现出由北向南侧穗型比例渐增，密穗型比例略增，散穗型比例递减的趋势。黍稷种质的不同穗型与其抗旱性有一定关系，侧穗型抗旱耐瘠性强，是长期以来形成的一种抗旱型生态特征；散穗型和密穗型抗旱耐瘠性较差，生育期短，也是长期以来形成的一种固有的生态型。因此，侧穗型种质一般以高海拔的山区、丘陵旱地分布较多，如河北张家口地区，散穗和密穗型种质一般在低海拔、平川地区分布较多，如河北保定地区等。黍稷大多种植在干旱的丘陵山区，这是糜黍种质资源以侧穗型占主导地位的主要原因。

6. 花序色

糜黍的花序色分为绿色和紫色两种。河北省糜黍品种资源的花序色以绿色花序为主，占总数的90%以上。各区域与全省趋势一致，但冀中紫色花序的品种比例略大。花序色与种质资源原生态环境的气候有很大关系，一般海拔较高、气候寒冷的地区，紫色花序分布较多，如河北张家口地区，说明紫色花序种质是高寒地区种植的一种特有的生态类型。

7. 粒色

糜黍粒色分类标准全国统一定为红、黄、白、褐、灰、复色 6 种。河北省糜黍的粒色特点是糜（黍）以白粒为主，黄粒次之，灰粒最少；各地情况略有不同，其中冀中白粒、褐色粒偏少，红粒、灰粒和复色粒偏多；冀南黄色粒偏少，褐色粒偏多，无灰色粒。全省糜子粒色以黄色为主，白色、褐色次之，其他 3 种较少。不同粒色的种质资源分布与海拔高度也有很大关系。红粒种质资源多分布于低海拔的平川地区，高海拔、高寒地区分布很少；黄粒种质资源多分布于海拔 1 000~2 000m 的地区，在海拔低的地区和 2 000m 以上的地区分布很少；白粒种质资源多分布于海拔 700m 以下的地区，在高海拔地区分布较少；褐粒种质资源在海拔 200m 以下的地区分布较多，在海拔 700m 左右的地区分布较少；灰粒种质资源大都分布在海拔 2 000m 以上的高海拔地区，在海拔 2 000m 以下的地区分布很少；复色粒种质资源在海拔 600~1 500m 的范围内分布较多，在海拔 200m 以下低海拔地区没有分布。

8. 米色

米色可分为黄、浅黄和白色 3 种，因黄与浅黄界限不易掌握，所以亦可分为黄、白 2 种。河北省糜黍米色的特点，全省及各地基本一致，以黄色米占绝对多数，白色米数量极少，糜（黍）较糜子黄色米比例略大；冀北糜（黍）黄色米比例最大，糜子黄色米比例最小。米色与种质的粳糯性有很大关系。粳性种质的米为角质，一般呈黄色的多；糯性种质的米为粉质，一般呈淡黄色的多。白米粒与粳糯性关系不很密切。我国黍稷种质资源的分布，西部以稷（粳性）为主，东部以黍（糯性）为主，因此黄米粒主要分布在西部，淡黄米粒主要分布在东部。白米粒主要分布在东北 3 省，可能与当地的食用习惯有很大关系。

9. 株粒重和千粒重

糜黍的单株粒重是反映糜黍单株生产能力（或穗）大小的重要指标，一般分为高、中、低 3 等。千粒重是用来表示籽粒大小的指标，一般分为大、中、小 3 等。由于播种季节对糜黍单株粒重、千粒重影响显著，所以，对春播、夏播应确定不同的分类标准，使之更能反映客观实际。

河北省糜黍品种资源，单株粒重高的大穗品种最少，中等粒重的次之，粒重低的小穗品种最多。不同区域不同类型的具体比例有一定差异，冀北的糜（黍）与冀南的糜子表现出高粒重品种比例大，低粒重品种比例小的趋势。

糜黍千粒重的特点与单株粒重明显不同，总的趋势是：中粒品种所占比例最大，小粒品种次之，大粒品种最小。其中冀北糜子稍有例外，大粒品种稍多，小粒品种略少；冀南糜（黍）中粒品种比例明显偏小，小粒品种比例明显偏大，且二者比例相近。

10. 落粒性

糜黍的落粒性是不利于生产的一个性状，一般分为轻、中、重 3 级。河北省的糜黍，均以落粒轻的品种比例最大、中等的次之、重的最小。针对不同地区而言，各地情况不尽一致，冀北是落粒性轻的多重的少，冀中、冀南则以落粒中等的品种比例最大。由北向南，基本表现为落粒轻的品种比例渐降，落粒中、重的品种比例增加。

总之，从全省来讲，河北省的糜黍品种资源，在总数上冀北占近 2/3，冀中、冀南共占 1/3。黍糜比例中，糜（黍）占 2/3、糜子占 1/3，由北向南，糜（黍）资源比例逐渐降低，糜子比例逐渐增加。生育期，春播区以 80~95d 的为主，夏播区以 70d 以上的最多；植株高度，春播区以不足 155cm 的矮秆品种最多，夏播区以 125~140cm 的中秆品种为主；主穗长春播区以 35~45cm、夏播区以 30~40cm 的中等长度的最多；主茎伸长节间数春播区不到 8 节的少节间品种略多、8~9 节的中节间品种略少，夏播区均以 7~8 节的中节间品种最多；穗型以侧穗型为主，散穗型次之，密穗型最少；粒色糜（黍）以白粒为主，黄粒次之，褐粒第三，糜子以黄粒为主，白粒、褐粒次之，其他颜色粒较少。此外，河北省糜黍品种资源以绿色花序、黄色米、小穗、中粒、轻落粒性为主要特征，但各区域间存在一定差异。

（三）品质研究

王星玉等分析了我国各省（区）4 213份糜黍品种的蛋白质、脂肪、赖氨酸含量，筛选出高蛋白品种 126 份，高脂肪品种 45 份，高赖氨酸品种 17 份，高蛋白品种、高赖氨酸品种均以山西最多。王纶等对国家长期库贮存保存的 6 020份种质资源进行了品质分析，共筛选出蛋白质含 16%以上的高蛋白种质 142 份，脂肪含量 4 %以上的高脂肪种质 67 份，赖氨酸含量 0.22%以上的高赖氨酸种质 88 份，蛋白质含量 15%、脂肪含量 4%、赖氨酸含量 0.20%以上的优质种质资源 45 份，共计 342 份。

各省（区）糜黍品种蛋白质含量为 10.32%~17.37%，平均含量为 14.03%。其中山西省最高，比全国平均含量高 0.72%。其次是辽宁、甘肃、吉林，分别比全国平均含量高 0.47%、0.46%、0.40%。宁夏品种蛋白质含量最低，比全国平均含量低 1.40%。河北张家口、保定品种蛋白质含量较低，平均含量分别比全国平均含量低 0.94%、0.86%。糜黍品种蛋白质平均含量从高到低依次是：山西、辽宁、甘肃、吉林、黑龙江、陕西、新疆、内蒙古、山东、青海、河北保定、河北张家口、宁夏。

各省（区）糜黍品种脂肪含量为 1.02%~5.45%，平均含量为 3.29%，以山东省最高，比全国平均含量高 1.25%。其次是河北张家口、宁夏，分别比全国的平均含量高

0.62%、0.60%。其余各省（区）平均含量从大到小依次是：辽宁、河北保定、青海、黑龙江、吉林、新疆、山西、内蒙古，平均含量高于全国平均含量。而甘肃、陕西含量较低，分别比全国平均含量低0.75%、0.73%。

各省糜黍品种赖氨酸含量为0.14%~0.22%，平均含量为0.1798%，以辽宁最高，比全国平均含量高0.0175%，其次是吉林、黑龙江，分别比全国平均含量高0.0153%、0.0121%。河北张家口、山西、山东、河北保定、宁夏、青海、内蒙古平均含量均高于全国平均含量，而陕西、甘肃、新疆平均含量较低，分别比全国平均含量低0.0187%、0.0105%和0.085%。

灰粒品种蛋白质含量最高，其次是红粒品种，再次是褐粒品种，白粒和黄粒品种蛋白质含量较低。其变异系数大小依次是黄粒、灰粒、红粒、白粒、褐粒。

从脂肪含量来看，白粒品种含量较高，其余籽粒颜色品种大小依次是：红粒、褐粒、黄粒、灰粒。变异系数大小依次是：黄粒、灰粒、红粒、褐粒、白粒品种。

从赖氨酸含量来看，以褐粒品种、白粒品种、红粒品种赖氨酸含量较高。灰粒品种、黄粒品种赖氨酸含量较低。变异系数大小依次是黄粒品种、红粒品种、褐粒品种、白粒品种。从蛋白质、脂肪、赖氨酸含量3个指标来看，红粒品种品质较好，褐粒品种次之，白粒品种第三。

生育期与蛋白质、脂肪含量呈极显著负相关，与赖氨酸含量呈负相关。即随着生育期延长，蛋白质、脂肪、赖氨酸含量降低。脂肪含量和赖氨酸含量呈极显著高度正相关，与蛋白质含量呈极显著负相关。即随着脂肪含量增加，赖氨酸含量增加，蛋白质含量减小。脂肪含量与赖氨酸含量相关密切。赖氨酸含量与蛋白质含量呈显著正相关，即随着赖氨酸含量增加，蛋白质含量也增加。

脂肪含量对蛋白质含量的直接作用是最大的，脂肪含量越高，蛋白质含量越低。其次是赖氨酸含量对蛋白质含量的直接作用较大，赖氨酸含量越高，蛋白质含量也越高。从间接作用来看，脂肪含量通过赖氨酸含量，赖氨酸含量通过脂肪含量对蛋白质含量的间接作用比较大。

（四）抗逆性研究

1. 耐盐鉴定

王纶等对来源于我国14省（区）的6 518份黍稷种质资源，采用芽期鉴定和苗期鉴定相结合。芽期鉴定以1.8%的NaCl溶液处理，以清水发芽作对照，最后计算盐害系数。盐害系数（%）=（CK发芽率 -T发芽率）/CK发芽率×100；苗期鉴定在旱棚营养钵内进行，对鉴定种质以1.3%~1.5% NaCl溶液加营养液处理，以死苗率多少，制订5个耐盐级别（表2-6）。

表2-6　苗期耐盐分级标准

苗期耐盐级别	植株受盐害程度（症状）
1	生长基本正常，80%以上植株有3片绿叶，无死苗
2	生长受阻，50%以上植株有3片绿叶，仅有20%以下死苗

（续表）

苗期耐盐级别	植株受盐害程度（症状）
3	生长严重受阻，50%以上植株有 2 片绿叶，20%～60%植株死亡或接近死亡
4	停止生长，60%～80%植株死亡或接近死亡
5	80%以上植株死亡或接近死亡

以苗期耐盐级别作为综合评价的标准，通过 3 次耐盐性鉴定，筛选出高度耐盐种质 22 份，占鉴定种质总数的 0.34%；耐盐种 120 份，占 1.84%。这些种质在遗传育种和生产中具有极高的利用价值。是珍贵的耐盐育种材料，其中张家口坝下农科所的两个品种小红黍、大青黍为高耐盐品种资源。

2. 抗黑穗病鉴定

以人工饱和 0.5%的黑穗病菌种接种，以植株发病率的多少，制定 5 个级别，评价每份种质的抗病性。对 6 031份种质资源进行了抗黑穗病鉴定，共筛选出高抗种质 9 份、抗病种质 182 份。

3. 核心种质构建

胡兴雨等以中国黍稷种质资源数据库中记录的 8 016份黍稷资源为材料，按地理来源划分成 23 组。各组内在 11 个表型性状聚类的基础上，按比例法取样，并依各组的遗传多样性指数进行适当调整，构建黍稷核心种质。通过对核心种质各性状特征值、符合率、遗传多样性指数的 t 检验来检测核心种质。初选 780 份资源组成的核心种质，占原始材料的 9.73%，根据对 11 个性状遗传多样性指数的 t 检验，无显著差异，表明建立的核心种质是有效的。

第三节　高　梁

高粱［*Sorghum bicolor*（L.）Moench］属于禾本科高粱族高粱属，是全球重要的旱粮作物之一。高粱对世界干旱和半干旱地区的粮食及饲料安全起着举足轻重的作用。目前，全世界面临着能源极度短缺和生态安全双重危机，生物质能源是重要的可再生清洁能源，而高粱的一个变种——甜高粱被认为是最具潜力的能源植物之一，这引起了人们对高粱研究的高度重视。

关于高粱的起源，通常认为栽培高粱是从野生高粱经过自然和人工选择进化而来的，而且是较早受到人工选择进化影响的作物之一。1882 年 Condolle 首次提出高粱起源于非洲，因为非洲是高粱种变异最多的地方。根据埃塞俄比亚存在的野生高粱、高粱栽培类型及生态型推断，埃塞俄比亚是高粱首要的起源中心，也是其多样性中心。

中国高粱农艺性状有别于非洲起源的高粱，有自己独特的表型，因此中国高粱的起源问题一直处于争论之中，归纳起来主要有 2 种看法：一是非洲起源，二是中国本土起源。一些国外学者如苏联植物学家瓦维洛夫和很多中国学者都支持后者。但是利用叶绿体基因组 SSR 标记分析 185 个中国高粱地方品种和 70 个分别来自非洲、东亚、北美洲代表着不同类型的国外高粱种质资源的遗传多样性，聚类分析表明，中国高粱与国外高粱不能清楚地区分开来。这是首次从分子水平研究中国高粱的起源，初步证实了中国高粱不是本土起源而是非洲起源。而且利用核基因组 SSR 标记分析同样的材料，研究结果与之前的结果一致，也是支持中国高粱非洲起源学说。

一、品种资源搜集与整理

我国从 20 世纪 50 年代开始种质资源的收集和整理，先后进行了 4 次全国范围的高粱品种资源的征集、整理工作，截至 2000 年编入《全国高粱品种资源目录》的高粱品种资源有 18 004份，居世界第 3 位，其中国内高粱种质资源有 13 247份，国外引进的资源共有 4 757份；甜高粱种质资源 1 536份，其中国内种质资源 384 份，从国外引入的种质资源 1 152份（图 2-5、图 2-6）。

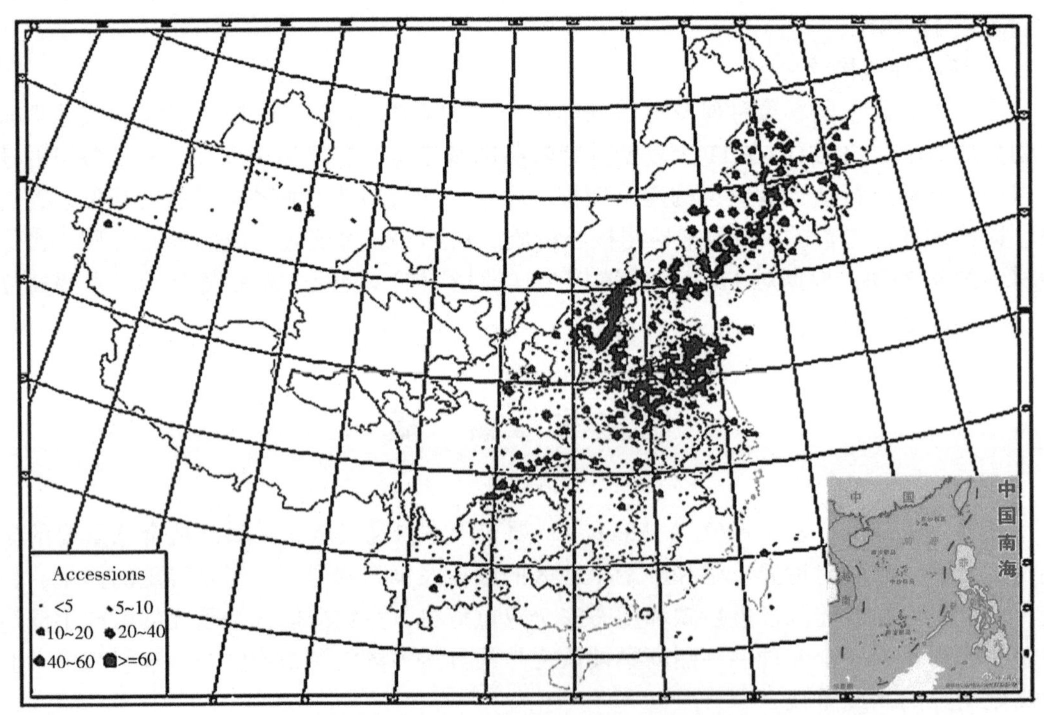

图 2-5　高粱种质资源地理分布示意图

图片来源：中国作物种质资源信息网

中国农业科学院对大部分种要农艺性状的鉴定，根据这些种质资源的评价数据，按照表 2-7 建立了高粱优异种质资源目录，被确定为优异种质资源的高粱品种（系）有 2 677份，为高粱种质资源完成了主要产量性状、品质性状、抗逆性等重要品种改良和亲本选育提供了参考依据。

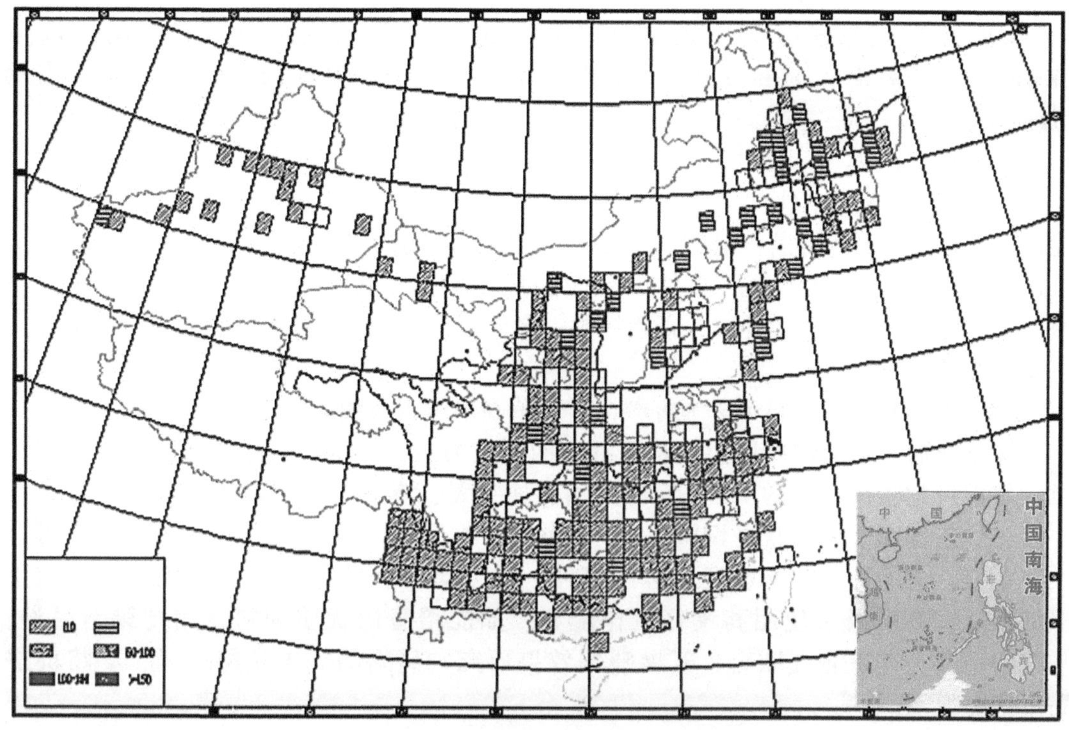

图 2-6　高粱种植资源密度分布示意图

图片来源：中国作物种质资源信息网

表 2-7　我国高粱优异种质资源农艺性状的评价标准

性状	标准	性状	标准
特矮秆	株高≤100cm	角质率	≥85%
矮秆	株高≤150cm	单宁含量	≤0.1%
单穗粒质量	≥100g	抗高粱丝黑穗病	0 级
特大粒	千粒重≥35g	抗高粱蚜虫	高抗
特早熟	生育期≤100d	苗期抗旱	1 级
蛋白质含量	≥14%	全生育期耐瘠	1 级

二、品种资源研究与利用

（一）高粱的分类

1. 植物学分类

当前最实用的高粱分类是 Harlan 和 de Wet 的简易分类。根据高粱粒形、颖壳和穗的形态学特征，可将高粱分成 5 个基本型和 10 个中间型，5 个基本型分别是双色族（Bicolor）、顶尖族（Caudatum）、都拉族（Durra）、几内亚族（Guinea）和卡佛尔族（Kafir），10 个中间型是 5 个基本型的任何 2 个之间的类型。

2. 按地理来源分类

高粱按地理来源分为中国高粱（Kaoliang）、印度高粱（Shallu）、南非高粱（Kafir）、北非高粱（Durras）、西非高粱（Milo）、中非高粱（Feterita）、亨加利高粱（Hegari）。

3. 按用途分类

高粱起源于炎热、干旱、土壤贫瘠的非洲大陆，与其他禾谷类作物相比，高粱根系发达，具有更突出的抗旱、耐涝、耐盐碱、耐瘠薄、耐高温和耐干热风等特点。尤其适于在一些气候条件不利、生产条件较差的地区，如干旱、半干旱地区、低洼易涝和盐碱地、土壤贫瘠的丘陵山区种植。高粱籽粒一般单产为6 000kg/hm^{2}左右，是目前世界上生物产量最高的作物之一。

（1）饲用高粱。饲料可分为籽粒饲料、草高粱饲料及甜高粱饲料。

籽粒饲料。当前农民以直接饲喂牲畜的形式为主，是一种原始的未经加工的粗饲料，其用量约占总产量的1/3。而在美国、加拿大、澳大利亚等发达国家高粱籽粒主要用于加工饲料。即通常在饲料里加入10%~25%高粱籽粒作为配料。这种饲料可有效防止畜、禽的胃肠疾病，还可以提高牛、羊、鸡等畜禽的肉质。在国内，目前生产的加工饲料中尚未使用高粱籽粒作配料。如能培育出优质饲料专用高粱新品种，与饲料企业、养殖企业联合，开展喂饲效果研究，高粱的需求量将巨增，必将促进高粱产业发展。

草高粱饲料。草高粱是指一般高粱与苏丹草的杂交后代，也称高丹草。河北省农林科学院旱作研究所近年育成了一系列高丹草新品种，其特点是杂种优势强、光合效率高、抗逆性强，其生物产量比玉米高数倍，在河北省种植一般每年可刈割2~3次，鲜草产量可达75~150t/hm^2，而且适口性好。全株粗蛋白含量达到10%~12%，草高粱的茎叶成为畜、禽、鸟、鱼的优质饲料，可以青饲、青贮，也可作干草。经试验研究与生产实践证明，大型养殖场示范种植高丹草成为优质饲料之一，应用前景十分广阔。

甜高粱饲料。将高粱籽粒、茎叶一起青饲或青贮作为牲畜的饲料。甜高粱通常是普通高粱与甜高粱杂交的F_1代。其茎秆汁多、含糖量高、植株高大，生物产量高，一般单产籽粒5 000~5 550kg/hm^2，茎叶鲜重45 000kg/hm^2。在籽粒接近成熟时收割，既有较高的籽粒产量，又有较高的茎叶产量，同时茎秆中含糖量又高。甜高粱饲料适合于大型奶牛、肉牛养殖场种植，更有利于与养殖企业结合形成产业。

（2）酿造用高粱。高粱是酿造白酒的主要原料。茅台、五粮液、泸州老窖、衡水老白干酒等名酒都以高粱为主料酿造。随着人们生活水平的不断提高，用高粱酿造的白酒日益受到消费者欢迎，因此酒用高粱有着广阔的市场前景。据统计，国内大型酒厂年需高粱100万~150万t，中、小型酒厂年需高粱在100万t左右，全国年需酒用高粱280万t左右，而且需求量呈逐年增加趋势。如果生产推广优良酒用型高粱新品种，不但可增加农民的收入，而且还能提高出酒率，改善酒的质量，给酒厂带来更大的效益。

省内外一些地方名醋也是用高粱酿造的，这些传统企业利用现有条件，扩大规模，再创品牌，也可以形成产业。

（3）能源用高粱。主要是指把甜高粱植物体内的糖等经过加工转化成酒精作燃料，是一种很好的再生能源作物。甜高粱的糖很容易发酵转化为乙醇，用甜高粱秆生产乙醇比用粮食生产乙醇可降低成本30%~50%。而且甜高粱无论是种子还是茎秆均可以生产乙醇，被视为未来最有希望的再生能源作物。国内外企业均认为甜高粱是乙醇转化率最高的作物。

（4）食用高粱。在北方某些地区人们习惯用高粱做主粮。随着生活水平的提高，现有的高粱品质改良和食品加工研究水平跟不上人们生活水平提高的需求，导致高粱种植面积下降。如果能重视和加强这方面的研究，选育出优质品种，改善高粱营养品质和适口性，不仅能够创造出优质高粱米及加工食品品牌，还能调节人们的膳食结构。

（5）其他用途。高粱还具有制糖、制淀粉、制蜡粉、提取天然色素、造板材、做架材等多种用途，帚用高粱的穗可制笤帚或炊帚；秸秆还可编织草席和工艺品。这也将更有力地促进高粱发展。

这几类高粱没有生物学和分类学上的界限，它们都属于同一个种 *S. bicolor*，它们之间可以进行正常的杂交，不存在生殖障碍。目前粒用高粱在美洲、欧洲主要用于畜禽饲料，在非洲和南亚部分国家主要用于口粮消费和制作传统饮料，而在我国其主要用作酿造白酒、食用醋的原料。甜高粱是高粱的一个变种，最早使用其茎秆中的糖汁生产糖浆和结晶糖；近年来，由于甜高粱是一种理想的生物质能源作物而受到全世界的广泛重视。草高粱是苏丹草［*Sorghum sudanense*（Piper）Stapf］与粒用高粱的杂交种，主要用于制作畜禽的青贮饲料。帚高粱主要用于编制清洁用具和工艺品。

随着甜高粱作为能源植物研究的兴起，研究者对甜高粱的分类学地位重新进行了整理。Ritter等在研究甜高粱与粒用高粱的遗传关系时发现，所研究3个甜高粱中有17个属于卡佛尔族（Kafir），其选用的甜高粱品系主要来自南非。因此，推测甜高粱散布于粒用高粱所分的5个基本型中，且是多元起源。

（二）抗性研究

我国首次大批量的高粱种质资源抗病性鉴定是在“七五”期间进行的，历时5年，完成9 000份高粱种质资源的抗高粱丝黑穗病鉴定、3 500份资源的抗高粱蚜虫鉴定及3 500份资源的抗玉米螟鉴定。我国学者张桂香等在对收集的国内外820份高粱种质资源进行详细分析和鉴定之后，筛选出一批矮秆、高穗粒质量、大粒、抗病虫及抗逆性强的资源，并且为高粱育种者提供了这些资源在利用时的特性。中国农业科学院原作物品种资源研究所对“十五”期间存入国家种质库的532份高粱种质资源的粗蛋白、粗淀粉、赖氨酸、单宁含量等4个主要品质性状进行了鉴定，筛选出了一批多项、双项或单项品质优良的高粱种质资源。我国学者徐秀德等对所收集高粱资源的抗病虫性状进行了创新与利用研究，通过目的抗性基因转移及优良基因聚合创造，筛选出了抗高粱丝黑穗病菌2号和3号生理小种、抗蚜虫、抗靶斑病的新资源，并且在育种中加以应用，选育出了新的抗性恢复系、不育系和杂交组合。

第四节 燕 麦

燕麦（*Avena sativa* L.）是禾本科（Gramineae）燕麦属（*Avena*）一年生植物，一般分为带稃型（皮燕麦）和裸粒型（裸燕麦）两种。燕麦是一种世界性栽培作物，广泛分布于世界各地的42个国家，集中产区是北半球的温带地区。遍布世界各国栽培的燕麦品种以皮燕麦为主，一般用于家禽或家畜的饲料。我国主要种植裸燕麦，主要用作粮食食用，茎和叶作为牲畜饲料，所以裸燕麦是我国粮草兼用型作物。我国的裸燕麦主要分布于华北地区的山西、河北及内蒙古等地区，其中种植面积最大的地区是内蒙古自治区。皮燕麦主要分布于甘肃、青海和宁夏等地。

一、资源搜集与整理

在20世纪50年代，华北裸燕麦产区的农业科研单位相继开展了裸燕麦品种选育工作，以搜集整理当地农家品种、引种鉴定和系统选育为当时的主要工作内容。第一次全国范围的燕麦品种征集是从1956年开始的，当时由于燕麦产区交通闭塞，漏征品种非常多，据1966年统计，保存在中国农业科学院的燕麦品种资源（包括国外引进种）有497份。“六五”期间，根据全国农作物品种资源工作会议精神，由内蒙古农业科学院和中国农业科学院作物品种资源研究所牵头，组成全国燕麦品种资源研究协作组，参加单位有18个，项目结束时统计入库保存燕麦资源1 492份；“八五”期间，继续征集入库1 490份，“九五”期间，又补征了261份。迄今为止，中国拥有燕麦品种资源3 243份，其中国内燕麦品种资源2 235份、国外燕麦品种资源1 008份。在品种征集的同时，对所有燕麦品种资源进行性状鉴定和编目工作，共编著了三册《中国燕麦品种资源目录》，其中第一册、第二册的数据已全部输入国家数据库。

二、资源研究与利用

我国对燕麦品种资源的研究经历了品种数量由少到多、项目内容由粗到细、测定标准由无到有的过程，研究工作不断深入、逐步完善。主要体现在以下方面。

（一）资源分布

通过对燕麦品种资源的农艺性状鉴定，掌握了我国燕麦品种资源的类型和特点，在籽粒上有带稃型燕麦和裸粒型燕麦两大类；在外稃颜色上有白、黄、褐、红、紫、黑等类型；从芒上分有无芒、短芒、长芒、弯芒、直芒、粗芒、细芒等；从穗型上有周散型、侧散型和紧密型。

在3 243份燕麦资源中，国内裸燕麦品种1 924份，分布于13个省（自治区）。其中，山西省1 207份、内蒙古自治区474份、河北省78份、甘肃省46份、青海省33份、陕西省32份、四川省18份、云南省16份、黑龙江省11份、贵州省6份、吉林省1份、宁夏回族自治区1份、西藏自治区（全书简称西藏）1份。国内皮燕麦311份，分布于9个省（自治区）。其中青海省96份、内蒙古自治区66份、新疆维吾尔自治区

（全书简称新疆）62 份、黑龙江省 37 份、甘肃省 34 份、河北省 12 份、陕西省 2 份、宁夏回族自治区 1 份、四川省 1 份（图 2-7、图 2-8）。

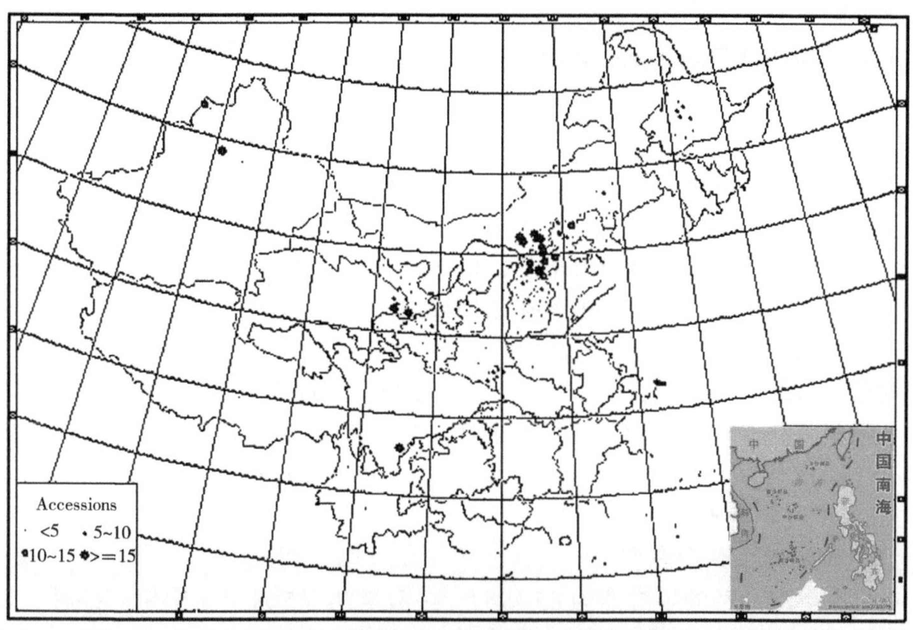

图 2-7　燕麦种质资源地理分布示意图

图片来源：中国作物种质资源信息网

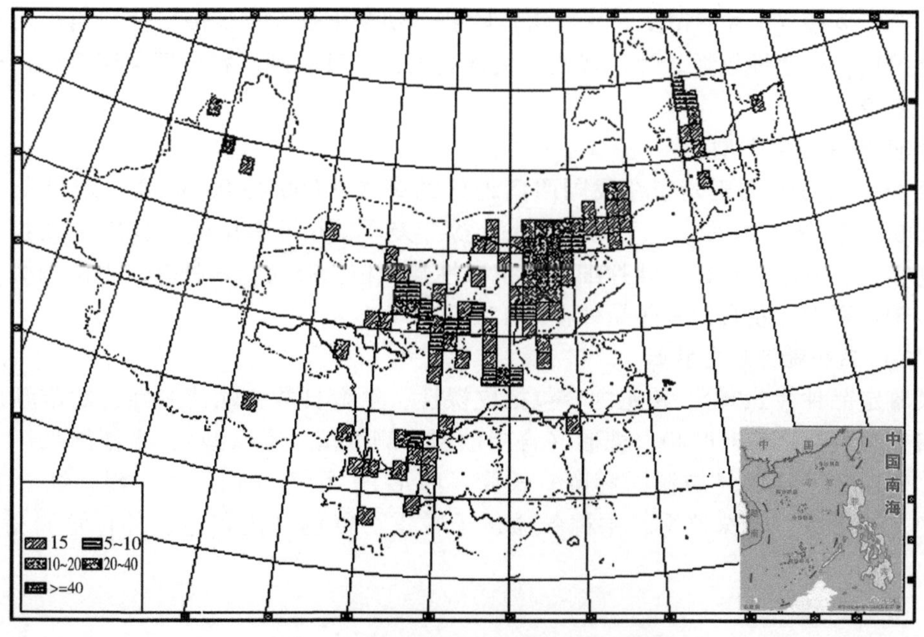

图 2-8　燕麦种质资源密度分布示意图

图片来源：中国作物种质资源信息网

（二）生态类型分类

中国燕麦的生态区可分为6个，每个生态区都有与之相适应的品种类型，各生态类型的差异明显。

1. 北方丘陵山区旱地早熟生态型

这一生态类型与华北早熟生态型有较多性状相似，主要区别是生育期短（75~85d），植株更矮，籽粒灌浆速度快，千粒重20g左右。

2. 华北早熟生态型

这一生态类型的品种生育期90d左右，春季（4月初）播种，夏季（7月中下旬）收获。幼苗直立或半直立，分蘖力中等，植株较矮，小穗和小花较少，千粒重16~20g。较抗寒、抗旱、抗倒伏。早熟和中晚熟品种较多。

3. 北方丘陵旱地中、晚熟生态型

该生态型品种生育期较长（95~110d），夏季（5月中下旬）播种，秋季（8月底至9月上旬）收获。幼苗多为半匍匐或匍匐，生长发育缓慢，分蘖力强。进入雨季（7月）植株迅速拔节，发育较快，植株高大，茎秆软，叶片狭长下垂。籽粒较大，千粒重22~25g。中晚熟和晚熟品种居多。

4. 北方滩川地中熟生态型

这一生态类型品种的生育期为85~95d，一般夏初（5月上、中旬）播种，秋季（8月）收获。植株高大，茎秆坚韧，抗倒伏。

5. 西南平坝生态区

主要分布在我国西南地区的高原平坝，生育期200~220d，秋季（10月中、下旬）播种，翌年夏季（5月下旬至6月上旬）收获。幼苗生长发育缓慢，匍匐期较西南高山生态型稍短，抗寒性较强。叶片宽大，植株高大，茎秆较硬。籽粒灌浆期略长。千粒重17g左右。

6. 西南高山生态型

这一生态类型主要分布在我国西南地区的海拔2 000~3 000m高山地带。生育期220~240d，秋季（10月中、下旬）播种，翌年夏季（6月中旬至7月初）收获。幼苗匍匐期很长，分蘖力很强，叶片细长，抗寒性强。植株高大，茎秆软，不抗倒伏。籽粒较小，千粒重15g左右，有些品种不足12g。

（三）品种资源农艺特性

共鉴定品种3 243份。鉴定内容包括皮裸性、生育日数、幼苗习性、幼苗颜色、株高、有效分蘖数、旗叶叶相、穗形（含周散型、侧散型、紧密型）、主穗穗长、主穗小穗数、轮层数、粒形（纺锤、椭圆、长筒、卵形）、粒色（白、黄、褐、红、黑等）、芒颜色、芒形状、单株粒重、主穗粒重、千粒重、稃色（内稃色、外稃色）等19个性状。

1. 植株高度

编入全国燕麦目录品种的株高一般为100~120cm，最矮的仅23. 4cm，最高的达到175cm，最高与最矮的相差7倍多。另据刘旭等统计，在1 273份裸燕麦地方品种中株高最小值仅23. 4cm，最大值151. 5cm，平均值为106. 4cm，标准差为14. 13cm。

2. 穗部性状

燕麦穗型、稃壳颜色、芒性和芒形都有较大差异。穗型分为周散型和侧散型两大类。周散型又可分为周松散型和周紧密型，侧散型分为侧松散型和侧紧密型。稃壳颜色有白、黄、褐、红、紫、黑等颜色，其中黄色和白色占多数。芒性分为无芒和有芒。芒形有短芒和长芒、曲芒和直芒、粗芒和细芒之分。皮裸性在编入全国燕麦种质资源目录的3 202份种质资源中，皮燕麦1 265份，裸燕麦1 937份。在原产中国的2 187份种质资源中，裸燕麦有1 901份，占86.9%；而从国外引进的1 015份种质资源中，裸燕麦仅有36份，占3.5%。

主穗小穗数。裸燕麦的主穗小穗数为11.7~78.7个，平均值28.91± 6.97个，其中≥35个的品种有94个；25.0~34.9个的有396个；≤24.9个的有176个。主要分布范围在25.0~35.0个。皮燕麦的主穗小穗数为11.6~67.2个，平均值（37.06±9.0）个，主要分布在35.0个以上。

主穗粒数。裸燕麦的主穗粒数在22.4~126粒，平均值为（55.43±13.22）粒，其中≥70.0粒的有82个；在50.0~69.9粒的有342个；≤49.9粒的有242个。主要分布在50.0~69.9粒。皮燕麦主穗粒数在19.5~125.9粒，平均值为（55.37±16.30）粒，主要分布基本上与裸燕麦相同。

主穗粒重。裸燕麦在0.3~2.3g，平均值为0.96±0.24g，其中≥1.3g的有77个；0.9~1.2g的有376个；≤0.8g的有213个。主要分布在0.9~1.2g。皮燕麦主穗粒重在0.3~2.7g，平均值为（1.36±0.39）g，主要分布在1.3g以上。

不同产地裸燕麦品种的产量性状省区比较结果：主穗小穗数≥35个的品种46个，占品种总数的14.1%，其中云贵川、东北的少，占0.2%~0.3%；山西的最多，占4.7%。主穗粒数≥70粒的品种82个，占分析品种数的12.3%，其中东北、青海、云贵川的少，占分析品种的0.2%；山西最多，占7.8%。主穗粒重≥1.3g的品种77个，占分析品种数的11.6%，其中东北、青海、云贵川没有主穗粒重高于1.3g的品种；内蒙古最多，占分析品种的5.8%。千粒重≥20.0g的品种97个，占分析品种的14.6%，其中内蒙古、山西的分别占6.9%和6.2%；东北、青海、云贵川没有千粒重高于20.0的品种，云贵川、陕西绝大部分品种的千粒重在15.0g以下。千粒重：裸燕麦在6.7~34.1g，平均值为（17.42±3.0）g，其中≥20.0g的品种有97个；15.0~19.9g的有454个；≤14.9g的有115个。主要分布在15~20g。皮燕麦千粒重为9.8~35.1g，平均值在（24.5±3.75）g，主要分布在25g以上。

从以上比较看出：裸燕麦与皮燕麦在产量性状上的差异主要在主穗小穗数、主穗粒重和千粒重上，皮燕麦在这三个性状上都高于裸燕麦。裸燕麦主穗小穗数虽然少于皮燕麦，但主穗粒数与皮燕麦相当，说明裸燕麦的小穗粒数多于皮燕麦。在构成产量性状诸因素中，皮、裸燕麦之间可以互相弥补，因此，用皮、裸燕麦进行种间杂交，可能获得产量性状比双亲更优的后代。

3. 籽粒性状

籽粒的形状、颜色、大小、皮裸性均差异明显。籽粒形状有纺锤形、椭圆形、长圆形、长筒形和卵形，其中以纺锤形为多数，约占50%，其次是椭圆形，占20%左右。

籽粒颜色分为白色、黄色、褐色、红色、黑色。在裸燕麦地方品种中，黄色籽粒占75%以上，为大多数。

4. 生育期

各地的品种均有特早熟、早熟、中熟、晚熟和特晚熟 5 类。生育期长短差别悬殊，北方最早熟品种生育期仅 70d 左右，而最晚熟的为 120d，两者相差 50d。在西南地区多数品种生育期为 220d 左右，最晚熟的可达 260d 以上。

我国皮、裸燕麦品种的熟性资源更为丰富多彩，除云贵川高原、陕西省一部分品种资源属半冬性外，春性裸燕麦的平均生育天数为（94. 5±5. 5）（77~104）d（n=484），以中熟（91~100d）为主（占 66. 48%），但是品种间熟性差异非常显著，生育天数相差 27d，其中极早熟类型（71~80d）4 份（占 0. 87%），早熟类型（81~90d）131 份（占 28. 6%），晚熟类型（100d 以上）27 份（占 5. 6%）。从不同省（区）份来看，山西省裸燕麦品种资源的熟性基因最为丰富，生育天数少于 85d 的品种资源全国仅有 36 份，山西省拥有 17 份（占 47. 2%），而且拥有 96. 3%晚熟类型的品种资源。皮燕麦品种的熟性资源尤为丰富，平均生育天数为（88. 8±10. 9）（64~104）d（n=631），比裸燕麦的平均生育天数早熟5. 7d，以中熟类型为主，有 297 份（占 47. 1%），品种间生育天数相差 40d。极早熟类型63 份（占皮燕麦品种资源的 10. 7%），尤其是青海省品种资源，全部（42 份）均为极早熟类型，占全国极早熟类型总数的 61. 8%。早熟类型 259 份（占 41. 1%），晚熟类型 7 份（占 1. 1%）。据性状间相关性测定：在呼市夏莜麦区自然条件下，由于受夏季干热的影响，裸燕麦的生育天数在 83~98d 范围内与产量（主穗粒重）呈高度负相关，r=−0. 893（t=2. 818）；但是熟性与籽实品质之间存在正相关，蛋白质浓度在 16. 5%~19. 5%范围内 r=0. 810（t=2. 517），脂肪浓度在 5. 5%~7. 5%范围内 r=0. 976（t=4. 457），亚油酸浓度在 40. 0%~48. 0%范围内 r=0. 230（t=0. 409）。

5. 品质分析

我国燕麦品种资源研究在品质分析方面做了大量工作，对 1 492 份燕麦资源籽粒的19 种氨基酸做了分析；2 493 份资源的脂肪分析；1 740 份资源的亚油酸分析；2 487 份资源的蛋白质分析。脂肪（%）采用索氏提取法测定；蛋白质（%）采用凯氏定氮法测定。亚油酸（%）指占不饱和脂肪酸的百分数。皮燕麦的上述 2 项品质化验均是带稃壳分析结果。裸燕麦的蛋白质浓度为 15. 99%±1. 04%（11. 00~19. 62)%（n=475），普通燕麦 *A. Sativa* 的蛋白质平均浓度为 17. 1（12. 4~24. 4)%（n=289）。本属中有 3 个高蛋白野生种：普通野燕麦 *A. fatua* 的蛋白质平均浓度为 22. 6（16. 7~27. 1)%（n=723）；野红燕麦 *A. Sterilis* 蛋白质平均浓度为 25. 9（23. 1~31. 4)%（n=68）；大燕麦蛋白质平均浓度为 32. 4%，它们均超过各种畜禽肉蛋白质平均浓度 19. 83（14. 54~24. 25)%（n=8）。这 3 个高蛋白野生种质中，*A. fatua* 在我国 16 个省（区）普遍分布，据初步采集与化验，208 份中国半野生燕麦的蛋白质含量达 19. 15±2. 99（11. 45~31. 71)%，其中>20%以上的材料共有 74 份，后两个高蛋白质野生种在我国境内尚未发现。

脂肪含量在 3. 44%~9. 65%，平均值为 6. 3%。含量在 7. 0%以上的品种有 148 个，占分析品种总数的 22. 3%；在 6. 0%~6. 99%的 290 个，占总数的 43. 7%；在 5. 99%以

下的 226 个，占总数的 34.0%。说明莜麦品种脂肪的含量大多数在 6.0%~6.99%。蛋白质（共测 658 份）：含量在 11.35%~19.94%，平均值为 16.1%。含量在 17.0%以上的品种有 148 个，占分析品种总数的 22.5%；在 16.0%~16.99%的 201 个，占总数的 30.5%；在 15.99%以下的 309 个，占总数的 47.0%。说明莜麦品种蛋白质的含量在 16%以下的比重较大。亚油酸（共测 413 份）：含量在 35.81%~49.73%，平均值为 41.42%。含量在 45%%以上的品种有 47 个，占分析品种总数的 11.4%；在 42%~44.99%的 8 个，占总数的 21.1%；在 41.99%以下的品种 279 个，占总数的 67.6%。说明莜麦品种亚油酸含量多数在 42%以下。

不同省（区）燕麦品种脂肪、蛋白质、亚油酸含量。脂肪含量在 7.0%以上的品种比例以云贵川最高，占 78.9%；其次为陕西，占 67.7%。说明云贵川、陕西高脂肪品种较多。含量 5.99%以下的品种比例以东北最高，占 83.3%；其次为青海占 82.6%。说明东北、青海的品种脂肪含量较低。而甘肃、山西的品种，脂肪含量主要在 6.0%~6.99%。蛋白质含量在 17.0%以上的品种比例以陕西最高，为 90.3%；其次为青海 60.9%，说明陕西、青海的品种蛋白质含量较高。含量在 15.99%以下的品种比例以云贵川最高，为 97.3%；其次为内蒙古 60.3%，说明云贵川、内蒙古品种的蛋白质含量比较低，而居于 16.0%~16.99%的品种比例以东北、山西较多。亚油酸含量在 45%以上的品种比例以青海最高，为 60.0%；其次为河北 36.4%，说明青海、河北的品种亚油酸含量较高。含量在 41.99%以下的品种比例以山西最高，为 87.9%，其次为内蒙古 64.2%，说明山西、内蒙古的品种亚油酸含量较低。

综上所述，陕西的品种是高脂肪、高蛋白质类型；青海的品种是低脂肪、高蛋白质、高亚油酸类型；甘肃的品种是中脂肪、高蛋白质类型；河北的品种是低脂肪、高亚油酸类型；东北的品种是低脂肪、中蛋白质类型；山西的品种为中脂肪、中蛋白质、低亚油酸类型；内蒙古的品种为低脂肪、低蛋白质、低亚油酸类型。

（四）燕麦品种资源的抗逆性鉴定

我国燕麦品种中具有抵抗各种自然灾害（抗旱、抗虫、抗病与抗倒伏等）特性的资源也是非常丰富的。

1. 燕麦资源抗旱性鉴定

我国燕麦历来多为旱作，在几千年自然与人工选择下对各地区的不同类型（春旱、夏旱与秋旱）旱灾具有不同的抵抗能力。燕麦品种资源只有第一册《目录》中的品种进行了抗旱性鉴定，由中国农业科学院作物品种资源研究所麦类室于 1981—1983 年在北京门头沟采用春、秋分别播种，先后共播种 8 次，在此期间遇 2 次严重干旱，进行鉴定，分高抗、中抗、低抗三级。自然鉴定分 1、2、3 三级。据抗旱鉴定结果，从 1 092 份品种资源中初步筛选出 105 份抗旱材料，而且发现皮燕麦苗期抗旱能力比裸燕麦强，105 份抗旱材料中皮燕麦占 95.4%。山西临县的小裸燕麦与内蒙古化德县的小裸燕麦、瑞典的索尔福Ⅰ与珊福旱纳Ⅱ品种比较抗旱。

2. 燕麦资源抗倒性鉴定

燕麦的倒伏分茎倒与根倒两种，是燕麦生产上主要问题之一。燕麦品种资源只有第一册《目录》中的品种进行了抗倒性鉴定，由中国农业科学院作物品种资源研究所麦类室于 1982 年在北京地区中等土地上亩施有机肥 3 000kg，追硫酸铵 15kg，浇水 5 次，分别在不同生育期调查记载倒伏程度，即分高抗、中抗、低抗三级。自然鉴定按 0、1、2、3 四级记载。从 627 份皮燕麦品种资源中初步筛选出 128 份高抗材料（占 20.4%），在 480 份裸燕麦品种资源中仅筛选出 4 份国外高抗材料（占 0.83%），如法国的永 492；我国裸燕麦地方品种资源抗倒伏性较差。

3. 燕麦资源抗蚜虫鉴定

燕麦品种资源只有第一册《目录》中的品种进行了抗蚜虫鉴定，据 1982 年在北京田间放蚜鉴定试验，从 1 109份品种资源中初步筛选出 606 份高抗资源（每株上蚜虫头数<1.4 头），其中以国内皮燕麦材料最抗虫，而且以新疆维吾尔自治区与青海省的抗虫皮燕麦品种资源最为丰富，分别拥有 41 份与 31 份，占国内皮燕麦抗虫材料的 40.12% 与 30.4%。

4. 燕麦资源抗病鉴定

（1）抗黑穗病鉴定。对燕麦 2 264 份品种黑穗病采用混合菌株进行鉴定感病，燕麦抽穗充分发病后调查病穗百分率。病情分级标准（按黑穗百分率计算）分为：

0：免疫（IM）；

0.1%~5%：高抗（HR）；

5.1%~10%：抗（R）；

10.1%~20%：中抗（MR）；

20.1%~30%：中感（MS）；

30.1%~50%：感（S）；

50%以上：高感（HS）。

裸燕麦品种资源的平均病穗率高（91.87±13.38）%（0.0~100.0%）（21=478），但是皮燕麦品种资源蕴藏丰富的抗病基因，平均病穗率仅（11.76±15.76）%（0.0~100.0%）（11=615），并初步筛选出 148 份高抗材料（病穗率为 0.0%），其中国内品种资源 40 份，主要分布在新疆维吾尔自治区，占国内高抗材料 62.5%。

（2）抗红叶病鉴定。燕麦品种资源抗红叶病鉴定 2 514 份；第一册编目的品种红叶病鉴定由内蒙古农牧业科学院根据自然发病程度分为 0、1、2、3 四级进行调查记载。0 级：无病株；1 级：病株占小区面积 1/3；2 级：病株占 1/2；3 级：小区所有植株均发病。第二册编目的品种红叶病鉴定地点及方法：鉴定点设在中国农业科学院作物品种资源研究所病圃，田间采用穴播法于 5 月中旬以带毒二叉蚜（大麦黄矮病二叉蚜株系）接种燕麦鉴定品种，6 月中上旬燕麦灌浆期调查。按大、小麦黄矮病全国统一鉴定方法的分级标准记载病级。凡 4 级以上材料，进行重复鉴定。感病对照品种为右玉三分三。经自然发病鉴定，从1 090份品种资源中初步筛选出 57 份高耐红叶病材料，其中国内材料 50 份，占全部高耐品种资源 87.71%，在国内 43 份高耐皮燕麦品种资源中新疆维吾尔自治区拥有 31 份，占国内皮燕麦高耐资源 72.1%，这与抗蚜鉴定结果是一致的，所以我国新疆维吾尔自治区燕麦品种资源是丰富的抗蚜虫、抗 BYDV 基因库，今后应加以重视与利用，但迄今尚未发现 BYDV 的抗原。

第五节 食用豆

食用豆类是指除大豆、花生以外，以食用籽粒为主的各种豆类作物的总称，俗称“杂豆”。食用豆类型多样，按各豆种对温度要求的不同可分为3类。冷季豆类：包括蚕豆、豌豆、小扁豆和鹰嘴豆；暖季豆类：包括扁豆、普通菜豆、多花菜豆、利马豆和小豆；热季豆类：包括绿豆、豇豆、饭豆、黑吉豆、四棱豆、藜豆、刀豆和木豆。按其授粉方式可分为二类：自花授粉，如豌豆、绿豆、小豆、豇豆、饭豆、黑吉豆、普通菜豆、小扁豆、藜豆、鹰嘴豆、利马豆、扁豆、木豆、四棱豆、刀豆；常异花授粉，如蚕豆、多花菜豆等。按豆类对光周期的反应分为三类，短日性：绿豆、小豆、豇豆、饭豆、木豆等；中日性：多花菜豆等；长日性：蚕豆、豌豆、小扁豆、鹰嘴豆等。河北省种植的食用豆类有小豆、绿豆、豇豆、蚕豆、豌豆、小扁豆、饭豆、普通菜豆（芸豆）和多花菜豆。其中，种植面积较大的有小豆、绿豆、蚕豆、豌豆等。冀西北素有种植食用豆的传统和习惯，传统的食用豆种类很多，蚕豆、豌豆、芸豆、红小豆等多个品种在国际市场上有一定影响，而且出口量和创汇额呈逐年上升趋势，主要分布在坝上4县和坝下的蔚县、阳原、赤城、崇礼等县。一些食用豆作物已成为地方性特色主导产品，以其质量好、营养价值高、无污染，在国内外享有盛名。如张家口阳原鹦哥绿豆，表皮翠绿光亮，颗粒饱满均匀，名扬国际市场，出口欧美、日本以及东南亚等地；崇礼蚕豆在我国出口蚕豆中，被列为上品，在国际市场畅销不衰，产品主要出口到日本、韩国、东南亚等国家，以及中国香港、澳门地区。

一、资源搜集、整理入库

1958年全国征集豆类资源约10 000份，其中大部分为各地的农家品种，但仅有华北、西北少数省份的资源保存了下来。1978年中国农业科学院作物品种资源研究所成立，开展了食用豆遗传资源研究工作，经过中国农业科学院作物品种资源研究所、河南省农业科学院、山东省潍坊市农业科学院、山西省农业科学院、河北省农林科学院、湖北省农业科学院、安徽省农业科学院等25省、市有关单位广大科技人员7年多的共同努力，对各地保存下来的食用豆进行了的全面的清查整理和更新，编写了《中国食用豆类品种资源目录》第一集、第二集，入目食用豆资源16 000余份。其中搜集到绿豆品种资源近5 000份，4 719份已经完成农艺性状鉴定并编入《中国食用豆类品种资源目录》，4 445份已经存入国家种质资源库。完成蛋白质和淀粉分析各2 524份，抗旱鉴定2 005份，耐盐鉴定1 687份，抗叶斑病鉴定2 132份，抗根腐病鉴定2 064份，抗蚜虫鉴定2 123份。在这些入库绿豆资源中河南省有916份，占总数 的19.4%；其次是山东省672份，占14.2%；山西省409份，占8.7%；河北省396份，占8.4%；湖北省303份，占6.4%；安徽省301份，占6.4%，另外还有上海、浙江、福建、西藏和青海的绿豆资源没有征集。

河北省食用豆类的资源搜集工作也是在这一时期开始的，经过一系列的搜集、鉴定、编目、入库等，到“九五”编入《中国食用豆类品种资源目录》共有小豆、绿豆、豇豆、蚕豆、普通菜豆（芸豆）、豌豆、饭豆 7 个豆种 1 615份，并对部分资源的蛋白质、淀粉、脂肪、直链淀粉、支链淀粉、各种氨基酸含量等品质性状进行了测定，鉴定了部分资源的耐盐性、抗寒性、抗病性（叶斑病、锈病、病毒病）、抗虫性（抗蚜虫）、芽期和苗期抗旱性等。

二、资源研究与利用

（一）小豆

1. 资源分布

我国拥有丰富的小豆种质资源，编入《中国食用豆类品种资源目录》的小豆资源达 3 958 份，入库资源拥有量居世界之首，其中河北省共有 385 份材料，占到 9.73%。详见表 2-8、图 2-9、图 2-10。

表 2-8　小豆种质资源原产地各省区市分布

原产地	收集份数	占比（%）	原产地	收集份数	占比（%）
山西	600	15.16	江苏	86	2.17
湖北	416	10.51	内蒙古	84	2.12
河北	385	9.73	云南	67	1.69
河南	371	9.37	甘肃	62	1.57
陕西	322	8.14	湖南	56	1.41
黑龙江	258	6.25	天津	39	1.00
北京	258	4.83	四川	22	0.56
吉林	253	6.39	宁夏	17	0.48
山东	225	5.68	广西	8	0.20
安徽	207	5.23	台湾	3	0.07
辽宁	150	3.79	海南	1	0.02
贵州	135	3.41	合计	3 958	100.00

2. 小豆农艺性状研究

生育期：河北省小豆资源全生育期、生育前期较长，1997—1998 年度分别为 92.76~97.96d 和 52.42~55.37d，而生育后期相对较短，为 37.5~45.68d。并且，全生育期变幅较大，为 74.0~109.33d，从极早熟到晚熟，生育期类型比较丰富。而生育前期变幅（35.67~72.33d）大于生育后期变幅（30.67~58.33d），表明品种间的生育期差异主要由生育前期引起。

形态性状：河北省小豆资源的株型平均表现为株型偏高、多分枝、中等节数。年度间平均株高为 57.7~76.6cm，主茎分枝为 3.33~3.97 个，主茎节数为 18.13~20.13 节。各性状的变异幅度又表明：各性状品种间差异较大，株高分布在 29.33~99.67cm，主

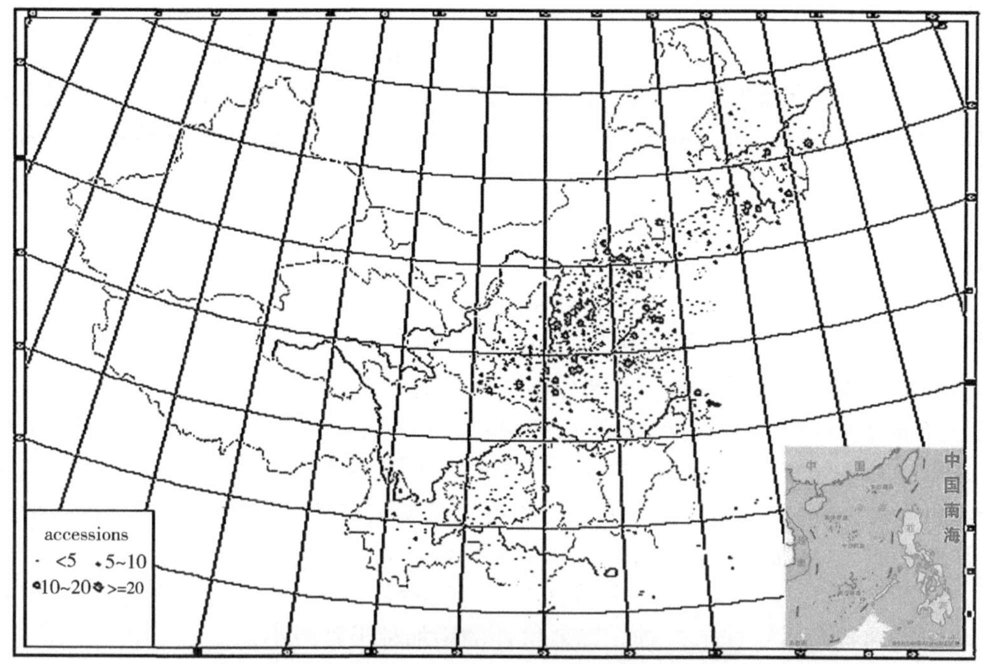

图 2-9 我国小豆种质资源的地理分布示意图

图片来源：中国作物种质资源信息网

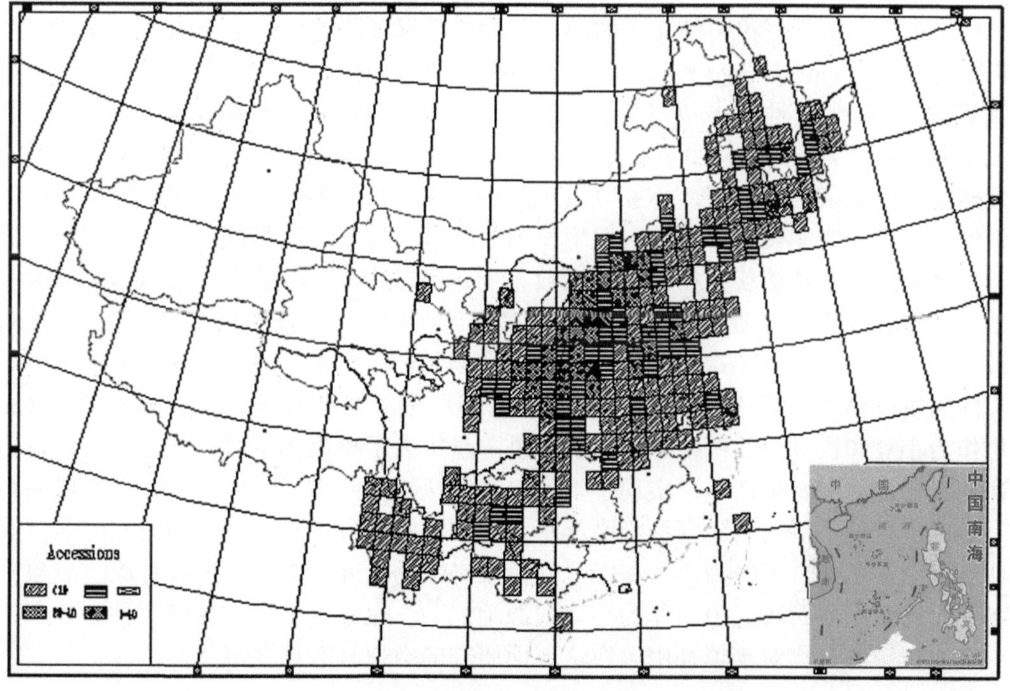

图 2-10 我国小豆种质资源的密度分布示意图

图片来源：中国作物种质资源信息网

茎分枝在 0. 93～6. 57 个，主茎节数 9. 17～24. 33 节，荚长则相对变幅较小，在 5. 33～9. 0cm。所以，以河北省小豆资源为基础，进行株型改良是可行的。

产量性状：河北省的小豆资源具有较好的产量性状，单株结荚较多，年度间平均为 27. 29～31. 3 个，荚长为 7. 28～7. 58cm，单荚粒数为 7. 18～7. 60 粒，百粒重平均为中等大小（9. 65～11. 03g）以上，单株粒重较高，为 15. 39～15. 59g。与我国小豆夏播区河南、山东、湖北等省的资源产量性状的平均表现相比，具有明显的优势。

3. 小豆抗豆象研究

小豆是绿豆象的主要寄主，为了寻找抗豆象小豆种质资源，国内外多个研究机构对收集的栽培及野生小豆种质资源进行了抗豆象评价，但迄今为止，在现有的小豆种质资源中没有发现抗豆象种质材料，大部分小豆种质资源表现为完全感豆象。然而，在小豆的几个近缘野生种中发现了能够抗豆象的材料。Tomooka 等研究发现，小豆近缘野生种 *V. hirtella* 中有一份资源（编号：31363）高抗绿豆象和四纹豆象。Somta 等研究认为小豆近缘野生种 *V. nepalensis* 是另一个有用的抗豆象基因来源，因为它能够延迟豆象的孵化。研究表明，*V. nepalensis* 种子中的某些抗性物质可以抑制绿豆象和四纹豆象的生长发育，但是经 QTL 分析发现，*V. nepalensis* 中的抗性比较复杂，几个与抗豆象相关的 QTL 与控制种子大小的 QTL 连锁，随着抗性的增加种子则减小。

由于缺乏直接的抗豆象小豆种质资源，国内外有关小豆抗豆象育种的报道较少。小豆的抗豆象育种建立在豇豆属其他物种的基础之上，栽培饭豆被认为是重要的抗豆象基因来源。因为它对 3 种豆象具有完全抗性，且其食用安全性已经被证明。栽培饭豆的抗豆象性是由于存在于籽粒中的化学物质。美国科学家证明这些化学物质为 3 种黄烷类柚苷衍生物（flavonoid naringgenin）（U. S. patent 6770630B2），其中有 2 种分别只对绿豆象和四纹豆象有抗性，另外 1 种对 2 种豆象均有抗性。通过饭豆与近缘野生种 *V. nakashimac* 杂交证实，饭豆的抗性由 4 个 QTL 控制。小豆抗豆象育种目前采用的是幼胚拯救和桥梁亲本的途径。小豆与饭豆间的杂交亲和性很低，当用小豆作为母本时，幼嫩的杂交荚一般能够正常发育，但生长 10d 左右，幼荚开始萎缩不育；而当用饭豆作为母本时则不能正常结荚。在杂交荚未败育前进行幼胚培养，可以得到 F_1 代植株并正常结实。Kaga 等利用小豆‘Erimoshouzu’作母本与饭豆‘Kagoshima’杂交，通过幼胚拯救获得了后代植株。Siriwardhane 等证实小豆近缘野生种 *V. riukiuensis* 可作为小豆和饭豆间的桥梁亲本。后来 Tomooka 等又证实小豆近缘野生种 *V. nakashimae*、*V. minima* 也可作为小豆和饭豆间的桥梁亲本，从而进一步扩大了桥梁亲本可选择的范围。目前日本研究者已经利用桥梁亲本，实现了抗豆象基因从饭豆到小豆的转移，并已形成品系。

中国国内的小豆抗豆象育种刚刚起步，河北省农林科学院粮油作物研究所通过国际合作已经引进了几个可作为小豆和饭豆间桥梁亲本的近缘野生种，但离育成抗豆象小豆品种还有很长一段距离。中国作为小豆起源地之一，也不乏小豆近缘野生种的分布，加强对这些资源的搜集对于填补中国在这方面研究的空白具有重要意义。

（二）绿豆

1. 分布

绿豆原产我国，目前已搜集到绿豆品种资源近 5 000份，其中 4 719份已经完成农艺性状鉴定并编入《中国食用豆类品种资源目录》，4 445份已经存入国家种质资源库。完成蛋白质和淀粉分析各2 524份，抗旱鉴定2 005份，耐盐鉴定1 687份，抗叶斑病鉴定2 132份，抗根腐病鉴定2 064份，抗蚜虫鉴定2 123份。在这些入库绿豆资源中河南省有916份，占总数的19.4%；其次是山东省672份，占14.2%；山西省409份，占8.7%；河北省396份，占8.4%；湖北省303份，占6.4%；安徽省301份，占6.4%，另外还有上海、浙江、福建、西藏和青海的绿豆资源没有征集。（图2–11、图2–12）

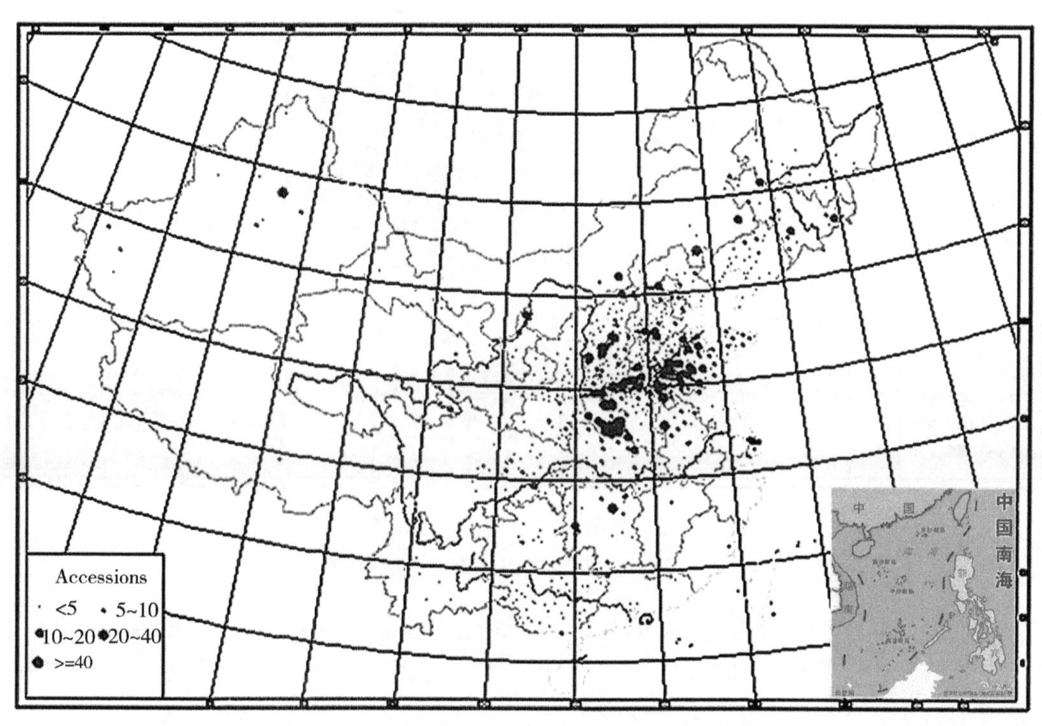

图2–11　我国绿豆种质资源的地理分布示意图

图片来源：中国作物种质资源信息网

2. 农艺性状

生育期：4 719份绿豆资源生育期分布在50～151d，平均85d，在它们当中生育期60d以下的特早熟品种有99个，其中河南省90个，占总数的90.9%；陕西3份，广西壮族自治区（全书简称广西）2份，北京、河北、山东、江西各1份。在特早熟品种中C04647生育期仅50d，C03463和C03464的生育期55d。生育期130d以上的晚熟品种有125个，主要分布在内蒙古、黑龙江、甘肃、宁夏等春播区和湖北等省的一些半野生类型当中。

粒色及种皮光泽：在中国绿豆资源中，籽粒颜色以绿色者最多，有4 320份，占91.5%，全国各地都有分布：黄色的250份，占5.3%；褐色的118份，占2.5%；青蓝色31份，占0.7%。各省绿豆品种的粒色情况详见表2–9。4 719个绿豆品种中，种皮有光泽的（明绿豆）和种皮无光泽的（毛绿豆）份数接近，但在各省品种中明绿豆显著多于毛绿豆的有新疆、吉林、内蒙古、黑龙江、宁夏、山西、甘肃、辽宁、天津、河

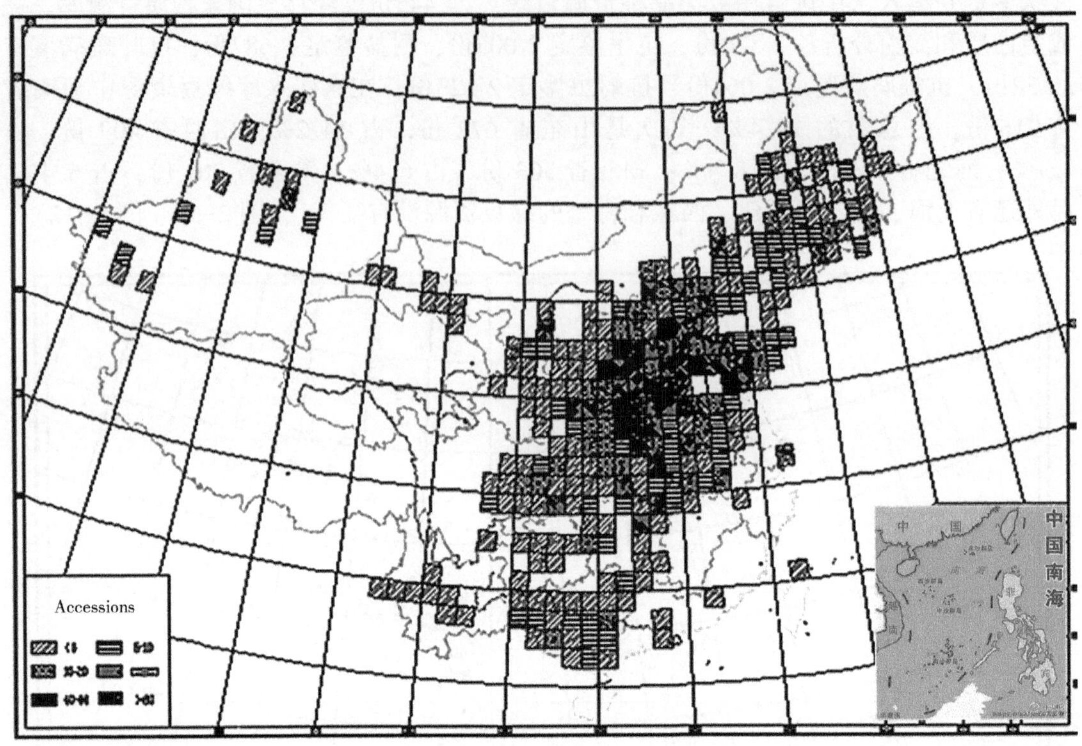

图 2-12　我国绿豆种质资源的密度分布

图片来源：中国作物种质资源信息网

北、北京等，其比例由北向南逐步减少；毛绿豆显著多于明绿豆的有云南、贵州、江西、湖北、四川、湖南、江苏、广西、安徽、广东、河南、海南、山东等，其比例由南向北逐渐减少。

表 2-9　中国绿豆品种资源粒色及种皮光泽分布情况（份数）

省、市（区）	总份数	种皮颜色				种皮光泽	
		绿色	黄色	褐色	蓝色	光	毛
北京	115	109	1	4	1	79	36
天津	26	25		1		20	6
河北	396	372	7	17		283	113
山西	409	369	31	9		329	80
内蒙古	173	167	3	3		166	7
辽宁	178	139	16	19	4	138	40
吉林	133	125	8			129	4
黑龙江	49	49				47	2

（续表）

省、市（区）	总份数	种皮颜色				种皮光泽	
		绿色	黄色	褐色	蓝色	光	毛
江苏	18	17	1			5	13
安徽	301	261	39		1	89	212
江西	50	45	3		2	4	46
山东	672	611	24	35	2	294	378
河南	916	870	25	8	13	345	571
湖北	303	278	12	7	6	45	258
湖南	215	186	27		2	55	160
广东	6	6				2	4
广西	154	139	15			44	110
海南	7	7				3	4
四川	171	151	20			40	131
贵州	28	24	4			2	26
云南	13	13				0	13
陕西	140	134	6			64	76
甘肃	23	22	1			18	5
宁夏	41	29		12		35	6
新疆	72	66	3	3		71	1
国外引进	110	106	4			74	36
合计	4 719	4 320	250	118	31	2 381	2 338

中国绿豆资源的粒型分布：在中国绿豆资源当中，百粒重分布在1.0~9.6g，平均4.85g。其中大粒型品种中百粒重6.5g以上的有364个，占总数的7.7%；7.0g以上的有181个，占3.8%；7.5g以上的特大粒品种有76个，占1.6%。主要分布在山西、山东、内蒙古、安徽、湖南和国外引进品种当中，其中C04595达9.6g，C03869为8.8g，C01229和C00506分别为8.5g。小粒型品种中百粒重在3.5g以下的有474个，占总数的10.0%；3.0g以下的有126个，占2.7%；2.5g以下的特小粒品种有46个，占1.0%。主要分布在湖北、山东、云南、江西、安徽和海南省，其中C01722、C01723和C02955只有1.0g。

中国绿豆资源的结荚习性：4 719份绿豆资源中，单株荚数分布在0.8~163个，平均25.2个。其中多荚型品种中单株荚数在50个以上的有250个，占总数的5.3%；60个荚以上的有98个，占2.1%；70个以上荚特多的品种有43个，占0.9%。主要分布在河北、安徽、吉林、山西、辽宁、北京、河南和湖南，其中 C02036 达 163 个、C04342 个 121 个、C00758 为 116 个。C04064 为 110 个。单株荚数在 10 个以下的少荚型品种有 438 个，占总数的 9.3%，主要分布在河南、湖北、山东、陕西、河北、四川、贵州和云南。

3. 营养品质分析

对 2 524 份绿豆资源进行了营养品质鉴定，占资源总数的 53.5%，其结果如下。

蛋白质：2 524 份绿豆资源蛋白质含量为 17.37%~29.06%，平均 24.5%。高蛋白型品种中蛋白质含量在 26%以上的品种有 322 个，占分析样品总数的 12.8%；蛋白质 27%以上的有 76 个品种，占 3.0%；28% 以上蛋白质含量特别高的品种有 18 个，占 0.7%。主要分布在湖北、北京、山西、山东、河北和湖南，其中 C02975 达 29.06%，C01701 为 28.99%，C01059 为 28.95%。低蛋白型品种中蛋白质含量在 22%以下的有 240 个，占总数的 9.5%；蛋白质 21%以下的有 80 个品种，占 3.2%；蛋白质 20%以下含量特别低的品种有 23 个，占 0.9%。主要分布在内蒙古、山西和河南，其中 C01940 只有 17.37%，C00656 为 17.63%。

总淀粉：2 524 份绿豆资源总淀粉含量为 42.95%~60.15%，平均 52.21%，高淀粉型品种中总淀粉含量在 55%以上的有 197 个，占分析品种总数的 7.8%；淀粉 56%以上的品种有 72 个，占 2.9%；含量在 57%以上淀粉特别高的品种有 30 个，占 1.2%。主要分布在河南、山东、内蒙古、吉林和贵州省，其中 C01940 达 60.5%，C00630 为 59.99%，C01490 为 58.58%。低淀粉型品种中总淀粉含量在 50%以下的有 269 个，占总数的 10.7%；淀粉 49%以下的有 111 个品种，占 4.4%；淀粉含量在 48%以下的品种有 60 个，占 2.4%。主要分布在山东、河北、安徽、北京、湖北、湖南等省市，其中 C03420 只有 42.95%、C00129 为 42.98%。

4. 抗逆性研究

抗旱性：在鉴定的 2 394 份绿豆资源中，抗旱性评价结果为 1~5 级，其中芽期和熟期抗旱性评价均在 3 级以下、抗旱性较好的品种有 475 个，占鉴定品种总数的 19.8%；抗旱性评价均在 2 级以下的抗旱品种有 46 个，占 1.9%。主要分布在山西、山东、内蒙古、吉林、湖北、北京、河南、河北、陕西和国外品种中，其中 C01809 芽期和熟期均为 1 级，C00406、C00602C01368、C02157、C03406 和 C03419 等 14 个品种芽期抗旱性为 1 级，熟期抗旱性为 2 级。

耐盐性：在鉴定的 2 429 份绿豆资源中，耐盐性评价结果为 1~5 级，其中芽期和苗期耐盐性评价均在 3 级以下，耐盐性较好的品种有 265 个，占鉴定品种总数的 10.9%；耐盐性评价在 2 级以下的耐盐品种有 22 个，占 0.9%。主要分布在山东、吉林和湖北省，其中 C01257 芽期和苗期均为 1 级；C01726 芽期耐盐为 2 级、苗期耐盐为 1 级；C00699 芽期耐盐为 1 级、苗期耐盐为 2 级。

5. 抗病虫研究

抗叶斑病研究：在鉴定的 2 132 份绿豆资源中，抗叶斑病评价结果分布在高感（HS）—中抗（MR）之间，其中由感（S）—中抗（MR）的有 137 份，占鉴定品种总数的 6.4%；中感（MS）—中抗（MR）的有 14 份，占 0.7%。主要分布在国外引进品种及安徽、河北等省，其中 C04010 和 C04489 表现为中抗（MR），C03413、C03414、C03698、C04005、C04487、C04491 等品种为中感（MS）。

抗根腐病研究：结果分布在高感（HS）—中感（MS）之间，其中由感（S）—中感（MS）的品种有 487 份，占鉴定品种总数的 23.6%；表现中感（MS）的有 14 份，占 0.7%。主要分布在山东、安徽、河北、山西、湖南和国外引进品种中，其中 C00556、C01126、C04468、C04466 等品种表现较好。

抗蚜害病研究：结果分布在高感（HS）—抗（R）之间，其中由感（S）—抗（R）的品种有 551 份，占鉴定品种总数的 25.8%；表现中抗（MR）—抗（R）的品种有 6 份，占 0.3%。它们分布在内蒙古和山西的资源中，其中 C00576 为抗（R），C00380、C00381、C00581、C00591 和 C00636 表现为中抗（MR）。

抗豆象研究：已编目入库的国内外绿豆种质资源 5 000 余份，目前还没有发现能够稳定遗传的抗豆象资源，因此寻找抗豆象资源是绿豆抗豆象育种的基础。Doria 等通过田间观察 66 份绿豆资源的豆荚对豆象的抗性，发现豆象在所有参试绿豆资源的豆荚上都能够产卵，但其中有 3 份资源能够明显地抑制豆象幼虫的存活。豆荚抗豆象性与荚毛的长度有关，荚毛长的绿豆品种一般着卵量较少，且卵不易孵化。然而多数农民一般采用人工摘荚收获绿豆，荚毛过长属于不利性状，且豆象主要为仓储性害虫，田间为害率极低，因此豆荚抗豆象性种质应用价值并不大。Fujii 等在研究几种豇豆属食用豆类籽粒对豆象的抗性时发现一份能够抗绿豆象的野生绿豆（*Vigna radiata* var. *sublobata*）资源 TC1966。后来他们证明 TC1966 不仅抗绿豆象，还能抗四纹豆象、灰豆象（*Callosobruchus phaseoli*）、巴西豆象（*zabrotes subfasciatus*）。TC1966 的发现对于绿豆抗豆象育种具有极其重要的作用，之后的很多研究都针对这份抗豆象种质展开。Lambrides 等在对澳大利亚野生绿豆资源的抗豆象评价中发现 2 份抗绿豆象的野生绿豆资源 ACC41 和 ACC23，并且他们认为种子表面的毛层及种子大小对豆象产卵有影响。利用 ACC41 和另一个栽培品种 ATF3460 作为 DNA 供体，Miyagi 等构建了世界上第一个绿豆染色体文库，用以寻找抗豆象分子标记等研究。TC1966 和 ACC41 是以往的研究中利用最多的 2 份抗豆象野生绿豆资源。利用它们的杂交或回交后代作为分析材料，进行抗豆象遗传、抗豆象机理、抗豆象分子标记及抗豆象育种等方面的研究。然而这些野生材料往往具有炸荚、蔓生、晚熟、小粒等育种中的不利性状，且较难克服，更为重要的是 TC1966 的回交后代中可能存在某些对人体健康不利的因素，因此对栽培绿豆中抗豆象资源的筛选越来越受重视。目前为止，已报道的栽培绿豆抗豆象资源有 4 份，其中 V2709 和 V1128 均来自印度，V2802 和 V2817 分别来自菲律宾和尼日利亚。V2709 和 V2802 对绿豆象和四纹豆象具有中等抗性，V1128 和 V2817 对绿豆象和四纹豆象具有完全抗性。利用 V2709 作为抗豆象基因供体，韩国及中国都已经育成抗豆象绿豆品种。

绿豆的抗豆象性基于豆荚表形和籽粒内的抗性物质。Lambrides 等认为绿豆种子表面的毛层及种子大小能够影响豆象的产卵，表面毛层厚及籽粒较小的种子往往着卵量较少。利用抗豆象绿豆种子的不同组分制成人工种子进行抗豆象鉴定试验，表明绿豆种子对豆象的抗性主要是由于种子中的某些生物化学物质，但由于抗性基础比较复杂，究竟是哪种物质在抗豆象中起作用至今仍不清楚。

Sugawara 等从抗豆象绿豆野生种 TC1966 中分离出 2 种环肽生物碱，分别命名为“豇豆酸 A”和“豇豆酸 B”，并认为它们与抗豆象有关；然而 Kaga 等在鉴定 TC1966 的抗豆象杂交后代群体时发现有 1 株绿豆虽然环肽生物碱含量很高，但却感豆象，因此他们否认了上述观点，认为虽然环肽生物碱与抗豆象相关，但并不是主要因素，两者之间可能是连锁关系。后来他们从 TC1966 中分离出一种对豆象有毒性的肽化合物“GIF-5”。Lin 等和 Chen 等在 TC1966 与 VC1973A 杂交得到的抗豆象后代品系 VC6089A 中发现一种对绿豆象具有致命作用的蛋白，由于其富含半胱氨酸，命名为 VRCRP（Vigna radiata cysteine rich protein）。栽培绿豆品种 V2709、V2802、V1128 和 V2817 的抗豆象性也是基于种子内的某些生物化学物质，但究竟为何种物质，彼此之间以及与 TC1966 中的抗豆象物质是否相同，至今仍没有定论。由此可见，究竟是哪些物质在绿豆抗豆象中起主要作用，以及不同抗豆象绿豆种质间的抗性机制是否相同，还没有统一的结论，需要进一步研究证实。

绿豆抗豆象遗传及分子标记研究主要针对 TC1966、ACC41、V2709 和 V2802 展开。TC1966 被广泛地应用于绿豆遗传育种研究中。Kitamura 等用 2 个栽培绿豆品种分别与 TC1966 杂交，分析发现，F_2代对绿豆象的抗感分离均符合 3∶1 的分离规律，因此提出 TC1966 对绿豆象的抗性由 1 对显性基因控制。程须珍等以感豆象栽培种中绿 1 号（VC1973A）为母本，TC1966 为父本配制杂交组合，F_2 代种子抗感分离也符合 3∶1 的分离规律，进一步验证 TC1966 的抗豆象特性由 1 对显性基因控制。孙蕾等利用感豆象亲本与栽培绿豆 V2709 杂交，结果发现，F_2代抗感分离比率为 3∶1，回交一代抗感分离比率为 1∶1，因此认为 V2709 对绿豆象的抗性由单显性基因控制。不同抗豆象材料的抗豆象基因是否相同已有初步的研究结果，但还需进一步证实。Lambrides 等通过 TC1966 与 ACC41 的杂交后代分离分析，认为它们的抗豆象基因可能为同一基因。利用 V2709、V2802、ACC41 及由 VC1973A×TC1966 衍生的 VC6089A-6 和由 V2709 衍生的 VC1973A/V2709-2 5 个抗豆象绿豆材料，孙蕾研究了不同抗豆象绿豆资源之间抗性基因的等位性。初步得出 V2709 与 ACC41、V2709 与 TC1966、V2802 与 TC1966 的抗性基因不等位，而 V2709 和 V2802 的抗豆象基因等位或二者的抗豆象基因是紧密连锁的。Somta 等认为 V2709 和 V2802 对绿豆象和四纹豆象的抗性由单基因控制，但二者的抗豆象性存在母性影响。

寻找抗豆象分子标记是进行分子标记辅助育种的前提。Young 等以 58 个 TC1966 和感虫栽培种 VC3890 的杂交 F_2 代为材料进行 RFLP 分子标记试验，结果将抗豆象基因（Br）定位在第 8 连锁群上。两侧标记分别是 pA882 和 pM151，其中 pA882 与目标抗性基因的距离最近，为 3.6cM，QTL 分析表明，这段基因组区域能够解释抗豆象表型变异的 87.5%。Kaga 等用 TC1966 为材料，进一步进行 RFLP 分析，绘制了 Br 的遗传连锁图谱，并找到与其紧密连锁的 13 RFLP 标记，其中 Bng143 标记与 Br 的遗传距离为 0.2cM。Miyagi 等以抗豆象绿豆野生种 ACC41 和感豆象栽培种 ATF3640 为 DNA 供体、以 pBeloBAC Ⅱ 为载体构建了第一个绿豆的细菌人工染色体文库，其容量可以涵盖 3.5 个绿豆基因组大小。在此基础上，利用 RFLP 探针与其亚克隆进行杂交，寻找到 2 个与抗豆象基因连锁的 STS 标记：STSbr1 和 STSbr2。程须珍等利用 RAPD 标记分别对绿豆抗豆象基因池、感豆象基因池进行分析，发掘出 6 个在抗感池间有差异的标记，进一步对 F_2 代单株的分析表明，其中 1 个标记可能与抗豆象基因紧密连锁。马丽萍等在抗、感豆象基因池间找到多个多态性 AFLP 标记，但经序列比对，没有发现与之高度同源的片段。孙蕾等利用 VC1973A 和 V2709 的杂交分离后代，在抗豆象基因两侧分别找到 1 个 RAPD 和 1 个 STS 标记，但是这 2 个标记离目标基因的距离相对较远。梅丽等利用 Berken 和 ACC41 的重组自交系群体在 4 个不同的环境下均检测到一个主效抗豆象 QTL，两侧标记分别为 VrCS155-1 和 VrCS161。虽然目前的研究已经找到一些与抗豆象基因相关的标记，但还没有利用这些标记进行分子标记辅助选择的报道。原因可能是这些分子标记或者重复性差，或者与目标基因遗传距离较远、选择性较差，或者成本较高且操作较为繁琐，不适用于大规模标记分析。因此寻找与抗豆象基因紧密连锁或共分离且操作较简单、成本较低的分子标记（如 SSR 标记），对开展绿豆抗豆象分子标记辅助育种具有重要意义。

最初绿豆抗豆象育种主要利用 TC1966 作为抗豆象基因供体。中国、日本、泰国等国家的育种单位利用 TC1966 与当地推广品种杂交都得到了抗豆象的后代品系，但至今没有进行推广应用。这主要是出于对人类食用安全的考虑。因为 TC1966 中的抗豆象生物化学物质还没有被证明，而且 Miura 等曾利用来源于 TC1966 的绿豆后代进行饲喂小鼠试验，发现小鼠食用由 TC1966 衍生出的绿豆后代种子后血液中的某些生化成分含量发生了改变。

近年来，绿豆抗豆象育种主要利用抗豆象栽培绿豆资源。利用 V2709 作为抗豆象基因供体，Lee 等已经育成并在韩国推广应用了一个抗豆象绿豆品种。中国农业科学院利用 V2709 作为抗豆象基因供体也育成了一个抗豆象绿豆品种。野生绿豆 TC1966 曾被认为是非常有用的抗豆象基因供体，因为其抗豆象性由单显性基因控制，且其对绿豆象和四纹豆象具有完全抗性。由 TC1966 作为抗豆象基因供体育成的绿豆品种是否对人体健康有害，或者即使有害，有害物质合成基因与抗豆象基因间的连锁能否被打破，还值得进一步探究。栽培绿豆品种 V1128 和 V2817 具有比 V2709 和 V2802 更强的抗豆象性，最近研究证实它们对绿豆象和四纹豆象具有免疫性，因此这 2 份资源将是更具有利用价值的抗豆象基因供体。此外，将不同来源的抗豆象基因聚合在一起，以防止单基因抗性绿豆品种对豆象的定向选择导致抗豆象性下降或丧失也是必须考虑的问题。

（三）豇豆

豇豆［*Vigna unguiculata*（L.）Walp.］隶属蝶形花科（Fabaceae）菜豆族（Trib. Phasoleae DC.）菜豆亚族（Subtrib. Phaseolinae Benth.）豇豆属（*hgna Savi*）。豇豆原产于非洲，传入我国后形成了长豇豆的次级起源中心，栽培历史悠久，在我国各地均有种植。豇豆营养丰富，在改善人们饮食、调整农业种植结构和植物固氮等方面发挥着重要作用。同时，豇豆也是一种很好的固氮植物，作为轮作作物，尤其是作为饲料作物轮作对当地的土壤质量和肥力并对下季轮作作物产生诸多正面影响，对当地农业的可持续发展做出贡献。熊海铮等对来自全球 58 个国家或地区的 768 份豇豆资源的 17 个农艺性状进行了遗传多态性分析。结果显示：整个群体中以白色豆荚和白色、棕眼、光滑、半圆籽粒为主；株叶形态以直立、半蔓生株型及半戟型叶片为主。方差分析显示除粒形、结荚位置、株型及结荚习性在各群体间没有显著差异外，其余性状在各地理群体间显示出一定程度的差异。聚类分析可以在一定程度上区别各地理群，但各地区间（分类界限）不明显。在各群体中，商业栽培品种与其他各地区品种表型区别明显，结荚数和百粒重在各群体中最高，同时变异系数和遗传多样性最低；非洲和亚洲地区资源遗传多样性最高且遗传关系较近；而北美与拉丁美洲地区间群体表型无明显差异，二者与中亚及南亚次大陆地区群体关系更近。因些，推断栽培豇豆由非洲地区起源后，进入亚洲经历了第二次驯化，而后通过殖民扩张进入美洲地区。

1. 资源搜集与整理

我国收集和保存的各种豇豆种质资源 4 700余份（图 2-13、图 2-14）。其中菜豆最多，约 2 000份。菜豆在全国各地普遍种植而以北方栽培较多。东北三省食荚菜豆种植面积占该 地区豆类蔬菜种植面积的 90%。搜集和保存的长斑豆材料有 990 份。虽然各地均有种植，但主要在南方栽培。华南地区种植长可豆的面积占该地区豆类蔬菜面积的 60%~70%。河北省是我国豇豆主产区之一，种质资源较为丰富。

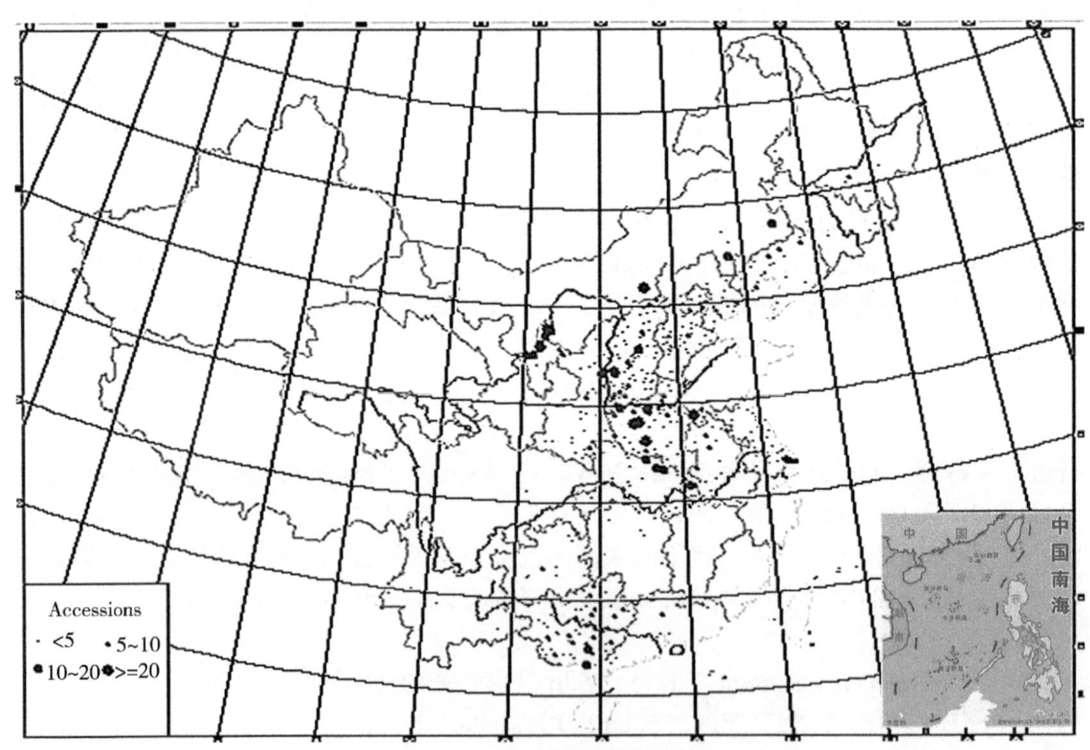

图 2-13　我国豇豆种质资源的地理分布示意图

图片来源：中国作物种质资源信息网

2. 资源研究与利用

（1）豇豆分类。豇豆的分类一直比较混乱，分歧主要在于各类群的分类地位问题。Verdcourt（1970）认为 *V. unguiculata* 有 5 个亚种，其中 ssp. *dekindtiana* 是非洲热带草原区和埃塞俄比亚的野生种，ssp. *mensensis* 为非洲森林区的野生种。Mithen 和 Kibblewhite

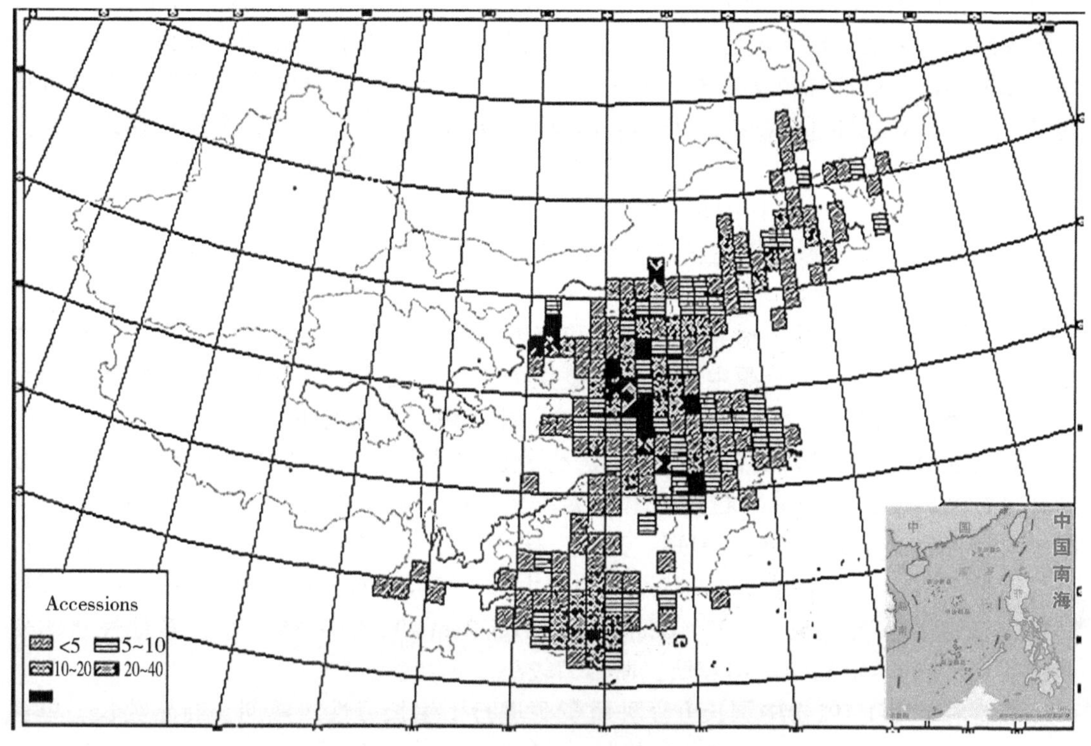

图 2-14　我国豇豆种质资源的密度分布示意图

图片来源：中国作物种质资源信息网

（1992）将 *V. unguiculata* 分为 ssp. *unguiculata* 和 ssp. *dekindtiana* 两个亚种，其中 ssp. *unguiculata* 包括豇豆（*cowpea*，cv. gr. *unguiculata*）、长豇豆（yard long or asparagus bean，cv. gr. *sesquipedalis*）和短豇豆（*catjang*，cv. gr. *biflora*）三个栽培类群，而在《中国植物志》中则将这三个类群上升为豇豆豆种的三个亚种。ssp. *dekindtiana* 包括 var. *dekindtiana*（Harms）Verdc.，var. *stenophylla*（Harv.）Mithen，var. *tenuis*（E. Mey.）Mithen，var. *protracta*（E. Mey.）Verdc.，var. *mensensis*（Schwienf.）M. M. & S.，var. *kgalagadiensis* Mithen 和 var. *huillensis*（Welw. ex Bak.）Mithen 七个野生变种，由于植物间中间形态的普遍存在，因此这些变种间的区分有时变得较为困难。Pasquet（1993，1997）将豇豆分为 10 个多年生亚种和 1 个一年生亚种（ssp. *unguiculata*）共 11 个亚种。根据生殖特性的不同，这 11 个亚种又分被为三个类群：①靠异花授粉结实、人工授粉或昆虫传粉结实的多年生异交类群，包括 ssp. *baoulensis*，ssp. *burundiensis*，ssp. *letouzeyi*，ssp. *aduensis* 和 ssp. *pawekia* 五个亚种；②多年生异交—自交类群，包括 ssp. *dekindtiana* Verdc. sensu stricto，ssp. *stenophylla* Verdc，ssp. *tenuis*，ssp. *alba* 和 ssp. *pubescens* 五个亚种；③靠自花授粉结实的一年生自交类群，即一年生亚种类群（ssp. *unguiculata*），而该一年生亚种又分为栽培虹豆（var. *unguiculata*）和一年生野生豇豆（var. *spontanea*）两个类群。

为避免引起混乱，本书采用的分类方法是根据种子和豆荚特征将驯化品种分为四个栽培族群，分别是：①普通豇豆亚种（*unguiculata*），荚长 10～30cm，幼荚直立向上，随灌浆而逐渐下垂，种子多为肾形，植株多为蔓生，分布最广，主要利用豇豆的干豆籽粒。②短荚豇豆亚种［*Biflora*（catjang）］，分布广泛，鲜豆荚可作为蔬菜，干豆可作饲料。③长豇豆亚种［*Sesquipedalis*（yardlong or asparagus bean）］，主要用作蔬菜，在亚洲普遍种植，荚长 30～100cm，荚果皱缩下垂，种子长肾形，是一种强壮的蔓生植物。④ *textilis* 亚种，主要利用花梗的纤维，是一个古老的栽培品种。

（2）豇豆种质资源农艺性状的多样性分析。曹岩坡等对 120 份豇豆资源的质量性状进行分析，结果显示，粒色的变异类型最为丰富，遗传多样性指数最高，达到了 0. 987；其次是生长习性、嫩荚色、粒形和花色；结荚习性的遗传多样性指数最低，为 0. 256。河北省豇豆种质资源生长习性以蔓生为主，结荚习性以无限为主，粒色以白色为主，花色以浅紫色居多，粒形以肾形为主，嫩荚色以浅绿为主。

对 120 份豇豆种质资源的数量性状进行分析的结果显示，株高的遗传多样性 指数最高（2. 061），其次是单荚粒数、单株荚数、荚长、生育期天数、百粒重和荚宽。不同材料间各数量性状存在较大差别。其中，株高、荚长和单株荚数的变异系数居前 3 位且均超过了 30%，说明这 3 个性状遗传力较大，其变异系数分别为 47. 20%、38. 40%和 34. 70%，变幅依次为 56. 0～235. 0cm、12. 5～65. 2cm 和 32. 0～86. 0 个；其他性状的变异系数（6. 15%～8. 56%）均较低，遗传力较小。

汪雁峰等对 1 192份中国长豇豆种质资源进行了生长习性、熟期、商品荚长、单荚重、荚宽、荚的扁圆程度（荚宽—荚厚）、荚形、荚色、种子百粒重、种皮色等 10 个农艺性状考查并从中发现了矮生直立型材料 7 份；极早熟材料 5 份；荚长超过 70cm 的极长荚材料 3 份；单荚重超过 25g 的特重荚 5 份；百粒重超过 19g 的特大粒材料 4 份等，可供育种利用时参考。

（3）豇豆种质资源遗传多样性的聚类分析。曹岩坡等以河北省 120 份豇豆种质资源为试材，对其 13 个表型性状的遗传多样性进行了分析。结果表明：质量性状中粒色的遗传多样性指数最大，数量性状中株高的遗传多样性指数最大。不同材料间表型性状变异系数存在较大差别，其中，株高、荚长和单株荚数的变异系数较大，均超过 30%，具有较高的遗传力。根据 120 份豇豆种质资源的 13 个性状数据，对参试种质资源进行聚类，在欧式距离为 5. 5 时，可将其分为以下 4 类（表 2-10）。

类群Ⅰ包含 15 份材料。其主要特征为：生长习性多介于直立与半蔓生之间，花色紫色，籽粒中等偏小，生育期短，单株粒重和百粒重较小，荚长中等，丰产潜力有待提高。

类群Ⅱ包含 57 份材料。其主要特征为：生长习性多蔓生，花色以浅紫色和白色为主，粒形以肾形为主，株型较大，生育期长，百粒重偏小，荚长较大，单株荚数和单荚粒数较多，可作为生产品种。

类群Ⅲ包含 37 份材料。其主要特征为：生长习性多蔓生，花色以浅紫色为主，粒形以肾形为主，生长健壮，粒重较大（平均百粒重 52. 5g），豆荚长度较短、宽度大，单株荚数和单株粒数较少，结荚少，丰产潜力低。

类群Ⅳ包含 11 份材料。其主要特征为：生长习性多介于半蔓生与匍匐之间，花色以浅紫色为主，生育期短，株型矮小，荚长较短，单株荚数较多，多为早期地方品种。

表 2-10　120 份豇豆种质资源的聚类分析

类群	品种
Ⅰ	五月鲜、小花黄、黄花快、爬地红、五月鲜 2、五月鲜 3、大青条、春秋豆角、黑粒五月鲜、八月忙豆角、古镰秋、黑粒地菜豆、胖胖腿、地菜豆、黄花地菜豇
Ⅱ	上架五月鲜、五尺先、三尺长豆角、五月香、五月先、之中黑豇豆、菜豆角、四月鲜、白脐豇豆、红粒豇豆、菜豆角、五月鲜 1、早菜豆、长豆角、小白花五月鲜、八月忙、黑粒五尺先、红粒五月先、菜豆角、八月忙 1、黑粒五月鲜、黑粒架菜豆、长菜豆、高邑长菜豆、选红粒、架菜豆角、架菜豆、八月忙 2、选 33-47、长菜豆、八月忙 3、白豇 5 号、红豇豆、青色五月鲜、架上菜豆角、白花八月忙、安平五月鲜、红粒本地菜豆、黑粒本地菜豆、三尺红、武邑十八豆、十八豇豆、黑粒十八豆、早豇 4 号、三尺绿、之豇 106、翠绿 100、特选 2 号、珠豇 2 号、之豇 21、之豇 28、早豇 1 号、架豆角、之豇早熟 1 号、丰产王、豇豆 98-21、豇豆 98-5、青豇 80
Ⅲ	红咀燕、十八豆 1、河间菜豆、黑粒挂豆、十八豆 2、白爬豆、盐山八月忙、小苗花、丝瓜青、象牙白、棍豆角、十八豆 3、十八豆 4、乐亭十八豆、任丘十八豆、文安十八豆、红粒十八豆、南皮十八豆、马头十八豆、黑粒十八豆 2、菜豆角、挂豆、白秋菜豆、见面老、线豆角、桃杆青、黑粒青豆角、红豇豆、黄粒五月鲜、马蹄红、灰不老、五月鲜 2、盘香豇豆、黑粒八月忙、龙豇 24、绿豇 1 号、秋紫豇豆
Ⅳ	兔子腿、小兔子腿、长红筋、红粒五月鲜、桃旗豆角、紫花豇豆、红粒菜豆、红粒五月鲜、龙豆角、红粒五月香、红粒八月忙

王素等根据其形态、特征，将我国食荚菜豆和长豇豆资源分为 6 个类型。

花荚品种群：荚多为宽扁条形，底色浅绿（或黄绿），带有红色或紫色条纹。嫩荚和种子同时发育，豆荚种粒稍突，但品质极佳。即使豆荚老熟变黄，背、腹线处也无纤维，中果皮始终柔嫩。一般将豆荚和豆粒一起食用，既可作菜用，又可当粮。此类品种一般产量不高，主要分布在东北地区，品种有家雀蛋、红花皮、紫花皮、花皮脸等。

圆棍荚品种群：嫩荚种子一般不发达，荚肉较厚，主要食用嫩荚。荚嫩时纤维较少，随着荚的老熟而纤维增多。荚短圆棍形，淡绿色（或绿色），长 10~14cm。宽厚各 1cm 左右，花白色或紫色。此类品种除用于鲜销外还用于制罐和速冻，特别是白籽品种，更是加工的理想材料。华东、华中种植此类品种较多，上海白（黑）籽长箕、南京白（黑）籽架豆、杭州洋刀豆等品种皆属此类。

肉豆角品种群：荚较长，16~20cm，近圆棍形，横断面近圆，荚稍有弯曲，色浅绿或白绿，表面稍粗糙，豆粒处呈不均匀突起。豆荚内果皮极为发达，肉厚质佳。丰产性好。此类品种主要用于鲜食。山东的肉梅豆，陕西、河南的肉豆角品种属此类。

扁条荚品种群：此品种群又有长扁条、短扁条、宽扁条、窄扁条之分，荚的长短、宽窄、厚薄、色泽都有差异，品质也不相同。其中有一类型荚长扁条形，种子略突，荚皮色多为浅绿或白绿。嫩荚品质好，纤维很少，即使颜色变白或变黄，貌似变老，荚肉并不老。山东掖县白芸豆、蒙阴秋不老梅豆、莱芜老来少等均属此类。

黄荚品种群：这类品种的突出特点是荚色蜡黄，花为白色，其荚形又可分为圆荚和扁荚两种。圆荚形品种品质一般，扁荚形水分较大，纤维少，这类品种在我国很少，分布也很分散。品种有山西四月鲜、陕西黄荚无筋菜豆。

紫荚品种群荚：皮含有花青素，呈紫红或绛紫色，煮熟后色素分解，颜色消失，故有“锅里变”之称。茎和叶脉也呈紫色，花紫红色或深紫色。荚多为窄扁条形，背腹缝线有纤维，荚皮纤维少，品质中等。品种有陕西的秋紫豆、黑龙江的大青棒、河北的锅里变。

（4）豇豆抗豆象研究。豇豆起源于非洲，四纹豆象是豇豆储藏中最严重的仓储害虫。在中国除四纹豆象外，绿豆象也是豇豆重要的仓储害虫。由于豇豆的种皮比较软，在储藏过程中，豇豆比绿豆和小豆更容易也更早被绿豆象侵染。豇豆中的抗豆象资源很少，国际热带农业研究中心（IITA）筛选了世界上近 15 000份豇豆资源，仅得到 3 份对四纹豆象有中等抗性的资源，分别为 TVU11952、TVU11953 和 TVU 2027。此外通过鉴定豇豆近缘野生种，发现 *V. vexillata*、*V. oblongifolia*、*V. reticulata* 和 *V. hiteola* 能够抗四纹豆象。

研究证实，豇豆对四纹豆象的抗性是由于种子中的生物化学物质，但这些与抗性相关的物质还没有被证明。Macedo 等从 TVU2027 的子叶中分离出一种种子储藏蛋白 Vivilins，认为它可能是抗豆象成分中的一部分，因为这种蛋白能够抑制豆象的中肠消化酶。但 Dominguces 等发现 Vivilins 只对四纹豆象起作用，对绿豆象则不起作用。

豇豆抗豆象性的遗传有 2 种不同的观点。Redden 等认为 TVU2027 的抗豆象性状由母本的基因型决定，主要由隐性基因及其修饰基因在起作用。而 Singh 等通过研究 TVU11952、TVU11953 和 TVU2027 的抗豆象遗传，则认为它们的抗性基因相同，由 2 个隐性基因控制，并命名为 *rm*1 和 *rm*2。利用 TVU2027 作为抗豆象基因供体，Singh 等已经育成了几个抗豆象豇豆品种，并已在尼日利亚等国家应用。然而，由于抗性基因仅仅来自 TVU2027 一份资源，随着对豆象的选择变异，抗性可能很快被打破。Shade 等报道利用 TVU2027 定向选择四纹豆象 53 代后，有四纹豆象后代能够打破 TVU2027 的抗性。因此应该寻找更多抗源以发展具有复合抗性的豇豆品种。此外，利用转基因技术转移其他作物的抗豆象基因也是豇豆抗豆象育种的重要方法，Solleti 等将普通菜豆中的α-淀粉酶抑制剂-I 基因转移到印度的一个推广豇豆品种中，获得了能够高抗四纹豆象的豇豆品系。

（5）豇豆抗蚜种质资源研究。河北省农林科学院粮油作物研究所运用豇豆种植期田间调查相对蚜害指数和非种植期在温室内调查蚜虫在不同豇豆材料上的生育历期 2 种方法，对自国内外搜集的 110 份豇豆种质资源进行了抗蚜性鉴定。结果表明：2 种方法均可以鉴定出高抗、抗和中抗蚜虫资源，且鉴定结果一致，IT97K 和 IT98K 表现为高抗，白豇豆和串蔓花豇豆表现为抗，花豇豆表现为中抗，串蔓白豇豆和豇豆等豇豆材料表现为感，双季豇豆和小白豇豆等豇豆材料表现为高感。其中，筛选出的 IT97K 和 IT98K 这 2 份高抗蚜虫豇豆种质资源均自印度引进，且可以在资源创新和育种上提供利用。

（四）蚕豆

我国是世界上蚕豆栽培面积最大、总产量最多的国家。据 FAO 最新统计，2007 年全世界干蚕豆平均栽培面积为 267.36 万 hm^2，总产 445.78 万 t，其中中国栽培面积为 114.31 万 hm^2，总产 209.26 万 t，中国蚕豆栽培面积和总产在世界上所占比重分别为 42.76%和 46.94%。

蚕豆在全国大多数省份都可种植，长江以南地区以秋播冬种为主，长江以北以早春播为主。除山东、海南和东北三省极少种植蚕豆外，其余各省（自治区、直辖市）均种有蚕豆。其中秋播区的云南、四川、湖北和江苏省的种植面积和产量较多，占 85%，春播区的甘肃、青海、河北、内蒙古占 15%。云南是蚕豆种植面积最大的省份，占全国的 23.7%，常年种植在 35 万 hm^2 左右，以秋播为主。其中河北省崇礼蚕豆为崇礼县特产，2002 年，崇礼县被河北省农业厅命名为“河北蚕豆之乡”，2011 年 09 月 13 日，中华人民共和国农业部批准对“崇礼蚕豆”实施农产品地理标志登记保护。

我国蚕豆出口数量在 20 世纪 90 年代达到 43 万 t，后来逐渐下降。近年来我国蚕豆出口量一直保持在 2 万~3 万 t，主要出口埃及、日本、意大利、也门、印尼等国，出口的蚕豆主要来自青海、河北、甘肃、云南等省的大粒蚕豆。

我国蚕豆生产和贸易运作成本较高，产品质量不稳定，小杂粮食品加工利用研究少等原因限制了我国蚕豆的外贸与出口。中国蚕豆在生产上分为秋播和春播两大生态区，其中秋播蚕豆种植面积和产量在中国蚕豆生产中所占的比重分别为 85.5%和 78.2%，秋播蚕豆以长江流域地区为主，春播蚕豆以西北和华北北部为主，青蚕豆生产主要分布于干蚕豆主产区内的大、中城市周边地区。大多数国家以栽培饲料用蚕豆为主，其次是粮用蚕豆，菜用蚕豆栽培较少。中国秋播区的菜用和粮用蚕豆以云南、江苏、浙江、四川、重庆、安徽和湖北等省栽培较多；中国春播区蚕豆主要集中在青海、宁夏、甘肃、内蒙古等省区的高寒区域以及河北省张家口坝上地区，以粮用蚕豆为主，很少菜用；其他各省栽培面积较小。

蚕豆适应冷凉气候和多种土地条件，有生物固氮之王的美誉，具有蛋白含量高，易消化吸收，粮、饲、菜兼用和深加工增值等特点，是种植业结构调整中重要的间套作和养地作物，也是我国北方主要的早春作物、南方主要的冬季作物。

蚕豆的起源虽然有较多研究，但至今仍没有定论。Ladizinsky 认为中亚中心是蚕豆最初起源地，地中海沿岸及埃塞俄比亚是大粒蚕豆的次生起源地。最近研究证明蚕豆可能起源于亚洲中部和西部，阿富汗和埃塞俄比亚为次生起源地。推测蚕豆起源中心在近东地区，并由此向 4 个方向传播：从地中海地区向北传播到欧洲，从北非沿地中海岸传播到西班牙，从尼罗河三角洲传播到埃塞俄比亚，从美索不达米亚平原向东传播到印度，从印度传播到中国。然而，Muratova 认为蚕豆的起源中心在欧洲的东南部，Maxed 却认为亚洲的西南部是巢菜属的起源中心。在以色列考古研究中发现的蚕豆种子，说明公元前 6 500—6 800年已有蚕豆种植。而在叙利亚西北部的考古发现表明蚕豆的起源可以追溯到公元前 10 000 年。以上考古资料似乎表明亚洲的西南部是蚕豆的主要起源中心。

蚕豆何时传入中国没有确切的记载，但有一些历史文献记载了中国蚕豆的来源和用途，公元 3 世纪上半叶，三国时代张揖撰写的《广雅》中有胡豆一词。1507 年，北宋宋祁撰《益都方物略记》中记载：“佛豆，豆粒甚大而坚。”明朝李时珍撰《本草纲目》（1587 年）中说："张骞使外国得胡豆种归，令蜀人呼此为蚕豆州。"也有研究认为2 100年前蚕豆从中东地区经丝绸之路传入我国北部，但1973 年在甘肃省广河县（春播蚕豆区）的历史遗迹中出土的古陶器上有蚕豆的图绘以及浙江吴兴（秋播蚕豆区）新石器时代晚期的钱山漾文化遗址中小土的蚕豆半炭化种子，说明距今 4 000~5 000年前我国已经栽培蚕豆了。

由此可见，蚕豆在我国的栽培历史十分悠久。我国云南丽江一带有一种拉市青皮豆，栽培历史很久，据说是当地的原产品种。Zong 等利用 AFLP 分别对中国春性和冬性蚕豆资源与国外蚕豆资源进行比较研究，结果表明，中国蚕豆资源明显与国外资源相分离，可以推断中国可能是蚕豆的又一个次生多样性中心。因此，蚕豆的起源、我国是否是蚕豆的次生起源中心以及蚕豆在我国的栽培历史均有待进一步研究论证。

蚕豆在植物学上为巢菜属，是这个属各个种中生殖隔离最好的一个种，蚕豆与巢菜属其他种之间无杂交成功事例，至今没有发现蚕豆野生种。阿富汗和印度发现亚种 *paucijuga*，其植株矮小，每片复叶的小叶少，每花序的花较少，籽粒小。大粒蚕豆变种 *major* 主要分布在南地中海国家和中国，到 16 世纪扩大到墨西哥和南美。在埃塞俄比亚地区发现小粒蚕豆变种 *minor*，之后在北欧农业中逐渐受到重视，中粒蚕豆变种分布在中东和以埃及为主的北非国家。蚕豆大、中、小粒的划分标准不一，中国一般将百粒重120g 以上称为大粒变种，70~120g 为中粒变种，70g 以下为小粒变种；根据用途不同，还可分为食用、菜用、饲用和绿肥用蚕豆品种；按播种期和冬春性不同，分为冬蚕豆和春蚕豆；成熟期上分为早熟型、中熟型和晚熟型；以种皮颜色不同可分为青皮蚕豆、白皮蚕豆和红皮蚕豆等。

1. 蚕豆资源的收集、保存及利用

全世界 37 个国家共收集蚕豆资源 38 360份，目前最大的收集单位是国际干旱地区农业研究中心（ICARDA），保存有 9 016份蚕豆资源，其次为中国 5 229份，保存蚕豆资源较多的国家还有澳大利亚 2 445份、德国 1 920份、法国 1 900份、俄罗斯 1 881份、意大利 1 876份、摩洛哥 1 715份、西班牙 1 622份、波兰 1 258份，埃塞俄比亚 1 118份。欧洲收集的 18 076份蚕豆资源中有 50%的来自世界其他国家，另一半为欧洲本土资源。我国长期库保存的国内外蚕豆种质资源中 65%为国内地方品种和育成品种，35%为引进的国外蚕豆资源（图 2-15、图 2-16）。

2. 资源研究与利用

（1）形态多样性研究。由于蚕豆无野生种，且种间杂交尚无成功事例，转基因株系的获得更为困难，所以其变异仅来源于自然变异或突变引起的变异，但对我国收集的蚕豆资源研究表明，蚕豆的株高、籽粒大小、种皮颜色、粒重等类型十分丰富，形态多样性和基因多样性研究对蚕豆资源利用和育种具有重要意义。早期蚕豆资源的研究主要集中在形态性状方面。不同来源的蚕豆资源有不同的形态特征，研究发现，尼罗河流域和埃塞俄比亚地区的资源茎秆颜色较浅，北欧的资源小叶较多，尼罗河的资源小叶较少，埃塞俄比亚地区的资源严重倒伏，而北欧资源倒伏较轻，印度次大陆的豆荚直立而南欧的豆荚下垂，埃塞俄比亚的资源豆荚为黑色心。Polignano 等对来自于 39 个国家的1 565份蚕豆种质资源进行了表型特征研究，结果表明：多样性指数与地理位置有着密

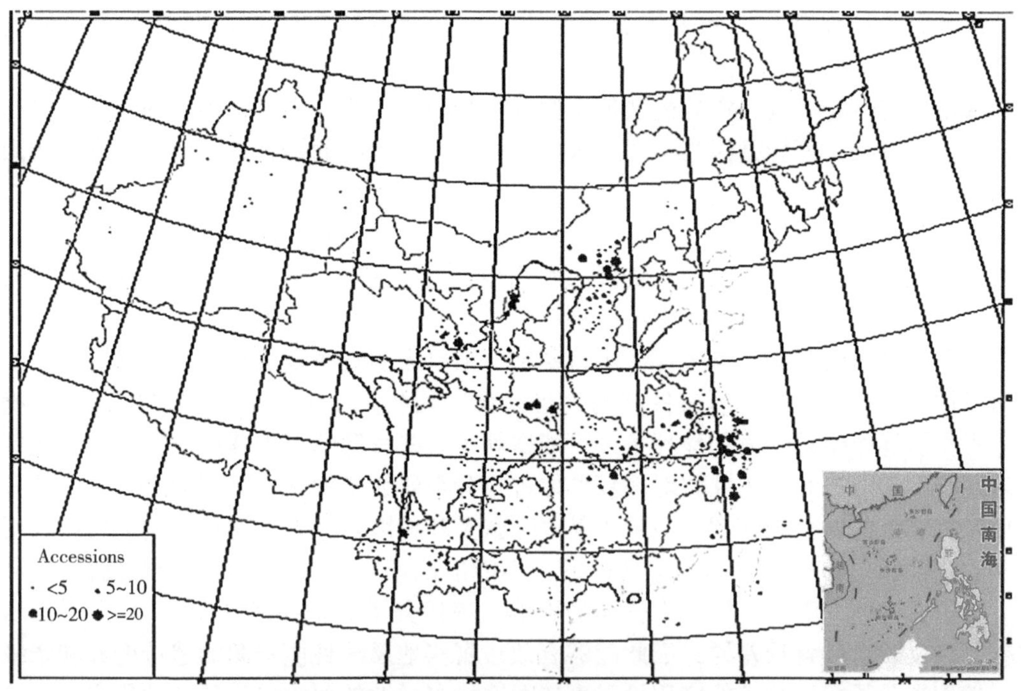

图 2–15　我国蚕豆种质资源的地理分布示意图

图片来源：中国作物种质资源信息网

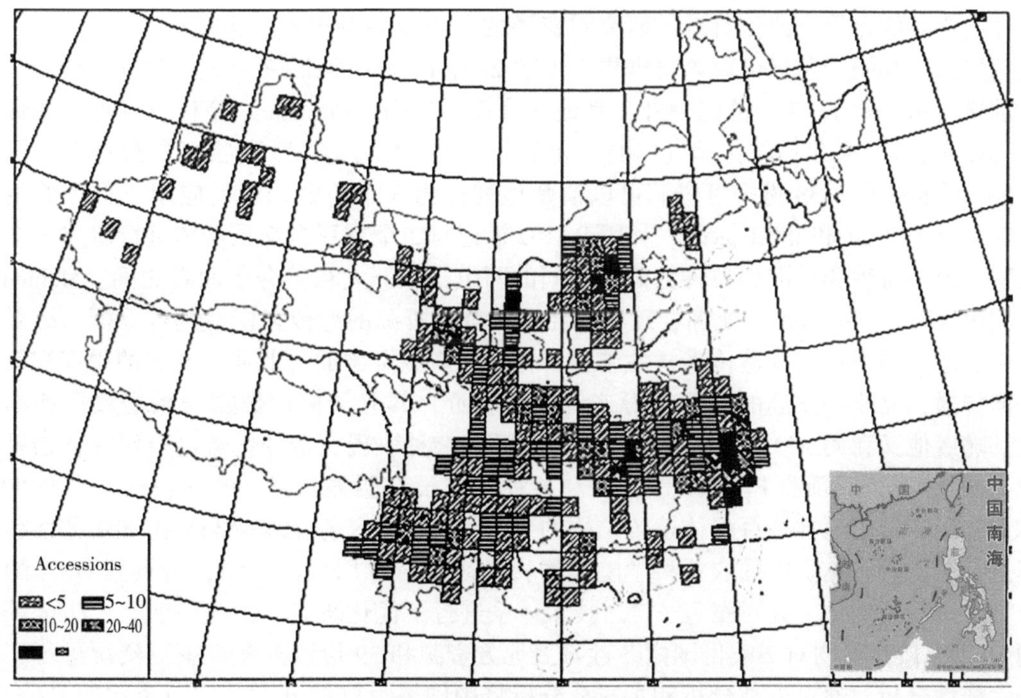

图 2–16　我国蚕豆种质资源的密度分布示意图

图片来源：中国作物种质资源信息网

切的联系，通过判别分析和聚类分析找出了一些对蚕豆资源收集和保存有用的表型特征。

利用形态性状对蚕豆资源的遗传多样性进行研究表明，来自于不同地区的材料拥有类似的遗传背景，可能是因为不同地区的材料来自于相同的祖先种。但是，来自相同地区的材料并不总是聚在相同类群，因此，地理位置的差异并不能作为亲本选择时的遗传多样性指标，亲本的选择应该以特定群体遗传多样性的系统分析为基础。Polignano 等对埃塞俄比亚和阿富汗地区蚕豆资源的农艺性状进行调查，结果发现：不同来源材料的株高和产量有明显差异，不同来源的蚕豆种质资源在株高和种子特性上明显不同。对我国青海蚕豆种质资源的形态多样性进行鉴定，结果表明青海蚕豆种质资源具有丰富的形态多样性。因此，不同的形态性状与地理来源密切相关，为了适应赖以生存的环境条件，丰富多样的生态环境和地理条件可能造就了某些资源的对生物或非生物胁迫的抗性或耐性。利用形态和农艺性状对蚕豆群体进行分类研究有助于蚕豆资源在育种中的有效利用及其高效的保存和管理，但由于某些性状受环境因素和生长期的影响，所以仅用形态和农艺性状划分的基因库是不精确的，不能准确反映不同资源的遗传差别和亲缘关系。分子标记技术不受环境和生长期的影响，现代分子标记技术从 DNA 水平上揭示遗传变异，反映遗传背景差异，因此能够有效、真实地反映种质资源的遗传变异和亲缘关系。近年来分子标记技术的应用给蚕豆资源遗传多样性的评价提供了新的研究方法。

（2）蛋白和 DNA 分子标记遗传多样性研究。蚕豆是一种适应多种气候条件和地带的古老的驯化作物，富含蛋白，粮、饲兼用，是农业种植结构调整的重要经济作物。蚕豆种质资源的评价和遗传背景的研究对资源的利用及品种改良有重要的作用。Kaser 等利用蛋白质和同工酶标记对来自世界各地的 22 个栽培品种和 49 个农家种进行分析，聚类结果显示：除了 17 个德国种外，其他均分类不清晰。Polignano 等利用草酰乙酸转氨酶（GOD）、过氧化物歧化酶（SOD）和苹果酸酶（ME）对 33 份蚕豆资源进行多样性研究，分析表明：33 份蚕豆资源可以清楚地划分为 5 个组群。目前应用于蚕豆的主要有 RAPD、AFLP 和 ISSR 标记。利用 RAPD 标记对 3 个蚕豆自交系群体进行研究，结果表明，地中海种和欧洲小粒种为截然不同的两组，欧洲大粒种介于两者之间。Mahmoud 等利用 AFLP 标记对来自亚洲、欧洲和北非的蚕豆资源的遗传多样性进行分析，结果显示中东地区的蚕豆资源遗传多样性丰富，他认为蚕豆资源通过北非向欧洲的中部和西北方向传播，北非和欧洲的蚕豆资源亲缘关系较近，其分子标记数据与系谱数据基本相符。随后他又利用 AFLP 标记对欧洲蚕豆资源的杂种表现及杂种优势进行研究，结果发现：AFLP 标记对预测 F_1 代杂种表现和杂种优势没有明显帮助。Terzopoulos 等将 ISSR 标记应用于希腊地方蚕百群体遗传结构的分析，并将分子标记结果与形态和农艺性状数据进行了比较研究。中国农业科学院作物科学研究所食用豆课题组，对蚕豆 DNA 的提取方法进行了优化，并对蚕豆 AFLP 技术体系进行了优化研究。在此基础上，Zong 等利用 10 对 AFLP 引物对 204 份国内冬性蚕豆地方资源和 39 份国外冬性蚕豆资源进行了遗传多样性分析，通过聚类分析和主成分分析将中国蚕豆资源同国外蚕豆资源明显分开，云南蚕豆资源明显不同于其他中国冬性蚕豆资源。随后又对 39 份国内春性蚕豆地方品种和 136 份国外春性蚕豆资源进行 AFLP 标记分析，发现春性蚕豆资源的遗传多样性与其来源地生态环境相关联。聚类分析将其分为 4 个基因库，中国春性蚕豆地方品种明显不同于国外资源，中国和日本春性蚕豆资源同中东地区的蚕豆资源关系密切，印证了蚕豆从中东地区经丝绸之路传入我国这一说法，但由于参试材料较少，还需对其进行深入的研究。

（3）抗旱性研究。蚕豆是最不耐旱的豆类作物之一，开花、结荚期的干旱胁迫会导致蚕豆严重的减产。因此，选育抗旱品种对提高和稳定蚕豆产量至关重要。然而，干旱胁迫因季节和年份而异，以及缺乏有效的筛选技术等原因导致蚕豆耐旱品种的选育进程相对迟缓。由于蚕豆耐旱种质资源相对贫乏，国内外有关耐旱育种的报道相对较少。

植物的耐旱性可能与其渗透调节相关，通过渗透调节维持细胞的膨压是植物在干旱胁迫下减小不利影响的重要生理适应过程。Morgan 等研究鹰嘴豆的耐旱性发现由干旱诱导的渗透调节物积累得越多，植株的抗旱能力就越强。Worku 等研究发现来自不同农业生态区的小麦在干旱胁迫下，其产量与渗透调节呈正相关。类似的相关性在高粱和小米中也有报道。但 Katerji 等报道在缺水的情况下蚕豆品种 Superaquadulce 并没有有效的渗透调节响应。Amede 等也认为渗透调节与蚕豆的耐旱性不相关。他们研究了不同来源的蚕豆资源在干旱胁迫下的耐旱性，发现来自干旱地区的蚕豆资源株型较小，单株荚数和籽粒较多，且其耐旱性较好，干旱胁迫对高产品种的产量影响明显大于产量较低的品种。特殊的蚕豆株型能够降低干旱胁迫，并与植株的耐旱性相关，属于大陆性气候的东欧包括奥地利适宜种植高大、晚熟的品种，如 Gobo、Erfa-no 和 Frinebo，西欧广泛种植的则是矮小、早熟的品种类型。然而将东欧的品种植于土壤肥沃且多雨的西欧时却出现严重的落花、落荚。在平常湿润的地区降雨减少时会严重影响蚕豆的产量。Khan 等认为气孔导度、叶片温度和碳同位素分馏作用与蚕豆耐旱性有关。特殊的根系结构也能提高植物的抗旱能力，在表层水分消耗殆尽时较长的根系可以汲取深层土壤水分维持其正常的生命活动。蚕豆的根系相对较短。最长的根系有 50～90cm。在豆类作物中强大的根系和较小的叶面积能够有效地增强植株汲取水分的能力，并能明显降低水分的流失。Grzesiak 等研究发现，抗旱蚕豆品种 Gobo 的侧根长度、根群总数明显大于不耐旱品种 Victor。最近研究表明，豆科模式植物截型苜蓿在中度缺水条件下能够自动调节以避免叶片脱水，在严重缺水时能够维持较高的净 CO 固定率，中度缺水对其作物产量影响不大。

（4）蚕豆遗传连锁图谱的构建。分子遗传连锁图谱构建及目标基因的定位将极大提高分子标记辅助育种的效率，并为精细定位、图位克隆等研究奠定基础。目前，几乎所有重要农作物的分子遗传图谱均已建成，但蚕豆遗传连锁图谱构建尚处于研究初期。蚕豆遗传图谱大致分为 3 代：第 1 代是以农艺性状和同工酶标记为基础构建的遗传连锁图谱；第 2 代是以 RAPD、同-T 酶标记为基础的分子连锁图谱；第 3 代是将各种标记整合在一起的高密度连锁图谱。Vande 等在 RFLP、RAPD、形态学和同工酶标记的基础上初步构建了一张蚕豆遗传连锁图谱，该图谱包括 17 个标记，分别位于 7 个连锁群上。随后 Torres 等通过 Vf35 和 Vf173 与 Vf6 杂交得到 2 个 F_2群体，利用同工酶、RFLP 和 RAPD 标记构建了一张包含 11 个连锁群的遗传图谱，其中有一个连锁群位于中着丝粒染色体的核 r 组织区。最初蚕豆的原始植株是以 VF6 为母本分别与 Vf2、Vf33、Vf76、

Vf108、Vf159、Vf166 杂交，形成第 3、4、5、6 染色体的三体，Torres 等在减数分裂中期鉴定了这些三体植株。Satovic 等以 Vf6 为母本与这些三体植株杂交获得的 7 个 F_2家系构建了一张连锁图谱，该图谱包括 157 个标记，48 个连锁群，其中 6 个分布在特定的染色体上，覆盖蚕豆基因组约 850cM。Vaz 等利用 VF6 与 Vf27 杂交获得的 F_2群体通过形态性状、RAPD、籽粒蛋白基因分析构建了一张蚕豆遗传图谱，该图谱包括 13 个连锁群，总长度为 1 200cM，其中 7 个连锁群明显关联到 6 条染色体上，并利用该图谱首次定位了与蚕豆粒重有关的 QTL。Roman 等利用 Vf6（感）×Vf136（抗）杂交获得的 139 个 F_2植株通过 RAPD、SSR、籽粒蛋白基因和同工酶标记定位了控制蚕豆抗列当的数量性状基因位点，121 个标记（包括 117 个 RAPD、2 个同工酶和 2 个籽粒蛋白基因）分为 16 个连锁群，每个连锁群上有 2~26 个标记，覆盖了蚕豆基因组的 1 445. 5cM，标记间平均遗传距离为 13. 77cM，其中 9 个连锁群位于特定的染色体上。接着又利用该图谱定位了与蚕豆抗褐斑病相关的 QTL。随后 Roman 等又在形态标记、同工酶、RAPD、SSR 和籽粒蛋白基因标记的基础上将 11 个 F_2家系的 654 个单株（都以 Vf6 为共同的母本）的数据进行整合，形成了一张高密度的连锁图谱，该图谱有 192 个标记（包括 2 个形态标记、6 个同工酶、4 个籽粒蛋白基因、176 个 RAPD 和 4 个 SSR 标记），这些标记分为 14 个主要连锁群，其中 5 个位于特定的染色体上，总长度为 1 559cM，是当时所公布的最全面的蚕豆遗传连锁图谱。Avila 等利用 29H×Vf136 杂交获得的 F_2群体构建的连锁图谱包括 103 个标记（4 个同工酶、2 个籽粒蛋白基因、3 个 SSR 和 94 个 RAPD），共分为 18 个连锁群，总长度为 8cM，其中 6 个连锁群位于特定染色体上。Arbaoui 等以 2 个耐霜冻品系杂交获得的 101 个重组自交系对蚕豆耐霜冻和叶片脂肪酸含量进行 QTL 分析，所建图谱中的 131 个 RAPD 和 1 个形态标记（种皮颜色）共分为 21 个连锁群，覆盖蚕豆基因组 1 635. 39cM，标记间平均距离为 14. 73cM。Roman 等利用 Vf6（感）×Vf136（抗）获得的 165 个 F_2 RIL 单株所构建的图谱中包括 277 个标记（238 个 RAPD、5EST、1 个 SCAR、6 个 SSR、2 个 STS、4 个同工酶和 21 个跨内含子标记），共分为 21 个连锁群，其中 9 个位于特定的染色体上，总长度 2 856. 7cM，是目前所公布的蚕豆最饱和的遗传图谱。分子标记的发展和高密度遗传图谱的建立可缩短性状选择的时间，并能对重要的农艺性状进行定位。目前蚕豆连锁图谱主要以 F_2群体在形态标记、同工酶和 RAPD 标记的基础上构建的，对部分数量性状定位的精确性、稳定性还不十分理想。这是由于 F_2群体田间试验无法设置重复，性状表型值存在误差，RAPD 标记绘制的分子图谱稳定性差等原因造成，还需利用 RIL 群体在 SSR、SCAR 标记的基础上继续饱和图谱，为精细定位、图位克隆等奠定基础。

（5）蚕豆抗病育种及 QTL 定位研究。蚕豆锈病是由担子菌蚕豆单孢锈菌引起的一种重要的蚕豆病害，该病主要发生在中东和北非地区。在我国的春、秋蚕豆产区及夏播反季蚕豆产区经常发生，对秋蚕豆尤其是西南种植区的蚕豆生产危害严重。在一般年份蚕豆锈病可引起减产 30%~40%，大流行年减产 70%~80%，甚至绝收。鉴于蚕豆锈病的危害性，世界各主要蚕豆生产国均把选育抗病品种和筛选抗锈基因作为防治蚕豆锈病的有效途径。目前防治锈病的方法主要有栽培技术防治、化学药剂和生物防治，栽培中如控制播种密度、降低田间湿度和不同作物间的混作都能显著减少锈病对蚕豆的侵染。

成本低且环保的化学防治以及生物防治至今还没有取得较好的进展。Sillero 等对 ICARDA 收集的 648 份蚕豆种质进行抗锈资源筛选，结果仅有 6 份资源（V-300、V-1271、V-1272、V-1273、V-313 和 V-1335）具有抗性。我国也选育出一些抗锈蚕豆资源，如引自 ICARDA 的 85-213、85-246 等表现抗性，中抗的有江苏泰县青皮（H3174）、启豆 4 号（H4059）、湖北的小粒茶蚕豆（H3869）和云南的绿皮豆（H0186）等。过去 20 多年世界各国虽然选育出了一些抗锈资源，但这些资源的抗性大多为小种专化抗性，随着更多生理小种的出现，这些资源的抗性随即丧失。因此，单独的抗锈病基因不可能得到持久的抗性，增加蚕豆抗锈品种持久性的一个方法就是把不同的抗锈病基因整合到综合农艺性状优良的品种中，这个过程即为基因聚合，利用基因聚合方法培育新品种在植物育种中已经发挥重要作用。

随着现代分子生物学的发展和分子标记技术的成熟，已经可以构建作物的分子标记连锁图谱，基于分子标记连锁图谱可以估算数量性状的基因位点数目、位置和遗传效应。Avila 等通过蚕豆高抗锈品种 2N52 与易感品种 VF-176 杂交获得的 F_2 群体，利用混合分组分析法发现了 5 个与蚕豆抗锈病基因 *Uvf-1* 连锁较紧密的 RAPD 标记，分别为 $OPD13_{736}$、$OPL18_{1032}$、$OPI20_{900}$、$OPP02_{1172}$ 和 $OPR07_{930}$，其中 $OPI20_{900}$ 与蚕豆抗锈病基因 *Uvf-1* 之间没有重组，$OPD13_{1172}$ 和 $OPL18_{1032}$ 距抗锈病基因 *Uvf-1* 仅 7.1cM，$OPP02_{1172}$ 和 $OPR07_{930}$ 与 *Uvf-1* 间的距离分别 9.9cM 和 11.5cM。蚕豆抗锈遗传基础比较薄弱。Conner 等报道了 3 个与锈疤大小有关的小种专化基因，最近研究表明蚕豆的抗锈性由主效基因控制。

列当（*Orobanche crenata*）为一年生根寄生草本植物，这种寄生杂草很难防治，因为其根系与寄主根系紧密相连，虽然已有许多防治措施，如人工除草、利用草甘膦进行化学控制、晚播、与不易感染的作物轮作等，但都没有取得良好的效果。所以选育抗列当品种被广泛认为是一种有效的防治手段。在大田试验中筛选的抗列当品种抗性水平有所不同，如埃及选育的 F402 及在埃及南部地区广泛种植的 Giza402 在温室和大田条件下都具有较好的抗性。但至今仍没有找到高抗的蚕豆品种或资源。蚕豆对列当的抗性由具有强加性效应的数量遗传性状控制，其显性效应较弱，在遗传互补的作用下两个易感品系间的杂交可能会形成具有一定抗性的新品种。Roman 等利用 Vf6（感）×Vf136（抗）杂交获得的 139 个 F_2 植株首次定位出 3 个控制蚕豆抗列当的数量性状基因位点，分别为 *Oc*1、*Oc*2 和 *Oc*3，联合表型变异率为 74%。*Oc*1 为主效 QTL，位于 RAPD 标记 $OPJ13_{686}$ 和 $OPAC02_{730}$ 之间，解释表型变异 37.3%，*Oc*2 和 *Oc*3 分别解释表型变异 11.2% 和 25.2%。表明蚕豆对列当的抗性是由一些独立的基因控制的多基因性状。随后 Roman 等利用该杂交组合获得的 165 个 F_6RIL 单株对前述 Roman 等定位的蚕豆抗列当 QTL 在不同环境中的稳定性和准确性进行验证，通过复合区间作图定位出 4 个 QTL，分别为 *Oc*2~*Oc*5，*Oc*1 是 Roman 等在 F_2 群体中定位 m 的主效 QTL，解释的表型变异率最大，但在 RIL 群体中定位失败，而 *Oc*2 和 *Oc*3 却分别成功定位于第 6 和第 2 号染色体上，解释的表型变异分别为 11%和 25%，这与 Roman 等在 F_2 群体中的定位结果完全相符。RIL 群体中新增的 2 个 QTL 为 *Oc*4 和 *Oc*5，解释的表型变异分别为 17%和 9%。这些 QTL 在不同环境中的稳定性和其准确性还需进一步鉴定。目前，蚕豆遗传图谱的标记饱和度还远远不够，QTL 定位的稳定性和其准确性还不够理想，通过增加标记、饱和图谱和降低目标区域中标记间平均距离以及将 RAPD 转化为 SCAR 标记等都将有效提高 QTL 定位的精确性和稳定性。

蚕豆褐斑病病菌（*Ascochyta blight*）是全世界广泛传播的蚕豆病害，一般能使蚕减产 35%~40%，能使高感品种减产 90%。轮作、选用健康无病种子和药剂处理等防治效果都不够理想。对褐斑病表现高度抗病的品种尚未见报道，一般仅为中度抗病，如法国选育的 Line 29H、英格兰的 Quasar、波兰的 Fioletowy 等对褐斑病都具有较好的抗性，这些抗性品种的种植地域有限，不同类型的抗性品种只能在特定的地区表现抗性，然而 lcARDA 选育的 BPIA71、BPIA60、BPL74 和 BPL2485 在多个国家都表现出较好的抗性。我国也鉴定出一些中抗蚕豆品种或资源，主要来自长江中下游的蚕豆种植区，如小粒豆（H1491）、青皮豆（HOl51）、青皮大脚板（H0152）、小粒蚕豆（H3209）和胡豆（H3312）等。蚕豆褐斑病抗性遗传基础比较复杂，既有多基因遗传的相关报道，也有研究认为是主效基因遗传。Rashid 等研究发现 7 个主效基因控制 5 个不同壳二孢属分离菌的抗性。Kohpina 等鉴定出一个控制抗褐斑病的主效基因和一些微效基因。最近研究表明，主效单基因控制叶片的抗性，而隐性基因控制茎秆的抗性，类似的研究也说明茎秆和叶片对褐斑病的抗性是独立的遗传控制机制。Roman 等利用 Vf6（感）×Vfl36（抗）杂交获得的 F_2群体对蚕豆褐斑病 QTL 分析发现，控制蚕豆褐斑病的 QTL 有 2 个（*Af*1 和 *Af*2），分别定位到第 3 和第 2 号染色体上，解释的表型变异率分别为 25. 2%和 21%，联合表型变异率 46%。随后 Avila 等利用 29H（抗）X Vfl36（感）杂交获得的 F_2群体研究了茎秆和叶片对 2 个不同壳二孢属分离菌的抗性，结果定位出 6 个 QTL，分别为 *Af3*~*Af8*、*Af3* 和 Roman 等定位的 *Af1* 均被定位到第 3 号染色体上，说明这 2 个 QTL 可能位于同一区间，可将与其紧密连锁的标记转化为 SCAR 标记进一步检测定位的稳定性和准确性。

蚕豆赤斑病是蚕豆产量的又一限制因子，当气候条件较湿润时，病害严重发生，该病害广泛发生在中国长江流域，并造成严重减产。蚕豆品种对赤斑病存在明显的抗性差异，利用抗病品种是最有效的防治措施，已筛选出的一些抗性资源有 ICARDA 收集的 BPL710、BPLl79、ILB938、Giza 461、BPLl763、BPLl821、BPLl196 等。我国筛选的抗性品种或资源主要来自长江中下游地区，如绿小粒种小青豆、皂荚种、白皮 419 和通研 1 号等。但这些材料都是一些中抗（发病轻）的蚕豆品种或资源，目前还未见突出抗赤斑病品种或资源的相关报道。目前，蚕豆与巢菜属的其他种之间的杂交都没有获得成功。Tivoli 等利用多种措施筛选抗赤斑病品种或资源，但都没有筛选出理想的高抗品种。迄今为止，分子标记还没有应用于蚕豆赤斑病和病毒病研究。

蚕豆受多种病毒病害的侵染，如蚕豆花叶病毒病（BYMV）、萎蔫病毒病（BBWV）、黄化卷叶病毒病（BLRV）、黄化病毒病（BwYV）等。在可控条件下筛选抗病植株的效果比在大田筛选的效果好，因为白花授粉能够增强抗病植株的抗性。过去几十年各国都相继筛选出一些抗病毒病品种或资源，如加拿大的从自交系中选育的抗花叶病毒病的 2N23、2N65、2N85、2NlOI、2N138、2N295 和 2N425，其中 2N138 具有高抗性。ICARDA 筛选的 BPL756、BPL757、BPL758、BPL769 和 BPL5278 抗黄化卷叶病毒病，还有抗黄化病毒病的 BPL1351、BPL1363、BPL1366 和 BPL1371 等。蚕豆矮缩病毒病 Milkvetch dwarf virus（MVDV）能使蚕豆植株黄化矮缩，叶片卷曲，严重影响蚕豆生产，以往只在日本有报道，但近年来我国云南的蚕豆上发现类似该病毒引起的病毒病，国际干旱地区农业研究中心（ICARDA）对我国云南蚕豆矮缩病毒分离物中的 DNA 序列克隆。测序后与矮缩病毒中的其他成员比较发现，来自云南病毒分离物的核苷酸序列中 95%~98%与日本蚕豆矮缩病毒（MVDV）分离物的核苷酸序列相同。首次确认了蚕豆矮缩病毒（MVDV）侵染我国蚕豆。我国对蚕豆抗病毒病的研究较为匮乏，筛选或选育的抗病毒资源或品种也相对较少。

（五）豌豆

豌豆栽培在我国已有 2 200多年的历史，一般认为《尔雅》中所说“戎菽”就是豌豆。我国幅员辽阔，地形复杂，气候、土壤等条件不同，经劳动人民长期选择，形成了丰富多彩的豌豆资源。

1. 资源搜集与整理

我国豌豆资源的研究大致可以分为 3 个阶段。中华人民共和国成立以前为第 一阶段，只有极少科学工作者对豌豆资源进行了一些研究。如胡先啸引用国外对 豌豆栽培种的分类，将栽培豌豆种分为 3 个变种：早生矮豌豆、食荚豌豆和田野豌豆。丁振麟在 1949 年前后对豌豆的形态特性、一般生态种和品种、栽培技术等方面有一定研究，反映在 1958 年他编写的《作物栽培学》中。1949 年到 1978 年是第二阶段。1957 年前后开展了全国规模的农作物品种资源的征集。征集豌豆资源 1 229份，并进行了鉴定整理。如安徽省 1963 年前后，对 1957 年全省征集的 154 个豌豆品种资源的生育期、品种性状和特征、品种类型等方面进行过较详细的研究。1979 年 2 月召开全国农作物品种资源科研工作会议，标志着我国豌豆资源研究进入第三阶段。全国许多省、区进行了豌豆品种资源的征集和补充征集；将豌豆品种资源的研究列入科研计划，进行全国性协作；根据统一标准进行品种资源的鉴定和整理，编写全国品种资源目录。到 1981 年年底，全国已征集的豌豆品种资源达 1 831份（不完全统计，国外 86 份），超过了 1958 年全国统计的数字。这些资源中包括了我国栽培豌豆种的各种类型，约有 700 份品种资源准备编入《全国食用豆类品种资源目录》第一集（图 2-17、图 2-18）。

2. 资源研究与利用

（1）形态特征分析。张家口市坝上农科所通过对中国农业科学院作物品种资源研究所由全国各地收集和国内外引进的 842 份豌豆资源（国内 627 份，国外 215 份）进行主要特性分类分析，筛选出植物学特性优良的品种资源。

按照豌豆的生长习性将豌豆株型分为普通蔓生株型、半直立株型和直立株型 3 种。

普通蔓生株型：分枝多，一般为 4~6 个，分枝部位低，茎粗，茎色多为绿或浅绿色，花多为紫色、白色，少数粉红色，叶片宽薄、绿色或浅绿。叶形为倒卵或椭圆。叶多茂盛，种子圆粒、皱粒或凹圆，种皮为褐、浅褐、白色、绿色等，551 份占 65. 44%，其中分枝多、性状较优异的品种资源 104 份（国内 98 份，国外 6 份），占 18. 87%，如草原 11 号、前进 1 号、A300、H00145 等。

半直立株型：分枝一般为 3~4 个，茎粗，多为深绿色，花为紫色或白色，叶多宽

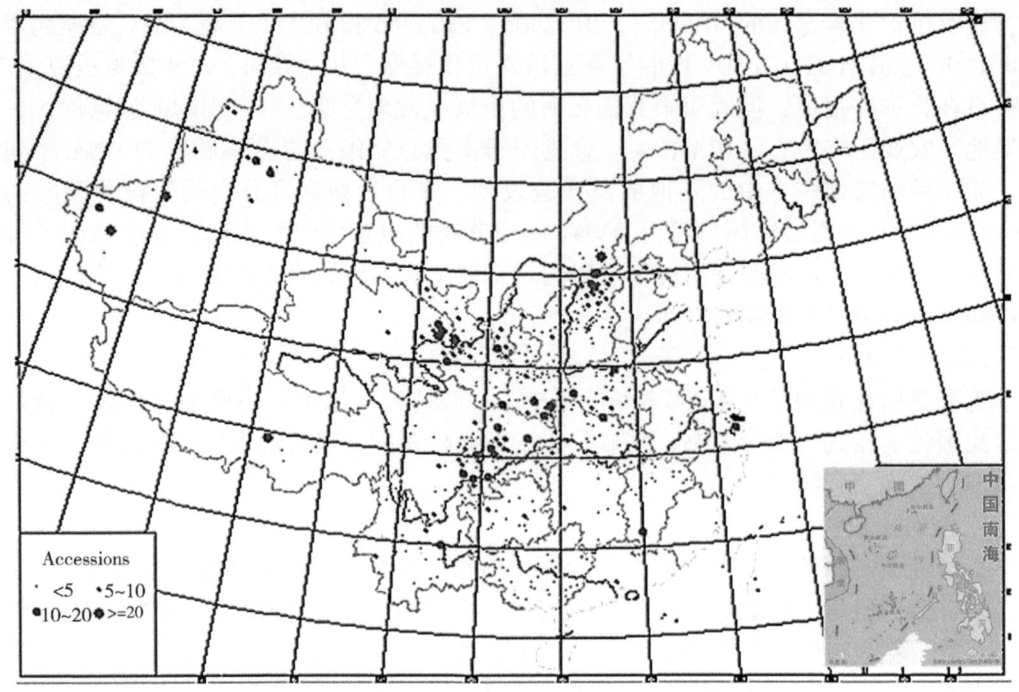

图 2-17　我国豌豆种质资源的地理分布示意图

图片来源：中国作物种质资源信息网

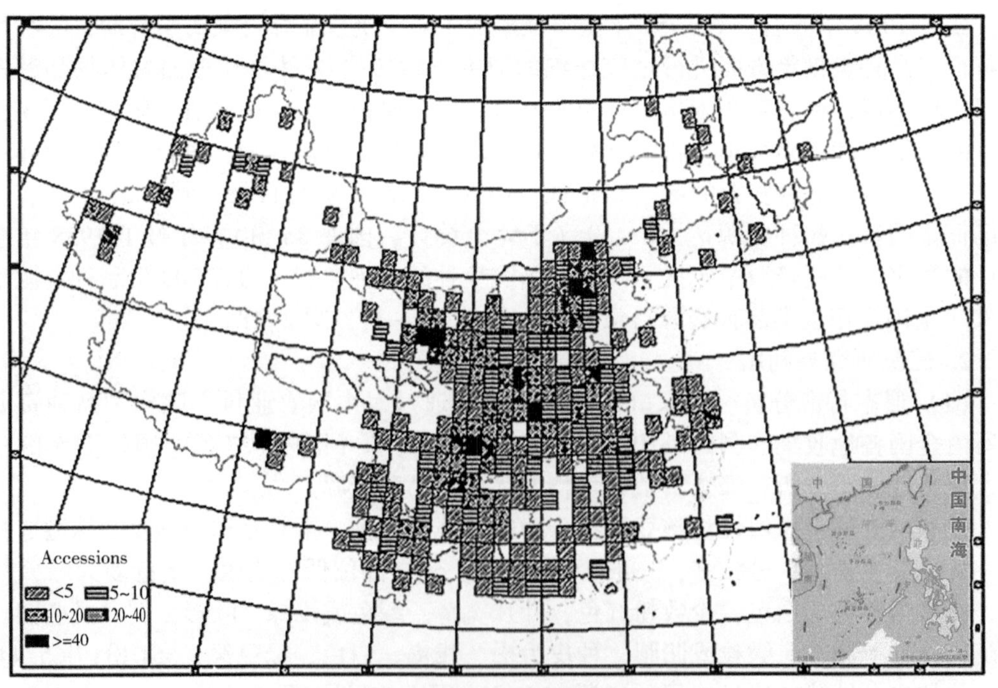

图 2-18　我国豌豆种质资源的密度分布

图片来源：中国作物种质资源信息网

厚茂盛，叶形为椭圆，深绿色，种子圆或凹圆粒，种皮为褐、浅褐、白、青等色，256份占30.4%，入选多花、多荚优异资源76份，占29.68%（国内47份，国外29份）。如：A777、A787、A790、B72、A1567等。

直立株型：分枝少，一般为1~2个，茎粗，深绿色或灰绿色，多花、多荚，花白色，叶片只有托叶或无叶，或菱形小叶，叶色深绿有蜡质层，种子为圆粒或不规则形状，种皮白色、黑色等，35份占总数4.16%，入选双花、双荚率高的优异资源14份（国内3份，国外11份）占40%，如：K10、K12、Azur等。

按照叶片的多少、大小分普通叶类型、小叶野生类型、半无叶类型和无叶类型4种。

普通叶类型：叶多茂盛、叶形倒卵、椭圆，植株蔓生，分枝多，无限花序，共792份，占94.06%。

小叶野生类型：叶小叶多，菱形或披针形小叶，分枝多6~8个，蔓生或直立，仅有4份，占0.48%。如：马牙豌豆，野豌豆1号（G3112），小粒野豆（22QD12）、野豌豆（22SN15）。

半无叶类型：托叶正常，羽状复叶全部变成卷须，生长习性直立，42份（国外34份，国内8份）占4.98%。如：Foucus、Froge、宝183-1等。

无叶类型：托叶极度缩小，羽状复叶全部变成卷须，生长习性直立，仅有3份，占0.36%，如：A775、A1364。

荚型分为硬荚类型和软荚荷兰豆类型。

硬荚类型：荚形一般为剑形和马刀形，生长习性为蔓生，半直立和直立，蔓生结荚部位高，单株荚数多，半直立或直立结荚部较低，双花、双荚率高，籽粒多为圆粒，共有664份，占全部资源的78.85%。

软荚荷兰豆类型：荚形多为镰刀形和念珠形，生长习性为蔓生和半直立，结荚部位高，分大荚和小荚荷兰豆，荚肉厚、无纤维，糖分含量高，共有178份，其中国内164份，国外14份，占21.14%，入选软荚荷兰豆优异资源13份，如：8502-14、生食豌豆、青荷1号、四川甜豌豆等。

李玲等对642份国内豌豆种质资源的形态多样性进行鉴定，结果表明，国内豌豆种质资源具有丰富的形态多样性，平均多样性指数为0.895。基于形态性状，把64份豌豆种质聚类并划分为14大组群。其中，第4群组是具有早熟、高产、大粒的特点，是选择早熟、商品品质优良的粒用豌豆品种的重要材料。第11群组资源特点是早熟、矮秆、软荚、绿粒的特点，是选择早熟、菜用软荚豌豆品种的优异材料。第12群组资源特点是早熟、矮秆、绿色中粒的特点，是选择早熟、鲜食豌豆品种的重要材料。

（2）抗病性研究。张家口市坝上农科所通过对不同类型的107份豌豆资源在大田（豌豆根腐病圃）和室内接菌鉴定结果表明，不同类型的抗病性差异大，同一类型不同品种资源抗病性差异小。其抗性结果：小叶野生类型>普通蔓生类型>半直立类型>半无叶直立类型>无叶直立类型，硬荚类型>软荚类型。经室内、外鉴定，选出对豌豆根腐病具有一定抗性的品种资源17份，占2.01%（如：草原11号、贡进选1号、甲措10号、马牙豌豆、G3112等）。

资源材料中蔓生类型居多，但多数为硬荚、硬粒豌豆，某些方面存在很大缺陷，如：炸荚、炸粒，通风透气性差，不易收获，籽粒易霉变，生物混杂，而半无叶直立或无叶直立型恰恰弥补了这一缺陷。半直立类型豌豆是优异的资源，多花、多荚、双花、双荚率高，经济性状优异，因此，育种专家在育种过程中应注意不同类型的利用。不同类型的品种资源抗病性鉴定，普通蔓生类型较抗病，发病缓慢、较轻，半无叶或无叶直立类型发病迅速、较重。小叶野生资源抗病性强，适应性广，因此，在抗病育种中应注意野生资源的利用。

彭化贤等对国内 758 份豌豆地方品种，采用自然发病与人工接种相结合的方法进行了抗白粉病鉴定，结果表明：没有一份品种是抗白粉病的，全部是感病品种，其中高感品种 640 份，占鉴定数的 84.56%，产量损失达 30%~70%；感病品种 87 份，占鉴定数的 11.48%；中感品种 31 份，占鉴定数的 4.09%。这些品种中有的品种虽然不抗病，但品质优良，结荚数多、粒重，在感病情况下，产量仍 可达到 180kg/亩，如粉花豌豆、小白豌豆、利莲豌豆、大白豌豆等，可在轻 病区或非病区作生产栽培。而王仲怡等在控制条件下苗期接种鉴定了 396 份豌豆资源对 2 个不同地理来源的豌豆白粉病菌分离物 EPBJ 和 EPYN 的抗性，用 4 个与豌豆抗白粉病基因 *erl* 连锁的 SCAR 标记对 66 份免疫或抗病资源进行标记基因型鉴定。结果表明，在鉴定的 396 份资源中，有 101 份资源表现免疫或抗病，其中对分离物 EPBJ 和 EPYN 免疫的资源分别为 59 份（14.9%）和 60 份（15.2%），对 2 个分离物均免疫的资源有 54 份（13.6%）；在鉴定的 82 份中国资源中，有 8 份对 2 个分离物均表现免疫。分子标记将 66 份免疫或抗病资源鉴定为 13 个标记基因型，同一地理来源的抗性资源分属不同的标记基因型，其中 8 份来自中国云南的抗性资源分属 7 个标记基因型。研究表明，中国存在有效的豌豆白粉病抗源，抗性资源具有丰富的遗传多样性。

第三章　主要杂粮的育种目标与途径

第一节　谷子育种目标与途径

1995年以前，我国谷子育种目标基本上以高产为主，产量水平明显提高，育成了以豫谷1号、昭谷1号、冀谷14号等为代表的高产多抗品种。1996年以来，优质育种取得突破性进展，实现了高产、优质的统一，育成了以冀谷17号、小香米、豫谷9号、晋谷34号、晋谷35号、晋谷36号、九谷11号为代表的优质高产新品种，打破了优质与高产的矛盾，使优质育种上了新台阶。

近期的育种目标为：在资源精准鉴定和育种材料原始创新的基础上，以分子标记辅助育种等生物技术和常规育种相结合为手段，培育在株型结构、穗部性状、抗除草剂和自身调节能力等方面适合机械化轻简栽培，以及适合主食加工消费的谷子糜子品种，并在商品和食味品质、产量、综合抗性等方面显著提升，满足我国不同生态区产业发展的需求。通过远缘杂交、理化诱变和生物技术等，创制在株型、品质、抗除草剂、抗旱耐逆等方面显著改变的创新材料。

一、优质高产育种

（一）夏谷品种的特殊性

首先，夏谷播种后，营养生长阶段进入幼苗扎根发棵期和根系建成期，正处7月上中旬。月平均气温最高，降雨集中，日照较短，高温、高湿、寡照的条件，不利于谷子的幼苗增粗生长和根系建成，往往促使谷子生育中心提前向地上部转移，地上地下部营养器官生长不协调，造成根弱、苗细、穗小、后期抗倒伏性差和结实性降低而减产。这要求夏谷品种具有在营养生长期，幼苗对光、温、水、肥反应不敏感，增粗生长和发根能力强，茎叶生长稳健等特性。

其次，幼穗分化发育阶段，此时高温、多雨、日照较短，幼穗分化发育时期相对缩短，单株生产潜力受到限制。因此在夏谷育种中，要选择光合效率高，幼穗发育进程快，相对码多、码大、单穗结实量大的性状，以提高单株增产潜力。

再次，在夏谷产区，夏谷抽穗灌浆阶段，是全年中昼夜温差最小的时期，不利于光合产物的积累，更不利于籽粒的充实，易造成秕谷率增加。要求夏谷品种具备在生育后期，根系活力维持时间长，绿叶多不早衰，光合效率高，在温差较小的条件下，灌浆速度快，结实性好等性状。

夏谷营养生长期的缩短，限制了营养器官的充分生长，使得生殖生长先天不足，影响了结实器官的充分发育，使夏谷难以靠单秆大穗夺取高产。要想高产，需增加密度，所以夏谷高产品种不仅要熟期适宜，还要具备耐密植、成穗率高，光合能力强、经济系数高等性状。

近期要求育成品种的产量水平，在平原肥水条件较好的地区稳产400~500kg，而且增产潜力能够突破600kg，在中低产田上，亩产也要达到250kg以上，否则就难以适应夏谷生产发展的需要，并且在高产田中很难与玉米、高粱等作物竞争。

（二）选育方法

广泛搜集、筛选、鉴定国内外优良的种质资源，丰富基因库。利用远源杂交等手段，导入新的优势基因群，创造新种质，从根本上改变谷子现有可利用资源产量优势相对狭窄的局面。育种方法主要有以下几种。

（1）系统选育。从自然或人工创造的群体或品种中，按育种目标要求选择性状优异的个体，分株脱粒，存优去劣，形成系统，经过试验鉴定育成新品种的方法。系统育种对某一性状改良十分有效，因它目标明确单一，只要抓住主要矛盾，认真进行个体性状选择，很容易获得成功。

（2）杂交育种。以近代遗传学理论为基础，通过品种间或种属间杂交选育新品种的方法。杂交育种可以将两个以上亲本的优异性状聚合在一起，或者通过基因互作产生新的性状，也可通过基因积累产生超亲性状，从而育成达到育种目标要求的新品种。这种方法在国内外应用最为广泛，成效也最大。

（3）诱变育种。使用理化因素诱导作物发生变异，从中选育新品种的方法。与其他育种技术结合应用，可以大大提高育种效率。

对入选单株的各个性状，要进行全生育期的跟踪调查评选，一般在苗期考查苗情长势，选择壮苗；在拔节到抽穗，考察根系强弱，叶色、叶形和穗发育进程，选择发根增粗力强、长势稳健、叶色叶形株型优良的单株；抽穗到成熟期，考察抗倒性，抗病性，熟期早晚，植株高矮，与产量相关的穗部性状和结实性，适应性，以及熟相等性状，选择抗倒、抗病、熟期适宜、株高中等，穗长相宜、穗粗码大，灌浆快，结实性好，群体内个体间对条件差异反应不敏感，绿叶成熟的个体。通过田间选拔和室内考种相结合，最后决选各个性状全部或基本达到目标所期望的单株。

根据作物不同性状的遗传育种规律，营养品质要通过基因的累加聚合效应来实现，主要依靠目标性状强的亲本之间杂交。提高食味品质首先要选用优质亲本，杂交后代普遍存在超亲现象，后代选育在综合性状好的前提下，在F_4以后进行食味品质检测。利用远源杂交等手段，导入新的优势基因群，创造新种质，从根本上改变谷子现有可利用资源产量优势相对狭窄的局面。对亲本选择在进行抗旱鉴定筛选的同时，对高代材料进行早期抗旱性筛选。

走科研、中试、开发相结合，试验、示范、推广相结合，科研部门—推广部门—企业相结合等三结合技术路线，组成科研、生产、种子联合体，实现育、繁、推一体化，产、供、销一条龙，将科研成果尽快转化为生产力。

二、抗旱优质谷子的选育方法

华北夏谷区是谷子生产的重要集散地，干旱是影响当地农业的瓶颈之一，而且旱情逐年加重的趋势严重制约了当前农业的发展。谷子抗旱性强，随着育种水平的提升和推广力度的加大，高产品种、优质品种、抗旱品种正在被人们所认识，但由于干旱、病害等不利因素的影响，谷子品种的产量潜力远未能发挥出来，谷子平均单产仍不高，产量潜力仍很大。

多年的研究表明，不同谷子品种的抗旱性差异明显，关于谷子的抗旱性研究，多数集中在萌芽期和苗期的抗旱性研究上，用成活率或受抑制的程度来评价，适合大量材料的基础性研究，但不涉及产量问题，而实际生产中，产量是至关重要的。另外，不同生育期谷子的抗旱性能往往不同，对于各个生育期即全生育期抗旱性研究才符合实际生产需求，但全生育期抗旱性鉴定，因周期长，对设施要求条件高，工作强度极大，限制了其研究与发展，而干旱往往会影响谷子的各个生长阶段，只有选育全生育期抗旱性强的品种，才能易被农民接受。再者，随着人们生活水平的提高，对谷子的品质提出了更高的要求，除了食味品质、外观品质以外，营养品质日益引起人们的极大关注。

为解决现有技术存在的不足，通过水旱平行选择与系谱法相结合的连续定向选育方法，明确各选育世代的性状筛选标准，以选育出在综合性状方面均表现优良的基础上全生育期抗旱、营养优质的谷子品种。通过在足水、限水两种条件下对应种植的水旱平行选择，实现干旱条件下稳产，足水条件下高产，贴近实际农业生产，符合当前节水农业发展的需求。

为实现上述目的，抗旱优质谷子的选育方法采用水旱平行选择与系谱法相结合的连续定向选育方法，选育操作及选育标准如下。

（一）亲本选择

在丰富多样的品种资源中，均不同程度地分布着符合育种目标要求的性状，在分析亲本材料来源的基础上，依据性状互补的原则，以筛选出的亲本，配制杂交组合。

杂交育种选用的亲本，以目标性状为选择标准，要求亲本材料综合性状较好，不存在明显缺陷；所述目标性状包括抗旱、抗病、高产、优质中的至少一项性状；所述综合性状包括产量性状、农艺性状、经济性状、品质性状及抗逆性的全部性状。

（二）后代选择

F_1代：在确定杂交亲本进行杂交育种的基础上，根据标志性状结合双亲的特征特性，鉴定真假杂种，获得真杂种，于成熟期选择真杂种单株。

F_2代：采用田间自然鉴定法，对F_1代获得的真杂种单株进行抗病性、生育期、株高及产量性状的初选，收获后结合室内考种，加大选择压力，对抗病性、生育期，兼顾抗倒性、株高、出谷率、千粒重性状进行筛选得到优异单株；所述F_2代的初选标准为：田间自然鉴定下抗病性2级以上、生育期小于100d、抗倒性2级以上、株高小于1.8m、出谷率大于75%、千粒重大于2.5g。

F_3代：采用密植、人工接种和生育后期人工遮阴喷水的方法创造利于病害和倒伏发生的田间小气候，对F_2代选出的优异单株进行选育，以抗逆性、外观品质作为筛选标准；F_3 代的筛选标准为：田间自然鉴定下对主要病害抗性 2 级以上、抗倒性 2 级以上、外观品质不低于国家二级优质米标准。

F_4 代：将 F_3 代入选单株的株系收获后结合室内考种进行筛选，对株系的抗旱性、高产性、营养品质、食味品质、外观品质进行初选，确定重点组合的目标株系；F_4 代的初选标准为：田间自然鉴定下对主要病害抗性 2 级以上、抗旱性 2 级以上，产量不低于国家区试对照，单一营养成分不低于同类品种平均含量，其他品质指标不低于国家二级优质米标准。

F_5、F_6 代：从 F_5 代开始进行连续两代的水旱平行选择，对 F_4 代选出的目标株系进行抗逆性、高产性、食味品质、外观品质、营养品质和水旱条件适应性的多点鉴定，筛选优良株系、单株；F_5、F_6 代的鉴定标准为：田间自然鉴定下对主要病害抗性 2 级以上、抗旱性 2 级以上，产量不低于国家区试对照，单一营养成分高于同类品种平均含量 10%以上，其他品质指标不低于国家二级优质米标准，足水、限水两种条件产量均超对照 3%以上；所述对照为区域试验对照品种或当地主栽品种。

F_7 代：将 F_6 代选出的株系进行鉴定，确认产量性状、抗逆性、食味品质、外观品质、营养品质的综合性状优良，且全生育期抗旱性强、营养优质的谷子株系，并进行光温反应鉴定，筛选出不敏感的株系，即为选育出的抗旱优质谷子。F_7 代的鉴定选育采用在亚热带田间的自然鉴定法，于冬季繁种，进行光温反应鉴定。通过田间自然鉴定法对 F_7 代进行鉴定选育，以更利于满足实际农业生产要求。

抗旱优质谷子，是指全生育期抗旱性较强，综合性状优良基础上营养优质的谷子品种。通过对杂交种连续七世代的定向选育，采用水旱平行选择与系谱法相结合的方法，低世代进行高水肥条件下的高产性选育，经田间自然鉴定重点进行抗逆性、生育期、株型性状的选育，并根据不同病害发病特点采用密植、人工接种和人工环境相结合方法下进行抗逆性、商品性的强化选育；中高世代在继续进行单株选育纯化的同时，结合室内考种法选育抗旱性、高产性和综合品质较好的目标株系，之后进行水旱平行选择，最后将入选株系在比较试验的同时进行全生育期抗旱鉴定、高产鉴定、抗逆鉴定、品质鉴定，确保新品种抗旱与高产稳产协调统一。采用和产量密切相关的抗旱指数来评价抗旱性，可选育出贴近实际农业生产需求的全生育期抗旱谷子，所谓全生育期抗旱指不同生育时期包括萌芽期、孕穗期等各个生育期都具有较好的抗旱性，符合节水农业发展趋势，具有巨大的实用价值，选育出的抗旱优质谷子在种植中能够表现显著优势。

选育方法中，对于杂交种连续七世代的各世代性状筛选标准的确定，是基于品种资源的性状变异幅度及遗传力特性，依据谷子不同性状的变异幅度及遗传力指标，确定在 F_1~F_4 世代使高产性得以充分表达，在基本稳定的 F_5~F_7 世代加大抗旱与高产性的选择，并在各世代中增加相应的农艺性状筛选，以实现抗旱优质谷子的选育。

作为对上述技术方案的限定，所述杂交育种依据性状互补的原则，采用有性杂交的方法，通过田间自然鉴定选择生育期小于 100d、抗病性 2 级以上的真杂种单株。

综上所述，采用本技术方案，采用水旱平行选择与系谱法相结合的方法，对谷子杂交种进行连续七世代的定向选育，依据谷子的高产、抗旱以及其他性状的变异幅度及遗传力特性，对不同世代特定选育法与选育性状进行组合，培育在综合性状方面均表现优良的基础上全生育期抗旱性强、营养优质的谷子新品种。

下面以获奖项目“抗旱高赖氨酸谷子品种‘衡谷 11 号’选育及应用”为例进行阐述。

（1）育种技术方案。根据育种目标，选择具有目标性状且综合性状较好的双亲，采用能够聚合各优良性状的有性杂交方法来实现上述目标。

在后代选择上我们采用了水旱平行选择与系统选育相结合，进行连续定向选择。低世代在高水肥条件下进行丰产性选择，并重点进行抗病性、生育期、株型等进行选择，根据不同病害发病特点采用人工接种或与自然鉴定相结合方法进行鉴定，中高世代在继续进行单株选择纯化的同时，分别在足水、限水两种条件下对应种植，入选品系在新品系比较试验的同时进行全生育期抗旱鉴定、抗病性鉴定，确保新品种抗旱与高产稳产协调统一，并对农艺性状优良的重点材料进行品质跟踪检测，筛选符合育种目标的品系，同时在不同环境条件下进行大群体的鉴定筛选，从中筛选出在不同环境条件下均表现优良的类型。

（2）围绕育种目标，筛选亲本材料。经过对品种资源的鉴定研究发现：我国丰富多样的品种资源和各单位选育的育种中间材料以及推广品种中，均不同程度地分布着符合育种目标要求的性状，但多数农家品种综合性状较差，不易实现高产的育种目标，春谷区的材料往往不能适应当地气候，表现早衰低产，利用难度大，而育种中间材料和推广品种多数综合性状较好。因此确定主要从中间材料和推广品种中选择亲本材料，兼顾其他生态区的优异材料。

2002 年，在往年工作的基础上，再加上新引进的一些材料，初步选择了具有抗旱、抗病、高产等至少一个目标性状的材料 113 份，进行田间自然鉴定和人工控制条件下的鉴定，经过综合鉴定，筛选出 31 份综合表现突出的材料，再经过食味品质、营养品质（以赖氨酸为主）的测定，最终选出安 2491、豫谷 1 号、谷丰 2 号、201075、豫谷 2 号、衡 8046 等 6 份 1 级抗旱材料，其中，衡 8046 是本课题组创制的高赖氨酸材料（0.31%），但是丰产性较差；‘201075’是从河北谷子所引进的中间材料，赖氨酸含量较高（0.27%），抗谷锈病、谷瘟病，产量较高；安 2491 是从安阳农科所引进的中间材料，抗谷锈病、谷瘟病，产量较高，赖氨酸含量较高（0.24%）且富含硒（173.78μg/kg），是一般品种的 2.5 倍；豫谷 1 号、谷丰 2 号、豫谷 2 号为国家鉴定品种，抗病，米色金黄，食用品质及商品性均较好。

（3）配制杂交组合，聚合优良性状。2003 年，在分析亲本材料来源的基础上，依据性状互补的原则，以筛选出的亲本，配制了安 2491×衡 8046、豫谷 1 号×衡 8046、谷丰 2 号×衡 8046、201075×衡 8046、豫谷 2 号×衡 8046、安 2491×201075、谷丰 2 号×201075、豫谷 1 号×201075、豫谷 2 号×201075、谷丰 2 号×安 2491、豫谷 1 号×安 2491、豫谷 2 号×安 2491 等包括正反交的 24 个杂交组合。

（4）后代的鉴定与筛选。抗旱丰产性采用水旱平行选择法进行选择，古世禄等（1996）报道，谷子抗旱性在 F_2 变异幅度较大，谷子干旱存活率的遗传力较低，抗旱育种时对抗旱性的选择宜在高代进行。因此，在 $F_1 \sim F_4$ 为使个体得以充分表达，在高水肥条件下进行丰产性选择。在基本稳定的 $F_5 \sim F_7$ 中继续进行单株选择纯化的同时，分别在足水、限水两种条件下对应种植，加大抗旱与丰产性的选择压力。

优质、高赖氨酸含量在 F_4 代以后严格跟踪检测，定向选择。并在出圃后注意监测。

F_1 代：2003 年经温汤去雄，套袋杂交，同年冬季在海南加代，根据苗色、刺毛等标志性状，结合双亲的特征特性，鉴定真假杂种，本年度杂交组合均获得了一定数量的真杂种。

F_2 代：是大量分离的世代，重点根据田间自然鉴定对抗病性、熟期、株高等性状进行选择；并对产量性状进行粗选，收获后通过室内考种，测量所选材料的出谷率和千粒重，淘汰出谷率低于 75%、千粒重小于 2.5g 的单株，决选出 86 个优异单株供来年继续选择。

F_3 代：继续选择抗逆性、商品品质好的单株，主要通过密植、人工接种和生育后期人工遮阴喷水等方法创造田间郁蔽，空气湿度大等利于病害和倒伏发生的田间小气候，加大选择压力，选择抗倒性、抗病性强的类型，同时也有利于进一步选择商品性。

F_4 代：从入选家系中选择综合性状突出的单株，将入选单株的穗行收获后结合室内考种进一步选择，对重点穗行的抗旱丰产性、赖氨酸含量、食味品质、外观品质及进行初筛。确定 201075×安 2491、豫谷 2 号×201075 两个组合为目标品种选育的重点，从中选出 9 个重点株系，38 个优异单株。

F_5、F_6 代：从 F_5 开始进行水旱平行选择，在继续选择的同时，分别在涉县、易县、衡水对抗逆性、品质、产量、赖氨酸含量和适应性进行多点鉴定，选择优良株系、单株进行下一年的筛选。

F_7 代：2008 年，筛选出 5 个株系，基本符合育种目标要求，但不同株系的表现仍不尽相同，经过鉴定，200475－1、200475－5、200475－10 在抗旱性表现较好，200475-1、200475-9、200475-10 赖氨酸含量较高，在品质方面综合表现较好。为了避免试验误差造成优良品种的丢失，我们决定将这 5 个株系全部收获后冬季在三亚繁种，进行光温反应鉴定。

2009—2010 年，利用‘200475’的 5 个株系及本课题组培育的其他新品种（系）共同以国家区试对照品种冀谷 19 为对照，进行了足水条件下的产量比较试验。200475-1、200475-3、200475-10 较对照均增产 15%以上，其中‘200475-10’亩产为 358.5kg，较对照冀谷 19 号增产 24.84%，居参试品种第 1 位。

2010 年同时在河北省农林科学院旱作所及太行山区的涉县、平山、易县共 4 个地点对‘200475’的 5 个株系进行多点试验，对参试株系的产量、赖氨酸含量等进行进一步检测，通过多点试验筛选出适宜山区生态条件的新品系‘200475-10’，本年度 4 点平均产量 337.8kg/亩，居第 2 位，综合性状较好，在足水条件下高产，在干旱条件下丰产，表现出较好的高产和适应性，且赖氨酸含量较高。通过上述品系鉴定、多点试验，至 2010 年，最终决选‘200475-10’参加下一年度的国家区域试验，区试代号‘200475’。

三、抗病育种

（一）抗源的选择

广泛收集育种原始材料，从中筛选具有能抗某种或某几种，或抗某一病害的不同生理小种的亲本作为抗源，这是选育抗病品种的最为重要的物质基础。抗病基因的主要供体之一是作物的近缘野生植物，目前育成的各种作物的抗病品种，大都是将野生近缘植物的抗病基因（或其衍生种）导入新品种而育成的。一般说来，作物初生基因中心或多样性中心，即寄主、寄生物的共同发源地，寄主的抗病类型和病菌的毒性类型往往最为丰富。

（二）抗病性鉴定

1. 抗病性鉴定的方式与方法

鉴定抗病性最可靠的方法是直接测定植物的感病性。一般分为田间鉴定和室内鉴定。

田间鉴定容易受气候条件的干扰，有时结果不甚可靠。有些病害有时在自然情况下不发病，必须用人工方法，创造充分发病的条件，如喷水、遮阴、调节播种期和增加施肥量等，或送到经常发病的地区鉴定。

室内鉴定可以不受季节限制，并便于控制使用各个小种和防止危险性病原菌的污染。但必须有调节温湿度和光照的设施。同时，有些病害，如锈病等，抗性常常显现在生长后期，如果在温室内鉴定，占用面积较大，鉴定材料不可能很多，故室内鉴定适合于苗期鉴定。

成株期鉴定一般都在田间进行，最好另设病圃。某些气传病害常发病地区，可种植诱发行，行内种植 1~3 个最感病品种的混合种子，每隔一定距离种一长行，与鉴定材料的行向垂直，并在鉴定材料中隔一定距离，种植抗病和感病对照品种，以便检验发病是否均匀，必要时计算相对病指。

为了保证充分发病并获得较为可靠的结果，应该进行人工接种鉴定。接种的方法有：

①注射接种：在适当的生育期（条锈在拔节前后，秆锈在孕穗期）注射本地区的流行小种病孢子悬浮液，并调节环境条件，以利发病。注射接种可在诱发行（每隔 1m）注射若干株，也可注射在鉴定材料茎秆上。

②分圃接种：对杂种后代材料一般采用混合菌种接种，如需要分小种接种，可采用分圃鉴定（1 个小种一个圃），小种圃间隔约 100m。每个圃中的材料，种植 1m 长短行即可。

③喷雾接种：用孢子悬浮液喷洒整个小种圃，用塑料薄膜覆盖保湿，这样发病快，可防止小种间污染。苗期鉴定一般在温室内进行，在短时期内可获得大量材料的鉴定结果。苗期接种一般采用扫抹法、滑石粉稀释孢子撒接法等。

2. 病害指标和记载方法

目前各种作物抗病性鉴定所用的指标大致有 3 项：即反应型、普遍率和严重率。

（1）反应型。这是鉴定过敏性坏死反应抗病性普遍采用的定性分级方法。它表现在植物保护反应的强度和孢子堆的大小方面，主要反映品种的垂直抗性。

（2）普遍率。表示群体发病情况，用百分率表示，即病叶或病茎数占总体的百分比。一般采用目测估计，要求较精确的鉴定时，可随机取样调查。

（3）严重度。指病叶或病秆上孢子堆数量的多少，或病斑占全叶面积的比例大小等，用分级方法表示。

（三）育种实施

抗病育种与一般育种相同，也可运用系统选育、杂交回合和诱变等方法，但也有比较特殊的地方。

1. 选择育种

用选择育种法选育抗病品种，必须在加强病原菌的选择压力下才有效果。简单地说，即在经常严重发病的地区或病害严重流行的年份，才有较好的选择效果。

2. 杂交育种

近代抗病育种，仍然大都是针对专化性抗性进行的。如美国、加拿大等，以单基因（主效基因）抗锈育种为小麦杂交育种程序的基础。一般说来，专化性抗性大都为主基因控制的显性遗传，抗病对感病是显性。但也有某些亲本的抗病性是隐性遗传的。

在 F_1世代不能只凭抗病性淘汰。一般 F_2 ~ F_4为集团种植，到 F_5进行株系选育，从 F_6开始进行抗性鉴定，直到育成新品种。

3. 回交转育

垂直抗性多数属简单遗传，可用回交转育法将抗病基因转入新品种中。

第二节　糜子育种目标与途径

糜子（*Panicum miliaceum* L.）属禾本科黍属（*Panicum*），英文名 proso 或 broom-corn millet，又称黍、稷、糜，是我国北方干旱半干旱地区主要制米作物，具有明显地区优势和生产优势。在本书中，所述糜子包括粳糜子、糯糜子。

糜子是自花授粉作物，异交率我国品种一般在 2%以下。异交率的高低，随开花授粉方式而异。糜子的开花方式有 3 类：①闭花授粉，阴雨天这种情况较多。②半开花授粉，我国品种属此类，异交率低。③全开花授粉，花丝长，所以异交率高。苏联有资料报道，异交率有的可高达 20%。

糜子密穗型在抽穗后当天或次日开花，其他穗型抽穗后 2~6d 开花。开花顺序由上而下，一穗从始花到开花结束需 11~19d，一穗开花的盛期为第 3~8d。较高的温度、较低的湿度利于开花。

育种目标为适合产业化开发的优质、丰产、水高效利用糜子新品种选育，主要包括：引进国内外优良品种，鉴定筛选出适宜本区域种植的商品性好、品质优良、丰产抗旱的糜子新品种；利用特异育种资源材料，通过应用常规育种技术、辐射诱变育种技术和现代分子生物学技术等，创制符合目标的育种材料，育成适口性好、品质优良、抗旱丰产的糜子新品种。育种方法如下。

1. 选择亲本

正确地选配亲本，是杂交育种成败的关键。在选择亲本前，首先应该充分研究原始材料的特征特性，然后根据育种目标选择亲本。

第一，根据育种目标，针对当地品种上存在的主要问题选择亲本。育种目标所要求的性状，亲本必须给予满足。如选育早熟品种，至少一个亲本是早熟的或特早熟的；选育矮秆耐肥抗倒伏的丰产品种，至少一个亲本是矮秆的，两个亲本的优良性状加起来能满足育种目标的要求。

第二，尽可能选择高产、综合性状好而没有不易改造的缺点的品种作亲本，两亲本的优缺点最好能够达到最大限度的互补。亲本之一最好是适应当地条件的地方品种或者是推广品种。

第三，选择地理上远缘的遗传性差异大的亲本杂交，有可能育出适应性强的品种。遗传性差异大的亲本杂交，后代变异幅度较大，出现的新类型较多，可为育种工作提供丰富的选择材料。例如，早熟类型与晚熟类型杂交，后代的生育期从早熟到晚熟各种类型都有，有时甚至出现超双亲的特早熟和极晚熟类型。但是，亲本的差异过大，杂种的性状往往到较高代数才能稳定，育种所需要的时间较长。

第四，根据显性性状，决定父母本，特别是用温水杀雄法进行杂交时，更应重视这一点。例如，紫色花序品种与绿色花序品种杂交，杂种一代是紫色花序。绿色花序在杂种一代不表现出来，到杂种二代才表现出来。为了能在杂种一代准确地选出真杂种，应把具有显性性状的亲本做父本，把具有隐性性状的亲本做母本。

2. 人工杂交获得杂种

糜子有性杂交技术的要点是选择好两亲本的播种期和种好亲本、选株整穗、人工去雄或温水杀雄、人工授粉 4 个环节。

（1）选择好播种期。首先要两亲本花期相遇，最理想的是父本开花早 1～2d。若父母本生育期不同，父本需分期播种。

（2）整穗。首先在母本里选择符合育种要求的健壮单穗，然后进行整穗。整穗的时期以穗顶部只有少数小穗开花为最好。

（3）去雄。糜子的雌雄蕊耐热性不同，雌蕊耐热性高于雄蕊，温水杀雄宜在晴朗天气的下午 2—5 时进行。此时开花期已过，气温较高，水温不宜降低。

（4）授粉。选择花期略早的父本穗子与母本穗子套在一个羊皮纸袋内，让其自由授粉。

3. 后代选择

杂种第一代的主要任务是根据显性规律淘汰假杂种。一般常常选择一个性状作为标志性状。如母本为绿花序，父本为紫花序，就应该选择花序颜色为标志性状。杂种第一代为紫花序的就是真杂种，绿花序的就是假杂种。在杂种第一代也可根据某些重要性状如抗病性，进行选择与淘汰。

生育期多数和双亲平均值相近；千粒重多数在双亲之间，并接近于双亲平均值，但也有少数组合接近于大粒亲本；株高为中间性状，但多数倾向于高秆亲本；穗子和双亲的平均值相近；糜子品种主要性状的遗传力顺序为：生育期>抽穗期>千粒重>穗长>株高>有效分蘖数>单株粒重。每个世代的具体选择方法如下。

杂种第二代是杂种后代变异范围最广的一个世代。性状分离复杂，出现具有父、母本性状、中间性状或超亲性状等多种类型，是选择的重要世代。杂种第二代一般首先选择组合，不良的组合大胆淘汰。优良的组合，选择单株。

杂种第三代也是性状分离的世代，但比杂种二代相对缩小，个别株系开始稳定。杂种第三代继续选择优良组合，在优良组合里选优良株系，要注意品系一致性的选择，以缩短育种过程。

杂种第四代至第七代，随着代数的增加，分离范围逐步缩小，稳定株系逐渐增加。从杂种四代起，以系选为主。对于性状还不稳定的优良株系，再严格选择少量优良单株。对于稳定的优良株系，进行产量和性状鉴定。然后进行品系比较试验和区域试验。

以上介绍的是一般杂交育种所采用的系谱法。除了上面介绍的育种方法外，还可采用辐射育种、多倍体育种和单倍体育种等方法。目前已有不少单位进行糜子辐射育种工作，用钴 60-γ 射线处理干种子，适宜剂量为 3 万~5 万 R。但是效果不确定。此外，还有多倍体育种、单倍体育种等育种方法。

第三节　燕麦育种目标与途径

燕麦广泛分布于欧、亚、美、非四大洲的寒温带和中温带地区，燕麦的栽培历史较为悠久，第二次世界大战前在全世界谷物生产中仅次于小麦、玉米、水稻而居于第 4 位，战后其面积和产量分别居于第 7 和第 8 位。栽培面积较大的国家有俄罗斯、美国、加拿大、澳大利亚、波兰等，其次为法国、英国、德国、瑞典、日本等国家。我国栽培燕麦已有 2 500 年的历史，北方农区、牧区及半农半牧区为种植燕麦的主要区域。其中内蒙古、山西、河北三省区栽培面积最大，甘肃、新疆、青海、陕西、宁夏、辽宁、吉林、黑龙江次之，西南部的云南、贵州、四川、西藏大小凉山的高海拔地带也有栽培。近年来，随着我国农业供给侧结构改革以及草食畜牧业的发展，燕麦种植面积呈逐年增加趋势。

一、燕麦种质资源收集、保存

我国燕麦种质资源的收集工作起步晚，开始于新中国成立后。20 世纪 50 年代末，我国先后从苏联、丹麦、加拿大、法国、瑞典、蒙古、日本等 21 个国家引入燕麦资源 489 份，同时，农业部组织产区种子部门与科研部门开展国内燕麦资源的调查与收集，截至目前，我国拥有燕麦遗传资源超过 3 000 份。分别隶属于 9 个种，即六倍体种 6 个：普通栽培燕麦、裸燕麦、野红燕麦、地中海燕麦、普通野燕麦和东方燕麦；四倍体种 1 个：大燕麦；二倍体种 2 个：砂燕麦和小裸燕麦。其中普通栽培燕麦、普通野燕麦和裸燕麦为国产种，其余皆为国外引入种。均为一年生类型。

目前，我国国家农作物种质保存中心长期库中保存了燕麦种子共 1 142 份，其中皮燕麦 995 份，裸燕麦 147 份；此外，一些地方研究单位采用中期库保存和活体保存共保存了燕麦种质资源 504 份，其中，河北省坝上农业科学研究所 3 份，内蒙古农业科学院 7 份，内蒙古乌盟农业科学研究所 26 份，内蒙古锡盟农业科学研究所 15 份，青海省农业科学院 5 份。青海省畜牧兽医科学院 283 份，山西省农业科学院高寒区作物研究所 59 份，中国农业科学院草原研究所 56 份，中国农业科学院作物品种资源研究所50份。

二、燕麦种质资源性状评价

燕麦种质资源的性状评价主要包括：植物学性状、生物学性状、农艺性状、抗性性状和品质性状等。

植物学特性包括：株高、须根系入土深度、幼苗特性（直立、半直立、匍匐）、叶舌和叶耳特性、花序、穗型（紧穗型、侧散型、周散型）、每小穗稃片数、每小穗小花数、异交率、种子颜色以及叶色等。

生物学性状主要包括：萌发温度、适宜的发芽温度、土壤水分、土壤要求和日照要求等。我国西南地区为弱冬性燕麦区，其燕麦品种的生育期一般均超过200d，北方燕麦为春性品种，生育期85~100d，生育期少于76d的燕麦为极早熟品种。

农艺性状主要包括：有效分蘖数、种子千粒重、全株粒重和秸秆产量等。燕麦育种中选择的多数农艺性状都是数量性状，受遗传因子和环境因素的共同作用，这就增加了选择的难度。研究和探讨农艺性状间的遗传关系已成为许多数量遗传学家和育种工作者十分关注的问题。

抗性鉴定包括：抗倒伏、抗病、抗旱及抗寒性。研究表明，皮燕麦的抗倒伏能力比裸燕麦强，主要是株高对燕麦秆的韧性和硬度影响大；另外，皮燕麦的小穗数量少、结籽少，一定程度上减轻了穗的数量，由此也不易倒伏。燕麦的抗病种质主要有抗坚黑穗病种质、抗红叶病种质、抗秆锈病种质和抗黄矮病种质。我国抗坚黑穗病种质比较丰富，抗红叶病种质和抗秆锈病种质比较少，抗黄矮病品种有山西应县李家场裸燕麦、青海玉树黑珠子26、火焰焰27、黄燕麦、民和燕麦22号、甘肃定西裸燕麦等。

研究表明，利用叶片相对含水量、叶绿素含量、气孔宽度、脯氨酸含量等生理生化指标评价和反复干旱相结合来进行燕麦抗旱性鉴定的方法是可行的；已鉴定的抗旱性较强的燕麦品种有：山西临县小裸燕麦、内蒙古化德县小裸燕麦、瑞典的索尔福Ⅰ号和珊福早纳Ⅱ。我国燕麦主要分布于东北、华北、西南等高寒地区，普遍具有较好的抗寒性。所有燕麦品种都具有较强的抗寒性。

燕麦的营养成分含量较高，尤其是籽粒中蛋白质、脂肪、亚油酸含量高，在食用和医用方面都深受人民重视。品质鉴定主要分析了蛋白质、脂肪和亚油酸含量。蛋白质含量在15%以下的比重较大，脂肪含量多数在5%~7%，亚油酸含量在40%~45%的占多数。皮燕麦品种蛋白质含量最高可达17.92%，最低为8.71%，多数在10%~15%；脂肪含量在7%以上的占多数；亚油酸含量多数集中在40%以下，最高可达46%以上。

燕麦遗传资源的收集、鉴定工作为其品种改良利用打下了坚实的物质基础，近20年来我国燕麦育种已取得了很大成就。尤其是用国外引进的六倍体普通栽培燕麦（皮燕麦）的优良品种与国产六倍体裸燕麦品种的种间杂交育种工作取得了突破性进展，已育成一大批早熟、高产、优质、抗逆性强的不同类型裸燕麦新品种（系）应用于生产，获得了显著经济效益和社会效益。

三、燕麦的杂交育种

回顾我国燕麦品种育成途径的历史，在20世纪50年代期间以选育地方品种为主；20世纪60年代以国外引种占优势；20世纪70年代以来，人工诱变（辐射）育种、自然变异选择育种和杂交育种（包括品种间杂交、种间杂交和回交）途径普遍受到重视。其中，用国外引入的燕麦优良种质来改良国内品种的杂交育种工作成绩最为突出，目前生产上大面积推广的品种多数是通过杂交育种途径培育出来的。因此，下面主要介绍燕麦杂交育种的程序、技术和方法。

1. 燕麦育种目标

燕麦育种目标应根据各地生产发展的需要、生态条件和利用特点来确定。

抗性方面：要选育抗倒、抗旱和抗病品种。在高寒地区应考虑早熟品种的培育，以利结实。早熟品种可直接从群体品种中或种间杂交后代中选育，也可从辐射诱变后代中选育，因为早熟性状是一个简单的显性遗传性状。

丰产性方面：着重培养茎叶和籽实产量兼高的品种类型。这是因为：其一，人工栽培燕麦均为一年生植物，只能靠种子繁殖来扩大再生产：其二，燕麦种子既是人类保健食品，又是家畜的高能精料（富含油脂）；其三，燕麦作为粮草兼用作物，其利用方式可青贮、青刈饲喂家畜或割制干草，收籽后的燕麦秸秆、碎叶和颖壳均是家畜越冬的重要优良饲料。

品质方面：要选育高蛋白质、高亚油酸、高赖氨酸和葡聚糖的燕麦新品种。

兼顾上述方面，培育具高产、优质、抗性强等综合农艺性状优良的燕麦新品种是近年及今后国内外燕麦品种改良的重要目标。

2. 燕麦杂交亲本选配

在进行燕麦品种选育时，亲本选配原则重点关注以下两个问题。

（1）注重遗传资源的多样性。燕麦的种质资源非常丰富，但作为亲本选配来说，应根据育种目标的要求，尽量避免使用少数或单一品种亲本。因为它们的后代将经过各地多年大规模的选育，其遗传基础变得愈来愈窄，长此下去会使经过长期积累遗传下来的有利基因丢失。所以在选配亲本时，应注意遗传资源（或性状）的多样性，不仅要进行种内品种间杂交组合的多亲本筛选，而且要设法扩大利用种间乃至近缘植物的基因资源。

（2）保证亲本有足够的遗传变异。试验证明，在燕麦品种间杂交时，选择遗传差异较大的亲本进行杂交，能创造丰富的遗传变异，产生较多的超亲类型，提供更多的选择机会。为此，在详细观察亲本表型性状基础上，利用分子标记辅助选择等分子生物学技术，从DNA分子水平摸清亲本间遗传背景，可为有目的的杂交组配提供理论依据。

3. 燕麦开花特性和杂交技术

（1）开花特性。燕麦是自花授粉植物，异交率低于1%。燕麦为圆锥花序，开花顺序是从花序上部小穗依次向下开放，即先露出叶鞘的小穗先开花。每小穗小花的开放顺序是自下而上，即基部的小花先开。小花开放前，子房基部呈白色透明的2浆片吸水膨胀，使包被小花的内外稃张开。雄蕊（3枚）的花丝先伸长，花药由绿变黄，其顶形成裂缝，成熟的花粉散落于二裂羽毛状的雌蕊（1 枚）柱头上，并开始萌发，长成花粉管，将精子传入胚珠与卵子结合成受精卵，开始形成籽粒。受精后的柱头凋萎，内外稃和护颖闭合，授粉完毕。

燕麦开花期长短依种类不同而略有差异，一般为 13d 左右，其中在第 4～7d 开花数量最多。每朵花开放持续时间为 40～140min，通常皮燕麦小花开放时间较裸燕麦短。一日内开花时间集中在下午 2—6 时，尤其以 2—4 时开花最盛。开花最适温度为 20～26℃，湿度（55±5）%。

（2）杂交技术。燕麦杂交育种依据不同的育种目标可采取单交、复交和回交等方式，但无论哪一种杂交方式，育种者都应掌握最基本的杂交技术环节，即选株、整穗、去雄和授粉。

由于燕麦小花的内稃小、外稃大（内外稃统称颖壳）、外稃紧包内稃且较脆，剥开颖壳去雄、取花粉及授粉操作时易损伤花器，使得杂交工作量增大且结实率低，一般为 5%左右。近年来，国内外从事燕麦杂交育种者们均改用剪颖杂交技术，包括剪颖去雄、剪颖授粉二个步骤。

①剪颖去雄。该工作于抽穗期在上午进行从母本行中选择抽出 8～10 个小穗的健壮植株，剪去花序基部发育不全的小穗，并使剩下的每个小穗只留基部第 1 朵小花。将每朵小花的颖壳上部剪掉约 1/2 或 2/3，使花药露出，用镊子取出花药后套袋（羊皮纸袋长 15cm，宽 8cm）。

②剪颖授粉。在下午开花盛期进行。从父本行中选择抽出 10～15 个小穗的健壮植株，将果穗（整体花序）剪下，留下即将开花的小穗予以剪颖，一般剪去小花颖壳上部的 1/4 即可，以便使花粉从剪口处散出。把父本小花的花粉抖落在母本小花柱头上，套袋后令其自行授粉。

另外，在燕麦杂交育种过程中，有时因双亲生物学特性的差异，造成花期不相遇，影响杂交工作的进行。这时，应在了解父母本开花相差时间（日数）的情况下，采取相应的措施调节花期，使父母本花期相遇，便于杂交。实践证明，提高燕麦花期相遇的最有效的办法是采用分期播种法调节花期。

4. 燕麦杂交后代选择方法

（1）杂种后代的性状遗传。不少学者对几种主要栽培燕麦，如六倍体皮燕麦和裸燕麦种间及二倍体小裸燕麦若干品种之间杂种后代的表型性状遗传进行了研究。结果发现，皮燕麦散穗和侧穗型品种间杂交，其 F_1 型呈散穗，F_2 则得到散穗：侧穗＝15：1 的比例，这种遗传现象是由于重叠基因互作引起的。

裸燕麦和小裸燕麦各自品种的籽粒颜色有黑色、无色（白色）、红色、黄色、灰色 5 种类型。其中黑色对黄色、灰色对黄色、黑色对灰色呈显性上位遗传，而黑色对无色、红色对无色、黄色对无色及灰色对无色的 F_2 都是按单基因分离的，即不存在基因互作。

六倍体皮、裸燕麦种间杂交不存在杂种 F_1 育性低及杂种后代疯狂分离的现象，F_1 代籽粒表型无论正反交均为混合类型，即在同一果穗上并存带稃和裸粒两类籽粒，其 F_2 分离比例为 1：2：1。

(2) 杂种后代的选择方法。燕麦属于自花授粉植物，杂种后代的性状分离不像异花授粉植物那样强烈，一般经过4~5代能基本上稳定下来。育种工作者可按照预定的育种目标，在能够使杂种正常生育的优良栽培管理条件下（水、肥、光、热、除草等），从杂种群体中选择理想的个体，育成性状稳定的优良品种。燕麦杂种后代的选择处理通常采用系谱法、混合法和衍生系统法。

①系谱法。该方法是从杂种第一分离世代（F_2）选单株，从F_3世代开始分别种植成行，每行称为一个系统，以后各个世代都在优良系统中选择优良植株，一直到优良个体表现整齐一致、性状不再分离，最后把选出的理想品系与当地优良品种或原亲本进行产量、品质及抗性等方面的比较鉴定试验，凡是达到选育目标的品系就可以在生产中繁殖推广。在选择过程中，各世代均进行系统编号，以便查找系统历史。

系谱法各世代的主要工作如下：

杂种F_1代　F_1代的工作重点应注意优良杂交组合的筛选。将各杂交组合排列点播，并相应播种对照品种及其亲本，以便比较。株行距适当加大（行距50cm，株距15cm），以利扩大营养空间使杂种在优良的条件下生长发育。每个组合种植株数应根据各品种的繁殖系数而定，一般在30株以上，使其后代个体保持5 000株左右即可。淘汰生长发育差的组合，保留下来的各个杂交组合在种子成熟时分别收获、编号记录。

杂种F_2代　F_2代是性状开始强烈分离的世代，主要工作是从优良杂交组合中选择优良单株，并继续淘汰不良杂交组合。为观察比较双亲性状在杂种F_2代中遗传传速力的大小及杂种表现，应种植亲本行及对照品种行，以便提高单株选择的准确性。每个组合选择的单株数一般为5%左右，原则上从好的组合中多选，一般的组合中少选，太差的组合中不选。

F_2代最好按照成熟期早晚分别收获，中选单株挂牌标明编号和收获日期，然后分株脱粒，根据室内鉴定结果再淘汰一部分籽粒性状很差的单株。最后决选的单株，按植株高矮、成熟期早晚依次编号，以便在下一代把矮的和较高的单株以及早熟和晚熟的单株分别集中种植，尽可能避免杂种F_3代系统间生长的相互干扰。

杂种F_3代　将F_2代当选单株点播成行，即为系统，系统仍按组合排列，适当种植对照品种行和亲本行以便比较。F_3代的工作重点首先是选出优良系统，这实际上是对F_2代所选单株的进一步检查。其次才是在中选系统内，选择优良单株。它是以每个系统的全行表现为主要依据，因而比F_2代只根据杂种组合的分离群体及在此群体中一个单株表现进行选择的可靠性要大得多。一个杂交组合有无育成品种的希望，F_3代基本上可以决定，因此不可放低F_3代系统选择的标准。通常在一个中选系统内选5~10株即可，面对不同类型的系统可以适当地保留一些，以待下一年进一步考查。F_3代收获时，把同系统内中选的单株分别编号、脱粒进行室内鉴定。

杂种F_4代　按照不同组合将F_3代中选的单株种成系统，种植方法同F_3代。来自F_3代同一系统的姐妹系其性状比较相似，它们构成F_4代的一个系统群。每个系统群都是F_2代一个中选单株的后代，所以F_4代系统群可以用来检验F_2代选株和F_3代所选系统的好坏。

F_4代工作重点是选择好系统群，其次，在好的系统群内选择好的系统，最后在好的系统内选优良单株，一般选择 5 株左右即可。F_4代的大多数系统性状还不稳定。如果发现有些系统表现较整齐一致且性状突出，在株选之后可按系统把剩余植株混收、脱粒，以供下一年初步测产和稀播繁殖。

杂种 F_5代　该世代选择方法同 F_4代。一般来说，F_5代多数系统的性状已趋于稳定，在中选系统内除继续选株保留株系外，其余植株可以混收、脱粒成为品系，并进行测产。

杂种 F_6代及以上　该世代选择方法同 F_4代，但在混收时必须选株，直到混收后代的性状稳定为止。如果忽视了这点，往往在混收后出现生长不整齐，不得不重新选择，反而延长了选育的时期。

综上所述，系谱法的优点是：系统间亲缘关系清楚，能较早集中少数优良系统进行有计划的试验繁殖，花费时间短，对质量性状或遗传基础较简单的数量性状选择效果明显。缺点是：从早代开始选择，逐步使遗传基础变窄，有时遗漏优良类型，且花费较多人力、物力和土地。

②混合法。该方法是在杂种分离世代中按杂交组合混合种植，不予人工选择，使杂种群体经自交纯合化，直到杂种遗传性状稳定，纯合个体数达 80%的世代（6~8 代）才开始选择一次单株，下一代种植成系统，选出优良系统后进行升级试验。混合法要求杂种群体数量大，每个组合应保持在 2 万株以上。

混合法的优点在于：有利于保存各种优良基因，拓宽遗传基础，使主要性状变异幅度大，性状多样化，有较多的机会选择到高产及性状优良的系统，节省人力、物力和土地面积。缺点是：当选数量大，缺乏系统间亲缘关系资料，系统取舍困难，花费时间长。

③衍生系统法。该方法是在杂种 F_2世代或 F_3世代进行一次株选，将中选单株成行种植、记录编号，以后各世代按其单株后代的自交群体即衍生系统条播，并在各世代依据产量测定结果淘汰不良衍生系统，直至产量性状稳定的世代（F_5~F_6）再行选株。选择后第二年各株按系统种植，并选出优良系统进行产量比较试验（升级）。

衍生系统法实质上是将系谱法与混合法结合利用的一种方式，兼有以上两种方法的优点，在一定程度上克服了两者的缺点。

总而言之，在杂种后代处理过程中，可根据具体情况灵活运用上述 3 种方法，既可以采用一种方法，也可以几种方法交替使用或同时并用，最终达到筛选出优良品种的目的。

第四节　高粱育种目标与途径

采用两个不同高粱基因型（品种、品系或雄性不育系与其恢复系）作父、母本进行杂交，所得的杂种一代（F_1）称作杂交高粱。杂交高粱在生产上利用，能增加产量。普通高粱杂交种的选育重点是对高粱“三系”的选择，即高粱雄性不育系、雄性不育保持系和雄性不育恢复系。

一、高粱“三系”的选育技术

自从美国得克萨斯州农业试验站 Stephens 等人于 1954 年创造了世界上第一个核质

互作型高粱雄性不育系之后，杂交高粱才真正在农业生产上大面积应用。杂交高粱是由亲本系组配而成的，或者说杂交高粱生产离不开“三系”，即雄性不育系、雄性不育保持系和雄性不育恢复系，简称不育系、保持系和恢复系。不育系是由保持系保持不育的，杂交种是由不育系与恢复系组配而成的。主要是根据育种目标，选育创新型高粱雄性不育系、保持系和恢复系的选育，分别介绍如下。

1. 高粱“三系”及其特点

不育系是的遗传组成为 S（msms），不育系由于其体内生理机能失调，致使雄性器官不能正常发育，花药呈乳白色、黄白色或褐色，干瘪瘦小，花药里没有花粉，或者只有少量无效花粉，无生育力；而不育系的雌蕊发育正常，具有生育能力。

保持系的雄性是可育的，其遗传组成为 F（msms）。不育系和保持系是同时产生的，或是由保持系回交转育来的。每一个不育系都有其特定的同型保持系，并利用保持系花粉进行繁育，传宗接代。不育系与保持系互为相似体，除在雄性育性上不同外，其他特性、特征几乎完全一样。

恢复系是指正常可育的花粉给不育系授粉，其 F_1 代不但结实正常，而且不育特性消失了，具有正常散粉生育能力，换言之，它恢复了雄性不育系的雄性繁育能力，因此称作雄性不育恢复系，恢复系的遗传组成为 F（MsMs）或 S（MsMs）。

应用于生产的杂交高粱，其雄性不育系是由细胞核和细胞质互作共同控制其雄性不育性。细胞核中有两种控制育性的基因，一种是显性基因，控制可育性；另一种是隐性基因，控制不育性。这样显、隐性基因可以有一对，也可以有几对。细胞质中也有控制育性的细胞质基因，S 是控制不育性的细胞质基因，F 是控制可育性的细胞质基因。这种细胞核和细胞质育性基因的相互作用控制着高粱“三系”的育性遗传。核质互作型的高粱“三系”的育性遗传关系：雄性不育系细胞核和细胞质中部含有雄性不育基因，即 S（msms）；雄性不育保持系的细胞核内含有不育基因，细胞质含有可育基因，即 F（msms）；恢复系细胞核内含有可育恢复基因，细胞质或含有可育基因，或含有不育基因，即 F（MsMs）或 S（MsMs）。由于母本是细胞核和细胞质均参与受精作用，父本仅是细胞核参与受精过程，而且恢复基因具有显性作用（图 3-1）。

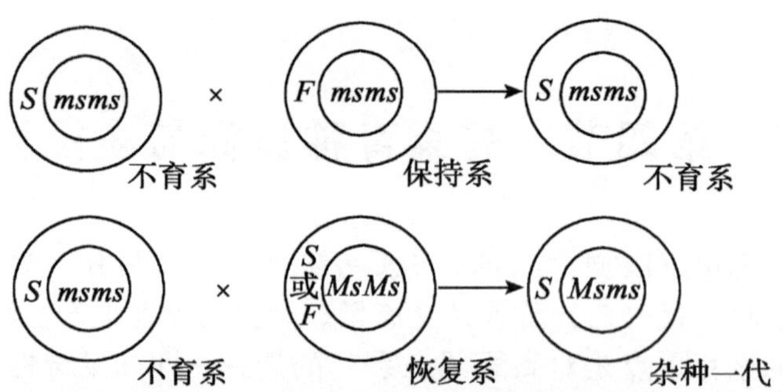

图 3-1　高粱“三系”的遗传关系

在隔离区内，用雄性不育系作母本，用雄性不育恢复系作父本杂交制种时，便可通过自由授粉得到杂交种种子，而且杂交种种子长出的杂种一代能正常开花散粉，授粉结实。

2. 高粱不育系与保持系的选育方法

为了进行大规模杂交高粱制种，必须选育出优良的雄性不育系，即选育出雄性不育性稳定、配合力高、农艺性状优的雄性不育系，才能满足配制杂交种的需要。常见高粱不育系与保持系的选育方法有以下几种。

（1）高粱类型间杂交法选育不育系和保持系。高粱不同类型亲缘关系较远，遗传差异较大，核、质之间有一定的分化。如果一种高粱类型具有不育细胞质和可育细胞核，即 S（MsMs），另一种高粱类型具有可育的细胞质和不育的细胞核，即 F（msms），前者作母本，后者作父本，进行杂交。然后，通过后代分离出不育株再与父本连续回交，就有可能将不育细胞质与不育细胞核基因结合到一起，获得新的雄性不育系 s（msms）和保持系 F（msms）。世界上第一个高粱雄性不育系 Tx3197A 选育成功，就是一个很好的例证。选育 Tx3197A 雄性不育系的具体程序有两种：

第一，利用迈罗高粱品种作母本，与卡佛尔高粱品种作父本进行人工杂交，其杂种一代（F_1）为可育的，采取套袋自交方式获得杂种二代（F_2）种子。结果在 F_2 代的分离植株中，出现了一些不育株。用卡佛尔高粱作轮回亲本，给分离出的雄性不育株授粉，连续回交。当回交二代后，99%的植株变成雄性不育，回交 4~5 代后，雄性不育性状就完全稳定下来，结果就选育出 Tx3197A 及保持系 Tx3197B。

第二，利用迈罗高粱品种作母本，与卡佛尔高粱品种作父本进行人工杂交，其杂种一代（F_1）不是套袋自交，而是再进行人工去雄，用卡佛尔高粱作轮回亲本与人工去雄的 F_1 进行杂交，这样回交后的第一代雄性不育植株也分离出来，用其连续回交 4~5 代后，雄性不育性状就完全稳定下来，育成了 Tx3197A 不育系及其保持系 Tx3197B。

上述两种程序基本上是相同的，均是利用迈罗高粱品种作母本与卡佛尔高粱品种作父本杂交，或者用 F_2 代分离出的不育株与卡佛尔连续回交，或者用 F_1 代植株去雄与卡佛尔连续回交，最终都能选育出 Tx3197A 雄性不育系及其 Tx3197B 保持系。鉴此，Stephens 提出了高粱雄性不育是由迈罗细胞质与卡佛尔高粱细胞核结合在一起，它们之间的相互作用产生雄性不育的理论（图 3-2）。

（2）保持类型品种直接回交转育不育系和保持系。回交转育法是目前选育新不育系常用的方法，应用广泛、程序简便、见效快。保持类型品种的育性基因型是细胞质有可育基因，而细胞核里是不育基因，当其给雄性不育系授粉，F_1 是雄性不育，如用该品种连续回交，所得到的回交后代就成为新雄性不育系，而该品种就成为新不育系的保持系。利用此法已选育出黑龙 11A、黑龙 21A 以及矬 1A、辽雄 4A 等普通粒用高粱不育系。以矬 1A 为例，其回交转育程序如图 3-3 所示。

测交　利用现有的雄性不育系作母本，与优良品种或品系作父本进行测交，测交材料播种时注意调节播期，使父母本花期相遇，抽穗后选择生育正常、植株典型的父、母本各 3~5 穗套袋。开花后进行成对测交，并挂上标签。成熟后，成对收获，单穗脱粒，成对保存。

回交　将上年成对收获的测交种子和父本种子相邻种植。抽穗开花后，在测交一代中选择全不育穗，用原测交父本穗成对回交，成熟时分别脱粒，成对保存。

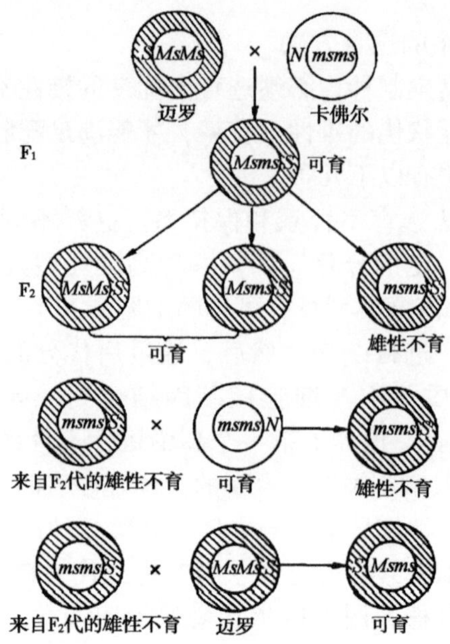

图 3-2　高粱细胞质雄性不育系的创造

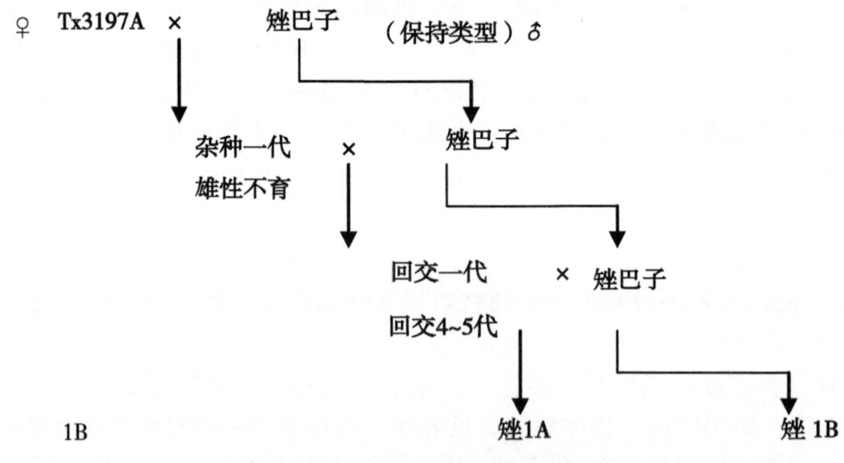

图 3-3　矬 1A 的选育过程

连续回交转育　把回交获得的种子和对应的父本相邻种植。开花时选不育程度高并在长势长相上倾向于父本性状的植株与对应的父本继续回交，连续回交 4~5 代；直到母本达到株型、长相以及物候期都与父本相似时，新的雄性不育系就转育成功了。

（3）保持类型品种间杂交选育不育系和保持系（保×保选育不育系）。通过保持类型品种间杂交，或保持系与保持系杂交选育保持系，进而转育成不育系，其目的是将不同品种（保持系）的优良性状结合到一起，使新选育的不育系具有更多的优良性状。这是目前选育高粱雄性不育系最常用的、最有效的方法，许多雄性不育系都是采用这种方法选育出来的，如赤 10A、忻革 1A、晋 6A、7050A、2187A 等。

在采用保×保法选育雄性不育系时，一般有两种方法。第一，保×保杂交后，按常规杂交育种程序，先选育出具有双亲优点的保持系，然后再回交转育成相应的不育系。采用这种育种程序，前后加起来至少在 10 年以上。第二，采取边杂交稳定边回交转育的方式。这种方式是把杂交选育稳定保持系的过程与回交转育不育系的过程结合起来同步进行。具体做法如图 3-4 所示。

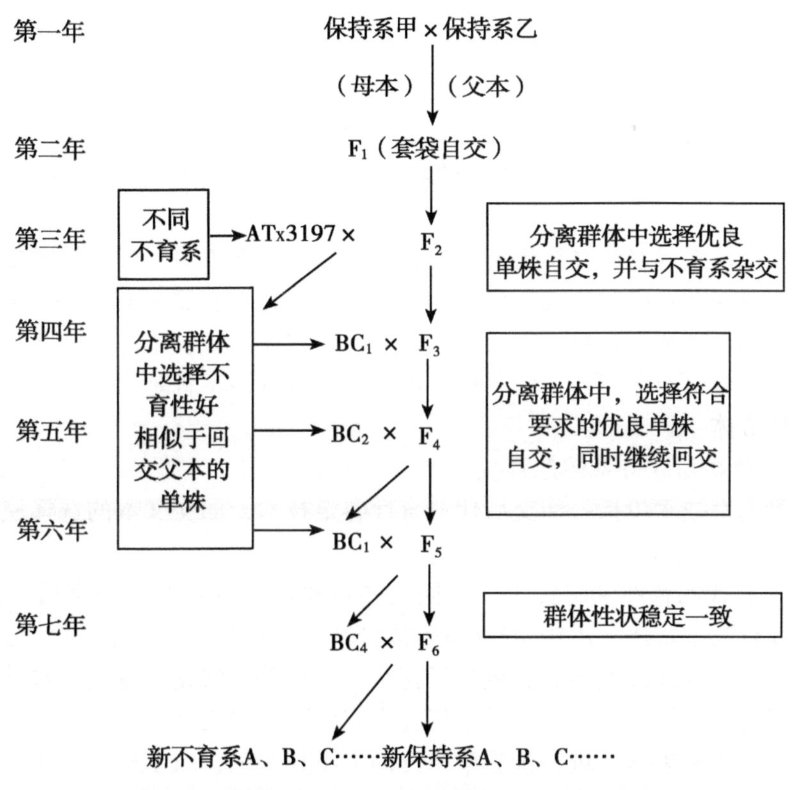

图 3-4　边杂交稳定、边回交转育不育系选育程序

第一年，杂交。选用两个保持系（或保持类型品种、品系）进行人工去雄杂交，获得杂交种种子，单收单独保存。

第二年，种植上一年收获的杂种一代（F_1）种子。当植株开花时，套袋自交，收获自交的 F_2 种子，单独保存。

第三年，种植上一年收获的 F_2 代种子，注意与不同生育期的不育系相邻种植。抽穗开花后，从分离的群体中选择符合育种目标要求的单株自交，同时与花期相遇的邻近不育系杂交，并在成对杂交的父、母本穗上拴系标签，做好记录。成熟时，成对收获；单脱粒，成对保存。

第四年，杂种三代（F_3）单株选择，自交，并成对回交。将上年成对杂交的组合相邻种植，开花时从 F_3 群体中继续选择符合要求的单株自交，同时与相邻种植的杂交群体中的不育性好、株型相似于父本的单株进行回交，拴系标签。成熟时，成对收获、脱粒和保存。

第五年、第六年，继续选择单株自交并回交。

第七年，保×保杂交后代经自交纯化、选择，已基本上稳定，即是新选育的保持系；回交转育的母本即是新育成的雄性不育系。

（4）保持类型与恢复类型品种间杂交选育不育系和保持系（简称保×恢法）。如果已有高粱材料没有保持系类型，通过高粱杂交种改良选育高粱不育系和保持系是比较困难的，可采取保×恢法。该法的提出是从育种实践得到的。在恢复系选育中，在两个恢复系杂交时，有的杂交组合的杂种一代表现出强大的杂种优势，但是由于无法组配成杂交种，因此不能在生产上应用。为了解决这个问题，必须把其中的一个恢复系转育成雄性不育系。但是，直接把一个恢复系转育成不育系又不可能，故采取保×恢的杂交，在杂交后代中选择育性像保持系，其他性状像该恢复系，这样转育的不育系才有利用价值。

选取高粱保持系或普通高粱保持系与高粱恢复系杂交方法，即保持类型与恢复类型杂交法。在创造保持系同时完成不育系的选育，需利用新创造的恢复系材料。采用保×恢的杂交组合选育高粱不育系，由于杂交亲本里含有显性恢复基因，因此在杂种后代中只能分离出极少数具有保持能力的单株，即隐性纯合雄性不育基因型，因而需要种植较大的杂种后代群体。

3. 高粱不育系与保持系的选育技术

杂交高粱选育技术包括：回交后代的育性鉴定技术、回交父本的选择使用技术、授粉技术、不育株柱头生活力鉴定技术等。

（1）回交后代的育性鉴定技术。在回交转育雄性不育系时，回交后代的育性鉴定技术一般采取目测鉴定法。BMR 饲草高粱抽穗后，选取穗不同部位的小穗，用手挤压护颖使花药外露，观察其大小和颜色是否正常，并用手指将花药捻破，看其是否有花粉粒及其饱满程度。根据上述鉴定结果，将初步定为不育株的挂系标签。开花时，将开花前经目测入选的不育单株，进一步观察花药的大小和颜色，或于早晨开花时摇动植株看是否有花粉散出，进一步鉴定不育程度的好坏。对花药呈乳白色、紫色、褐色瘦小无花粉的植株，应作为不育株进行回交。也可采用半透明硫酸纸袋对其进行套袋，这样既便于观察、节省时间，又可保证选育质量。

（2）回交转育父本的选择技术。回交转育不育系的关键是严格选择回交父本。根据育种目标的要求，一般应选择植株矮，抗叶部病害、经济性状好的品种或品系作回交父本。因为矮秆父本育成的不育系，一方面方便制种和去杂去劣，另一方面用其组配的杂交种也相应为矮秆。这样可以提高抗倒伏能力，适当增加种植密度，靠群体增产。对于选定的回交父本品种，最好是已经过自交纯化的，如果该品种比较混杂，应选择典型株经 2~3 代自交纯化后，再进行回交转育。

在回交转育过程中，为了能有充分的时间观测鉴定回交后代的不育性，要适当晚播回交父本，一般比母本的正常生育期晚播 7d，使父、母本开花期错开，达到母本全部开完花时，父本开始开花的状况。这样可在母本开花期间有充足的时间观察母本的不育性表现，以便准确选择不育性好的植株与父本回交。

（3）回交转育不育系的授粉技术。根据回交转育的早代或晚代，可采取不同的授粉方式。

套袋授粉法　上午当田间露水消失后，把套袋的父本植株倾斜，轻轻摇动，把花粉集中到纸袋的一角，并将袋角折叠，防止花粉落出来，取下装有父本花粉的纸袋。这时，将套在母本株上的纸袋取下，迅速将父本袋套在开花母本的穗上，左手把纸袋下部封闭捏紧，右手摇动母本植株，将折叠的袋角逐渐展开，使花粉均匀地撒落到母本穗上，同时摇动母本穗，保证花粉授到母本全穗上。这种方法操作简单方便，并能防止串粉混杂，一般在回交低代时采用该法。

绑穗授粉法　这种方法适于回交高代不育系回交或小面积繁育新不育系用。具体操作是，当母体抽穗开花时，先鉴定育性，选择不育性好，株型相似于父本的母本穗与邻行的父本穗捆在一起，然后将父母本穗套在一个纸袋内。当父本穗开花散粉时，每天上午露水消失后摇动纸袋，使父本花松散落到母本穗上，以保证母本充分授粉。这种方法既简便易行，又能防止串粉混杂，缺点是有时母本穗授粉不匀，影响结实率。

（4）不育株柱头生活力鉴定技术。柱头生活力的强弱是不育系的重要性状之一。一般来说，从形态上看，柱头的长短与接受父本花粉的能力有很大关系。柱头越长，接受花粉的能力就越强，柱头越短，接受花粉的能力就越弱。而且，柱头的生活力与授粉结实率关系很大。鉴定柱头生活力采用套袋授粉目测法。对正在转育的成对材料，母本适当早播，抽穗后套袋，挂系标签，记载开花始期、末期，并于开花末期后 5d 进行授粉。观察授粉穗上、中、下部的结实情况，如果穗子上、中、下部结实均好，可以断定，从始花期到末花期共用了 5d 时间，加上末花期后 5d 授粉的时间，共 10d，表明该穗柱头生活力可达 10d 以上。如果穗上部结实较差，中、下部结实较好，这样一来，从穗中部盛花期到末花期用了 3d 时间。加上推后授粉的 5d 时间，表明柱头的生活力为 8d 左右。如果上、中部穗结实较差，下部结实较好，那么从末花期前 1d 到推后授粉的 5d，共 6d 时间，表明柱头生活力为 6d 左右。

对已育成的雄性不育系柱头生活力的鉴定可采取下述方法。在开花盛期，选取 10 个不育穗，把当天开花的小穗全部留下，剪掉开过花和未开花的小穗，全部套袋，挂系标签，记载开花日期。然后，每隔 2d 对其中 1 穗进行授粉，记载授粉日期，全部授完后，进行结实率的调查。根据授粉日期和结实率为 90%的时间将柱头生活力分为 3 级：如果在 10d 以后授粉结实率仍达 90%以上者，为柱头生活力强；6~10d 授粉结实率达 90%以上者，为柱头生活力中等；6d 以下为柱头生活力弱。

4. 恢复系的选育方法

（1）二环系法。二环系法是来自选育玉米自交系的概念。选取综合性状较好的普通高粱杂交种，这类高粱杂交种本身即是由不育系和恢复系杂交育成的，采取类似常规杂交育种方法进行，引进材料就是杂交 F_1 代，连续自交多代，从后代分离群体中选择具有目标性状的材料进行后代选择，一般需要 5~6 代便可得到稳定系（图 3-5）。

（2）杂交选育法。采用恢复类型品种（或恢复系）间杂交选育恢复系，简称恢×恢法。杂交选育法是在应用测交筛选法之后提出来的。因为从当地品种中直接筛选恢复系一般只有 10%的概率，而且这些筛选出来的恢复系品种由于产量等性状杂种优势弱，无法直接利用，于是提出了恢×恢法。此法是目前选育恢复系常用的有效方法之一。采

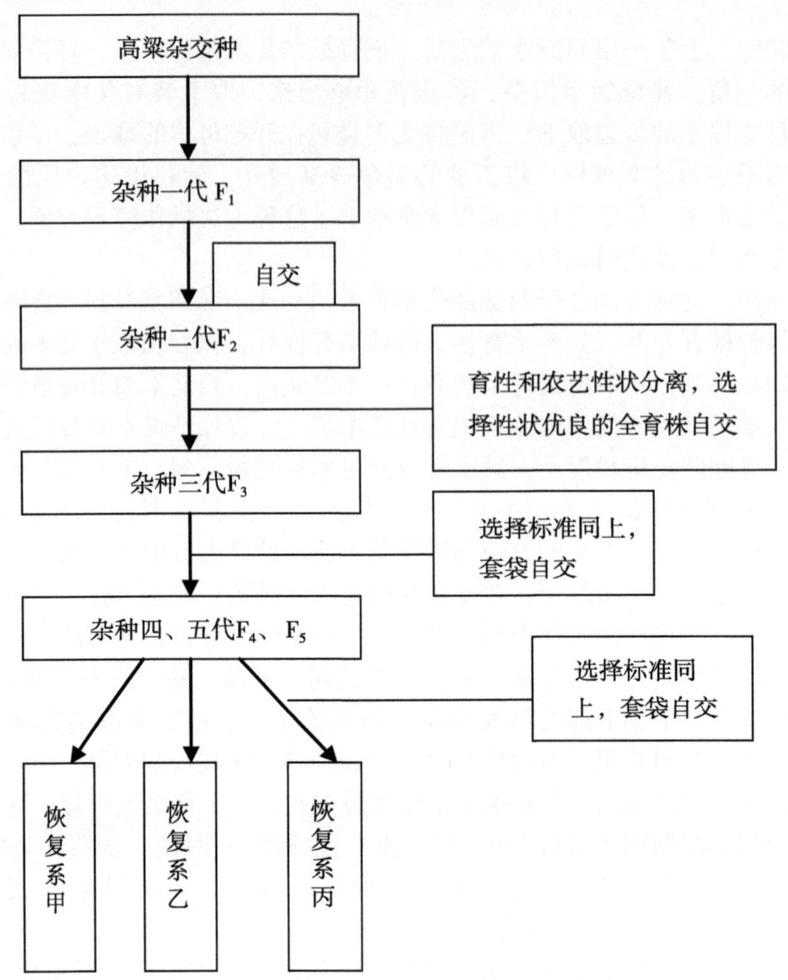

图 3-5　二环系法选育 BMR 恢复系程序

用这种方法，已育出许多优良的恢复系，如晋粱 5 号（忻粱 7 号×鹿邑歪头）、吉 7384（护 4 号×九头鸟）、沈 4003（晋辐 1 号×辽阳猪跷脚）等都组配了杂交种在生产上应用。

（3）诱变选育法。主要是采用诱变因素，如 ^{60}Coγ-射线，处理恢复系或杂交种，产生变异后，从中选育恢复系。如山西吕梁地区农业科学研究所用 2.4 万剂量的 ^{60}Coγ-射线处理杂交种晋杂 5 号，从变异后代种选出了配合力高、丰产优质的晋辐 1 号恢复系。中国农业科学院原子能利用研究所利用 ^{60}Coγ-射线处理抗蚜 2 号高粱品种，从后代选育出矮秆分蘖类型的恢复系矮子抗。关键是掌握合适的辐射剂量和辐射时间，另外群体数量要较大。

二、高粱杂交组合的选配技术

上述新选育的高粱不育系、保持系和恢复系，最终是要组配优异的高粱组合。一个优良的高粱杂交种，要求具备杂种优势强、恢复性能好、适应性广和抗逆力强等优点。

1. 高粱杂交组合选配原则

（1）双亲要有较大的亲缘差距。一般亲本亲缘差异越大杂种优势表现越大。但优势大并不等于配合力高，如亨加利高粱与中国或南非高粱杂交，其优势很大，表现在植株高大、茎叶繁茂、晚熟等性状上，而中国高粱与南非或西非高粱杂交后，其杂种优势虽然不及亨加利与中国高粱杂交的大，但籽粒优势强，配合力高，同一类型品种间杂交，杂种优势明显小，配合力也低。而饲草高粱是以全株收获为目的的，粒用高粱品种选育一些不好的指标如分蘖性、较高株高等，在饲草高粱杂交种选育中却是好的性状。因此饲草高粱杂交组合选配需要建立一套新的评价指标体系，其评价标准是以饲草产量及饲用品质为最主要指标，杂交组合选择无须过多考虑籽实产量，从这一点来考虑饲草高粱双亲的选育较容易，杂交优势组合评价筛选主要看营养体，评价时期在抽穗期或灌浆期，也较籽实生育期提前。因此相对简单易行。

（2）双亲的性状应互补。正确选择杂交亲本的性状会使有利性状在杂交种中充分表现。如抗高粱丝黑穗病是显性性状，只要亲本之一是抗病的，杂交种就会获得抗病性，因此，不必双亲都要求抗病；单宁含量高对低是显性，要使杂交种的单宁含量低，则杂交双亲的单宁含量均要低；一个亲本的穗子长而紧，另一个亲本的穗子宽而紧，杂交种的穗子才能长、大和紧，穗粒数多；大粒亲本与多粒亲本组配，杂交种表现粒大粒多；在株高和生育期性状上，利用性状互补效应则更易奏效。为获得高秆的饲用杂交种或粮秆兼用杂交种，可选用基因型为 dw1 Dw2 dw3 dw4 的矮秆母本，与基因型为 Dw1 dw2 Dw3 dw4 的高秆父本杂交，其产生的杂交种基因型为 Dw1 Dw2 Dw3 dw4，株高在 2.5m 以上；在生育期性状上，如选用基因型为 ma1 Ma2 Ma3 Ma4 的母本与具有基因型为 Ma1 ma2 Ma3 ma4 的父本杂交，则可获得晚熟的杂交种。

（3）双亲的平均性状值应高。杂交双亲的选择除注意性状互补外，还要考虑性状的平均值要高，因为杂种一代的性状值不仅与基因的显性效应有关，而且与基因的加性效应也有关。高粱在形态、产量和品质性状等方面，亲子之间都表现出显著的回归关系，即亲本的性状值高，杂种一代的性状值也高。选配亲本时，与其注意双亲性状差值之大小，不如注重双亲性状均值之高低。尤其是在有些性状不存在杂种优势或杂种优势很小的情况下，如蛋白质含量、赖氨酸含量、千粒重等，亲本的性状值不高，则杂交种的性状值也不高。因此，必须重视亲本性状平均值的选择。此外，杂交双亲的生育日数要相同或接近，尤其在开花期上最好一致或接近，以减少制种时错期播种所需的工时，或避免由于错期播种拉得过长，因温度、光照、土壤水分的原因而造成的花期不遇；再者，父本恢复系要比母本不育系高一点，以保证不育系授粉良好。

当然，在实际选择中很难获得在所有性状上都符合要求的理想杂交组合，因此，应根据育种目标和实际条件，有所侧重。例如，在干旱地区应首先关注杂交亲本的抗旱性和丰产性；在病害多发地区应注重亲本抗病性的选择。

2. 高粱杂交组合的选育程序

（1）测交。测交是指用新选育的 BMR 不育系和恢复系杂交，得到杂交种种子，并进行杂交种的鉴定。对亲本系选育来说，测交的主要目的是测定亲本系的配合力；对杂交种选配来说，测交的主要目的是选择优良杂交种。

（2）组合初步鉴定。将每份测交种分别种成穗行或小区，进行育性鉴定和单株生产力测定。在田间设计时要将高秆组合和矮秆组合分开，每隔一定组合数安排一生产上的主推品种作对照，在整个生育期注意观察比较，做物候期记载，并做好育性鉴定。

单株生产力鉴定，每个测交种至少要用5株测定单株产量，要对其主要性状进行室内考种，要对组合的好坏做出评价，对那些与对照相比明显低产或感病或倒伏的测定种，在收获之前直观鉴定时就可淘汰。

（3）品种比较试验。通过初步育性鉴定，产量鉴定和抗性鉴定，筛选出来的表现较好的杂交种，进一步进行品种比较试验。品种比较试验是在育种单位进行的产量高级试验，而且参加试验的杂交种数目有一定限制，一般都采取随机区组设计或拉丁方设计，小区面积30m^2左右，3次重复。播前根据产量鉴定试验调查的结果，将株高和生育期相差大的组合适当排开种植，以避免造成较大的相互影响。在试验时，种植密度要按着每个杂交种的最适密度进行，以发挥该杂交种的增产潜力。品种比较试验的主要目的是进一步鉴定产量性状的表现，还要继续鉴定育性、抗性性状，以及品质等其他经济性状。产量比较试验一般进行2年，根据两年试验的结果，进行综合评价，把那些表现优良的，符合育种目标的杂交种入选区域试验。

（4）区域试验。区域试验分为全省区域试验和全国区域试验两级。各育种单位通过品种比较试验的杂交种申报省级区域试验。区域试验的目的是鉴定杂交种的区域适应性。将参加区域试验的杂交种统一安排到不同的气候、生态区域内进行试验，进一步鉴定杂交种的丰产性和区域适应性。在区域试验中，由于各地生态条件有一定差异，因此，对杂交种的育性反应也要进行观察或鉴定。因为有的（些）杂交种在某（些）地区表现恢复性很好，但在某（些）地区则恢复性较差或很差，因此必须对育性进行监测。此外，对杂交种的主要病、虫害抗性表现也应进行鉴定，因为在不同生态区域内，病虫的生理小种和流行种不完全一样，杂交种抗病、虫性的表现也不尽相同，必须进行观察记载。

区域试验一般要进行2年，试验地点的选择要注意在本区域内，在气象条件、土壤地力、生产能力、技术水平等方面有相当的代表性。省级区域试验完成后，经省农作物品种审定委员会审（认）定后，方可进入全国区域试验。

（5）生产试验。通过区域试验的杂交种进入生产试验。即把在区域试验中表现高产、适应性广、抗性强的杂交种，安排到经区域试验后确定的适宜种植的地区，鉴定其生产潜力和对当地条件的适应性。生产试验的小区面积比区域试验的面积大得多，其面积大小的确定要根据当地的条件来考虑，一般为0.5~1.0亩。通常生产试验也进行2年。第一年区域试验表现优良的杂交种，在第二年进行区域试验的同时，可以进行生产试验。

（6）生产试种和示范。生产试种和示范是把表现优良的杂交种在生产上进行试种、示范。生产示范完全按照生产条件、生产管理进行，杂交种的表现对农民来说起示范作用。通常，生产示范从杂交种参加区域试验开始就可以进行。生产示范的面积要大一些，以便进一步考察其丰产、稳产性，并研究和总结高产的栽培技术和措施。在试种示范中，组织农民参观，广泛征求农民的意见，让农民对杂交种的优缺点作出评价，对其缺点要研究相应的栽培措施加以克服，对其优点要采取相应的技术加以发挥，即所谓扬长避短，或者说叫良种良法配套，为大面积推广做好准备。

（7）杂交种审定和推广。完成全部育种程序的，有推广应用价值的优良杂交种，由选育单位向各级（国家和省）农作物品种审定委员会提出品种审定申请，品种审定委员会对被审定品种进行全面、严格审查，包括各种试验数据和资料，技术档案资料，并听取基层种子部门、生产单位和农户对被审定品种的意见后，认为该品种有生产推广应用价值，则通过审定，命名推广。在审定命名的同时，要确定该杂交种的适宜种植地区及其繁、制种技术和栽培技术。

杂交种从参加品种比较试验以后，每年在试验的同时，要复配杂交种种子和繁育亲本系种子，也可以采取小面积隔离区进行亲本繁育和杂交种制种，以满足试验和示范的种子需要。杂交种选配的全部程序见图 3-6。

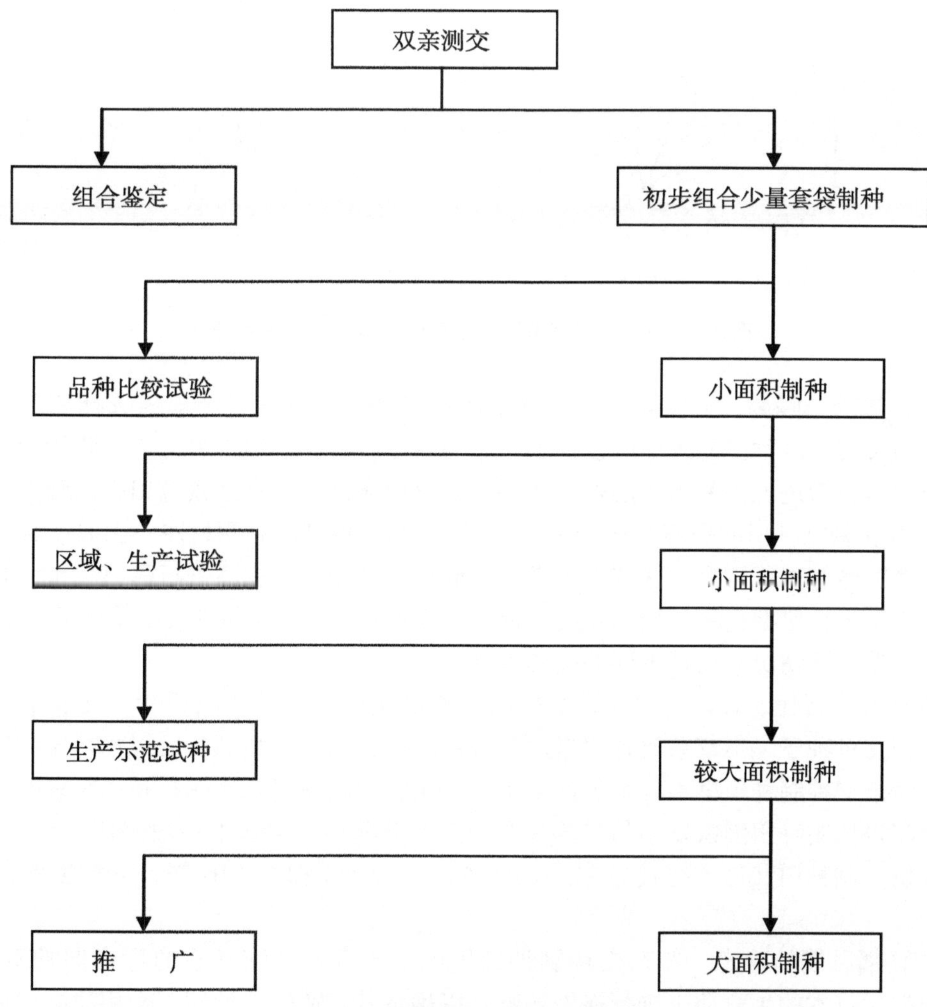

图 3-6　高粱杂交种选育程序模式

三、高粱杂交种种子生产技术

育成优良的高粱杂交种后就可通过三系配套的制种方法将其投入生产上，不育系的繁育和杂交制种程序见图 3-7。在图 3-7 中，一是杂交种制种区，另一个是不育系繁育区。在杂交种制种区，利用不育系 A 和恢复系 B 杂交，便可得到优质、纯化的饲草高粱种子，恢复系 B 种子经同胞交配可以得到繁育，就无须再设隔离区繁育恢复系 B 种子。但是不育系 A 要另设隔离区，与保持系 A 交配，来繁育不育系 A，即不育系繁殖区。在这个隔离区内保持系 A 种子经同胞交配也得到了繁殖。但是要搞好制种田必须掌握如下技术。

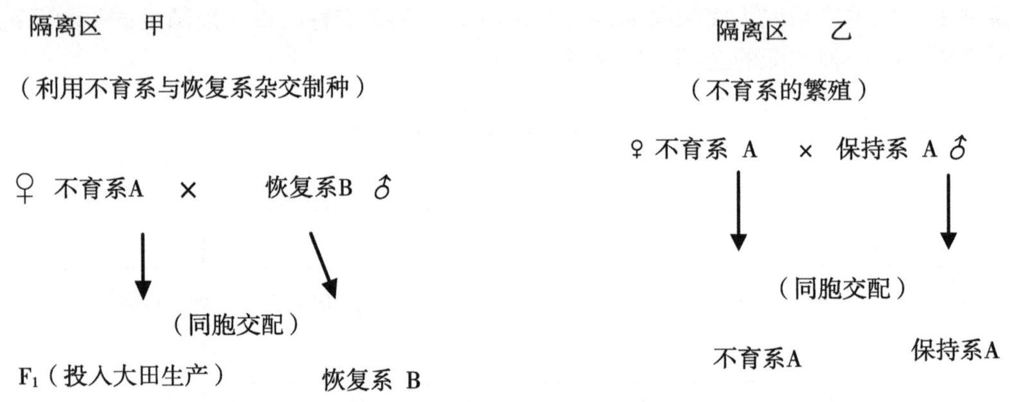

图 3-7　BMR 饲草高粱不育系的繁育和杂交制种程序

（1）选地与隔离。为保证杂交种种子的产量和种子纯度，土地的选择和隔离是制种技术的关键。制种田的土地应选择土壤肥力较好，地势平坦，旱、涝保收的地块。为防止非父本花粉进入制种田还必须具备一定的隔离条件。不育系繁育田隔离距离至少为 500m，杂交种制种田的隔离距离为 300m 以上。当然也可以利用村庄、山峰、林地、山沟等天然屏障等进行隔离，或利用玉米、大麻等高秆作物作屏障进行隔离，也可将制种田与生产田进行错期播种，使二者的花期错开等通过时间上的隔离来进行制种。田间制种中可根据实际情况来选择不同的隔离措施。

（2）适当行比。合理的父、母本行比，既要保证有充足的花粉量，又要尽可能多地获得杂交种种子。不育系繁育田里的不育系和保持系株高相同，父母本行比一般采用 2∶4。而杂交种制种田里不育系与恢复系的行比，常因恢复系的株高和花粉量的多少而定，如高丹草制种田因恢复系苏丹草具有较强的分蘖性，父母本一般采用 1∶4 的行比进行种植。制种田父母本行比常采用的为 2∶6、2∶8 和 2∶10 等。可根据实际情况确定。

（3）播种期的确定。在杂交种制种田里由于不育系和恢复系的生育期常不一样，需要根据父母本的生育期来进行播期调整，以确定其合适的播种期。饲用甜高粱制种田中，若父、母本同期开花，或者母本比父本早开花 2~3d，父母本均可同播。因为母本先开花，其柱头生活力可以保持5~7d，而父本先开花5~7d花粉散尽，母本因得不到花粉而不能结实；而高丹草制种田中，宁愿让父本先开花，也不要母本先开花，因为父本苏丹草主茎穗开花后，其分蘖穗仍可以开花散粉。而母本先开花5~7d因柱头已丧失生命力，即使得到父本花粉也不能结实。

（4）花期预测与调节。确定最佳播种期目的是使父母本花期能够相遇，但由于父母本对气候、干旱雨涝以及土壤肥力的反应不同，生育过程中会造成差异而使花期不遇。因此必须进行花期预测和调节，花期预测有叶片计算法和观察幼穗法等。叶片计算法要定点定株标定叶数，计算父母本的叶片差数，以预测花期是否相遇。观察幼穗法是在幼穗开始分化以后，每隔5~7d，观察父母本幼穗分化所处的阶段，以预测花期是否相遇。若发现父母本花期不能相遇，要及时进行调节，具体措施是苗期父母本生长差异大时，可对生长快的亲本采取晚定苗，留小苗；反之则早定苗，留大苗。拔节后父母本花期不协调时，可采取偏肥水管理，促进生长迟缓的亲本系赶上去；也可用“九二〇”生长调节剂与磷酸二氢钾液混合后喷施叶片，提高其生长速度，达到花期相遇。对高丹草制种田也可对恢复系苏丹草采取抽取主茎穗—刺激分蘖穗开花的方法进行花期调节。

（5）去杂技术。田间去劣工作要从苗期到开花期全程进行，严格把关，才能获得高质量的杂交种种子。制种田去劣工作一般分3个时期进行。苗期可根据芽鞘色、叶色、叶脉质地、颜色、株型及其他特异性状进行第一次去杂；拔节之后到抽穗前可根据株型、株高、叶片颜色、叶脉颜色等性状进行第2次去杂；抽穗后到开花初期可根据穗型、穗形、颖壳质地、颜色、芒性等性状进行第三次去杂去劣，开花后可根据花药色、饱满度等性状进行。

（6）辅助授粉。人工辅助授粉可提高母本结实率、增加制种田种子产量。人工辅助授粉应根据花期相遇情况从以下3个方面进行考虑：①授粉次数。花期相遇良好时一般为5~7次，花期基本相遇时不少于10次，花期相遇不好时，应在15次以上。②授粉时间。每天应在露水消散后人工摇动已开花的父本，上午一般在7—9时进行，阴天则往后推延。③授粉方法。当父本开花较多时，用竹竿轻敲父本茎秆，使花粉飞散，落在母本穗上。对于过早或过晚开花的母本穗，应采取人工取粉的办法进行授粉。

（7）收获与贮藏。为保证种子纯度，父母本应分期收获，饲草高粱制种田一般也可先收母本后收父本，为避免混杂，不应同时收获父、母本。在北方，制种田要比生产田尽量早收，以便利用秋日阳光快速干燥种子，确保天冷上冻之前使种子含水量降至安全水分。对父母本要做到分别收割、装运、脱粒和储藏，严防混杂。

第五节　食用豆的育种目标与途径

河北省种植面积较大食用豆类主要有小豆、绿豆、蚕豆、豇豆、芸豆和豌豆，研究单位有河北省农林科学院粮油作物研究所、保定市农业科学研究所和张家口坝上地区农业科学研究所等。

多年来，河北省科研工作者经过不懈努力，育出了一系列食用豆新品种，这些品种在农艺性状方面有了较大的改进，基本上满足了不同水肥条件下种植的需要，但也存在一些缺点和不足。当前，食用豆育种工作应针对生产中存在的问题，以满足国内市场消费和扩大出口创汇为导向，以进一步提高产量、改善品质、提高效益为目的，确定育种目标。

一、小豆育种目标与途径

（一）育种目标

1. 坚持高产、优质同步发展的原则

红小豆育种的首要问题还是一个高产问题，高产、稳产是永恒的主题。但随着人民生活水平的不断提高，对食品营养品质的要求也在不断提高，因此在育种中要坚持高产和优质同步发展的原则，努力提高红小豆的营养品质和加工品质。

2. 注意早熟、抗逆性强、适应性好的新品种的选育

早熟：在新品种选育中，要注意早熟性的选择，使之适合麦—豆—麦耕作制要求。

抗逆性：注意抗旱性的选择，在雨量偏少的年份不减产，选择直立、抗倒、叶色浓绿、光合作用强的品种。

广适、丰产：选育红小豆新品种，存在一个根本性问题，就是适应性不够广泛。因此，高产育种特别应注意适应性的选择，达到特征特性间的协调，以适应气候条件和栽培条件的变化，在后代选择上不但要求特征特性好，还应注意材料对气候条件、栽培条件的适应性，使新品种具有较强的适应性。

（二）育种途径

1. 系统选育

我国自20世纪50年代初开始在全国进行小豆地方品种的收集、整理和筛选工作。70年代以后开始系统选育，通过自然变异选择育成了龙小豆1号、白城153、冀红1号、冀红2号、京农1号、京农2号等品种，并大面积应用于生产。

2. 人工杂交

20世纪80年代我国开始采用杂交技术进行品种改良，但育种进展缓慢。杂交技术是杂交育种的关键。这是因小豆是一种高度自花授粉作物，闭花授粉占很大比例。小豆的花雌雄蕊卷在龙骨瓣内，在花开放前便已经授粉，况且小豆花的花柄又细又长，在进行杂交操作时易损伤而脱落，同时花柱也细长，顶端弯曲去雄时易折断，而且将花蕾的各花瓣在其基部完全去掉以露出柱头，这就造成花蕾微观环境内温、湿度的剧烈变化，水分的奇缺和温度的波动可以极度影响花蕾生殖器官，导致人工授粉后的败育。因此小豆这个作物杂交难度较大，去雄成功率仅为40%～50%，授粉成功率在30%左右。

目前较为有效的做法为：在母本植株主茎上选择约1d后开花的长度约1cm的大花蕾，与幼嫩的墨绿色花蕾相比呈淡绿色。选择主茎上的花蕾是因为同一植株上主茎上的花荚比分枝上的脱落少，存活可能性大。用拇指和食指捏住花蕾，用镊子尖分开旗瓣，再分开两片翼瓣，此时露出龙骨瓣，利用镊子尖小心地使龙骨瓣纵裂，可露出柱头

和雄蕊，轻轻地把10个雄蕊从花丝处掐掉除去，重要的是做到准确无误，还要保证柱头和花柱组织在去雄时不受损伤。此时柱头已做好授粉准备。为保证标记准确和不与杂交花发生生存竞争，要把与杂交花同一花簇的其他花蕾全部除掉。

在父本植株上选择刚开放的花，用镊子采下装入小纸盒备用。这样的花的花药已经开裂散粉，此时柱头上已粘满新鲜、干燥、淡黄色的花粉。对花的近基部的背缘处施加压力，粘满花粉的柱头即从龙骨瓣中伸出，立即用镊子取下作为母本花的授粉源，注意不能将花粉弹落。新鲜、干燥的花粉对于保证配子活力是至关重要的。

授粉时，把父本柱头上的花粉轻轻擦抹在母本的柱头上，直到母本柱头上可见到花粉时为止。正常情况下2~3个粘满花粉的父本柱头足可为一朵母本花授粉。授粉后立即用镊子轻轻复原两个翼瓣和旗瓣后，再用玻璃纸袋把整个花蕾套上，用曲别针封住袋口，拴上标牌。到此一朵花即授粉结束。换父本前要用酒精棉球擦洗镊子，杀死残留花粉，以免造成计划外授粉。授粉成功，3d左右花脱落后长出一小荚果，此时挑破玻璃纸口袋，露出小荚使其能正常生长。

3. 诱变育种

小豆属于自花授粉作物，通过诱变育种也能够获得特异基因型。目前，应用于小豆育种的诱变技术有卫星搭载、辐射诱变及化学诱变等。

（1）卫星搭载。1994年中国农业科学院原子能研究所进行了小豆种子的卫星搭载空间诱变研究，在后代中获得了单株产量和籽粒大小性状显著优于原亲本的优良单株。

（2）辐射诱变。用^{60}Coγ射线辐照绿豆种子，照射量一般在为50~70kR为宜，距源80cm，照射量率为152.62R/min。北京农学院、山西省农业科学院利用γ射线诱变成功培育了京农5号、晋小豆1号等品种，并具良好的市场推广前景。

（3）化学诱变。利用秋水仙碱对小豆进行了化学诱变研究，探讨了秋水仙碱诱变小豆的适宜浓度及处理时间，得出处理浓度对M1世代出苗和成株率的直接影响明显大于处理时间。经筛选得到了株高、株型、叶色、叶形、荚色、粒色和成熟特性等完全不同的突变体。可见，通过诱变能够获得有利用价值的目标性状的特异突变体，为小豆育种提供新的种质资源。

二、绿豆育种目标与途径

（一）育种目标

1. 种质资源的创新

加强绿豆种质资源的创新利用工作是搞好绿豆研究工作的基础。丰富的育种材料是选育出优良品种的关键。在今后的育种工作中，多以已育成推广的优良品种、品系为中心亲本，与其他国内外具有优良性状（早熟、大粒、抗倒伏、抗逆性强、抗病性优良）的种质，大量配制组合，为培育高产优质、高产、多抗的绿豆新品种，创造新的种质资源。

2. 早熟、抗逆、超高产、优质、适应性好

河北省位于北纬36.5°~42.5°，地形复杂，境内有高寒山区、坝上高原，也有较温暖的平原洼地，大部分地区水资源匮乏，旱涝灾害较多。因此，根据不同的种植季节和

用途，要求育成的绿豆品种必须符合下列目标。

（1）超早熟绿豆新品种的选育：为春播绿豆。主要用于与棉花等春播作物的套种或抗灾救荒用。要求生育期春播在70d左右，夏播60d左右；植株直立，株高50cm左右，不炸荚，一次性收获，籽粒分为有光泽和无光泽两种，千粒重60g左右。

（2）早熟、大粒、芽用特性好的绿豆新品种选育。具体目标为：生育期75d左右；株型直立，株高65cm左右，适宜平作或与玉米等间作套种；不炸荚；籽粒明光，碧绿，千粒重65g左右，适宜芽用和外贸出口。

（3）黑绿豆新品种选育。黑绿豆是我国绿豆中的稀有类型，与普通绿豆相比具有营养及药用价值高的特点。但是，目前全国资源中仅有的几份黑绿豆均为农家种，蔓生、生育期偏长、产量极低。具体指标为：籽粒黑色、明光、大粒（千粒重60g以上），早熟（生育期65~70d）、直立（株高50cm）、不炸荚、一次性收获，较农家种增产10%左右。

（4）抗病、耐虫。抗或兼抗叶斑病、枯萎病、病毒病，对豆荚螟、豆天蛾、斜纹夜蛾、蚜虫具有较高的耐虫性能。

（二）育种途径

1. 提高杂交成功率

绿豆的花为总状花序，具有10~25朵小花，花序梗长，为两体雄蕊。从雄蕊开裂到花的开放最小间隔约为4h，同时完成授粉。因此，绿豆是一个高度自花授粉作物，育种上应采取高效杂交手段，提高杂交育种的成功率。

2. 定向选择世代

除百粒重外，所有的产量因子均受显性基因作用，且大部分存在基因上位性效应，故可以在不同亲本的选配中加以利用。在育种改良时，为减少工作量，提高工作效率，可以在低世代进行选择，但为避免遗失一些有益材料，应以高代选择为主。

3. 病虫害抗性育种

绿豆象是绿豆及其他食用豆类生产和贮藏的主要害虫，为害极其严重。据统计，一般情况下，造成的产量损失为30%~50%，严重年份可使绿豆绝收，而且还使绿豆的品质变差，降低其商品性。而采取化学杀虫、磷化铝熏蒸等防治方法成本较高，且易造成环境污染，因此，培育抗绿豆象品种是提高绿豆育种水平的主要措施之一。

除绿豆象外，白粉病、叶斑病及花叶病毒等对绿豆生产也有一定的危害，在育种中也要着重关注。

4. 分子标记辅助选择

目前所培育的绿豆新品种，对种植资源的利用率仍相对较低，育种亲本也仅限于部分优质种质，很多潜在的优质资源尚未被发掘出来。因此，继续加强对绿豆的分子生物学研究，尽快发掘新的基因资源，同时对目标基因进行分子标记研究，在育种早代材料中进行辅助标记选择，提高选择效率；利用转基因、基因克隆等手段，打破有利性状与不利基因之间的连锁，实现并应用分子定向修饰育种，提高野生优质资源中优异基因在新品种培育中的利用效率。

5. 适宜机械化收获的品种

通过培育直立型、株型紧凑、结荚集中、成熟一致、适宜机收的高产品种，也是促进绿豆产业发展的重要办法之一。

三、蚕豆、豌豆育种目标与途径

（一）育种目标

河北省的蚕豆、豌豆育种工作主要以张家口市坝上农科所为主。自“九五”开始利用国外引进的A300、马克拉182-5、蚕豆Divine等50余份优异资源和国内优异资源杂交，开始了杂交育种工作。

蚕豆以选育多花、多荚（双荚、三荚率为40%以上），中粒（百粒重70~100g），抗逆性强，高产（比对照增产10%以上）的中粒蚕豆品种和绿子叶大荚蚕豆新品种为主。

豌豆育种工作以培育早熟（生育期100d），抗根腐病、高双荚率（双荚率达80%），高产（比当地主栽品种增产20%以上，一般产量达150kg/亩）的半无叶直立或半直立硬荚籽实豌豆和半无叶甜脆豌豆为主。

（二）育种途径

1. 系统选择

由于蚕豆是常异花授粉作物，常引起品种质的变化，尤其在多品种、近距离、蜂源足的条件下种植，易形成丰富多彩的变异类型，这些变异的个体遗传性比较稳定，给蚕豆系统选育提供了重要的物质基础。因此系统选育是多、快、好、省的育种方法，其实质是优中选优，此法在蚕豆育种中具有十分重要的实践意义。

2. 有性杂交轮回选择法

有性杂交育种是利用二个或多个优良品种，通过有性杂交使优良性状的基因重新组合创造丰富的新类型。因杂交后代的变异量大，采用轮回选择的方法，育成品种的可能性大。

（1）筛选优异品种资源　品种资源是育种工作的物质基础，只有掌握了类型丰富的品种资源，才能培育出符合育种目标的新品种。

（2）选配杂交组合　选配杂交组合是品种选育成功的重要前提，配制杂交组合首先要考虑双亲优缺点互补，尽量避免采用不良性状的亲本，使其优良性状结合起来，例如丰产性虽好、品质欠佳的品种（系）与品质好、丰产性较差的品种（系）杂交，很可能出现品质优良、丰产性好的双优品系，达到二者互补的目的，尤其选择生态类型差异较大的两亲本杂交，以产生杂种优势。

（3）采用轮回选择　两个或多个品种通过有性杂交，由于基因重组，杂种后代就会出现多种多样的类型材料，作为一个原始群体进行轮回选择易获得成功。

（4）杂种后代的选择培育　杂种后代的选择方法是育种成败的关键，杂种后代的选择首先要看F_1是否有明显的杂种优势，对假杂种和不具杂种优势的组合应及早淘汰或适当选择其中的最优株，对具有杂种优势的组合要作为重点选择，将选择的F_1种子混合收获。F_2和F_3是疯狂分离的世代，选择的重点应放在分离世代，因好的优良品系往往集中在少数组合里，应对好的组合多选留，对低代的材料按组合采用混合选择法。F_4 以后的高世代基本接近稳定，进行单株选择，按株系进行种植选择。一般熟性、株高、抗病等性状在早世代就能表现出来，将这些易识别的性状在早世代选择，而粒数、百粒重等与产量相关的性状受环境条件和遗传性影响较大，可进行多代选择培育才能稳定下来，所以这些农艺性状在较稳定的高世代选择。蚕豆杂交改良品种最佳的选择方法是轮回选择法，以一次或多次轮回选择效果最好。

第四章　主要杂粮的高产栽培技术

第一节　谷子高产栽培技术

一、谷子的类型、分布及生物学特性

（一）谷子的类型与区划

谷子起源于我国，河北武安市磁山文化遗址是全世界迄今发现的历史最悠久的谷子栽培遗迹，长达 8 700 年。武安市被农业部命名为“中国小米之乡”。河北在中国乃至世界以谷子为代表的旱作农业发展中具有重要的地位。

至今，谷子仍是我国北方主栽杂粮作物之一，南方有零星种植，主产区集中在东北、华北和西北。中国谷子占世界 80%，是我国少有的不受国际市场影响的粮食作物之一。

按生态区分，目前在谷子生产、育种和品种管理中采用的是通俗的 3 大区划分法，即：东北春谷区、西北春谷区和华北夏谷区，种植面积分别占全国种植面积的 60%、23%和 17%。春谷区包括我国东北和西北的多个省份，品种类型多样，一般是每年的 4—5 月播种，9 月中下旬至 10 月收获，每年一季，生育期长，所生产的谷子籽粒相对较大，粒重较高。夏谷区主要位于华北地区，包括河北、河南、山东、北京、天津和山西的中南部地区，品种类型多样性较差，一般是麦收后 6 月份播种，生育期 80～90d，所生产的谷子相对籽粒较小，比较适合于煮粥用。

据 2012 年统计，全国谷子种植面积约 73. 5 万 hm^2，年总产 179. 5 万 t 左右，平均单产 2 439. 6 kg/hm^2；种植面积较大的是河北、山西、内蒙古、陕西、辽宁、河南、山东、黑龙江、甘肃、吉林和宁夏等 11 个省区，总面积 72. 8 万 hm^2，占全国谷子面积的 99. 0%，单产平均 2 037. 7 kg/hm^2，其中东北的黑龙江、吉林、辽宁 3 省谷子面积 50. 1 万 hm^2，占全国谷子面积的 13. 1%，平均单产4 301. 4kg/hm^2，华北的河北、山西、内蒙古谷子面积 16. 70 万 hm^2，占全国谷子面积的 68. 1%，平均单产 2 348 kg/hm^2，西北的陕西、甘肃、宁夏谷子面积 7. 7 万 hm^2，占全国谷子面积的 10. 4%，平均单产 1 767. 5kg/hm^2，河南、山东谷子面积 5. 41 万 hm^2，占全国谷子面积的 7. 4%，平均单产 2 266. 5 kg/hm^2。

谷子具有抗旱耐瘠、水分利用效率高、适应性广、营养丰富、各种成分平衡、饲草蛋白含量高等突出特点，是应对水资源短缺以及化肥、农药两减的特色优势作物。目前河北省谷子年种植面积 220 万亩，面积占全国的 1/5，产量占全国 1/4，居全国第一位。

河北省农林科学院通过技术创新，在河北省谷子产业发展中发挥了技术支撑作用。最显著的贡献是抗除草剂育种。普通谷子品种对除草剂高度敏感，缺乏适宜的除草剂，人工间苗除草费工费时，成为制约谷子规模化生产的瓶颈。河北省农林科学院谷子研究所引进国外的抗除草剂青狗尾草自然突变材料，通过非转基因的远缘杂交手段，通过20年技术攻关，在世界上首创了5种除草剂谷子新种质，解决了谷子除草难、杂交种去杂难等技术瓶颈，同时利用对谷子对抗除草剂的抗性差异，解决了谷子间苗难题。

近10年，河北省农林科学院谷子所、旱作所密切合作，育成了20多个抗除草剂谷子品种，相继研制了《谷子简化栽培技术规程》《谷子农机农艺结合生产技术规程》《谷子抗除草剂品种轻简栽培病虫害防治技术规程》《油葵谷子一年两作生产技术规程》等。据农业部统计，全国推广面积较大的20个谷子品种中，65%是抗除草剂品种，这些抗除草剂品种100%来自河北省，包括冀谷39、冀谷42、衡谷13号等抗除草剂谷子新品种，配合生产机械，实现了谷子生产全程轻简化规模化生产，谷子生产效率提高20倍，相关研究获河北省科技进步一等奖2项，国家科技进步二等奖1项。

新品种新技术的推广，带动了河北省谷子产业发展，近10年河北省谷子呈现面积基本稳定，单产和总产明显提升的趋势，2016年与2007年相比，单产提高74%，总产提高47.4%，单产水平较全国平均水平高33%。

河北省谷子产业取得长足进展，形成了石家庄藁城区、沧州孟村县、张家口蔚县、邯郸曲周四大全国知名小米集散地，小米购销覆盖全国，贸易量占全国的1/2。其中石家庄藁城马庄小米集散地是全国最大的小米集散地，年销售额达33亿元；武安小米、蔚州贡米、衡水金绿谷小米、南和金米、邯郸黄粱梦小米成为知名品牌。

（二）谷子的形态发育特征

1. 谷子的生育期

谷子从种子萌发到成熟，形成新的种子，称为谷子的生育周期。也被称为全生育期。谷子从苗期到成熟的天数称为谷子品种的生长期。由于谷子种子在地面的萌发速度与生态条件有关，且不易观察，所以通常以谷子生育期作为衡量谷子品种生长时间的指标。

不同品种谷子在同一地区的生长期差异很大，不同地区相同品种的生长期长短也有很大的变化。一般在春播条件下，生长期为80~140d，生育期小于110d的品种常被定义为生产中的早熟品种，111~125d的品种被定义为中熟品种，125d以上的品种被定义为晚熟品种。夏播条件下，生育期70~80d的品种为早熟品种，80~90d的品种为中熟品种，90d以上的品种为晚熟品种。

无论谷子的生长期有多大的不同，谷子的生长发育阶段分为营养生长阶段、营养生长和生殖生长并进阶段、生殖生长阶段。

（1）幼苗期。从种子萌发出苗到分蘖为幼苗期，这一阶段春播条件经历20~30d，夏播需10~15d。吸水量达种子干重的26%就可以发芽，一般8%~15%的土壤含水率就可以满足种子发芽对水分的需求，“谷出黄墒”说的就是这个问题。当幼苗3~4叶时，可分生次生根，之前的一段时间，幼苗依靠细根从土壤中吸收水分和养分，供给自己的生长需要，所以苗的生长强度在很大程度上与种子的质量有关。

（2）分蘖、拔节期。从次生根的生长到开始拔节，这一期春谷需要 20~25d，夏谷需要 10~15d，一般当幼苗生长到 10 片叶时，拔节开始，生长 3~4 层、15~25 条次生根，这一阶段是谷根生长的第一个高峰期，也是谷子生命中最抗旱的时期。在适当干旱的情况下，谷子的次生根会更加粗壮发达，如果疏忽土壤会影响根系的发育，所以在这一时期的一般生产应该是适当的蹲苗。

（3）孕穗期。从拔节到抽穗，春谷需 25~28d，夏谷 18~20d，这段时期是谷子根、茎、叶生长最旺盛的时期，也是根系生长高峰，也是小穗分化发育的时期。在圆锥花序的末端，植物的叶片都已生长，干物质在地面上的积累完成了 50%~70%，每株谷子植株可生长 4~6 层，60~90 条次根系。在此期间，营养器官的生长与小穗发育同时进行，通常在拔节 3~7d 后开始幼穗分化，分为四个时期：生长锥伸长期、穗枝梗分化期、小穗分化期、小花分化期。小穗分化持续 20~25d，小穗的伸长和花分化完成。因此，在孕穗中要考虑营养生长和生殖生长，关键是要促根、强茎、保穗。

（4）抽穗、开花期。自开花后穗部向籽粒开始灌浆为抽穗开花期。这一时期是谷子生育期最短的时期，一般春谷 15~20d，夏谷 12~15d，是开花结实决定期，是谷子需水、肥的高峰期。要求温度较高，怕下雨，怕干旱；生产的关键是充分满足谷子对水和肥料的需求。

（5）灌浆、成熟期。从灌浆开始到籽粒成熟，这一时期为谷子最长生长时期，春谷为 35~40d，夏谷为 30~35d，是籽粒质量的决定期。植物光合产物被运输到籽粒中，在这一时期形成了 70%以上的籽粒产量。前 10~12d 的灌浆是决定生产的关键时期，因此管理重点应是防旱、排水，尽可能延长根系寿命，防止过早老化。为了了解谷子生长期的划分，以及各生育期谷子生长发育的特点，结合谷子对环境条件的要求，可以在生产过程中找出不同时期的栽培管理要点，进行相应的管理措施。

了解谷子生育期的划分，以及各个生育时期谷子生长发育特点，结合谷子对环境条件的要求，在生产中便可明确不同时期的栽培管理要点，以便采取相应的管理措施。

2. 谷子的生长发育

（1）种子萌发与出苗。种子播种以后，有适当的水分、空气和温度就能萌动发芽。粟的幼根和芽鞘同时发生，因为芽鞘需要从稃片尖端露出，似较幼根迟些。芽鞘的作用能预防柔嫩的幼芽受损伤，出土后即成一片鞘叶，以后逐渐干枯。

8℃左右即可发芽，但在温度比较低的情况下发芽出土缓慢，如在冬季播种的“冻谷”，播种时虽然幼胚已经萌动，但处在冬季低温条件下，要到次春才能出土。温度在 25℃左右时发芽最快，当地温在 22℃以上，一般种子一天即可萌动，3~4 日即可出土。在一定范围内温度越高发芽出土时间越快，低于 22℃则出苗时间明显延缓。

在自然条件下因为土壤性质不同，适合发芽的含水率就要因地而异。在沙质壤土中一般土壤含水率以 9%~10%为宜，沙质更多一些的土壤只有 6%~7%的含水率即可顺利发芽。壤土中所需要水分较高，以 11%~13%为宜。黏土持水量多，而可供种子发芽的有效水分少，一般要到 14%~15%时，发芽才能良好。土壤过干或过湿，对发芽均不利。

种子萌发可分为吸水膨胀、物质转化、幼胚生长三个阶段（图 4-1）。

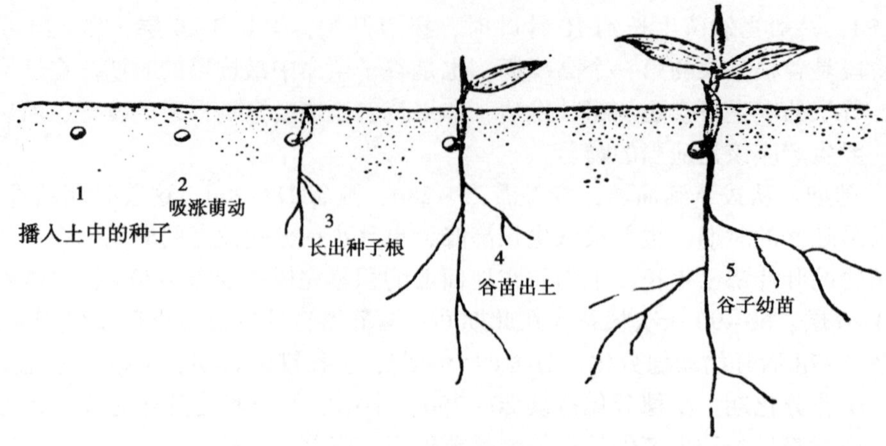

图 4-1　种子萌发示意图

种子吸水膨胀：谷子种子发芽需水较少，但要想发芽快、发芽率高，就要求种子吸水量达到自身重量的25%~30%，此时土壤含水量在50%左右。种子吸涨作用的大小与种子含水量有关，含水量越小种子吸涨越明显，所以在播前晒种有助于种子吸水萌动。

种子内物质的转化：种子内部物质转化是一个生化反应过程，且受多种酶控制。当谷种吸水膨胀达到饱和，各种酶类开始活动，胚乳内所含淀粉、脂肪和蛋白质等比较复杂的有机物质，开始转化为简单的碳水化合物和可溶性的含氮化合物，这些物质是胚能直接吸收利用的营养物质。同时在吸涨过程中谷种的呼吸作用开始增强，呼吸释放的能量能满足谷子幼胚生长对能量的要求。

幼胚生长：在适宜的温度、水分和通气条件下，谷种吸涨后内部物种进行了一系列的转化，为幼胚萌发提供了足够的养分和能量，于是胚根鞘开始伸长，突破种皮，随即胚芽鞘也胀破种皮而出，胚芽鞘不断地向地面伸长，露出地面，形成一片鞘叶不再生长，由胚芽鞘中长出一片广卵圆形苗叶，即第一片真叶，称猫耳叶。

第一片真叶露出叶鞘为出苗。目测各品种小区出苗数占全区应出苗数的50%的日期叫做出苗期。

（2）根的生长。谷子为须根系，由初生根（种子根）与次生根（永久根）和支持根（气生根）三种根群组成（图 4-2）。

初生根（种子根）：初生根是种子发芽时由胚长出的一条根，所以又称种子根。初生根在谷子苗期较浅，但它吸收水分和养分，为幼苗生长提供养分，对谷子苗期抗旱保苗起着关键作用。等次生根长出以后，其作用相对减小。

初生根可入土20cm左右，扩展10cm左右，在17~18d可形成相当大范围的根系。播种后45d左右，主根达到最大深度，停止生长。主根最大深度与土壤含水量密切相关，最深可达35cm。初生根抗旱能力强，在抗旱育苗中起着重要作用。它的寿命一般为两个月左右。

次生根（永久根）：又称永久根和不定根，是由接近地表的6~7个地下茎节（分蘖节）生出，每一分蘖节在一定时期环生一层根。只有在幼苗期容易分辨清楚，生长中

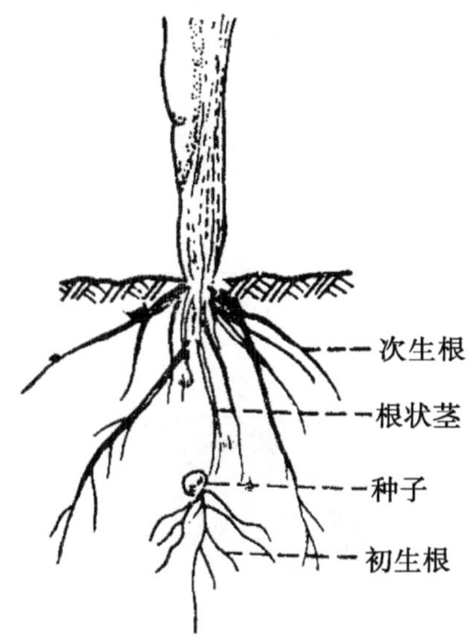

图 4-2　根的外部形态

期则因分蘖节很短，不易分清。次生根一般在 3 个叶片时期就开始发生，但在土壤水分不足的情况下暂不能伸长，等到土壤水分充足时，才能伸入地层。这部分根形成茂密的根系，最深约能伸入土层 150cm，四周扩展半径 40cm 左右，在粟生长期对水分、养分的吸收，起主要作用。

支持根（气生根）：拔节期以后，在地面上茎基部约两个茎节处还生出气根。若抽穗前雨水充足，气根就可向下伸长，入土后能吸收土壤中的水分和养分，并能起防倒的作用，故气根又叫支撑根。也属于次生根系。

根的先端部分称为根尖，这一部分密生根毛，是根系中很重要的一个部分。根的伸长，水分、养分的吸收和组织的分生，都在根尖部位进行。

根的内部组织与其他谷物是基本相同的。其最外一层为表皮层，表皮细胞外壁并不角质化，因而具有透水性能，能够渗入水分。其一部分细胞外壁向外突起者，则是根毛，表皮以下为皮层，其靠近内面的为内皮层，组织较为疏松，各皮层组织则包围内部的中柱组织。中柱组织的最外层即中柱鞘，是根的分生组织，能够分生新的侧根。中柱鞘包围有初生韧皮部、初生木质部和中心髓。根部不但有吸收水分、养分的作用，近年大量科学资料证明，根系还是合成器官，进行许多复杂的有机物合成活动。光合作用所形成的糖分，转移到根部与根所吸收土壤中的磷酸及二氧化碳起作用，形成各种有机酸。有机酸与根吸收的铵盐结合，合成各种氨基酸。氨基酸运转到茎、叶等器官又合成为蛋白质。

栽培技术上，应注意培育良好的根系，使地上部和地下部发育协调，相互促进。根系发育的好坏，与穗重关系很大，根系越发达，穗重越高。

（3）茎的生长。茎由胚芽形成伸出地面，其顶端具有顶芽。顶芽最前端为生长锥，有分裂能力，向上生长与分化，形成普通的茎（图 4-3）。茎由叶鞘包围，先端着生穗，起传导养分、水分和支持植株的重要作用。茎分许多节，节与节之间为节间。各节分生叶鞘及叶片。节部的分生组织在植株发生倒伏后，节向地面的一侧能膨大，使植株转向上生长。

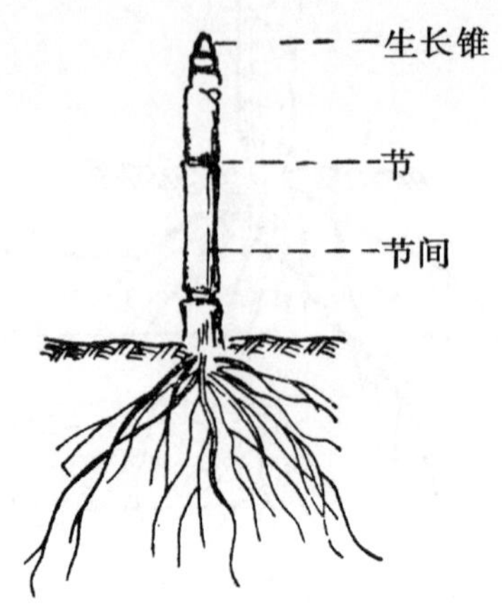

图 4-3　茎的外部形态

茎上有节，节与节之间叫节间，地上部一般有 10～13 个节，这些节的节间较长，地下部还有 7～8 个节，节间较短，不很明显，由这些节上分生出分蘖和次生根，故又称分蘖节。

分蘖量与品种和栽培条件有关。分蘖力强的品种分蘖可达 10 个以上。普通品种分蘖力弱或不分蘖。同一个分蘖品种在苗期干旱、施肥稀少、营养条件较好的情况下分蘖较多，反之分蘖较少。大多数分蘖像主茎一样，可以正常抽穗结实。播种期早晚对分蘖多少也有影响：一般春播比夏播分蘖多；早播者能在分蘖时把养分集中到分蘖上，供其生长；而晚播则要首先尽快完成主茎的生长，这样就很少分蘖或不分蘖。

因此，在生产条件差、耕作条件差、病虫害较严重的地区，分蘖可以弥补缺苗，保证种植密度，可获得更稳定的产量。

(4) 叶的生长。叶由生长点原始突起形成的叶原体发育而成，叶由叶鞘、叶片、叶舌、叶枕组成，无叶耳（图 4-4）。叶鞘呈圆筒形，包着茎，起保护作用，边缘着生浓密的绒毛。叶片是起光合呼吸和蒸腾作用的主要器官，为绿色，成熟后叶片由黄绿色转为黄色。叶为平行叶脉，叶缘有锐利的顺叶尖方向不很明显的小刺。叶舌是在叶鞘与叶片结合处靠内部的茸毛部分，也起保护茎的作用，能防止水分的浸入。叶鞘与叶片结合处的外部为叶枕，颜色因品种而不同，有绿色、紫色等，可以作为鉴定品种的标志之一。

每一个茎节都着生一片叶子，一般主茎叶 15～25 片，个别早熟品种仅 10 片。通常在生长盛期保持 12～15 个叶片。基部叶小，中部叶长，长 20～60cm，宽 2～4cm，上部叶逐渐变小。

在不同的栽培品种和不同的栽培条件下，单叶数和叶面积也发生了变化。植株生长条件良好则能促进叶片发展，特别是增施肥料，对促进叶片的发展很显著，叶面积也势必加大。

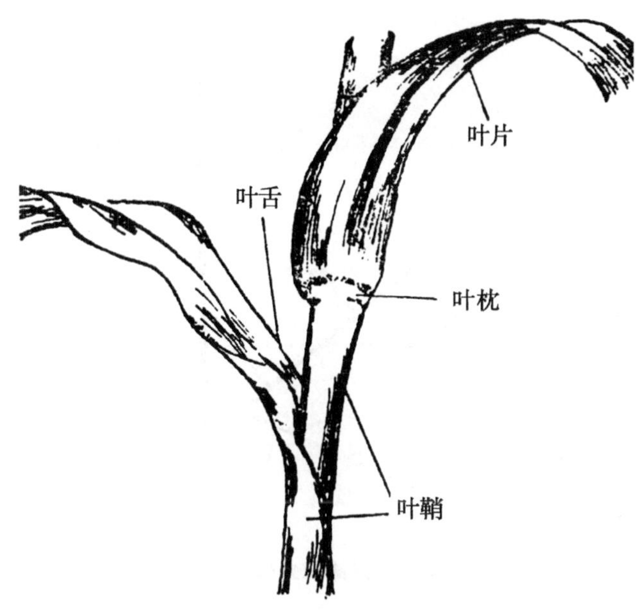

图 4-4　叶的外部形态

谷子的第一片叶子是椭圆形的，叫做猫耳叶，其他的叶子是披针形的，最后一片叶子又短又宽，叫做旗叶。

叶片是养分最集中的部位之一。生长前期，地上部主要是表现叶部生长状况，干物重在拔节以前90%为叶部，抽穗以后叶还继续起重要作用，籽粒干物质积累主要是依靠后期叶的光合作用，而抽穗前茎秆贮藏物转运到穗部的所占比重较少，到成熟时"青枝绿叶"产量高，叶子变黄则认为是"早枯"，产量就要减低。抽穗以后，一般越向上叶片越大，光合作用越强，如有损伤，对产量的影响也越大，因此，应重点保护上部第一、第二叶片。

（5）幼穗分化形成。穗的结构：穗是顶生的穗，由穗轴、分枝、小穗、小花和刚毛组成。

穗轴上覆着生 1~3 级分枝。小穗生于第三级枝上，小穗的基部有 3~5 根刚毛。每小穗有 2 个颖片，包含两个小花，上面的花是一个完整的花，下面的花退化（图 4-5）。

穗轴上生有排列整齐而明显的分枝，普通的穗也有七八十个，称为第一级分枝，农民称为"穗码"或"谷码"。第一分枝纵看是成列的，按六列或八列排列，穗码是相互交错，一个谷穗有 60~150 个谷码。第一级分枝再生第二级分枝，在第二级分枝上又生第三级分枝，在第三级分枝上着生小穗花（图 4-6）。

由于小穗长度和穗轴顶端分叉的不同，形成了不同的穗形。常见的穗形有棱形、圆柱形、棍形、鞭形、鸭嘴形、龙爪形等。

拔节以后不但茎开始伸长，同时穗也进行分化和伸长，在幼穗分化以前，生长点还是营养生长点，仍保持营养生长时期的形态和特点。其初生的生长锥是分化基和叶原，为一半圆的透明体，形状扁平，长和宽大致相等。拔节期间，转变为生殖器官生长锥，

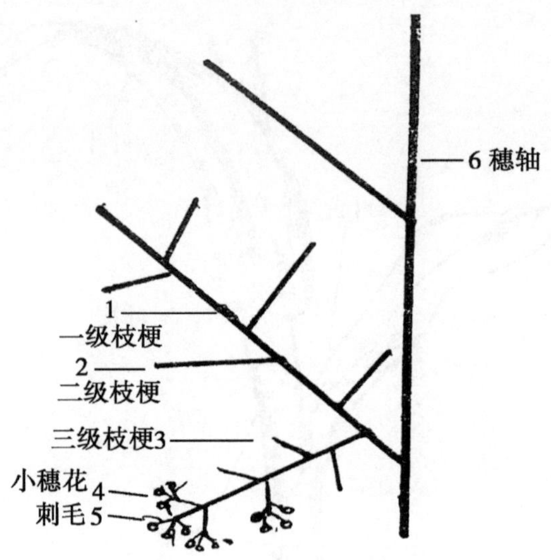

图 4-5　谷穗及分枝示意图

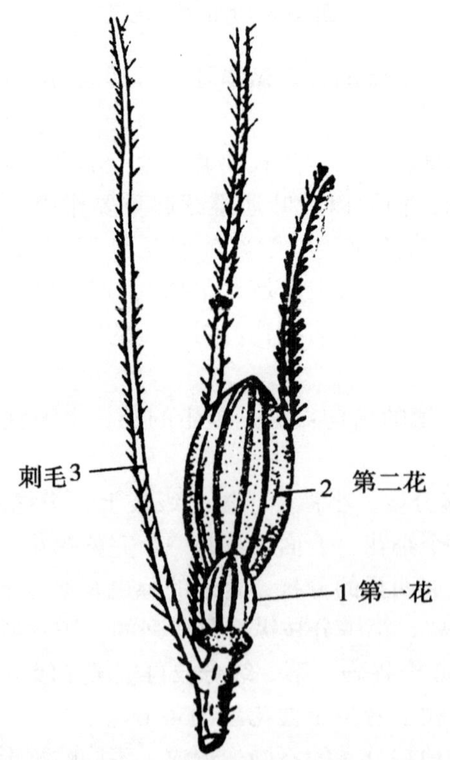

图 4-6　小穗花外形

不再分化茎及叶，而分化幼穗，穗分化过程如下：

生长锥伸长期：生长点由原来分化营养器官的半球体的生长锥逐步伸长，由一个半球形变为一个长圆锥形体就是生长锥伸长期。生长点由圆变长的形态变化，说明生殖生长开始，即由营养生长转变为生殖生长。

小穗原基的形成：在分枝系统分化完成之后，就开始了小穗原基的分化。在第三级分枝的顶端有许多乳头状的突起，这就是小穗原基。这个时期是决定小穗数的关键时期。

小穗和刚毛分化：随着小穗原基的进一步发育，一些小穗原基继续分化出颖片，先有外颖片，再形成内颖片，再次就形成小穗。有的则只是伸长，并不继续发育，将来形成刚毛。

在穗分化期，特别是当花药中花粉母细胞发育时，需要较好的管理条件，以促使发育良好。

（6）抽穗开花与籽粒形成。穗全部分化结束后，随着最后一个叶片的展开，即伸出外部，是为抽穗，由开始抽穗到全穗抽出，需 3d 左右。抽穗期间，是全株各部分生长盛期的顶点。因此，需肥、水很多，全穗抽出到开花，植株不再继续伸长。粟是短日照作物，受播期影响很大。在短日照条件下，可以提早抽穗。干旱会延迟抽穗期。

一般在开始抽穗后的 3~5 日就开始开花。粟为有限花序，小穗先端各花分化较早，开花次序也是先自顶部开始，至于开花日数，为 10~15d。以第三日到第七日的 4d 内开花数量最多。适宜温度 18~22℃，相对湿度 70%~90%。开花主要受气候和大气湿度的影响，在气温适中湿度较高条件下有利于浆片膨胀而开花。各地开花时间虽然有所不同，但每日早晨为盛花期却是一致的，这是因为夏季早晨气温和湿度较适宜。

如开花时逢雨对授粉有很大影响，开花期遇雨花药有不开裂的现象，因而不能很好授粉。

经过受精作用后，次日子房就开始增大，通过光合作用制造的营养物质大部分输送到籽粒中，这个时间称为灌浆期。一般 5d 后开始有浆液，大约再经过 15~20d 的籽粒达到蜡质化，又经 15d 左右变硬。

生长后期茎、叶及颖稃由绿色逐渐转黄，籽粒变坚硬，即达到成熟。谷粒由授粉到成熟要经过 30~35d 时间，谷穗各小花开花时期不一致，因此，一穗中各籽粒成熟的早晚是不一致的（图 4-7）。

谷子籽粒的成熟过程，与其开花次序一致。即在同一谷穗上，以位于穗中上部小穗上的籽粒最先成熟，然后依次向下、向上成熟，位于穗基部小穗上的籽粒成熟最迟，一般我们把谷子的成熟过程概括为四个时期。

（1）乳熟期。乳熟期的穗部穗码仍为绿色，内外颖和籽粒都呈现绿色，用指甲切开籽粒，内含乳状汁，此时的籽粒鲜重和体积均达到最高限度，胚已有发芽能力，但不正常。

（2）蜡熟期。切开籽粒，胚发育完成，胚乳部分含水很少，呈蜡状，并逐渐过渡到坚硬状态。到蜡熟末籽粒基本硬化，颖壳、粒色变为本品种固有的颜色。

（3）完熟期。谷粒完全硬化，体积略有缩小，籽粒内含物以指甲挤压不能破碎，易脱粒。即使叶片尚绿，但籽粒养分已不再积累。

（4）枯熟期。谷穗的穗轴基部及小码着生的支梗都变得干脆易折，易使小穗或籽

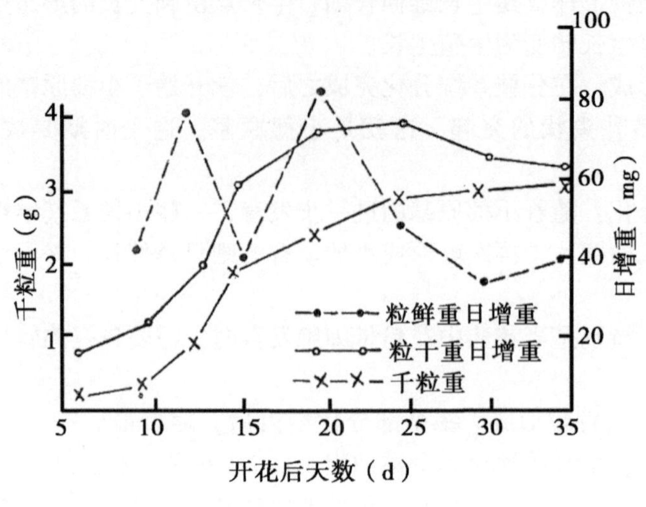

图 4-7　谷粒增重

粒脱落。此时收获极易造成落子。如遇多雨天，谷穗外部变黑，易生芽，使品质下降。

（三）谷子的产量形成与品质

1. 谷子产量的构成

谷子产量可分为生物产量和经济产量。生物产量是谷子成熟时整个植株所有干物质的重量，包括谷子的根、茎、叶和整个穗，其中只有籽粒可供人食用，所以这部分产量被称为经济产量。籽粒产量占经济产量的比例称为经济系数。在大多数情况下，人们种植小米是为了追求籽粒产量，但对于饲料而言，获得更高的生物产量是最终的目标。研究表明，单株产量与单株重量呈显著正相关，与单株秆重呈极显著正相关。因此，为了获得更好的籽粒产量，有必要以更好的生物产量为基础。谷子产量由亩穗数、穗粒数和粒重三个因素决定，三者与产量的关系如下：

籽粒亩产量=亩穗数×穗粒数×粒重

三者不是简单的乘法关系，它们之间存在着显著的负相关，下面就三个因素做一个简要介绍。

（1）亩穗数。人为因素和作物的自然调节都对亩穗数起重要作用，一般受人为控制比较大些，亩留苗越多，亩穗数越多。不同品种间的成穗率是有差别的。作物在高度密植情况超过饱和密度时，还有自然稀疏作用，只是表现不甚明显。

（2）穗粒数。由穗码数与穗码上粒数的乘积决定的。每穗成粒数是容易变化的因素，这主要是取决于单株营养状况，如光照条件和土壤养分、水分等条件。单株营养越好，其每穗粒数也越高，在不同营养条件下，影响产量高低的主导因素是穗码的成粒数。而增粒又以增加穗码的成粒数为最重要。但某些栽培条件确对穗码数目有较大关系，如播种期早晚对其影响就比较大。在这种条件下，产量因素的形成，单株穗码数就起比较大的影响。播种期早晚因为对穗码的分化时期长短有影响，播种过晚对穗码形成比少，结果穗码数也会减少。

（3）粒重。一般认为千粒重在产量因素中是最为稳定的，这是指成实籽粒而说的，不包括空秕籽粒。同一品种在不同栽培条件下，千粒重的变化一般不很显著，如密植与稀植、少肥与多肥、晚播与早播以及单株生育条件的好坏，其对千粒重的影响是很小的，除了在结实期遇到特殊干旱，千粒重才有比较明显的降低。在生产中，注意保护灌浆期植物的根和叶，避免过早老化，对于增加谷子的粒重有着十分重要的作用。

构成产量的三因素，在一般情况下是有矛盾的，这主要是每亩成穗数和单穗粒数的矛盾，而千粒重在同一品种中的影响不大。在栽培中一般表现每亩成穗数越多，其单穗重越低。

2. 谷子产量形成的生理基础

提高谷子产量，关键是提高谷子干物质积累水平。谷子的干物质 90%~95%是由光合作用产生的。因此，提高作物的光合效率是提高谷子产量的生理基础。

（1）干物质积累与分配可分为 3 个阶段。

第一阶段，从苗期到拔节，生长锥伸长。这一阶段是营养生长期，茎叶生长缓慢，根系生长较快。干物质的积累很低。光合产物仅占总积累期的 4.7%左右，主要用于营养器官的形成，其中根就是分配中心。

第二阶段，从生长锥伸长至抽穗开花。谷子拔节后，从根生长向地生长转变。干物质积累分布的中心从根系转移到茎、叶、鞘和穗。这是小米生命中最旺盛的时期。干物质积累约占总积累期的 47.6%。

第三阶段，从开花到灌浆。谷穗生长结束后，营养生长基本结束，完全进入生殖生长阶段，此时干物质积累占总生长期的 47.7%左右，主要用于形成生殖器官，大量有机物质进入谷粒。谷子不同时期不同器官干物质积累率不同。拔节前叶和叶鞘物质积累最快，拔节后茎干物质积累最快，其余器官依次为叶、鞘、根和穗。干物质在穗后积累最快，其次是茎、叶、根和鞘。灌浆后，只有穗干物质快速增加，茎、叶、鞘、根养分向穗转移，干物质逐渐减少。

由于地下干物质在地面上的积累，拔节前地下干物质的积累大于地面干物质的积累，地下干物质与地面干物质的积累率逐渐增大。抽穗后，地下干物质的积累量小于地面，干物质的积累量逐渐变小。

（2）谷田叶面积动态变化。影响谷子干物质产量的因素有 3 个，即：光合面积×光合时间×光合效率＝生物产量。叶片是最重要的光合器官。谷田群体叶面积的变化决定了谷田光合面积的大小和光合时间的长短，而光合效率的高低主要体现在叶片的功能上。因此，叶面积是谷子生产中最活跃的因素之一。叶面积大，光合面积大，干物质积累多，产量高。体现叶面积的指标一般用叶面积指数来表示，叶面积指数是衡量群体结构是否合理的指标。在整个谷子生长周期中，叶面积指数的发育过程可分为四个阶段。

生长缓慢期：谷子拔节前，叶面积生长速度缓慢，按指数规律递增，这一阶段对产量形成的影响较小，对各种措施的反应也较小。

线性生长期：拔节至抽穗，约 35d，叶面积生长迅速，几乎呈直线生长，至抽穗开花期叶面积指数达到最高值，LAI 增长到 4.0 以上，这一阶段正值营养生长与生殖生长并进，此时，叶面积对穗粒数的形成影响较大，同时，它对各种栽培措施的反应极为明显。个体与群体之间的矛盾越来越尖锐，各种措施的影响开始显现，只有实行促控结合，使叶面积合理发展，才能积极促进产量的形成。

稳定期：从抽穗到乳熟期，最大叶面积指数达到最大值，保持30d以上不下降或变化很小，称为稳定期。此时，谷子营养体的生长达到最大值，进入完全生殖生长阶段，其生理代谢极为旺盛。LAI稳定时间较长，积累的有机营养就较多，能促进开花受精，提高结实率，增加成粒数。

衰亡期：经过稳定期后，植株下部叶片继续老化死亡。叶面积指数逐渐下降，对产量内容形成，即籽粒的充实十分重要。LAI以保持在3.0~3.5为宜。因此，谷子后期要十分注意防止早衰，延长叶片寿命，提高叶片的光合效率。实践证明，谷子后期达到绿叶黄谷穗的丰产长相，则穗重大，千粒重高，秕谷率小。

3. 谷子的品质

谷子的品质包括外观品质、营养品质和食味品质以及加工品质等。

（1）外观品质。主要包括谷粒颜色、形状、大小等，谷粒外观质量与其商品直接相关，与市场价格相关。不同品种的谷子外观质量差异较大，品种是影响谷子外观质量的主要原因，其次是栽培措施、环境因素等也会影响谷子外观质量。

（2）营养品质。主要包括蛋白质、脂肪、淀粉、维生素和矿物质。

蛋白质：谷子蛋白质含量随降水量的增加有增加的趋势。同一年降水年份，旱地谷子粗蛋白质含量高于水生谷子，这是因为干旱导致谷粒总体重量下降，使蛋白质的相对含量提高的结果，反过来说就是，水地提高谷子产量的幅度大于提高蛋白质的幅度，所以，其含量下降了。有机肥与无机肥的施用可增加谷子的产量，但对谷子氨基酸影响不同，羊粪以1.5吨/亩时效果为最好，说明施羊粪可以促进氨基酸的合成，改善谷子的品质。对于无机肥，氮、磷、钾三要素配合施用，不仅可以提高谷子的产量，还可以提高氨基酸的含量，尤其是提高必需氨基酸的含量，从而改善了谷子的品质。

随着收获期的推迟，籽粒蛋白质的含量逐渐降低，当然这种降低与籽粒的灌浆速度有关。这是因为在灌浆初期，一般是以合成蛋白质为主。此时收获，成熟度差，蛋白质含量高。

谷子的来源、品种和生产年份在蛋白质含量上存在显著差异。

脂肪：谷子中的脂肪主要是不饱和脂肪酸。干旱有助于增加谷子的脂肪含量。谷子脂肪含量与温度呈负相关，随着温度的升高，脂肪含量呈下降趋势。脂肪含量也随纬度和海拔的增加而增加，随施肥量的增加呈下降趋势。不同熟性的谷子品种，籽粒含脂肪量差别并不显著。

淀粉：淀粉是谷子的主要组成成分，其含量在70%左右。在谷子淀粉中，有直链淀粉和支链淀粉之别。粳性谷子的直链淀粉含量变化范围为21.9%~32%，平均值为27.8%。支链淀粉含量、支链淀粉的分子量大小可能是影响食味品质的一个重要因素，分子量大则黏性大。

直链淀粉含量与千粒重之间呈极显著的负相关。不同施肥处理的总淀粉含量不同，无论单施氮肥，还是氮磷配合，均表现出随施肥量的增加，总淀粉含量减少，达极显著负相关，直链淀粉含量则随施肥量增加而呈增长趋势。支链淀粉含量呈现出与直链淀粉相反的趋势，即随肥料用量的增加而减少。

小米中含有较高的钙、铁、磷、镁，铜的含量仅次于高粱，高于其他作物；钾、锌的含量居五谷之首；从禾谷类籽粒的维生素含量看，小米中的维生素含量很丰富。

(3) 食味品质。主要指气味、食味、硬度等。对于气味的研究较少，有关研究显示，谷子中的挥发性成分为醛、醇、酮、碳氢、含苯衍生物、杂环和酚类物质，不同品种，含量不同，醛类在谷子中种类最丰富、含量最高，其成分和含量差别会给产品气味品质带来重要影响。

目前食味品质的常规评定，主要采用直链淀粉含量、糊化温度和胶稠度作为衡量小米口感质量的定量指标。

淀粉：小米淀粉是由直链淀粉和支链淀粉组成，两者之间的比例关系决定了适口性，据王润池等研究，大多数小米品种的直链淀粉含量在14%~25%，是我国公认的沁州黄、晋谷14等优质品种，直链淀粉含量在9.0%~11.9%之间。直链淀粉含量分别与小米的柔软度、香味、色泽有关。糯性谷子的直链淀粉含量特别低，主要是支链淀粉，黏度大。

糊化温度：糊化温度是小米淀粉粒在热水中膨胀不可逆的温度，反映胚乳和淀粉粒的硬度，测定糊化温度的方法很多，准确的测定法有显微镜法、分光光度法、碱消化法等。

不同谷子品种小米糊化所需要的温度变化范围为58~69℃。糊化温度分为低(<60℃)、中(60~63℃)和高(>63℃)3个等级。与适口性呈中度负相关，糊化湿度在中等偏低的，蒸煮所需时间较短，容易煮烂，且食味较好。而高糊化温度的品种蒸煮时吸水较多，所需时间较长。糊化温度越低，越容易煮，味道越好。反之，糊化温度高，小米不易煮熟，味道差。

胶稠度：谷子蒸一定时间后，米汤中胶体的流动长度。胶稠度反映了冷却后的米胶的黏度，这与米的柔软度有关。

胶稠度与适口性呈正相关。胶稠度介于6~7cm，其黏度适中，冷却后仍软，手感光滑，口感好，胶稠度在6cm以下的品种，其干燥，冷后硬，适口性差。胶稠度与糊化温度呈中度负相关。糊化温度高的品种，其米胶质流动长度较短。

米粒膨胀性（厘米）和米汤中固形物含量与食味品质也有一定关系。米粒膨胀性是指一定量的小米装在试管内，在100℃水浴煮蒸后，其体积膨胀的高度。膨胀性大的出饭率高。而米汤中可溶性固形物含量，是指一定量的小米在100℃水浴蒸煮时，溶于水中固形物的多少，米汤中固形物越多，越适宜煮小米稀饭。一般而言，米粒膨胀性高的品种，其米汤中固形物含量较低。

小米品种、收获期等都是影响小米口感的主要因素。不同品种、谷子直链淀粉含量、糊化温度、胶稠度不同。采收期早或晚，尤其是采收期早，籽粒灌浆尚未结束，谷子蛋白质、脂肪和淀粉等物质尚未充分富集，固体物质减少，口感质量差。此外，肥料、土壤类型和气候因素（如光、温度和水）的变化也会影响小米质量。

二、谷子对环境条件的要求

谷子的生长发育与外部环境密切相关，周围地理、气候环境的变化对谷子的生长发育和产量的形成有着十分重要的影响。

（一）谷子对温度的要求

感温阶段是谷子发育的第一阶段，谷子一般对春化阶段反应不敏感。幼苗不耐低温，在1~2℃条件下易冻害。从出苗到分蘖的适宜生长温度为20℃。

温度影响幼穗分化。随着温度的提高，谷子缩短了可变营养生长期，即缩短了出苗到生长锥伸长的天数，提早幼穗发育。谷子是一种喜温作物，完成生长发育所需的积温为1 600~3 000℃，品种生长期短的要求略低，品种生长期长的要求也较高。如果积温不能满足生长发育的要求，生长发育会推迟，霜冻前难以成熟。

谷子从出土到拔节的过程中，对积温的要求变化较大，其他生育期谷子对积温的要求较为稳定。拔节至抽穗的适宜温度为22~25℃，温度13℃以下不能抽穗。

高温加速光周期反应，使幼穗分化加快，形成小穗和花较小、较少；低温可以延缓光周期反应，从而延长幼穗分化的时间，有利于形成大穗，栽培中不要盲目追求大穗，一定要通过调节播期，使谷穗的库容能力与叶片制造光合产物的能力相协调，盲目追求大穗，则会形成大量的秕谷。生产上可以利用播期进行调节，但播种过晚温度过低，幼穗分化延缓，影响谷株的正常抽穗。温度低于20℃时，对谷子抽穗不利，抽穗的最低临界温度为13℃。

开花授粉的适宜温度为18~21℃，温度过高，影响花粉生命力和授粉，温度低于17℃，花药不开裂。

温度对籽粒的形成起重要作用。在籽粒形成阶段，气温逐渐降低，籽粒灌浆速度加快，到一定程度后，灌浆速度又随气温继续下降而降低。谷子灌浆速度以22.2~22.5℃时最快，适宜温度为20~22.5℃，低于20℃，或高于23℃，对籽粒灌浆均不利。在日平均温度低于20℃以下时，秕谷高达1/3~1/2，日平均温度降低到15℃以下时，全部为秕粒。灌浆期阴天、低温和雨天条件下，成熟延迟，秕谷增多；天气晴朗，昼夜温差大，有利于谷子干物质积累。

开花至成熟的昼夜温差与穗粒数呈正相关，不同播期的谷子灌浆进度，也有明显的差异（图4-8）。

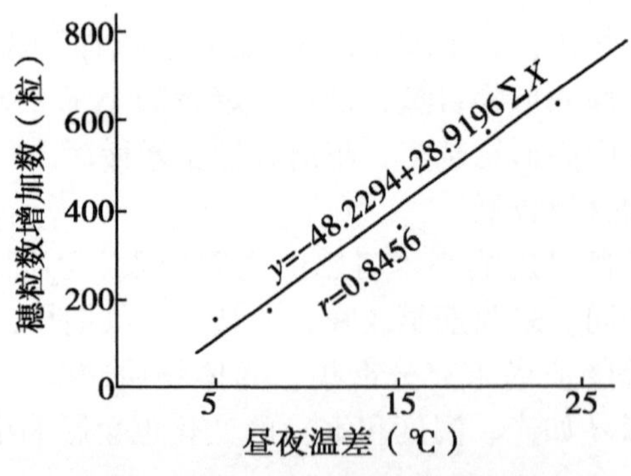

图4-8 昼夜温差与穗粒数的关系

（二）谷子对水分的要求

谷子植株的含水量占鲜重的60%~80%，甚至可高达90%以上。含水量最多的组织是原生质，因含水量高，使细胞的原生质呈溶胶状态，保持原生质胶体的稳定性。水分多少影响着田间小气候（温度、湿度等），能使土壤松软，改善谷田的养分状况，调节土中的养分供应和通氧量，从而创造一个适应于谷子高产、稳产所必需的环境条件。如抽穗前期，土壤水分充足，田间湿度大，有利于气生根的发生。

谷子各发育阶段的蒸腾强度随绿色叶面积的增加而递增。随叶片的枯黄而递减。苗期到灌浆期蒸腾强度由小到大，灌浆到成熟蒸腾强度由大变小。蒸发量也显示了类似的变化，但变化相对稳定。

谷子蒸腾系数小，对水分的要求比较宽泛，所谓蒸腾系数，就是植物每制造 1g 干物质，由蒸腾所消耗的水分克数。所谓蒸腾效率，就是植物蒸腾所消耗 1kg 水，制造干物质的数量（g）。谷子的蒸腾系数为 112.0～499.8，平均为 257。谷子是一种耐旱作物，但需水关键期需要格外注意水分供应，否则严重影响产量（图 4-9）。

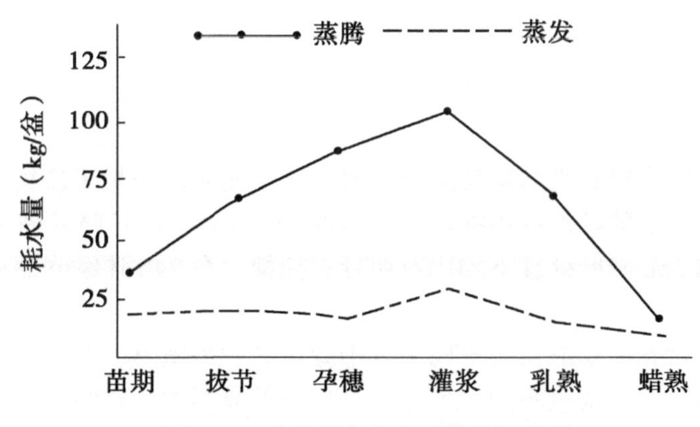

图 4-9　谷子各个发育阶段的耗水量

第一临界期：拔节至抽穗期间耗水量最大，占总耗水量的 53.6%，此期，正值幼穗分化阶段，也是叶片数继续增多、叶面积急剧增大、植株生长最旺盛的阶段。当水分充足时，幼穗分化正常，反之会加快幼穗分化进度，使穗部性状相应变劣。特别是小花原基分化到花粉母细胞四分体时期，如遇干旱，严重地影响小花分化及花粉粒形成，将造成结实率显著降低而减产。

第二临界期：抽穗至灌浆期，灌浆期蒸腾耗水总量占全生育期蒸腾耗水总量的 23.1%。水分在灌浆期是保证籽粒容积的迅速扩大和叶片的大量光合产物合成；并迅速地输送到籽粒中。如遇干旱，会严重影响籽粒的成粒率，但是，土壤水分过多又会危害根系的正常呼吸代谢，造成植株早衰。特别是久雨骤晴，气温突然增高，会导致谷株“腾伤”，使籽粒不能充分灌浆，产生大量秕谷。此期土壤含水量以保持在 14%左右为宜。过高过低都将产生不利影响。

谷子抗旱品种，从外部形态上看有三大特点。一是发达的根系。根系庞大、纵向扎得深、水平扩展广的品种，相对抗旱性比较强。二是遇到水分亏缺时叶片萎蔫轻或不萎蔫。三是株高受水分胁迫影响小。

（三）谷子对光的要求

谷子是短日照作物，在生长发育中需要较长时间的黑暗，才能完成发育。在适当的短日照条件下，可促进发育，使生殖生长提前，缩短出苗到抽穗的天数。

合适的光照是促进植株生长、穗分化发育的重要条件。光照条件好时，叶片光合强度高，制造的有机物质多，各器官生长协调，有利于植株健壮和穗分化。光照不足，则会抑制幼穗发育。大田中的光照条件与谷子群体有关，群体过大，遮阴严密，光合生产率低，光合产物减少，不利于幼穗的生长发育。群体过小，截获的光能少，透射光多，光能的利用少，不利于高产。此外，谷子是短日照植物，短日照能加速其生长发育，促早抽穗、早开花。相反，长日照则延迟开花。因此，生产上要注意生育期的变化和抽穗期的改变。

开花期光照的强弱，直接影响着谷子受精结实、籽粒饱满。在灌浆期，光照减少导致千粒重下降。特别是在灌浆后期，光照充足，可以加强光合作用，提高干物质积累速率，促进光合产物的分配与运转，加速籽粒灌浆速度，减少秕谷。光照对谷子根系活动影响较大。

1. 谷子的光周期

光照长度是指理论日照和黄昏的有效光照时间，白天光照和黑暗交替称为光周期，作物的开花、休眠、落叶和地下贮藏器官的调节称为光周期现象。

日照时间的长短是影响光周期反应的主要因素。光照时间长于或短于谷子的临界光周期，都会导致谷子抽穗延迟或不抽穗。每日在 6h 和 10h 短光照处理下，均比对照提早抽穗，而 14h 和 18h 光照处理下均比对照延迟抽穗，在 24h 连续光照处理下基本上不能抽穗。

不同苗色品种对光周期的反应不同。其中绿苗品种最敏感，黄苗品种最迟钝，红苗品种介于二者之间。同一苗色不同品种之间，反应差异不大。在短日照处理下，谷子不同苗色的植株营养生长日数缩短，叶片数减少，穗重减少。

2. 谷子对光照强度的要求

光强是指单位面积上光通量的大小。它直接影响植物的光合速率，在一定范围内，光合速率与光照强度成正比，即单位面积上叶绿素接收光子的量与光通量呈正相关。

光照强度对谷子的发育也有影响，弱光条件下抑制谷子的发育，遮光处理后，即使是自然光照，谷子抽穗延迟。

光质对发育的影响较大，例如：在 3 万 lx 和 8h 人工短光照条件下，短光波的蓝光比长光波的橙红光似乎更能促进发育。在 14h 光照条件下，长光波的橙红光比短光波的蓝光作用较大。

（四）谷子对养分的要求

谷子产量的形成需要吸收多种营养元素，而以对氮、磷、钾的吸收量最大，谷子每生产 100kg 籽粒，一般需要从土壤中吸收氮 2.5～3.0kg，磷 1.2～1.4kg，钾 2.0～3.8kg，氮、磷、钾比例大约是 1∶0.5∶0.8。

氮是植物中蛋白质和叶绿素的主要成分，氮不足，植株小，叶窄而薄，叶黄、绿叶少，小穗少，产量低；氮过多，茎叶长，贪青晚熟，秆软倒伏，易发生病虫害，影响产量。出苗至拔节对氮素的需求量较小，占整个生育期氮素需求量的 4%～6%，拔节至抽穗氮素需求量最大，占整个生育期氮素需求量的 45%～50%，灌浆期氮素需求量下降，占整个生育期氮素需求量的30%以上。

谷子缺氮时，由于蛋白质、核酸和叶绿素等的合成受阻，叶会相应变小，茎秆纤弱，干重大大降低。叶黄素和胡萝卜素大量增加，叶片不同程度地发黄。首先表现在下层老叶上，随着缺氮的程度加强逐渐往上推移。就一个叶片而言，先是在叶尖开始发黄，尔后沿中脉呈楔形发展，严重时整个叶片发黄，甚至干枯死亡。

磷是谷子生长发育过程中的重要营养素，是谷子细胞原生质、磷脂、核和核内染色体的重要组成部分，能促进光合作用、呼吸作用，促进碳水化合物和蛋白质的正常代谢，对提高谷子的抗病性和产量形成具有重要作用。

如果磷素缺乏，使谷子体内的蛋白质和碳水化合物的合成受到抑制，DNA 和 RNA 合成减少，影响细胞分裂和正常生长。根系、籽粒的糖分运输减缓，从而影响根系发育和籽粒灌浆成熟。糖分在茎中积累后，会形成花青素，使之呈紫红色或暗紫色。此外，缺磷时会减弱谷子抗病能力。缺磷的谷子叶片细小，呈紫色或暗紫色，或沿缘出现紫红色，或在阳光下出现均匀的紫色光彩。磷主要分布在谷株的幼嫩部位，如根、生长锥、幼穗、嫩叶、种子等。

钾对谷穗组织的韧性和灌浆速度有一定的影响，促进谷穗对氮磷的吸收。苗期钾的吸收量较小，约为5%，而穗前钾的吸收量最高，在抽穗后又逐渐减小。在生育早期，钾在叶和茎中几乎占总钾的一半。到抽穗期叶片钾含量显著下降，仅占地上部的13. 3%，而茎部钾含量显著上升，占地上部总钾含量的78. 78%，抽穗后吸收较少，从开花到成熟，体内钾向穗部、茎中上部和根部转移。

钾还可提高谷子对水分的利用率，增强抗旱、抗病能力，还可调节体内碳水化合物和蛋白质之间的平衡。缺钾的植株表现在老叶或下部叶片上，叶色发黄或有黄色条纹，严重时叶缘和叶尖呈现紫色，随后干枯呈灼烧状，叶的中间部分可保持绿色，叶片却逐渐变软。此外，还可表现为茎节缩短、植株瘦弱、根系发育不良等。

谷子还需要其他多种元素，需求量相对较小。施用钙、镁、锌、铂、锰、硼等微肥，具有增产的效果。钙参与细胞壁的组成并调节其合成速度，主要存在于叶子或其他老的器官、组织中，它是一种不易流动的元素。镁是组成叶绿素分子中的关键元素，含量的高低直接影响着光合作用，镁也是某些酶的活化剂，据试验，用0. 2%的硫酸镁浸种，可显著地提高出苗率，增加叶绿素含量。缺镁时，老叶或下部叶片，可先在边缘上或叶脉之间出现条纹，其症状与缺钾相似，但是发病方向相反，是由叶基向叶尖发展。

各种元素在植株体内，既有其独特的功能作用，又彼此地相互作用，维持着谷子正常的代谢。在整个生长发育过程中，需要有源源不断的养分供给，尤其是在以下关键时期，需要注意养分供应。

（1）拔节后，谷子由营养生长转向生殖生长，同时也是谷子吸氮高峰期，吸氮量约占全生育期吸氮总量的一半。营养供应适宜，干物质积累多，植株生长良好，促进穗的发育，增加小穗小花数。肥料用量过多或单施用氮时，会造成植株徒长。碳、氮比失调，从而引起倒伏或贪青而影响幼穗的正常发育。磷肥对于幼穗的分化和穗粒数的增加有明显的促进作用。缺肥时主要减少二三级枝梗数和引起小花的退化。

（2）籽粒灌浆期，高产谷田需要从土壤中吸收总需 N 量的36. 5%。因此，在成熟期应稳定绿叶面积，防止叶片早衰，保持叶片及根系的生理功能，防止光合同化率下降，提高成粒率，减少秕谷率。后期N不足，势必使叶片枯黄，植株早衰，影响成粒率与千粒重。不同时期N对谷子结实的影响不同，其中以抽穗前18d和抽穗后20d的作用较大。这种影响还受水分的限制。抽穗前18d左右，正值小花原基分化，增加氮素营养有利于小花雌雄媒形成和发育，故能提高结实率。抽穗后20d系籽粒灌浆高峰，增加氮素营养可促进籽粒灌浆。

(3) 高产谷田的磷素吸收高峰，发生在抽穗至成熟期，磷对于维持植株后期的正常生理代谢，促进体内养分转化，提高粒数和粒重，具有重要意义。钾、硼、铜等对谷子结实也有一定的影响，如果缺磷，影响细胞分裂和新细胞形成，根系发育差，叶片呈紫红色斑块，成熟延迟。

谷子在不同生育期对磷的吸收不同。一般来说，磷的吸收在早期比较少，在中后期比较多，成熟期较少。小穗分化期是谷子磷需求的高峰期，主要分布在幼穗中。抽穗开花乳熟期，在植株各器官中分布均匀；生育后期90%以上的磷迅速转移到穗上，而此时土壤施磷向穗部运转的很少。

(4) 施氮肥过多，光周期反应延迟，使生长锥分化减慢。施磷肥能加快光周期反应的进行。

(五) 谷子对土壤的要求

(1) 土壤肥力对谷子产量的影响。谷子对土壤要求不严格，最适宜于土层较深、结构良好、有机质含量丰富的沙壤土或黏性壤土。黏重土壤种植时，保苗比较困难，但收成一般较好。虽然谷子耐贫瘠，但肥沃的土壤是保证小米高产的首要条件。只有土壤保水保肥料，才能满足谷子生长发育的需要。

(2) 土壤结构对谷子产量的影响。耕层土壤要求松紧适宜，过于紧密则空气缺乏，不保墒，影响植株发育；土壤过松空气过多，会引起水分大量蒸发，根系与土壤不能很好接触，容易“悬空”死苗和倒伏。适宜的土壤松紧度为1.20~14.25，其固相体积与总孔隙比例为1∶1，毛管与非毛管孔隙比例为10∶1。

(3) 土壤酸碱性对谷子产量的影响。小米适合在弱碱和中性土壤上生长。谷子抗碱性较弱，土壤含盐量达0.21%~0.41%，生长受到抑制，需要采取适当措施，如开沟播种，刮碱、热犁等，一般而言，在碳酸根很高的盐碱土，含量只要达到0.2%，不适宜种植。在弱酸性土壤中也可种植，如江西、湖南等地，但往往需要施用适宜的肥料或施用石灰进行改良。

三、谷子节水高效栽培技术

(一) 品种选择

谷子在我国栽培历史悠久，全国各省、区都或多或少有种植。其主要产区位于北纬32°~48°，东经108°~128°。主要集中在黄河以北的东北、华北、西北。

谷子主产区农业自然条件的边界是长城线、秦淮线和西部干旱高山线。长城线是我国重要的气象分界线，1月等温线约为6℃，影响冬、春小麦的播种，也影响作物组成和栽培制度。秦淮线等雨线平均约750mm，以干旱为基本农业形式，该线以北地区是各种旱粮作物的主要生产区。本线以水田为基本农业形式。赣新区位于西祁连山以北，属干旱区，作物只有通过农业灌溉才能生存。我国粮食主产区是小麦旱作区，它不仅受自然条件的制约，而且受其他作物的相互制约，形成了一个复杂的种植体系。

谷子在该地区适应性差。相互引种的范围小，异地引种引起的变化较大，谷子是短日照喜温作物，对光和温度的反应更为敏感，适应的品种种植范围一般较窄，不能盲目引种推广，但在类似的生态条件下，小米变种间可以互换引入。例如，山东、河南、河北等地条件相似的地区也可以引进小米品种进行交换，河北省北部大部分是春谷品种，引进到中南部地区容易早衰，严重影响生产；长治、陕西延安、甘肃陇东、辽阳等地的春谷相似。谷田引种应注意以下规律：①引种纬度不同。南种北引，植株发育迟缓，生长期较长，北种向南，穗早，植株变短。总的来说，纬度差异1°，生育期之间相差4~6d。②引种海拔不同。低海拔品种到高海拔种植，株高增加，生长期加长，反之，植株降低，抽穗提前。当海拔相差较大时，每相差数百米，会引起穗期一天以上的变化。

谷子引种必须遵循严格的引种原则，通常要经过一年的引种观察试验，在观察和鉴定引种品种的特点的基础上，确定适宜的种植面积。目前，在谷子的生产、育种和品种管理中，采用3种区域划分方法，即：东北春谷、西北春谷和华北夏谷。春谷包括东北和西北两大部分，地理范围广泛，品种多样，一般每年4—5月播种，9月中旬至10月收获，每年一季，生育期长，产量高。夏谷主要分布在华北地区，包括河北、河南、山东、北京、天津和山西等地的中南部地区，品种多样性差，一般于6月小麦收获后播种，生长期80~90d，产量较低。谷子相对粒小，更适合煮粥，口感好，适应性强，西北地区品种多，东北部分地区也可以适应，如新疆、甘肃等地的衡谷10号产量较高。目前，适合夏谷种植的谷子主要品种有冀谷系列、豫谷系列、衡谷系列等。

（二）播前准备

1. 选地

应选择排水良好，通风透光的肥沃壤土，不宜在低洼或排水不好的地块种植。

谷子应避免连作，前茬以豆科作物为好，其次为小麦、油菜等作物。连作减产的主要原因为：病虫害重，如一些由土壤传染的病害以及可在土壤或植株残体中越冬的虫害，连年耕作会导致病虫害严重。莠子增多，除草难度加大。

2. 整地

谷子顶土能力弱，要求精细整地，深耕细耙，加强蓄水保墒能力，达到苗全苗壮的目的。

冬季深耕。秋收后，土壤封冻前应深耕一次，经过风雪冰冻的侵蚀，可使土壤疏松，加强通透性，有利于谷子生长，冬耕可将虫卵翻至地表冻死，但在冬季深耕时应注意以下几点。

（1）深度适当，以30cm左右为宜。要因地制宜，黏重土壤效果明显，可以加深耕层，耕破犁底层，但沙质土宜浅耕，若耕破犁底层，易引起漏水漏肥。有些地方的盐碱地，冬季施行“刮碱”等措施，以减轻盐碱为害，也不适于施行冬耕。

（2）耕后，耙耱。深耕后，随后耙耱以消灭耕起的坷垃，减少土壤孔隙，使土壤上虚下实，减少水分蒸发，有利于防旱保墒。这是农民生产的经验，正如农谚所说：

“耙地如泼油”“犁地不耙耱，满池是坷垃”“冬耕不耙垡，不如留着茬”等。冬耕后晾垡不耙，丧失的水分大大超过积累的自然降水，造成春旱。冬耙对黏重土和两合土作用最大，特别是黏重土壤如不及时耙地，坷垃很多，造成次年春种困难。

冬耕后，在冬季降雪较多或水源良好而土壤又不甚黏重的地区，可以根据情况不耙，但要注意早春及时耙地。

种植夏谷的，在小麦收获后，尽早灭茬并趁墒整地。

（3）播前镇压。播前镇压又是北方春季保墒的一种技术措施，镇压要根据当地土壤类型、整地质量和土壤水分含量等情况来定。对提高整地质量，改善土壤水分状况，达到苗全苗壮有良好的效果。特别是整地不好，坷垃多，地面不平的旱地，经过镇压，可以消除坷垃，并减少干土层。土壤经过镇压以后，使土壤耕作层适当紧密，有利种子发芽。粟是小粒种子，其生物学特性要求，必须在一定紧实度的土壤里，在种子与湿土密接的条件下，才能出苗良好。经镇压以后，粟幼苗次生根出生早而快，数量也多，生长健壮，耐旱力强。经镇压的土壤，改善了土壤水分状况，使下层水分借毛细管作用上升到表层，增加表层土壤水分，有利出苗和幼苗生长。经过镇压，土壤也较平整，播种时深浅一致，能提高播种质量。

（三）播种

适期播种是栽培技术中的一项重要措施，首先，适期播种可以获得有利的生长发育条件，使植物生长正常，能积累更多的营养，促进籽实饱满。其次是减少病虫害，病虫害的发生与季节密切相关，选择适当节气播种，可以起到防治病虫害的作用。三是能够适应当地的自然条件，选择自然环境生长的有利时期，避免不利的自然条件，根据当地的洪涝情况确定播种期可以避免灾害。四是在地方农业系统中合理安排劳动力，便于各管理环节的运行安排。

在河北省中南部，要掌握“春谷不早，夏谷不晚”的原则，一般品种的适宜播种期是6月中下旬，有的品种也可以是5月中旬晚春播种或7月上中旬晚播种。掌握适宜的播种期，能有效防治干旱、病虫害。在以夏谷为主的地区，春谷单播不过早，早播，虫鸟危害更大，往往造成巨大损失。播种期适宜，水分适宜，用种肥（复合肥）10~15kg，施在种子下部5cm。行距50cm，播种量0.5~1kg/亩，播种深度2~3cm，播种后镇压，以促进种子吸水发芽，保证苗强壮，播种后苗前均匀喷洒“谷粒多”除草剂120~150g/亩，可有效减少各种杂草，减轻劳动强度。

（四）田间管理

1. 苗期管理

苗期的管理目标是保全苗、促壮苗、除草。

（1）保全苗、促壮苗。“三分种，七分管”，说明了田间管理的重要性，谷子在不同的生长阶段对管理的要求不一样，必须依照谷子的生长要求采取科学的措施，才能保证谷子高产。

为保全苗，务必使用符合国家标准的良种，并采取以上述的整地措施、进行精细播种，避免由于以下原因造成缺苗断垄。

底墒差。播种时土壤墒情不好，不能为谷子萌发供应足够的水分，是造成谷子缺苗断垄的主要原因。

整地质量差。耕层坷垃多，种子发芽后被压住顶不出地面而蜷曲在土中，俗称“蜷黄”。有的幼苗虽然出土，但土壤大孔隙过多，幼根和土壤接触不良，造成“悬苗”。

土壤含盐量高，抑制种子吸水萌芽，或幼苗因受盐害而死亡。一般土壤含盐量达到0.4%时，发芽率就要降低一半；当苗高3~6cm时，如果土壤含盐量达到0.3%时，幼苗死亡率达40%~50%。

播后遇大雨，土块表面板结，幼芽顶不出地面，或者幼苗刚出土不久遇到骤雨，泥浆灌入猫耳叶叶心，造成幼苗死亡，俗称“灌耳”。

烧尖。当谷子幼苗出土时，如果土壤水分不足，加之中午太阳猛晒，因地表温度过高（有时地表温度可高达50℃左右），幼苗易被灼伤造成死苗，俗称“烧尖”。

因施肥方法不当，特别是在施用尿素作种肥时，往往因种子与肥料直接接触或施量过大，而使谷子的发芽率降低。

播种时机具堵塞，形成漏播；覆土过浅，种子播在表层的干土上或撒在地表不能萌发，造成“晒籽”；或者覆土过深，幼苗顶不出地表，形成“窖籽”。

虫害。虫害是造成缺苗断垄的另一个重要原因，蝼蛄、蛴螬、金针虫等地下害虫，以及粟灰螟、玉米螟等蛀干害虫，是谷子苗期的主要虫害。

保全苗、促壮苗的技术措施如下。

①苗期镇压、蹲苗：播后苗前镇压，减少土壤孔隙，可以减少土壤水分的散失，并使土壤下层的水分上升，从而增加耕层的土壤含水量，有利于种子的萌发和出土。土壤干旱严重时，要用大砘子压，重复镇压2~3次效果更好。播后遇雨，出苗前镇压，可以破除土壤板结，防止“蜷黄”。出苗后镇压，可以破碎坷垃，使土壤变得紧实，能防止“悬苗”。由于镇压能提高表层土壤的含水量，而水的热容量比较大，土壤温度上升的慢，可以起到防“烧尖”的作用。“灌耳”后及时镇压，也可以减轻为害。播后镇压能够使土壤和种子接触紧实，有利于谷子发芽、生长。

出苗后表土层比较松散，在此期间干旱，气温高，蒸发量大，容易出现芽干现象。为了防止芽干死苗，促进幼苗壮实，可以采取黄芽砘、压青砘的做法。黄芽砘，是在快出土时进行镇压；压青砘，即是在2~3叶期进行，能有效控制地上部分的生长，茎基部变粗，其早扎根、快扎根，提高幼苗抗旱和吸肥能力，防止植株倒伏，起到蹲苗作用。可以使用石砘，也有用人工踩压、镇压器压。

出苗后土壤干旱，适当控制地表水分，纵有浇灌条件，苗期也不浇灌，对控制地上部生长，促进根系深扎，有很好效果，只要底墒好，就能不断把根引向深处，有利于形成粗壮而强大的根系，培育壮苗。

②早中耕：幼苗小时，不便深锄，并注意不要使土掩小苗。以后逐次加深，以便疏松土壤，调节土壤温度、水分，促进根系发育。定苗后深中耕，深中耕促使增产原因除对植株发育有良好作用外，主要是根系发育良好，深扎根，扩大吸肥、吸水面积，在定苗后深中耕比浅中耕根系明显增多。中耕一般是在小苗时或雨水较少时进行。

③及时防治地下害虫和苗期害虫：对地下害虫，播前可用杀虫剂进行闷种。苗期害

虫，应做好预测预报，密切注视虫情动态，以及时防治。特别是对蛀干害虫的防治，必须赶在蛀干之前，成虫出现盛期应及时施药。

④查苗补种：查苗应在三叶期前进行。如缺苗断垄较严重时，可在间苗前移栽，移栽的谷苗以4~5叶期最易成活，因这一时期次生根开始大量长出，栽后及时浇水。为了防止土壤板结，浇水后应在上面覆盖一层细土。在土壤干旱幼苗还未长出次生根时，应先把准备移栽的谷苗进行浇水，待长出白根后移栽。如发现有成片的缺苗现象时，应及早人工补种，播种前可用温水浸泡种子，或催芽到胚根刚露出种皮时播种，对移栽或补种的谷苗应加强管理，促进其生长发育。

（2）间苗。早间苗，防荒苗，对培育壮苗十分重要。群众经验是："谷间寸，顶上粪。"早间苗可以改善幼苗的生态条件，特别是改善光照条件，使幼苗根系发育健壮，根量增加，幼苗壮而不旺，叶色浓绿；晚间苗易使谷苗瘦弱细长，叶片狭长，叶色发黄。

间苗时间最好在3~5叶期，粟在三叶期前，仅靠一条种子根从土壤吸收营养，到三个叶后，开始生长次生根。随着叶龄的增长，次生根数的增多，特别是雨后，须根长得快，这样会给间苗带来困难，不但费工而且容易伤苗，影响生长。

留苗密度可根据土壤肥力情况进行调整，肥力差的应适当降低留苗密度。一般亩留苗4万~5万株，大穗品种可适当减小密度。目前规模化生产中的间苗技术主要是化学间苗技术，可以利用除草剂进行谷子分段间苗，灵活控制苗数，减轻间苗的工作强度和种子的用量，详述如下：

利用单抗S除草剂的谷子品种、单抗I除草剂的谷子品种与兼抗I和S两种除草剂的谷子品种，按播种量1：1：1的比例混合，形成混系谷子品种进行播种，待出苗后通过喷洒相应的除草剂实现化学间苗，其中单抗S除草剂的谷子品种和单抗I除草剂的谷子品种各选取1/2量的谷子品种用除草剂P进行处理，经过除草剂P处理的谷子出苗2~3叶期后自然死亡。

经过除草剂P处理的谷子2~3叶期自然死亡，实现第一段化学间苗；若出苗仍密集，3叶期后根据杂草种类选择I或S除草剂进行间苗，喷施I除草剂使单抗S除草剂的谷子品种死亡实现第二段化学间苗，如果苗子仍较多再喷洒S除草剂使单抗I除草剂的谷子品种死亡，从而实现第三段化学间苗。

应用时先将1/2量的单抗S除草剂的谷子品种和1/2量的单抗I除草剂的谷子品种用P除草剂进行种子处理，经过P除草剂处理后的谷子品种，在出苗3叶期死亡，实现第一次间苗；可喷洒S除草剂使单抗I除草剂的谷苗死亡（或喷洒I除草剂使单抗S除草剂的谷苗死亡），实现第二次间苗；若出苗仍密集可再喷洒I除草剂使单抗S除草剂的谷苗死亡（或喷洒S除草剂使单抗I除草剂的谷苗死亡），实现第三次间苗。本发明的间苗方法简单，后期不会出现苗数众多或密集的情况，大大减轻了农民的工作强度，而且播种量不需要精量定播，可以继续使用传统的播量，即可轻松实现间苗，并可灵活控制苗数，实现分段间苗，确保出苗均匀。

2. 拔节抽穗期管理

此期的管理主要包括中耕除草、追肥两项内容。

（1）中耕除草。如果苗期措施得当，此期的杂草一般不足以为害谷子生长，可不再喷洒除草剂而是通过中耕方法进行物理防除。

谷子是适宜中耕的作物，但在实际生产中往往被人们忽视，尤其是规模化种植时，重种植轻管理的现象更为普遍，人们过多的依赖化学药物来实现除草、松土，对生态环境造成了很大的影响。在机械快速发展的今天，传统的中耕技术应该得到改进和利用。

中耕具有明显的增产作用，主要原因为：一是可除草，减少水肥的消耗。二是减少水分蒸发，具有抗旱保墒的目的。三是疏松土壤，有利于根系生长。四是促进微生物活动，加速养分的分解，从而为谷子生长发育创造良好的环境条件。

中耕结合培土，我国北方群众认为："头伏耧地一碗油，二伏耧地半碗油，三伏耧地没有油"。头伏正值雨季高峰季节，进行耧地培土，接纳大量雨水，满足谷子幼穗分化和临界期需水，保证穗大粒多，因而效果最好，如果推迟耧地培土，效果明显下降，这在易旱无灌溉条件的地区尤为重要。培土高度视具体情况而定，一般以培到能发生气生根的基部茎节为度。培土的方法，一般采用人字锄，顺垄背向两边分锄，将土耧到谷子根部。垄作区机械化程度较高，可以采用机械作业。在种植方式上要适当放宽行距，既便于操作又有利于后期通风透光，保持根系活性，延长叶片寿命，增强光合能力，同时，气生根增多，增强防风抗倒能力。

谷子抽穗以后，一般不再进行中耕，只进行拔除大草，以免损伤植株和根系，从而造成早衰。此时，谷田最怕积水，影响根系呼吸，如果秋雨连绵，要注意排水。

（2）追肥。谷子施肥一般分为基肥、种肥和追肥，谷子接近抽穗前，一般在出苗后 1 个月左右，应抓紧进行追肥，确保后期正常生长，最好能够结合当地测土配方施肥方案进行合理调配。

追肥的最佳时期是拔节后至孕穗期，追肥增产作用最大的时期是抽穗前 15～20d 的孕穗期或者是谷子 9～11 片叶时，一般每亩用尿素 10～20kg。氮肥较多时，分别在拔节期追施"坐胎肥"，孕穗期追施"攻粒肥"，一般施用 3～7d 即可看出效果。拔节期追肥有较多的优点，施用追肥有促进叶面积发展的重要作用，扩大光合作用面积。氮肥施用期早晚，对谷子的生长发育起着不同的作用。作基肥施用，有促进分蘖和生长的作用。施肥期越晚茎秆越低，过晚追施，加之后期阴雨过多，易引起贪青晚熟。以便使肥料埋于土中，不能与茎叶接触，也不可与根部距离太近，以免灼伤作物。旱地应在雨后施用，水地施后应及时浇水，这样才能发挥肥效。

需磷最多是穗分化和开花灌浆时期。磷肥分解慢，若作追肥，到谷子抽穗只能运转至茎秆，不能到达穗部发挥作用。所以大部用作底肥和根外喷磷。在谷子生育后期，每亩用 0.2%磷酸二氢钾溶液 50kg 叶面喷施，齐穗前 7d，用 300～400mg/kg 浓度的硼酸溶液 50kg/亩叶面喷洒，间隔 10d 可再喷一次，叶面喷施磷酸二氢钾和微肥，可促进开花结实和籽粒灌浆，低产田可加入尿素共同叶面喷施。

3. 开花灌浆期管理

谷子抽穗以后，开始进入开花受精、籽粒建成的阶段。田间管理的主要目标是防止叶片早衰，提高光合能力，促进光合产物向穗部的运转和积累，从而提高结实率，增加穗粒重。田间管理的重点是防旱、防涝、防腾伤、防倒伏、防霜冻等。

（1）防旱。谷子开花后，仍需一定量的水分，以保证开花授粉正常进行。如果在高温干旱的情况下，则开花授粉不良，影响受精作用，容易形成空壳，降低结实率。灌浆成熟期，适量的水分能提高光合作用，有助于体内营养物质的运转，加快灌浆速度，增加粒重。如果水分缺乏，抑制光合作用的正常进行，阻滞体内物质运转，易形成秕粒，影响产量。据张履鹏报道在灌浆解毒丹干旱处理后，籽粒不饱满，穗重、粒重均显著降低。因此，谷子生育后期要注意防旱保持地面湿润，在灌水技术上要掌握浅浇轻浇，最好喷灌，或隔沟浇，切勿大水淹漫灌，同时注意高温不浇，防止腾伤，风天不浇防止倒伏。

（2）防涝。谷子后期既怕旱又怕涝。如果后期雨涝或大水淹灌，往往由于土壤通气不良，影响谷子根系呼吸，甚至造成窒息。据古世禄观察（1980）持水分过多时，谷子根系变短而粗，毛根减少，颜色加深。因为我国北方谷子生育后期，往往秋雨连绵，因此，防涝成为谷田后期管理的重要内容。要选择地势高燥地种植，谷田设好排灌渠道，做到旱能浇、涝能排。适期播种，使谷子灌浆成熟阶段能处于雨水较少的秋季。

（3）防腾伤。所谓腾伤，系指在窝风地、平川大片谷田于灌浆期骤然萎蔫而逐渐呈现灰白色的干枯状态，导致穗重量减轻，秕谷增多的现象。有时还兼感严重的病害。在谷子生长越旺盛的地块越容易发生腾伤。

腾伤发生的原因，主要是由于田间的温度过高，通风不良所致。防止措施主要是通过中耕来降低田间的温湿度。一般选择高燥通风的地块，完善排灌渠道，适当放宽行距，提高田间通风透光性能，注意培土，以排除积水。

（4）防倒伏。谷子苗期除特殊干旱外，一般不宜浇水，否则会因水分过多，形成高脚苗。应多次进行中耕保墒，使根往下生长以利“蹲苗”，及早间苗，留苗密度要合理。同时，应注意避免在幼苗期间使用大量的氮素肥料。

拔节至抽穗期，结合中耕高培土，既利于根系深扎，又利于气生根多发，增加根系对植株的支撑能力。谷子灌浆期要严格控制氮素营养水平，保持氮、磷营养的协调，防止氮素水平过高形成茎叶徒长和贪青晚熟。根据土壤墒情适量灌水，切忌大水漫灌和风天灌水，及时排除积水。

过密会使植株生长纤细，茎部发育不好，容易倒伏，过稀会减低植株间的互相依靠作用，也容易倒伏。所以要注意密度适当。

另外在谷子生长期间要及时防止蛀茎害虫为害茎秆。以上防止倒伏的措施，在谷子整个生育期间，必须全面考虑，才能取得防倒的效果。

（5）防霜冻。霜冻是谷子成熟期的一大灾害。霜冻后谷子茎叶细胞间结冻，体积膨大，内部组织遭受破坏而失水，轻者不能正常成熟，重者全部枯死。接近成熟时遭受霜冻，可使籽粒严重脱落。在生育期较短的冷凉地区，后期管理尤要特别注意防霜冻的工作。

预防霜冻，首先要选用在当地霜冻前能正常成熟的品种，其次要在谷子后期严格控制水肥，大面积追肥要在抽穗前结束，同时，追肥量不宜过大。即使是对三类田的偏追肥也不能过量，否则，容易贪青晚熟，遭受早霜的袭击而减产。在霜冻来临前，预防的主要办法有两种：一是根据气象预报，在霜冻前一二天适当浇水，以增加地面湿度，减少地温的散失。二是使用烟熏法，在霜冻发生时利用秸秆燃烧所产生的烟雾形成隔离层，防止或减轻霜冻，所用燃料以耐燃烧生烟大的材料为宜，如稻草、麦秸、杂草、松枝等，根据地形、地势及面积分点堆积设置，原则上以生烟后各点烟雾能互相连接为标准。当温度急剧降至2~3℃时即可点燃防霜冻。一般烟雾防霜可提高气温1~2℃。

倒伏后是否应当扶起要看具体情况。如果是在开花期及其以前倒伏者，因为茎部的生长组织一侧能膨大，会自然的弯曲过来继续向上生长，所以不必用人扶起。倒伏很严重者，叶及穗部都接触地面，如不扶起容易发霉，就应该及时扶起。

4. 收获与贮藏

谷子的收获和贮藏是保证谷子丰收和质量的重要内容，收割过早则籽粒不饱满，影响产量；收割过晚，则会发生脱粒及鸟类啄食。在雨水连绵的情况下常会发生“返青”和穗部发霉，以及掉粒或穗发芽等现象。尤其是在大面积的栽培下及时收割更为重要。

一般以蜡熟末期或完熟初期收获最好，其判断标准主要以穗部为准。这时的谷子穗部籽粒已经断青，颖及稃全部变黄，植株内的养分已不再向谷粒输送，谷粒的颜色已呈本品种特有的色泽，且谷粒坚硬，种子的含水量20%左右。

谷子的贮藏方法有两种，一是干燥贮藏，在干燥、通风、低温的情况下，谷子可以长期保存不变质；二是密闭贮藏，将贮藏用具及谷子进行干燥，使干燥的谷粒处于与外界环境条件相隔绝的情况下进行保存。

四、优良品种介绍

（一）冀谷42［登记编号：GPD谷子（2018）130044］

育 种 者：河北省农林科学院谷子研究所

品种来源：安4585×（石98622×1310-2）

特征特性：粮用常规品种。在华北两作制地区夏播生育期88d，平均株高140.15cm。亩留苗4.0万株的情况下，成穗率81.5%；纺锤穗，穗松紧适中；穗长17.30cm，单穗重22.15g，穗粒重17.88g；千粒重1.47g；出谷率80.75%，黄谷黄米，米色鲜黄，商品性好，熟相好。粮用粗蛋白8.7%，粗脂肪2.0%，总淀粉62.08%，赖氨酸0.216%。中感谷瘟病，中抗谷锈病，中抗白发病。第1生长周期亩产383.5kg，比对照豫谷18增产7.7%；第2生长周期亩产377.4kg，比对照豫谷18增产5.7%。

栽培技术要点：①播种期。冀鲁豫夏谷区适宜播期6月15日至7月5日，最晚7月10日播种仍能成熟；冀中南太行山区、冀东燕山地区、北京、豫西及山东丘陵山区、辽宁南部春谷区种植适宜播期5月10日至6月10日；在辽宁西部和吉林春播适宜播期4月25日至5月10日。②播种量与适宜留苗密度。每亩播种量0.5kg，在正确使用配套除草剂的情况下，不需要人工间苗。该品种有较强的自身调节能力，每亩留苗3万~5万株产量差异不显著。③间苗、除草剂使用。在谷子3~5叶期，杂草2~4叶期，每亩使用与谷种配套的谷阔清（二甲氯氟吡氧乙酸异辛酯）40~50mL对水30kg防治双子叶杂草，采用12.5%烯禾啶（拿捕净）80~100mL，对水30kg防治单子叶杂草，若单双子叶杂草同时较多，可将两种除草剂混合喷施。注意两种除草剂都要在无风晴天喷施，防止飘散到其他谷田和其他作物上，垄内和垄间都要均匀喷施。注意喷施除草剂前后严格用洗衣粉洗净喷雾器。

适宜种植区域及季节：适宜在河北、河南、山东、新疆泽普夏播及辽宁、吉林、内蒙古、山西、陕西、黑龙江肇源、新疆昌吉、博乐春播种植。

注意事项：①本品种喷施拿捕净后5~10d部分谷苗死亡，达到间苗和除草的效果，适宜亩留苗3万~5万株，要严格按要求的播种量均匀播种，播种量过小会导致缺苗，播种量过大会导致谷苗过多。如果墒情差出苗不全或者出苗不均匀，苗少的部分（每行谷苗少于15株/33cm）不喷拿捕净，可人工间苗。②按要求的时期和剂量喷施配套除草剂，除草剂具有间苗和除草双重作用，垄上垄背都要喷施，注意除草剂要在无风晴天喷施，防止飘散到其他谷田和其他作物上，喷药前、后都要用洗衣粉浸泡和清洗喷雾器，并注意人畜安全；不得自行购买除草剂，否则有可能发生药害。③使用本品种不能自留谷种，否则不能达到应有的技术效果。④注意用相应药剂拌种防治白发病和线虫病。⑤雨水大时注意防治谷瘟病和谷锈病。⑥注意根据墒情掌握播种量及播种深浅。⑦本品种指定使用的烯禾啶（拿捕净）为本品专用除草剂，严禁用于其他谷子田，同时严禁将其他除草剂用于本品种，否则会造成田间绝收。⑧在有效积温不足2 750℃或者海拔500m以上地区慎用。⑨在谷锈病、谷瘟病、线虫病严重发生区域慎用。

（二）冀谷39［登记编号：GPD谷子（2018）130025］

育 种 者：河北省农林科学院谷子研究所

品种来源：安09-8525×［安4585×（冀谷24×2010-M1445）］

特征特性：粮用常规品种。幼苗绿色，在华北两作制地区夏播生育期93d，平均穗长17.8cm，单穗重18.05g，穗粒重15.86g；千粒重3.08g；在辽宁、吉林春播生育期115~125d。粗蛋白9.55%，粗脂肪3.4%，总淀粉68.21%，赖氨酸0.22%。中抗谷瘟病、白发病，中感谷锈病、线虫病。第一生长周期亩产392.9kg，比对照冀谷31增产9.1%；第二生长周期亩产381.2kg，比对照冀谷31增产9.6%。

栽培技术要点：①冀鲁豫夏谷区适宜播期6月15日至7月5日，最晚7月10日播种仍能成熟；冀中南太行山区、冀东燕山地区、北京、豫西及山东丘陵山区、辽宁南部春谷区种植适宜播期5月10日至6月10日；在辽宁西部和吉林春播适宜播期4月25日至5月10日。②每亩播种量0.4~0.5kg，适宜亩留苗3万~5万株。③间苗、除草剂使用，春夏播均可在谷子3~5叶期，杂草2~4叶期，每亩使用与谷种配套的谷阔清（二甲氯氟吡氧乙酸异辛酯）40~50mL对水30kg防治双子叶杂草，采用12.5%烯禾啶（拿捕净）80~100mL，对水30kg防治单子叶杂草，若单双子叶杂草同时较多，可将两种除草剂混合喷施。夏播区也可在杂草2叶期每亩喷施5%咪唑乙烟酸100~150mL对水30~40kg；或用4%甲氧咪草烟水剂75~80mL对水20~40kg。注意除草剂要在无风晴天喷施，防止飘散到其他谷田和其他作物上，垄内和垄间都要均匀喷施。注意喷施除草剂前后严格用洗衣粉洗净喷雾器。

适宜种植区域及季节：适宜在河北、河南、山东、新疆泽普夏播种植；在辽宁、吉林、内蒙古、山西、陕西、黑龙江肇源、新疆昌吉、博乐春播种植。

注意事项：①使用的除草剂严禁用于其他谷子田，同时严禁将其他除草剂用于本品种。②在有效积温不足3 000℃、海拔300m以上及谷瘟病、谷锈病、线虫病严重发生区域慎用。③不能自留谷种，否则不能达到应有的技术效果。④喷施拿捕净后 5~10d 部分谷苗死亡，达到间苗和除草的效果，要严格按要求的播种量均匀播种，播种量过小会导致缺苗，播种量过大会导致谷苗过多。如果墒情差出苗不全或者出苗不均匀，苗少的部分（每行谷苗少于 15 株/33cm）不喷拿捕净，可人工间苗。⑤按要求的时期和剂量喷施配套除草剂，除草剂具有间苗和除草双重作用，垄上垄背都要喷施，注意除草剂要在无风晴天喷施，防止飘散到其他谷田和其他作物上，喷药前、后都要用洗衣粉浸泡和清洗喷雾器，并注意人畜安全；不得自行购买除草剂，否则有可能发生药害。⑥注意用相应药剂拌种防治白发病和线虫病。⑦雨水大时注意防治谷瘟病和谷锈病。⑧注意根据墒情掌握播种量及播种深浅。

（三）衡谷 21 号［登记编号：GPD 谷子（2018）130152］

育 种 者：河北省农林科学院旱作农业研究所

品种来源：绿米×kn2009-2

特征特性：粮用常规品种。幼苗绿色，夏谷区夏播平均株高 134.78cm。纺锤穗，松紧适中；平均穗长 21.16cm，平均单穗重 16.22g，平均穗粒重 12.98g；平均千粒重 2.76g；平均出谷率 80.02%，平均出米率 81.86%；灰谷灰绿米。粗蛋白 9.28%，粗脂肪 3.76%，总淀粉 69.78%，赖氨酸 0.20%。中感谷瘟病，中感谷锈病，中感白发病，中感线虫。第 1 生长周期亩产 373.1kg，比对照豫谷 18 增产 8.02%；第 2 生长周期亩产 352.2kg，比对照豫谷 18 增产 5.45%。

栽培技术要点：①播期：河北夏谷区适宜播期 5 月 20 日至 6 月 30 日，最晚 7 月 10 日；冀中南太行山区、冀东地区春播种植，适宜播种期 5 月 10 日至 6 月 10 日；吉林省种植一般要在 4 月下旬至 5 月上旬适时播种。②播量与留苗密度：每亩播种量 0.5kg，一般情况下，不需要人工间苗。③除草剂使用：在谷子 4~5 叶期，使用除草剂进行混合喷施，具体为：每亩使用与谷种配套的含二甲氯氟吡氧乙酸异辛酯 40~50mL 对水 30kg 防治双子叶杂草，采用 12.5%烯禾啶 80~100mL，对水 30kg 防治单子叶杂草。两种除草剂都要在无风晴天喷施，防止飘散到其他谷田和其他作物上，垄内和垄间都要均匀喷施。注意喷施除草剂前后严格用洗衣粉洗净喷雾器。④拔节期中耕培土：深中耕高培土，并结合中耕每亩追施尿素 10~20kg。

适宜种植区域及季节：适宜在河北两作制地区夏播及丘陵山地春播种植；吉林春播种植。

注意事项：①植株较高，有一定的倒伏风险，应注意前期蹲苗及拔节期中耕培土。②按要求的时期和剂量喷施配套除草剂，垄上垄背都要喷施，注意除草剂要在无风晴天喷施，防止飘散到其他谷田和其他作物上，喷药前、后都要用洗衣粉浸泡和清洗喷雾器，并注意人畜安全；不得自行购买除草剂，否则有可能发生药害。③不能自留谷种，否则不能达到应有效果。④注意用相应药剂拌种防治白发病和线虫病。⑤雨水大时注意防治谷瘟病和谷锈病。⑥注意根据墒情掌握播种量及播种深浅。⑦指定使用的烯禾啶为本品专用除草剂，严禁用于其他谷子田，同时严禁将其他除草剂用于本品种，否则会造成田间绝收。⑧在海拔 500m 以上地区及谷锈病、白发病、谷瘟病、线虫病严重发生区域慎用。在适播期内，尽早播种，获得较高产量，在未知区域种植前先小面积试验，避免大幅减产。

（四）衡谷 23 号［登记编号：GPD 谷子（2018）130153］

育 种 者：河北省农林科学院旱作农业研究所

品种来源：衡旱 3 号×kn2009-1

特征特性：粮用常规品种。幼苗绿色，夏谷区夏播平均生育期 90d，平均株高 114.5cm。纺锤形穗，穗子松紧适中；黄谷黄米，平均穗长 22.91cm，平均单穗重 21.46g，平均千粒重 2.80g；平均出谷率 87.41%。粮用粗蛋白 9.47%，粮用粗脂肪 3.47%，总淀粉 70.22%，赖氨酸 0.23%。中感谷瘟病，中感谷锈病，中感白发病，中感线虫。第 1 生长周期亩产 406.7kg，比对照豫谷 18 增产 17.75%；第 2 生长周期亩产 389.1kg，比对照豫谷 18 增产 16.50%。

栽培技术要点：①播期：河北夏谷区适宜播期 5 月 20 日至 6 月 30 日，最晚 7 月 10 日；冀中南太行山区、冀东及山东丘陵山区春播种植，适宜播种期 5 月 10 日至 6 月 10 日。吉林等地一般要在 4 月下旬至 5 月上旬适时播种。②播量与留苗密度：每亩播种量 0.5kg，一般情况下，不需要人工间苗。③除草剂使用：在谷子 4~5 叶期，使用除草剂进行混合喷施，具体为：每亩使用与谷种配套的含二甲氯氟吡氧乙酸异辛酯的 40~50mL 对水 30kg 防治双子叶杂草，采用 12.5%烯禾啶 80~100mL，对水 30kg 防治单子叶杂草。两种除草剂都要在无风晴天喷施，防止飘散到其他谷田和其他作物上，垄内和垄间都要均匀喷施。注意喷施除草剂前后严格用洗衣粉洗净喷雾器。④拔节期中耕培土深中耕高培土，并结合中耕每亩追施尿素 10~20kg。

适宜种植区域及季节：适宜在河北夏谷区夏播或晚春播种植；吉林春播种植。

注意事项：①有一定的倒伏风险，应注意前期蹲苗及拔节期中耕培土。②按要求的时期和剂量喷施配套除草剂，垄上垄背都要喷施，注意除草剂要在无风晴天喷施，防止飘散到其他谷田和其他作物上，喷药前、后都要用洗衣粉浸泡和清洗喷雾器，并注意人畜安全；不得自行购买除草剂，否则有可能发生药害。③不能自留谷种，否则不能达到应有效果。④注意用相应药剂拌种防治白发病和线虫病。⑤雨水大时注意防治谷瘟病和谷锈病。⑥注意根据墒情掌握播种量及播种深浅。⑦指定使用的烯禾啶为本品专用除草剂，严禁用于其他谷子田，同时严禁将其他除草剂用于本品种，否则会造成田间绝收。⑧在海拔 500m 以上地区及谷锈病、白发病、谷瘟病、线虫病严重发生区域慎用。在适播期内，尽早播种，获得较高产量，在未知区域种植前先小面积试验，避免大幅减产。

（五）衡谷 24 号［登记编号：GPD 谷子（2018）130154］

育 种 者：河北省农林科学院旱作农业研究所

品种来源：衡谷 15 号×kn2009-5

特征特性：粮用常规品种。幼苗绿色，夏谷区夏播平均生育期 89d，平均株高 110.8cm。叶姿半上冲，花药褐色，纺锤穗，穗子松紧适中；黄谷黄米。平均穗长 19.45cm，平均单穗重 19.31g，平均千粒重 3.05g，平均出谷率 82.9%。粗蛋白 10.11%，粗脂肪 4.03%，总淀粉 71.03%，赖氨酸 0.22%。中感谷瘟病，中感谷锈病，中感白发病，中感线虫。第 1 生长周期亩产 342.1kg，比对照豫谷 18 减产 0.96%；第 2 生长周期亩产 381.0kg，比对照豫谷 18 增产 14.07%。

栽培技术要点：①播期：河北夏谷区适宜播期5月20日至6月30日，最晚7月10日；冀中南太行山区、冀东及山东丘陵山区春播种植，适宜播种期5月10日至6月10日。吉林等地一般要在4月下旬至5月上旬适时播种。②播量与留苗密度：每亩播种量0.5kg，一般情况下，不需要人工间苗。③除草剂使用：在谷子4~5叶期，使用除草剂进行混合喷施，具体为：每亩使用与谷种配套的含二甲氯氟吡氧乙酸异辛酯40~50mL对水30kg防治双子叶杂草，采用12.5%烯禾啶80~100mL，对水30kg防治单子叶杂草。两种除草剂都要在无风晴天喷施，防止飘散到其他谷田和其他作物上，垄内和垄间都要均匀喷施。注意喷施除草剂前后严格用洗衣粉洗净喷雾器。④拔节期中耕培土深中耕高培土，并结合中耕每亩追施尿素10~20kg。

适宜种植区域及季节：适宜在河北两作制地区夏播及丘陵山地春播种植；吉林春播种植。

注意事项：①有一定的倒伏风险，应注意前期蹲苗及拔节期中耕培土。②按要求的时期和剂量喷施配套除草剂，垄上垄背都要喷施，注意除草剂要在无风晴天喷施，防止飘散到其他谷田和其他作物上，喷药前、后都要用洗衣粉浸泡和清洗喷雾器，并注意人畜安全；不得自行购买除草剂，否则有可能发生药害。③不能自留谷种，否则不能达到应有效果。④注意用相应药剂拌种防治白发病和线虫病。⑤雨水大时注意防治谷瘟病和谷锈病。⑥注意根据墒情掌握播种量及播种深浅。⑦指定使用的烯禾啶为专用除草剂，严禁用于其他谷子田，同时严禁将其他除草剂用于本品种，否则会造成田间绝收。⑧在海拔500m以上地区及谷锈病、白发病、谷瘟病、线虫病严重发生区域慎用。在适播期内，尽早播种，获得较高产量，在未知区域种植前请先小面积试验，避免大幅减产。

（六）保谷22［登记编号：GPD谷子（2018）13 0001］

育 种 者：保定市农业科学院 河北省农林科学院谷子研究所

品种来源：济谷12×K325

特征特性：粮用常规品种。从出苗到成熟93d左右，幼苗绿色，植株高度120.25cm左右。在亩留苗4.0万株的情况下，成穗率93.79%，纺锤穗，穗子松紧适中，穗长19.04cm，单穗重15.82g，穗粒重13.24g，千粒重2.96g，出谷率80.55%，出米率78.73%，黄谷黄米，熟相较好。粗蛋白含量10.57%，粗脂肪含量1.38%，总淀粉含量82.47%，赖氨酸含量0.12%，食味品质佳。中抗谷瘟病和谷锈病，田间调查谷子白发病病株0.94%，蛀茎率3.21%。第1生长周期平均亩产398kg，比对照冀谷19增产21%，第2生长周期平均亩产366.7kg，比对照冀谷19增产21.2%。

栽培技术要点：①播前亩基施二铵15~20kg。精细整地，土壤墒情好，土壤耕层表面无明显坷垃。种子用辛硫磷、甲霜灵拌种或购买包衣的保谷22谷子品种。②夏播最佳播期为6月15日至6月20日，最晚不能晚于7月20日，丘陵旱薄地以当地适播期为宜，遇雨及时抢墒播种，亩播量控制在0.35~1.0kg。③谷苗3~5叶期（出苗后10d左右）于晴朗无风天气喷施配套拿捕净除草剂，用于间苗，并可防治尖叶杂草和谷莠子，每亩100mL，对水30~40kg，注意垄上垄背都要喷施，并确保药剂不飘散到其他谷田或其他作物。适宜亩留密度4.0万株左右。④中后期管理注意及时防治病虫害，尤其钻心虫、黏虫。孕穗期遇旱，及时浇水，同时亩追施尿素10~15kg。成熟后及时收获，防止遇大风倒伏，造成收割不便，甚至减产。

适宜种植区域及季节：适宜在河北省、河南省两作制区夏播及丘陵山地春播种植。

注意事项：种植时应实行轮作倒茬，避免重茬，重茬易导致谷子线虫病、谷子白发病严重，特殊气候条件下易造成谷瘟病、纹枯病、褐条病、赤霉病等病害发生。重茬地易伴生谷莠杂草。该品种粒小，顶土能力差，播种前应精细整地、墒情充足，播深3~5cm。苗期喷施拿捕净除草剂应使用指定剂量和喷施方法，使用不规范易造成烧苗或无间苗、除草效果。亩播量应控制在0.35~1.0kg范围内，密度控制在4.0万株/亩左右，密度过大易造成倒伏和病害发生。谷子播前应拌种或购买包衣种子，预防苗期病虫害发生。应合理施肥，底肥以农家肥、复合肥、复混肥为宜。田间管理注意防治病虫草害，遇旱及时灌水。本品种为抗拿捕净除草剂品种，未经过试验实证的其他除草剂品种禁止使用。

（七）保谷23［登记编号：GPD谷子（2018）130016］

育 种 者：保定市农业科学院 河北省农林科学院谷子研究所

品种来源：528×济9051

特征特性：粮用常规品种。幼苗绿色，幼苗叶姿半上冲，植株叶姿半上冲，花药黄色，单株成穗茎数1个。生育期93d，株高122.53cm。在亩留苗4.0万株的情况下，成穗率92.73%；棍棒穗，穗子松紧适中，穗长18.53cm，穗粗2.41cm，单穗重15.28g，穗粒重12.42g，千粒重2.63g，出谷率77.35%，出米率77.58%，黄谷黄米，籽粒胚乳类型为粳型。粗蛋白11.58%，粗脂肪2.65%，总淀粉78.66%，赖氨酸0.14%。中抗谷瘟病、谷锈病，田间调查白发病0.82%，蛀茎率1.2%。第一生长周期亩产410.9kg，比对照冀谷19增产27.2%；第二生长周期亩产375.2kg，比对照豫谷18增产5.4%。

栽培技术要点：①播种：播前用辛硫磷、甲霜灵拌种，防治线虫病、白发病。播期以当地播期为宜。适墒播种，播种前酌情施肥，一般亩施二胺15~20kg，亩播量0.35~1.00kg。②苗期管理：谷苗3~5叶期（出苗后10d左右）于晴朗无风天气喷施配套的“拿捕净”，用于间苗，并可防治尖叶杂草和谷莠子，每亩100mL，对水30~40kg，注意垄上垄背都要喷施，并确保药剂不飘散到其他谷田或其他作物。适宜亩留苗密度4.0万株。③中后期管理：生育期内及时防治病虫害，尤其钻心虫、黏虫。孕穗期遇旱，及时浇水同时施肥，亩施尿素10~15kg。④成熟期管理：成熟后及时收获，防止遇大风倒伏，造成收割不便，甚至减产。

适宜种植区域及季节：适宜在河北省夏谷区及丘陵春谷区种植。

注意事项：种植时应实行轮作倒茬，避免重茬，重茬易导致谷子线虫病、谷子白发病严重，特殊气候条件下易造成谷瘟病、纹枯病、褐条病、赤霉病等病害发生。重茬地易伴生谷莠杂草。该品种粒小，顶土能力差，播种前应精细整地、墒情充足，播深3~5cm。苗期喷施拿捕净除草剂应使用指定剂量和喷施方法，使用不规范易造成烧苗或无间苗、除草效果。亩播量应控制在0.35~1.0kg范围内，密度控制在亩4.0万株左右，密度过大易造成倒伏和病害发生。谷子播前应拌种或购买包衣种子，预防苗期病虫害发生。应合理施肥，底肥以农家肥、复合肥、复混肥为宜。田间管理注意防治病虫草害，遇旱及时灌水。本品种为抗专用拿捕净除草剂品种，未经过试验实证的其他除草剂禁止使用。

（八）张杂谷10号［登记编号：GPD谷子（2018）130083］

育种者：张家口市农业科学院

品种来源：A2×2038

特征特性：粮用杂交品种。春播生育期128d，夏播生育期90d。幼苗绿色，叶鞘绿色，株高110.9cm，穗长23.9cm，棍棒穗形，松紧适中。单穗重40.8g，穗粒重30.3g，出谷率74.3%，出米率80.5%，千粒重3.00g，白谷黄米。单株分蘖2~4个，粮用粗蛋白11.13%，粗脂肪2.65%，总淀粉72%，直链淀粉19.93%，赖氨酸0.24%。中抗谷瘟病，中抗谷锈病，白发病0.24%，虫蛀率1.0%。第1生长周期亩产351.4kg，比对照大同29号增产10.8%；第2生长周期亩产346.3kg，比对照大同29号增产3.81%。

栽培技术要点：①播期：春播时间4月25日至5月31日，夏播6月15日至6月25日亩播量0.5~1kg。②底肥：亩施氮磷钾复合肥25kg和有机肥2 000~3 000kg。③田间管理：a. 除草，在幼苗3~4叶期亩喷施除草剂100mL，防治一年生禾本科杂草。b. 病虫害防治，生育期间喷施杀虫剂防治粟灰螟、粟负泥虫、黏虫等虫害；注意防治谷子白发病、谷子腥黑穗病、谷子粒黑穗病、谷子轴黑穗病、谷瘟病、谷锈病、线虫病。c. 留苗密度，条播1.0万~1.5万株/亩。建议使用播种机穴播，每穴下种10粒以上，每穴1~3株，每亩6 000~8 000穴。④追肥，拔节期追施尿素10kg，抽穗前追施尿素20kg。

适宜种植区域及季节：适宜在河北、山西、陕西、甘肃、内蒙古、宁夏、新疆、黑龙江、吉林、辽宁、北京≥10℃积温2 800℃以上地区春播种植；在河南、山东黄淮海夏播区种植。

注意事项：播种时需根据当时土壤墒情、气候特点确定播种量。除草剂在7叶期之前使用。为F_1代杂交种，不可自留种。谷子白发病、线虫病及谷子粒黑穗病需通过杀菌剂拌种处理防治；谷瘟病、谷子锈病需通过喷施药剂防治。过量使用除草剂和使用除草剂后遇低温会导致谷子不扎根等药害。上年过量使用除草剂会对当年种植谷子苗期产生药害。品种因种植区域、种植密度、土壤肥力、管理水平等不同因素影响，其产量水平、株高、穗长等也有不同。灌浆期对肥水要求较高。

（九）张杂谷13号［登记编号：GPD谷子（2018）130086］

育种者：张家口市农业科学院

品种来源：A2×黄六

特征特性：粮用杂交品种。春播生育期115d。幼苗绿色，叶鞘绿色，株高121.0cm，穗长26.3cm，棍棒穗形，松紧适中。单穗重24.2g，穗粒重18.3g，出谷率75.6%，出米率79.8%，千粒重3.10g，白谷黄米。单株有效分蘖2~4个，粮用粗蛋白11.73%，粗脂肪4.15%，总淀粉78.7%，支链淀粉17.8%，赖氨酸0.22%。中抗谷瘟病，中抗谷锈病，白发病0.07%，虫蛀率0.41%。第1生长周期亩产352.3kg，比对照张杂谷3号增产0.8%；第2生长周期亩产485.9kg，比对照张杂谷

3 号增产 1.3%。

栽培技术要点：①播期：春播时间 4 月 25 日至 5 月底，亩播量 0.5～0.75kg。②底肥：亩施氮磷钾复合肥 25kg 和有机肥 2 000～3 000 kg。③田间管理：a. 除草，在幼苗 3～4 叶期亩喷施除草剂，防治一年生禾本科杂草。b. 病虫害防治，生育期间喷施杀虫剂防治粟灰螟、粟负泥虫、黏虫等虫害；注意防治谷子白发病、谷子腥黑穗病、谷子粒黑穗病、谷子轴黑穗病、谷瘟病、谷锈病、线虫病。c. 留苗密度，1.0 万～1.2 万株/亩。建议使用播种机穴播，每穴下种 10 粒左右，留苗 1～3 株，每亩 6 000～8 000 穴。d. 追肥，拔节期追施尿素 10kg，抽穗前追施尿素 20kg。

适宜种植区域及季节：适宜在河北、山西、陕西、甘肃的北部及宁夏、新疆、吉林、内蒙古、辽宁、北京、黑龙江≥10℃积温 2 450℃以上的地区春播。

注意事项：播种时需根据当时土壤墒情、气候特点确定播种量。除草剂在 7 叶期之前使用。为 F_1 代杂交种，不可自留种。品种因种植区域、种植密度、土壤肥力、管理水平等不同因素影响，其产量水平、株高、穗长等也有不同，灌浆期对肥水要求较高。谷子白发病及谷子粒黑穗病需通过杀菌剂拌种处理防治；谷瘟病、谷子锈病需通过喷施药剂防治。过量使用除草剂和使用除草剂后遇低温会导致谷子不扎根等药害。上年过量使用除草剂会对当年种植谷子苗期产生药害。

第二节　糜子（黍）高产栽培技术

糜子（黍）与粟一样同属禾本科、一年生粮食作物，黍米，又称糯秫、糯粟、糜子米等，也是我国一种很古老的农作物，被列为五谷之一。目前国际上公认粟、黍均起源于我国，无论是从考古文物中，还是在古籍文献记载上，都能看到粟这种栽培作物贯穿在中华民族的历史长河中。黍和粟的野生祖先因其极强的抗逆性以及短生育期的特性，成为中华民族首选的栽培作物，种植粟、黍标志着中国北方原始农业的开端。粟、黍都是小粒型谷物，属典型的 C4 禾本科植物，生长期短、较耐贫瘠，粟和黍虽然在植物分类上不同“属”，但二者的传播、种植和分布则常常在一处，生理特性和栽培条件也很相似。新石器时代晚期粟才取代黍的地位而成为北方地区的重要食粮。在秦汉之前的中国北方是重要的粮食作物。黍米也有红、白、黄、黑等多个品种，其中最主要的品种是黄米，有黏性；白黍米黏性次于糯米；红黍米黏性最强，可以煮粥。现主产于山西大同、忻州一带。如今晋中、晋北的不少地方仍以黍米做端午节包粽子的原料之一。当地百姓还把黍米制成粉，再制成油炸糕，无论逢年过节，还是男婚女嫁，都要用“油炸糕”来款待亲友和客人。传统小吃“驴打滚”就是用黍米中的黄米制成的。

作为当时重要的粮食作物，黍同样被赋予了深厚的文化内涵和民族情感。中国最早的诗歌总集《诗经》中便有一篇名为《黍离》，其诗曰：“彼黍离离，彼稷之苗。行迈靡靡，中心摇摇。知我者谓我心忧，不知我者，谓我何求。悠悠苍天，此何人哉。彼黍离离，彼稷之穗。行迈靡靡，中心如醉。知我者谓我心忧，不知我者，谓我何求。悠悠苍天，此何人哉。彼黍离离，彼稷之实。行迈靡靡，中心如噎。知我者谓我心忧，不知我者，谓我何求。悠悠苍天，此何人哉。”历来被视为是悲悼故国的代表作，说的是两千多年前的一个夏天，周大夫行役路过镐京，看到埋没在荒草中的旧时宗庙遗址，有感于周室的被颠覆，悲伤而作，描述了当一个人看到心中的理想大厦坍塌埋没于苗草中时的难受心情。这首诗两千年来不断被传唱着，以至于后人对国家残破，今不如昔的哀叹，伤国破家亡之痛，成为“黍离之悲”。

糜子（黍）今天在亚洲很多地区、俄罗斯和西非仍是重要的粮食作物。黍米的蛋白质含量高出粳米1倍，蛋白质中有清蛋白、球蛋白、谷蛋白、醇溶蛋白等。所含淀粉略低于粳米。脂肪含量高于米、麦。黍米中还含有粗纤维、灰分、黍素等。

中医认为，黍米有益气补中、滋补肾阴、健脾活血之功效，还有治疗杖疮疼痛和小儿鹅口疮的功能。但黍米黏性大而难消化，切忌过量食用，尤其老弱病人和胃肠功能欠佳者更要少食，心血管病人、血脂过高者，最好不食，以防止胆固醇、血脂的升高。

粟与糜（黍）今天早已不是中国人餐桌的主角，然而我们却不应该忘记这些大自然赐予我们的宝贵财富。在小麦传入中土、水稻跨越长江进入黄河流域之前的数千年中，正是粟与黍孕育了中华民族，滋养了华夏文明，终使华夏文明成为同时代最辉煌的古代文明之一，乃至于生息绵延至今数千载依然光辉灿烂。河北省是中国糜（黍）主产省之一。在冀西、冀北的干旱山区适当种植糜黍，对于发展旱作农业具有特殊的意义。

一、形态特征

一年生禾本科草本。秆直立，单生或少数丛生，高60～120cm。叶片条状披针形，宽达1.5cm。圆锥花序开展或较紧密，成熟后下垂，长约30cm；小穗长4～5mm，含2小花，仅第二小花结实；第一颖长为小穗1/3～2/3，具5～7脉，先端尖或锥尖；第二颖与小穗等长，大都具11脉；第一外稃大都具13脉；第二外稃革质，成熟后呈乳白色或褐色，边缘卷抱内稃。初生胚根1条，次生根为须根系，入土深度和扩展范围100～150cm。株高一般为100～150cm，有效分蘖1～3个，营养条件优越时可超过20个，条件异常时常有分枝现象。根与茎的输导组织发达。叶长披针形，较粟宽长，茎叶被有茸毛。圆锥花序，有绿色和紫色两类。穗形有多种，常作为品种分类的依据。穗的末级分枝顶端着生小穗，小穗一般有2朵小花，仅第2小花结实。中国有着生3朵小花，第2、第3小花结实的双粒型品种。成熟过度时较易落粒。籽粒为带壳颖果，呈红、黄、白、褐、灰等色，而以白色种子的出米率较高。千粒重3～10g。

二、生态型

生态型是品种类群与生态环境相结合的产物。我国糜子（黍）品种分部生态环境复杂，因此对糜（黍）精确地的生态区划存在一定争议。根据近几年的研究资料将糜（黍）划分为7个生态区，即：

（1）黄土高原生态型。主要包括山西省中部、南部，陕西全省，甘肃中部、东部。海拔600～1 800m，年降水量300～700mm，年平均气温6～10℃。以旱作春播、侧穗大粒型为主体，本区东南部热能资源较丰富地区夏播也占一定比例。

（2）内蒙古高原生态型。本生态型分布在长城以北、大兴安岭以西、贺兰山脉 以东的高原旱作地带。海拔 600~1 700m，年降水量 250~500mm，年平均气温 4~8℃。以旱作春播中晚熟侧穗品种为主体，备荒的早熟品种也占一定比重。

（3）西北干旱灌区生态型。主要分布在内蒙古河套灌区、宁夏引黄灌区和甘肃河西走廊灌区。海拔1 000~2 000m，年平均气温 6~10℃，品种以散穗型为主，茎叶茸毛较多，耐高温和干旱，耐盐碱。

（4）华北平原生态型。分布于河北、河南、山东等平原区，海拔在 100m 以下，年平均气温 10~16℃，年降雨量 600~1 000mm。这一地区历史上曾是黍的主产区，目前只有零星分布，糜（黍）以侧穗、中粒型、糯性品种为主，属性多种多样，多为复种栽培。

（5）东北平原生态型。分布于黑龙江、吉林、辽宁等省的平原区以及内蒙古自治区东部平原区和低海拔丘陵区。海拔 400m 以下，年平均气温 3~8℃，年降雨量 400~800mm。这一区域夏季气温较高，可满足糜（黍）一年一熟的需要。内蒙古东部地区粳糯型糜（黍）品种并重，黑龙江、吉林、辽宁等省的平原区则糯型品种占优。

（6）高寒生态型。分布在黑龙江的西北部，内蒙古呼伦贝尔和大青山的后山区域。年均温 3℃以下，无霜期 100d，主体品种为散穗型，植株低矮，产量较低，最大特点是对温度要求较低，品种生育期较短，为早熟特早熟品种。

（7）南方生态型。分布于华东、华中、华南及西南诸省，在山区、丘陵区零星种植，穗型以散穗型为主，亦有侧穗型，籽粒小，多为糯性，品种耐湿性强，生育期较短，但引种到北方则生育期延长。

三、糜子（黍）的类型

糜子（黍）在我国栽培历史悠久，品种类型众多，习惯上常根据黍类群的形态、特性、用途进行分类。

（一）粳型和糯型

按籽粒的粳糯性进行划分。

（1）粳型。成熟的籽粒角质，成熟不良者粉质，但二者对碘液的反应均为蓝黑色，所含淀粉中有一定比例的直链淀粉。全国各省均有分布。

（2）糯型。籽粒粉质无光泽，所含淀粉几乎全为支链淀粉，并有少量糊精和麦芽糖，多分布于我国东部、南部及北方广大地区。形态上与粳型无多大区别。

（二）根据穗型分为 3 个类型（图 4-10）

（1）散穗型。多数穗分枝较长，并向主轴四周散开。植株略低于侧穗型，对温度要求较低，抗旱性较差，密植时群体性状好。西北干旱灌区和东北平原生态型此类品种较多。

（2）侧穗型。穗分枝长，向主轴一方倾斜下垂，植株高大，根系发达，抗旱性强。中国栽培品种多属此类。

（3）密穗型。穗分枝短小而密集在主轴周围，植株较矮，喜温暖，中国种植甚少。

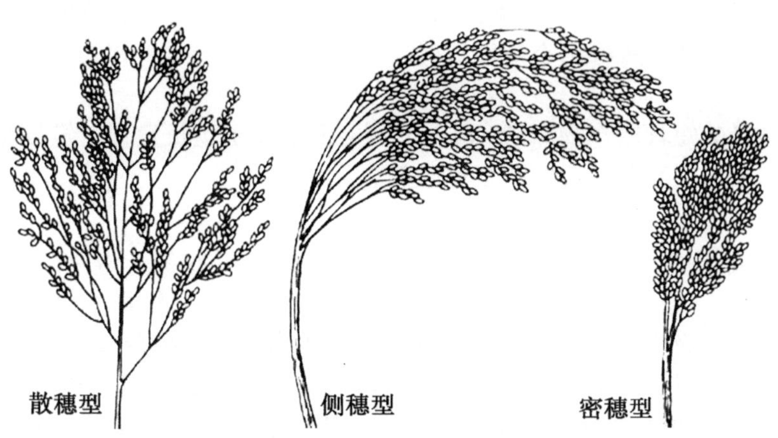

图 4-10　糜子（黍）的 3 种穗型

（三）按每个小穗结实粒数可划分为单粒型和双粒型（图 4-11）

（1）单粒型。小穗由两朵小花组成，第一小花不育，第二小花为可育的完全花，所以小穗仅结实一粒。我国绝大多数品种为此类型。

（2）双粒型。为中国黍的变异类型，小穗由三朵小花组成，第一小花不育，第二、第三朵小花为完全花，可以结实。相对于单粒，此性状为隐性。

图 4-11　单粒和双粒型糜子（黍）

四、糜子（黍）对环境条件的要求

1. 温度

糜子是喜温作物，整个生育期间需要较高的温度。全生育期约需活动积温 1 100~2 600℃，不耐寒，在-2~-1℃ 时，幼苗、叶片易冻伤，在-4~-3℃时植株全部冻死。种子萌发最低温度 8~10℃，最适温度 20~30℃，最高温度 35~40℃。开花期最低温度 16~19℃，最适温度 24~30℃。糜子具有较强的抗热性，在土壤含水量为田间最大持水量 70%时，叶片的临界温度为 42℃。因此，糜子不宜早播。

2. 水分

糜子是禾谷类作物中耗水最低、抗干旱能力最强、用水最经济、最抗旱的作 物，生产 1g 干物质只需消耗 225.12g 水。在适宜的温度条件下，种子吸水占种子重量 25%时即可发芽，因此在土壤墒情不足的情况下，糜子能正常发芽和出苗。

3. 光照

糜子是喜光的短日照作物，12~14 h 光照有利于糜子生长发育。短日照可以促进糜子生长发育，缩短生育期；反之则延迟成熟。

4. 养分

糜子是耐瘠作物，每生产 100kg 籽粒需从土壤中吸收氮 1.8~2.10kg，磷 0.8~1.0kg，钾 1.2~1.8kg，明显低于其他禾本科作物和一些油料作物。糜子能吸收土壤深层及其他作物难以吸收的养分，对土壤养分的利用率高，在瘠薄 地上能正常生长发育并能获得较高的产量。糜子各生育阶段对养分吸收的差异较大，从出苗至分蘖需要养分较少，不足全生育期的 10%，从分蘖至开花，整个生育期所需钾全部吸收，氮吸收近 2/3，磷吸收近 1/2，这个阶段是糜子需肥最多 的时期，从开花至籽粒成熟，还需吸收氮总量的 1/3，磷总量的 1/2。

5. 土壤

糜子对土壤的适应性强，除低湿易涝和强酸性土壤外都能种植。通气良好，速效养分多，杂草少的中轻壤土是最适宜其生长的。此外，糜子耐盐碱能力强，土壤含盐量在 0.2%~0.25%、氯离子小于 0.06%时仍能良好生长。

五、高产栽培技术

（一）精细整地

河北省西北部气候比较干旱，宜选用土层深厚、肥力较高的沙壤或中壤地种植糜子，避免重迎茬；低平原一年两作区前茬以豆类、马铃薯、油葵等作物为佳，前茬作物收获后进行深耕翻并及时耙耱镇压。播种前旋耕耙耱，做到上虚下实，表土平整。

（二）优选良种

根据各地生态条件和生产水平科学选种，避免未经试验的跨区引种。目前河北省冀北地区栽培主要的品种有大紫杆、二紫杆、大白黍、二白黍、紫罗带、晋黍 3 号、晋黍 4 号、冀张黍 1 号、冀张黍 2 号、雁黍 5 号、雁黍 8 号等，产量水平在 150~250kg/亩。在长城沿线的怀来、万全、崇礼等县主要栽培品种有紫罗带、大黄黍、内黍 3 号、晋黍 4 号、冀张黍 1 号、冀张黍 2 号等，产量水平在 200kg/亩左右。坝上高寒地区生育期较短，主要栽培的品种有小红黍、小白黍、疙瘩白、笊篱头等农家品种，产量较低，在 150kg/亩左右；近年来，随着日益干旱的环境，坝上黍子面积每年增加迅速，但适于该区高产、抗旱的早熟、极早熟品种匮乏。

张家口地区是河北省糜子的主产区之一，气候表现为四季分明，雨热同季，昼夜温差大，冬季寒冷，夏季凉爽。结合该地区的气候特性及各糜子品种的农艺特性，推荐河北省张家口地区栽培种植的糯性品种为晋黍 8 号、内糜 8 号、雁黍 7 号、赤黍 2 号和齐黍 2 号。这 5 个品种在参试的糯性品种中产量均较高；生育期为 81~86d，适合当地的种植特点；同时还高抗倒伏。该地区适合栽培的粳性品种为陇糜 7 号、陇糜 5 号、宁糜 17 号、宁糜 14 号和陇糜 9 号。这 5 个品种产量较高；虽然抗倒性不是最强，但均为中等抗性，能满足机械收割的要求；生育期为79~87d，符合当地生产对其生育期的要求。

（三）合理施肥

施肥依地力而异。施肥以基肥为主，结合春季整地一次施入。一般亩施有机肥500~1 000kg，纯氮10kg，纯磷4kg，纯钾4kg。在8~9叶至抽穗期也可趁雨追肥，亩追尿素5~6kg。

（四）种子处理

选用优质糜子种子，去除秕粒和杂质，晒种2~3d。播前用种子重量0.2%的“拌种双”或40%“福美拌种灵”拌种防治糜子黑穗病，也可用2%立克秀可湿性粉剂按药种比1∶500进行拌种处理。

（五）适期播种

一般5月下旬到6月中上旬播种为宜。根据不同区域对密度的不同要求，亩播种量0.6~1kg，精量播种机播种时0.3~0.5kg为宜，播种深度3~5cm，行距30cm，亩留苗7万~9万株为宜。

根据土壤墒情可适当提前或推后播种，墒情好时宜浅播，墒情差时应适当深播，并适度镇压，注意趁雨抢墒播种。

（六）加强田间管理

一般中耕2次，第1次在苗期5~6叶期进行，第2次在拔节期进行，中耕深度2~3cm。

（七）适时收获

糜子穗基部籽粒进入蜡熟期，籽粒70%~80%脱水变硬为最佳收获期。人工收割应以早上为宜，可减少落粒。

六、优良品种介绍

1. 内糜8号

内糜8号”是鄂尔多斯市农牧业科学院以杭后二黄黍为母本，以达旗黄罗黍为父本杂交育成的高产、广适型糜子新品种。“内糜8号”生长势较强，幼苗健壮，种子出土能力较强，糯性，株高140cm，主茎节数6.7节。侧穗，主穗长36cm，穗重6g，分蘖成穗整齐，粒黄色，千粒重8g。生育期97~100d，为中熟品种。抗旱、抗盐碱、抗倒伏、抗脱粒性强，且高抗黑穗病等。该品种籽粒碳水化合物含量70%，粗脂肪含量4%，粗蛋白质含量16%。每亩产量230kg。

适宜种植区域：该品种在内蒙古呼和浩特、鄂尔多斯以及山西五寨，黑龙江哈尔滨，河北张家口，宁夏盐池，陕西府谷等地种植，产量表现很好。

2. 赤黍2号

赤峰市农牧科学研究院以本地大白黍与目标性状基因库材料杂交，后代经多年选育而成。幼苗叶片绿色，叶鞘绿色。株型半紧凑，株高136cm，分蘖3~5个，植株茎秆茸毛较长，绿花序，黄花药。侧穗型，主穗长43.8cm。籽粒椭圆形，白谷黄米，千粒重6.9g。2010年农业部谷物及制品质量监督检测中心（哈尔滨）测定，粗蛋白17.15%，粗脂肪4.30%，粗淀粉72.24%，糊化温度2.0级。2009—2010年河北省农林科学院谷子研究所植物保护室人工接种抗性鉴定，抗黑穗病（病株率8.7%）。2009年参加内蒙古自治区糜子区域试验，平均亩产253.1kg，比对照大黄黍增产7.6%。2010年参加内蒙古自治区糜子区域试验，平均亩产291.2kg，比对照大黄黍增产9.9%。2010年参加内蒙古自治区糜子生产试验，平均亩产270.7kg，比对照大黄黍增产6.7%。平均生育期103d，比对照早1d。

3. 晋黍8号

晋黍8号是山西省农业科学院高寒区作物研究所以34-22为母本、以24-3为父本杂交，经多年单株选育培育的黍子新品种。该品种中早熟、高产、稳产、优质、适应性广。2007年通过山西省农作物品种审定委员审定，2010年通过国家小宗粮豆鉴定委员会鉴定。该品种属中早熟品种，生育期99d左右；株高137.5cm，主穗长33.2cm，主茎节数7.6节，穗重5.6g，株粒重7.2g，千粒重7.0g；幼苗叶片和叶鞘均为绿色，侧穗型，绿色花序，籽粒白色、圆形，米黄色，糯性。据西北农林科技大学测试中心（陕西省农产品质量监督检验站、农业部食品质量监督检验测试中心）测定：该品种籽粒含粗蛋白13.52%，粗脂肪3.14%，粗淀粉50.97%。

2006年参加全国糜子（糯性）区域试验，该品种平均单产29 134kg/hm^2，较对照（冀承黍1号）增产17.7%；2007年参加全国糜子（糯性）区域试验平均单产2 965.4kg/hm^2，较对照增产3.64%；2008年全国糜子（糯性）区域试验平均单产3 623.1kg/hm^2，较对照增产10.1%；3年全国区试平均单产3 166.8kg/hm^2，较对照增产11.04%。2008年，全国糜子（糯性）生产试验中，晋黍8号在内蒙古达拉特旗、山西大同和宁夏固原3个试点表现增产，平均单产为4 597.5kg/hm^2，较统一对照（冀承黍1号）平均增产13.3%；较当地对照平均增产8.8%。

4. 晋黍9号

由山西省农业科学院高寒区作物研究所选育，幼苗叶片和叶鞘均为绿色，株高174.3cm，节数6.4节，绿色花序，侧穗型，穗长37.4cm，穗粒重7.6g，籽粒为复色、圆形，千粒重7.9g，出米率82%，米黄色，适口性好，田间有轻度红叶病发生。农业部谷物品质监督检验测试中心检测，粗蛋白（干基）14.84%，粗脂肪（干基）3.54%，粗淀粉（干基）76.83%，支链淀粉/粗淀粉（干基）99.97%。2006—2007年参加山西省黍子中熟区区域试验，两年平均亩产283.1kg，比对照晋黍5号平均增产10.7%，试验点11个，9点增产，增产点率81.8%。其中2006年平均亩产263.0kg，比对照晋黍5号增产12.8%；2007年平均亩产303.2kg，比对照晋黍5号增产9.0%。

5. 雁黍11号

从五寨农家种"红黍子"杂合群体系选。生育期110d左右。幼苗叶片绿色，叶鞘紫红色，成株株高155cm，主茎节数8.3节，有效分蘖1.8个，穗型侧紧，主穗长31.2cm，穗粒重8.7g，千粒重8.05g，籽粒圆形、深红色，米淡黄色。农业部食品质量监督检验测试中心（杨凌）分析，蛋白质10.767%，脂肪4.74%，碳水化合物59.2%。产量表现：2011—2012年参加山西省黍子（软糜子）区域试验，两年平均亩产220.4kg，比对照晋黍5号（下同）增产8.9%，12个试点11点增产，增产点率91.7%。其中2011年平均亩产230.2kg，比对照增产11.4%；2012年平均亩产

210.5kg，比对照增产6.3%。

6. 雁黍7号

在太原地区6月上旬播种，株高155cm，主茎节数7.5个，有效分蘖1.4个，主穗长41.5cm，茎秆和花序绿色。穗分枝与主轴夹角小，并拢侧向一边，属侧穗类型。单株粒重15.5g。籽粒大呈球圆形，色泽橘红亮丽。千粒重10.0g。米色深黄。7月上、中旬麦茬复播或救灾补种，株高118cm，主茎节数6.0个，有效分蘖1.1个，主穗长34.0cm，单株粒重8.6g，千粒重9.8g。晋中地区正茬播种生育期75~85d；麦茬复播或救灾补种生育期65~70d。在晋北高寒区种植，生育期延迟，90~105d。在晋南麦茬复播生育期缩短，60~65d，属特早熟品种。适宜山西省忻州以南地区麦茬复播、救灾补种或晋北高寒区春播。抗逆性强，抗旱、耐盐、抗病性好。

产量表现：2003年参加山西省特早熟黍子品种区域试验，试点设在山西北部的忻州、朔州、大同地区，共设5个试点。各试点均比对照增产，5个点平均折合亩产219.4kg，比对照晋黍6号增产13.6%。2004年参加省特早熟区生产试验，试点仍设在晋北3个地区，共6个试点。各试点均比对照晋黍6号增产，最高折合亩产358.3kg，比对照增产22.5%；6个点平均亩产均比对照增产，为207.3kg/亩，各项产量性状均比对照晋黍6号好。

7. 冀张黍1号

冀张黍1号是张家口市农业科学院以8012-16、涿鹿大红黍、蔚县柳心白和宣化小红黍4个品种（品系）为亲本，采用复合杂交的方法，单株系统选育而成的品种，2010年通过鉴定。该品种具有高产、高蛋白特性，一般产量4 000kg/hm^{2}左右，蛋白质含量高达15.74%。生育期96~102d，全生育期需有效积温2 241.7~2 381.8℃，适宜冀北、雁北、内蒙古等同类型黍子产区种植。该品种生育期96~102 d，属中熟类型品种。单株分蘖2.6个，株高125~155cm，茎粗0.7~0.9cm，主茎节数7~8个，茎叶茸毛分布稠密，幼苗生长健壮，茎秆较粗，抗倒伏能力强。绿色花序，侧穗型，穗长36.5~41.3cm，单株穗重9.0~12.3g，粒重5.0~8.1g。千粒重8.1g。粒红色，球形，米淡黄。该品种产量高达4 000kg/hm^{2}左右，较对照增产17.8%。品质好，粗蛋白含量高达15.74%，粗脂肪含量3.31%，支链淀粉含量99.74%（占总淀粉含量）。

8. 冀黍2号

品种生育期98~102d，属中熟类型品种。单株分蘖2.1个。株高（137±18.4）cm。茎粗（0.7+0.1）cm，主茎节数（7.6+0.2）个，茎叶茸毛分布稠密。紫色花序。侧穗型，穗长（35.1±2.71）cm。单株穗重9.1~13.2g。粒重6.1~9.2g，千粒重（7.9±0.2）g。粒白色，球形，米黄色。其植株整齐，根系发达，茎秆粗壮、坚韧。抗倒伏、抗旱能力强，灌浆速度快。该品种产量高。平均产量4 193.7kg/hm^2，较对照增产15.2%。2002—2004年进行品系鉴定试验，对照品种为晋黍3号，3年平均产量4 646.3kg/hm^2，比对照增产17.1%。根据农业部谷物品质监督检验测试中心检测。冀张黍2号蛋白质含量15.05%脂肪含量2.88%。支链淀粉含量98.97%。抗旱性鉴定：通过2008年、2009年2年田间试验，冀张黍2号在干旱胁迫下平均产量3 156.7kg/hm^2。较正常情况下平均产量4 125.6kg/hm^{2}减产23.5%。黑穗病发病率为2.31%；红叶病发病率 1.02%。属高抗黑穗病、红叶病品种。

9. 晋黍 4 号

晋黍 4 号是 1985 年以内黍 2 号为母本，伊黍 1 号为父本进行有性杂交而成。晋黍 4 号，幼苗叶片和叶鞘均为绿色，株高 132cm，茎秆粗壮，抗倒伏，抗旱性强。侧穗型，穗长 32.4cm，穗粒重 7.14g 左右，千粒重 8.28g 左右，籽粒白色，圆形，出米率达 84.5%，生育期 95d 左右，属中早熟品种。两年平均产量为 3 103 kg/hm^2，分别比对照晋黍 1 号增产 14.1%。晋黍 4 号米糕色黄、软、筋（精）、甜、适口性好，经中国农业科学院品质分析测定：含蛋白质 13.2%，脂肪 2.72%，支链淀粉 98.62%，赖氨酸 0.25%，维生素 B_{10}32mg/100g，胶稠度 181mm，超过国家一级优质糯米标准。晋黍 4 号适宜在山西、河北、内蒙古自治区糜黍产区种植。

10 内糜 10 号：内糜 10 号是内蒙古自治区鄂尔多斯市农科所选育的一个糜子品种。株高 138.1cm，主茎节数 7.7 个，侧穗型，主穗长 31.5cm，穗粒重 6.1g，分蘖成穗整齐，粒黄色，千粒重 7.7g。经农业部食品质量监督检验测试中心（杨凌）检测：籽粒含水分 12.18%，粗蛋白 10.81%，粗淀粉 57.32%，粗脂肪 3.08%。粳性，生育期99d，需≥10℃有效积温 1 900℃左右，中早熟品种。抗旱、抗盐、抗倒伏、抗落粒性强。2006 年区域试验平均亩产 140.11kg，较对照榆糜 3 号增产 5.43%；2007 年区域试验平均亩产 203.19kg，较对照榆糜 3 号增产 19.7%；2008 年区域试验平均亩产 206.22kg，较对照榆糜 3 号增产 13.7%；三年区域试验平均亩产 186.45kg，较对照榆糜 3 号增产 12.0%。适宜宁南山区干旱、半干旱、≥10℃有效积温 1 900~3 100 ℃的糜子主产区旱地种植。

第三节 燕麦高产栽培技术

一、燕麦的类型、分布与特性

（一）燕麦的类型与分布

燕麦（*Avena sativa* L.）是禾本科（Gramineae）燕麦属（*Avena*）一年生草本植物，一般分为皮燕麦（带稃型）和裸燕麦（裸粒型）两种。世界各国栽培的燕麦以皮燕麦为主，多数用于家畜或家禽的饲料。我国以种植裸燕麦为主，收获的籽实作为粮食食用，茎叶作为牲畜的饲草。燕麦按染色体组型又可分为二倍体、四倍体和六倍体 3 个种群，共 24 个种。其类型如下。

（1）二倍体燕麦（2n=2x=14）共 10 种。短燕麦、加拿大燕麦、大马士革燕麦、小粒裸燕麦、长颖燕麦、长毛燕麦、匍匐燕麦、砂（粗）燕麦、偏肥燕麦、不完全燕麦。

（2）四倍体燕麦（2n=4x=28）共 7 种。大西洋燕麦、大燕麦、细燕麦、阿比西尼亚燕麦、墨菲燕麦、瓦维洛夫燕麦、沙漠野燕麦。

（3）六倍体燕麦（2n=6x=42）共 7 种。普通栽培燕麦、普通野燕麦、裸粒燕麦、地中海燕麦、东方燕麦、南野燕麦、野红燕麦。

一般认为，燕麦具有 4 个起源中心：①我国西部，②地中海北岸，③前亚伊朗高原一带，④东非的埃塞俄比亚高原。我国西部地区是裸燕麦的发源地、驯化地和传统产地，其他 3 个起源地起源的燕麦类型均为皮燕麦。燕麦是一种优良的饲用麦类作物，广布于欧、亚、非三洲的温带地区。我国燕麦主要分布于东北、华北和西北的高寒牧区。其中以内蒙古、河北、甘肃、山西种植面积最大，新疆、青海、陕西次之，云南、贵州、西藏和四川山区也有少量种植。近年来，随着人工草地的建立，燕麦开始在牧区大量种植，发展很快，已成为高寒牧区枯草季节的重要饲草来源。燕麦在全世界谷物生产中仅次于小麦、玉米和水稻，占第 4 位，苏联种植最多，其次是美国、加拿大、法国、德国、波兰、瑞典、挪威等国，亚洲各国种植较少。

（二）燕麦品种特性

植物学特征：燕麦为禾本科燕麦属一年生草本植物。须根系，入土深度达 1m 左右。株高 80～150m。叶片宽而平展，长 15～40cm，宽 0.6～1.2m；无叶耳；叶舌大，顶端具稀疏叶齿。圆锥花序，穗轴直立或下垂，每穗具 4～6 节，节部分枝，下部节与分枝较多，向上渐减少，小穗着生于分枝的顶端，每小穗含 1～2 朵花，小穗近于无毛或稀生短毛，不易断落。外颖具短芒或无芒，内外稃紧紧包被着籽粒，不易分离。颖果纺锤形，宽大，具簇毛，有纵沟。谷壳率占粒重量 20%～30%。

生物学特性：燕麦生长期因品种、栽培地区和播种期而异。一般春播的生长期为 75～125d，而秋播者可长达 250d 以上。华北和内蒙古，燕麦概为春播，生长期为 90～115d。甘肃省生长期大多在 90～110d。春播燕麦早熟品种生育期为 75～90d，其植株较矮，籽粒饱满，适于作精饲料栽培；晚熟品种的生育期为 105～125d，其茎叶高大繁茂，主要用作青饲和调制干草；中熟品种的生育期为 90～105d，株丛高度介于早熟和晚熟品种之间，属兼用型燕麦。

发芽出苗。燕麦播种后经 6～8d 即可出苗，有时延至 11～15d 以上。燕麦种子发芽时需水分较多，约吸收本身重量的 65% 的水分才可以萌发。因此，播种燕麦的土地，土壤湿度需较其他麦类作物高。燕麦发芽的最低温度为 3～4℃，最高 30℃，最适温度为 15～25℃。

分蘖扎根。燕麦出苗后长出 3 片叶子时开始出现分蘖，并长出次生根。分蘖和气生根都是从接近地表的分蘖节长出的。分蘖节实质上包含几个极短的节间和腋芽。由这些腋芽发育成分蘖。分蘖有有效和无效两种，一般燕麦的有效分蘖数为 1.8～2.3 个。为了提高有效分蘖和形成强大的根系，必须在分蘖期间保证土壤有充足的水分和养料。

拔节抽穗。在分蘖时期，燕麦的茎和原始体即开始发育，当植株出现 5 片叶子时，即开始拔节。燕麦从拔节抽穗至开花灌浆，营养生长和生殖生长均旺盛，需要大量水分、养分，要求 15～17℃温度和充足的日照。

燕麦主茎上的小穗数常多于侧枝。穗轴上着生一个穗枝梗称半轮生状态，一般为四轮，愈往上穗枝梗愈少，在穗枝梗的每一节上着生一个小穗。就穗轮来说，以基轮的小穗数为最多，约在 70%；第二轮约占 20%，第三轮、第四轮各占 5%左右。燕麦的主穗或分蘖穗上常常出现发育不全的小穗花，通常称为花梢，由花梢造成的不育率一般为 10%～15%。

开花与成热。燕麦开花顺序是顶端小穗先开放，依次向下，枝穗梗的小穗也按此序开花。但每小穗中各花开放的顺序是基部花先开，然后顺序向上开放。通常一个小穗开花时间为2~3d，一个花序为7~8d，最长可达10~13d。在一天中开花最盛时间为下午2—4时，每花开放时间为60~90min，长的可达2h以上。开花适宜温为20~24℃，最低16℃，最高24℃。开花期间需要适量湿度和无风的天气，湿度过高或阴雨有碍开花。低温会延迟开花过程，降低湿度有促进开花趋势。干燥炎热而带有旱风的天气，会破坏受精过程而不结实。

燕麦是自花授粉植物，开花时雄雌蕊同时成熟，且花药紧靠柱头。一般在花颖开放时已经授粉。燕麦的天然杂交率一般不超过1%。燕麦在授粉后，籽实开始积累营养物质，进入灌浆结实期。结实与成熟的顺序同开花一样，也是自上而下，结实籽粒成熟很不一致。通常在穗下部籽粒进入蜡熟期即可收获。灌浆期如遇高温干旱，往往造成瘦小皱缩秕籽，或籽实根本没有发育，影响产量。燕麦千粒重在25~41g。

农艺性状：燕麦是一种优良的草料兼用作物，籽实产量一般每公顷2 250~3 000kg。青饲料每公顷产量15 000~22 500kg。吉林省复种燕麦每公顷鲜草产量7 500kg，秸秆每公顷产5 250~6 000kg。

燕麦叶多，叶片宽长，柔嫩多汁，适口性强，消化率高，是一种极好的青刈饲料。青刈燕麦可鲜喂，但主要供调制青贮料和制干草用。根据国外资料，利用燕麦地放牧肉牛平均每日增重550g，如利用燕麦—苕子混播地放牧，则平均日增重815g。

营养品质：燕麦粒中含有较丰富的蛋白质，一般含量为10%~14%，裸燕麦的蛋白质含量在15%左右，脂肪含量超过4.5%。燕麦籽粒粗纤维含量高，是各类家畜特别是马、牛、羊的良好精料。燕麦的秸秆与稃壳的营养价值较其他麦类作物为高（表4-1），蛋白质含量为1.3%，而小麦和黑麦则分别为1.1%和0.6%。燕麦稃壳中蛋白质含量为3.0%，小麦则为2.3%。因此，适于饲喂牛、马。

表4-1　燕麦营养成分（%）

材料名称	水分	粗蛋白	粗脂肪	粗纤维	无氮浸出物	粗灰分
燕麦籽实	10.9	12.9	3.9	14.8	53.9	3.6
青刈燕麦	80.4	2.9	0.9	5.4	8.9	1.5
燕麦秸秆	13.5	3.6	1.7	35.7	37	8.5

（三）燕麦对环境条件的要求

燕麦最适于生长在气候凉爽、雨量充沛的地区。对温度的要求较低，生长季炎热而干燥对其生长发育不利。不同品种燕麦在温度2~5℃的条件下，经10~14d便可完成春化阶段，并能使植株提早抽穗期1~4d。燕麦抗寒力较其他麦类为强。幼苗能耐-4~-2℃的低温，成株在-4~-3℃低温下仍能恢复生长，在-5℃时才受冻害。生长期中需求温度也低，拔节至抽穗要求15~17℃，抽穗开花要求20~24℃。

燕麦不耐热，对高温特别敏感，当温度达38~40℃时，经过4~5h气孔就萎缩，不能自由开闭，而大麦需经20~26h，小麦经10~17h，气孔才会失去开闭机能。开花和灌浆期遇有高温则影响结实。夏季温度不太高的地区，最适于种植燕麦。但是，燕麦若能在较高的温度条件下通过春化阶段，夏播也能抽穗开花。

燕麦为长日照作物，延长光照，生育期缩短。光照阶段时间长短，因品种及气温而异，长在高寒地区的北方品种所需时间较长，分布在地中海的燕麦所需时间较短。温度对生育期也有影响，高温时生育期缩短。

燕麦是需水较多的作物，不仅发芽时需要较多的水分，且在其生育过程中耗水量也比大麦、小麦及其他谷类作物多。试验表明，燕麦的蒸腾系数为 747，小麦为 424，大麦为 403。总之，干旱缺雨、天气酷热是限制燕麦生产和分布的重要因素，在干旱地区种植燕麦一定要注意灌溉保墒工作。

燕麦对土壤的选择不严，可以栽种在各种土壤上，如黏土、壤土、沼泽土等，以富于腐殖质的黏壤土和沙壤土为最适宜。在高寒牧区的粗耕地上，由于土壤腐殖质含量高，水分充足，即使整地较为粗糙，亦可获得很高的青草产量。但是干燥沙土，不适于其生长。土质比较黏重潮湿而不适于种植小麦、大麦和其他谷类作物时，可以种植燕麦。燕麦对酸性土壤（pH 值 5.0~6.5）的反应不如其他谷类作物敏感，耐碱性不如大麦，但某些品种的耐碱能力较小麦强。

二、燕麦高产栽培技术

1. 轮作、整地和施肥

燕麦对于氮肥有良好的反应，前作以豆科植物为理想，尤以豌豆茬对它的增产效果特别显著。马铃薯、甘薯、玉米、甜菜、莞根都是燕麦的良好前作。在华中、华南地区，燕麦可以种植在玉米、高粱、晚稻、花生等作物之后。燕麦忌连作，我国西北高寒牧区和内蒙古种植青燕麦，由于常年连作，产量下降，应注意适当地倒茬轮作。燕麦播种前整地的主要措施是深耕和施肥。春燕麦要求秋翻，冬燕麦则在前年作物收获后随即耕翻，耕翻深度以 18~22cm 为宜。翻后及时耙地和压地耕前施基肥，每公顷22 500kg。大量施用有机肥对燕麦丰产的作用也非常明显，但必须结合施用草木灰，以防倒伏。选用籽粒大，饱满，发芽率高，发芽势强，播种品质好的料粒作种子能显著提高产量。

2. 播种

燕麦种子大小不整齐，应选纯净的大粒种子播种。黑穗病流行地区，播前要实行温汤浸种。播种期，因地区和栽培目的不同而异。我国春播燕麦一般在 4 月上旬至 5 月上旬，也有迟至 6 月间进行夏播，而长江流域各地春播可在 3 月上旬。秋播应在 10 月上中旬，过早过迟常易受冻害。具体播种时间可视自然条件和生产目的而定。如青刈燕麦长到抽穗刈割利用，自播种至抽穗需 65~75d，气温高，其生长期缩短，反之则延长。如吉林省麦后复种青刈燕麦，每公顷可收7 500kg。燕麦的播种量每公顷 150~225kg，收籽粒播种量可略减。青刈燕麦刈割期早，生长期短，不易倒伏，为获得高产优质的青饲料，可适当密植，其播量可增加 20%~30%。单播时一般行距为 15~30cm，混播的为 30~50cm，复种的可缩小到 15cm。燕麦覆土宜浅，一般为 3~4cm，干旱地区可稍深些，播种后镇压有利于出苗。

在干旱条件下，燕麦与豌豆、苕子等混播可以提高干草和蛋白质的产量。燕麦与豌豆混播，不仅能提高干草和种子产量，并能减轻豌豆的倒伏程度。混播通常以燕麦为主作物，占混播的总量3/4，每公顷用燕麦112. 5kg，豌豆75~112. 5kg，或燕麦127. 5~150kg，苕子45~60kg，可根据需要酌情增减。

3. 田间管理

燕麦在出苗前后若表土出现板结，可以轻耙一次，苗期如果杂草太多，可以用人工除草，也可以用2，4-D丁酯进行化学除草，每公顷用药量不超过1. 5kg。在分蘖或拔节期进行第二次除草时，结合灌溉、降雨施入追肥。第一次追肥在分蘖时进行，可促进有效分蘖的发育。第二次在拔节期进行，追氮、钾肥料。第三次追肥可根据具体情况在孕穗或抽穗时进行，以磷、钾肥为主，配合使用粪肥。在抽穗期间以2%的过磷酸钙进行根外追肥，可促进籽粒饱满。燕麦在一生中浇水次数可根据各地具体情况来定。在干旱地区，生育期一般需浇2~4次水，时间分别在分蘖、抽穗和灌浆期进行。同时为了充分发挥肥料的作用，灌水应与施追肥同时进行。燕麦从分蘖到拔节这一时期是幼穗分化的重要时期，在这个时期如果水分供应不充分，就会增加不孕穗数，因而也降低种子产量。

4. 收获

收籽粒燕麦，要在最上部的籽粒达到完熟，而下部的籽粒蜡熟时收获。一般每公顷产4. 5~6. 0t。

青刈燕麦，可根据饲养需要于拔节至开花期刈割。燕麦再生力较强，两次刈割能为畜禽均衡提供优质青绿饲料。第一次刈割要适当提早，留茬5~10cm，刈割后30d即可收获第二次，延至抽穗刈割只能割1次，产量和品质均较低。青刈燕麦的产量因条件不同而异，一般每公顷22 500~30 000kg。1次刈割与2次刈割总产量相近，但就蛋白质产量而言，则以分期刈割为高，且可满足牲畜对青饲料的需要。

燕麦是一种极好的青刈饲料，在冬季较为温暖的地方可秋播供冬春利用，在冬季严寒的地方，则以春播利用。从乳熟期至成熟期均可收获，根据产量及消化实验结果，以乳熟期到蜡熟期收获最好。如果与豆科作物混播，则更能获得量质兼优的青饲料。燕麦可以鲜喂、青贮、调制干草或利用燕麦地放牧，其饲用价值很高，是一种很有潜力的饲草。

三、优良品种介绍

根据不同利用目的，分别从裸燕麦、皮燕麦方向选择不同品种进行介绍。

坝莜8号：优质加工型裸燕麦品种。河北省高寒作物研究所和中国农业科学院作物科学研究所合作完成，原系谱号：品2号8711-40-3，2013年通过专家鉴定。该品种幼苗半直立，苗绿色，生长势强，生育期93. 8d，属中熟型品种。株型中等，株高86. 0~106. 6cm，最高达130. 0cm。周散型穗，短串铃，内颖为白色，主穗小穗数24. 1个，穗粒数55. 9粒，穗粒重1. 53g，千粒重22. 9g。籽粒卵圆形、浅黄色。生长整齐，口紧不落粒，群体结构好，成穗率高。β-葡聚糖含量5. 42%，脂肪含量5. 71%，着壳率为0. 01%。河北省区试平均亩产194. 05kg，比“冀张莜4号”增产19. 05%，最高亩产315.93kg。抗旱抗倒性强，适应性广，适宜在河北省坝上及相似类型区旱坡地和一般平滩地种植。缺点是抗黑穗病性差。

白燕2号：早熟燕麦米专用型裸燕麦品种。2005年由吉林白城农业科学院引进，河北省高寒作物研究所和白城农业科学院合作完成，2013年通过专家鉴定。该品种幼苗半直立，苗色深绿，生长势强，生育期81d，属早熟型品种。株型松散，株高心116cm，茎秆坚韧，抗倒伏力强，群体结构好，成穗率高，着壳率低。侧散型穗，短串铃，有长芒，穗部经济性状好，千粒重25~28g，籽粒整齐，粒形卵圆，粒色浅黄具光泽。蛋白质含量15.8%，脂肪含量9.0%，β-葡聚糖含量5.1%。试验平均亩产215.3kg，比对照“冀张莜2号”增产10.68%。抗黄矮病和黑穗病，抗旱耐瘠性强，落黄好，适应性广。适宜在河北坝上及相似类型区的二阴滩地、水浇地种植。

同燕2号：是山西省农业科学院高寒区作物研究所经系统选育而成的燕麦新品种，其抗旱性强，丰产性好，品质优，在山西省燕麦产区的旱坡地、二阴地均可种植，尤其在下湿滩地种植，增产潜力更大。同燕2号生育期（出苗至成熟）95d，幼苗直立，平均有效分蘖0.5个，生长势中等，株高113.3cm，茎秆节数5个，节间长22.6cm，叶姿上举，叶片蜡质层较厚，有短芒；穗长18.9cm，穗侧散型，小穗串铃形，小穗数40个，轮层数6层，内稃淡黄色，外稃黄色；主穗平均粒数71.6粒，主穗粒重2.1g，籽粒卵圆形，白色，千粒重26.2g。抗病性强，抗倒性强。2014年经农业部谷物品质监督检验测试中心分析，该品种籽粒蛋白质含量17.51%、脂肪含量10.26%、淀粉含量58%，品质较好。特征特性：幼苗直立，叶片上举，株型紧凑，株高96~123cm。穗侧散形，长芒，颖壳浅黄色，穗长19~21cm。小穗铃数10~18个，主穗粒数55~69粒，穗粒重1.0~1.2g。籽粒黄白色，长卵圆形，千粒重28~32g。春性，生育期80~100d。中抗燕麦红叶病，对燕麦坚黑穗病表现免疫。产量表现：2003—2004年多点试验，平均亩产180.2kg，较对照增产15.1%。

品燕2号：该品种系山西省农业科学院农作物品种资源研究所选育而成。生育期95~100d，与对照“晋燕8号”相当。幼苗匍匐、浅绿色，有效分蘖率56.8%。株高104cm。茎秆节数7个，叶姿下披、蜡质层薄，短芒。籽粒纺锤形、白色，千粒重25g，粗蛋白（干基）17.60%，粗脂肪（干基）5.87%。亩施农肥1 500kg作基肥，硝酸铵10kg作种肥，播前种子用0.3%拌种双拌种防治黑穗病，5月中下旬播种，密度一般旱地每亩30万株，高肥力旱坡地每亩40万株，及时防治蚜虫，以防红叶病发生。适宜在山西、河北、内蒙古等莜麦主要产区的旱平地、旱坡地、沟湾地及一般水浇地种植。

白燕8号：由白城市农业科学院2 000年从国外引入杂交组合经系谱法选育而成。特征特性：粒黄色、长卵圆形，千粒重20.87g，容重613.6g/L。幼苗直立，叶片鲜绿色，叶片中等，株高104cm左右。侧散形穗，长芒，颖壳黄色，穗长19cm左右，小穗着生密度适中，小穗数37个，穗粒数81粒，穗粒重1.47g。粒黄色、长卵圆形，千粒重20.87g。粗蛋白含量16.49%，粗脂肪含量8.57%，粗淀粉含量58.04%。经田间鉴定，未发生病虫害。出苗到成熟74d左右。2004年产比试验平均公顷产量2 382.7kg；

2005 年产鉴试验平均公顷产量2 543.2 kg；2006 年生产试验平均公顷产量2 357.6 kg。适应区域：吉林省西部地区具备水浇条件中等以上肥力的土壤种植。

晋燕 15 号：该品种系山西省农业科学院五寨农业试验站选育而成。生育期 90d，比对照品种"晋燕 8 号"早 3d。根系发达，幼苗直立、深绿色，有效分蘖 1.3 个，生长势强。株高 95.5cm，叶姿上举，蜡质层中等厚度。抗旱性强，抗寒性强，抗燕麦坚黑穗病、秆锈病，轻感红叶病，抗倒性强。播期为 5 月 30 日前后，亩播量 8~10kg，亩基本苗 28 万~30 万株。适时中耕、除草，蚜虫为害严重的区域注意防治红叶病。进入蜡熟中后期，上中部籽粒变硬，籽粒大小和色泽正常时进行收获。在山西、河北、内蒙古等莜麦主要产区的旱平地、旱坡地、沟湾地及一般水浇地均可种植。

坝燕 4 号：品种的生育期适中，经济性状较好，抗逆性强，千粒重和产量分别为 36.0g 和4 107.225 kg/hm^2。该品种幼苗半直立，苗色深绿，生长势强，生育期 95d 左右；植株直立，叶色深绿，茎秆粗壮，株型紧凑中等，叶片下披；穗呈周散型，稃色黄色，无芒，纺锤形铃，纺锤形粒，粒色浅黄。经济性状及品质分析：株高 105.9cm，穗长 16.8cm，主穗小穗数 35.3 个，穗粒数 77.1 粒，穗粒重 2.6g，千粒重 36.0 g。蛋白质含量 9.32%，脂肪含量 4.98%，碳水化合物含量 57.97%，水分含量 8.23%（以上为皮燕麦带壳结果）。2009—2011 年国家皮燕麦品种区域试验，3 年平均产量4 531.2 kg/hm^2，比对照增产 25.6%，2012 年国家生产试验平均产量4 120.65 kg/hm^2，较统一对照平均增产 8.55%。

蒙燕 1 号：是内蒙古农牧业科学院燕麦育种课题最新育成的适应于内蒙古及类似区域种植的皮燕麦新品种，籽实产量在3 750 kg/hm^{2}以上，是粮用、饲用、高产、高效，皮燕麦新品种。该品种生育日数 90d，鲜草平均产量49 181.3 kg/hm^2，干草平均产量 18 216.6 kg/hm^2，秸草平均产量 8 117 kg/hm^2，粗脂肪含量 4.95%、粗蛋白含量 14.46%、粗淀粉含量 53.42%，2010 年元月 26 日通过国家品种审定委员会认定准予在适宜地区推广种植选。特征特性：春性，幼苗直立，浓绿色，林高 105.5cm，穗长 16.3cm 穗呈周散型，颖壳黄色，穗铃数 25.9 个，穗粒数 54.6 粒，穗粒重 2.0g，千粒重 34.0g。生育日数 88d。粗脂肪含量 4.95%、粗蛋白含量 14.46%、粗淀粉含量 53.42%。

陇燕 3 号：由甘肃农业大学选育而成，2010 年通过国家草品种审定。以丹麦 444 为母本，以欧洲黑燕麦 Fyris 为父本，通过人工杂交，采用系谱法选育而成。该品种叶片深绿色，分蘖力强，有效分蘖多，生育期 110~130d，株型紧凑、茎秆粗壮，株高 135~160cm；圆锥花序，周散型，颖壳黑紫色，长卵圆形。穗长 14~20cm；小穗数 24~30 个，穗粒数 30~45 个；穗粒重 1.0~1.5g；千粒重 30~34g。春性、晚熟品种。乳熟期干草含干物质 94.92%，其中粗蛋白 12.65%，粗脂肪 2.5%，粗纤维 32.98%，无氮浸出物 33.85%，粗灰分 12.94%。对燕麦红叶病的抗性较强。最大的特点是干草和种子均高产，乳熟期干草产量达12 500 kg/hm^2，种子产量达5 000 kg/hm^2，种子成熟后不落粒。

阿坝燕麦：由四川省草原科学研究院、四川省红原县畜牧兽医局于 2010 年选育而成，2010 年通过国家草品种审定。植物学特征：一年生上繁禾草。株高 100~170cm，茎粗 0.47cm，叶鞘被少量白粉，茎节浅绿，穗节间与下部节间稍弯曲。具 4~5 片叶，叶片灰绿，长 23~31cm，宽 1.1~1.5cm，叶片靠近茎秆处边缘有绒毛（稀疏），叶片与茎秆夹角为 90°左右，质地较柔软。圆锥花序，穗长 17~25cm，每穗约 22 个小穗，46 个小花，每个小穗含 2~3 个小花，结实率 85%，种子纺锤形，短芒，草黄色，长约 1.3cm，宽 0.2cm，千粒重 32.23g。生物学特性：该品种在高寒牧区温度低、霜冻严重的自然条件下具有较强适应性，抗寒，耐旱，对土壤要求不严，耐瘠薄，抗倒伏，较抗蚜虫和锈病。盛花期风干样品含干物质 93.27%，其中粗蛋白含量 13.3%，粗脂肪 2.09%，粗纤维 27.6%，无氮浸出物 48.23%，粗灰分 5.05%，钙 0.18%，磷 0.092%。草质细嫩，具清香甜味，多种牲畜爱吃，消化率高，特别是做成青贮料后适口性更好。适宜于川西北高寒牧区作兼用型饲草。早熟品种，生育期 120d 左右，比丹麦 444 品种早 17~31d。适应区域：西南地区高山及青藏高原高寒牧区，海拔在 2 000~4 500m 的区域。

第四节　高粱高产栽培技术

一、高粱的类型与分布

高粱（*Sorghum bicolor* L.）按用途划分可分为粒用高粱、糖用高粱、饲用高粱、帚用高粱。若进一步划分粒用高粱又可分为食用高粱和酿造高粱；糖用高粱可包括糖料甜高粱和能源甜高粱；饲用高粱则包括饲料高粱和饲草高粱。高粱原产于热带非洲，先传入印度，后传入我国及远东地区，是世界古老的粮饲兼用作物之一。主要分布在亚洲、美洲，印度栽种最多，其次为美国、尼日利亚和中国。全世界 80 多个国家种植高粱。美洲、欧洲及大洋洲等地区多用高粱作饲料。杂交高粱推广后，在欧洲发展很快。高粱在我国已有 4 000 多年的栽培历史，播种面积为 2 380 多万 hm^2，东北三省和河北、山西、陕西、江苏等省栽种最多。高粱在世界上的发展趋势是面积不断扩大，产量逐年提高。由于其抗旱能力强，高产杂交种的育成及采用先进技术（机械化，密植施肥，灌溉，防除杂草等），使高粱在饲料作物总产量中的比重由 4%增至 12%。

二、高粱品种特征

植物学特征特性：高粱为禾本科高粱属一年生草本植物。须根系，由初生根、次生根和支持根组成。有明显的层次。入土深 1.4~1.7m，地面 1~3 节处有气生根。茎直立，株高 1~5m 不等，一般有分蘖 4~6 个。多穗高粱分蘖更多，刈割后能再生分，每个分蘖都能成穗。叶片狭长，圆锥花序，分弯穗、直穗、散穗三种。大小视品种而异，中有粗大的穗轴，分出许多小枝，其上着生 10 穗，每一小穗有花 2~3 枚，其中一花无柄，为结实花。结实花有颖，坚硬有光泽，有内外稃，成膜质，外稃生芒，内稃甚小，退化花的颖和结实花者相似，但无雄蕊。种子呈圆形或倒卵形，有红褐、淡黄、白等色。千粒重 20~30g。

高粱抽穗后2~4d开始开花，开花顺序由穗顶部开始渐及中部下部，但也有个别由下而上开的，全穗开花所需时间因品种及环境条件而不同。穗小早熟的品种全穗开花时间短，为5~7d，以第二天至第四天开花最盛。穗大晚熟品种所需时间长7~9d，以第四天至第六天最盛。一日内开花时间为晚上7时至午夜2时开花最多。每朵花开花时间20min以上。温度20℃左右，湿度80%~90%开花最多，低于14℃不能开花。开花期间的高温干旱会使花粉干枯丧失发芽能力，但雨水过多会引起花粉吸水破裂，不能正常受精，使结实率降低。高粱为常异花授粉植物，雌雄同花，开花期又长，常异交，天然杂交率为3%~5%。

品种特征：高粱籽粒的种皮内有少量单宁，它具涩味，含量多，品质差，妨碍消化，影响营养价值。通常新鲜籽粒含单宁多，白粒或浅色品种含单宁少，深色种子含单宁多。如黑高粱含单宁0.67%，红高粱含单宁0.61%，黄高粱为0.58%，白高粱则更少。我国东北高粱单宁含量为0.01%~0.40%，但单宁具防腐能力，可增加高粱种子的耐贮性，延长寿命。

高粱籽实也是重要的精饲料（表4-2）。其每kg饲料中含消化能（猪）13.17MJ，代谢能（鸡）12.29MJ，奶牛产奶净能6.60MJ，肉牛增重净能4.64MJ，羊消化能13.04MJ，此外还含有维生素 B_1 1.4g，维生素 B_2 0.7g。是肉畜和乳畜的好饲料。高粱的适口性较差。特别是赖氨酸（0.18%）和色氨酸（0.08%）含量偏低，饲喂时应和富含这两种氨基酸的饲料搭配，以补充这方面的缺陷。但甜高粱的适口性好，青贮后消化率有所提高，是家畜冬春优良的贮备饲料。但高粱成熟前粒和茎叶中含有氢氰酸（HCN），家畜采食过多会引起中毒，一般幼嫩部分、再生草、分蘖部分和干旱条件下氢氰酸较多。故要与其他饲料混喂，并以制成青贮料或晒制成干草饲喂为好。

表4-2 高粱营养成分 （%）

类别	水分	粗蛋白	粗脂肪	粗纤维	无氮浸出物	粗灰分
普通高粱籽粒	13.0	8.5	3.6	1.5	71.2	2.2
多穗高粱籽粒	9.0	8.8	2.5	1.9	75.6	2.2
高粱叶（干物质）	0	10.2	5.2	25.1	45.2	14.3

三、对环境条件的要求

（1）温度。高粱为喜温作物，生育期要求较高的温度，并有一定的耐高温特性。种子发芽温度最低为8~10℃，最适温度20~30℃，生育期适温20~35℃，要求≥10℃有效积温为980~2 200℃，抗热性强，不耐寒，昼夜温差大有利于养分积累，高于38℃或低于16℃时生长受阻，0℃以下幼嫩部分受冻，低于10℃易造成瘪籽粒。

（2）水分。高粱抗旱性强，需水少，种子发芽仅需吸收相当于种子重量的40%~50%的水，蒸腾系数274~380；根系发达，其根量比玉米多1倍，根毛生活力强，茎和根的渗透压高，分别为1 519 847~2 026 462Pa和1 215 877~1 519 847Pa；而玉米相应的为1 418 523Pa和1 013 231~1 114 551Pa；蒸腾量小，叶面积仅相当于玉米的

2/3，茎叶表面被蜡粉；当水分极为短缺或酷热时，可停止生长，暂时休眠，遇雨能恢复生长，而少受旱害。因此，在干旱少雨地区或夏季干热风严重地区适应种植高粱。

高粱耐涝，在抽穗期后遇水淹，对其产量影响甚小，一般心叶淹水不超过 2d、下部淹水不超过 7d、不影响产量。而且杂交高粱的耐涝性比一般高粱品种更强。因为高粱孕穗期，根皮层薄壁细胞破坏死亡，形成通气的空腔，与叶鞘中的类似组织相通，氧气可通过组织送住根的各个部分。

（3）光照。高粱为短日照 C_4植物，喜光，光呼吸、光合效率高，短日照能提早开花成熟，延长日照会贪青徒长。自低纬度向高纬度地区引种，可以提高青饲料产量。

（4）土壤。高粱对土壤的适应能力很强，无论沙土、黏土、旱坡、低洼易涝地均可种植，较耐瘠薄和抗病虫害。高粱的另一特性是耐盐碱，它是盐碱地的先锋植物，在盐渍化土壤地带及易涝地区，不适宜种植其他料作物时，可种植高粱。适宜的 pH 值为 6.5~8.0，据内蒙古农业科学研究所资料，土壤含盐量小于 0.34%，高粱能正常生长，0.34%~0.49%时生长受抑制，超过 0.49%时高粱不出苗或死亡。生育期不同，耐盐力有差异，苗期耐盐力弱，土壤含盐量 0.277% ~ 0.386% 时生长受到抑制，抽穗时 0.348%~1.256%才受到抑制生长。此外，杂交高粱耐盐碱能力较一般品种强。播种时耕层含盐量达 0.382%时，杂交高粱能正常出苗。孕穗前耕层含盐量达 0.54%，仍能正常生长。

四、高粱高产栽培技术

（一）轮作倒茬

高粱吸肥力强，消耗养分多，种过高粱的地土壤紧密板结，对后茬作物有不良影响。所以高粱忌连作，通常与豆类作物和施肥较多的小麦、玉米、棉花等作物轮作。东北、内蒙古各地，多将高粱与大豆、谷子或玉米、春小麦等配合实行 3~4 年的轮作方式；盐碱地上与秣食豆轮作；华北地区常将冬小麦、夏谷、大豆、高粱等实行三年四熟的轮作方式；西北地区则有春谷（或冬小麦）、春大豆、高粱或者春高粱、冬小麦、春大豆等作物轮作换茬方式。这些轮作换茬方式都把高粱种在豆类作物之后，在高粱之后种植根系发育较弱的谷子或小麦。

此外，高粱常与谷子、大豆、马铃薯等作物实行间作。能与麦类作物实行套种，增加复种指数，或高粱与大豆、谷子等进行混作，提高单产。

（二）施肥

高粱是高产作物，在生长发育过程需要吸收大量的氮、磷、钾肥。据分析，每生产 100kg 高粱籽实，需从土填中吸收氮素 3.7kg，磷（P_2O_5）1.36kg，钾（K_2O）3.03kg，其比例约为 1：0.5：0.2。只有增施肥料，才能满足高粱对养分的需要。种植高粱时，氮肥的施用量常较磷、钾肥为多。以基肥为主，配合适量的追肥，基肥占总施肥量的 80%。实践表明，欲获公顷产籽实 6 000~7 500 kg，需每公顷施基肥 45 000~60 000 kg；公顷产籽实 7 500~9 000 kg，需施基肥 60 000~75 000 kg。追肥以氮肥为主，如一次追肥，可在拔节期进行，若分两次追肥，可分别在拔节和抽穗期进行。

（三）播种

通常当4~5cm处的地温达到10~12℃以上时开始播种。播种过早，土温低，如湿度大，易引起烂种。青饲干草或青贮用高粱，播种期可稍迟些，以便利用高温和夏季雨水，产生多量柔嫩饲料。尚可分期播种，以延长利用期。我国北方各省（区）多在4月中旬至5月上旬播种。

高粱种植密度为；高秆品种和多穗高粱每公顷60 000~90 000株，中秆品种75 000~105 000株，短杆品种90 000~120 000株。糖用高粱和饲用高粱的密度过小时，会降低含糖量和饲料产量品质，所以较粒用的密度大些。一般糖用高粱每公顷90 000~120 000株，饲用高粱每公顷150 000~225 000株。在上述密度基础上，可据水肥条件，适当增减。每公顷播种量普通高粱为22.5~30.0kg，多穗高粱为37.5~45.0kg。

高粱为中耕作物，多实行条播，行距为45~60cm。也有宽窄行条播，50cm，15cm行距相间。播种方法有平播和垄播两种。华北、西北地区多为平播，东北地区用垄播较多。

高粱对播种深度要求较严。实践证明，高粱的适宜播种深度是，红高粱根茎长，芽鞘顶土力强，以4~5cm为宜；而根茎短，芽鞘软，顶土力差的白粒品种、杂交品种或多穗高粱，为2~3cm。播种后适当的镇压，促使种子与土壤紧密接触，加强提墒作用，促使种子发芽，并能减少土壤大孔隙，防止透风跑墒。

为预防为害高粱的地下害虫，如蝼蛄、蛴螬、金针虫、地老虎，播前进行药剂拌种或播后施用毒土。拌种常用药剂有氯丹和乐果。播前用50%氯丹乳剂1kg或40%乐果剂1kg，加水40kg，可分别拌高粱种子500~600kg。拌后堆闷4h，晾干后即可播种。

（四）田间管理

高粱有3~4片真叶时间苗，苗高10cm左右时定苗。结合间、定苗进行除草。生长期间中耕2~3次。一般结合第二次中耕进行培土。

高粱抗旱性虽强，但充足的水分是丰产的必要条件。通常，在土壤水分较多的情况下，苗期不灌水，以便“蹲苗”。但为了促进多穗高粱分蘖、饲用高粱迅速生长，定苗后结合追肥灌水1次。从拔节至抽穗开花期，高粱生长迅速，需水多，可据降水情况灌水2~3次，以保持土壤水分达到最大持水量的60%~70%。灌水方法可采用沟灌或畦灌，为节约用水也可滴灌。

高粱虽能耐涝，但当田里积水时，不利根系生长，应排水。特别是高粱生育后期，根系活力减弱，在秋雨过多、田间积水时，土壤通气不良，影响高粱成熟，应排水防涝，这一点对于粒用高粱尤为重要。

粒用高粱的分蘖发育期晚，无生产价值，应予以摘除或以深培土控制。但分蘖力强又能与主茎同时成穗的品种，若多穗高粱或饲用高粱可不除蘖。

多数杂交高粱成熟时叶片仍保持绿色，我国山东、河南和河北等省在高粱生长期，对贪青晚熟的地块，有打叶的习惯。打叶可作饲草，又有增强通风透光促进早熟的作用。但打叶时间不宜过早，打叶数量不宜过多，否则会影响高粱的产量和品质。据山东省农业科学院试验，打叶片应在蜡熟中后期进行，并以留6片叶为宜。

（五）收获

高粱的收获适宜期因栽种目的而异。青饲用高粱应在株高60~70cm至抽穗期间，根据饲用需要刈割，晒制干草用的高粱，在抽穗期刈割，晚刈割则茎粗老，纤维素增多，品质和适口性下降。青贮用高粱在乳熟到蜡熟期刈割。糖用高粱在茎含糖量最高的乳熟期刈割。粒用高粱在完熟期，即籽粒显出固有色泽，硬而无浆，穗位节变黄时收获。多穗高粱后熟期短，注意防止收获期遇雨而在穗上发芽的现象。

五、优良品种介绍

根据用途不同，分别从粒用高粱、甜高粱、饲草高粱方面选取了不同品种进行介绍。

晋杂 24 号：高粱杂交种晋杂 24 号是由山西省农业科学院高粱研究所选育而成，杂交组合为 L802A×345R。母本为不育系 L802A，父本为恢复系 345R。苗期绿色，株高为 185cm，穗长为 30cm，穗粒重为 94. 5 g，穗形纺锤形，穗型中紧。红壳，红粒，粒扁圆形，粒质半玻璃质，千粒质量为 36. 8g。植株持绿性好，分蘖能力强，茎秆粗壮坚硬，根系发达，抗倒伏能力强。其还具有抗旱、耐涝、耐盐碱、耐瘠薄等特性。2006 年，山西全省参试的 7 个点平均产量 7 641. 0 kg/hm^2，2007 年，参试的 6 个点平均产量 10 938. 0kg/hm^2，2 年平均产量 9 289. 5kg/hm^2。

沈杂 10 号：沈杂 10 号是沈阳市农业科学院于 2005 年以自选不育系 7-02A 为母本，自选恢复系 F0018 为父本杂交选育而成的高粱新品种。2008 年 12 月，通过全国高粱品种鉴定委员会鉴定。沈杂 10 号芽鞘绿色，叶片绿色，苗期长势强，中紧穗型，纺锤形穗，育性 100%，壳褐色，籽粒红色，籽粒整齐度好。2007 年、2008 年 2 年区试西北点平均生育期 141d，比晋杂 12 号长 6d，华北、东北试点平均生育期 121d，比辽杂 11 号短 1d，比锦杂 93 长 1d，比辽杂 10 号短 4d。平均株高 180. 3cm，穗长 33. 4cm，穗粒重 8. 6g，千粒重 28. 2g。丝黑穗病自然发病率 0，接种发病率 2 年平均 1. 7%。经农业部农产品质量监督检验测试中心（沈阳）测定，粗蛋白含量 9. 68%，粗淀粉含量 76. 46%，单宁含量 0. 98%，赖氨酸含量 0. 31%。2007 年、2008 年参加全国区域试验，在西北试点 2 年平均产量 9 071. 8kg/hm^2，在华北、东北试点 2 年平均产量 8 601. 75kg/hm^2，全国平均产量 8 838. 0kg/hm^2。

晋杂 31 号：晋杂 31 号是一种高产优质高粱新品种，由山西省农业科学院高粱研究所于 2009 年利用自选不育系 SX605A 与自选恢复系 SX870 杂交育成。2013 年通过山西省农作物品种审（鉴）定委员会鉴定。2011—2012 年参加山西省高粱中晚熟组直接生产试验，2 年平均产量 9 261 kg/hm^2。晋杂 31 号生育期 136. 0d。幼苗绿色，叶绿色，叶脉白色，平均株高 169. 0cm，平均穗长 33. 3cm，穗纺锤形，穗型中紧，平均穗粒重 99. 4g，籽粒扁圆形，红壳红粒，平均千粒重 32. 3g。该品种抗旱、抗倒性好，高抗丝黑穗病，稳产性能好，适宜机械化栽培种植。经农业部谷物及制品质量监督检验测试中心（哈尔滨）检测，粗蛋白（干基）、粗脂肪（干基）、粗淀粉（干基）、单宁（干基）的含量分别为 8. 92%、3. 25%、74. 16%、1. 30%。属于中晚熟高粱新品种，适应范围广，在我国春播晚熟区均可种植。

赤杂 24 号：赤杂 24 号是内蒙古赤峰市农牧科学研究所 2002 年以自育不育系 0253A 为母本，以自育恢复系 0282 为父本杂交组配而成的高粱杂交品种。2008 年通过了全国高粱品种定员会鉴定。该品种幼苗绿色，芽鞘绿色，生育期 114d。株高 199.1cm，穗长 25.0m，中紧穗，圆筒形穗，红壳红粒，单穗粒重 79.1g，千粒重 27.1g，着壳率 10.6%。籽粒粗蛋白质 9.45%，粗淀粉 76.78%，单宁 1.34%，赖氨酸 0.31%。丝黑穗病自然发病率平均为 1.78%。赤杂 24 号高粱从 2003 年产量鉴定以来，多年探讨该杂交种高产制种技术并加以完善，在赤峰地区制种产量连续稳定在3 750~4 500kg/hm^2。

吉杂 131：吉杂 131 是由吉林省农业科学院作物育种研究所以外引不育系 TAM428A 为母本，以自选恢复系吉 R5062 为父本，于 2006 年组配而成。该杂交种株型好，叶片较举并上竖；整齐度好，稳产性高，适应性广；抗旱性强，抗叶病，抗倒伏。2012 年 2 月通过吉林省农作物品种审定委员会审定。物候学性状：出苗至成熟 119d 左右，属中早熟杂交种。幼苗绿色，芽鞘绿色，叶缘绿色。株高 192m，株型好，叶片上举，成株叶片 18 片，花药黄色，柱头白色，花粉量大。穗长 31.7cm，中紧穗、棒状，穗粒重 108g 红壳，着壳率 6.2%。籽粒圆形，红色，千粒重 30.8g，角质率 36.7%。经农业部谷物及制品质量监督检验测试中心（哈尔滨）检测，籽粒含粗蛋白质 9.63%，粗脂肪 3.15%，粗淀粉 73.73%，单宁 1.2%，容重 752g/L。2010—2011 两年区域试验平均每公顷产量8 931.6kg，2011 年生产试验平均每公顷产量8 780.0kg。

辽甜 3 号：辽甜 3 号是由国家高粱改良中心以 L0202A 为母本，用 LTR108 做父本，经过人工杂交之后育成的具有优质、高产、多抗、广适等多种优点的能源与青贮兼用型甜高粱杂交种，已于 2008 年通过国家高粱品种鉴定委员会鉴定。特征特性：杂交种。能源。生育期 141d。株高 336.4cm，茎粗 2.04cm，分蘖 2.2 个。穗纺锤形、中紧，红壳，灰白粒。茎叶粗蛋白 4.89%，粗纤维 30.5%，粗脂肪 7.6%，粗灰分 6.48%，可溶性总糖 34.4%，无氮浸出物 47.13%，水分 3.4%。茎秆多汁，出汁率 59%，干物率 24.8%，茎秆含糖锤度 19.7%。高抗丝黑穗病，轻叶部病害，高抗蚜虫、螟虫，较抗倒伏。第 1 生长周期亩产5 277.6kg，比对照辽饲杂 1 号增产 38.0%；第 2 生长周期亩产5 030.7kg，比对照辽饲杂 1 号增产 22.9%。适宜种植区域及季节：适宜在黑龙江第一积温带、吉林中部、辽宁中部和西部、北京、山西中南部、甘肃、新疆北部、安徽、湖南、广东适宜地区作能源高粱种植。

吉甜 3 号：吉甜 3 号是吉林省农业科学院作物研究所于 1999 年至 2005 年从高粱蔗 3 号自然变异群体中通过系统选育而成的甜高粱新品种。该品种于 2006 年 12 月经全国牧草品种审定委员会审定，登记为育成品种，并准予推广。成熟期籽粒产量可达4 500kg/hm^2，总生物产量可达84 000kg/hm^2。适宜吉林省大部，黑龙江省第一积温带，内蒙古通辽地区种植。籽粒性状：卵形，黄红色，千粒重 18.3g，着亮率 85%。幼苗紫色，高 3.26m，茎粗 2.13cm。散穗，穗长 22.5cm，穗粒重 52.0g。出苗至成熟 130~135d，需 10℃活动积温2 750℃左右，含糖量 17.5%~19.2%（锤度）、出汁率 72.65%、粗蛋白 2.15%、粗纤维 25.0%、粗脂肪 0.41%、粗灰分 1.82%、可溶性总糖 50.8%、无氯浸出物 69.36%。抗叶病、抗黑穗病、抗虫、抗倒伏，经人工接种鉴定，对高粱丝黑穗病的抗性表现为抗丝黑穗病。

吉甜杂 1 号：吉甜杂 1 号其生物产量较高，中抗丝黑穗病，抗叶病，抗旱性较强，含糖量较高，是很好的能源/青贮甜高粱新品种。母本：九甜 2A，引自吉林省吉林市农业科学院，父本：考利（美国品种）。幼苗绿色，芽鞘紫色，蜡质叶脉，平均株高366.6cm，穗长25.9cm，茎粗1.99cm，千粒重38.4 g，穗粒重48.5g，纺锤形中紧穗，茎秆多汁，褐壳红粒。粗蛋白含量4.18%，粗灰分含量4.26%，粗脂肪含量1.5%，粗纤维含量24.4%，可溶性总糖（以葡萄糖记）含量32.8%，氢氰酸含量叶中含0.111mg/kg，茎中含0.15mg/kg。2010年区试鲜重平均产量70 654.5kg/hm^2，2011年区试鲜重平均产量73 644.0kg/hm^2。主要优点：吉甜杂1号生物产量较高，中抗丝黑穗病，抗叶病，抗旱性较强，含糖量较高，是很好的能源/青贮甜高粱新品种。主要缺点：吉甜杂1号父母本花期差异大，错期时间偏长。

冀草1号：是以高粱不育系作母本，以苏丹草作父本的远缘杂交种，为河北省农林科学院旱作农业研究所选育的新品种。2009年12月通过全国高粱品种鉴定委员会鉴定，定名为冀草1号，为河北省首个通过国审的自育饲草高粱品种。冀草1号新品种是针对河北省平原农区干旱缺水的气候生态特点，将抗旱、耐盐列为主要选育目标，兼顾优质高产选育而成。实现了抗逆、优质高产的统一。该品种芽鞘紫色、幼苗绿色，蜡色叶脉，穗型散，穗形纺锤，叶病轻，茎秆多汁。该杂交种适应性广，春夏播均可；耐密植，株型清秀，再生能力强，分蘖力较强。抗旱、耐盐碱、抗叶病、抗倒伏能力较强。抗丝黑穗病，茎秆可溶性糖含量较高。茎、叶中氢氰酸含量均低，饲用安全。抽穗初期刈割在冀中南地区春播可刈割3次，夏播可刈割2次，株高可达2.5m。一般亩产鲜草7 000~11 000kg。适宜青饲或青贮。

冀草2号：是高粱雄性不育系与苏丹草的远缘杂交种。营养生长时间长，植株高大，茎秆粗壮，根系发达，分蘖和再生能力强，可多次刈割。已成为农区养畜的重要优质高产饲料作物之一，深受广大种养户的青睐。是河北省农林科学院旱作农业研究所选育的新品种，2010年6月通过国家草品种审定委员会审定。该品种芽鞘紫色、幼苗绿色，叶量丰富，叶片宽大，蜡脉，茎秆较粗壮，多汁，株型紧凑，再生能力强，分蘖性强，拔节前期生长较慢，刈割太早不利于产量优势发挥，抽穗期或株高200cm左右时刈割产量、品质达最佳状态，产草量可明显高于对照。光周期敏感型，为短日照作物，在北方春播条件下表现营养生长时间明显增长，抽穗期偏晚，作为饲草利用，营养生长时间长。在南方地区春夏播均可，春播条件下，抽穗初期或株高200cm左右时刈割，全年可刈割3~4次，北方地区2~3次，一般亩产鲜草7 000~14 000kg。冀中南地区春夏播均可，株高200cm左右时刈割在冀中南地区春播可刈割3次，夏播可刈割2次，每茬鲜草亩产可达3 500kg。抗旱、耐盐碱、抗叶病、抗倒伏能力强。

第五节 食用豆高产栽培技术

一、小豆

（一）小豆的形态特征及适应性

小豆（*Vigna angularis*），别名红小豆、赤豆、赤小豆、五色豆、米豆、饭豆。英文名 Adzuki bean。染色体数 2n=22。小豆起源于中国，栽培历史已有2 000多年。全世界小豆以亚洲面积最大，非洲、欧洲及美洲也有生产。全世界共约 24 个国家种植小豆，除中国生产面积最大外，日本、朝鲜、韩国、澳大利亚、泰国、印度、缅甸、美国、加拿大、巴西、哥伦比亚、新西兰、俄罗斯的远东地区、刚果和安哥拉等均有一定生产面积。

小豆属一年生、直立或缠绕草本。高 30~90cm，植株被疏长毛。羽状复叶具 3 小叶；托叶盾状着生，箭头形，长 0.9~1.7cm；小叶卵形至菱状卵形，长 5~10cm，宽 5~8cm，先端宽三角形或近圆形，侧生的偏斜，全缘或浅三裂，两面均稍被疏长毛。花黄色，约 5 或 6 朵生于短的总花梗顶端；花梗极短；小苞片披针形，长 6~8mm；花萼钟状，长 3~4mm；花冠长约 9mm，旗瓣扁圆形或近肾形，常稍歪斜，顶端凹，翼瓣比龙骨瓣宽，具短瓣柄及耳，龙骨瓣顶端弯曲近半圈，其中一片的中下部有一角状凸起，基部有瓣柄；子房线形，花柱弯曲，近先端有毛。荚果圆柱状，长 5~8cm，宽 5~6mm，平展或下弯，无毛；种子通常暗红色或其他颜色，长圆形，长 5~6mm，宽 4~5mm，两头截平或近浑圆，种脐不凹陷。花期夏季，果期 9—10 月。

中国小豆主要分布在华北、东北和黄河及长江中下游地区，以河南、河北、北京、天津、山东、山西、陕西及东北三省种植面积较大，其次是安徽、湖北、江苏和台湾等省，其余省、市、区种植面积较小或零星种植，近几年，甘肃种植面积增大。

（二）高产栽培技术

（1）选茬。合理轮作不仅能减少病虫害，提高小豆产量，而且还能调节土壤养分，选用小麦、玉米等肥茬对小豆有明显的增产作用。另外马铃薯也是小豆的良好前茬，要避免与豆科作物重迎茬，一般情况下，小豆重茬减产 15%~30%，迎茬减产 20%~35%，主要原因是重迎茬导致病虫害容易发生，还有营养的过度消耗。要使红小豆高产稳产，安排农作物种植比例时，种植面积不宜过大，以避免重迎茬，最好实行三年以上轮作，轮作时注意因地制宜，选择适当的轮作作物。

（2）选种。选用籽粒饱满、色泽明亮、脐白、发芽率在 95%以上的新种子，剔除不饱满、破残、虫蛀豆粒及其杂质，用清水淘洗，漂去瘪粒，洗净种子。晒种，可增强种子的活力，可使种子提早发芽。必要时可测定种子的发芽率，以确定播种实际用种量。在没有种过小豆的地块，可用根瘤菌拌种，可增产 20%以上，比每亩施 15kg 无机肥料增产还显著。菌肥成本低，用量少，经济实惠，不仅能提高籽粒蛋白质含量，还能肥田养地利于后作。

（3）种子处理。将选好的种子先晒 2d，而后进行药剂拌种，每 5kg 种子拌 50%辛硫磷 10g，硫酸锌微肥 30g，加适量水将种拌匀即可。闷 6h 阴干，当天播多少拌多少。

（4）精细整地。小豆根系比较发达，但入土穿插力不强，需要土壤比较疏松，根瘤活动也需要较好的通气条件，因此，以耕层深厚、疏松透气为好。一般应耕翻 15~20cm。适宜在具有排水良好、肥力中等、富含有机质的沙壤土的平地岗地种植，播小豆的地块应在上年秋后全部耕翻，有利于其根系生长发育。

（5）播种。因为小豆发芽的最低温度为 8℃，最适宜的发芽温度为 14~18℃，因此播种不能过早，田间播种地温应稳定在 14℃以上。播前剔除虫食空壳、半粒和秕粒种子。播种量每亩2~2.5kg，行距24~33cm。留苗时单株、双株均可，株距15cm左右。播种深度一般不超过4~5cm为宜，过深会影响出苗，造成缺苗断垄。

（6）合理密植。是协调植株个体与群体间的矛盾，充分利用地力和光能而获得小豆丰产的中心环节，小豆单位面积产量的高低，取决于单位面积上的株数、单株荚数、粒数和粒重，只有在合理密度下，才能充分利用地力和光能，协调个体与群体间的矛盾，使群体生产性能得到最大限度发挥，从而提高产量。合理密植的原则有：

土壤肥力较差情况下，种植密度大些，随土壤肥力升高，种植密度适当减小；地势高、气温低、小豆生长矮小，密度应大些；水分充足宜稀植，干旱宜密植；与高秆作物套种，光照条件差，密度宜稀些，与矮秆作物间作，密度应大些，早播的应比晚播的稀些。

（7）施肥。每亩1 000kg农家肥，二铵7kg，尿素4kg；每亩加施豆类专用肥13kg更好。实行深施或分层施肥，施在种子侧10cm为宜，开花结荚期喷施叶面肥，可提高产量10%~20%，而且促早熟5~7d。

（8）田间管理。

中耕除草：幼苗期及时锄草、松土，促进根瘤生长；开花后期植株生长旺盛时，适时打顶，除去花梗以下的无效枝，以减少养分消耗，促进籽粒饱满；开花前后遇旱及时浇水。在间苗后进行第一次中耕除草，分枝期锄第二遍，封垄前锄第三遍。中耕深度要掌握浅、深、浅的原则。

化学除草：用化学药物除草，可省工省力，缺点是不能松土，除草剂有拿捕净、杀草特、禾草克等，效果均很好。

适量追肥：红小豆具有固氮能力，适量追肥可提高单产。在红小豆初花期，以磷酸二氢钾进行叶面喷雾，可促进红小豆花芽分化，提高结实率。在红小豆末花期，追施尿素6~8kg，可促进红小豆生殖生长，使花荚数增多。

病虫害防治：炭疽病，主要症状是叶的边缘呈暗绿褐色或赤褐色，表面呈圆形斑纹，可采用轮作或喷波尔多液来防治；角斑病，用500倍代森锰锌或1 000倍多菌灵及160倍等量式波尔多液，在病害发生时及时喷洒；小豆蚜虫，用1 500倍氧化乐果喷雾。

（三）收获与贮藏

小豆应适时收获。直立型、早熟、结荚相对集中的品种可在植株80%的荚果成熟时，一次性收获。无限结荚习性品种，花期较长，成熟不一致，田间50%以上的植株有75%的荚果成熟时为适宜收获期。收获过早，粒色、粒形不整齐，秕粒增多；收获过晚易裂荚落粒，籽粒光泽减退，粒色加深。小面积栽培时可分批分期摘荚，大面积种植多采用一次性收割。收获后及时晾晒、脱粒、晒种。种子含水量达到14.5%以下时，即可入库保存。

在贮藏过程中，主要防止小豆变色、变质和发生虫害。最好采取密闭的办法，把小豆放在容器内，上面覆盖一层干砂土或干净的麦糠，再盖严，以防止变色。小豆种子的贮藏寿命一般为3~4年。在良好的贮存条件下保存4~5年仍有较高的发芽率。

（四）小豆优良品种简介

京农5号红小豆：是由北京农学院作物遗传育种研究所选育而成。早熟高产，适于

（6月25日左右）或与幼龄果树间作（6月1日以后），生育期90~95d，中等肥力地块生产田产量为2 250 kg/hm²，大粒优质。百粒重14g左右，属大粒型品种；成熟荚色为褐色，籽粒色为鲜红色，有艳丽的光泽，抗锈病，耐白粉病。

保9326-16红小豆：是由保定市农业科学研究所选育而成。2004年10月通过河北省科技厅鉴定。保9326-16株型直立、紧凑、根系发达、叶色浓绿，适合中高水肥地种植。株高67.4cm，主茎分枝5.3个，主茎节数13.1节，单株结荚40.4个，荚粒数5.8粒，百粒重18.6g，属大粒品种，籽粒粗蛋白含量25.85%，粗淀粉含量51.09%。粒色鲜艳、有光泽、商品性状好。生育期84d，不误播种适时麦。通过多年试验示范观察，保9326-16抗旱、耐涝、耐病、耐连茬。

龙垦红小豆：1989年4月从日本引进，经2年鉴选而成，原代号“日本襟裳红小豆”“垦引一号红小豆”。1994年4月由黑龙江省农垦总局品种审定委员会认定推广。该品种生育日数为85~90d，活动积温1 800~1 900 ℃，比宾小豆2号早熟12d，株高56cm，茎粗、秆强、叶浓绿，株型收敛，分枝较多，叶心圆形，花淡黄色。种粒红色，粒大，百粒重15~17g，抗病虫害。成熟期一致，不炸荚。

辽红小豆5号：由宁省农业科学院作物育种所选育而成。株高123cm，半直立株型，亚有限结荚习性。籽粒长圆柱形，紫红颜色，有光泽，大而整齐，百粒重11g左右，具有抗病、耐瘠、农艺综合性状较佳等特性。含蛋白质22%，脂肪2%，碳水化合物65%，并含有多种维生素。

白红5号：吉林省白城市农业科学院选育而成。籽粒短圆柱形，种皮红色、薄、有光泽，百粒重11.6g；植株半直立形，无限结荚习性，株高66.8cm，分枝2.6个，单株荚数22.6个，荚长8.3cm，单荚粒数6.8个；田间自然发病调查，抗病毒病和霜霉病，籽粒粗蛋白质含量23.6%。

鄂红小豆1号：湖北省农业科学院农业现代化研究所。1997年经湖北省农作物品种审定委员会认定和命名。鄂红豆1号为矮秆大粒型丰产品种。夏播条件下，株高72cm，分枝数5.6个，结荚高度42cm，主茎17节，幼茎紫色，初生叶片披针形，叶片圆形，直立型生长习性，有限结荚，成熟荚角褐色，荚长7.8cm，荚粗0.75cm，荚直形，籽粒短圆柱形，种皮深红色，子叶浅黄色，单株结荚29个，单荚粒数7.6粒，千粒重186.1g，属多荚特大粒型品种。

冀红9218红小豆：由河北省农林科学院粮油作物研究所选育。2004年3月16日通过国家新品种技术鉴定委员会的鉴定，品种鉴定编号为“国品鉴杂2004006”。冀红9218根系发达，主根较深，叶片较大，浓绿阔圆形，茎秆较硬，花黄色，荚为黄白色。夏播区株型直立、抗倒，株高50cm左右，生育期85d左右，为早熟种。春播区适宜区域生育期115d左右，株高55cm左右。主茎节数13.5个，单株分枝3.2个，荚长8.1cm，单荚粒数5.6粒，单株结荚23.8个，百粒重15.9g，为大粒种。

冀红16号：是河北省农林科学院粮油作物研究所杂交选育。2015年5月通过国家小宗粮豆新品种鉴定委员会鉴定。中早熟种，夏播生育期87~93d，株高50.4~54cm，单株结荚28.5~29.5个，荚长7.4~7.7cm，单荚粒数5.4~5.7粒。籽粒短圆柱形，红色有光泽，饱满整齐，商品性好，千粒重186~190.8g。有限结荚，结荚集中，成熟一致，不炸荚，适于一次性收获。

二、绿豆

（一）绿豆形态特征及适应性

一年生直立草本，高 20～60cm，茎被褐色长硬毛。羽状复叶具 3 小叶；托叶盾状着生，卵形，长 0.8～1.2cm，具缘毛；小托叶显著，披针形；小叶卵形，长 5～16cm，宽 3～12cm，侧生的多少偏斜、全缘，先端渐尖，基部阔楔形或浑圆，两面多少被疏长毛，基部三脉明显；叶柄长 5～21cm，叶轴长 1.5～4cm，小叶柄长 3～6mm。

总状花序腋生，有花 4 至数朵，最多可达 25 朵；总花梗长 2.5～9.5cm；花梗长 2～3mm；小苞片线状披针形或长圆形，长 4～7mm，有线条，近宿存；萼管无毛，长 3～4mm，裂片狭三角形，长 1.5～4mm，具缘毛，上方的一对合生成一先端 2 裂的裂片；旗瓣近方形，长 1.2cm，宽 1.6cm，外面黄绿色，里面有时粉红，顶端微凹，内弯，无毛；翼瓣卵形，黄色；龙骨瓣镰刀状，绿色而染粉红，右侧有显著的囊。

荚果线状圆柱形、平展，长 4～9cm，宽 5～6mm，被淡褐色、散生的长硬毛，种子间多少收缩；种子 8～14 颗，淡绿色或黄褐色，短圆柱形，长 2.5～4mm，宽 2.5～3mm，种脐白色而不凹陷。花期初夏，果期 6—8 月。

绿豆喜温，适宜的出苗和生长温度为 15～18℃，生育期间需要较高的温度。在 8～12℃时开始发芽；在开花结荚期间需要温度一般在 18～20℃最为适宜。温度过高，茎叶生长过旺，会影响开花结荚。绿豆在生育后期不耐霜冻，气温降至 0℃以下，植株会冻死，种子的发芽率也低。绿豆分布广泛，在中国南方各地均可种植。

（二）高产种植技术

1. 土壤要求

绿豆耐瘠薄，对土壤要求不严。一般选择地势平坦，排水良好，肥力中等的地块，禾本科作物的茬口。重茬地块、盐碱地、低洼地不利于绿豆高产；气候条件：无霜期 100d 以上，有效积温 1 500～2 200 ℃以上，年降水量 400mm 以上。

2. 种植方式

主要是在多熟地区，实行一地多收，提高土地利用率。绿豆可与小麦、谷子、高粱或玉米、甘薯等作为轮作复种。有小麦—绿豆、油菜—绿豆等种植方式。一般在玉米行间或株间撒种绿豆或掩种绿豆。这样可以达到绿豆养地、增收的目的。绿豆较耐阴，又有根瘤固氮作用，常与高秆作物间种，既利于作物高产又可养地。间作模式有两种：绿豆、玉米。2 行玉米、4 行绿豆或 4 垄玉米、2 垄绿豆，以玉米为主增收绿豆，或以绿豆为主增收玉米；绿豆、谷子。1 耧谷子、4 行绿豆，绿豆、谷子都可增产 10%。绿豆套甘薯。埂上栽甘薯，沟内穴播或条播 1 行绿豆。每亩可多收 40～50kg 绿豆，甘薯不少收；棉花套绿豆。宽行 1.2m 种绿豆，窄行 0.5m 种棉花。棉花、绿豆同期播种，在棉花蕾铃期收完绿豆。

纯种即一年种一季绿豆，多在瘠薄地、鸡刨地、岗坡地种植，尤其是气候干燥、土层薄的干旱、管理粗放地区，绿豆纯种可获一定产量。

按照早熟品种密晚熟品种稀、旱地密水地稀、瘦地密肥地稀、直茎密蔓茎稀的原则，旱地行距为 35~40cm，株距 8~10cm，留苗 1.6 万~2 万株/亩。若穴播则穴距为 35~40cm，留苗 2 万~3 万株/亩。水浇地撒播株距为 10~15cm，穴播株距为 20~25cm，留苗 0.8 万~1 万株/亩。地膜覆盖一幅膜种两垄，膜上行距 30~40cm，膜间行距 40~60cm，打孔穴播穴距 20~25cm，穴数6 000~11 000穴/亩，每穴留苗 1~2 株，总株数达 1.1 万~1.3 万株/亩，墒情差的地块坐水种，坐水量保证接上底墒为宜，播种后再覆膜。

3. 栽培技术

绿豆生育期短，需肥集中，所以应施足基肥，适当追肥。应以有机肥为主，农家肥和无机肥混合施用。绿豆根瘤菌虽有固氮能力，但增施农家肥和磷、钾肥，有明显增产效果。一般亩施优质有机肥1 500kg、复合肥 40kg 或磷肥 20kg 和生物钾肥 1kg 做基肥。来不及施基肥的地块，每亩可施磷酸二铵 4~5kg、尿素 2~3kg、硫酸钾 3~4kg 做种肥。也可在生长前期即分枝、始花期行间开沟，追施三元复合肥 7.5kg/亩，以增强根瘤固氮能力和增加花芽分化，以促高产。

绿豆是双子叶植物，子叶大，幼苗顶土能力弱。由此，在播前要精细整地，通过翻、耙、压达到地平土细，上虚下实的目的。有水浇条件的要造墒，无水浇条件的要提早整地，待雨播种。一般在 4 月上中旬整地。

播前要挑除病、杂、硬粒，以保证种子的纯度和发芽率。选种：利用风选、水选或机选，清除秕粒、小粒、杂质、草籽，选留干净的大粒种子播种；晒种：晴天将种子薄摊，翻晒 1~2d，增强种子活力，提高发芽势；擦种：将色暗、皮糙、吸水力差、不易发芽的“铁绿豆”轻轻擦搓，使种皮稍有破损，易发芽和出苗；根瘤菌接种：在种子上洒少量水，将菌剂撒于湿种子上拌匀，随拌随用。根瘤菌肥勿与化肥、杀菌剂混用。常用固氮菌每克固氮菌剂量含根瘤菌 3 亿，每亩用量 125g。或用包衣剂、抗旱剂或含钼、硼等微肥拌种。

以条播为多，穴播、撒播均可。条播要防止覆土过深、下籽过稠和漏播；间作套种和零星种植多为穴播，播种深度一般以 3~5cm 为宜，用种量 1~2kg/亩，肥地少些，薄地多些。

一般在地温达到 16~20℃ 时即可播种。春播绿豆在 5 月，夏播绿豆播种越早产量越高。

绿豆生育期短，田间管理要突出一个“早”字。播种后及时镇压，以保早出苗，出全苗。查苗补苗。缺苗断垄严重的要及时浸种，坐水补种。在第二片复叶展开时定苗，每穴留一株。绿豆喜欢单株生长，不论条播还是点播都不能留簇苗、双苗。绿豆苗期耐旱，要控制浇水，遇旱轻浇，同时浅中耕除草，蹲苗促壮；现蕾浇水，同时追尿素 15kg；开花结荚期叶面喷肥有明显效果，每亩用磷酸二氢钾 40~60g、钼酸铵 25~35g、硼砂 15~25g，加水 15kg，分别进行叶面喷雾；开花前浇一水，增加单株荚数、单荚粒数；结荚期浇水增加粒重、延长花期，只能浇一水的地区应在盛花期浇。开花结荚期大多正处雨季，要注意排水。从出苗到开花中耕 3 次，中耕深度按先后应掌握浅—深—浅的原则，并进行培土，以利护根排水。摘心。生长后期植株徒长时要摘心，减少小粒荚果。

（三）收获与贮藏

绿豆成熟不集中，宜于分批摘角，通常 8 月下旬，应该适时收摘。一般植株上有 70%～80%的绿豆荚变黑成熟后，开始采摘，每隔 6～8d 收摘一次效果最好，一般可采收到 9 月下旬。如果种植得当亩产可达 200～250kg，采收后应及时将绿豆放置在平整干燥的地上进行平铺晾晒，根据当时的天气情况，晾晒 2～3d，等到绿豆荚大部分裂荚以后，应及时进行脱粒处理。脱粒时，应用木棒敲打进行脱粒，敲打时用力适中，不宜过重，以免敲碎绿豆籽粒，影响产量。用筛子把绿豆籽粒中的杂质筛选出去。筛选后再用簸箕进行一次细选，保证绿豆的洁净度。

将去杂质后的绿豆籽粒装入袋中进行存放，绿豆在贮藏时虫害较严重，其中绿豆象是绿豆主要的贮藏害虫。绿豆象每年可发生 4～6 代，在 24～30℃时，繁殖最快。贮藏绿豆时应做好防治工作。绿豆象应用化学药物进行防治，通常用磷化铝效果最好，不仅能杀死成虫、幼虫和卵，而且不影响种子发芽和食用。防治时，将绿豆装入木箱内，按照每 250kg 绿豆用磷化铝 1～2 片，也就是 3. 3～6. 6g 的标准，将磷化铝放在铁盒内将装有磷化铝的铁盒放入木箱，将木箱盖盖。用胶条将木箱封严，进行密封保存，防治效果可达到 100%。

（四）品种简介

（1）中绿 1 号。1983 年从国外引进。较抗叶斑病、白粉病和根结线虫病，并耐旱、耐涝。植株直立抗倒伏，株型紧凑，株高 60cm 左右，幼茎绿色。成熟时不炸荚，于机械化收获。籽粒绿色有光泽，含蛋白质 21%～24%，脂肪 0. 78%，淀粉 50%～54%，以及多种维生素和矿物质如钙、铁、磷、硒等元素，具有较高的商品价值和较好的加工品质。做绿豆汤好煮易烂，适口性好；发豆芽，芽粗、根短、甜脆可口。

栽培要点：该品种适应性强，稳产性好，中等以上肥水条件亩产可达 150～300kg。春夏播均可。夏播 70d 成熟，抗早衰能力强，如条件适宜，生育期可延长到 120d 以上，能形成 2～3 次开花结荚高峰，可多次收获。

（2）中绿 2 号。由中国农业科学院物品资源研究所于 1987 年从国外引进的绿豆优良品种。该品种早熟、夏播 65～70d 即可成熟。植株直立抗倒伏，幼茎绿色，株高 50cm，主茎分枝 2～3 个，单株结荚 25 个左右。成熟荚深褐色，荚长 10cm。结荚集中，成熟一致，成熟时不炸荚，适合机械化收获。籽粒碧绿有光泽，商品价值高，其豆芽适口性好，芽色白嫩，芽粗、根短。丰产稳产性好，产量高于或相当于中绿 1 号，但抗逆性、耐湿、耐阴、耐干旱性优于中绿 1 号。抗早衰，较抗叶斑病。1997 年河南邓州市严重干旱，中绿 2 号仍达到亩产 120kg 的好收成，并出现 265kg/亩的高产地块。适应性广，在我国各主要绿豆产区均可种植，不仅适合在麦后复播，还可与玉米、棉花、甘薯等作物间作套种。已开始在河北、山西、辽宁、吉林、黑龙江、江苏、浙江、山东、河南、湖北等省大面积种植。

（3）中绿 5 号。是中国农业科学院作物研究所育成的抗叶斑病绿豆新品种。该品种早熟，夏播生育期 70d 左右；株高约 60cm，植株直立，抗倒伏；主茎分枝 2～3 个，单株结荚 20 个左右，多的在 40 个以上，结荚集中，成熟后一直不炸荚，适于机械收获；成熟荚黑色，荚长 10cm 左右，每荚 10～12 粒种子，粒粒饱满、碧绿有光泽，百粒重6.5g左右，一般亩产100~150kg，高产的在200kg以上；抗叶斑病、白粉病、耐旱、耐寒性好；在我国各绿豆产区都能种植，不仅适宜麦后复播，还可与玉米、棉花、甘薯等作物间套种。

栽培要点：适期播种，不能重茬。夏播于5月下旬至6月下旬播种。播前整地施足基肥，按行距40~50cm、株距10~15cm播种，播深3~4cm，每亩用种量为1.5~2kg，每亩密度控制在1万株左右。第一张复叶展开后间苗，第二张复叶展开后定苗。及时中耕除草，并在开花前适当培土。适时喷药，防治蚜虫、红蜘蛛、豆荚螟等害虫。分枝期每亩施尿素5kg。花期遇旱适当灌水。在生长期较长的地区分批采收，并结合病虫害防治喷施叶面肥，以提高产量和品质。

（4）黑珍珠绿豆。法国引进的一个绿豆稀有品种。早熟，株高50~60cm，生育期65d。茎粗壮，叶肥大，单株有效分枝5~7个，单株结荚70~80个，花银白色，荚果长10cm。荚粒数12~14粒。籽粒黑色，有光泽，种脐白色，千粒重65g，亩产150kg左右。黑珍珠绿豆具有很高的营养价值，其蛋白质含量比一般绿豆高15.1%，尤其是夏季用黑珍珠绿豆煮汤可消暑降温，其汤颜色墨黑，为首选保健食品。

栽培要点：播期长，4月中旬至7月下旬均可播种，亩用种子1.5kg，播种后65d即可收获。

（5）豫绿五号。由河南省农业科学院粮食作物所选育而成。该品种株型直立、不拖蔓、籽粒碧绿，后期灌浆速度快，籽粒饱满美观，成圆柱形。株高70cm，幼苗紫色，主茎节数10.02个，主茎分枝数1.48个，单株荚数16.57个，单荚粒数11.75个，百粒重6.55g。粗蛋白26.31%，粗脂肪1.06%，粗淀粉50.69%，非常适合做粉丝、粉皮制品以及原粮出口创汇。收获后植株依然枝叶青绿，不早衰，枝叶可当作饲料使用，综合利用价值高。

该品种高抗根结线虫病、中抗叶斑病、抗白粉病、抗倒伏，不抗枯萎病，同时表现出较强的抗旱性、耐涝耐瘠性，适应地区广泛。该品种生育期一般57d左右，一年至少可种2茬，是我国目前最早熟的优良品种之一，非常适宜与红薯、土豆、棉花、烟草、玉米等作物间作套种或接茬间隙种植，亩产150~200kg以上，稳产、丰产性好，在不同生态地区均可种植，是农业种植结构调整的理想品种。

栽培要点：每亩播量1kg左右，行距0.5m，株距0.15~0.2m，一般密度每亩8 000株左右，条播较好，播深3~5cm。一般每亩施尿素20kg，磷肥10kg或复合肥25kg。绿豆耐旱，浇水不多，若遇特殊干旱年份，一般应在盛花、盛荚期及时浇水防旱。苗期用氯氰菊酯1：1 000倍防治菜青虫。开花期喷施甲氨磷防治蚜虫和豆芽螟。

（6）冀绿10号。由河北省农林科学院粮油作物研究所通过有性杂交、定向选择选育而成的绿豆新品种，2012年通过国家小宗粮豆品种鉴定委员会鉴定。冀绿10号夏播生育期68d，春播生育期80d，属早熟种，为有限结荚、直立生长习性，株高46.5cm，株型紧凑。开花结荚集中，成熟一致，从初熟到80%荚成熟4d左右，不炸荚，适于一次性收获。2011年参加的国家（夏播组）绿豆生产试验中，在河南郑州、河北石家庄、陕西宝鸡3个试点平均亩产108.1kg，比对照种白绿522平均增产22.1%，比当地对照种增产18.9%。通过进行抗病性田间鉴定，表明该品种抗病毒病、叶斑病和根腐病。

栽培技术要点：在华北地区，春播适宜播期为 4 月下旬到 5 月中旬，夏播 6 月 10—30 日，精细整地，足墒播种，穴播时 2 粒/穴，机械条播时播种量 11.25～15kg/hm^2，播深 3～5cm，中高水肥地每公顷留苗 15 万～18 万株，瘠薄旱地留苗 19.5 万～22.5 万株。中等肥力以上的地块一般不需施肥，中低产的瘠薄地，每公顷可底施磷酸二铵 225kg 或在初花期追施尿素 75kg。苗期及时防治蚜虫、地老虎、棉铃虫和红蜘蛛等，花荚期及时防治豆荚螟、豆野螟、蓟马等。

该品种适应性广。经国家区域试验和生产试验表明：冀绿 10 号适宜在河北、陕西、河南、山东、江西等夏播区和内蒙古等春播区种植，表现出较好的适应性。

（7）冀绿 ll 号。由保定市农业科学研究所育成，2011 年通过河北省杂粮专家组鉴定。株型直立、紧凑、顶部结荚，叶色浓绿，籽粒为绿色，短圆柱形，有光泽。结荚集中，成熟一致，不落荚，不炸荚，适于一次性收获。株高 52.5cm，主茎分枝 3.7 个，主茎节数 9.8 节，单株结荚 22.2 个，荚长 10.3cm，荚粒数 11.3 粒，粒大，百粒重 6.4g。夏播生育期 64.8d，春播生育期 74d。河北省区域试验平均产量为 97.1kg/亩，粗淀粉为 53.58%。试验、示范表明：冀绿 11 号具有一定的抗旱、耐涝、耐瘠薄、耐盐碱能力；稳产性能好；具有极好的适应性，可广泛引种种植。

栽培要点：冀绿 ll 号为早熟绿豆品种，春、夏播均可，可平播也可间作。夏播区一般于 6 月 15 日以后播种。平播一般播量为 1.5～2.0kg/亩，播深 3cm 左右。一般中水肥条件下，亩留苗 8 000 株。随水肥条件增高或降低，留苗密度应酌情减少或增加。绿豆耐瘠薄，但施肥能显著提高产量，一般播前施 N、P、K 复合肥 30kg/亩或磷酸二铵 15kg/亩。绿豆耐旱，一般年份不用浇水，但特殊干旱年份花荚期应及时浇水防旱。

（8）冀黑绿 12 号。是河北省农林科学院粮油作物研究所与重庆市农业科学院特色作物研究所联合选育的绿豆新品种。2012 年通过重庆市农作物品种审定委员会鉴定命名，适于在重庆各区县大面积推广应用。夏播生育期 68.3d，春播生育期 71.5d，有限结荚习性，株型紧凑，直立生长，幼茎紫红色，成熟茎绿色，夏播株高 50cm，春播 46.5cm，主茎分枝 3.0 个，主茎节数 9.1 节，叶片卵圆形，浓绿色，叶片较大，花浅黄色，单株结荚 31.5 个，荚长 8.9cm，圆筒形，成熟荚黑色，单荚粒数 10.8 粒，籽粒长圆柱形，种皮黑色，有光泽，百粒重 5.8g，蛋白质含量 22.4%，淀粉含量 49.3%，结荚集中，成熟一致，不炸荚，适于一次性收获，田间自然鉴定抗病毒病、根腐病和锈病。

黑绿豆属绿豆中的稀有类型，含有人体所必需的 8 种氨基酸，维生素、矿物质、可溶性色素等营养素均为普通绿豆的几倍，还具有黑色作物特有的抗癌、抗衰老功效。绿豆原料和制品深受消费者欢迎，需求量不断上涨，经济价值不断攀升。

（9）冀绿 13 号。由河北省农林科学院粮油作物研究所杂交选育，2015 年 5 月通过国家小宗粮豆新品种鉴定委员会鉴定。生育期春播 79～81d，夏播 68～70d，株高44.9～55.7cm，单株荚数 25.4～36.2 个，荚长 8.9～9.9cm，荚粒数 9.6～11.1 粒，千粒重 57.3～63.1g，籽粒绿色有光泽。幼茎红色，有限直立生长，结荚集中，成熟一致，不炸荚，适于一次性收获。

冀绿 13 号适应性广，在春播区的黑龙江哈尔滨，吉林公主岭、白城，辽宁沈阳，山西汾阳和陕西榆林等试点综合品质表现均较好；在夏播区的北京房山、河北石家庄、陕西岐山、山东潍坊等试点表现也较好。

栽培技术要点：春播适宜播期 4 月中下旬至 5 月中旬，夏播适宜播期 6 月 10—30 日。足墒播种，播深 3~4cm，播种量 1.5~2kg/亩，密度掌握肥地宜稀、瘦地宜密的原则。一般中高水肥地 1.0 万~1.2 万株/亩，瘠薄旱地 1.3 万~1.4 万株/亩。底施复合肥 15~20kg/亩，初花期追施尿素 5kg/亩。苗期不旱不浇水，盛花期、结荚期视墒情浇水 1~2 次。苗期及时防治蚜虫、地老虎、棉铃虫和红蜘蛛等害虫，花荚期注意防治蓟马、豆荚螟等害虫。

（10）冀绿 15 号。由河北省农林科学院粮油作物研究所杂交选育，2017 年通过河北省科技成果转化服务中心组织的成果评价。生育期春播 75d，夏播 65d，属于早熟品种。株高 54.2cm，幼茎、成熟茎绿色，叶片卵圆形、浓绿色，花浅黄色。主茎分枝 3.6 个，主茎节数 10.5 节。单株结荚 33.5 个，荚长 10.4cm，圆筒形，成熟荚黑色，单荚粒数 11.2 粒，平均百粒重 5.6g，蛋白质（干基）含量 22.96%，粗淀粉含量 47.34%。在藁城示范田中，田间检测亩产为 134.09kg，比对照品种保绿 942 增产 7.02%。该品种为有限结荚，直立生长习性，株型紧凑，结荚集中，成熟一致，不炸荚，适合一次性收获。2017 年经中国农业科学院作物科学研究所鉴定，冀绿 15 号高抗四纹豆象和绿豆象。

适宜区域：经试验示范，冀绿 15 号适合多种生态环境种植。适宜在河北、山东、河南、辽宁、吉林、陕西、内蒙古等省市区的适宜夏播区和春播区种植。

三、豌豆

（一）形态特征及适应性

一年生缠绕草本，高 90~180cm，全体无毛。小叶长圆形至卵圆形，长 3~5cm，宽 1~2cm，全缘；托叶叶状，卵形，基部耳状包围叶柄。花单生或 1~3 朵排列成总状而腋生；花冠白色或紫红色；花柱扁，内侧有须毛。荚果长椭圆形，长 5~10cm，内有坚纸质衬皮；种子圆形，2~10 颗，青绿色，干后变为黄色。花果期 4—5 月。偶数羽状复叶，顶端卷须，托叶呈卵形。花白色或紫红色、单生或 1~3 朵排列成总状腋生，花柱内侧有须毛，闭花授粉，花瓣蝴蝶形。荚果长椭圆形或扁形，根据内部有无内层革质膜及其厚度分为软荚及硬荚。

种子可呈圆形、圆柱形、椭圆、扁圆、凹圆形，每荚 2~10 颗，多为青绿色，也有黄白、红、玫瑰、褐、黑等颜色的品种。可根据表皮分为皱皮及圆粒，干后变为黄色。根上生长着大量侧根，主根、侧根均有根瘤。因其性状多样且为闭花授粉，孟德尔将其作为遗传因子实验的作物。豌豆喜冷冻湿润气候，耐寒，不耐热，幼苗能耐 5℃低温，生长期适温 12~16℃，结荚期适温 15~20℃，超过 25℃受精率低、结荚少、产量低。

豌豆是长日照植物。多数品种的生育期在北方表现比南方短。南方品种北移提早开花结荚，这与北方春播缩短了在南方越冬的幼苗期有关，故在北方，豌豆的生育期，早熟种 65~75d，中熟种 75~100d，晚熟种 100~185d。

豌豆对土壤要求虽不严，在排水良好的沙壤土或新垦地均可栽植，但以疏松含有机质较高的中性（pH 值 6.0~7.0）土壤为宜，有利出苗和根瘤菌的发育，土壤酸度低于 pH 值 5.5 时易发生病害和降低结荚率，应加施石灰改良。豌豆根系深，稍耐旱而不耐湿，播种或幼苗排水不良易烂根，花期干旱受精不良，容易形成空荚或秕荚。

（二）栽培技术

1. 适时播种

由于豌豆可以四季种植，菜农可根据茬口、季节等灵活掌握播期，也可根据豆荚上市的时间需求确定适宜的播种日期。根据试验示范和生产实践，在长江下游地区，播种期与收获时间关系如下。

秋季遮阳网棚栽培 8 月上旬至 8 月底、10 月 1 日前；秋季露地栽培 8 月下旬至 9 月中旬、10 月中旬；冬季薄膜温室大棚栽培 10 月至翌年 2 月、元旦；冬季露地栽培 11 月至翌年 1 月、5 月 1 日前后；春季露地栽培 2 月至 4 月、5 月中旬；夏季露地栽培 5 月上旬至 5 月底、6 月下旬；夏季遮阳网棚栽培 5 月中旬至 6 月中旬、7 月上旬。

2. 合理密植

中豌 4 号、6 号属于矮生性品种，株高 40~50cm，宜适当密植。春、夏、秋播行距为 35cm，穴距 10cm，每穴 3 粒，用种量 10kg/亩左右。冬播行距 40cm，穴距 15cm，每穴 3 粒，用种量 7kg/亩左右。

3. 科学肥水管理

选择土壤肥力较好，排灌便利，光照充足的田块种植。施氮、磷、钾三元素复合肥 30~40kg/亩作基肥，并施一定数量的有机肥。花荚期每亩施尿素 10kg 或人畜肥 1 000kg，以促进结荚壮粒。生长后期，根据长势也可以采用 0.5%的尿素液和 0.2%的磷酸二氢钾的混合液进行根外施肥。干旱时要及时浇水，尤其是在开花结荚期植株对水分特别敏感，要及时补充水分。另外，夏季栽培的豌豆更要注意水分的及时供给，这样，既可满足植株生长发育对水分的需求，同时也能有效地降低地表温度，促进其正常生长。

4. 及时应用保护设施

防冻措施：中豌 4 号、6 号在苗期抗冻能力较强，但开花后抗冻能力急剧下降，并且豆荚在长粒充实阶段需要有一定的温度，因此，冬季大棚栽培豌豆要及时扣盖好塑料薄膜，做好防寒保温工作，在短期强寒流来临之前，应临时突击性加盖防寒材料，使幼嫩的青豆荚免遭冻害。

遮阳降温措施：夏季栽培由于气温高，生长快，生育期短，豆荚小而少，因此，适时加盖遮阳网，可有效地减少太阳光的直射，降低气温和地温，增加土壤湿度，促进植株个体的生长，增加产量。

5. 看苗巧用化控技术

中豌系列豌豆出苗后长到 7~8 节（有 7 片羽状复叶）的时候就开花，进入营养生长和生殖生长并进的阶段，这时如营养生长过旺，则容易落花落荚，特别是薄膜温室大棚栽培的豌豆更容易徒长，只长蔓不结荚。因此，在 7~8 片复叶时，温室大棚栽培豌豆要适当控制肥水，降低棚温，以利于营养生长向生殖生长转化，保证光合产物在营养生长和生殖生长之间的合理分配，促进开花结荚。有徒长趋势的豌豆，用15%的多效唑1：1 000倍及时喷雾控制。

（三）收获与贮藏

豌豆荚果自下而上依次成熟。湿润年份在50%~70%荚果成熟时收获，干旱年份在60%~75%荚果成熟时收获。收获最好在早晨露水未干时进行，以减少炸荚落粒的损失。人工收获时，以连株拔起、放场边晾晒为好。植株收获后，接近成熟的荚果会继续成熟。在充分晾干后，在打场或用谷物脱粒机脱粒。在国外一些豌豆主产区，通常采用联合收割机收获，此时种子含水量在21%~25%最为合适。我国豌豆种植一般比较分散，多间作套种，因而多为人工收获、晾晒、脱粒。

豌豆脱粒后应及时晾晒，充分干燥，一般种子含水量在12%以下时可安全贮藏。我国北方农户多用袋子、囤子贮藏；南方农户贮存留种的豌豆用盆、罐、缸和桶等容器。将充分干燥的豌豆种子装入容器内盖好，并用塑料薄膜密封。

（四）品种简介

（1）春早豌豆。由中国农业科学院蔬菜花卉研究所从国外引进的豌豆中选出的矮生、极早熟优良品种，2001年通过北京市农作物品种审定委员会审定。株矮生直立，株高约43cm，主茎10节，分枝少，单株荚7个左右。花白色，青荚绿色，荚壁有革质膜，为硬荚食鲜豆粒品种，平均单荚重5g，荚长7~8cm，宽1.1cm，厚1cm，每荚5~7粒种子。栽培要点：当大地解冻，即表层土壤早晚有冰凌、中午前后融化时即可播种，俗称“顶凌播种”。南方地区以开花结荚期气温在15~25℃为原则安排播期。北京地区春季3月上中旬播种。适宜地区：东北、华北、西北等广大地区种植。

（2）农普甜豌豆。由广州市蔬菜科学研究所育成。荚类型。生势强，蔓长150~200cm，主蔓第13~15节着生第1花序，花白色，荚呈扁圆形，长6~7cm，宽1.2cm，较直，青绿色。单荚重8~10g。食用嫩荚。质爽脆，味甜，纤维少，品质优。亩产500~800kg。栽培要点：广州地区播种期9月下旬至11月上旬。播种至初收60~70d，延续采收50~60d，选择前作非豆科作物田块种植，亩用种量3~4kg。支架栽培。

（3）龙豌一号。由四川省农技推广总站和四川龙丰农业发展有限责任公司引进的高产、优质、直立型豌豆新品种。引进四川示范代号99-1，又俗称“法国豌豆”2008年蓬溪县首次从四川省农技推广总站引种7 500kg，种植600亩，表现出高产、抗菌核病、耐肥等突出优点，基层干群普遍反映良好。一致认为“龙豌一号”是当前调整农业种植结构、增加农民收入、挽救豌豆濒临绝种的好品种。

（4）豌豆良种奇珍76。该甜豌豆品种引自美国，蔓生，株高160~220cm，茎粗，叶厚而深绿。花白色、双生。荚剑形、色绿、肥大而脆嫩。适宜速冻出口。该品种在福建闽南地区种植，从播种到开花需45~50d，采收期80~90d。适宜推广地区同绿珠甜豌豆相似。

（5）绿珠甜豌豆。该品种属早熟品种，结荚节位低，生长强健，抗病性强，鲜荚产量高，从播种到初收鲜荚需55~60d，株高200cm左右，分枝较多，白花，鲜荚嫩绿色，肉厚多汁。华北地区3月上旬播种，4月下旬开花，5月中下旬鲜荚上市，亩播种6~8kg，一般亩产鲜荚1 200~1 600 kg。华南地区可根据当地气候条件进行种植，也可秋播春收。绿珠甜豌豆适宜在贵州、湖北、广东、河南、安徽、甘肃、黑龙江等全国大部分地区种植，适应性强。

（6）甜丰（85-67）豌豆。由中国农业科学院蔬菜花卉研究所于1983年从日本引进，经提纯复壮后选出的优良品种。植株矮生，株高约40cm，主茎12~15节，2~3个分枝，单株结荚5~10个。花白色。青荚绿色，荚壁有革质膜，为硬荚种，荚长8~9cm，宽约1.3cm，单荚重6.5~7g，每荚有种子5~7粒，青豆粒微甜，成熟种子淡绿色，皱缩，千粒重约200g。速冻加工产品煮熟后色泽鲜绿，味甜。早熟，亩产青荚600~700kg，或干籽粒100~150kg。

栽培技术要点：北京地区于3月上中旬播种，行距33~35cm，穴距25~30cm，亩用种量8~10kg。开花结荚期应加强肥水管理。生长期间注意防治潜叶蝇。适于北京及华北部分地区种植。

（7）绿粒豌豆草原22号。由青海省农林科学院作物所选育的春豌豆新品种，2005年12月通过青海省农作物品种审定委员会审定。幼苗直立，深绿色，矮茎，茎上覆盖蜡被，株高80cm，有效分枝1~2个。羽状复叶，深绿色，顶端卷须，复叶由2~3对小叶组成，小叶全缘、卵圆形、无剥蚀斑。托叶中等，有缺刻，托叶腋无花青斑。总状花序，花柄上着生1~2朵花，第一花位于第7~8节，花白色。荚硬，刀形，成熟荚淡黄色，荚内籽粒呈自由式排列，田间不裂荚。籽粒绿色、近圆形，粒径0.67cm，种脐淡黄色，种皮不破裂。单株16荚，双荚率33.2%，单株粒数80.3粒，石粒率1%~2%，单荚粒数5.1粒，干籽粒千粒重209.7g。干籽粒含淀粉47.72%、粗蛋白质23.87%、粗脂肪0.89%；青籽粒含可溶性糖2.32%、粗蛋白质7.12%、维生素C 36.9mg/100g。生产能力及适应性：中等水肥条件下，每亩干籽粒产量360~420kg、青荚产量1 600~2 000kg；旱作条件下每亩干籽粒产量300~400kg。中抗倒伏，中等耐旱，轻感根腐病，适宜于我国春豌豆区的水地、中位山旱地种植。

（8）高产加工型绿粒豌豆新品种草原23号。由青海省农林科学院育成的豌豆新品种，2005年12月通过青海省农作物品种审定委员会审定。幼苗直立、矮茎，株高65.4~68.4cm，小叶变态为卷须且较发达，总状花序，花白色，籽粒皱，皮绿色，近圆形。干籽粒千粒重320.1~335.2g，粗蛋白质含量22.6%，粗淀粉含量44.87%。春性，生育期115~118d，抗白粉病，较抗根腐病，高抗倒伏，耐积水能力差。

栽培要点：改隔年轮作制为2~3年轮作制，并提倡秋耕秋施肥（有机肥、磷肥），来年免耕播种。3月中下旬或4月上旬播种，播种深度以6~7cm为宜，播种方法改撒播为条播或手溜，种植密度以每亩保苗5万~5.5万较合适，肥力高的地密度稍小，肥力差的地密度稍大。田间管理注意查苗补苗，在卷须缠绕前除草、松土2~3次；增施磷肥，以磷促氮；合理浇水，一般情况下，生育期内浇水4~5次。“草原23号”豌豆的常见病害为根腐病，可用种子量0.3%~0.4%的50%多菌灵拌种；苗期易受潜叶蝇为害，可在幼虫阶段用乐果进行防治；结荚期易受豌豆卷叶蛾（蛀虫）为害，可用50%辛硫磷或溴氢菊酯等杀虫剂在结荚期喷洒2~3次。

（9）优质食荚菜用豌豆甜脆 761。是一种新型的食荚菜用豌豆。特征特性：高 170~190cm，有效分枝 2~3 个。叶色绿，花色白，花柄上着生 1~2 朵花。甜荚、剑形，荚上无硬皮层。青荚色绿、肉厚、质脆、味甜，品质品味均优于普通食荚豌豆。青荚长 10~12cm，宽 1.0~1.5cm。单株平均结 15~18 个荚，每荚 5~6 粒，干籽粒千粒重 220~230g，粗蛋白质 23.97%。青荚含可溶性糖分 6.56%，烹饪品质好，也可生食。西宁地区种植，从出苗至采荚 55~60d，从开花至采荚 15~17d。田间鉴定无白粉病和根腐病，下部叶片有潜叶蝇为害。

该品种在品鉴试验中，每亩产干籽粒 224.01kg，比对照增产 28.89%；在品系比较试验中，每亩产青荚 1 143.58 kg，比对照增产 55.7%；在生产试种中，平均每亩产青荚 968.96kg，比对照增产 75.07%。经多年试种表明，该品种在中等水肥条件下亩产干籽粒 150~170kg，产青荚 900~1 200kg。

（10）秦选一号。由河北省秦皇岛市农业技术推广站与有关单位合作从国外引进的豌豆品种中选育而来。特征特性：植株直立，株高 70cm 左右，茎粗 0.55cm，总节数 19.5。叶色深绿，叶面有蜡粉，小叶全部变态为卷须，株间相互缠绕形成直立群体，有利于通风透光，适宜密植和间套作。从第一片真叶开始发生侧枝，有效分枝数 2.9 个。白花，硬荚，籽粒黄白色，光滑圆粒型。始荚高度 33.6cm，单株结荚数 24 个，有效结荚数 22.6 个，单株平均粒数 68.2 粒，千粒重 236g。耐旱、抗倒伏、抗病，结荚集中，成熟期一致，利于采收。生育期生育期 90~100d。大多收干籽粒，但采青荚菜用，鲜食香甜可口。

河北省北部 3 月上旬播种，6 月下旬收获。株高 70cm 左右，开白花，籽粒黄白色，光滑圆粒型，单株分枝 1~2 个，单株结荚 10 个左右，多者可达 20 个，单荚粒数 4~10 粒，千粒重 200g 以上，亩收干籽粒 250~400kg，菜用可亩收青豆荚 900~1 200 kg。

栽培技术要点：宜早春顶凌播种，20cm 表土层地温稳定在 0℃时即可。秦皇岛地区在 3 月初播种。其他地区参照春播小麦的播期。一般肥壮旱田亩播种量 12.5~15kg，稻田地亩播种量 15~17.5kg，亩保苗 4 万~5 万株。1.2m 一带“四密一稀”种植。“四密”每带种 4 行，行距 25cm，四行占地 1m。“一稀”行距 45cm，一稀为畦埂和打药等作业通道。亩施农家有机肥 3~4m^3，N、P、K 三元复合肥（含量各 15%）30~40kg，尿素 5kg。这三种肥在播种前随整地时施入。豌豆出齐苗后浅松土一次，提高地温促进发根，一周后再中耕一次。豌豆开花前一般不浇水，若土墒不足，空气又干旱时在开花前应浇一次水，以满足开花坐荚的需要。开花期水分过多、植株徒长或过于干旱都会造成落花落荚。坐荚期视墒情再浇一次水可增加荚数和粒数。应注意防治病虫害。每亩用来福灵 30mL 对杀虫霜 20g，对水 50kg 喷雾，既可防治潜叶蝇，又兼治蚜虫；也可用 50%氧化乐果乳剂 1 000~1 500 倍液，每亩 30~40kg 喷雾防治蚜虫。在开花期每亩用逯杀威 20g 对水 50kg 喷雾防治豌豆象。在豌豆生长中后期（一般 5 月中下旬）用粉锈宁 1 000 倍液防治白粉病 1~2 次。

（11）花豌豆。主要性状：植株半蔓生，株高 90~100cm，有 2~3 条分枝，叶浅绿色，幼嫩的叶片和嫩头可作菜用，花白色，荚绿色，每荚种子 4~6 粒，嫩荚种子可鲜食加工，老熟种子皮黄白色，圆形光滑，脐淡褐色。

栽培要点：合肥地区 10 月中旬至 11 月上旬均可播种，翌年 2 月下旬至 3 月下旬陆续采收嫩梢（豌豆苗）上市，五月中旬采收嫩荚，每亩需种 10kg，条播行距 28~33cm。城市郊区粮菜区均可种植。

（12）京豌 1 号。早熟，高产优质甜豌豆新品种京豌 1 号是于 1983 年从美国引进的甜豌豆资源中选育出。1992 年定型开始繁殖。品比试验亩产 234. 5kg，比对照“绿珠”增产 21. 3%，表现出较高的丰产潜力和早熟特性。

品种特性：全生长期 90d，株高 40~50cm，籽粒皱圆形，粒大皮薄，百粒重可达 26~30g。单株有效荚 7~10 个、平均荚粒数为 4~6 粒，成熟后籽粒为绿色，青食脆甜，口味极佳。栽培要点：地区 3 月 5 日前后顶凌播种，展叶后增施苗肥，开花结荚期注意水肥管理和除草、防虫。适种地区：适合在华北地区，中等肥力土壤条件下种植。

（13）定豌 2 号。该品种抗旱、抗病、高产、优质、农艺综合性状好、适应性广，2004 年获甘肃省科技进步二等奖。特征特性：定豌 2 号子叶为黄色，粒形皱，主茎、叶茎绿色，叶片上有紫纹，花瓣紫色，第一结荚位 30~35cm，株高 79. 8cm，单株有效荚数 4. 1 个，单荚，荚中等，种皮麻色。早熟，丰产，每亩产量可达 144kg。经测定，该品种籽粒含粗蛋白 23. 96%、赖氨酸 1. 87%、淀粉 54. 13%、粗脂肪 0. 67%，可用作豆制品添加剂、工业原料、保健系列食品、畜禽饲料等。该品种高抗根腐病，耐旱，水旱地兼用，是集优质、耐旱、抗根腐病于一体的豌豆新品种。适应区域：适宜在降水量 350~450mm、海拔 1 800~2 300m 的半干旱山坡地、梯田地、川旱地及水地种植，在甘肃、宁夏、青海的大部分地区可作为主栽品种，特别是在根腐病重发区。该品种既可用于复种，又可作为轮作倒茬养地和培肥地力。栽培要点：适期早播。一般在 3 月中下旬播种，轮作倒茬间隔 3 年以上，以麦茬最好，其次为莜麦、洋芋、糜谷等茬口。合理密植。播量一般为 13~14kg/亩，保苗 4 700 株/亩。苗期及时防治潜叶蝇，中后期防治豌豆象，生育期内及时中耕除草。

（14）抗倒豌豆新品种 991。四川省农技推广总站于 1999 年从省外引进的粮菜饲兼用豌豆新品系“991”，其抗病性好，抗倒力强，产量高，经济效益好，具有极大的开发价值。栽培特性：高产高效，单株结荚 10~15 个，单荚粒数 47 粒，千粒重 200g 以上，亩产干籽粒 300~400kg，也可采青荚菜用上市，亩产青荚 1 000~1 200kg，复叶变态为卷须，嫩卷须也可作菜用，是一种高档菜；高抗倒伏。各节节位上的复叶完全变态为卷须，卷须十分发达，相互缠绕，形成一个整体，遇风雨不倒伏，免去了高秸豌豆需搭架的麻烦和克服低秸豌豆遇干雨倒伏长芽的弊端；播种期弹性大。河北省内地可秋冬种，10 月中旬至 11 月初均可播种。在高海拔冷凉地区可春种，4 月中旬至 5 月上旬播种。秋冬种收获种子生育期 170~190d，春种收获种子生育期 90~100d。

（15）草原 276。特征特性：质好，丰产，抗逆。生育期 120d 左右，生长期间茎秆直立坚硬，叶片稀少，株高 60~80cm，籽粒纯白色，大而饱满，色泽光亮度好，商品性好。粗蛋白含量 24. 69%，粗淀粉含量 50. 63%。该品种具有突出的丰产性。几年的试验示范结果表明，每株结荚数为 6~8 层，双荚率为 60~80%，荚粒数为 5~7 粒，平均亩产在 350kg 以上。1996 年李寨村示范 2 亩，平均亩产 470kg；1998 年毛城村种植 50 亩，平均亩产 390kg，最高亩产达到 500kg，与当地主栽品种 A404 对照，增产 36%。

该品种抗旱、抗涝、抗倒伏、抗干热风，近几年的试验示范结果表明，病虫侵害极少。栽培要点：适时精细播种，春季气温稳定通过2℃，即可播种，每亩播种量35kg，播种采用宽窄行机播，宽行16cm，窄行9cm，亩保苗12万株。合理施肥，亩施农家肥3 000 kg左右，复合肥30~40kg。加强田间管理，苗后及时中耕锄草一般要浇三个水，头水浇在苗期，二水浇在初花期，三水浇在终花期。及时收获。一般植株上部的豆荚黄绿色，籽粒变硬、叶片变黄时即可收获。适应地区：草原276适应于≥0℃，活动积温在1 845℃以上，无霜期130d以上的播区。

四、蚕豆

（一）形态特征及适应性

蚕豆（野豌豆属），又称罗汉豆、胡豆，豆科、野豌豆属一年生草本。为粮食、蔬菜和饲料、绿肥兼用作物。原产欧洲地中海沿岸，亚洲西南部至北非，相传西汉张骞自西域引入中原。蚕豆营养价值丰富，含8种人体必需氨基酸。碳水化合物含量47%~60%，可食用，也可作饲料、绿肥和蜜源植物种植。为粮食、蔬菜和饲料、绿肥兼用作物。蚕豆一般认为起源于西南亚和北非。中国的蚕豆，相传为西汉张骞自西域引入。自热带至北纬63°地区均有种植。中国以四川最多，其次为云南、贵州、湖南、湖北、江苏、浙江、青海等省。蚕豆株高30~180cm。茎直立，四棱，中空，四角上的维管束较大。羽状复叶。总状花序，花蝶形。荚果，种子扁平，略呈矩圆形或近于球形。蚕豆花期一般是3—5月。蚕豆为长日照作物。喜温暖湿润气候和pH值6.2~8的黏壤土。需水量较大，但土壤过湿易生立枯病和锈病。蚕豆可单作或间、套作。

蚕豆的根系较发达，可入土层60~100cm，根瘤形成较早。茎方形、中空、直立、茎的分枝力强，可从基部生长4~5个或8~10个以上的分枝。叶互生，为偶数羽状复叶，小叶椭圆形，在基部互生，先端者为对生。花腋生，总状花序。花冠紫白色或纯白色。每花序有2~6朵花，第一至第二朵花一般能结荚，其后的花结荚率低。荚为扁圆筒形，内有种子，坚硬呈绿褐色或淡绿色，扁圆形。千粒重900~2 500g。蚕豆具有较强的耐寒性，种子在5~6℃时即能开始发芽，但最适发芽温度为16℃。幼苗能忍耐-5℃左右的低温，-6℃时易冻死。生长的适温为20~25℃。蚕豆对光照要求不严格，对土壤水分要求较高，适宜于冷凉而较湿润的气候。对土壤的适应性较广，沙壤土、黏土、水田土、碱性土等均可栽培，对土壤营养的要求，在未形成根瘤的苗期，宜适量施用氮肥。对磷、钾需要量也较大，镁、硼对蚕豆生育有良好的作用。土壤缺硼，则易妨碍根瘤菌的繁殖，使植株生育不良。

（二）栽培技术

1. 科学布局，轮作换茬

蚕豆是豆科作物，其中根瘤菌适宜中性或微碱性的土壤环境中活动，如果连续在一块地上多年种植，蚕豆根分泌出的有机酸会使土壤酸性加重，影响根瘤菌和土壤微生物的繁殖活动，蚕豆生长差，植株瘦弱，结荚减少，病害加重，单产下降20%~30%。因此，蚕豆生产要坚持轮作换茬。一般可采取蚕豆与小麦、油菜三年一轮的种植方法。

2. 适时播种，合理密植

蚕豆的适宜播种期为 10 月下旬到 11 月上旬。播种前要精细整地，做到土块细碎，土面平整。播种时要保证播种密度，一般耐旱力较强、成熟较晚的大粒品种宜在旱地种植，每亩4 000~5 000蔸，每蔸播种 2~3 粒，每亩用种量为 7.5~9kg；成熟较早、耐湿力较强的小粒种，宜在稻田种植，每亩5 000~6 000蔸，每蔸播种 2~3 粒，每亩用种量 6~7.5kg，播种后要用湿润的火土灰盖种，以利出苗。

3. 注重磷钾，巧施氮肥

磷肥能促进根瘤菌的活力，形成更多的根瘤，增强固氮作用。钾肥能使茎秆健壮，增强抗病、抗倒能力。一般亩施钙镁磷肥 20~30kg，湿润的火土灰 500kg 作盖种肥。蚕豆幼苗期根瘤处于萌发阶段，个体小，数量少，根瘤菌活动甚微，固氮能力差，应结合中耕每亩施人粪尿 200~300kg 或碳铵 7.5~10kg，促使幼苗健壮生长，有利于根瘤的形成。

4. 打顶整枝，防治病害

蚕豆打顶分两次进行，第一次在冬至前后打顶，摘除主茎生长点，促进提早分枝，增加有效分枝数；第二次整枝在 30%~40%植株开始形成第一豆荚时，摘除嫩枝 2~3cm，能提高结荚率 20%左右。蚕豆的主要病害有赤斑病、锈病等。土地湿度大、植株群体间通透性差，是诱发病害加剧的主要原因。因此，除了开沟排水、降低田间湿度、改善通气条件以外，还应在翌年 3 月下旬至 4 月上旬及时进行病害检查，若发现上述病情，每亩用生石灰和硫酸铜各 0.5kg，对水 100kg 制成波尔多液，选晴天喷雾，每 8~10d 喷药 1 次，连喷 2~3 次，即可控制病害的蔓延。

（三）收获与贮藏

秋播蚕豆一般在 4—5 月收获，极少的在 6 月上旬收获，春播蚕豆一般 7—8 月收获。在正常气候条件下，在叶片凋落、豆荚变为黑褐色即可收割。蚕豆成熟后，豆荚容易脱落，注意及时抢收，也可适当收割，将收割的植株挂放室内或晒场（要防雨淋），待其后熟，不影响发芽率。

蚕豆脱粒后水分含量比较高，不宜立即入库贮藏，要立即晾晒。秋播蚕豆区在豆粒含水量 11%~12%时贮藏，春播区可在水分 13%以下贮藏。通常在没有水分测量工具条件下，将晒 3~4d 后的蚕豆用牙咬，如一咬即断并有脆断声，或用刻丝钳，将豆粒用力一夹，豆粒立刻脆断并有脆断声，表明已晒干，可以贮藏。

收获量大的在药剂熏蒸后入仓库贮藏。要用干燥、阴凉、通风透气的房子作仓库，并将各处缝隙封好。在此前用 20%石灰水粉刷，消灭虫卵和成虫。入库的豆粒不能接触地面，要用油毡，塑料膜铺地防潮；收获量少的，可用瓦坛或瓦缸等容器贮藏，坛或缸内底部放一些生石灰以吸收水分。容器不要装得太满。要留一定空间，保证种子微弱呼吸。装好豆粒后要用塑料薄膜将口封好，再盖上草纸和木板。留种用的蚕豆在播种前打开，晒 1~2d 后播种。

（四）蚕豆优良品种简介

蚕豆在全国大多数省份都可种植，长江以南地区以秋播冬种为主，长江以北以早春播为主。除山东、海南和东北三省极少种植蚕豆外，其余各省（自治区、直辖市）均种有蚕豆。其中秋播区的云南、四川、湖北和江苏省的种植面积和产量较多，占85%，春播区的甘肃、青海、河北、内蒙古占15%。云南是蚕豆种植面积最大的省份，占全国的23.7%，常年种植在35万hm^2左右，以秋播为主。

（1）崇礼蚕豆。强春性，早熟，全生育期100~110d，分枝少，花白色，有效分枝2~3个，株高80~100cm，单株荚数一般8~10个，单荚粒数2~3粒，百粒重120g左右。籽粒窄圆形，种皮乳白色。籽粒含蛋白质24.0%，脂肪1.5%，赖氨酸1.55%。该品种株型紧凑，适宜密植，喜肥喜水，丰产性好，一般亩产150~200kg，最高产量达280kg。

（2）临蚕5号。春播蚕豆品种。生育期125d左右，分枝一般为2~3个，百粒重180g左右，种皮乳白色。具有高产、优质、粒大，抗逆性强等特点，适应于高肥水栽培，根系发达，抗倒伏，一般亩产350kg左右，是粮菜兼用的优质品种。

（3）临蚕204。春播蚕豆品种，生育期120d左右，分枝2~3个，结荚部位低，百粒重160g左右。具有高产、优质、粒大的特点。适应性广，抗逆性强。一般亩产为350kg左右，最高亩产达420kg。是出口创汇的优质品种。

（4）临夏马牙。春性较强。甘肃省临夏州优良地方品种，因籽粒大形似马齿形而得名。全生育期155~170d，晚熟种。该品种种皮乳白色，百粒重170g，籽粒蛋白质含量25.6%。适应性强，高产稳产。平均产量350kg/亩，最高可达500kg/亩。适宜肥力较高的土地上种植。是中国重要蚕豆出口商品。

（5）临夏大蚕豆。春播类型。该品种种皮乳白色，百粒重160g左右，籽粒蛋白质含量27.9%，平均产量250~300kg/亩。喜水耐肥，丰产性好，适应性强，在海拔1 700~2 600m的川水地区和山阴地区均能种植，1981年开始在甘肃省大面积推广。适于北方蚕豆主产区种植。

（6）青海3号。春播蚕豆品种，具有高产、优质、粒大的特点，分枝性强，结荚部位低，不易裂荚。种皮乳白色，百粒重160g左右，籽粒蛋白质含量24.3%，脂肪1.2%。根系发达抗倒伏，喜水耐肥，适宜在气候较温暖、灌溉条件好的地区种植。最高亩产达400~450kg。

（7）青海9号。春播蚕豆品种，具有高产、优质、特大粒的特点，分枝性强，结荚部位低，不易裂荚。种皮乳白色，百粒重200g左右。根系发达，植株高大、茎秆坚硬，抗倒伏，喜水耐肥，适宜在气候较温暖、灌溉条件好的地区种植。最高亩产440~480kg。春蚕豆区推广品种。

（8）湟源马牙。春播类型。该品种种皮乳白色，百粒重160g左右，属大粒种，是青海省优良地方品种。湟源马牙栽培历史悠久，具有较强的适应性，产量高而稳。分布在海拔1 800~3 000m的地区。一般水地产量250~350kg/亩，山地150~200kg/亩，是中国主要蚕豆出口商品。适于北方蚕豆主产区种植。

（9）日本吋蚕。春播蚕豆品种，由中国农业科学院作物品种资源研究所引进。生育期为120d左右，花白色，结荚部位低，结荚多，分枝少，单荚粒数一般为4~5粒。不易裂荚。百粒重150g以上，种皮乳白色，一般亩产300kg左右。抗逆性强，是粮菜兼用的优质品种。

（10）品蚕D。春播蚕豆品种，生育期125d左右。具有高产，优质，小粒，耐旱耐瘠的特点。分枝一般2~3个，单株荚数18~29个，单荚粒数2~3个，百粒重50~60g，种皮乳白色，种子蛋白质含量28.36%，种子单宁含量少，不含蚕豆苷等生物碱，株高115~156cm，一般亩产300kg，高者达350~400kg，是一个粮饲兼用的好品种。适于北方蚕豆主产区推广种植。

第五章　主要杂粮的高效种植模式

第一节　河北省一年两熟区小麦+谷子种植模式节水栽培技术

河北省为我国小麦的主产区，种植面积一般在3 500万亩左右。在低平原一年两熟区，小麦的主要种植模式为小麦+玉米。近年来由于劳动力及生产资料等生产成本的不断升高，这一种植模式的种植效益已越来越小，选择高效的种植模式是目前该区农民增收增效的探求热点。在当前河北省地下水压采的大环境下，小麦的种植面积会有所减小，但在未来相当长一段时间内，小麦作为北方人们的主粮这一习惯仍会长时间存在，种植面积仍会占绝对大的比例，因此探索以小麦为前茬作物的高效栽培模式仍具有十分重要的意义。河北省冬小麦成熟多在6月上中旬，此时正是夏谷的最佳播种期，更重要的是谷子耐旱，除播前需要浇一水造墒外，通常整个生育期依靠夏季降水即可满足生长发育的需要。较之玉米至少节省一次灌水，而且谷子的市场价格为玉米的2~3倍，经济效益可观。近年来谷子育种及栽培技术的发展迅猛，谷子生产早已摆脱传统的人工耧种、人工间苗、除草的原始栽培模式，目前正发展成为简化、高效的机械生产模式。生产实践表明，以亩产谷子300kg计，按目前市场价格折算，“小麦+谷子”种植模式较“小麦+玉米”或一年一熟棉花种植模式，每亩多收入300~500元，因此“小麦+谷子”模式结合节水种植技术在河北省低平原区还是具有较高种植效益和发展前景的。

一、前茬小麦节水管理栽培技术

1. 提高整地质量，科学施肥造墒

地块旋耕前要将前茬作物的秸秆粉碎两遍，要求茎段长3~5cm，且在田间分散均匀，然后施入底肥。目前氮、磷肥施用较普遍，而钾肥重视不够，因此采取稳氮、增磷、补钾、配微的施肥策略。根据当地的土壤肥力情况，一般每亩施用碳铵40~50kg、过磷酸钙75~100kg、硫酸钾5~10kg、硫酸锌1~2kg，或用磷酸二铵25kg、尿素10~20kg、氯化钾5~10kg、硫酸锌1~2kg作底肥。秸秆还田地块底肥中要保证一定量的速效氮肥，这样可以防止土壤微生物分解秸秆与小麦争肥引起黄苗现象。

保证充足底墒是实现节水高产和保证春季生长稳健的关键措施。一般情况下不建议抢墒播种，因为抢墒播种出苗后，若冬前降雨较少，不得已还要浇过冬水，会导致土壤板结，龟裂，蒸发快，越冬死苗多。因此凡播种前没有50mm以上有效降雨的，应浇足底墒水，浇水量争取达到每亩50m^3。即使播种期偏晚，也更要保证播种质量，先浇底墒水，再整地播种，避免浇过冬水。

造墒后，在适耕期（土壤含水量达到60%左右时，田间判断方法为扒去表土，用手取一把土握成团，站直后于腹部等高处松手使其自然落下，土团多数碎散即为适耕期）用旋耕机旋耕两遍，深度不小于15cm，要求耕翻土壤翻埋根茬、秸秆，耕后严格耙地耱压，做到耕层上虚下实，土面细平，无大块坷垃。建议每2~3年进行一次深耕，耕作深度不小于20cm。

2. 适期晚播、适宜播量，确保播种质量

适期晚播可以减少水分蒸发损失，除了给夏茬作物谷子留出充分的成熟时间以外，还有利于冬前生长稳健，安全越冬，有利于小麦节水技术的运筹。根据近10年冬前积温计算，适宜播种期为10月5—15日。

适宜播期内还要有适宜播量，如在10月5—10日播种，则一般亩播量在12.5kg左右，如在10月10—15日播种则亩播量要在15kg左右。一般应在上述适宜播期完成播种，不得已需要晚播的则在10月15日后，在上述播量基础上，每推迟一天，增加0.5kg播量。

播种质量是确保小麦节水高产栽培的关键。要严格把握和确保播种质量。必须做到播深一致，落粒均匀。要求：①采用精选种子：籽粒大小均匀，不含碎瘪粒。②种子处理：近年来小麦病虫害呈增加趋势，必须注意种子处理，首先提倡采用包衣种子；未包衣种子一定要进行药剂拌种。拌种可采用戊唑醇或敌畏丹+适乐时麦种，晾干播种。③进行播量试播和计量，做到播量准确。④精匀播种：严把播种关，采用14.5cm左右等行距播种，要求播深一致（播深4~5cm），落籽均匀。⑤播后镇压：小麦播种后注意适时镇压，使种子和土壤密切接触，同时密实上部土壤缝隙，避免冬季跑风失墒为免浇冻水打基础。镇压时要待土面有薄层风干土（俗称“白皮”）后进行，畦面过湿严禁镇压。⑥播后打埂造畦：小畦灌溉可以降低灌水量实现节水，一般在播种后及时打埂造畦，每亩作畦12个左右为宜。

3. 及时查苗补苗，提高种植质量，简化冬季管理

播种10~15d后应进行查苗补苗，缺苗断垄较严重的要开沟灌水补种，补种前最好用冷水浸泡种子一天，可提早出苗。出苗前遇雨要及时锄划松土破除板结。在采取足墒播种，秸秆粉碎还田和整地质量好，播种期和播量适宜，播后镇压等系列提高播种技术条件下，冬季管理变得很简单，一般不浇冻水。

特殊情况需要浇冻水的，要在气温稳定下降到3℃左右再浇冻水，一般在11月底到12月初。因各种原因未浇底墒水的，越冬前无大的有效降雨情况下要保证浇冻水。

4. 浇水、施肥和除草，春季管理为关键

小麦返青到抽穗期间为小麦的春季管理，主要是浇水施肥和除草。

浇水注意适当推迟春季第一次灌水时间，在采取上述提高种植质量的技术措施后，一般要推迟到拔节期即第二年的4月初到5—10日进行灌溉，最迟不晚于4月15日，每次灌水量45~50 m^3；同时随第一次灌水追施氮肥。一般亩施尿素20kg左右。

小麦返青后注意及时除草，建议采用苯磺隆类除草剂，尽量不用2,4-D类，以确保对小麦安全。此外注意用药时间要适当，用药过晚则用药量大成本高，防治效果差，

还容易造成小麦药害，苯磺隆类麦田除草剂一般在气温高于10℃除草效果为好。推迟春一水到4月初灌水的地块一般在3月20—25日喷施除草剂较好，一般可用10%苯磺隆10g/亩均匀喷洒。

5. 加强后期管理，注重病虫防治、预防干热风

从小麦抽穗到成熟为后期管理时期，此期注意浇水和病虫害防治以及预防干热风。

在小麦第一次灌溉推迟之后，一般年份在小麦扬花至灌浆初期再进行一次灌水即可。此期为小麦田间透光最差时期，注意密切检查和防治小麦白粉病和叶锈病。在小麦病害防治中注意用药及时和连续性。在病害点片发生时用三唑酮等杀菌剂进行两次防治，两次用药时间间隔1周。小麦蚜虫防治指标为每百株800头，为方便查看可在小麦旗叶上发现麦蚜时及早防治，宜早不宜迟，注意采用高效低毒农药。一般可用抗蚜威或吡虫啉，进行1~2次防治，一般第一次采用内吸性药剂，第二次采用触杀性药剂。

除上述常规病虫外，在本地区以下两种病虫发生逐年加重，须注意防治。

（1）小麦吸浆虫。首先搞好监测，每个取样点（10cm长，10cm宽，20cm深的土壤中）虫量在5头以上的地块就要进行药剂防治，采取蛹期防治为主，成虫期防治为辅的防治策略。蛹期防治在小麦抽穗前3~5d进行，使用药剂：毒死蜱或甲基异柳磷颗粒剂拌20~25kg细土，顺垄撒于麦田，撒后锄划、浇水可提高防效；成虫期可在小麦抽穗扬花，用菊酯类与敌敌畏混配倍进行全田喷雾。

（2）小麦赤霉病。小麦抽穗扬花期遇雨时，赤霉病发生一般较重，可用烯唑醇或多菌灵等广谱杀菌剂喷雾，连续喷两次，间隔5~10d。另外在灌浆期（开花后15d）开始喷施磷酸二氢钾2~3次，喷药间隔一周，可有效提高粒重，减轻干热风危害。

6. 及时收获

小麦收获一般在6月中旬进行，收获后及时粉碎秸秆两遍，打畦造墒。

二、夏茬谷子节水栽培技术

1. 提早整地

小麦在6月中旬收获后，立即开始粉碎秸秆，墒情较差地块及时造墒。亩施磷酸二铵复合肥25kg，旋耕两遍后镇压。也可以选择免耕直播。

2. 适量播种

谷子播种一般在6月底7月初进行，最晚不迟于7月10日。一般选用经药剂包衣的谷种，亩用种量0.5~0.75kg，行距40~50cm，常规品种、抗除草剂品种留苗密度4万~5万株/亩，杂交谷子留苗密度为2.5万~3万株/亩，播种深度3cm左右，播后随即镇压，使谷粒和土壤充分接触。对于墒情较好的地块。也可采用免耕播种，但要适当加大播量，采用多功能谷物播种施肥一体机进行播种，每亩施入磷酸二铵15kg，肥料随播种施在种子侧下方5~7cm。播后苗前均匀喷洒“谷友”或“谷粒多”除草剂，不漏喷、不重喷。一般用量为120g/亩，墒情好的以及沙壤土的地块适当减少用量，黏重土质和含水量较少的地块适当加大药量。

3. 简化田间管理

大面积栽培按上述播量一般无需间苗。常规谷子品种由于不抗除草剂，谷苗过密的

地方可在3~4叶期进行人工间苗，一般平均4~5cm一棵谷苗即可。抗除草剂谷子品种和杂交谷子可采用配套的除草剂进行间苗、除草，可有效杀死部分多余谷苗和禾本科杂草，同时结合喷施百阔净（二甲四氯钠）40~60mL/亩，可有效杀死谷田双子叶杂草，实现化学除草。拔节期谷苗9~11片叶（出苗25d左右）结合中耕亩追尿素20kg。谷子抗旱，一般年份依靠降雨即可正常生长，通常无需浇水。

4. 收获

谷粒蜡熟期即可收获，一般在9月底到10月上旬，小面积人工收割，大面积的可机械收割，并及时晾晒、入库。

5. 病虫鸟害防治

谷子病害较少，苗期主要有谷瘟病、谷锈病等。一般无需防治。另外可参照所种谷子品种的种植说明进行药剂喷施。虫害一般在灌浆期多见黏虫，危害严重，可选择菊酯类杀虫剂进行防治。

由于近年来谷子种植较为分散，鸟类危害严重，可通过在田间挂设反光条，以及搭设防鸟网等进行预防。大面积谷子生产则无需防鸟。

第二节　油葵+谷子种植模式

严重缺水是制约河北省农业可持续发展的瓶颈，其中低平原区是河北平原缺水最严重的地区，该区耕地面积3 600万亩，占全省耕地面积的近40%，水资源量仅为全省的20%，长期地下水严重超采，该区形成了华北最大最深的地下水下降“漏斗”。目前该区主要农作物种植模式多为一年两熟的的小麦+玉米，及一年一熟的棉花，前者小麦生长期需水量大，经济效益甚小，后者一年一作收入亦较少，因此非常需要一种适应该区地理气候的种植模式。

油葵具有耐旱、耐瘠、耐盐碱、适应性广等特点，适宜在生产条件较差的盐碱地和旱薄地种植，并且可以改良土壤结构、减少水土流失，对于发展盐碱地区和干旱地区农业具有重要意义；谷子抗旱、耐瘠，足水丰产，缺水保产，并且谷子生育期较短，可以在收获油葵后种植并有一定产量，两者的共同特点是抗旱、耐瘠，符合黑龙港地区的特点；但谷子耐盐碱能力差，而油葵植株叶片宽大浓密，田间郁闭封垄早，从而减少盐分向地面上升和凝结，恰好为下茬创造了一个盐碱程度相对较轻的环境，有利于谷子生长，因此二者可构成相得益彰的栽培模式。

近年来，随着市场经济的发展和油葵价格的持续上涨，种植效益显著提高，面积呈逐年上升趋势，河北省向日葵有以下几个主要产区：一是承德的坝上地区，为一年一熟制。二是燕山、太行山山脉的浅山丘陵区的部分地区，为一年两熟制。三是黑龙港地区，包括沧州、邯郸及衡水部分县（市），该区是典型的盐碱地区，油葵以其较强的耐盐碱特性曾经成为该区的主要经济作物，播种面积曾一度占全省油葵总面积的80%。而且，河北省一直是谷子的优势产区，随着人们生活水平的不断提高和膳食结构的不断变化，作为杂粮之一的小米越来越受人们欢迎，具有广阔的市场前景。

一、品种选择与茬口安排

油葵宜选用春播生育期 110d 以内的杂交种，如矮大头 567DW、超级矮大头 667DW、高油 6 号等中早熟品种。夏茬谷子要选用国家鉴定的夏播中早熟品种，生育期一般在 80~90d，要求抗倒、抗病、抗旱，规模化种植应选择适合机械化收获的品种，大面积种植最好选用抗除草剂品种如衡谷 13 号等。

油葵播种通常在 3 月上中旬进行，6 月中下旬收获；夏谷播种不应迟于 7 月上旬，否则会影响产量，9 月底至 10 月上旬收获。

二、前茬油葵栽培技术

1. 选地与整地

油葵耐贫瘠，耐盐碱，但忌在低洼、易涝地块种植。另外还应避免重茬，注意轮作倒茬。播种前根据地力情况，亩施农家肥 2~3m^3 加三元复合肥 30~40kg。深翻 20~25cm，适时耙耱保墒。

2. 适时早播

播种前要晒种 1~2d，可以打破种子的休眠，提高种子的发芽率，促进苗齐苗壮。播前用冷水浸种 4~12h，可提前 1~2d 出苗。同时用高效内吸杀菌剂拌种，可有效防止霜霉病、菌核病等的发生。

油葵耐低温性很强，在 3 月上中旬（惊蛰前后）即可覆膜播种。一般采用等行距种植，行距 60cm，株距 30~33cm。根据土壤情况，地力好的适宜密度为 3 300~3 500 株/亩，地力差的适宜密度为3 500~3 800株/亩。播种方法以点播为好，点播用种量为每亩 400~500g。为节约用种，可采用单双粒隔穴播种。播种宜浅不宜深，一般掌握在 3~5cm。

3. 田间管理

（1）定苗。油葵是双子叶作物，子叶大，出苗比较困难，尤其在整地质量不好、天气干旱少雨时，易造成缺苗，因此在出苗后要及时查苗补苗，确保全苗，并根据留苗数进行间苗。间苗在 2 片真叶时进行，定苗在 4 片真叶时进行。

（2）中耕除草。油葵生育期内要进行 2~3 次中耕除草。第 1 次中耕结合定苗进行，有利于疏松土壤，提高地温，促进小苗早发快长；第 2 次中耕在封垄前进行，并结合中耕进行培土，培土高度 10cm，以促进油葵根深叶茂。

（3）追肥。现蕾前后结合中耕，追施尿素，每亩施尿素 10kg。施肥深度 8~10cm，培土到植株基部，以满足植株吸氮高峰时氮素的供应。

（4）灌水。油葵苗期生长缓慢，宜“蹲苗”不宜浇水，以促进根系下扎，增强抗旱能力。现蕾、开花和灌浆期，如有旱情应适当灌水，具体掌握应该是叶片中午萎蔫而晚上仍不能恢复正常时应及时浇水。实践证明，在花盘形成期灌一次水可增产 17.2%。

（5）辅助授粉。油葵授粉不良易出现空壳现象，大面积种植可每 5 亩地放蜂箱一个，也可采取人工辅助授粉。常用做法：用 10cm 直径的圆纸壳或木板，上面垫上一层棉花，再蒙上纱布，授粉时用粉扑子逐一轻轻接触花盘，就完成了授粉过程。授粉时间：在向日葵进入开花期（整个田间有70%植株开花）后2~3d进行第一次授粉，以后每隔3~4d进行一次，共授粉2~3次。每天授粉的时间，应在上午露水下去之后到上午11时前，下午3时以后进行。

4. 收获

油葵采收一般在6月中下旬，此时葵盘背面变黄，包叶黄褐，茎秆变老，叶片枯黄下垂，种皮形成该品种特有色泽，籽粒变硬，掐开或咬开看到种仁没有过多水分时收获。手工收获可用镰刀或剪枝剪将葵盘剪下，立即摊开晾晒，2~3d后即可脱粒；脱粒后种子湿度较大，收获后立即在晒场上摊开晒干、扬净，防止霉变。

5. 病害防治

油葵主要病虫害向日葵菌核病、锈病、褐斑病、霜霉病以及黏虫，从以下几方面进行防治。

（1）避免重茬连作，清洁田园。

（2）选用抗病品种。

（3）及时拔除病株并消毒。

（4）药物防治。

①菌核病：种子消毒处理。用50%速克灵可湿性粉剂，或用50%菌核净可湿性粉剂，按种子重量的0.3%~0.5%药量拌种。在开花期用50%菌核净可湿性粉剂500~1 000倍液，或用50%速克灵可湿性粉剂1 000~1 500倍液，或用50%多菌灵1 000倍液等喷洒植株下部及花盘背面1~2次，每次间隔7d。

②锈病：发病初期用70%代森锰锌可湿性粉剂600倍液喷雾，或用25%萎锈灵可湿性粉剂或20%萎锈灵乳油400~600倍液喷雾。

③褐斑病：发病初期摘除病叶，必要时喷洒30%碱式硫酸铜（绿得保）胶悬剂400~500倍液或1：1：160倍式波尔多液、50%苯菌灵可湿性粉剂1 500倍液，10~15d 1次，防治1次或2次。

④霜霉病：用35%甲霜灵拌种，用药量为种子重量的0.3%。

6. 虫害防治

主要虫害有黏虫，防治方法为：主要采取药剂防治，一般用2.9%的敌百虫粉，每亩2~2.5kg，或用50%敌马乳油，每亩50g对水10kg喷雾。加强对麦田黏虫的防治，使之不会转株为害。秸秆覆盖播种的要在玉米出苗前加多喷药量防治。田间渠道上的杂草也是黏虫繁殖的场所，故即使是耕翻后播种的玉米，也切勿忽略对渠道上黏虫的防治。

三、下茬谷子栽培

1. 整地

油葵在6月下旬收获后，立即开始粉碎秸秆，墒情较差地块及时造墒。亩施复合肥25kg，旋耕两遍后镇压。无灌溉条件地块应趁雨抢种。

2. 播种

谷子播种不应迟于7月10日。亩用种量0.3~0.5kg，行距40~50cm，常规品种、简化栽培谷子品种留苗密度4万~5万株/亩，杂交谷子留苗密度为2万~2.5万株/亩，播种深度3cm左右，播后随即镇压，使谷粒和土壤充分接触。对于墒情较好的地块，也可采用免耕播种，每亩施用磷酸二铵15kg，肥料随播种施在种子侧下方5~7cm。播后苗前均匀喷洒“谷友”或“谷粒多”除草剂，不漏喷、不重喷。一般用量为100~120g/亩，沙壤土适当减少用量。

3. 田间管理

常规谷子品种在3~4叶期进行间苗。简化栽培谷子品种，杂交谷子可采用配套的除草剂进行间苗、除草，可有效杀死部分多余谷苗和杂草，过密的地方可人工辅助定苗，定苗后中耕除草。拔节期亩追尿素20kg。谷子抗旱，通常无需浇水。谷苗9~11片叶（出苗25d左右）趁雨或结合浇水追施尿素15~20kg/亩，随后中耕培土。杂草较多时于谷子拔节前后中耕一次。

4. 收获

谷粒蜡熟期即可收获，一般在9月底到10月上旬，小面积人工收割，大面积的可机械收割，并及时晾晒、入库。

5. 病虫害防治

谷子病害较少，苗期主要有谷瘟病、谷锈病等。一般无需防治。虫害一般在灌浆期多见黏虫，可喷洒一般杀虫剂防治。

第三节　林谷间作种植技术

一、目的和意义

严重缺水是制约河北省农业可持续发展的瓶颈，2014年年初，国家将河北省地下水超采最严重的黑龙港流域作为地下水超采治理试点区，包括衡水、沧州、邯郸、邢台4市49个县（市、区），河北以节水为核心，“引、蓄、管”相结合，在地下水超采综合治理方面进行了有益探索，衡水市在河北省率先实施了地下水超采综合治理试点林业项目，截至2015年，仅衡水市压采造林达到14万亩，一些地方自发采取多元立体种植模式，大行距种植白蜡或榆树，利用林间空地种植有饲草、中药材、谷子等，以提高土地综合效益。就节水而言以谷子为佳，谷子属于矮秆作物，与高秆作物相比，不会与幼林争光，不影响幼林的生长发育。谷子是光补偿点较高，饱和点也高的C_4作物。近年来，随着农业机械的发展，谷子的播种与收获基本都可以依靠机械完成，大大降低了人工劳动强度。而且谷子节水、管理省工、综合效益较高，因此是一个很好的间作作物，极具推广价值。

在林木和谷子间作模式的种植、管理过程中，往往存在着品种选择不恰当、管理不科学等问题，影响了综合效益，急需进行规范化管理。

河北省农林科学院旱作农业研究所在2011年就开始进行了林谷间作试验，特别是在农业部“国家产业体系衡水试验站”、省财政厅“抗旱、优质、高产夏谷新品种选育及应用”等项目的支持下，取得了明显进展，形成了多项成果，发表了“黑龙港地区谷—草一年两作种植模式的可行性研究”“‘削阔’水乳剂防治谷田阔叶杂草效果研究”等系列研究论文，并于2015年针对当前的地下水压采形势发表了“林谷间作高效栽培技术”，及时指导生产，按照该栽培技术，可实现谷子亩产300kg左右的水平，对推动区域特色经济产业发展、促进种植结构调整和优化、促进农民增收具有重要意义。

二、主要技术指标的确定依据及说明

（一）区域的确定

我国谷子主产区包括东北春谷区、西北春谷区和华北夏谷区，常年播种面积约1 100万亩。河北省谷子面积约占全国的1/4，年均播种面积在271.5万亩左右，产量约占全国的1/3，贸易量约占全国的1/2。

其中，黑龙港地区谷子生产在河北省所占的比重越来越大（表5-1），该区也是地下水压采的重点区。2014年年初，国家将河北省地下水超采最严重的黑龙港流域作为地下水超采治理试点区，两年时间仅衡水市压采区营造稀疏林地就达到14万亩，在以上区域的幼林地里，利用行间空隙土地，间作谷子，在节水的基础上保证林粮双丰。将规程的适用范围确定为河北省郁闭度较小的幼林地。

本试验主要在黑龙港地区开展，其技术措施可供其他相似生态区借鉴。

表5-1　黑龙港地区与河北省谷子生产概况

年份	黑龙港地区			河北省		
	谷子面积（万 hm^2）	总产（万 t）	单产（kg/hm^2）	谷子面积（万 hm^2）	总产（万 t）	单产（kg/hm^2）
2013	3.13	14.37	4 590	14.45	45.23	3 129
2014	3.29	15.08	4 590	14.72	47.82	3 250
2015	3.49	15.01	4 300	14.83	48.37	3 262
2016	3.50	15.39	4 400	14.93	52.76	3 534

（二）品种的选择

1. 适宜树种的筛选

（1）不同落叶水提物对谷子萌发期的影响。

①材料与方法

A. 供试谷子品种：衡谷13号。

B. 供试落叶品种：西府海棠、苹果、枣、紫叶李、白蜡、法国梧桐、国槐、杨树。

C. 水提液制备：2016年11月分别随机选择无病虫害植株落叶，清洗、自然晾干，剪成1cm^2大小，20~25℃浸提48h，（期间每12h摇晃1次）8层纱布过滤，按0.5%，1%，2%，4%，6%，8%浓度稀释提取液备用。

D. 试验方法：选取颗粒均匀、饱满、无病变、无霉变的谷种，0.1%的$HgCl_2$消毒10min，蒸馏水洗净，滤纸吸干。均匀置于铺有双层滤纸的培养皿中，每皿100粒，分别加入处理液 10mL。以蒸馏水为对照，重复 3 次，置于（21±2）℃光照培养箱中培养。

试验第 3d 开始测定种子发芽数，第 10d 分别挑选长势较一致的幼苗，测定植株的根长、苗高、鲜重。

②结果与分析：在低浓度时，8 种不同树种对谷子的化感作用不明显，当浓度达到 4%时杨树出现了显著的抑制作用，抑制率高达 55. 28%，当浓度增加到 6%时，抑制率高达 82. 27%，浓度在 8%时，发芽率仅为 6%，抑制率高达 93. 86%，谷子几乎不发芽，而苹果树的抑制率仅为 18. 7%。

隶属度按四级制划分标准：隶属度大于 0. 7 为强抗，定为Ⅰ级；隶属度在 0. 4～0. 7 为较抗，定为Ⅱ级；隶属度在 0. 3～0. 4 为弱抗，定为Ⅲ级；隶属度<0. 3 为不抗或易感，定为Ⅳ级。见表 5-2。

表 5-2　不同落叶水提物对谷子萌发期的影响

	发芽率	发芽势	发芽指数	根长	苗高	鲜重	活力指数	隶属值
西府海棠	0. 51	0. 27	0. 47	0. 47	0. 52	0. 69	0. 57	0. 50
法国梧桐	0. 75	1. 00	0. 93	0. 44	0. 99	0. 99	0. 99	0. 87
紫叶李	0. 68	0. 21	0. 43	0. 24	0. 00	0. 11	0. 30	0. 28
国槐	0. 65	0. 79	0. 77	0. 82	0. 61	0. 53	0. 67	0. 69
枣树	0. 58	0. 31	0. 49	0. 48	0. 53	0. 64	0. 59	0. 52
苹果	0. 84	0. 98	1. 01	0. 95	0. 52	0. 67	0. 95	0. 84
杨树	0. 01	0. 01	0. 01	0. 00	0. 01	−0. 01	0. 00	0. 00
白蜡	1. 01	0. 27	0. 65	1. 01	0. 73	0. 57	0. 61	0. 69

结论：苹果树、法国梧桐适宜和谷子间作，枣树、西府海棠、国槐、白蜡树较适宜间作，紫叶李、杨树不适宜与谷子间作。

（2）抗旱树种筛选。由于树种、品种特性的不同，其耐旱性有一定差异。一般来说，原产于或长期生长在干旱气候条件下的树种比较耐旱，而生长在热带地区的都不大耐旱。

园林树种之中的国槐、白蜡、栾树、杨树（毛白杨）、旱柳、臭椿抗旱性较强，而银杏和悬铃木、元宝枫抗旱性中等。

经济树种中耐旱能力强的果树有桃、杏、枣、核桃等，耐旱能力中等的果树有苹果、梨、柿子、樱桃、李子等。另有研究表明，枣树>银杏>柿树>李子。

综上所述，根根深、干性强、抗旱性好的树种应该是本规程的首选，园林树种中的法国梧桐、白蜡、国槐、西府海棠较适宜和谷子间作；经济树种中的苹果树、核桃树、枣树等较适宜和谷子间作，但在病虫害防控上要求更加严格；紫叶李、杨树不适宜和谷子间作。

2. 谷子适宜品种筛选

（1）不同郁闭度对谷子产量的影响。郁闭度是判定树林环境的重要因子，用冠层分析仪 LAI-2 000 进行测量，通过测量“冠层下可见天空比例（DIFN）”，进而计算出郁闭度，郁闭度=1-DIFN，这种方法在测定林冠郁闭度的相关研究中已有较多应用。

A. 2014 年

谷子品种：“冀谷 19”，国家区试对照种。

处理：设置郁闭度为 0.3、0.45、0.6、0.7、0.8、0.9、0.95，利用不同遮光程度的遮阴网模拟树阴，在田间利用遮阴程度不同的遮阴网对谷子（5 叶期定苗后）进行遮阴，遮阴面积 4m×8m，6 个处理（不同遮阴程度），1 个对照（不遮阴），3 次重复，用冠层分析仪 LAI-2000 进行测量，成熟期取样 $8m^2$，脱粒后称重并折算亩产。见表 5-3（郁闭度超过 60%以上，产量严重减少，生产上没有意义，因此，下一年度只进行郁闭度 0.6 以下的处理）。

B. 2015 年

谷子品种：“冀谷 19”。

处理：设置郁闭度为 0.3、0.45、0.6，以自然光照为对照，其他与 2014 年设计相同。

两年平均产量以郁闭度 0.3 最高，达 355.3kg/亩，超对照 3.32%，居第 1 位，但与对照差异不明显；郁闭度 0.45 以上，产量明显降低，且与对照差异显著，随着郁闭度的增加，亩产呈现明显的下降趋势，在生产中已经没有意义。见表 5-3，郁闭度 0、0.3、0.45、0.6 为 2014 年、2015 年两年的平均数据，其余为 2014 年 1 年的数据。

表 5-3　2014—2015 年不同郁闭度对谷子产量的影响

郁闭度	亩产（kg）	较对照（%）
0	343.5aA	0.00
0.30	355.3aA	3.32
0.45	303.7bB	-11.59
0.60	238.7cC	-30.51
0.70	119.5dD	-65.21
0.80	58.9eE	-82.85
0.90	35.3efEF	-89.72
0.95	11.1fF	-96.77

因此，将郁闭度 0.3 设为林谷间作模式的上限。一般在定植后 3 年左右、果树结果之前是间作的主要时期，如初果期前的核桃林（郁闭度在 0.3 以下），此时核桃树小、遮光少，对农作物生长的影响小。

（2）耐阴品种的筛选。谷子的光饱和点和光补偿点都很高，但品种间差别较大，因此，筛选耐阴性较强的品种，对于生产有着重要意义。

利用国内培育的220个谷子品种，进行遮阴60%处理，以不遮阴为对照，观察记载农艺性状变化，调查指标：抽穗期、成熟期，株高、穗长、叶面积、叶面积指数、比叶面积（叶面积/总生物重）、根重、穗粒重、谷草重、出谷率、千粒重、小区产量，抗倒性、病虫害发生情况等。

遮阴后株高、穗长、穗重、穗粒重均明显降低，随着生育时期的延长株高差距有逐渐加大的趋势。依据各品种的耐阴系数（处理性状值/对照性状值）将各品种的耐阴性分为两类，如表5-4所示。

表5-4　不同品种耐阴性

性状	耐阴性较强的品种	耐阴性较差的品种
单穗重	晋谷24号、晋谷40号、冀谷18等	陇谷6号、公谷新7、蒙丰谷1号等
单穗粒重	晋谷24号、晋谷40号、冀谷18等	公谷新7、蒙丰谷1号、赤谷6号等
出谷率	峰谷12号、坝矮2、辽谷1号等	九谷14、豫谷1号、赤谷6号等
株高	豫谷11号、衡谷9号、金穗谷1号等	赤谷10号、豫谷13、嫩选十四号等
穗长	晋谷40号、晋谷36号、公矮2号等	陇谷6号、郑10、豫谷1号等

以遮阴条件下产量的绝对值作为筛选指标时，冀谷18、衡谷13号、冀谷33等品种表现突出，因此，选择品种时，应综合考虑自然光照条件下的产量和耐阴系数。

（3）耐旱品种的筛选。谷子抗旱耐瘠，但品种间差别很大。针对水资源紧张的严峻现状，加之河北省夏、秋两季的干旱日数存在明显的增加趋势，特别是中南部尤为明显，而夏、秋两季正是本规程中谷子的主要生长季节，因此，培育筛选抗旱性强的谷子品种可为今后的生产应用提供可靠保障。

河北省农林科学院旱作研究所利用新培育谷子品种进行了全生育期抗旱性研究，按照“谷子抗旱鉴定评价技术规程”（DB13/T 1753—2013）评价其抗旱性，试验结果表明，干旱胁迫下所有品种产量降低，但降低的幅度随品种抗旱性的降低而加大，衡谷11号、衡谷15号是抗旱性极强的品种，衡谷13号、K1174、K549是抗旱性较好的品种（表5-5）。

表5-5　谷子品种节水抗旱性鉴定结果

品种	产量（kg/亩）		DRI	抗旱级别
	水	旱		
K1174	408.00	334.67	1.130	强
衡谷15号	364.00	326.67	1.206	极强

（续表）

品种	产量（kg/亩）		DRI	抗旱级别
	水	旱		
K549	414.67	342.67	1.165	强
衡谷 11 号	340.00	322.67	1.260	极强
衡谷 13 号	404.00	334.67	1.141	强
衡 201101	389.23	256.30	0.668	
衡 2015-2	413.69	274.81	0.722	
冀谷 19（ck）	421.33	320.00	1.000	

（4）耐低氮品种的筛选。谷子品种：龙谷 31、M1508、首农 35、晋谷 42、赤谷 99、200475、20015、晋谷 41、冀谷 31、龙谷 25、晋谷 21、大同 99。

12 个谷子品种在低氮胁迫处理后，与对照（正常供氮）相比，各项生理指标均发生一系列的变化。分析表明，不同的生理指标下耐低氮顺序不同。这是因为低氮对各生理指标的影响机制不同，但各指标间并不是完全独立的，它们之间存在相互联系与制约。不同材料苗期的耐低氮指数差异明显，因此，苗期的耐低氮指数可以用来初步筛选耐低氮的品种，结果表明：龙谷 31、冀谷 31、赤谷 99 的 N 利用效率较高，与对照组差异显著，耐低氮能力强；首农 35 等的 N 利用效率较低，与对照组差异不显著，耐低氮能力弱；其他品种介于中间。

为得到更准确的结果，进行了隶属函数值分析（表 5-6）。运用隶属度对根长、生物量、地上部分氮累积量、氮利用效率 5 个指标进行分析，12 个品种谷子的耐低氮性由高到低为冀谷 31>龙谷 31>赤谷 99>晋谷 42>龙谷 25>大同 99>晋谷 21>晋谷 41>20015>200475>首农 35> M1508。

表 5-6　不同基因型谷子低氮胁迫下的隶属函数值

品种	根长	生物量	N 累积量	N 利用效率	隶属度
冀谷 31	1.00	1.00	0.89	0.76	0.88
龙谷 31	0.67	0.92	0.60	1.00	0.75
龙谷 25	0.62	0.39	0.91	0.26	0.54
晋谷 42	0.51	0.50	0.85	0.38	0.55
赤谷 99	0.53	0.55	0.37	0.88	0.56
大同 99	0.56	0.09	1.00	0.00	0.42
晋谷 21	0.55	0.23	0.27	0.53	0.38
晋谷 41	0.38	0.22	0.39	0.38	0.33
20015	0.35	0.09	0.00	0.75	0.29

（续表）

品种	根长	生物量	N 累积量	N 利用效率	隶属度
M1508	0.02	0.00	0.02	0.43	0.14
200475	0.17	0.14	0.12	0.58	0.24
首农 35	0.00	0.14	0.09	0.67	0.22

低氮胁迫下各品种生物量均有所降低，但降低幅度差异很大，为 1.37%~66.67%，表明低氮胁迫和生物量之间关系密切。在低氮胁迫下，以龙谷 31 和冀谷 31 为代表的 7 个品种谷子的根生长状况反而好于对照，并表现出较高的氮吸收效率。说明谷子幼苗对氮的吸收直接与根系的大小相关。表明根系对环境的高度适应性与调节能力，适当降低氮素的施用量，既有利于促进根系自我调节能力的增加，也有利于肥料利用率的提高。

（三）栽培技术

1. 树木栽培技术

高产农区林粮间作树木的行向，基本上是以南北行为主，为方便机械作业，行距 5~6 m 较为适宜。间作情况下，树木化学除草时应使用对谷子安全的除草剂。

2. 谷子栽培技术

（1）播种技术。间作农作物与幼树之间应保持一定距离，一般至少要离幼树根际 60cm 以上。灭茬后贴茬或旋耕播种，同时灭除杂草，使用精量播种机，7 月中旬前尽早播种，种肥同播。播种深度 3cm 左右，亩用种量 0.3~0.5kg，行距 40~50cm，为方便机械操作，行距应大于 50cm；每亩施用磷酸二铵 15kg，随播种施在种子侧下方 5~7cm。播后随即镇压，使谷粒和土壤充分接触。常规品种留苗密度 5 万~6 万株/亩，杂交谷子留苗密度为 3 万~4 万株/亩。

（2）肥水管理。配方施肥试验表明：处理 13 产量最高，这一处理中 N、P、K 施入量的比值为 1：2：1，过多施入氮肥会降低产量，见表 5-7、表 5-8。

表 5-7　肥料施用量

处理名称	肥料用量（kg/hm^2）		
	N	P_2O_5	K_2O
1 CK	0	0	0
2	0	80	80
3	60	80	80
4	120	0	80
5	120	40	80
6	120	80	80
7	120	120	80
8	120	80	0

（续表）

处理名称	肥料用量（kg/hm²）		
	N	P_2O_5	K_2O
9	120	80	40
10	180	80	120
11	180	80	80
12	60	40	80
13	60	80	40
14	120	40	40

表 5-8　不同处理的产量

处理	主穗重（g）	穗粒重（g）	出谷率（%）	千粒重（g）	产量（kg/hm²）	显著性差异	
						0. 05	0. 01
13	9. 33	8. 00	85. 71	2. 75	5 778. 07	a	A
9	8. 67	7. 33	84. 62	2. 77	5 250. 26	ab	AB
2	10. 00	8. 67	86. 67	2. 71	5 170. 40	ab	AB
1	7. 67	6. 00	78. 26	2. 85	5 135. 67	ab	AB
12	8. 00	6. 00	75. 00	2. 66	5 118. 31	ab	AB
4	9. 67	8. 00	82. 76	2. 68	5 048. 86	abc	AB
6	8. 67	6. 67	76. 92	2. 70	4 955. 11	abc	AB
3	8. 00	6. 33	79. 17	2. 63	4 837. 05	bc	AB
14	10. 00	8. 33	83. 33	2. 49	4 812. 74	bc	AB
8	8. 00	6. 67	83. 33	2. 78	4 795. 38	bc	AB
11	9. 67	8. 00	82. 76	2. 74	4 784. 96	bc	AB
7	10. 00	8. 00	80. 00	2. 70	4 670. 37	bc	AB
10	7. 33	6. 33	86. 36	2. 67	4 576. 62	bc	AB
5	8. 33	7. 00	84. 00	2. 78	4 184. 24	c	C

关于谷子的水分管理，前人做了许多研究。谷子具有较强的耐旱性，主要种植在干旱地区。张艾英等在山西长治利用长农 35 号、晋谷 21 号、晋谷 20 号为供试材料，不同生育阶段进行干旱胁迫，结果表明，拔节期为谷子抗旱的敏感期，也是谷子需水高峰期，是谷子抗旱获得高产的关键供水时期；抽穗期灌水，有利于增产；灌浆期保水，有助于饱粒的形成，提高千粒质量。李兴等研究也表明谷子苗期需水量最小，从拔节到灌浆的需水量占全生育期总需水量的一半以上，抽穗前后需水量达到高峰。古世禄研究认

为：谷子前期耐旱，需水最少，中期喜水，需水最多，后期怕涝，需水较少。

对于如何提高水分利用效率的途径，前人也做了一些研究，利用垄沟和覆膜技术等搜集利用微域集水提高水分利用效率。刘为红等研究证明，增施磷肥、覆盖地膜、适期晚播可促进谷子根系的生长发育，提高水分利用效率。樊修武等认为采用高产高水效品种，来提高产量和水分利用效率。

借鉴前人的研究，同时结合我们多年的生产实践，谷子的肥水管理应注重前期基肥，辅以后期追肥。前期结合耕翻，底施腐熟有机肥 1 500～2 500kg/亩或磷酸二铵 15kg/亩。在谷苗 10 片叶左右（或出苗 25d 左右）追施尿素 20kg/ 亩左右，随后耘地培土。需水关键时期干旱要灌水，雨水充足时一般无需灌溉。

（3）病虫草害管理技术。病虫害防治技术参照“ DB13/T 2457 谷子病虫害防治技术规程”的规定执行。

目前在谷田使用的除草剂主要是谷友（单嘧磺隆/扑灭净有效含量：44%）、咪唑乙烟酸、扑草净、拿捕净、二甲四氯钠、氯氟吡氧乙酸异辛酯等。

扑草净是理想的除草剂，杀草范围广，效果明显，对苗木生长无影响，拿捕净在苗圃内也是用于防除禾本科杂草，对环境没有影响，对人畜安全性好，低毒，对后茬作物安全，用量小，在土壤中可全部降解。果树除草可以使用二甲四氯钠，但应避免直接喷到树叶上，严禁使用 2，4-D 丁酯或巨星、巨除、绿黄隆等农药，因 2，4-D 丁酯对果树具有较强的飘移性药害，氯氟吡氧乙酸异辛酯乳油对红枣生长无影响，适合在生产上使用。

对于谷友（单嘧磺隆/扑灭净有效含量：44%）、咪唑乙烟酸，文献中没有明确的阐述，因此我们在 2014—2015 年安排了相关试验，结果见表 5-9。2014 年春季将一年生幼苗移植于花盆中（25cm×20cm），每盆 1 株，选择长势均匀的 10 株 1 组，6 月上旬使用谷友、咪唑乙烟酸均匀喷洒花盆土壤，每种除草剂设置 2 个浓度，以清水作为对照，用药 5d 后观察叶片表现，30d 后平均株高，表明在正常除草浓度下，不会对树木造成伤害，只有咪唑乙烟酸 200 mL/亩剂量下，部分嫩叶略有萎蔫，几日后便可恢复正常，因此应注意控制使用剂量。

表 5-9　谷友、咪唑乙烟酸对树木生长的影响

药剂	剂量（mL/亩）	白蜡		国槐		海棠	
		叶片表现	平均株高（cm）	叶片表现	平均株高（cm）	叶片表现	平均株高（cm）
谷友	120	正常	77a	正常	85a	正常	68a
	240	正常	69a	正常	89a	正常	70a
咪唑乙烟酸	100	正常	76a	正常	88a	正常	69a
	200	部分嫩叶皱缩	72a	正常	80a	部分嫩叶皱缩	72a
ck		正常	75a	正常	90a	正常	71a

据张婷等的研究报道，使用 5%咪唑乙烟酸 75～300mL/亩对冀谷 33 安全，对其生

长发育和产量没有显著影响。土壤中均未检出残留。在生产中，要注意控制药量，合理轮作。

（四）收获

谷子当粒色变为本品种固有色泽，籽粒变硬时及时收获，大面积地块宜采用联合机械收获，籽粒应及时晾晒或烘干，使含水量≤13%后入库贮存。

（五）栽培技术规范的建立

从2011年至今，采用田间栽培试验，并结合优良品种的示范推广，逐步完善林谷间作相关技术。以栽培中的关键技术为出发点，在播期、播量、灌溉、施肥、除草剂的使用等方面进行了系统研究，在此基础上制定了本技术规程，规程的制定为相关品种的应用推广、丰产栽培提供理论依据和技术指导，具有重要现实意义。

第四节　黑麦+谷子一年两作高效种植技术研究

黑龙港流域是我国最为缺水的地区之一，本区种植面积最大的农作物为冬小麦、夏玉米和棉花，其中冬小麦的灌溉用水占农业灌溉用水总量的70%。以沧州、衡水为例，据统计，在保证粮食安全标准的前提下，现状年（2005）小麦和玉米分别多播种16万hm^2和30万hm^2，若改种其他节水农作物或发展旱作农业，按河北省农业灌溉定额计算，每年可节水5.4亿m^3，节水效果很明显。

谷子是公认的抗旱作物，是中国几千年的主栽作物和中华民族的哺育作物，但新中国成立以来，谷子种植面积大幅下滑，据中国农业信息网统计数据显示，1999—2003年河北省年均谷子种植面积27.5万hm^2，仅相当于1949—1953年均值的16.5%，造成这一现状的根本原因是比较效益低，急需探讨一种新的种植模式，提高种植效益。

谷子在黑龙港地区为晚春播或夏播，生长期较短，可与越冬性作物进行一年两作。黑龙港地区为河北省草食畜牧业发展的核心区域，优质饲草的缺乏已成为制约该区畜牧业尤其是奶业实现快速高效发展的瓶颈问题。饲用小黑麦是越冬性饲草作物，具有生物产量高、营养效价好、抗逆性强、适应性广、抗旱节水等特点，并能有效缓解冬春枯草季饲草紧张的矛盾。因此，探讨谷子+饲草小黑麦进行一年两作，对于黑龙港地区农业畜牧业可持续发展具有重要的现实意义。

（一）试验材料

饲用小黑麦品种12个，分别为：NTH2179、NTH2591、NTH2146、NTH2685、NTH2351、NTH2337、NTH2597、NTH1933、NTH1877、中饲237、NTH1048和NTH1887。谷子品种选择在本地栽培试验中均表现较好的3个品种：沧344、懒谷3号、张杂谷8号。

（二）试验方法

1. 试验地点

河北省农林科学院旱作农业研究所试验站（河北省深州市护迟镇）进行。试验地位于115°42′E，37°4′N，海拔高度20m，年平均降水量510mm，其中70%的降水集中在7—8月。年平均气温12.6℃，无霜期206d。

2007年、2008年、2009年进行饲用小黑麦的筛选试验，2009年、2010年进行谷子播期效益试验。

2. 试验设计

随机区组设计，3次重复，小区面积8.8m^2。小黑麦筛选试验每区9行，行距20cm，播量150kg/hm^2，试验共计36个小区。播前底施尿素375kg/hm^2，复合肥（N：P：K，15：15：15）750kg/hm^2；返青后结合灌水追施尿素150kg/hm^2；谷子播期试验，行距40cm，株距3cm，共计9个小区，播期分别为：播期1（5月20日）、播期2（6月5日）、播期3（6月20日），播前底施二铵375kg/hm^2，拔节期结合降雨追施尿素300kg/hm^2。

3. 调查项目及方法

产草量：小黑麦每品种均在扬花后期收获，收获时选取小区的一半面积，去掉边行和少量行头，刈割进行测产，之后折算成公顷产量；谷草的产量在谷子成熟后晾干称重。

籽粒产量：去掉边行和行头，成熟收获后称各小区籽粒产量，计算每公顷籽粒产量。

（三）结果与分析

1. 饲用小黑麦的生育期调查

从各品种两年生育期调查可以看出，不同小黑麦品种出苗期基本一致。随着生育进程的推进，各品种在生育期上表现出显著差异，两年的结果都以NTH1877、NTH1048两个品种抽穗期最晚。王增远等对小黑麦的特性研究中指出，饲用小黑麦从分蘖到抽穗前，植株的蛋白质含量高达16%~24%，该期收割可加工成优质草粉。饲用小黑麦最佳刈割期约在盛花后1周，所有品种生育期观察结果表明：最佳刈割期为5月中旬。整个生育期10月中旬至第2年5月中旬。收获后适宜谷子晚春播（表5-10）。

表5-10　饲用小黑麦不同品种生育期调查　　（月-日）

品种	播期	出苗期	抽穗期	扬花期	刈割期	成熟期
NTH2179	10-21	10-31	04-29	05-05	05-19	06-05
	10-13	10-20	04-27	05-06	05-13	06-03
NTH2591	10-21	10-31	05-01	05-07	05-19	06-08
	10-13	10-20	04-28	05-07	05-13	06-02
NTH2146	10-21	10-31	05-01	05-08	05-19	06-09
	10-13	10-20	04-28	05-07	05-13	06-01
NTH2685	10-21	10-31	04-28	05-05	05-19	06-05
	10-13	10-20	04-25	05-04	05-13	06-01
NTH2351	10-21	10-31	04-29	05-05	05-19	06-05
	10-13	10-20	04-24	05-04	05-13	06-04

（续表）

品种	播期	出苗期	抽穗期	扬花期	刈割期	成熟期
NTH2337	10-21	10-31	05-01	05-07	05-19	06-08
	10-13	10-20	04-29	05-09	05-13	06-03
NTH2597	10-21	10-31	04-25	05-03	05-19	06-03
	10-13	10-20	04-23	05-03	05-13	06-02
NTH1933	10-21	10-31	04-30	05-06	05-19	06-07
	10-13	10-20	04-27	05-06	05-13	06-09
NTH1877	10-21	10-31	05-05	05-13	05-19	06-11
	10-13	10-20	05-03	05-11	05-13	06-08
中饲 237	10-21	10-31	05-03	05-10	05-19	06-10
	10-13	10-20	04-30	05-10	05-13	06-07
NTH1048	10-21	10-31	05-03	05-13	05-19	06-12
	10-13	10-20	05-03	05-11	05-13	06-09
NTH1887	10-21	10-31	05-01	05-07	05-19	06-08
	10-13	10-20	04-27	05-06	05-13	06-07

注：表中每品种第一行为 2007—2008 年生育期调查；第二行为 2008—2009 年生育期调查。

2. 产草量和籽粒产量

（1）饲用小黑麦的产草量。从各品种的产草量来看，鲜草产量之间存在显著差异（$P<0.01$），而干草产量之间差异不显著（$P>0.05$）。NTH1048 品种的鲜、干草产量最高，其次为 NTH1877 品种，鲜草和干草产量分别达到了43 095. 0kg/hm^2 和10 925. 4kg/hm^2，且两者鲜草产量在 0. 05 水平无显著差异；NTH2685 和 NTH2351 品种的鲜草产量相对较低，且两者无显著差异（$P>0.05$），NTH2685（9 962. 6kg/hm^2）和中饲 237（9 715. 1kg/hm^2）品种的干草产量较低（表 5-11）。

本试验在返青后只浇一水并结合少量施肥（150kg/hm^2）的情况下，各品种刈割期鲜草产量均能为 32 000. 0 kg/hm^2 以上，抗旱节水性较好，其中尤以 NTH1048 和 NTH1877 品种表现突出（表 5-11）。

表 5-11　饲用小黑麦不同品种鲜、干草产量、籽粒产量差异性比较　（kg/hm^2）

品种	鲜草产量	干草产量
NTH2179	33 445. 5 efF	10 791. 2
NTH2591	34 705. 5 efEF	10 415. 4
NTH2146	38 094. 0 bcdCDE	10 440. 6
NTH2685	32 668. 5 fF	9 962. 6
NTH2351	32 113. 5 fF	10 451. 7

（续表）

品种	鲜草产量	干草产量
NTH2337	39 798.0 bABC	10 624.5
NTH2597	33 372.0 efF	10 866.3
NTH1933	39 039.0 bcBCD	10 843.2
NTH1877	43 095.0 aAB	10 925.4
中饲 237	35 038.5 defDEF	9 715.1
NTH1048	43 335.0 aA	10 933.1
NTH1887	36 076.5 cdeCDEF	10 612.5

注：不同小写英文字母表示 $P<0.05$ 水平差异显著；不同大写字母表示 $P<0.01$ 水平差异极显著；下表同。

（2）谷草产量和籽粒产量。从不同播种期品种的产草量来看，除播期 2（6 月 5 日）张杂 8 号产量较低外，其他各品种差异不显著（$P>0.05$）。沧 344 播期 3（6 月 20 日）干草产量最高，其次为播期 1（5 月 20 日），干草产量分别达 6 792.28 kg/hm^2、6 058.58kg/hm^2；懒谷 3 号在各个播种期中差异不显著，且与沧 344 产量差异也不显著。

从不同播种期不同品种的籽粒产量来看，沧 344 播期 2（6 月 5 日）产量最高，其次为播期 3（6 月 20 日），籽粒产量分别达4 318.83kg/hm^2、3 929.74kg/hm^2，在播期 2 中，沧 344、懒谷 3 号两者差异不显著。

由于懒谷 3 号是一个新型的简化栽培品种，相对于常规品种沧 344 而言，有着更广阔的应用前景，综合以上结果，把饲用小黑麦不同品种 NTH1048 和谷子品种懒谷 3 号进行组装，可以获得最好的综合产量（表 5-12）。

表 5-12　谷子不同品种谷草、籽粒产量差异性比较　（kg/hm^2）

播期	品种	谷草	籽粒
播期 1	沧 344	6 058.58　ab　AB	3 073.76　c　C
	懒谷 3 号	5 636.15　abc AB	3 045.97　c　C
	张杂 8 号	5 208.16　abc AB	2 729.14　c　C
播期 2	沧 344	5 324.88　abc AB	4 318.83　a　A
	懒谷 3 号	5 319.33　abc AB	3 918.63　ab AB
	张杂 8 号	4 307.71　c　B	3 346.12　bc BC
播期 3	沧 344	6 792.28　a　A	3 929.74　ab AB
	懒谷 3 号	5 586.13　abc AB	3 201.60　c　BC
	张杂 8 号	4 807.96　bc　AB	2 929.24　c　C

(3) 效益分析。

①经济效益分析。采用懒谷3号+NTH1048的种植模式，结合当地实际情况，进行效益分析（鲜草、谷草0.3元/kg、谷子4元/kg进行计算）见表5-13，每公顷的产值可达30 270.82元，对总产值贡献最大的是谷子的籽粒，其次是牧草产量，因此选择籽粒产量高的谷子至关重要，在实际种植中应以谷子的最大产量来调整牧草。

在2009—2010年试验地内，玉米+小麦这一传统的种植模式（表5-14），每公顷产值达30 652.92元，比懒谷3号+NTH1048这一模式高382.10元。

表5-13 懒谷3号+NTH1048经济效益分析

品种	鲜（谷）草（kg/hm²）	籽粒（kg/hm²）	产值（元/hm²）
NTH1048	43 335.00		13 000.50
懒谷3号	5 319.33	3 918.63	17 270.32
合计	14 596.30	15 674.52	30 270.82

表5-14 玉米+小麦经济效益分析

品种	籽粒（kg/hm²）	单价（元/kg）	产值（元/hm²）
小麦	6 750.00	2.04	13 770.00
玉米	9 175.50	1.84	16 882.92
合计			30 652.92

②节水。本种植模式中，NTH1048共灌水2次，包括一次造墒水，谷子只浇一次造墒水，每次浇水600m³/hm²，相对于小麦+玉米的种植模式，可节水1 200~1 800m³/hm²，节水效果非常显著。

(四) 结论

简化栽培品种懒谷3号具有较高的产量，且管理简单，便于推广应用，是本模式的首选谷子品种；NTH1048和NTH1877两品种鲜、干草产量及茎秆相对较多，地上生物量丰富，鲜草含水量大，适合作为饲用型小黑麦种植。把两者进行组装，可获得很好的效益。而且节水效果明显。

该模式的关键问题是选择合适的谷子品种，张杂8号虽然产量与懒谷3号在同一播期差异不显著，但年际间产量差异大，在不利的天气条件下，谷瘟病发生严重，对产量影响很大；沧344虽然产量表现最高，但管理较费工，不适合务农人员日益紧张的现状。因此，懒谷3号为本该模式的最佳选择。

懒谷3号+NTH1048的种植模式主要特点是节水、省肥，与传统的玉米+小麦这一种植模式相比节水50%左右，省肥20%~30%，具有一定的推广应用价值。

(五) 讨论

本试验主要对饲用小黑麦+夏谷这一全新种植模式的可行性进行探讨，主要体现在节水、节肥上，而相对于其他种植模式如小麦+玉米或小麦+夏谷的净效益比较未作深入研究，这也是本试验下一步研究的重点。

本试验数据虽在两年试验基础上所得，但是对于各品种在不同水肥管理条件下其产量及品质研究还未开展，有待于多角度、多方位进行试验研究，特别是对节水效果的研究，以便使试验数据更加全面。

适宜的品种是该模式的品种保障，简化高效的栽培技术是该模式的技术保障，因此还有许多工作需要完善。

第五节　马铃薯+谷子一年两作栽培技术

马铃薯具有生长周期短，耐旱、耐贫瘠，高产稳产，区域适应性广。谷子抗旱耐瘠、水分利用效率高、化肥农药用量少，是典型的环境友好型作物，每生产 1g 干物质，仅需水 257g，相当于玉米的 1/2 左右。河北省一年两熟区马铃薯多为春播，谷子多为夏播。3 月上中旬起垄覆膜播种马铃薯，收获以后在 6 月中下旬复种一茬谷子，其中马铃薯每亩产量2 000~3 000kg，谷子每亩产量 300~400kg，每亩纯收益可达到3 000元左右，而且马铃薯早春地膜覆盖能够有效减少早春扬尘，取得较好的生态效益。

一、前茬马铃薯栽培技术

1. 选地、整地、施肥

马铃薯对连作敏感，连续种植马铃薯不但引起病害严重，还会引起土壤养分失调，因此最好选择近两年内没有种植过马铃薯和其他茄科作物的地块。

最好在前一年土壤封冻前耕翻，以便于在第二年春季 3 月提早整地，整地时，每亩施入氮磷钾的复合肥 80kg 作底肥，再进行机械旋耕。马铃薯是浅根作物，须根穿透力差，必须深耕，使土壤疏松、耕层深厚。种植时耙碎整平土地，开深沟做高畦，以防止积水，畦带沟宽 1m 左右，沟宽 0. 25~0. 30m，畦高 0. 2m 左右，沟中留少许的泥土用于压膜。

2. 品种选择与种薯处理

为保证下茬谷子有足够的生长时间，马铃薯应在 6 月上中旬进行收获，因此必须选择早熟的品种，如荷兰 15、中薯 5 号、费乌瑞它等。种薯要选择脱毒的，一般用量为 150~200kg/亩。栽植前 30~40d 通常将种薯放在 15~18℃室内进行催芽，并经常翻动，使其受光均匀。幼芽冒出时，将种薯放在室内平摊堆放，2~3 层为宜。待芽长到 1cm 左右时可及时切块，预先准备好 75%的酒精或 1%的高锰酸钾溶液，每切一个整薯将刀在消毒液中消毒一次，每个芽块保证有 2~3 个健康芽眼。每 150kg 种薯用滑石粉 2. 5kg+甲基托布津 100g+农用链霉素 14g 拌种，薯块拌好后即可播种，切记不可长时间堆放切好的种薯，以免引起烂种。

3. 播种

马铃薯在早春土壤化冻后适时早播，一般在惊蛰前后，采用地膜覆盖，地膜可以起到保墒提温、促早齐苗、增产和提早成熟的作用。使用专用播种机，一次完成施肥、播种、覆膜，大垄双行种植，垄高 10～15cm，垄距 85～100cm，株距 30cm。种薯覆土 6～8cm，用 90%乙草胺 1 950 mL/hm^2 +70%嗪草酮 450g/hm^2 喷洒后覆盖地膜，每亩种植 5 000 株左右。

4. 田间管理

（1）破膜培土。马铃薯出苗期及时破膜引苗，在苗上方开膜、放风，并在破膜处用细土压严、培土，有利于保墒、增温，保苗全、苗壮。封垄前培土 20～25cm 以达到结薯所需的土层，还能避免马铃薯露头变绿。

（2）水肥管理。马铃薯是比较耐旱的作物，但是要获得高产必须保证土壤中水分的充足。苗期保持土壤湿润；现蕾开花期需水量大，若遇干旱要及时进行喷灌或浇灌，严禁采用漫灌，收获前 7～10d 停止浇水，但要能够保持湿润，以便下茬播种。施肥以基肥为主，基肥不足的可在现蕾期每亩追施复合肥 10kg，在马铃薯始花期到盛花期喷烯效唑适量增强植株抗性、防徒长提高产量。马铃薯生长期间不要揭地膜，覆膜可大大提高水分利用率和有效提高土壤温度，促进植株早生快发和块茎膨大，抑制杂草生长。

（3）病虫害防治。马铃薯较易发生晚疫病和黑胫病。其中晚疫病对马铃薯为害较重，流行时可减产 20%～50%，叶茎和薯块均可染病。当马铃薯出苗达到 95%后，可用甲霜灵锰锌、代森猛锌等进行预防。若田间发现晚疫病病株要立即清除，并喷施 25%瑞毒霉可湿性粉剂 800 倍液，连喷 1～2 次。也可选用甲霜铜 500 倍液进行喷雾防治。当幼苗株高 15～18cm 时，易发生细菌性病害黑胫病，发现病株应及时挖除并带出田外掩埋，用农用链霉素等细菌性杀菌剂全田喷洒。

马铃薯虫害主要有蚜虫、二十八星瓢虫等地上害虫，以及地下害虫如地老虎、蛴螬、蝼蛄等。地上害虫可用氧化乐果加吡虫啉 1 000 倍液喷雾；防治地下害虫可在沟内撒毒土 15kg/亩，毒土为 30%毒死蜱 500g 拌细土 15kg 左右。苗期发现金针虫等，播种时每 667㎡沟撒 3%辛硫磷颗粒剂 3kg 或出苗后用 50%辛硫磷 800 倍液田间傍晚灌杀。

5. 及时收获

当马铃薯植株中下部叶片开始发黄时标志进入成熟期，即可安排收获。一般到 6 月 15 日前全部完成收获。

二、后茬复种谷子技术

1. 整地

马铃薯收获后根据墒情及时整地，墒情较好的可直接进行免耕播种，也可采用旋耕后播种，一般不再施入底肥。

2. 品种选择与播种

选择适宜本地区，品种生育期在 90d 左右，最好选择国家鉴定的抗除草剂品种，如衡谷 13 号、冀谷 31 等，以便在生产过程中便于化学除草间苗。播种一般在 6 月底完成，最晚不迟于 7 月上旬，即 7 月 10 日以前完成。采用单垄宽幅直播，行距 40～50cm，播种量每亩 0. 75～1kg，播种深度 2～3cm，亩留苗 4 万～5 万株。播后苗前均匀喷洒“谷友”或“谷粒多”除草剂，能够有效防除多种杂草，减轻人工除草的劳动强度。

3. 田间管理

（1）苗期管理。谷子籽粒较小，加之干旱等原因，易造成谷田缺苗断垄，因此，一定要在地块有较好墒情下进行播种，另外如果采用抗除草剂谷子品种，建议播种量不宜太少，最低播量不应小于1kg/亩，因为通过苗后喷施专用除草剂可杀死一部分谷苗，从而达到间苗之目的。谷苗出土后及时查看苗情，及时进行补种，5~6片叶时进行定苗；抗除草剂品种应在3~4叶期喷施与谷种配套的除草剂（购买谷种时要注意询问），实现化学间苗除草。

（2）中、后期管理。谷子的中后期管理关键在于中耕追肥和防除杂草。中耕大多在拔节期进行，结合中耕除草追施尿素每亩20kg。一般通过中耕机进行，在中耕追肥的同时还可以达到培土的目的，以促进根系发育，防止倒伏。生长期杂草可通过喷洒配套专用除草剂，结合行间喷施阔叶杂草除草剂进行，主要防除马齿苋等阔叶杂草，注意要喷在行间，操作时将喷头压低，尽量不要喷在叶片上。谷子生育时期正值高温多雨期，一般不用浇水，过度干旱年份可在抽穗开花期浇一次水。

4. 防治病虫害

谷子病害主要有白粉病、黑穗病、谷锈病、谷瘟病等。白粉病、黑穗病药剂拌种进行防治；谷锈病，发病初期用25%粉锈宁可湿性粉剂1 000倍液或70%代森锰锌可湿性粉剂400~600倍液进行防治，每隔7d防1次，连防2~3次；谷瘟病可用春雷霉素、稻瘟灵等进行防治。

虫害主要有粟灰螟（钻心虫）、玉米螟、黏虫等。防治粟灰螟、玉米螟：每亩用2.5%辛硫磷颗粒剂拌细土顺垄撒在谷苗根际，形成药带，也可使用4.5%高效氯氰菊酯乳油1 500倍液或40%毒死蜱乳油1 000倍液对谷子茎基部喷雾，并及时拔掉枯心苗，以防转株为害。防治黏虫用40%毒死蜱乳油1 000倍液喷雾。

5. 收获

谷子适宜收获期一般在蜡熟末期最好。收获过早，籽粒不饱满，谷粒含水量高，出谷率低，产量和品质下降；收获过迟，纤维素分解，茎秆干枯，穗码干脆，落粒严重。如遇雨则生芽，使品质下降。谷子脱粒后应及时晾晒，一般籽粒含水量在13%以下可入库贮存。

6. 效益分析

马铃薯每亩成本1 300元左右，产量2 000~3 000kg/亩，按近年来市场价格1.40元/kg计算，亩产值2 800~4 200元，可获纯效益1 500~2 900元。谷子每亩成本400元，产量300~400kg/亩，按4.00元/kg计算，亩产值1 200~1 600元，可获纯效益800~1 200元。这样每亩一年两作可获纯效益2 400~4 100元。因此上茬马铃薯下茬复种谷子的栽培模式具有较高的经济效益，是一个比较适合河北省干旱缺水一年两熟区发展的种植模式。

附件 1　油葵谷子一年两作栽培技术规程

本标准按照 GB/T1. 1—2009 给出的规则起草。

本标准由河北省农林科学院提出。

本标准起草单位：河北省农林科学院旱作农业研究所/衡水市农业科学研究院。

本标准主要起草人：李明哲、郝洪波、崔海英、庞昭进、郭安强、张胜古、王广才、杨冰。

1　范围

本规程规定了简化栽培谷子品种的术语和定义、产地环境、油葵栽培技术、谷子栽培技术。

本规程适用于河北省低平原一年两作区。

2　规范性引用文件

下列文件对于本文件的应用是必不可少的。凡是注日期的引用文件，仅所注日期的版本适用于本文件。凡是不注日期的引用文件，其最新版本（包括所有的修改单）适用于本文件。

GB 4404. 1　粮食作物种子 禾谷类

GB 4407. 2　经济作物种子 油料类

NY/T 496　肥料合理使用准则 通则

DB13/T 846　无公害粮食、油料作物产地环境条件

DT13/T 957—2008 无公害油葵生产技术规程

DB13/T 840—2007 无公害谷子（粟）主要病虫害防治技术规程

DB13/T 1134—2009 谷子简化栽培技术规程

3　术语和定义

下列术语和定义适用于本文件。

3. 1　简化栽培谷子品种

由抗除草剂谷子品种与不抗除草剂的同型姊妹系按一定比例混配形成的多系谷子品种。应用该类型品种能够实现化学间苗、化学除草的简化栽培目的。

4　产地环境

产地环境应符合 DB13/T 846 中的规定。

5　油葵栽培技术

5. 1　种子准备

5. 1. 1　品种选择

油葵宜选用早春播生育期 110d 以内的杂交种，种子进行包衣处理。

5. 1. 2　种子质量

油葵种子质量应符合 GB 4407. 2 中的规定。

5.2 施底肥

每亩施腐熟有机肥1 500~2 500kg、磷酸二铵10kg作底肥，整地前将底肥在地表撒匀。肥料使用应符合DT13/T 957—2008、NY/T 496中的相关规定。

5.3 整地

应实行两年以上轮作，避免重茬。冬前深翻或深松，播前清除地面杂物，造墒或趁墒整地，采用“旋耕—镇压—耙平”的顺序作业，旋耕深度15cm左右，达到地平、土碎。

5.4 播种

每亩用种量300~500g，播期为3月上旬土壤解冻后，采用播种机条播或穴播，宽窄行种植，一膜双行，小行距40cm，大行距80cm，播种深度为3cm左右，覆膜、播种作业同时完成。

5.5 田间管理

5.5.1 查苗补苗

出苗后及时查补苗，缺苗时采用带土移栽法补苗，随栽苗随浇水。

5.5.2 间苗、定苗、除草

第1对真叶展开时进行间苗，2~3对真叶展开时进行定苗，株距30cm左右，中等肥力地块亩留苗数4 000株左右。

定苗后适时中耕除草。

5.5.3 追肥浇水

现蕾至开花期干旱应灌溉，结合浇水或趁雨每亩追施尿素10kg、氯化钾10kg。灌浆中期遇旱适当补水，保证籽粒饱满，并为下茬谷子提供良好墒情，一水两用。

5.5.4 辅助授粉

在蜂源不足的情况下，应进行人工辅助授粉，将相邻的两个花盘相互轻按即可，一般隔3d一次，时间为上午9—12时或下午3—6时。

5.6 病虫害防治

按照DT13/T 957—02008中的相关规定执行。

5.7 采收及后续管理

当植株茎秆变黄，中上部叶片变淡黄，花盘背面成黄褐色、舌状花干枯或脱落，籽粒坚硬并呈现品种固有色泽即可收获，收获时间最迟不晚于7月15日。籽粒要及时晾干或烘干，含水量不超过7%。收获后及时粉碎秸秆并抛撒均匀、拣拾残膜、清除杂草。

6 谷子栽培技术

6.1 种子准备

6.1.1 品种选择

选用经鉴定的夏播中早熟品种，要求抗倒、抗病、抗旱，规模化种植应选择适合机械化收获的品种，种子进行包衣处理。

6.1.2 种子质量

应符合GB 4404.1中的规定。

6.2　播种

免耕播种，每亩施用磷酸二铵 15kg，肥料随播种施在种子侧下方 5~7cm。

用精量播种机在 7 月 15 日前尽早播种，亩用种量 0.3~0.5kg，行距 40~50cm，常规品种、简化栽培谷子品种留苗密度 4 万~5 万株/亩，杂交谷子留苗密度为 2 万~2.5 万株/亩，播种深度 3cm 左右，播后随即镇压，使谷粒和土壤充分接触。

6.3　田间管理

6.3.1　除草、间苗

播后苗前均匀喷洒“谷友”或“谷粒多”除草剂，不漏喷、不重喷。“谷友”的使用按照 DB13/T 1134—2009 执行；“谷粒多”一般用量为 100~120g/亩，沙壤土适当减少用量。

常规谷子品种在 3~4 叶期进行间苗。简化栽培谷子品种、杂交谷子可采用配套的除草剂进行间苗、除草。

6.3.2　中耕、追肥

谷苗 9~11 片叶（出苗 25d 左右）趁雨或结合浇水追施尿素 15~20kg /亩，随后中耕培土。杂草较多时于谷子拔节前后中耕一次。

6.3.3　病虫害防治

按照 DB13/T 840—2007 中的相关规定执行。

6.4　收获及后续管理

粒色变为本品种固有色泽，籽粒变硬时及时收获，大面积地块宜采用联合收获机收获，籽粒应及时晾晒或烘干，含水量≤13%后入库贮存。

附件 2　稀疏林地间作谷子栽培技术规程

本标准按照 GB/T1.1—2009 给出的规则起草。

本标准由河北省农林科学院提出。

本标准起草单位：河北省农林科学院旱作农业研究所/衡水市农业科学研究院。

本标准主要起草人：李明哲、郝洪波、崔海英、刘朋程、时丽冉、董文广、张秀昌。

1　范围

本规程规定了稀疏林地的术语和定义、产地环境、谷子栽培技术。

本规程适用于河北省稀疏林地间作谷子生产。

2　规范性引用文件

下列文件对于本文件的应用是必不可少的。凡是注日期的引用文件，仅所注日期的版本适用于本文件。凡是不注日期的引用文件，其最新版本（包括所有的修改单）适用于本文件。

GB 4404.1　粮食作物种子 禾谷类

DB 13/T 846　无公害粮食、油料作物产地环境条件

DB 13/T 1519　绿色食品 谷子生产技术规程

DB 13/T 2457　谷子病虫害防治技术规程

3　术语和定义

3.1　稀疏林地

郁闭度 0.3 以下，一般定植 3 年以内允许耕种的幼林地，包括用材林地、经济林地等。

4　产地环境

产地环境应符合 DB13/T 846 中的规定。海拔 1 000 m 以下，无霜期大于 140d，有效积温≥3 000℃。选择深根性、干性强、抗旱性好的树种，南北行向，行距不小于 5m，与播种机和收割机械匹配。

5　谷子栽培技术

5.1　种子准备

5.1.1　品种选择

选用经登记且适宜当地种植的中早熟谷子品种，要求耐阴性好、抗倒、抗病、抗旱，规模化种植应选择适合机械化收获的品种，种子进行包衣处理。

5.1.2　种子质量

应符合 GB 4404.1 中的规定。

5.2　整地

整地时距离林木不小于 0.6m。

春谷区要进行秋翻，在土壤冻融交替之际及时进行耙耱保墒。夏谷区将前茬及杂草粉碎后贴茬播种或旋耕镇压，使土地平整，上虚下实，田间无大土块和暗坷垃，无较大的残株、残茬，即可播种。

5.3　播种

使用精量播种机，种肥同播。每亩施用磷酸二铵 15kg，肥料随播种施在种子侧下方 5~7cm，亩用种量 0.3~0.5kg，行距 40~50cm，为方便机械操作，行距应大于 50cm，株距 3cm 左右，常规谷子品种留苗密度 5 万~6 万株/亩，杂交谷子留苗密度为 3 万~4 万株/亩，播种深度 3cm 左右，播后随即镇压，使谷粒和土壤充分接触。

5.4　田间管理

5.4.1　除草

不抗除草剂的谷子品种，播后苗前均匀喷洒“谷友”除草剂，不漏喷、不重喷。“谷友”的使用按照 DB13/T 1519 执行，沙壤土用低限。

抗除草剂的谷子品种，使用配套的除草剂进行除草，要求使用的除草剂对林木没有明显药害。

5.4.2　中耕、追肥

谷苗 10 片叶左右趁雨或结合浇水追施尿素 15~20kg /亩，随后中耕培土。杂草较多时于谷子拔节前后中耕一次。

5.4.3　病虫害防治

按照 DB13/T 2457 中的相关规定执行，要注意选择对林木没有影响的药剂。

5.5　收获及后续管理

粒色变为本品种固有色泽，籽粒变硬时及时收获，大面积地块宜采用联合收获机械进行收获，籽粒应及时晾晒或烘干，含水量≤13%后入库贮存。

附件3　马铃薯谷子一年两作栽培技术规程

本标准按照 GB/T 1.1—2009 给出的规则起草。

本标准由河北省农林科学院提出。

本标准起草单位：河北省农林科学院旱作农业研究所。

本标准主要起草人：庞昭进、郭安强、李明哲、杨建忠、王万兴、温静、郝洪波、郑书宏、崔海英。

1　范围

本标准规定了马铃薯谷子一年两作栽培的相关术语和定义、产地环境、马铃薯栽培技术、谷子栽培技术。

本标准适用于河北省低平原一年两作区。

2　规范性引用文件

下列文件对于本文件的应用是必不可少的。凡是注日期的引用文件，仅注日期的版本适用于本文件。凡是不注日期的引用文件，其最新版本（包括所有的修改单）适用于本文件。

GB 4404.1　粮食作物种子 禾谷类

GB 18133　马铃薯种薯

NY/T 496—2010　肥料合理使用准则 通则

NY/T 2383—2013　马铃薯主要病虫害防治技术规程

DB13/T 840　无公害谷子（粟）主要病虫害防治技术规程

DB13/T 846—2007　无公害粮食、油料作物产地环境条件

DB13/T 1134—2009　谷子简化栽培技术规程

3　术语和定义

下列术语和定义适用于本文件。

3.1　中早熟马铃薯品种

出苗后 80d 内可以成熟收获的马铃薯品种。

4　产地环境

产地环境应符合 DB13/T 846 中的规定。避免选择茄科前茬、pH 值>8 的碱性土壤以及上茬施用过马铃薯敏感除草剂的地块。

5　马铃薯栽培技术

5.1　播种前准备

5.1.1　品种与种薯

选用抗病、优质、丰产、抗逆性强、商品性好的早熟马铃薯品种。种薯质量应符合

GB 18133 的要求。

5.1.2　种薯催芽晒种

播前 15~20d 进行种薯催芽晒种。先置于 15~20℃、黑暗处平铺 2~3 层进行催芽。在催芽过程中淘汰病、烂薯和纤细芽薯，避免阳光直射、雨淋和霜冻等。一般芽长不超过 1cm，如采用机械播种，芽长不宜超过 0.5cm。晒种一周左右，于晴天上午 10 时至下午 3 时把种薯放在棚架或草席上，让太阳光直接照射。

5.1.3　切块

切块大小以 30g 为宜。每个切块带 1~2 个芽眼。切刀用 75%的酒精消毒，一刀一沾，轮流使用；或用 0.5%的高锰酸钾水溶液消毒，切刀浸泡 6min 以上。发现病烂薯时及时淘汰，切到病烂薯时要把切刀擦拭干净后再用酒精等进行消毒。切块后用含有多菌灵（约为种薯重量的 0.3%）的不含盐碱的植物草木灰或滑石粉拌种，并进行摊晾 1h 以上，使伤口愈合，避免堆积过厚，以防烂种。拌种后 2d 以内完成播种。

5.1.4　整地

深耕，耕作深度≥30cm。播前旋耕，使土地平整、无大土块。

5.1.5 施基肥

按照 NY/T 496—2010 要求，根据土壤肥力，确定相应施肥量和施肥方法，全生育期总施肥量按每生产 1 000 kg 马铃薯需氮肥（纯氮）5~6kg、磷肥（P_2O_5）1~3kg、钾肥（K_2O）12~13kg，以低氯肥料为宜。氮肥总用量的 70%以上和大部分磷、钾肥料作基肥，多施农家肥或有机肥。

5.2　播种

5.2.1　时间

早播，2 月底 3 月初，10cm 土壤温度稳定在 5~7℃时即可播种。

5.2.2　深度

播种深度约 12cm。

5.2.3　密度

每亩种植4 500~5 000株。

5.2.4　方法

机械播种，垄作并覆膜。

5.3　田间管理

5.3.1　中耕 追肥 培土

齐苗时第一次追肥，氮肥为主，中后期钾肥为主，分 2~3 次施用。追肥方法可沟施、点施或叶面喷施，施后及时灌水或喷水。齐苗后及时中耕除草，结合中耕除草培土 2~3 次。齐苗后进行第一次浅培土，现蕾期高培土，封垄前最后一次中耕、培土，培成宽而高的大垄。

5.3.2　灌溉

出苗前不宜灌溉，苗齐后、块茎形成期、块茎膨大期及时浇水，忌大水漫灌。收获前 7~10d 停止灌水。

5.4　病虫害防治

参照 NY/T 2383—2013 防治马铃薯主要病虫害。

5.5　采收

6 月中下旬采收，采收前 7~10d 机械杀秧。收获后，块茎避免暴晒、雨淋。

6　谷子栽培技术

6.1　种子准备

6.1.1　品种选择

选用夏播中早熟、抗倒、抗病、抗旱、适合机械化收获的品种，种子进行包衣处理。

6.1.2　种子质量

应符合 GB 4404.1 中的规定。

6.2　播种

免耕播种，每亩施磷酸二铵 15kg，肥料随播种施在种子侧下方 5~7cm。

在马铃薯收获后尽早播种，播期最迟 7 月 15 日。亩用种量 0.3~0.5kg，行距 40~50cm，常规品种、抗除草剂简化栽培谷子品种留苗密度 4 万~5 万株/亩，杂交谷子留苗密度为 2 万~2.5 万株/亩，播种深度 3cm，播后随即镇压，使谷粒和土壤充分接触。

6.3　田间管理

6.3.1　除草　间苗

不抗除草剂品种播后苗前均匀喷洒“单嘧磺隆”除草剂，不漏喷、不重喷，按照 DB13/T 1134—2009 执行；“单嘧磺隆”一般用量为 100~120g/亩，沙壤土 80~100g/亩。

常规谷子品种在 3~4 叶期进行间苗。抗除草剂简化栽培谷子品种、杂交谷子可采用配套的除草剂进行间苗、除草。

6.3.2　中耕　追肥

谷苗 9~11 片叶（出苗 25d）趁雨或结合浇水追施尿素 15~20kg /亩，随后中耕培土。杂草较多时于谷子拔节前后中耕一次。

6.3.3　病虫害防治

按照 DB13/T 840 中的相关规定执行。

6.4　收获

粒色变为本品种固有色泽，籽粒变硬时及时收获，大面积地块宜采用联合收获机收获，籽粒应及时晾晒或烘干，含水量≤13%后入库贮存。

附件 4　黑龙港地区主要杂粮作物产业发展现状及对策

杂粮，是小品种谷物、小品种豆类和薯类的总称，主要包括谷子、高粱、荞麦、青稞、绿豆、红小豆、蚕豆、甘薯、马铃薯等几百个品种，具有生育期短、种植规模小、地域性强、高抗逆性等特点。由于我国许多地域自然环境的限制，水土光热条件只能种植杂粮，所以杂粮为许多干旱、高寒、贫瘠地区人们实现了粮食的增产。从营养学角度分析，杂粮丰富了人们的膳食结构，比如，小米的蛋白质质量优于小麦、大米和玉米，粗碾小米含有丰富的胡萝卜素、维生素、矿物质、维生素 B_1 及膳食纤维等，我国传统上小米除用作中药配方外，还可以配制药疗食品。

黑龙港地区位于河北省东南部，该流域大致包括衡水全部、邢台全部和邯郸、沧州大部分地区，面积约 3.4 万 km^2，占全省平原面积的 60%，占河北省面积的 26.4%。黑龙港地区是作物类型多样的区域，具有适合多种作物生长的气候条件，是河北省小杂粮的优势产区。河北省杂粮包括豇豆、蚕豆、绿豆、芸豆、豌豆、小豆、饭豆、爬山豆、鹰嘴豆、荞麦、大麦、青稞、燕麦、高粱、黍稷、谷子、甘薯、马铃薯，其中谷子、绿豆、小豆、高粱四种杂粮作物种植面积较大。下文以河北省黑龙港地区主要杂粮：谷子、高粱、绿豆和红小豆为对象，重点分析黑龙港地区主要杂粮产业发展现状和存在的问题，并针对制约杂粮产业发展的因素提出了合理的建议。

1 黑龙港地区主要杂粮产业发展现状

1.1 谷子

谷子具有抗旱耐瘠、水分利用效率高、适应性广、营养丰富且平衡、饲草蛋白含量高等突出特点，在干旱日趋严重、人们膳食结构亟待调整以及畜牧业不断发展的形势下，谷子所具有的特殊的营养性、生态性以及源远流长的文化底蕴将在未来种植业结构调整和产业发展中发挥重要作用。目前谷子的消费类型为小米 64.85%，小米锅巴 23.37%，饲料谷子 11.29%，小米醋 0.41%，小米酒 0.07%，小米挂面 0.01%。

1.1.1 黑龙港地区谷子产业现状

河北省种植谷子历史悠久，多年来谷子面积占全国的 1/4，产量占全国的 1/3，贸易量占全国的 1/2。近几年数据显示，河北省谷子播种面积、总产和单产均呈上升趋势，年均播种面积在 18.1 万 hm^2 左右，而黑龙港地区谷子生产在河北省所占的比重也越来越大。由表 1 可以看出，2013 年黑龙港地区谷子播种面积、总产分别占全省 21.68%、31.77%，2016 年黑龙港地区谷子播种面积、总产分别占全省 23.44%、29.17%。与 2013 年相比，2016 年黑龙港地区谷子面积在全省所占比例有所上升，总产所占比例有所下降，这主要是因为黑龙港地区谷子单产较往年逐年下降。但近几年，黑龙港地区谷子单产仍然明显高于河北省谷子平均单产，在河北省仍然属于谷子高产种植区。

表 1 黑龙港地区与河北省谷子生产概况

年份	黑龙港地区			河北省		
	谷子面积（万 hm^2）	总产（万 t）	单产（kg/hm^2）	谷子面积（万 hm^2）	总产（万 t）	单产（kg/hm^2）
2013	3.13	14.37	4 590	14.45	45.23	3 129
2014	3.29	15.08	4 590	14.72	47.82	3 250
2015	3.49	15.01	4 300	14.83	48.37	3 262
2016	3.50	15.39	4 400	14.93	52.76	3 534

自2013年以来，河北省谷子种植面积大于1.3万 hm^2 的品种都是河北省自主培育品种。目前河北省种植面积较大的品种有冀谷33、冀谷34、张杂谷3号、8311等（图1）。

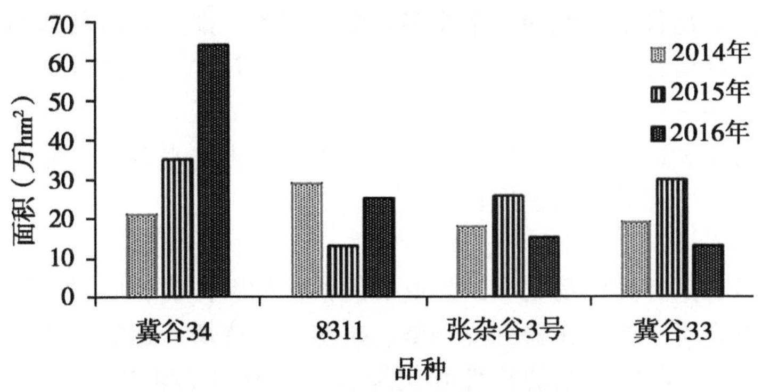

图1　河北省主要谷子推广品种种植情况

由表2可以看出，近几年，黑龙港地区谷子种植面积最大的是邢台，其次是衡水、沧州、邯郸、廊坊、保定。其中沧州、保定谷子种植面积有所下降，其他几个城市谷子种植面积均有所上升。2016年邢台谷子种植面积2.37万 hm^2，占全省64.74%，主要分布在巨鹿、新河、广宗、平乡、威县、南宫等地；衡水和邯郸在2016年谷子面积分别为0.49万 hm^2、0.38万 hm^2，分别占全省的13.98%、10.75%。衡水谷子主要分布在冀州、枣强、武邑、故城等地，邯郸主要集中在临漳、成安、肥乡、鸡泽等地。

表2　河北省黑龙港地区谷子种植情况（2013—2016年）

地区	不同年份谷子种植面积（万 hm^2）			
	2013	2014	2015	2016
邢台	1.9307	2.1200	2.3028	2.3703
衡水	0.4784	0.4847	0.4841	0.4891
沧州	0.4780	0.4481	0.4471	0.3762
邯郸	0.2188	0.2024	0.2117	0.2228
廊坊	0.0211	0.0255	0.0329	0.0352
保定	0.0057	0.0054	0.0126	0.0053

1.1.2　黑龙港地区谷子产业优势与劣势

黑龙港地区谷子种植方式主要是夏谷、春谷以及春夏谷交替种植，多年来依靠特殊的生态优势，发展了武安小米、南和金米等知名品牌，藁城马庄、沧州孟村等大型小米集散地，为该地区小米向国内外开拓市场提供了显著的区位优势。不但如此，黑龙港谷子产业发展的背后还有一批实力强大的科研平台，包括国家谷子改良中心、河北省杂粮研究实验室和河北省杂交谷子工程中心等，为黑龙港地区谷子产业发展提供了有利支撑。

虽然黑龙港地区谷子发展有着以上明显的优势，但是仍然存在一些制约产业发展的因素，导致近些年黑龙港地区谷子单产逐年下降。一是种植区域不集中，新品种、新技术推广难度大。二是谷子生产加工企业多未形成规模，建立知名品牌和标准化生产基地较少。三是科研机构育出的新品种及开发的高效栽培技术不能及时进入市场，与企业对接不及时。四是缺乏适合不同生态区、不同生产条件的轻简化生产技术，近年来，谷子种植区域逐步向老少边贫地区转移，这些地区农民知识水平较低，管理粗放，病虫害频发，导致谷子单产严重低于粮食作物。

1.2　高粱

高粱是世界五大谷类作物之一，是重要的粮食饲料作物，同时也是酿酒和新型能源工业的原料。高粱属于经济作物，抗干旱、抗涝、抗瘠薄、耐盐、适应性强。它在植物中被称为“骆驼”。根据高粱的特性和用途，可将其分为食用高粱、甜高粱、帚用高粱。食用高粱谷粒供食用、酿酒。甜高粱秸秆可以生产糖浆或生食。帚用高粱穗可以产生扫帚；叶子晒干后可作饲料；种子可入药，化痰祛湿，宁心安神。

1.2.1　黑龙港地区高粱产业发展现状

20 世纪 80—90 年代，河北省高粱种植面积逐渐下降，单产有所增加，总产急剧减少。进入 21 世纪，河北省高粱种植面积已降至历史最低水平，2011 年面积为 1.42 万 hm^2，总产 5.04 万 t，之后种植面积和总产逐年下降，到 2016 年，河北省高粱种植面积仅有 1.07 万 hm^2，总产仅有 3.76 万 t。作为河北省高粱种植集中产区的黑龙港地区，也面临着形势严峻的高粱产业现状，2013 年黑龙港高粱播种面积为河北省的 32.84%，经过逐年下降，到 2016 年变为 28.30%。总产量也由原来的 36.36% 降为 29.85%，下降了 6.51%。虽然黑龙港地区高粱平均单产常年高于河北省平均单产，但该地区单产水平不稳定，年际间浮动较大（表 3）。

表 3　河北省黑龙港地区高粱种植情况（2013—2016 年）

年份	黑龙港地区			河北省		
	播种面积（万 hm^2）	总产（万 t）	单产（kg/hm^2）	播种面积（万 hm^2）	总产（万 t）	单产（kg/hm^2）
2013	0.4459	1.6361	3 670	1.3580	4.5000	3 314
2014	0.4431	1.5507	3 500	1.2830	4.3200	3 367
2015	0.3947	1.2300	3 120	1.1460	3.6985	3 227
2016	0.3022	1.1225	3 710	1.0680	3.7600	3 521

河北省黑龙港地区高粱种植面积最大的是沧州，2016 年种植面积为 0.1709 万 hm^2，主要分布在黄骅、任丘、献县、盐山等地；其次为廊坊、衡水地区，2016 年播种面积分别为 0.0652 万 hm^2、0.0450 万 hm^2，廊坊地区高粱种植主要集中在大城县、文安县等地，衡水主要分布在枣强县、武邑县等地。

近几年，河北省黑龙港地区高粱种植的主要品种有：红茅粱 6 号、兴湘粱 2 号、冀酿2号、抗四、河农16等，这些品种均丰产性好，抗病性强，基本供应了本省的酿造业。

1.2.2　河北省黑龙港地区高粱产业面临问题

从目前高粱种植形势来看，黑龙港地区高粱产业正面临着严峻的考验。如果想重新振兴黑龙港高粱产业，我们就必须充分了解制约高粱产业发展的因素。首先，黑龙港高粱产区所在环境旱、涝灾害频繁发生，较难实现稳产、高产。其次，种植结构发生改变，一些地区出现高粱改种玉米局面，食用高粱逐渐减少。另外，高粱育种工作滞后生产需要，在提高口感、品质、抗虫、抗倒伏和抗盐碱难题等方面都有所欠缺。最后，黑龙港地区高粱加工业也比较落后，零星种植导致不能进行深加工利用，存在污染和浪费。

1.3　红小豆、绿豆

小豆、绿豆是河北省出口创汇的主要农副产品之一。它们都是高蛋白、低脂肪、医食两用的作物，一般蛋白质含量是禾谷类作物的2~3倍。含有人体必需的8种氨基酸，氨基酸种类是禾谷类作物的2~5倍。近年来，有学者在研究中发现，红小豆和绿豆提取物具有显著的抗氧化作用，其种皮中的单宁和色素等生物活性物质，对各种疾病具有一定的预防和治疗作用。随着中国进入WTO，食用豆类以其本土特色、营养价值和价格优势等特点，与其他作物相比具有国际竞争力。

1.3.1　黑龙港地区小豆、绿豆产业发展现状

红小豆、绿豆是黑龙港地区种植的主要食用豆类作物，1997年以后，受外贸出口数量减少、国内市场消费拉动不大等因素的影响，河北省红小豆、绿豆种植面积明显减少，到1999年绿豆面积减少到2.77万hm^2。由表4、表5可以看出，近几年，河北省红小豆、绿豆种植面积也在逐年减少，但单产和总产有所提高。黑龙港地区红小豆、绿豆播种面积和总产逐年增加，播种面积分别由2013年的0.0656万hm^2、0.3946万hm^2增加到了0.0749万hm^2、0.4464万hm^2，播种面积在全省所占比例逐渐增大，总产所占比例有所减小。黑龙港地区红小豆、绿豆单产水平明显高于河北省平均水平，但红小豆单产水平较不稳定，且没有明显增长。

小豆、绿豆产区主要集中在保定（蠡县）、邢台（广宗、威县、临西）、邯郸（鸡泽、广平、临漳）、沧州（献县、任丘、黄骅）和衡水（桃城区、枣强、故城）等地。

表4　河北省黑龙港地区红小豆种植情况（2013—2016年）

年份	黑龙港地区			河北省		
	播种面积（万hm^2）	总产（万t）	单产（kg/hm^2）	播种面积（万hm^2）	总产（万t）	单产（kg/hm^2）
2013	0.0656	0.1185	1 810	0.7240	0.9400	1 298
2014	0.0708	0.1216	1 720	0.7300	1.0200	1 397
2015	0.0715	0.1179	1 650	0.6750	0.8711	1 291
2016	0.0749	0.1325	1 770	0.7100	1.1600	1 634

表 5　河北省黑龙港地区绿豆种植情况（2013—2016 年）

年份	黑龙港地区			河北省		
	播种面积（万 hm^2）	总产（万 t）	单产（kg/hm^2）	播种面积（万 hm^2）	总产（万 t）	单产（kg/hm^2）
2013	0.3946	0.7642	1 940	1.3890	1.6600	1 195
2014	0.3905	0.7581	1 940	1.3360	1.8300	1 370
2015	0.3918	0.8075	2 060	1.2460	1.6750	1 344
2016	0.4464	0.9521	2 130	1.3270	2.2300	1 680

小豆、绿豆在河北省的种植形式有春播和夏播两种。在黑龙港地区，小豆夏播，而绿豆既可春播又可夏种。气候、地力、地势等条件对种植模式影响不同，在平原高水肥地区主要套种在棉花、蓖麻、玉米、幼龄（果）树等作物间，在山坡、丘陵等瘠薄地平作。

从 20 世纪 70 年代末，以河北省粮油作物研究所、保定农研所为主的科研工作者开展了红小豆、绿豆新品种选育工作。先后选育出通过河北省品种审定委员会审定的红小豆新品种 6 个，冀红小豆 1 号、2 号、3 号、4 号、5 号，保 8824-17。尤其是冀红小豆 3 号、4 号，保 8824-17 品种的问世，大大提高了红小豆的商品质量，改善了农艺性状，已成为我国北方红小豆产区主栽品种。绿豆新品种 2 个，为冀绿 1 号和冀绿 2 号，尤其是冀绿 2 号的选育与推广，显著提高了河北省绿豆生产水平，改善了商品品质。

1.3.2　黑龙港地区主要杂豆产业面临问题

目前来说，黑龙港地区杂豆产业仍然面临着一系列亟须解决的问题。一方面，河北省杂豆的育种基因基础狭窄，选育成功的新品种与亲本来源极为相似，这就存在了一定的遗传脆弱性，如果大规模在黑龙港地区推广这样一些遗传上有关联的品种，势必存在大面积发生病虫害的威胁。另一方面，河北省育成的红小豆、绿豆等杂豆新品种应用于黑龙港地区生产后，产量明显提高，但年度间产量变化较大，表现稳产性差，也未能完全改变红小豆、绿豆等杂豆产量低而不稳的状况。

2　黑龙港地区杂粮产业发展建议

河北省是我国主要的杂粮生产地之一，而黑龙港地区又是河北省杂粮优势产区，在优化人民食物结构和外贸出口中占有重要地位。但近些年来，黑龙港地区在杂粮生产与研究中仍存在很多突出的问题。如缺乏龙头企业和名牌产品带动，小型粮食加工企业多为作坊式小企业，缺乏新的技术支持，技术含量低，市场占有率低，附加值低，综合效益低，产品质量和档次低。针对以上问题，笔者提出了以下几点建议，希望可以改善河北省黑龙港地区杂粮产业发展所面临的问题。

2.1　育种和栽培方面

应当坚持高产、优质同步发展的原则，加快杂粮、杂豆良种繁育，完善高产高效栽培技术。政府应当给予相关科研机构充足的财政支持，帮助科研机构加强育种工作。科研机构要及时引进新品种，将种质资源丰富起来，重点培育抗逆性强、高产、稳产和优质品种。并针对不同生态种植区适时、适地制订高效栽培措施。

2.2　企业方面

一方面，政府应当加强政策引导，帮助有实力的杂粮种子企业扩大规模，完善生产技术，建立一批完整的生产、工业、贸易的杂粮产业基地。打造知名品牌，扩大影响，提高市场竞争力。并将企业与科研机构相结合，实现种子开发、生产和推广一体化。另一方面，国家需要支持企业整合和示范一批新技术，开发、改造和示范一批适合不同规模生产的配套机械。以提高生产效率，调动人们种植杂粮的积极性。

2.3　农民认识层面

目前来看，农民种植杂粮只为弥补粮食短缺，并利用它们作为补充作物，减少自然损失。他们不知道粗粮的营养价值、经济价值和市场潜力。这就不利于河北省杂粮产业的发展，所以，在接下来的工作中，应当开展对农民的知识培训，加强他们对杂粮作物的认识，提升种植管理水平。正确引导种植户减少自留种的比例，实现产品的规格化、标准化。

附件5　不同遮光处理对衡谷13号光合特性及荧光动力学特征的影响

黑龙港地区是我国水土流失最严重的地区之一，同时存在大面积的盐碱地，为了农业的可持续发展，当地开始大力推广林粮间作模式。林粮间作群落结构类似森林群落结构，木本植物的冠层会遮挡到达底层粮食作物的光照，于是光成为限制粮食作物的主要因素。

光是绿色植物生长发育的必要条件，直接影响植物的光合作用和形态建成。遮光会形成弱光胁迫环境，直接影响植物光合原初反应，进而影响电子传递与光合磷酸化、碳同化，最终导致作物产量下降。光还作为环境信号，通过调节光敏色素等信号物质调控植物的生长发育与形态建成，使植物更好地适应不同光强环境。同时光还调节着许多酶的活性和叶片气孔开度。另外弱光胁迫还会影响植物生理生化特性、次生代谢产物的形成与积累以适应环境。

谷子（*Setaria italica*）又称粟或小米，是一种 C_4、喜温作物，是我国北方广泛种植的粮食作物之一。由于谷子既有禾本科作物产量大的特点，又有极强的抗旱性和耐贫瘠性，所以谷子在我国北方干旱和半干旱土地作物区被大力推广。正因谷子具有节水、抗性强和产量大的特点，谷子成为林粮间作中作物的优良选择之一，为黑龙港地区的农业可持续发展提供可能。

叶绿素荧光动力学技术在测定叶片光合作用的过程中具有独特作用，尤其是反映光系统Ⅱ（PSⅡ）对光能的吸收、传递、耗散、分配等过程。与传统的光合生理指标相比，叶绿素荧光参数更偏向反映PSⅡ内在的光合机构变化，因此叶绿素荧光动力学技术被视为测定叶片光合功能快速、无损伤的探针，并且目前广泛地应用在植物逆境生理的研究中。

前人对谷子逆境光合生理的研究主要集中在水分胁迫和盐胁迫等，遮光对谷子的影响仅有侧重研究光合作用碳同化过程的报道，而从叶绿素荧光动力学特征角度分析遮光对谷子PSⅡ的研究还是空白。所以本文主要通过分析不同遮光条件下衡谷13号叶绿素荧光动力学特征的变化，探讨谷子在弱光胁迫下的响应机制，为衡谷13号的种植推广和林粮间作的模式推广提供理论依据。

2 材料与方法

2.1 试验材料

供试用的谷子品种为“衡谷13号”，由河北省农林科学院旱作农业研究所提供。

2.2 试验设计

谷子幼苗期时，选择生长情况相当且健康的植株，使用材质相同的遮光网设置6种不同的透光率，分别为适度遮光（透光率70%）、中度遮光（透光率40%、35%、25%、20%）和高度遮光（透光率10%），以没有遮光处理的为对照（透光率100%）。遮光处理后，在谷子拔节期和灌浆期两次进行试验指标和参数的测定。试验于2017年8—9月在河北省农林科学院旱作农业研究所大田试验基地进行，谷子生长条件按一般大田条件，由旱作所负责常规管理。

2.3 试验指标和参数测定

2.3.1 叶绿素和氮素含量测定

用TYS-4N型植物营养测定仪（浙江托普）测定衡谷13号倒二叶的叶绿素含量和氮素含量，每个处理10次重复。

2.3.2 叶面积测定

使用叶面积仪（国产）测定倒二叶的叶面积，每个处理5次重复。

2.3.3 叶绿素荧光动力学参数测定

每次测定前使用叶夹暗处理倒二叶叶片15min，用FP100手持式叶绿素荧光仪（捷克）测量叶绿素荧光动力学参数。快速叶绿素荧光动力学诱导曲线（OJIP）每个处理9次重复，非光化学淬灭（NPQ1）每个处理5次重复。

2.4 试验数据处理与分析

利用Excel 2013处理数据并绘制相应图表，使用SPSS 22.0软件Duncan新复极差法对数据进行差异显著性分析。

3 结果与分析

3.1 不同遮光处理对衡谷13号叶绿素含量和氮素含量的影响

3.1.1 不同遮光条件下衡谷13号叶绿素含量的变化

叶绿素光合作用中捕获光能的主要成分，其含量全面影响着光合作用。光是影响叶绿素形成的主要因素，尤其是光线过弱时，不利于叶绿素的生物合成。SPAD值是使用植物营养仪测定的叶片叶色值，该数值与叶片叶绿素含量呈正相关关系，能反映叶绿素含量的多少。本试验以SPAD值代表衡谷13号的倒二叶叶绿素含量。

衡谷13号的叶绿素含量（SPAD值）在拔节期和灌浆期都随着透光率的降低而下降。由表1看出，拔节期时叶绿素含量的影响较是均匀下降的，即拔节期遮光对叶绿素含量的影响呈正相关。灌浆期，除适度遮光的叶绿含量略高于对照外，其他处理对叶绿素含量的影响也呈正相关。在两时期中 70%～25%透光率的叶绿素含量变化率不到 25%，而 20%～10%透光率叶绿素含量严重下降，且灌浆期变化率高于拔节期，尤其是 10%透光率灌浆期的降低率高达 55%，这说明高度遮光会使衡谷 13 号叶绿素含量严重降低。

表 1 不同遮光条件下衡谷 13 号叶绿素含量的变化率

透光率	70%	40%	35%	25%	20%	10%
拔节期变化率（%）	-9.35	-16.74	-17.46	-24.07	-31.9	-32.91
灌浆期变化率（%）	3.73	-3.95	-7.93	-14.15	-36.47	-55.03

3.1.2 不同遮光条件下衡谷 13 号氮素含量的变化

氮素是叶绿素的主要组成元素之一，其含量在一定程度上受光照的影响。表 2 为不同遮光处理对衡谷 13 号含氮量的影响。

衡谷 13 号遮光条件对氮素含量的影响与叶绿素含量较为相似，二者数值表现为正相关。拔节期遮光处理含氮量都显著低于对照，变化率为 11%～30%，说明遮光处理在拔节期对衡谷 13 号氮素含量的影响比较小。灌浆期 70%～25%透光率氮素含量降低率小于 13%，其中 70%透光率略微高于对照；20%～10%透光率，衡谷 13 号含氮量急剧下降，降低率分别为 31.78%和 47.9%，说明高度遮光会明显降低衡谷 13 号灌浆期的氮素含量。

表 2 不同遮光条件下衡谷 13 号氮素含量的变化率

透光率	70%	40%	35%	25%	20%	10%
拔节期变化率（%）	-11	-14.62	-14.36	-20.38	-26.88	-30
灌浆期变化率（%）	3.04	-3.74	-7.01	-12.85	-31.78	-47.9

3.2 不同遮光处理对衡谷 13 号叶面积的影响

叶面积的大小直接决定了植物的受光面积，同时也决定了植物所吸收的光能多少。由表 3 可以看出，遮光对衡谷 13 号叶面积的产生明显的影响。在拔节期和灌浆期，叶面积均表现为减少，尤其 10%透光率在灌浆期叶面积减少接近 90%。这说明适度遮光对谷子的叶面积影响较小，这样对谷子的光能吸收量的影响较小；而高度遮光会严重影响叶的生长发育以及对光能的吸收。100%～40%透光率的叶面积在灌浆期高于拔节期，而 35%～10%透光率的叶面积在灌浆期低于拔节期，说明长时间的高度遮光会影响谷子叶的生长发育及形态建成。

表 3 不同遮光条件下衡谷 13 号叶面积的变化率

透光率	70%	40%	35%	25%	20%	10%
拔节期变化率（%）	-6.3	-7.09	-17.87	-37.51	-66.52	-71.37

（续表）

透光率	70%	40%	35%	25%	20%	10%
灌浆期变化率（%）	-3.36	-18.04	-40.13	-44.73	-70.72	-89.26

3.3　不同遮光处理对衡谷 13 号荧光参数 Fo、Fm 和 Fv 的影响

Fo 为叶片暗适应后的初始荧光，是 PSⅡ反应中心处于完全开放时的荧光产量，代表不参与 PSⅡ光化学反应的光能辐射部分。Fm 为最大荧光，是 PSⅡ反应中心完全关闭时的荧光产量，它能反映 PSⅡ电子传递链的状态。Fv 为可变荧光，即 Fm 与 Fo 的差值。不同遮光处理对衡谷 13 号荧光参数 Fo、Fm 和 Fv 的影响如表 4 所示。

遮光对谷子 Fo 的影响在拔节期与灌浆期相似，大致为随透光率的下降而增加，但是与对照相比产生的差异比较小，只有 10%透光率与对照相差明显。Fm 在拔节期的变化主要表现为随透光率的下降先增加后减少，除 10%的透光率，其他处理均明显高于对照；灌浆期 Fm 均显著高于对照。Fv 在两时期的变化均与 Fm 相似。

表 4　不同遮光条件下衡谷 13 号荧光参数 Fo、Fm 和 Fv 的变化率

	透光率	70%	40%	35%	25%	20%	10%
Fo	拔节期变化率（%）	5.45	4.99	6.85	4.91	12.21	-43.73
	灌浆期变化率（%）	9.17	2.72	10.27	19.2	20.6	47.14
Fm	拔节期变化率（%）	16.14	26.14	29.53	21.95	20.51	-28.71
	灌浆期变化率（%）	19.97	18.66	36.24	35.23	30.71	33.96
Fv	拔节期变化率（%）	20.29	34.35	38.34	28.56	23.72	-22.88
	灌浆期变化率（%）	23.34	23.63	44.35	40.24	33.87	29.83

3.4　不同遮光处理对衡谷 13 号荧光参数 Vj、Mo 和 Sm 的影响

Vj 是 2ms 时的相对可变荧光，其大小反映了 PSⅡ电子传递链受体侧 Q_A 的还原量，即 Q_A^- 的积累量。荧光曲线的初始上升斜率 Mo 反映了受体侧 Q_A 被还原的相对速率。Vj 和 Mo 的变化与反应中心色素、捕光色素和 PSⅡ电子受体侧 Q_A 向 Q_B 电子传递有关。Sm 为 Q_A 完全被还原所需的能量，它直接反映 PSⅡ电子传递链受体侧 PQ 库的大小。不同遮光处理后的 Vj、Mo 和 Sm 的变化及变化率如表 5 所示。

表 5　不同遮光条件下衡谷 13 号荧光参数 Vj、Mo 和 Sm 的变化率

	透光率	70%	40%	35%	25%	20%	10%
Vj	拔节期变化率（%）	10.44	15.84	12.68	24.71	16.47	-4.49
	灌浆期变化率（%）	0.53	-9.38	1.28	-1.16	3.85	16.45
Mo	拔节期变化率（%）	4.12	3.69	1.98	10.82	12.3	-36.71
	灌浆期变化率（%）	0.42	-11.46	-2.99	7.26	14.22	35.68

（续表）

	透光率	70%	40%	35%	25%	20%	10%
Sm	拔节期变化率（%）	9.61	-11.89	-16	-6.24	-22.04	-8
	灌浆期变化率（%）	-4.28	-18.85	-6.84	-15.55	-10.04	24.96

拔节期除10%透光率外，Mo和Sm均与对照比较相近，Vj的变化均明显高于对照，表示Q_A^-的积累量略微上升，说明适度遮光略微增加了PSⅡ受体侧电子传递的效率。10%透光率虽然Vj和Sm与对照保持持平，但是Mo表现为降低，说明PSⅡ电子传递链受体侧电子由QA向QB传递受阻。灌浆期除10%透光率外，其他处理的Vj、Mo与Sm与对照差异较小或差异不明显，说明适度遮光和中度遮光在灌浆期对PSⅡ受体侧影响很小，高度遮光严重降低了其PSⅡ受体侧的电子传递效率。

3.5　不同遮光处理对衡谷13号光化学活性的影响

Fv/Fm反映反应中心PSⅡ最大光能转换率，Fv/Fo反映PSⅡ反应中心潜在活性。Pi_ Abs是以吸收光能为基础的光合性能指数，不仅可以反映PSⅡ反应中心对光能的捕获情况，还能反映电子在两个光系统之间的传递能力。

Fv/Fm在拔节期和灌浆期虽然都与对照存在显著差异，但从表6中可以看出，各处理的变化率都比较小，均低于10%，这说明遮光并没有影响PSⅡ的光能吸收，即原初反应。Fv/Fo除灌浆期的10%透光率与对照相比表现为降低外，其他与对照相比都表现为升高，说明遮光一定程度上影响了衡谷13号的光化学活性。反映光化学活性的三个荧光参数Fv/Fm、Fv/Fo和Pi_ Abs在拔节期和灌浆期的数值变化都大体呈波峰状，由此说明中度遮光的光化学活性高于高度遮光和适度遮光。

表6　不同遮光条件下衡谷13号光化学活性的变化率

	透光率	70%	40%	35%	25%	20%	10%
Fv/Fm	拔节期变化率（%）	3.85	6.89	7.15	5.84	3.06	8.56
	灌浆期变化率（%）	3.05	4.77	6.54	4.3	3.07	-2.54
Fv/Fo	拔节期变化率（%）	13.77	27.83	29.54	22.75	10.56	36.95
	灌浆期变化率（%）	13.07	21.66	32.48	18.96	12.72	-10.81
Pi_ Abs	拔节期变化率（%）	5.03	16.58	25.64	-3.12	-8.07	147.56
	灌浆期变化率（%）	14.78	54.25	40.22	13.78	-1.73	-45.46

3.6　不同遮光处理对衡谷13号单位反应中心荧光参数的影响

ABS/RC、TRo/RC、ETo/RC、DIo/RC分别表示单位反应中心吸收的能量、捕获的能量、用于电子传递的能量和耗散的能量。

如表7和表8所示，四种表示单位反应中心能量变化的参数在遮光处理后的变化在拔节期和灌浆期的变化均表现不规律，但10%透光率均与对照有显著差异，说明遮光对适度遮光和中度遮光的单位反应中心的影响比较小，而对10%透光率的影响较大。

表 7 不同遮光条件下衡谷 13 号荧光参数 ABS/RC、TRo/RC 的变化

透光率	ABS/RC		TRo/RC	
	拔节期	灌浆期	拔节期	灌浆期
100%	3. 561±0. 798 a	2. 49±0. 147 cd	2. 539±0. 474 a	1. 884±0. 099 c
70%	3. 159±0. 274 b	2. 407±0. 134 de	2. 354±0. 194 ab	1. 879±0. 113 c
40%	2. 894±0. 085 b	2. 316±0. 115 ef	2. 22±0. 053 b	1. 837±0. 081 c
35%	2. 918±0. 131 b	2. 237±0. 093 f	2. 243±0. 068 b	1. 805±0. 071 c
25%	2. 9±0. 181 b	2. 588±0. 076 bc	2. 201±0. 108 b	2. 044±0. 046 b
20%	3. 231±0. 221 b	2. 648±0. 211 b	2. 388±0. 118 ab	2. 065±0. 137 b
10%	2. 109±0. 093 c	2. 961±0. 232 a	1. 643±0. 06 c	2. 186±0. 177 a

表 8 不同遮光条件下衡谷 13 号荧光参数 ETo/RC、DIo/RC 的变化

透光率	ETo/RC		DIo/RC	
	拔节期	灌浆期	拔节期	灌浆期
100%	1. 446±0. 456 a	1. 018±0. 085 bc	1. 022±0. 329 a	0. 606±0. 089 b
70%	1. 216±0. 223 b	1. 01±0. 076 bc	0. 805±0. 089 bc	0. 528±0. 052 cd
40%	1. 086±0. 02 bc	1. 07±0. 055 ab	0. 674±0. 04 c	0. 479±0. 042 de
35%	1. 128±0. 039 bc	0. 965±0. 066 c	0. 675±0. 065 c	0. 432±0. 034 e
25%	0. 99±0. 02 cd	1. 115±0. 027 a	0. 698±0. 074 c	0. 544±0. 033 bc
20%	1. 16±0. 072 bc	1. 076±0. 015 ab	0. 844±0. 105 b	0. 583±0. 074 bc
10%	0. 951±0. 033 d	1. 011±0. 034 bc	0. 466±0. 035 d	0. 775±0. 062 a

4 讨论

植物叶片的叶绿素含量直接影响光合作用的强弱，同时叶绿素含量也是判断植物耐阴性的重要指标，一般认为，耐阴性好的植物叶片叶绿素含量比较高，反之叶绿素含量比较低。有报道指出黄瓜等蔬菜和玉米等植物在遮光处理后叶片的叶绿素含量明显增加，而花生在间作遮光处理后，叶片的叶绿素含量明显降低。本试验衡谷 13 号自幼苗期进行遮光处理后，在拔节期和灌浆期叶片的叶绿素含量均表现为降低，这与前人所报道的谷子拔节期遮阴的研究结果相一致。遮光处理后衡谷 13 号的氮素含量变化和叶面积变化与叶绿素含量变化相一致，这说明遮光通过影响谷子氮素吸收的相关酶系统和生长发育进而影响叶绿素的含量。

一般环境胁迫下，植物会表现为 Fo 升高、Fm 降低，而本研究中谷子在遮光处理后 Fo、Fm 在拔节期和灌浆期都大致随透光率的降低呈波峰状变化，10%透光率的变化又明显不同。反映 PSⅡ受体侧光合电子传递链的荧光参数 Vj、Mo 和 Sm 的变化结果表明，高度遮光明显降低了两时期的光合电子传递链受体侧效率，而其他处理仅在传递链

部分环节的电子传递效率上略微降低。拔节期和灌浆期各处理的 Fv/Fm 基本没有显著差异，Fv/Fo 和 Pi_ Abs 随透光率的降低呈波峰状变化，说明适度遮光不会降低谷子的光化学活性，中度遮光会提高光合潜在活性和光合性能；而高度遮光会减弱谷子的潜在活性和光合性能。反映单位反应中心电子传递和能量变化的参数 ABS/RC、TRo/RC、ETo/RC 和 DIo/RC，其变化说明适度遮光和中度遮光对 PSⅡ反应中心的影响较小，而高度遮光的影响比较大。NPQ-Lss 在拔节期和灌浆期处理均低于对照，造成这种结果的原因可能是遮光处理后植物所接受光能过少，故 NPQ 也低于对照。

根据各项生理指标和荧光参数的对比发现，谷子在高度遮光（10%透光率）下受到的影响明显多于其他透光率，灌浆期受到的影响比拔节期严重。最终得出结论，高度遮光会明显减弱谷子 PSⅡ功能和活性，而适度遮光和中度遮光造成的影响很小。本研究仅分析叶绿素与氮素含量、叶面积和荧光参数的变化探讨遮光条件下衡谷 13 号的光合生理响应和变化，其他品种的谷子是否会有相同的变化还有待进一步研究。

第六章　河北杂粮病虫草害的发生与防治

第一节　谷子病虫害的发生与防治

谷子的病虫害较多，不同地区、不同年份危害程度变化较大。目前，在河北常年发生并造成一定为害甚至严重损失的主要病虫有：谷子锈病、谷瘟病、谷子白发病、谷子纹枯病、谷子褐条病、谷子红叶病、谷子丛矮病、谷子线虫病、谷子黑穗病、谷子胡麻斑病等病害。蝼蛄、蛴螬、金针虫、粟鳞斑叶甲、粟负泥虫（粟叶甲）、粟凹胫跳甲、亚洲玉米螟、粟灰螟、粟芒蝇、黏虫、玉米蚜、粟缘蝽等害虫。其中玉米蚜个别年份造成为害，常年为害轻微，但其作为中间寄主传毒造成谷子红叶病，在红叶病严重地区应重点防治。

近几年全国谷子病虫害普查，初步明确了为害我国谷子的主要病害有 25 种、主要害虫有 54 种。不同谷子种植区域病虫害发生情况差异较大。

谷子病虫草在谷田形成地下至地上、播种到成熟全生育期的有害生物结构。为确保谷子安全生产（残留量低于国家标准）、大面积（规模化种植）、高效率（机械化作业）、低成本（节水、节工、节种子化肥），必须在充分掌握有害生物发生为害规律的基础上，制定标准化的综合防治规程。

一、谷子主要病害

（一）谷子白发病

谷子白发病是一种分布十分广泛的病害，在我国华北、西北、东北等地发生严重。近年在河北大部分地区为害程度逐渐加重。田间病株率为 5%～10%，严重地块达到 50%，成为影响谷子生产的主要病害。

【病原】禾生指梗霜霉［*Sclerospora graminicola*（Sacc.）Schrot］。属鞭毛菌亚门指梗霉属真菌。孢囊梗粗短，下窄上宽，由气孔伸出，单生或数根丛生，无色，无隔膜，顶端分枝数个，每个分枝上有 2～5 个小梗，每小梗顶端着生一孢子囊。孢子囊无色、具乳突、椭圆形。孢子囊萌发放出游动孢子。游动孢子肾脏形，在中部凹处有鞭毛 2 根。卵孢子圆形至长圆形，单生于藏卵器内，浅黄色，外壁红褐色，光滑。

【症状】种子萌发期被侵染，从发芽到抽穗均可发病，表现为死芽、灰背、白尖、枪杆、刺猬头、白发状。未出土的幼芽发病，出土后的幼茎及子叶变色、扭曲或腐烂。灰背：出苗至拔节期发病，病叶正面出现白色或黄色条纹，湿度大时，叶背长出灰白色霉层，此后叶片变黄、枯死。白尖：当叶片出现灰背后，叶片干枯，心叶抽出后不能正常展开，而是呈卷筒状直立，呈黄白色，以后逐渐变褐色呈枪杆状。白发：心叶被害成枪杆后，叶肉部分形成黄褐色卵孢子，黄褐色粉末散落后，仅留维管束组织呈丝状，植株死亡。刺猬头：部分病株发展迟缓，能抽穗，或抽半穗，但穗变形，小穗受刺激呈小叶状，不结籽粒，内有大量黄褐色粉末。病穗上的小花内外颖受病菌刺激而伸长呈小叶状，全穗像个鸡毛帚。

【发生规律】种子表面、土壤或粪肥带有的卵孢子越冬，第二年播种后，种子萌发时卵孢子同时萌发，经芽鞘侵入，引起死芽或蔓延至生长点，随着生长点组织的分化和发育，到达叶片和花序，引起灰背、白尖、白发等症状。后期病菌在病株中产生藏卵器和雄器，受精后形成卵孢子，成熟的卵孢子在病部组织破裂时散落。土壤地温、湿度严重影响幼苗出土和卵孢子萌发，进一步影响病害的发生及程度。低温、潮湿、播种深时，种子萌发和幼苗出土速度慢，发病机会较大。酸性土壤比碱性土壤发病重。连作与早播的地块发病较重。

灰背时期孢子囊和游动孢子借助气流和雨水传播，形成再侵染。可造成灰背，侵染顶叶的也可造成白发。大气温度、湿度影响再侵染，叶片有水珠和温度20~25℃时有利于孢子囊和游动孢子再侵染。

【防治方法】谷子白发病主要由种子、土壤、粪肥中越冬的卵孢子在种子萌发期侵染进入生长点引起的系统病害，再侵染病株较少。不同谷子品种发病轻重有明显差异。所以，在防治上应重点抓住选用抗病良种、实行轮作、种子处理、及时拔除病株等减少初侵染源的措施，可以有效防治病害发生。

（1）农业防治。选用抗病良种，建立无病留种田。有条件的地方与玉米、高粱、小麦或豆类2~3年轮作倒茬。施用无菌粪肥。适期晚播，适当浅播，争取早出苗。结合中耕除草，及早拔除病株，带出田外烧毁。

（2）药剂处理种子。用70%甲基托布津或50%多菌灵拌种（药量：种子重量的0.5%）；35%甲霜灵拌种剂（药量：种子重量的0.2%~0.3%）。

（二）谷子线虫病

【分布为害】谷子线虫病又称紫穗病或倒青，在河北中南部、山东、河南等夏谷区发生普遍，严重地块可减产50%~80%。

【病原物】贝西滑刃线虫（*Aphelenchoides bessyi*），异名水稻滑刃线虫（*Aphelenchoides oryzae*）。

【症状识别】线虫病可侵染谷子的根、茎、叶、叶鞘、花、穗和籽粒，但主要为害花器、子房，只在穗部表现症状。感病植株花初期呈暗绿色，后渐变为暗褐色。感病早的植株抽穗即表现症状，大量线虫破坏子房，因而不能开花，即使开花也不能结实，颖片多张开，籽粒秕瘦，尖削，表面光滑有光泽，病穗瘦小，直立不下垂。发病晚或发病轻的植株症状多不明显，能开花结实，但只有靠近穗主轴的小花形成浅褐色的病粒。不同品种症状差异明显。红秆或紫秆品种的病穗向阳面的护颖在灌浆至乳熟期变红色或紫色，以后褪成黄褐色。而青秆品种直到成熟时护颖仍为苍绿色。此外，线虫病病株一般较健株稍矮，上部节间和穗颈稍短，叶片苍绿色，较脆。

【发生规律】谷子线虫病主要随种子传播，带病种子是主要初侵染源，秕谷和落入土壤及混入肥料的线虫也可传播。此外，用病秕粒饲喂牲畜，未腐熟的粪肥中也会有少量线虫存活诱发病害。混在土壤中或保持在室内的线虫至少能存活 2 年。谷子线虫为外寄生，播种后，处于谷粒、秕粒的壳皮内侧卷曲休眠的越冬成虫和幼虫，遇湿复苏，侵入幼芽，在生长点外活动为害，同时少量繁殖。随着植株的生长，侵入叶原始体。拔节后线虫逐渐向叶鞘转移，在叶鞘内侧繁殖，高温多雨有利于其转移和繁殖。幼穗形成后，线虫又转移到穗部为害并大量繁殖，开花末期达到高峰，造成子房受损、柱头萎缩，不能结实，但不形成虫瘿。谷子成熟时，线虫以幼虫或成虫在谷粒、秕粒的颖片内侧休眠越冬。在谷子生长期间，特别是在穗期，线虫能随雨水、流水或植株间接触而近距离传播，引起再侵染，但被侵染植株一般当年不表现症状。

线虫病的轻重，主要取决于种子携带线虫数量和穗期雨量大小，二者同时具备，则可造成毁灭性危害。高温高湿，特别是开花灌浆期多雨，有利于线虫在穗部繁殖传播，造成病害严重发生。谷子品种间抗病性有明显差异，凡生育期长，特别是孕穗期到灌浆期长，而且穗粒较紧、穗毛较长的品种发病重，反之则发病轻。

【防治方法】在选用抗、耐病品种和无病种子的基础上，进行种子处理，保护无病和轻病田。重病田实施 3 年以上的轮作。可基本控制线虫为害。

（1）农业防治。①选用抗、耐病品种。②建立无病留种田。③施用腐熟的粪肥和堆肥。④重病田实行 3 年以上轮作倒茬，禁止秸秆还田。

（2）温汤浸种。在播种前可采用温汤浸种的方法杀灭种子表面线虫，具体做法为：用 56～57℃温水浸种 10min，然后用清水漂洗，去除秕粒，晾干后播种。

（3）药剂拌种。播种前可用 30%乙酰甲胺磷乳油或 50%辛硫磷乳油按种子量的 0.3%拌种，避光闷种 4h，晾干后播种。

（4）土壤处理。用 0.5%阿维菌素颗粒剂沟施，轻发生地块每公顷用 45～75kg、严重地块用 75～105kg。

（三）谷子黑穗病

【分布为害】我国各谷子产区均有发生，东北、华北地区发生较重。被害株全穗或部分籽粒变成黑粉。

【病原物】（*Ustilago crameri*）称谷子黑粉菌，属担子菌亚门真菌。孢子堆球形至卵圆形。冬孢子红褐色至榄褐色，球形或近球形至多角形，表面平滑。

【症状识别】谷子黑穗病主要为害穗部，通常一穗上只有少数籽粒受害，抽穗后表现症状。病穗刚抽出时，因孢子堆外有子房壁及颖片掩盖不易发现。病穗短，直立，大部分或全部子房被冬孢子取代。当孢子堆成熟后全部变黑才显病症，初为灰绿色，后变为灰色。病粒较健粒略大，颖片破裂、子房壁膜破裂散出黑粉，即病原菌冬孢子。

【发生规律】该病属芽期侵染的系统性病害。以冬孢子附着在种子表面越冬，成为翌年初侵染源。带菌种子萌发时，病菌从幼苗的胚芽鞘侵入，并扩展到生长点区域的细胞内和细胞间隙中，随植株生长而系统侵染，直至进入子房，破坏子房，最后侵入穗部，致病穗上籽粒变成黑粉粒，即冬孢子。冬孢子能长期存活，没有休眠现象，只要条件适宜就可萌发。在温暖湿润地区，散落于土壤的冬孢子，多于当年萌发而失效，不能成为翌年的初侵染菌源。在低温干燥地区，可能有部分散落田间的冬孢子，当年不萌发，成为翌年谷子发病的初侵染菌源。谷子播种后的土壤温湿度对侵染发病影响很大。病原菌侵染幼苗的适宜土壤温度为12～25℃，超过25℃则侵染受到抑制。在较低的温度下，谷子萌发与出苗缓慢，病原菌适宜的侵染时间变长，发病就较重。土壤含水量在30%～50%适于病菌侵染，土壤干旱或水分饱和都不利于病原菌侵染。种子带菌率高，土壤温度低，墒情差，覆土厚，幼芽滞留土壤中的时间延长，则发病加重。谷子品种间抗病性有明显差异。

【防治方法】大量的冬孢子不能在田间越冬，侵染源主要是种子携带的病菌。建立无病繁种田、选健穗留种，是简便易行的有效防治方法。不明种子可进行种子处理。

（1）农业防治。①选用抗病品种。②搞好无病种子繁育田。由无病地留种，不使用来源于发病地区和发病田块的种子。严格选种，抽穗后随时剔除病穗并销毁。这是简便易行的有效防治方法。

（2）种子处理。40%拌种双粉剂按种子量0.2%～0.3%拌种；50%多菌灵可湿性粉剂或50%甲基硫菌灵可湿性粉剂按种子量0.2%拌种；50%克菌丹可湿性粉剂按种子重量0.3%拌种；25%三唑酮可湿性粉剂、15%三唑醇干拌种剂、50%福美双可湿性粉剂等，皆以种子重量0.2%～0.3%的药量拌种。

（四）谷子褐条病

【分布为害】谷子细菌性褐条病，近年来在全国各谷子产区普遍发生，河北低平原地区随着杂交谷子的大面积推广，发生比较严重，部分地块病株率可达30%以上。

【病原物】假单胞杆菌属粟假单胞菌（*Pseudomonas setariae*），曾异名燕麦假单胞菌（*Pseudomonas avenae*）。菌体单细胞短杆状，两端钝圆，大小（1.5～2.5）μm×（0.5～0.8）μm，极生鞭毛1～5根，多为1～2根，无芽孢，无荚膜，革兰氏染色阴性，在肉汁胨琼脂平板培养基上菌落圆形，污白色隆起，不产生褐色素和荧光素。

【症状识别】该病侵染叶片、茎秆和穗部，主要为害中上部叶片。苗期染病在叶片或叶鞘上出现褐色小斑，后扩展呈紫褐色长条斑，有时与叶片等长，边缘清楚。病苗枯萎或病叶脱落，植株矮小。成株期染病先在叶片基部中脉发病，初水浸状黄白色，后沿脉扩展上达叶尖，下至叶鞘基部形成黄褐至深褐色的长条斑，病组织质脆易折，后全叶卷曲枯死。叶鞘染病呈不规则斑块，后变黄褐，最后全部腐烂。心叶发病，穗不能抽出，死于心苞内，拔出有腐臭味，用手挤压有乳白至淡黄色菌液溢出。孕穗期染病穗苞受害，穗早枯，或有的穗颈伸长，小穗梗淡褐色，弯曲畸形，谷粒变褐不实。

【发生规律】病源菌在病残体或有病种子上越冬，成为翌年的初侵染源，从谷苗伤口或自然孔口侵入，发病后借水流、风雨或枝叶间的摩擦完成再侵染。连续阴雨寡照高温有利于病菌传播。偏施氮肥、植株过密、重茬地、低洼地发病重。虫害严重地块发病重。品种间抗病性差异明显。

【防治方法】选种抗病或耐旱品种，加强田间管理，合理密植，通风透光降湿。拔节后中上部叶片基部有与叶脉平行的褐色条状斑，及时药剂防治。

（1）农业防治。①选种抗病或耐旱品种。②合理密植、排除田间积水、保持田间通风透光。

（2）药剂防治。初发病期，风雨过后特别是水淹地块防治一次，隔7～10d防治

2~3次。70%叶枯净（又称杀枯净）胶悬剂100~150g/亩，或用25%叶枯宁可湿性粉剂100g/亩，或用10%氯霉素可湿性粉剂100g/亩，或用46.0%氢氧化铜（水分散粒剂）1 500倍液，72%农用链霉素4 000倍液喷雾防治。

（五）谷子红叶病

【分布为害】谷子红叶病又称紫叶病、红瘿病，在我国北部粟、黍分布区普遍发生。河北低平原地区常年发病株率达0.2%~10%。苗期染病重的枯死，轻的生长异常。

【病原物】Barley yellow dwarf virus 简称BYDV，为大麦黄矮病毒的一个株系。

【症状识别】谷子红叶病是全株性病害，表现为红叶型和黄叶型。紫秆品种染病后叶片、叶鞘和穗均会变红，称其为红叶病。青秆品种染病不变红却发生黄化。在灌浆至乳熟期十分明显。病株一般先从叶尖开始变红或变黄，后逐渐向下扩展，致全叶红化干枯。有的仅叶片中央或边缘变红或变黄。病株根系稀疏，抽穗前后呈现紫红色或不正常黄色，病穗短小，重量轻，种子发芽率不高，严重的不能抽穗或抽穗不能结实，病株矮化，叶面皱缩，叶缘呈波状。

【发生规律】谷子红叶病病毒在野生杂草上越冬。翌年主要靠玉米蚜（*Rhopalosiphum maidis*）带毒迁移到谷子上取食引起病毒传播并流行，麦长管蚜、麦二叉蚜等8种蚜虫也可传毒，种子、土壤均不传病。玉米蚜带毒持久，取食5min即可传毒，传毒能力强。在自然条件下，该病毒可侵染多种禾本科作物和杂草，谷子田及附近田块的大量带毒越冬杂草是诱发红叶病的重要因素。谷子红叶病发生程度与蚜虫发生时期和田间虫口密度密切相关，蚜虫数量越大、谷子感病越早，发病越重。早播田发病较重，晚播田发病较轻。春季气候干燥、气温升高较快的年份，病害发生普遍且严重。品种间抗病性差异明显。

附：玉米蚜当地一年十几代，以无翅胎生雌蚜在小麦苗及禾本科杂草的心叶里越冬。4月底5月初向春玉米、高粱迁移。谷子出苗后向谷田迁移，苗期以成蚜、若蚜群集在心叶中为害，抽穗后为害穗部。旬平均气温23℃左右，相对湿度85%以上，最适于玉米蚜的增殖为害，而暴风雨对玉米蚜有较大控制作用。

【防治方法】首选抗红叶病品种，其次，监控蚜虫迁入谷田情况，及时防治传毒蚜虫，可阻断传毒途径，减少蚜口基数，进而控制病害或大大减轻病害。

（1）农业防治。选用抗红叶病品种是防治该病经济有效的措施。及时清除田间及周边杂草，及时拔除病株，销毁病株上的蚜虫。培育壮苗，提高植株抗病能力。

（2）药剂消灭传毒蚜虫。①种子处理，用种子量0.3%的70%的吡虫啉可湿性粉剂拌种，有效防治播后25d内的蚜虫。②谷子出苗后，蚜虫迁入谷田时喷施药剂防治蚜虫。10%的吡虫啉可湿性粉剂1 000~1 500倍液、4.5%高效氯氰菊酯乳油1 500倍液、40%乐果乳油1 500倍液。③必要时喷洒抗毒丰（0.5%菇类蛋白多糖）水剂300倍液或5%井冈霉素水剂40~50mg/kg，隔7d 1次，喷施1次或2次。

（六）谷子丛矮病

【分布为害】在各个谷子产区均有发生，严重为害可造成毁种。冬小麦、水稻和多年生禾本科杂草既是病毒寄主又是传毒昆虫灰飞虱的取食栖息地。

【病原物】谷子丛矮病源是北方禾谷花叶病毒（Aorthern cereal mosaic virus,

NCMV)，和水稻黑条矮缩病毒（Rice black-streaked dwarf virus，RBSDV)，属弹状病毒组。病毒粒体杆状，病毒质粒主要分布在细胞质内，常单个或多个，成层或簇状包在内质网膜内。在传毒介体灰飞虱唾液腺中病毒质粒只有核衣壳而无外膜。病毒汁液体外保毒期 2~3d，稀释限点 10~100 倍。丛矮病潜育期因温度不同而异，一般 6~20d。

【症状识别】病株上部叶片有黄绿相间条纹，分蘖增多，植株矮缩，呈丛矮状。播后 20d 即可呈现症状，最初症状心叶有黄白色相间断续的虚线条，后发展为不均匀黄绿条纹，分蘖明显增多，病株矮化。成株期发病，植株严重矮化，叶片直立丛生，叶色较浓绿或有黄绿相间花纹。一般不能抽穗，或穗小畸形，籽粒秕瘦。

【发生规律】该类病毒不经汁液、种子和土壤传播，主要由灰飞虱［*Laodel phaxstriatellus*（Fallon）］传毒。病毒在冬小麦和多年生禾本科杂草上或带毒灰飞虱体内越冬，带毒灰飞虱若虫在杂草根际或土缝中越冬，成为翌年毒源，为害麦苗。小麦成熟后，灰飞虱迁飞至自生麦苗、水稻、禾本科杂草上越夏，或迁入夏谷田为害传毒。谷子苗期易感病，出苗期遇到灰飞虱扩散高峰期（5 月底至 6 月中旬）则发病重。田间杂草多、灰飞虱数量大，则发生重。沟渠路边杂草丛生处发病重。谷子品种间存在明显差异。

灰飞虱吸食后，需经一段循回期才能传毒。日均温 26.7℃，平均 10~15d，20℃时平均 15.5d。1~2 龄若虫易得毒，而成虫传毒能力最强。最短获毒期 12h，最短传毒时间 20min。获毒率及传毒率随吸食病株时间延长而提高。一旦获毒可终生带毒，但不能经卵传递。

【防治方法】选用抗病品种，清除田间及周边杂草，减少病毒来源。药剂防治大量迁入谷田时的灰飞虱，阻断传毒途径。

（1）农业防治。①种植抗、耐病品种。②适时晚播，避开灰飞虱发生扩散高峰期。③清除田间及周边杂草，发现病株及时拔除，减少病毒来源。

（2）种子处理。70%吡虫啉可湿性粉剂按种子量的 0.3%拌种。播种后 25d 内有效。

（3）喷药防治。没有拌种或拌种药剂失效后，可喷施药剂防治灰飞虱，周边杂草全田喷到。10%吡虫啉可湿性粉剂 1 000~1 500 倍液，或用 2.5%溴氰菊酯 2 000~3 000 倍液，任选一种喷药防治一次。

（七）谷子锈病

【分布为害】全国谷子产区都有发生。辽宁、吉林、内蒙古、河北省低平原地区较重。锈病流行年份，可减产 30%以上，严重地块可造成绝收。

【病原物】*Uromyces setaria-eitalica* 称谷子单胞锈菌，属担子菌亚门真菌。夏孢子单细胞，椭圆形，黄褐色，表面有刺，柄无色，具 3~4 个芽孔。冬孢子单细胞，球形、长球形或多角形，有柄，黄褐色，顶端有芽孔。

【症状识别】谷子锈病主要为害叶片，叶鞘上也可发病。发病初期在叶背面出现深红褐色小点，稍隆起，后表皮破裂，散出黄褐色粉末。严重时叶面布满病斑，致使叶片早枯，穗子干瘪，茎秆柔软易倒伏，可造成绝产。后期叶背和叶鞘表皮下散生黑色小斑点，椭圆形的冬孢子堆，表皮不易破裂，但在北方少见。谷子锈菌是专性寄生菌，不同谷子品种被侵染后，表现为高感病到高抗病，差异极明显。抗病品种夏孢子堆小，孢子堆周围寄生组织枯死或失绿，夏孢子堆不能突破表皮而扩散。

【发生规律】谷子锈病为流行性病害，主要发生在谷子生长的中后期，在河北低平原地区，一般抽穗期开始发病。以夏孢子越冬、越夏，第二年进行侵染。常年在7月下旬，夏孢子遇雨水溅到叶片上，萌发后通过气孔侵入，在表皮下或细胞间隙中生长，约10d后产生夏孢子堆，并开始散发夏孢子，通过风雨传播，落在叶片上，若湿度合适形成再侵染，夏孢子堆可连续产生夏孢子，引起该病的暴发流行。流行过程一般可分为发病中心形成期，此时为发病初期，病叶率在逐渐增加，严重度没有发展，田间明显形成发病中心；普遍率扩展期，发病中心消失转为全田发病，病株率、病叶率急剧增加，为田间流行提供了充足菌源；严重度增长期，病株率、病叶率达到顶峰，发病程度急剧增加，引起植株倒伏，严重影响产量。高温多雨有利于病害发生。7—8月降水量是决定谷子锈病当年是否流行的关键因素，降雨多，发病重，干旱年，发病轻。氮肥过多，植株密度过大发病重。田边寄主杂草（谷莠子、狗尾草）多都有利于发病。

【防治方法】首选种植抗病品种，清洁田园，合理密植。谷子抽穗前后调查叶片上有无夏孢子堆，发现形成发病中心时及时药剂防治。

（1）农业防治。①种植抗病品种。②处理带病谷草，清除田间杂草，以消灭越冬菌源。③加强田间管理，合理密植，避免过多施用氮肥，增施磷钾肥，雨后及时排水，多中耕。

（2）化学防治。在田间发病的中心形成期，即病叶率1%~5%时，进行第一次叶面喷药，可选用下列药剂：

20%三唑酮乳油800~1 000倍液；15%三唑醇可湿性粉剂1 000~1 500倍液；12.5%烯唑醇可湿性粉剂1 500~2 000倍液；50%萎锈灵可湿性粉剂1 000倍液；发生严重时，间隔7~10d再喷1次，可达到良好防治效果。

（八）谷子纹枯病

【分布为害】谷子纹枯病在我国谷子各种植区均有不同程度的为害，主要为害谷子叶鞘、茎秆，也侵染叶片。一般病株率10% ~50%，重病区发病株率高达70%。寄主有玉米、水稻、大豆、大麦、小麦和棉花等43科263种植物。发病程度与产量损失的关系为：0级，健株，没有产量损失；1级，仅在茎基部轻微发病，其产量损失在5%以内；3级，植株从上至下有7~8片健叶，产量损失为10%左右；5级，植株从上至下有4~6片健叶，产量损失为25%左右；7级，植株从上至下有2~3片健叶，产量损失为40%左右；9级，全株发病或只有1片健叶，产量损失为50%左右。在河北低平原地区，该病随着谷子种植水肥条件的改善有上升趋势。

【病原物】立枯丝核菌 *Rhizoctonia solani*，为半知菌亚门真菌。①菌丝。初无色，较细，分枝处多缢缩，近分枝处有隔膜。随菌龄增长，菌丝细胞渐变粗短，并纠结成菌核。②菌核。形状各异，初为白色，后变为褐色，表面粗糙。③担子。担子桶形或亚圆筒形，较支撑担子的菌丝略宽，上具3~5个小梗，梗上着生担孢子。④担孢子。担孢子椭圆形至宽棒状，基部较宽，大小（7.5~12）μm×（4.5~5.5）μm。担孢子能重复萌发形成2次担子。但不同寄主上的病菌在菌落形态和菌核形成等性状上均有明显差异。

【症状识别】一般谷子拔节期发病，病菌常自叶鞘侵染，初期在近地面叶鞘上产生暗绿色形状不规则的病斑，病斑迅速扩大，形成长椭圆形云纹状的大块斑，病斑中央部分逐渐枯死并呈现苍白色，而边缘呈现灰褐色或深褐色，几个病斑可连成更大的斑块，病斑达到叶鞘宽度时，致使叶鞘和其上的叶片干枯。病斑可随叶鞘向上发展，有时可达到植株顶部。病菌在叶鞘内侧生长，侵染茎秆形成云状或椭圆形褐色坏死斑。与被侵染叶鞘相接触的茎秆处，在灌浆期易折倒。发病较早的病株也可整株干枯。病菌也可侵染叶片，形成像叶鞘上的病斑症状，使整个叶片变成褐色，卷曲并干枯。发病植株穗小，灌浆不饱满，或不能抽穗，茎秆软且易折。当环境潮湿时，在病株叶鞘内侧和表面，特别是在叶鞘与茎秆的间隙生长出大量菌丝，并生成大量白色菌核，菌核后期变为深褐色或黑色。

【发生规律】主要以菌丝和菌核在病残体或在土壤中越冬，菌源数量大发病重。翌年越冬菌核萌发侵染谷子幼苗或叶鞘，并逐步向植株上部发展，在病部形成菌核，菌核脱落随雨水或灌溉水传播，进行再侵染。当旬平均气温在 24.3℃，降水量在 80mm 以上，相对湿度在 80%以上时，为全生育期侵染高峰期。因此我区谷子纹枯病始发期多发生在 7 月中旬降雨后，高湿天气出现后病害暴发。谷子播种期与发病关系密切，早播病重迟播病轻。种植密度大，偏施氮肥发病重。

【防治方法】谷子拔节后，即 7 月中下旬，病株率达到 5%以上时，在谷子茎基部彻底喷雾防治 1 次，7~10d 后防治第 2 次，效果良好。

（1）农业防治。选用抗纹枯病的品种；清除田间病残体，包括根茬的清除和深翻土地，减少侵染源；适期晚播以缩短侵染和发病时间；合理密植，铲除杂草，改善田间通风透光条件，及时排除田间积水，降低田间湿度；科学施肥，有机肥为主，增施磷钾肥料，适当减少氮肥，培育壮苗健株。

（2）化学防治。①种子处理。用种子量 0.03%有效成分的三唑醇、三唑酮进行拌种，2.5%咯菌腈悬浮剂按种子量的 0.2%播种，6%戊唑醇按种子量的 0.3%拌种，可有效控制苗期侵染，减轻为害程度。②发病初期喷药防治。5%井冈霉素水剂 100mL/亩；12.5%烯唑醇可湿性粉剂 35.5~50g/亩；40%菌核净可湿性粉剂 1 000~1 500 倍液；在病株率达到 5%~10%时，针对谷子茎基部彻底喷雾防治 1 次，7~10d 后酌情防治第 2 次。

（九）谷子胡麻斑病

【分布为害】谷子胡麻斑病在全国谷子产地均有发生，主要寄主谷子、水稻等禾本科作物。为害叶片、叶鞘和颖果部位。病情严重时，病斑融合，叶片枯死。

【病原物】*Bipolaris setariae*（Saw.）Shoem. = *Helminthosporium setariae* Saw. 称狗尾草平脐蠕孢，属半知菌亚门真菌，有性态为 *Cochliobolus setariae*（Ito et Kurib）Drechsler et Dastur 称狗尾草旋孢腔菌，属子囊菌亚门真菌。子囊座烧瓶状，大小（240~500）μm×（220~315）μm，喙长 60~125μm。子囊棱形，大小（130~150）μm×（22~32）μm，内含子囊孢子 1~8 个。子囊孢子线形，具 5~9 个隔膜，大小（200~315）μm×（6~7）μm。分生孢子梗多数单生，少数 2~5 根丛生，直立或稍弯曲，有膝状曲折，2~5 个隔膜，褐绿色，大小（105~156）μm×（7.5~10）μm。分生孢子深橄榄色，梭状至倒棍棒形，略弯，

具 5~8 个隔膜，大小（40~120）μm×（10~18）μm，两端生芽管。

【症状识别】谷子整个生育期均可发病，主要为害叶片、叶鞘和颖果。叶片染病初生许多黄色至黄褐色斑点，斑点椭圆形或纺锤形，边缘不明显，色较暗后变为褐色至黑褐色。大小（3~5）mm×（2~3）mm。病斑两端钝圆，区别于谷瘟病。后期病斑表面生出分生孢子梗和分生孢子，呈黑色丝绒状霉层。病情严重时，病斑融合，叶片枯死。叶鞘、穗轴、颖壳上也产生褐色的梭形、椭圆形或不规则形的病斑，病斑界限多不明显，有的相互汇合。

【发生规律】病原菌以菌丝体、分生孢子、分生孢子梗随病残体或种子越冬，翌年条件适宜，产生分生孢子，由风雨传播，反复进行再侵染。胡麻斑病菌可侵染多种禾本科杂草，杂草寄主也有可能为谷子提供菌源。分生孢子在干燥条件下可存活 2~3 年，潜伏菌丝体能存活 3~4 年，菌丝翻入土中经一个冬季后失去活力。带病种子播后，潜伏菌丝体可直接侵害幼苗。菌丝生长温度为 5~35℃，最适 24~30℃，分生孢子形成温度为 8~33℃，最适 30℃。萌发温度为 2~40℃，最适 24~30℃。孢子萌发须有水滴存在，相对湿度大于 92%。饱和湿度下 25~28℃，4h 就可侵入寄主。因此，降水多，大气湿度高，叶面结露时间长，气温 25~30℃，有利于病菌侵染。连作地、田内及四周杂草多、管理粗放、缺磷少钾时易发病。地势低洼、排水不良、土壤潮湿或氮肥施用过多或过迟，植株柔嫩易发病。栽培过密，株行间通风透光差，施用的农家肥未充分腐熟易发病。上年秋冬温暖、干旱、少雨雪，翌年温暖、重雾、重露、高湿、多雨或长期连阴雨的气候易发病。

【防治方法】胡麻斑病应以农业防治特别是深耕改土、科学管理肥水为主，辅以药剂防治。种植抗病、轻病品种，选用无病种子。重病田在收获后应及时清除病残体，或与非禾本科进行轮作。科学管理肥水要施足基肥，注意氮、磷、钾肥的配合施用，不过量追施氮肥。避免长期淹灌所造成的土壤通气不良，又要防止缺水受旱。深耕改土，促使根系发育良好，增强吸水吸肥能力，增强植株抗病能力。结合防治粒黑穗病和白发病，进行药剂拌种，减少种子传播病菌。发病初期病株率达到 5%~10%时，及时喷药防治。

（1）农业防治。①选用抗病品种，或无病田留种。②重病田与非禾本科作物实行轮作，清洁田园。③加强田间管理，施用酵素菌沤制的堆肥或腐熟的有机肥，不用带病菌的肥料，适当增施磷钾肥，不过量使用氮肥，及时间苗、中耕、排水、降低田间湿度，深耕改土促进根系发育，培育壮苗，有利于减轻病害。

（2）药剂防治。①种子处理：用种子重量 0.3%的 15%粉锈灵粉剂、或 50%福美双或 70%甲基托布津或 12.5%速保利拌种；用种子重量 0.3%的 40%多菌灵超微可湿粉拌种；用种子重量 0.7%的 50%萎锈灵或 50%敌克松或 40%拌种双或 50%多菌灵拌种。拌种方法：先把药剂加适量水喷在种子上拌匀，再堆闷 4~8h 后直接播种。②喷药防治：发病初期，开始防治，间隔 7~10d1 次，防治 2~3 次。选用药品 20%井冈霉素可湿性粉剂1 000倍液；50%多菌灵可湿性粉剂 500~600 倍液；75%三环唑可湿性粉剂 2 000 倍液；70%甲基托布津可湿性粉剂1 000倍液；甲基硫菌灵可湿性粉剂 600~800 倍液；在以上药液中加 2%春雷霉素水剂 500~700 倍液或展着剂效果更好。

（十）谷瘟病

【分布为害】谷子瘟病分布广泛，在各谷子产区均谷瘟病菌能侵染青狗尾草，而马唐等多种禾本科植物则不被侵染，田间多数禾本科作物和杂草不能提供越冬菌源。近年在河北低平原地区有逐年加重趋势。叶瘟、穗瘟发生普遍，为害更重。

【症状识别】在谷子的整个生育期均可发病，侵染叶片、叶鞘、茎节、穗颈、小穗和小穗梗等部位，形成叶瘟、穗颈瘟、穗瘟。叶片在苗期即可发病，病斑为梭形，中央灰白色，边缘紫褐色并有黄色晕环，湿度大时叶背密生灰色霉层，严重时病斑密集汇合成长梭形造成叶片局部或全部枯死。有时侵染叶鞘形成鞘瘟，叶鞘病斑长椭圆形，较大。抽穗前后病害严重时常发生节瘟，茎节染病初呈黄褐或黑褐色小斑，后渐绕全节一周，造成茎节上部枯死，易折断。穗颈染病初为褐色小点，后扩展为灰黑色梭形斑，严重时，绕颈一周造成全穗枯死。小穗染病穗梗变褐枯死，籽粒干瘪。主穗轴感病造成半边穗枯死。

【病原物】（*Pyricularia grsea*）称谷梨孢，属半知菌亚门真菌。分生孢子梗单生或丛生，不分枝，具隔膜2~3个，无色或基部淡褐色，顶端尖，孢痕明显。分生孢子梨形或梭形，无色，有2个隔膜，基部圆形或钝圆，顶端稍尖。

【发生规律】谷瘟病以分生孢子在病草、病残体和种子上越冬，成为翌年初侵染源。分生孢子遇水萌发，直接穿透表皮细胞或经气孔侵染叶片和叶鞘，茎节上多从外包的叶鞘侵入，穗轴上多从小穗梗分枝处侵入。田间发病后，在叶片病斑上形成分生孢子借气流传播进行再侵染。温度25℃，相对湿度大于80%，叶面结露，有利于该病发生和蔓延。7月中旬连续多雨、高湿有利于叶瘟发生，7月下旬至8月上旬阴雨多、露重、气温偏低，有利于穗瘟发生。播种过密，田间湿度大，发病重，黏土、低洼地发病重，偏施氮肥易发病。在华北地区，每年发生5~8代，8月是本地谷瘟病发生的高峰期，不同品种间抗病性差异显著。

【防治方法】选抗病品种、清洁田园，在苗期叶瘟发生初期时及时药剂防治，防止分生孢子形成，不断地再侵染。

（1）农业防治。①清洁田园。田间病株杂草要处理干净，收获后深翻土地。②选种抗病品种。③合理水肥和种植密度，降低田间湿度。忌偏施氮肥，忌大水漫灌，宜浅水快过，密度不宜过大，保证通风透光。④采集无病谷种进行单打单收。

（2）药剂防治。叶瘟发生初期、抽穗期、齐穗期各喷药1次，可有效地防治谷子瘟病的为害。2%春雷霉素可湿性粉剂600倍液；80%代森锰锌可湿性粉剂600倍液+50%四氯苯酞可湿性粉剂800倍液；45%代森铵水剂1 000倍液+40%稻瘟净乳油600~800倍液；70%甲基硫菌灵可湿性粉剂600~800倍液喷雾防治。

二、谷子主要虫害发生与防治

（一）粟凹胫跳甲

【分布为害 】粟凹胫跳甲（*Chaetocnema ingenua*）属鞘翅目，叶甲科。分布在东北、华北、西北、内蒙古、新疆、河南、湖北、江苏、福建等地。以幼虫和成虫为害刚出土的幼苗。幼虫为害，由茎基部咬孔钻入，枯心致死。当幼苗较高，表皮组织变硬时，便爬到顶心内部，取食嫩叶。顶心被吃掉，不能正常生长，形成丛生，河北群众叫做“芦蹲”或“坐坡”。成虫为害，则取食幼苗叶子的表皮组织，吃成条纹，白色透明，甚至干枯死掉。

【形态特征】成虫体椭圆形，长2.5~3mm，蓝绿至青铜色，具金属光泽。头部密布刻点，漆黑色。前胸背板拱凸，其上密布刻点。鞘翅上有由刻点整齐排列而成的纵线。各足基部及后足腿节黑褐色，其余各节黄褐色。后足腿节粗大。腹部腹面金褐色，具有粗刻点。卵长椭圆形，米黄色，0.75mm。末龄幼虫圆筒形；头、前胸背板黑色；胸部、腹部白色，体面具椭圆形褐色斑点。裸蛹椭圆形，乳白色。

【发生规律】河北衡水一年2~3代，以成虫在表土层中或杂草根际1.5cm处越冬。翌年5月上旬气温高于15℃时越冬成虫在麦田出现，5月下旬、6月中旬迁至谷子田产卵，6月中旬至7月上旬进入第一代幼虫盛发期，一代成虫于6月下旬开始羽化，7月中旬产第二代卵，第二代幼虫为害盛期在7月下旬至8月上旬，第二代成虫于8月下旬出现，10月入土越冬。成虫能飞善跳，白天活动，9时至16时最为活跃，中午日烈或阴雨时，多潜于叶背、叶鞘或土块下静伏。喜食谷子叶面的叶肉，残留表皮常成白色纵纹，严重时可使叶片纵裂或枯萎。成虫一生多次交尾，并有间断产卵习性。卵大多产于谷子根际表土中，少数产于谷茎或叶鞘或土块下。幼虫孵化后沿地爬行到谷茎基部蛀入为害，被害谷苗心萎蔫枯死形成枯心苗。幼虫共3龄，老熟幼虫在谷苗近地表处咬孔脱出，在谷株附近土中作土室化蛹。在气候干旱少雨的年份发生为害重。在干旱年份，黏土地受害重于旱坡地，而在雨涝年份，则旱坡地发生重于黏土地。早播春谷较迟播谷子受害重，重茬谷地重于轮作谷地。

【防治方法】清洁田园，翻耕土壤，减少虫源。严重地块进行种子处理或土壤处理，发现每平方米幼虫1头以上时，及时喷药防治。

（1）农业防治。①因地制宜选用种植抗虫品种。②清除田间及周边杂草，收获后深翻土地，减少越冬菌源。③合理轮作，避免重茬。④适期晚播，躲过成虫盛发期可减轻受害。⑤清除虫株。间苗、定苗时注意拔除枯心苗，集中深埋或烧毁。

（2）药剂防治。①种子处理：用种子重量0.2%的50%辛硫磷乳油拌种。②土壤处理：用3%氯唑磷颗粒剂2kg/亩处理土壤。③喷药防治：谷子出苗后4~5叶期或谷子定苗期喷洒5%高效氯氰菊酯乳油2 500倍液，或用5%顺式氰戊菊酯乳油2 500倍液，或用2.5%溴氰菊酯乳油3 000倍液。

（二）粟鳞斑肖叶甲

【分布为害】粟鳞斑肖叶甲（*Pachnephorus lewisii*），俗称土截，属鞘翅目肖叶甲科。在我国北方谷子产区均有发生，春播谷子被害重。成虫、幼虫均可为害，主要以成虫为害。可为害禾本科、菊科、豆科、藜科、旋花科等40余种植物，最喜食谷子及野生杂草小蓟。成虫在谷子发芽出土前后咬断顶心和茎基部，使全株枯死，造成缺苗断垄，重者全田毁种。

【形态特征】

成虫：椭圆形，灰褐色有铜色光泽，体长2~3mm，头向下伸被前胸背板掩盖，身体和翅鞘布满细小点刻及淡绿和白色鳞片。

卵：椭圆形，长0.5~0.6mm，淡黄色，表面有光泽。

幼虫：老熟幼虫5mm左右，乳白色，头部黄褐色，身体略弯曲。

蛹：裸蛹，初蛹白色后变灰黄色，体长3cm。

【发生规律】粟鳞斑叶甲在东北及山西等地每年发生1代，华北地区1~2代。以成虫在田边、土块缝隙及杂草丛中越冬。华北地区越冬代成虫2月下旬即开始活动为害，4月下至5月上旬成虫盛发并进入为害高峰。粟鳞斑叶甲寿命较长，可达8个月之久，6月产卵于0.5~3cm的土层，平均每雌产卵38粒，产卵期33~162d，故田间世代发生不整齐。一般越冬代成虫出土时，谷子尚未出苗即在小蓟及苍耳上取食，当谷子萌芽出土时，大量迁入谷田，咬断谷苗生长点，使谷苗不能出土或刚刚出土而死亡。当真叶现绿时，由茎基齐土咬断，受害较重。7月上旬至8月中下旬为第2代幼虫发生期，幼虫主要生活在根际1~16cm土层内食害幼根，但为害不重。幼虫期30d，然后在地下4~5cm处做土室化蛹，蛹期7d左右。8月下旬至9月上旬陆续化蛹羽化。成虫食性很杂，并喜在枯枝落叶及杂草丛下越冬，10月下旬开始越冬，有的第1代成虫直接越冬。成虫有趋光性、群集性和假死性。一般坡地比平地发生重，旱田比灌区重，沙壤地比黏土地重。

【防治方法】种子处理或平均每平方米有成虫1头时，即应进行防治。

（1）农业防治。铲除杂草，秋季翻耕，灌溉保墒，降低虫口密度。

（2）药剂防治。①种子处理：用70%吡虫啉可湿性粉剂按种子重量的0.3%拌种。②喷药防治：在当地越冬代成虫开始活动后，每平方米有成虫1头时全天喷药。4.5%高效氯氢菊酯乳油1 500倍液，或用12.5%溴氰菊酯乳油1 000倍液，或用10%吡虫啉乳油1 000倍液，或用90%敌百虫晶体1 000倍液，喷雾防治一次。

（三）粟芒蝇

【分布为害】粟芒蝇（*Atherigona besita*），又称双毛芒蝇、粟秆蝇、谷蛆等，属双翅目蝇科。主要分布在我国东北、西北、华北等谷子产区。除为害谷子外，亦为害狗尾草、谷莠子等狗尾草属植物。以幼虫在谷子苗期至抽穗前蛀茎为害，破坏植株生长点，造成枯心苗、畸形穗和白穗等症状，严重发生可导致毁种。

【形态特征】

成虫体长3.0~4.5mm。头部间额黑色；眼周围有带银白色的环；下颚须黑色，略上弯。胸部背板有三条暗色纵条；翅透明，腋瓣白色，平行棒黄色；前足股节大部黑色，前足胫节黑色，中后足黄色；各足跗节黑色。腹部近圆锥形，暗黄色。雄蝇第1、第2腹节背板有对不明显的暗斑，第3腹节背板有1对三角形大黑斑，第4腹节有1对小圆形黑斑，腹部末端背面可见三分叉的尾节突起，正中突与侧突大小相仿。肛尾叶的三叶突中叶菱形，顶端有“U”形缺刻，上无针刺。雌蝇第3、第4两背板各有1对略呈长方形或梯形暗色侧斑；第5背板有1对暗色小圆点斑。卵乳白色，长约1.65mm，腹面呈缓弧形，有纵棱，前端略钝平，后端圆钝。老熟幼虫体长4.5~6.2mm，蛆形，初孵化时透明无色，老熟时橘黄和淡黄色，微带绿色，口钩黑色，尾端钝圆，有2个黑色气门突。蛹长4.2~6.0mm，褐色，长圆柱形，前端略钝平，尾端稍圆，上有气门突痕迹。

【发生规律】粟芒蝇在我国北方1年发生1~3代，均以老熟幼虫在土中越冬。在春夏谷混作区，或夏谷区1年发生3代，第1代为害春谷或狗尾草，第2、第3代为害夏谷。第3代老熟幼虫在8月底9月间离株入土越冬。该区以2、3代为害为主，6月底至7月初为2代防治关键期，7月下旬为3代防治关键期。成虫对腐败鱼腥气味有很强趋性。成虫喜于早晨和傍晚取食和交尾。卵单产，卵期3~4d，幼虫孵化后爬入谷心咬食嫩心，造成螺旋状食痕，导致心叶萎蔫，干枯扭曲，形成炮捻状枯心苗，枯心内部多腐烂。后期侵入亦可造成畸形穗和白穗。粟芒蝇发生程度与湿度密切相关，6—8月多雨年份，发生为害重；低洼地，水渍地发生重。无论春谷或夏播谷，一般早播轻，晚播重。

【防治方法】首选用抗虫品种。夏谷区6月底至7月初为2代防治关键期，7月下旬为3代防治关键期，发现枯心苗达1%以上，及时药剂防治。

（1）农业防治。选用抗虫品种。适时早播，避免间、混、套作，加强田间管理，促进谷苗健壮生长。

（2）田间放置腐鱼盆诱杀成虫。

（3）种子处理。播种时用70%吡虫啉可湿性粉剂或70%噻虫嗪可分散粉剂按种子量0.3%拌种。

（4）药剂防治。苗期在田间发现被害枯心苗后，可用4.5%高效氯氰菊酯乳油、2.5%溴氰菊酯乳油或20%氰戊菊酯乳油1 500~2 000倍液全田喷雾防治。拔节后可亩用20%氰戊菊酯乳油20mL对水500mL，以手持电动离心喷雾机隔行进行行间超低量喷雾。

（四）粟灰螟

【分布为害】粟灰螟（*Chilo infuscatellus*）属鳞翅目，螟蛾科。别名甘蔗二点螟、二点螟、谷子钻心虫等。主要分布在我国东北、华北、甘肃、陕西、宁夏、河南、山东、安徽、台湾、福建、广东、广西等地。以幼虫蛀食谷子茎秆基部，苗期受害形成枯心苗，穗期受害遇风雨易折倒，常常形成穗而不实，并使谷粒空瘪形成白穗。造成减产。在北方同时为害糜黍和狗尾草、谷莠子等禾本科作物和杂草。成为北方谷区的主要蛀茎害虫。

【形态特征】成虫翅展18~25mm，雄成虫淡黄褐色，额圆形不突向前方，无单眼，下唇须浅褐色，胸部暗黄色；前翅浅黄褐色杂有黑褐色鳞片，中室顶端及中室里各具小黑斑1个，有时只见1个，外缘生7个小黑点成一列；后翅灰白色，外缘浅褐色。雌蛾色较浅，前翅无小黑点。卵扁椭圆形，表面生网状纹，初白色，后变灰黑色。每个卵块有卵20~30粒，呈鱼鳞状，但排列较松散。末龄幼虫头红褐色或黑褐色，胸部黄白色。初蛹乳白色，羽化前变成深褐色。

【发生规律】一年发生2代，以老熟幼虫在谷茬内或谷草、玉米茬及玉米秆里主要集中在谷茬内越冬。越冬幼虫于5月下旬化蛹，6月初羽化，6月中为成虫盛发期，随后进入产卵盛期，第1代幼虫6月中下旬为害；第2代幼虫8月中旬至9月上旬为害。在2代区，第1代幼虫集中为害春谷苗期，造成枯心，第2代主要为害春谷穗期和夏谷苗期，夏谷以2代为害较重。

成虫多于日落前后羽化，白天潜栖于谷株或其他植物的叶背、土缝等阴暗处，夜晚活动，有趋光性。第1代成虫卵多产于春谷苗中及下部叶背的中部至叶尖近部中脉处，少数可产于叶面。第2代成虫卵在夏谷上的分布情况与第1代卵相似，而在已抽穗的春谷上多产于基部小叶或中部叶背，少数产于谷茎上。

初孵幼虫行动活泼，爬行迅速。大部分幼虫沿茎爬至下部叶鞘或靠近地面新生根处取食为害；部分吐丝下垂，随风飘至邻株或落地面爬于他株。幼虫孵出后3d，大多转至谷株基部，并自近地面处或第二、第三叶鞘处蛀茎为害，约5d后，被害谷苗心叶青枯，蛀孔处仅有少量虫粪或残屑。发育至3龄后表现转株为害习性，一般幼虫可能转移为害2~3株。

降水量和湿度对粟灰螟影响较大，春季如雨多，湿度大，有利于化蛹、羽化和产卵。播种越早，植株越高，受害越重。品种间的差异也较大，一般株色深，基部粗软，叶鞘茸毛稀疏，分蘖力弱的品种受害重。春谷区和春夏谷混播区发生重，夏谷区为害轻。

【防治方法】秸秆在5月下旬前全部处理，消灭越冬虫源。适期晚播避开成虫产卵盛期。药剂防治最佳时期是卵盛孵期至幼虫蛀茎之前。

（1）农业防治。①选种抗虫品种。②种植早播诱集田，集中防治。③清洁田园。秋耕时，拾净谷茬、黍茬等，集中深埋或烧毁。④播种期可因地制宜调节，适当晚播，使苗期避开成虫羽化产卵盛期，可减轻受害。

（2）物理防治。成虫始盛期黑光灯或频振式诱虫灯诱杀成虫。

（3）药剂防治。在卵孵化盛期至幼虫蛀茎前施药。当谷田每500株谷苗有卵1块或1 000株谷苗累计有5个卵块时用药。20%氯虫苯甲酰胺悬浮剂（杜邦康宽），每亩10mL加水50kg喷雾。也可选用1.5%乐果粉剂2kg，拌细土20kg制成毒土，撒在谷苗根际，形成药带，效果也好。

（五）亚洲玉米螟

【分布为害】亚洲玉米螟（*Ostrinia furnacalis*）属鳞翅目，螟蛾科。我国各谷子产区均有发生。世界性的蛀食性大害虫，同时为害玉米、棉花等作物。在河北低平原地区主要为害世代为7月中下旬的二代玉米螟和8月中下旬的三代玉米螟。幼虫孵化后，在穗节以下蛀茎，造成折茎、白穗。影响籽粒产量甚至绝收。

【形态特征】成虫体黄褐色，雄蛾体长10~14mm，翅展20~26mm；触角丝状，灰褐色，复眼黑色；前翅内横线为暗褐色波状纹，内侧黄褐色，基部褐色；外横线为暗褐色锯齿状纹，外侧黄褐色，外横线与外缘线之间，有1褐色带。内横线与外横线之间淡褐色，有2个褐色斑；缘毛内侧褐色，外侧白色，后翅灰黄色，中央和近外缘处各有1褐色带；雌蛾比雄蛾体形大，体色浅，前翅淡黄色，线纹与斑纹均淡褐色，外横线与外缘线之间的阔带极淡，不易察觉；后翅灰白或淡灰褐色；后翅基部有翅缰，雄蛾1根，较粗壮；雌蛾2根，稍细。

卵块多产在叶片背面，卵长约1mm，短椭圆形，扁平，略有光泽；初产时呈乳白色，后转黄白色，半透明；临孵化前卵粒中央呈现黑点，为幼虫头壳，边缘仍为乳白色。

幼虫初孵化时长约1.5mm，头壳黑色，体乳白色，半透明。末龄幼虫体长20~

30mm，宽3~3.5mm，头壳深棕色，体淡灰褐或淡红褐色，有纵线3条，以背线较明显；胸部第1~3节背面各有4个圆形毛瘤，腹部第1~8节背面各有2列横排毛瘤，前列4个，后列2个，前大后小；第9腹节具毛瘤3个，中央一个较大；胸足黄色，腹足趾钩为三序缺环。蛹纺锤形，黄褐色至红褐色，体长15~18mm，体背密布细小波状横皱纹。雄蛹腹部较瘦削，尾端较尖。雌蛹腹部较雄蛹肥大，尾端较钝圆。

【发生规律】河北低平原地区发生3代，以老熟幼虫在寄主被害部位及根茬内越冬。越冬幼虫5月中下旬进入化蛹盛期，5月下旬至6月上旬越冬代成虫盛发，在春玉米上产卵。1代幼虫6月中下旬盛发为害，此时春玉米正处于心叶期，为害很重。2代幼虫7月中下旬为害谷子和春玉米（穗期）。3代幼虫8月中下旬进入盛发，为害谷子茎部和夏玉米穗及茎部。在春、夏玉米混种区发生重。

成虫常在晚上羽化，且有雄虫比雌虫早1~2d羽化的习性。白天多躲藏在杂草丛或麦田、稻田、豆地茂密的作物间，夜晚飞出活动，飞行力强。成虫有趋光性和较强的性诱反应。幼虫孵出后有取食卵壳的现象。初孵幼虫行动敏捷，能迅速爬行，遇风吹或被触动，即吐丝下垂，转移到其他部位或扩散到邻近植株。幼虫具有趋糖、趋湿多种特性。播期早、生长茂盛、叶色浓绿的植株着卵量往往超过一般谷田。不同生育期、品种和播期的谷子上，由于幼虫成活率高低不同，受害轻重也就不同。开花期最易吸引螟蛾产卵；在小花和嫩粒上，幼虫成活率显著较心叶期高。在相同的卵量或虫口密度下，感虫品种（系）受害重，玉米螟幼虫的存活率高。

【防治方法】以农业防治、物理防治、生物防治为主，春季减少越冬代虫源。一代、二代寄主作物统一防治，减少谷田虫源。二、三代发生在谷田严重再辅以药剂防治。幼虫孵化盛期为药剂防治的最佳时期。

（1）农业防治。①处理虫源。越冬幼虫羽化以前，处理玉米、高粱、谷子等越冬寄主的茎秆是消灭越冬幼虫、压低越冬虫源基数的有效措施。②3代发生区，压缩玉米、高粱、谷子等寄主作物的春播面积，减少第1代玉米螟的食料来源和繁殖场所，以控制第2、第3代发生量和减轻对夏谷的为害。③利用雌蛾喜在高大茂密、生长旺盛的寄主植株上产卵的习性，在春季即正常播种前1个月左右，选择邻近地块种植小面积的玉米诱集带、诱集田，诱集成虫产卵，集中药剂防治。④种植抗螟品种是一种经济、有效、安全的治螟措施。⑤寄主作物的田间管理措施相互结合，间苗、定苗以及棉花整枝、打杈、去顶心等措施可以直接去除虫、卵。如第1代玉米螟在棉花苗期为害，可结合间苗、定苗去掉有虫株；第2代玉米螟低龄幼虫先在棉花嫩头、叶柄为害，然后才蛀茎，可结合整枝、打顶去掉有虫叶柄、嫩尖和枝杈，并带出田外集中处理，均可明显减轻玉米螟数量与为害。

（2）物理防治。使用高压汞灯诱虫，具体方法是：在越冬代成虫羽化期，将200W或400W的高压汞灯安装在村庄内较开阔的地方，灯距150m（用400W的灯泡则为200m）。灯泡应装在防水灯头上，用铁丝固定好，灯下面修一直径为1m的圆形水池，砖结构和水泥结构均可；亦可在灯下挖一同样大小的土坑，坑内铺塑料布，但均以不漏水为准。池内放水6cm深，并加入100g左右的洗衣粉，拌匀。一般每3d换水1次，并另加洗衣粉。如换水时间未到而池中水不足时，可随时添加。灯泡挂在水池中央距水面

15cm处为宜。从越冬代成虫的羽化初期至末期，每天20：30时半开灯，翌日晨4：00时闭灯。由于诱蛾量通常很大，每天早晨将池中的蛾子捞出深埋。或放置频振式诱虫灯。

（3）生物防治。每年4月中旬至5月初越冬幼虫化蛹前，用白僵菌孢子粉对烧剩的寄主作物秸秆、根茬进行喷粉封垛，菌粉用量为100g/m^3，垛面每平方米喷1个点，至垛面可见菌粉即可。在产卵始盛期释放螟黄赤眼蜂，每亩5个放蜂点，每点2 500头蜂，在卵盛期第二次放蜂每点2 800头。利用玉米螟的性信息素诱杀雄虫或投放大量性信息素，干扰雄虫，使其难以找到雌虫，无法交尾。

（4）药剂防治。在2~3龄幼虫期，可用下列药剂：

20%氯虫苯甲酰胺悬浮剂（杜邦康宽），每亩10mL；

25%氰戊菊酯·辛硫磷乳油80~100mL/亩；20%辛硫磷乳油200~250mL/亩；

80%敌百虫可溶液剂80~100mL/亩；40%甲基辛硫磷乳油50~100mL/亩；

10%杀螟腈可湿性粉剂100~200g/亩；50%甲基嘧啶磷乳油80~100mL/亩；

50%杀螟丹可溶性粉剂70~100g/亩；20%虫酰肼悬浮剂25~35mL/亩；

25%甲萘威可湿性粉剂200~300g/亩；2.5%氯氟氰菊酯乳油25~50mL/亩；

2.5%溴氰菊酯乳油20~30mL/亩；5.7%氟氯氰菊酯乳油30~40mL/亩；

1%甲氨基阿维菌素苯甲酸盐乳油5~10mL/亩；

8 000IU/mL苏云金杆菌可湿性粉剂100~200g/亩对水40~50kg均匀喷雾。

（六）谷子负泥虫

【分布为害】谷子负泥虫（*Oulematristis*）属鞘翅目，负泥甲科。别名粟叶甲、俗称白焦虫。分布在黑龙江、吉林、辽宁、内蒙古、宁夏、陕西、山西、山东、河北、北京。主要为害谷子、糜、黍、高粱、玉米、大麦及水稻等，也可寄生禾本科杂草。成虫沿叶脉啃食叶肉，成白条状，不食下表皮。幼虫钻入心叶内涨食叶肉，叶面出现宽白条状食痕，造成叶面枯焦，出现枯心苗。

【形态特征】成虫体长3.5~4.5mm，宽1.6~2mm，体黑蓝色具金属光泽；胸部细长，略似古钟状；小盾片、前胸背板及腹面钢蓝色，触角基半部较端半部细，黑褐色；足黄色，基节钢蓝色，前跗节黑褐色，前胸背板长于宽，基部横凹显著，中央处有1个短纵凹，刻点密集在两侧和基凹里。鞘翅平坦，上有10列纵行排列刻点，青蓝色，基部刻点稍大，每1行刻点在纵沟处。卵椭圆形，黄色。末龄幼虫体圆筒形，腹部稍膨大，背板隆起；头部黄褐色，胸、腹部黄白色；前胸背板具1排不规则的黑褐色小点，中、后胸和腹部各节生有褐色短刺。裸蛹黄白色，长5mm。

【发生规律】北方一年发生1代，以成虫潜伏在谷茬、田埂裂缝、枯草叶下或杂草根际及土内越冬，多在谷茬地。翌年5—6月成虫飞出活动，取食谷叶或交尾，中午尤为活跃，有假死性和趋光性。6月上旬进入产卵盛期，把卵散产在1~6片谷叶的背面，2~3片叶卵最多，卵期7~10d，初孵幼虫常聚集在一起啃食叶肉，有的身负粪便，幼虫共4龄，历期20多d，老熟后爬至土中1~2cm处作茧化蛹，茧外黏有细土，似土茧，蛹期16~21d。羽化出来的成虫于9月上中旬陆续进入越冬状态。该虫在干旱少雨的年份或干旱年份的黏土地或雨涝年份的旱坡地易受害，早播春谷较迟播谷、重茬地较轮作地受害重。

【防治方法】

（1）农业防治。①减少虫源，合理轮作，避免重茬，秋耕整地，清除田间地边杂草、谷茬，适时播种，均可减少越冬虫源。②掌握成虫盛发期，利用成虫的假死性，进行人工捕杀成虫。谷子心叶有枯白斑时，用手从下向上捏心叶和叶鞘，可消灭70%以上的幼虫。

（2）药剂防治。①种子处理。用50%辛硫磷乳油按种子重量0.2%药量拌种。②谷子出苗后4~5叶或定苗时，用25%氰戊·辛乳油或37%高氯、马乳油1 500倍液，喷施于谷苗心叶内。消灭成虫、兼治幼虫，在成虫发生高峰期和卵孵化盛期，用50%辛硫磷乳油1 500倍液喷雾，防效达90%以上。用2.5%溴氰菊酯乳油或20%速灭杀丁乳油2 000~2 500倍液，每亩用60kg配制好的药液喷雾效果显著。用2.5%溴氰菊酯乳油、40%乐果乳油、80%敌敌畏乳油，三种农药等量混合，每亩用50mL，低用量喷雾，防治效果更佳。

（七）黏虫

【分布为害】黏虫 *Mythimna seperata*（Walker）又称五色虫、剃枝虫、行军虫等，属鳞翅目夜蛾科。具有迁飞性、杂食性、暴发性，是全国性重大农业害虫。在我国普遍发生，幼虫尤其喜食麦类、高粱、谷子、糜子、玉米、水稻等禾谷类作物和禾草有百余种植物，主要以幼虫为害谷子叶片，咬食成缺刻，大发生时能将叶片啃食干净，仅留叶脉，造成减产，甚至绝收。

【形态特征】

成虫：体长16~20mm，翅展35~45mm，体淡黄色至淡灰褐色。触角丝状，前翅中央近前缘有2个淡黄色圆斑，外侧环形圆斑较大，后翅正面呈暗褐，反面呈淡褐，缘毛呈白色，由翅尖向斜后方由1条暗色条纹，中室下角处有1个小白点，白点两侧各有1个小黑点。雄蛾较小，体色较深，其尾端经挤压后，可伸出1对鳃盖形的抱握器，抱握器顶端具1长刺，这一特征是别于其他近似种的可靠特征。雌蛾腹部末端有1尖形的产卵器。

卵：馒头形，直径约0.5mm。初产乳白色，后转黄色，孵化前灰黑色。卵粒排列成链状卵块，常夹于叶鞘缝内，或枯叶卷内，在水稻和谷子叶片尖端上产卵时常卷成卵棒。

老熟幼虫：体长38~40mm。头黄褐色至淡红褐色，有暗褐色网纹，头正面有近八字形黑褐色纵纹。体色多变，背面底色淡绿色、黑褐色至黑色，大发生时多呈黑色。背中线白色，边缘有细黑线，两侧各有2条极明显的淡色宽纵带，上方1条深红褐色，下方1条黄白色、黄色、褐色或近红褐色。两纵带边缘均有灰白色细线。

【发生规律】

黏虫成虫具有远距离迁飞习性，春季由南方向北逐渐迁移为害，秋季又由北迁飞回南方。8月底至9月上、中旬羽化，陆续回迁至华南越冬代发生区为害。根据黏虫迁飞习性，在我国主要谷子产区，6—7月以二代黏虫在东北三省、内蒙古、河北、山西及西北各省的春谷区为害，7月中下旬至8月上旬羽化，并迁往夏谷区。8月中下旬以三代黏虫在河北中南部、山西、山东及京津一带夏谷区为害。河北低平原地区夏谷田处在三代黏虫为害区域。

黏虫成虫有昼伏夜出习性，对灯光、糖醋液有较强趋性。黏虫喜好潮湿气候，相对湿度75%以上、温度23~30℃有利于成虫产卵和幼虫存活，喜在温暖湿润麦田、水稻、草丛中产卵。但雨量过多，特别是遇暴风雨后，黏虫数量又显著下降。幼虫有6个龄期。一至二龄幼虫多隐藏在谷子心叶，取食叶肉，残留表皮。三龄后将叶片咬成不规则缺刻，虫口密度大时能将叶片吃成仅剩叶脉。四龄后幼虫具假死性并进入暴食阶段，大发生时若食料不足有群集转移为害习性。老熟后停止取食，爬入3~4cm深的土层作土茧化蛹。

怕高温干旱，相对湿度75%以上，温度23~30℃利于成虫产卵和幼虫存活。

【防治措施】各代黏虫发生区紧密合作，搞好黏虫迁飞预报，及时组织防治，以药剂防治为主，辅以物理杀虫减虫措施。药剂防治的最佳时期在三龄幼虫前。

（1）物理防治。①于成虫发生期在田间插谷草把，大草把（直径5cm）每隔10m插一把，每天早晨捕杀潜伏在草把中的成虫。②田间设置糖醋液盆诱杀成虫。③放置黑光灯或频振式诱虫灯。

（2）药剂防治。在幼虫三龄盛期以前用20%氯虫苯甲酰胺悬浮剂3 000倍液、20%除虫脲悬浮剂800倍液或用10%氟啶脲乳油1 500倍液喷雾。也可用20%氰戊菊酯乳油1 000~1 500倍液、4.5%高效氯氰菊酯乳油1 000倍液任选其一喷雾一次。

（八）传毒害虫玉米蚜

【分布为害】玉米蚜虫（*Rhopalosiphum maidis*）属同翅目，蚜科。又称玉米缢管蚜；俗称腻虫。主要分布在华北、东北、西南、华南、华东等地。为害玉米、高粱、小麦、大麦、谷子等作物，另外还为害马唐、狗尾草、牛筋草、稗草、雀稗等禾本科杂草。在谷田常年为害较轻，个别年份为害严重。

以成、若蚜刺吸植株汁液。幼苗期蚜虫群集于心叶为害，植株生长停滞，发育不良，严重受害时，甚至死苗。抽穗后，移向新生的心叶中繁殖，在展开的叶面可见到一层密布的灰白色脱皮壳，这是玉米蚜为害的主要特征。穗期除刺吸汁液外，蚜虫则密布于叶背、叶鞘和穗部上取食，还因蚜虫排泄的“蜜露”，黏附叶片，引起煤污病，常在叶面形成一层黑色的霉状物，影响光合作用，千粒重下降。同时蚜虫大量吸取汁液，影响正常灌浆，导致秕粒增多，粒重下降，甚至造成无穗“空株”，造成减产。

【形态特征】无翅孤雌蚜体长卵形，若蚜体深绿色，成蚜为暗绿色，披薄白粉，附肢黑色，复眼红褐色，触角6节，体表有网纹。腹管长圆筒形，端部收缩，腹管具覆瓦状纹，基部周围有黑色的晕纹；尾片圆锥状，具毛4~5根。有翅孤雌蚜长卵形，体深绿色，头、胸黑色发亮，复眼为暗红褐色，腹部黄红色至深绿色；触角6节比身体短；腹部2~4节各具1对大型缘斑；翅透明，前翅中脉分为二叉，足为黑色；腹管为圆筒形，端部呈瓶口状，暗绿色且较短；尾片两侧各着生刚毛2根卵椭圆形。

【发生规律】一年发生20代左右，以成、若蚜在麦类及早熟禾、看麦娘等禾本科杂草的心叶里越冬。翌年3—4月间随着气温上升，开始在越冬寄主上活动、繁殖为害。6月下旬7月初蚜虫由其他寄主迁往夏谷田，7月下旬玉米蚜大量迁入，抽穗前蚜虫在心叶为害，7月底至8月上旬，玉米蚜迅速增殖。8月上旬至中旬进入盛期。8月下旬末天敌大量出现，气候干燥凉爽，蚜量急剧下降，集中在下部叶片，收获前产生有翅蚜迁飞其他寄主。

【防治方法】发现蚜虫迁入谷田形成中心蚜害株即进行药剂防治，防止蚜虫扩散，大面积传毒。抽穗期发生严重，可结合防治玉米螟、黏虫兼治蚜虫。

（1）农业防治。及时清除田间地头杂草。

（2）药剂拌种。可用70%吡虫啉拌种剂40~50g/10kg种子、5.4%戊唑·吡虫啉悬浮种衣剂11~18g/10kg种子拌种，减少蚜虫的传毒为害。

（3）喷施药剂。在谷子拔节期，发现中心蚜株喷药防治，可有效地控制蚜虫的扩散为害。50%抗蚜威可湿性粉剂20~40g/亩；25%唑蚜威可湿性粉剂60~80g/亩；10%吡虫啉可湿性粉剂10~20g/亩，对水40~50kg，均匀喷雾。当有蚜株率达30%~40%，出现“起油株”时应进行全田普治。2.5%高效氯氟氰菊酯乳油12~20mL/亩；10%氯氰菊酯乳油30~60mL/亩；4.5%高效氯氰菊酯乳油40~60mL/亩；2.5%溴氰菊酯乳油10~15mL/亩。

（九）粟缘蝽

【分布为害】粟缘蝽（*Liorhyssus hyalinus*）属半翅目，缘蝽科。分布在全国各地。以成虫和若虫刺吸谷子穗部未成熟籽粒的汁液，影响产量、质量。同时为害高粱、玉米、水稻、烟草、向日葵、红麻、青麻、大麻等。

【形态特征】成虫体长6~7mm，体草黄色，有浅色细毛。头略呈三角形，头顶、前胸背板前部横沟及后部两侧、小盾片基部均有黑色斑纹，触角、足有黑色小点。腹部背面黑色，第5背板中央生1卵形黄斑，两侧各具较小黄斑1块，第6背板中央具黄色带纹1条，后缘两侧黄色。卵椭圆形长0.8mm，卵块10多粒，初产时血红色，近孵化时变为紫黑色。若虫初孵血红色，呈卵圆形，头部尖细，触角4节较长，胸部较小，腹部圆大，至5~6龄时腹部肥大，灰绿色，腹部背面后端带紫红色。

【发生规律】河北低平原地区，一年发生2~3代，以成虫潜伏在杂草丛中、树皮缝、墙缝等处越冬。翌春恢复活动，先为害杂草或蔬菜，7月间春谷抽穗后转移到谷穗上产卵。2~3代则产在夏谷和高粱穗上，成虫活动遇惊扰时迅速起飞，无风的天气喜在穗外向阳处活动。夏谷较春谷受害重。

【防治方法】以减少虫源为主，药剂防治为辅，穗期基本不用药。

（1）农业防治。①因地制宜种植抗虫品种。②清洁田园。尽量机耕后再播种。秋收后也要注意拔除田间及四周杂草，减少成虫越冬场所。③在成虫的越冬场所，在翌年春季粟缘蝽恢复活动前，人工进行捕捉，效果很好。④出苗后及时浇水，可消灭大量若虫。

（2）药剂防治。一般谷子成熟期不推荐药剂防治，成虫发生期严重为害可喷撒2.5%敌百虫粉剂1.5kg/亩；或用2.5%溴氰菊酯乳油2 000倍液等药剂。

（十）麻雀

为害谷子的鸟类有 17 种，麻雀是为害谷子的主要鸟类种群，多数鸟类生活在居民区 2~3km 之内，喜成群活动。谷子成熟后飞入谷田啄食。

防治方法

（1）选好种植地点。针对麻雀的习性，把种植地点规划到远离居民点的地方，即种植地在居民区 2~3 km 以外。避开鸟害。

（2）选用轻害品种。褐色谷粒品种如冀谷 31、冀谷 19 鸟害比黄粒品种轻。早熟品种比晚熟品种受害重。

（3）物理驱鸟。①田间放置反光纸带。驱鸟彩带是一种以聚酯薄膜为基材的闪光防鸟带。它是由聚酯薄膜层、金属膜层以及红色漆层所组成。宽度 1~3cm 不等，长度一般为 100m 一卷，其一面为亮银色，另一面为红色。悬挂彩带高度要高出农作物 10~50cm，先将彩带的一端固定后再开始悬拉，每拉 2m 长，将彩带翻转 180 度使彩带拧紧，每拉 10~15m 远加一支点，可将彩带拉成："田"字和"Z"形，10d 后变换悬挂形状，延长驱鸟时间，提高驱鸟效果。②放天敌鸣声录音、人工驱赶。③小面积谷田可设置防鸟网。

三、谷子病虫草害综合防治技术

谷子起源于我国，在长期的生物进化过程中，形成了多样性的谷子有害生物种群。河北低平原地区是我国夏谷主产地，随着全球气候变暖、种植环境的改变，谷子病虫草害发生的种类和为害情况出现新的变化。主要表现在一些次要病害虫为害加剧，如粟芒蝇、谷子褐条病、谷子纹枯病等，近年不断有严重发生的报道。一些过去已控制的病虫为害加重，如金针虫、蛴螬、线虫病、白发病等。谷田杂草有 30 多种，争水、争肥、争光，造成谷子减产，形成草荒可以几乎绝收。同时，杂草还是有些病虫害的寄主和栖息场所，是谷子病虫害的侵染源。

病虫草害的新变化、谷子生产技术的提高、过去有效防治病虫害的高毒高残留农药被禁用、农民对生产的简约化、机械化和规模化的需求，社会对食品安全的期盼，都促使我们研发新的病虫草害防治技术。

谷子病虫草在谷田形成地下至地上、播种到成熟全生育期的有害生物结构，必须根据现有的技术手段和生产要求进行全程综合防治，为确保谷子产品的安全性，首选非化学防治措施，化学防治作为辅助手段，严格控制施药种类、施药次数、施药量和施药剂型和方法。同期发生的病虫害，选择可兼治药品，控制减少用药次数。

1. 农业防治

谷子栽培环境是其病虫草害发生的基础，采用农业措施不仅能大大减轻大多数病虫草为害，还有利于病虫草害的进一步防治，甚至完全控制病虫草害的发生。

（1）根据当地病虫草害发生情况选用抗病虫品种，可基本控制谷子锈病、白发病为害，减轻纹枯病、胡麻斑病等为害。主要抗病品种：冀创 1 号、冀谷 15、朝谷 15、保谷 18、郑谷 10、豫谷 3 号、济谷 11、鲁谷 5 号、晋谷 21、晋谷 30、衡谷 10 号、衡谷 13 号等品种。

（2）减少侵染源。彻底清除谷茬、谷草和田边杂草，在谷子生长期及时发现拔除并销毁病株。与豆类、薯类等非禾本科作物实行2~3年的轮作。建立无病繁种田，截断种传渠道。

（3）加强田间管理，培育壮苗。夏谷适期播种：6月上中旬；合理密植：5万~6万株/亩；播深3~5cm；合理施肥：一般中等肥力每亩施底肥，腐熟有机肥3m^3、尿素10~13kg、过磷酸钙4kg、氯化钾7kg。拔节后期追施尿素20kg；及时中耕、排水、降湿；趁雨播种苗期有旱象需补浇1水，造墒播种一般到收获不用浇水。

2. 种子处理

种传病虫害、土传病虫害、幼苗期侵染病害、幼苗期为害虫害均可采用种子处理的方法减轻甚至控制病虫害的发生为害。

种子重量0.2%~0.3%的35%甲霜灵拌种剂拌种防治白发病；种子重量0.2%~0.3%的40%拌种双可湿性粉剂拌种防治黑穗病；种子重量0.1%的2.5%适乐时悬浮剂播种防治纹枯病；种子重量0.1%~0.2%的1.8%阿维菌素乳油播种防治线虫病；40%甲基异柳磷乳油50mL，加水5kg，拌种50kg防治蝼蛄、金针虫、蛴螬等地下害虫，一般有效期30d左右，可兼治幼苗期病虫害。甲基异柳磷只用于拌种和处理土壤。

3. 土壤处理

在谷子线虫、地下害虫严重地块，需进行土壤药剂处理一次。播种时每亩用20%乳油300~450mL制成毒土20kg，均匀进行条施后覆土；40%乳油100mL，麸皮5kg配成毒饵，施于垄内；BM白僵菌1号1kg与5~10kg潮麦麸、1kg大豆粉混匀后，随种子一起进行沟施，盖土即可反复侵染地下害虫。0.5%阿维菌素颗粒剂沟施，每亩3~5kg可有效防治线虫；以上方法取得良好的保苗效果的同时，兼治幼苗期虫害。

4. 除治杂草

播种前旋耕灭草，播种后压实，谷友（44%单嘧磺隆·扑灭津可湿性粉剂）封地面，每亩100g，施药后35d内不要破坏土层，可有效控制一年生单子叶和双子叶杂草，对谷莠子无效。谷子4叶期后，每亩56%2甲4氯钠可溶性粉剂100g对水30~40kg均匀喷雾，可防治阔叶杂草和莎草科杂草，对禾本科杂草无效。灭草、封地面、苗后补喷一次除草剂后，基本可以将草害控制在谷子苗期。

5. 苗期

谷子苗期主要有地下害虫、粟芒蝇、粟灰螟、粟负泥虫、粟凹胫跳甲，也是玉米蚜等迁入谷田为害传毒时期。主要病害白发病。种子处理和土壤处理的药效期内，一般不需药剂防治。白发病注意拔除病株，带出田外销毁。粟芒蝇、粟灰螟可进行物理防治。

腐鱼诱杀粟芒蝇：成虫盛期在田间放置腐鱼诱杀盆，每亩一盆。盆内放1kg腐鱼，腐鱼上隔2d喷一次2.5%溴氰菊酯200倍液，及时补充水分。

灯光诱杀粟灰螟：频振式诱虫灯或黑光灯，每40~50亩地放置一盏。注意及时清理集虫袋。二、三代玉米螟和三代黏虫成虫发生期继续开灯。

粟芒蝇、粟凹胫跳甲、粟灰螟为害造成枯心苗，发现谷田枯心苗达到1%~3%，或千株粟灰螟卵块2~5块时，可用20%氯虫苯甲酰胺悬浮剂（杜邦康宽），每亩10mL，加水30kg喷雾防治一次（该农药属微毒级，对施药人员非常安全，对有益昆虫、鱼虾也非常安全。持效期可以达到15d以上，对农产品无残留影响，同其他农药混合性能好)。或用2.5%溴氰菊酯乳油2 000倍液喷雾防治一次。

6. 拔节至抽穗期

主要病害谷瘟病、纹枯病、白发病。虫害主要有粟芒蝇、二代玉米螟。

(1) 谷瘟病。在田间初见叶瘟病斑时，用40%稻瘟灵乳油1 000～1 500倍液或6%春雷霉素可湿性粉剂1 000倍液喷雾，间隔5～7d再喷1～2次。

(2) 纹枯病。病株率达到5%时，采用12.5%禾果利可湿性粉剂400～500倍液在谷子茎基部喷雾防治一次，7～10d后酌情补防一次。

7. 抽穗期至成熟期

该时期病害主要是锈病、谷瘟、白发病、褐条病、纹枯病。虫害主要是三代玉米螟、三代黏虫、粟芒蝇。注意早期预防、适期用药、一喷多防。

(1) 锈病。当病叶率达1%～5%时，用15%的粉锈宁可湿性粉剂600倍液进行第一次喷药，隔7～10d后酌情进行第二次喷药。

(2) 谷瘟病。同前。抽穗后最好针对穗部再防治一次。

(3) 纹枯病。同前。拔节期防治不理想的酌情补防一次。

(4) 褐条病。在初发期用72%农用链霉素4 000倍液或20%噻森铜悬浮剂500倍液连防2～3次。

(5) 白发病。拔除田间病株，并带出田外烧毁或深埋。

(6) 黏虫。8月中下旬黏虫成虫发生期灯光诱杀成虫。或在黏虫处于3龄以下时，用90%敌百虫晶体、或用20%氰戊菊酯乳油2 500倍液喷雾。

(7) 亚洲玉米螟。利用杀虫灯和性诱剂诱杀成虫。释放螟黄赤眼蜂：在8月中下旬，卵始盛期和盛期（一般距第一次放蜂7d）各放蜂一次。每亩3个释放点，每点放蜂2 500头。没有放蜂条件的可采用药剂防治，成虫产卵至初孵幼虫期蛀茎前用2.5%溴氰菊酯乳油与40%乐果乳油混配剂1 000倍液喷雾。或用20%氯虫苯甲酰胺悬浮剂（杜邦康宽)，每亩10mL，加水30kg喷雾防治一次。兼治黏虫、粟芒蝇。

8. 收获期

(1) 白发病。拔除病株，带出田外深埋或烧毁。

(2) 线虫病、黑穗病。摘除病穗，不作留种用。

(3) 麻雀。田间布置反光纸带。

第二节　糜子黍子病虫害的发生与防治

糜子属禾本科黍属，粳性糜子称为稷，糯性的称为黍，是北方干旱、半干旱地区主要制米作物。我国糜子主产区集中在长城沿线地区，包括陕西北部、甘肃中东部、宁夏南部、山西北部、内蒙古西部以及黑龙江、辽宁、吉林、河北的部分地区。糜子主要病害是丝黑穗病和红叶病，纹枯病有增多趋势，圆叶斑病和长叶斑病则是常见病害，高感品种发病早，也能蒙受严重损失，局部地区苗期根病发生频率较高。重要害虫有粟茎跳甲、粟杆蝇、糜子吸浆虫、双斑萤叶甲、地下害虫等。

一、主要病害

（一）糜子丝黑穗病

【分布为害】丝黑穗病主要为害糜、黍。是糜子最重要的病害，主要分布在北方糜子产区，感病品种发病后造成严重减产，需行防治。

【症状识别】病株较矮，抽穗较迟，有时病株上部叶片短，直立向上，在抽穗前很难识别病株。病株穗部变为菌瘿（病原菌冬孢子堆），从各节长出侧枝的穗部也变为菌瘿。菌瘿膨大，长卵圆形或柱形，一般长 2～3cm，初期包在包叶里，后部分露出。菌瘿包被灰白色薄膜，破裂后散出黑褐色粉状物（病原菌冬孢子），残留丝状的维管束组织，根据这一特征，可与糜子的其他黑粉病相区分。

【病原菌】病原真菌为稷光孢堆黑粉（*Sphacelothe cadestruens*（Schl.）Stevens. et A. G. Johns.），属于担子菌门黑粉菌科孢堆黑粉菌属。冬孢子球形、椭球形，长径 6. 5～10μm，黑褐色，表面光滑。初期冬孢子结成松散的孢子球，后期散开。冬孢子间混有不育细胞，其大小近似冬孢子，无色，光滑。

此外有报道，*S. machurica*（Ito）Wang 称黍小包黑粉菌，也是该病病原。两种病原菌所致症状基本相同，主要区别在于病菌孢子大小和膜的形态。前者孢子堆呈长椭圆形、圆柱状或角状，暗褐色，表面有微刺。后者孢子堆长 4cm，宽 3cm，厚垣孢子球形或近球形，有时呈不规则形，具棱角，直径 6～8μm 或（9～10）μm×（6～7）μm，表面平滑，暗褐色，厚垣孢子内夹杂有透明无色、表面平滑的不育性细胞。

【发生规律】病原菌冬孢子落在土壤中或黏附在种子上越冬，并随带菌土壤或种子传播。丝黑穗病是系统侵染病害，冬孢子萌发后产生担孢子，担孢子萌发产生侵染菌丝，从幼芽鞘侵入，菌丝蔓延到生长点附近，再随植株生长而扩展，最后进入花序，产生冬孢子堆，表现症状。病田连作，土壤带菌多，发病较重。播期不适，播种较深，种子萌发出苗时间拉长，病原菌侵染概率增多，发病较多。播种后土壤湿度较高，有利于病原菌孢子萌发和侵入，发病也多。

【防治方法】

（1）栽培抗病品种。糜子品种间丝黑穗病发生程度有明显差异，应通过田间调查或病田品种比较试验，发现轻病、抗病品种。

（2）选留健康种子。在种植优良品种的无病糜子田内，选出无病单穗，单收、单藏，所得种子播种于下一季种子田，生产健康种子，供大田使用。

（3）其他措施。重病田轮作倒茬；带菌种子实行温汤浸种或药剂拌种，具体方法参考谷子粒黑穗病；当季发病较轻的糜子田要在症状初现时及时拔除病株，连续拔几次，直至拔净，拔下的病株要携出田外烧毁或深埋。

（二）糜子长叶斑病和圆叶斑病

【分布为害】两种叶斑病都是北方糜子田常见病害，分布较广，通常发生较晚，发病较轻，对产量影响不大。但是，高度感病品种或异常多雨高湿年份，可能大发生，造成减产。

【症状识别】长叶斑病和圆叶斑病主要为害叶片，产生叶斑，严重时病叶布满病斑，导致叶枯。

长叶斑病病斑长椭圆形或长梭形，病斑长度可达 50～100mm，宽度可达 5～10mm，病斑中部灰黄色、黄褐色，边缘褐色，病斑上生有不明显的黑色霉状物。

圆叶斑病的大型病斑圆形、椭圆形，长度可达 10mm 以上，略有轮纹，中部灰黄色、黄褐色，边缘褐色，病斑上也着生不明显黑色霉状物。病斑可相互汇合，造成叶枯。小型病斑近圆形、椭圆形、不规则形，多数长 1～3mm，褐色，周边略褪绿。在病害发展的中后期，病斑形态特点已充分表现，两病不难识别，但在病害早期，病叶片上病斑仅为褐色小斑点，单凭肉眼观察，难以区分。

【病原菌】长叶斑病的病原菌为稷离蠕孢，圆叶斑病的病原菌为山田离蠕孢。两者均为半知菌丝孢目暗色菌科离蠕孢属病原真菌。除了谷子、糜子外，两菌还侵染一些禾草。

【发生规律】病原菌主要以菌丝体和分生孢子随病残体越冬，翌年春季，越冬分生孢子和越冬菌丝体产生的分生孢子，随风雨传播，着落在糜子叶片上，分生孢子萌发，产生侵入丝，直接穿透表皮或从气孔侵入叶片，侵染菌丝在叶肉细胞间和细胞内扩展蔓延，出现病斑。病斑上又产生新一代分生孢子，分生孢子脱落飞散后，引起再侵染。田间从幼苗期开始发病，不断扩展蔓延。成株基部叶片先发病，逐渐向中、上部叶片扩展。叶面有水膜存在时，分生孢子方能萌发和侵入。大气湿度高，降雨次数多，雨量大，结露重的年份，发病较重。土质瘠薄，施肥不足，植株生长不良，或过施氮肥，植物旺而不壮，都会降低抗病性，发病加重。

【防治方法】主要防治方法是种植抗病、耐病或轻病品种。常年发生重的地区，可轮作其他作物。病田要清除病残体和杂草，减少菌源，加强水肥管理，增强植株抗病性。在发病晚而轻的年份，不需要采取专门的防治措施，可在防治其他病害时予以兼治。在有大发生趋势时喷施杀菌剂。发病初期用25%敌力脱乳油，或用25%三唑酮可湿性粉剂、70%代森锰锌可湿性粉剂、50%福美双可湿性粉剂、25%速保利可湿性粉剂等药剂喷雾。

（二）糜子红叶病

【分布为害】糜子红叶病是病毒侵染引起的，为害谷子、玉米、黍、金狗尾草、青狗尾草、马唐、大画眉草、稗、野古草、大油芒、白羊草、细柄草、早熟禾等，在我国北方分布普遍，红叶病流行时病株率可达 20%～30%，严重发病地块可高达 90%以上。

【症状识别】苗期染病重的枯死。抽穗前后染病，穗颈变短，植株矮化，造成部分小穗或全株不结实，少数病株早期死亡或抽不出穗。紫秆品种发病后叶片呈现深紫色，有的节间缩短，植株变矮。黄秆品种叶片、颖壳表现不正常的黄色，节间也可能缩短。

【病原物】病原物 Barley yellow dwarf virus 是大麦黄矮病毒的一个株系。据接毒测定，该株系侵染谷子、糜子、玉米、金狗尾草、青狗尾草、马唐、大画眉草、稗、野古草、大油芒、白羊草、细柄草、早熟禾等 22 种植物，表现典型红叶症状，还侵染大麦、小麦、黑麦、燕麦、老芒麦、垂穗披碱草、燕麦草、鸭茅等 12 种植物，但不表现表观症状。

【发生规律】大麦黄矮病毒致病株系主要由玉米蚜进行持久性传毒，麦二叉蚜、麦长管蚜、苜蓿蚜等也能传毒，但传毒效率较低。该病毒不能经由种子、土壤传播，也不能机械传播。该病毒主要在多年生带毒杂草寄主上越冬，翌春由玉米蚜等传毒蚜虫由杂草向谷子、糜子传毒。谷子、糜子发病程度与蚜虫发生时期和蚜口数量密切相关。春季干旱，温度回升较快的年份，玉米蚜发生早而多，红叶病发病就早而重。夏季降雨较少的年份，有利于蚜虫繁殖和迁飞，发病也重。杂草多的田块，毒源较多，发病较重。谷子、糜子植株的感染时期越早，发病程度和减产程度也越高。

【防治方法】

（1）选育和种植抗病、耐病品种。谷子品种间抗病性有一定差异，虽然缺乏免疫和高抗品种，但仍有抗病或耐病品种，例如 P14A、P354、NP-157、摩里谷、大同黄谷1号、衡研百号、柳条青、红胜利等。

（2）栽培防治。及时清除田间杂草，减少毒源。加强田间管理，增施氮磷肥，合理排灌，使植株生长健壮，增强抗病能力。

（3）药剂治蚜。春季在蚜虫迁入谷田之前，喷药防治田边杂草上的蚜虫，迁入谷田后，需在大量繁殖前施药，有效药剂参见本书谷子红叶病防治。

二、糜子黍子虫害发生与防治

（一）双斑萤叶甲

Monolepta hieroglyphica（Motschulsky）属于鞘翅目叶甲科萤叶甲亚科，是农作物的重要害虫，我国南北各省都有分布，以西北、华北和东北发生较多。该虫多食性，寄主很多，其中包括谷子、糜子、豆类、玉米、马铃薯、棉花、麻类、蔬菜等重要作物。双斑萤叶甲成虫取食叶肉，残留网状叶脉或将叶片吃成孔洞，成虫还咬食谷子、高粱的花药、玉米的花丝以及刚灌浆的嫩粒，幼虫为害轻，仅啃食根部。

【形态特征】双斑萤叶甲，该虫有成虫、卵、幼虫、蛹等4个虫态。

（1）成虫。长卵圆形，体长3.5~4.8mm，宽2~2.5mm，棕黄色具光泽。头赤褐色，复眼黑色大卵圆形。触角丝状11节，灰褐色，端部黑色。头、胸红褐色，鞘翅基半部黑色，上有2个淡色斑，斑前方缺刻较小，鞘翅端半部黄色。胸部腹面黑色，腹部腹面黄褐色，体毛灰白色，足黄褐色，后足胫节端部具1长刺，腹管外露。

（2）卵。椭圆形，长0.6mm，初棕黄色，表面具近似正六角形的网状纹。

（3）幼虫。体长6~9mm，黄白色，表面具排列规则的毛瘤和刚毛。前胸背板骨化色深，腹部末端有铲形骨化板。老熟化蛹前，体粗而稍弯曲。

（4）蛹。纺锤形，长2.8~3.5mm，宽2mm，白色，表面具刚毛。触角向外侧伸出，向腹面弯转。

【发生规律】河北、山西1年生1代，以卵在土中越冬。翌年5月开始孵化，出现幼虫。幼虫共3龄，幼虫期30d左右，在3~8cm土中活动或取食作物根部及杂草。7月初始见成虫，一直延续到10月，成虫期3个多月，初羽化的成虫喜在地边、沟旁、路边的苍耳、刺菜、红蓼上活动，约经15d转移到豆类、玉米、高粱、谷子、糜子、杏树、苹果树上为害，7—8月进入为害盛期，大田收获后，转移到十字花科蔬菜上为害。

成虫有群集性和弱趋光性，在一株上自上而下取食，日光强烈时常隐蔽在下部叶背或花穗中。成虫飞翔力弱，一般只能飞 2~5m，早晚气温低于 8℃或风雨天喜躲藏在植物根部或枯叶下，气温高于 15℃成虫活跃，成虫羽化后经 20d 开始交尾，把卵产在土壤缝隙中或菜园附近草丛中的表土下或杏、苹果等叶片上，卵散产或数粒粘在一起，卵耐干旱。幼虫生活在杂草丛下 3~8cm 表土中，老熟幼虫在土中做土室化蛹，蛹期 7~10d。少雨干旱年份发生重。

【防治方法】防治双斑萤叶甲要及时铲除田边、地埂、沟边杂草，秋季耕翻灭卵。以“先治田外，后治田内”的原则药剂防治成虫。发生不多时，可在田边人工扫网捕杀，或在施药防治其他害虫时予以兼治。发生较重时，可在成虫盛发期，产卵之前喷施20%氰戊菊酯乳油2 000倍液或 50%辛硫磷乳油1 500倍液等药剂。

（1）农业防治。清除杂草减少虫源。及时铲除田边、地埂、沟边杂草，秋季耕翻灭卵。特别是稗草、刺菜、苍耳等，减少双斑萤叶甲的越冬寄主植物，减少越冬虫源，降低发生基数。合理施肥。对双斑萤叶甲为害重及防治后的农田及时补水、补肥，促进作物营养生长及生殖生长。

（2）物理防治。该虫有一定的迁飞性，可用捕虫网捕杀，降低虫口基数。

（3）生物防治。农田地边种植生态带，如苜蓿等，以草养害，合理使用生物农药，保护利用天敌。

（4）化学防治。根据该害虫的发生规律，在防治策略上坚持以“先治田外，后治田内”的原则防治成虫。6 月中下旬就应防治田边、地头等寄主植物上羽化出土成虫及大豆上的成虫，并要统防统治。用 25 g/L 溴氰菊酯乳油 0.3~0.4 L/hm^2，或用 25 g/L 高效氯氟氰菊酯乳油 0.3~0.4 L/hm^2，或用 4.5%高效氯氰菊酯乳油 0.3~0.4 L/hm^2，对水喷雾。应选择气温较低、风小天气喷雾，注意均匀喷洒，喷药时地边杂草都要喷到，消灭害虫寄生源，喷药时可在配好的药液中加有机硅助剂，以提高杀虫效果，节省用药量，由于该虫为害时间长，单次打药不能控制，隔 7d 打药 1 次，视发生情况连续喷药 2~3 次。

（二）糜子吸浆虫

学名 *Stenodiplosis panici* Plotnikov 属双翅目，瘿蚊科，别名黍蚊、黍吸浆虫。为害糜子、稗草。分布在黑龙江、吉林、辽宁、甘肃、宁夏、河南等省区。幼虫蛀食花器，使之不能正常发育，形成空壳秕粒，受害穗颖呈灰白色失水风干状，籽粒的内颖、外颖褪色变白。

【形态特征】成虫体长 2~2.5mm，暗红色。复眼黑色，触角 14 节灰黑色，翅浅灰色半透明，被有密毛，缘毛长而密，翅脉 3 条。胸部背面黑色，侧片橘红色。腹部背面黑色，腹面橘红色。足细长。卵长卵形，白色半透明。幼虫蛆形，橘红色，头很小，体表光滑，中胸没有剑骨片。蛹长 2mm，橘红色，后色变深。

【发生规律】糜子吸浆虫 1 年发生 3~4 代，以老熟幼虫在糜子、稗子籽实的颖壳内结茧越冬。因成虫不活泼，依靠带有吸浆虫的糜子、稗子秕粒，混杂在种子或糜草中传播。该虫的越冬期长达 9~10 个月，直到翌年 7 月才化蛹，7 月底羽化，8 月中旬进入羽化盛期。成虫不活泼，可短距离飞行，成虫寿命 3~5d，雌虫在糜子苗上产卵，每雌产卵 10~60 粒，幼虫期 8~11d，蛹期 3~4d，完成一代需 20 多 d。8 月底 9 月初第二代成虫出现，当代幼虫为害复种糜子。9月中下旬出现第三代，幼虫老熟后于9月中下旬在糜子壳内结茧越冬。

【防治方法】防治糜子吸浆虫首先应轮作倒茬，避免重茬，种子清洁。

（1）种子清洁，汰除混入种子中的虫粒。

（2）要选择早熟而抽穗整齐的品种，适当早播。

（3）轮作倒茬，避免重茬。

（4）在成虫羽化产卵期可喷施2.5%敌百虫粉剂，每亩用药1.5kg，还可喷施80%敌敌畏乳油1 000倍液。

第三节　高粱病虫害的发生与防治

高粱是C4作物，光合效率高，产量高，又有抗旱、抗涝、耐盐碱、耐瘠薄、耐高温、耐冷凉等多种特性。黑穗病是最重要的一类高粱病害，主要有丝黑穗病、散黑穗病、坚黑穗病、花黑穗病、长粒黑穗病等5种，其危害特点和发生规律都有所不同。其中丝黑穗病分布最广，危害也最重，是重要防治对象。20世纪中期以来，我国通过推广抗病品种和药剂拌种等措施，已成功地控制了高粱黑穗病的发生，但此后部分地区有回升趋势，仍需加强防范。炭疽病、镰刀菌茎腐病、纹枯病、疯顶霜霉病、穗腐病、锈病、靶斑病、大斑病、紫斑病、煤纹病、粗斑病、细菌性红条斑病等都是高粱常见的或重要的病害，其流行和危害程度因栽培品种和气象条件不同，在年度间或地区间多有变化。高粱蚜是为害高粱的主要害虫，其他蚜虫，诸如麦二叉蚜、麦长管蚜、玉米蚜、禾谷缢管蚜、榆四脉绵蚜（高粱根蚜）等也多有发生，危害程度因地而异。苗期的地下害虫、高粱芒蝇，食叶的黏虫、高粱舟蛾、草地螟，蛀食茎秆的亚洲玉米螟、高粱条螟、粟灰螟，蛀食穗部的桃蛀螟、粟穗螟等。

目前高粱生产中的病害发生为害现状，主要病害有黑穗病和真菌性叶斑病，其次是细菌性叶斑病、病毒病。其中细菌性叶斑病（条纹病病菌 *Pseudomonas andropogoni*、斑点病病菌 *Pseudomonas syringae*），病毒性的矮花叶病（scMV），真菌侵染的纹枯病 *Pellicularia* spp.、麦角病 *Claviceps* sp. 等病害，发生不普遍，为害轻，对生产影响甚微。

主要虫害有30余种，普遍而严重的有蚜虫、玉米螟等。其中，

（1）地下害虫。主要有蝼蛄、蛴螬、地老虎，咬断根部，影响幼苗生长或死亡。

（2）苗期害虫。主要有高粱长椿象，刺吸幼苗汁液，影响苗期生长发育。

（3）食叶害虫。主要有黏虫、高粱舟蛾、高粱蚜等。黏虫为禾本科作物共同害虫，幼虫啮食叶片，造成缺刻孔洞。高粱舟蛾在中国分布很广，幼虫咬食高粱、玉米、甘蔗叶片，为害较轻。高粱蚜是中国高粱产区主要害虫，大发生年，轻者大幅度减产，重者颗粒不收。

（4）蛀茎害虫。主要有亚洲玉米螟、高粱条螟。

（5）穗部害虫。主要有桃蛀螟、高粱穗隐斑螟。

注意：高粱对敌敌畏、敌百虫、对硫磷等敏感，严禁使用。避免产生药害。

一、主要病害

（一）高粱煤纹病

煤纹病是高粱的常见病害，别名高粱条斑病，分布较广泛。除高粱外，还寄生高粱属其他植物，例如帚高粱、黑高粱、南非高粱、假高粱、紫高粱、甜高粱、苏丹草等。感病杂交高粱在多雨高湿年份，发病较早，较重，叶片枯死，产量损失可达25%以上。

【症状识别】煤纹病在高粱全生育期都可发病，主要危害叶片和叶鞘，形成长梭形、长椭圆形大斑，一般病斑长5~14cm，宽1~2cm。病斑中部黄褐色，边缘紫红色或深褐色。在高湿条件下，病斑两面产生灰色霉层，后期霉层消失，病斑中部出现密生黑色颗粒状物，即病原菌的小菌核。病情严重时，病斑相互融合成不规则形斑块或发展成长条纹状病斑，叶片枯死。本病同大斑病相似，产生大型长梭形叶斑，但本病病斑中部可密生黑色颗粒状小菌核，可据此识别。

【病原菌】高粱座枝孢属于半知菌瘤座孢目座枝孢属 Ramulispora sorghi（Ell. Et Ev.）L. S. Olive et Lefebvre。该菌在高粱叶片表皮下形成分生孢子座，从气孔突出，其上集生分生孢子梗和分生孢子。分生孢子梗圆柱形，无色，具隔膜0~1个，大小(10~44）μm×（2~3）μm。分生孢子鞭形或线形，无色，多数具1~3个侧分枝，略弯，顶端稍尖，具隔膜3~9个，大小（32~100）μm×（2~4）μm，后期分生孢子消失，表生大量小菌核。小菌核黑色，球形或半球形，大小58~167μm。

【发生规律】病原菌以菌丝、分生孢子或菌核在病叶或病叶鞘上、种子或野生高粱越冬，其中病残体最重要，种子带菌对传入无病区有重要意义，而随野生高粱或其他野生寄主越冬，仅限于生长此类寄主的少数地区。有人认为，在病残体中越冬的主要菌态是病叶表皮下的分生孢子座与病叶表面的小菌核，两者都能存活2年以上。越冬后，子座和小菌核在环境温度、湿度适宜时，产生大量分生孢子，借风、雨传播，侵染当季高粱。初侵染病株又产生新一代分生孢子，随风雨传播，发生再侵染。温暖多雨的气象条件有利于发病。7—8月降雨次数多，雨量大，气温较低时，煤纹病发生早而重，土壤黏重、瘠薄，栽培不当，偏施氮肥等情况也加重发病。

【防治方法】高粱种质资源中有较多抗病材料，可用于培育抗病品种。种植抗病或轻病品种，在一般年份不需要采取药剂防治措施。在品种感病，煤纹病常发地区，则需采取轮作，清除病残体，深翻，加强水肥管理等栽培防治措施。若品种感病，天气条件适宜，发病早且有大发生趋势时，可喷施杀菌剂药液。发病初期用50%多菌灵可湿性粉剂900倍液或50%苯菌灵可湿性粉剂1 500倍液、65%甲霉灵可湿性粉剂1 000倍液、60%多霉灵可湿性粉剂800倍液，视病情防治1次或2次。

（二）高粱紫斑病

紫斑病广泛分布在南北各地高粱产区，通常发生较晚，危害不重。病害的发展与气候关系密切，一般高温多雨年份发病重。在种植高感品种和高湿多雨时，发生较重。

【症状识别】紫斑病主要危害植株下部叶片，产生叶斑，也侵染叶鞘和上部茎秆。叶片上病斑椭圆形至矩圆形，多生于叶脉之间，一般长4~20mm，宽2~5mm。病斑紫红色，无明显边缘，有时具淡紫色晕。病斑多单生，有时也相互连接成长条状。高湿时，病斑背面生灰色霉状物，即病原菌分生孢子梗和分生孢子，后期霉层消失，出现黑色粒状小菌核。叶鞘上病斑椭圆形，较大，紫红色，边缘多不明显，有的也生淡紫色晕圈，一般不产生霉层。病情严重时，病斑融合成不规则形长条斑，致高粱叶片早枯。

【病原菌】病原真菌为高粱尾孢，属于半知菌丝孢目尾孢属 *Cercospora sorghi* Ellis & Everhart。该菌主要在病斑背面产生分生孢子梗和分生孢子。分生孢子梗 5~12 根，榄褐色，顶端色稍浅，丛生无分枝，正直或具膝状节 1~3 个，有隔膜 0~7 个，孢痕明显，大小（16~96）μm×（4~6）μm。分生孢子倒棒形或圆柱形，无色，直或稍弯，顶端较尖，基部截形，具隔膜 3~9 个，大小（29~112）μm×（4~6）μm。

【发生规律】高粱紫斑病菌以菌丝或分生孢子在病株残体内越冬，为第二年的初侵染源。田间发病后，病斑上产生分生孢子通过气流传播进行重复再侵染。成为下一季发病的初侵染菌源。种子也可带菌传病。初侵染病株病斑上产生的分生孢子随风雨传播，引起多次再侵染。温暖多湿的条件适于紫斑病发生，通常在高粱生育后期发病增多。高粱品种间抗病性有明显差异。

【防治方法】

（1）农业防治。首先种植抗病品种，在防治其他叶部病害时予以兼治。严重发病地区应在高粱收获后及时清除病残体，进行深翻或进行轮作，要施足充分腐熟的有机肥，适时追肥，避免生育后期脱肥，在发病初期要摘除植株下部的 1~2 片病叶、老叶，以增强通风透光，降低湿度，减轻发病。

（2）化学防治。在发病初期，选用 50%代森锌可湿性粉剂 600 倍液 50%甲基托布津可湿性粉剂 1 000 倍液，每亩用 50~75kg 喷雾。

（三）高粱炭疽病

高粱炭疽病在高粱产区均有发生，20 世纪 80 年代以来，此病发生有日趋严重的趋势。在流行年份，病株叶片自基部往上枯死，致使灌浆不充分，造成严重减产，籽粒和茎秆产量损失 50%以上。另外，有些品种还发生严重的茎腐，病株易倒伏。除为害高粱外，还为害小麦、玉米等，玉米和高粱上的炭疽病菌可以互相侵染，高粱上的炭疽菌可侵染小麦，不能侵染玉米。

【症状识别】从苗期到成株期都有发病，主要为害叶片、叶鞘和穗，也可侵染茎部和茎基部。苗期为害叶片使叶片枯萎，进而导致死苗。叶片和叶鞘受害，通常多从叶片顶端开始发病，初期为紫褐色小斑，后发展成椭圆形或梭形病斑，长约 1cm，叶鞘上病斑较大，近椭圆形。中央深褐色，边缘紫红色，病斑上密生刺毛状小黑点（病菌的分生孢子盘），病斑连成大片或全叶干枯。高粱抽穗后，病菌可迅速侵染幼稚的穗颈、小穗枝梗或主轴，造成瘪粒甚至被害穗颈风折。成株茎部受害导致穗部和维管束严重破坏，形成茎腐病。

【病原菌】病原菌为半知菌亚门的禾生炭疽菌〔*Col-letotrichum graminicola*（Ces.）Wilson〕。该菌寄生多种禾本科植物，引起炭疽病。病斑上密生刺毛状小黑点为病菌的分生孢子盘，分生孢子盘椭圆形，周生褐色刚毛，散生或聚生在病斑的两面。刚毛顶端较尖，有 3~7 个隔膜，分散或成行排列在分生孢子盘中。分生孢子梗单胞无色，圆柱形。分生孢子一般具一个油球。

【发生规律】病菌在病残体中或种子内外越冬，成为翌年初侵染源，苗期发病造成死苗，成株期发病病斑上产生大量分生孢子，借风雨传播，重复侵染。菌丝体生长室温为30℃，分生孢子萌发温度10~40℃，30℃最适。高湿、多雨有利发病。北方7—8月，气温偏低、雨量偏多可流行为害，导致大片高粱早期枯死。

【防治方法】采取种植抗病品种、实行3年以上轮作、药剂处理种子、及时摘除病叶等防治措施，有助于控制病害的发生。

（1）农业措施。种植抗病丰产品种，一般黄壳品种、褐壳品种抗病，叶片硅质含量高的抗病性较强。生长期间，摘除病黄脚叶，收获后及时翻耕，开春前及早处理病秸秆，以减少菌源。

（2）种子处理。播种前，可用50%多菌灵可湿性粉剂或50%甲基托布津可湿性粉剂，按种子量的1%拌种。

（3）药剂防治。对感病品种，在孕穗期可喷施50%多菌灵可湿性粉剂1 000倍液叶面喷雾，间隔7~10d喷一次，连喷2~3次。

（四）高粱大斑病

大斑病是高粱的常见病害，主要危害叶片，产生叶斑，严重时使叶片逐层发病枯死。大斑病广泛分布于各高粱栽培区，局部地区高感品种可能流行成灾。

【症状识别】高粱各生育阶段都可被侵染，主要为害叶片。叶片上病斑长梭形，中央浅褐色至褐色，边缘紫红色，早期可见不规则的轮纹，大小(20~60) mm×(4~10) mm,后期或雨季叶两面生黑色霉层，即病原菌子实体。一般从植株下部叶片逐渐向上扩展，雨季湿度大扩展迅速，常融合成大斑致叶片干枯。

【病原菌】病原 *Setosphaeria turcica*（Luttr.）Leonard & Suggs 称玉米毛球腔菌，属子囊菌亚门真菌。本菌与玉米大斑病是同一个种两个不同的生理专化型。高粱专化型不侵染玉米，但玉米专化型能侵染高粱。自然条件下一般不产生有性世代。成熟的子囊果黑色，椭圆形至球形，大小（359~721）μm×（345~497）μm，外层由黑褐色拟薄壁组织组成。子囊果壳口表皮细胞产生较多短而刚直、褐色的毛状物。内层膜由较小透明细胞组成。子囊从子囊腔基部长出，夹在拟侧丝中间，圆柱形或棍棒形，具短柄，大小（176~249）μm×（24~31）μm。子囊孢子无色透明，老熟呈褐色，纺锤形，多为3个隔膜，隔膜处缢缩，大小（42~78）μm×（13~17）μm。

大斑病菌分玉米专化型 *S. turcica* f. sp. *zeae* 表现对玉米的专化致病性和对高粱有专化致病性的高粱专化型 *S. turcica* f. sp. *sorghi*。玉米大斑病菌美国报道有4个生理小种。我国已发现1号、2号和3号小种。1号小种侵害水平抗性的多基因材料，产生萎蔫斑，在Ht1单基因材料上产生褪绿斑；2号小种在这些材料上都产生萎蔫斑。2号、3号小种虽不是优势小种但呈上升趋势。

【发生规律】高粱大斑病以菌丝体或分生孢子在病残体上越冬。翌年孢子萌发进行初侵染和再侵染，7月可造成较重的为害，多雨的年份易流行。田间侵入植株后经10~14d在病斑上可产生分生孢子，借气流传播进行再侵染。大斑病的流行除与品种感病程度有关外，还与当时的环境条件关系密切。温度20~25℃、相对湿度90%以上利于病害发展。气温高于25℃或低于15℃，相对湿度小于60%，持续几天，病害的发展就受到抑制。在春高粱区，从拔节到出穗期间，气温适宜，又遇连续阴雨天，病害发展迅速，易大流行。高粱抽穗期间氮肥不足发病较重。低洼地、密度过大、连作地易发病。

【防治方法】该病的防治应以种植抗病品种为主，加强农业防治，辅以必要的药剂防治。

(1) 选用抗大斑病的品种，根据当地优势小种选择抗病品种，注意防止其他小种的变化和扩散。如：京早 1 号、北大 1236、中玉 5 号、津夏 7 号、冀单 29、冀单 30、冀单 31、冀单 33、长早 7 号、西单 2 号、本玉 11 号、本玉 12 号、辽单 22 号、绥玉 6 号、龙源 101、海玉 89、海玉 9 号、鲁玉 16 号、鄂甜玉 1 号、滇玉 19 号、滇引玉米 8 号、农大 3138、农单 5 号、陕五 911、西农 11 号、中单 2 号、吉单 101、吉单 131、C103、丹玉 13、丹玉 14、四单 8、郑单 2、群单 105、群单 103、承单 4、冀单 2、京黄 105、京黄 113、沈单 5、沈单 7、本玉 9、锦单 6、鲁单 15、鲁单 19、思单 2、掖单 12、陕玉 9 号。

(2) 加强高粱田管理。适时秋翻，把病残株沤肥或烧毁，减少菌源。

(3) 增施有机肥或酵素菌沤制的堆肥，提倡沟施农用活性有机（粪）肥，每亩施用 2 500 kg，沟施后盖土。做好中耕除草培土工作，摘除底部 2~3 片叶，降低田间相对湿度，使植株健壮，提高抗病力。

(4) 药剂防治。一般于病情扩展前防治，即可在高粱抽雄前后，当田间病株率达 70%以上、病叶率 20%左右时，开始喷药。用 50%多菌灵可湿性粉剂，50%敌菌灵可湿性粉或 90%代森锰锌均 500 倍液或 40%克瘟散乳油 800 倍喷雾。每亩用药液 50~75kg，隔 7~10d 喷药 1 次，共防治 2~3 次。

(五) 高粱镰刀菌茎腐病

茎腐病是一个笼统的提法，涵盖了以茎秆腐烂为主的一系列症状，包括早期发生的种腐、苗枯，后期的穗腐。茎腐病是高粱的重要病害，分布普遍，危害严重。病株生长不良，茎叶枯死，易于倒伏，未倒伏的病株也灌浆不饱满。发病田一般减产 5%~10%。

【症状识别】高粱镰刀菌茎腐病主要为害根和茎基部。腐霉菌引起的根腐病，主要表现为中胚轴和整个根系逐渐变褐、变软、腐烂，根系生长严重受阻，植株矮小，叶片发黄，幼苗死亡。

由丝核菌引起的根腐病，病斑主要发生在须根和中胚轴上，病斑褐色，沿中胚轴逐渐扩展，环剥胚轴并造成胚轴缢缩、干枯。病害侵染严重时，可导致幼苗叶片枯黄直至植株枯死。

由镰刀菌引起的根腐病，主要表现为根系端部的幼嫩部分呈现深褐色腐烂，组织逐渐坏死。与籽粒相连的中胚轴下部发生褐变、腐烂；植株叶片尖端变黄，病害严重时导致植株死亡。镰刀菌为害花序和籽粒，可以导致穗腐。

【病原菌】串珠镰刀菌 *Fusarium moniliforme* Sheld. 和禾谷镰刀菌 *Fusarium graminearum* Schw. 属于半知菌亚门，丝孢纲，瘤座孢目，瘤座孢科，镰刀菌属。分生孢子有大小两型，小分生孢子卵形或扁椭圆形，无色单胞，呈链状着生，(4~6) μm×（2~5）μm。大分生孢子多为纺锤体或镰刀形，顶端较钝或粗细均匀，具 3~5 个隔膜，（17~28）μm×(2.5~4.5) μm，多数孢子聚集时呈淡红色，干燥时呈粉红或白色。

【发生规律】病原菌主要以菌丝体和分生孢子随病残体越冬，也可以在土壤中越冬，成为翌年初侵染菌源。种子也能带菌传病。病原菌主要从机械伤口、虫伤口侵入根部和茎部。高粱在开花期至糊熟期，若先后遭遇高温干旱与低温阴雨，发病就严重。在病田连作、土壤带菌量高以及养分失衡、高氮低钾时发病趋重，早播比适期晚播发病重。高粱品种间病情有一定差异，有耐病品种和中度抗病品种，但缺乏高抗品种。

【防治方法】高粱镰刀菌茎腐病的防治没有有效的措施或药剂，只能通过精细的农业措施来控制。

病田应轮作倒茬，及时清除病残体，以减少菌源；要改进栽培管理，合理施肥，防止偏施氮肥，缺钾地块应补施钾肥，使植株生长健壮，提高抗病能力；要合理密植，铲除杂草，干旱时及时灌水，改善植株水分状况；及时防治害虫，减少虫伤口；尽量选择种植耐病、轻病的杂交种以及秆强抗倒伏的品种。

（六）高粱穗腐病

高粱穗腐病是由多种病原真菌复合侵染引起的一类病害，分布普遍，危害严重。穗腐病造成减产和营养成分降低，被污染的籽粒还可能带有真菌毒素，对人畜有毒。在许多地方，穗腐病已成为高粱减产的重要原因。

【症状识别】主要为害穗部的花序和籽粒。镰刀菌主要为害花序和籽粒，也可引致茎腐或根腐，湿润地区还可为害叶片。花序染病重点发生在抽穗前，受害花序谷粒覆盖有白色至粉红色菌丝，并在菌丝上产生粉状物，即病原菌的分生孢子梗和分生孢子。抽穗后染病，造成白穗。叶片染病病斑褐色至紫红色，严重时叶片萎蔫，表生粉红色霉层。茎秆染病症状主要在基部第 1 至第 3 节上发生，严重的导致植株萎蔫，遇大风时茎易从受害部折断。

弯孢霉侵染初期在高粱粒上出现褐色至黑色坏疽，湿度大时布满黑色绒毛状菌丝和分生孢子。染病的籽粒收获过程中易粉碎，致产量下降，品质降低，且可能产生毒性物质。繁种高粱活性下降，严重的影响发芽率。

【病原菌】串珠镰孢 *Fusarium moniliforme* Sheld. 导致高粱镰刀菌穗腐病，别名粉腐病。形态特征见高粱镰刀菌茎腐病。病原物弯孢霉 *Curvularia lunata*（Walker）Boedijw。半知菌类（无性菌类）丝孢纲、丛梗孢目、暗丛梗孢科、弯孢霉属。导致高粱弯孢霉穗腐病。

【发生规律】病菌在病残体上、土壤及种子上越冬。翌年产生分生孢子，借风力传播到高粱穗部。尤其在高粱开花后籽粒成长期，若连续阴雨，易发病。有些已成熟的籽粒也不能幸免。病穗上产生分生孢子进行再侵染，使病害不断扩散。生产上春高粱易发病。

【防治方法】

（1）发病重的地区实行 3~4 年以上轮作。

（2）提倡施用酵素菌沤制的堆肥等微生物肥料。如 5406 菌肥，可减轻发病。

（3）发病重的地区于发病初期喷淋 50%苯菌灵可湿性粉剂 1 500 倍液或 60%防霉宝超微可湿性粉剂 600~700 倍液、60%甲霉灵可湿性粉剂 1 000 倍液。

（七）高粱黑穗病

黑粉菌中侵染高粱，引起黑穗病的种类甚多，国内知名的有5种，即丝黑穗病、散黑穗病、坚黑穗病、花黑穗病和长粒黑穗病。其中丝黑穗病分布最广，危害也最重，是重要防治对象。20世纪中期以来，我国通过推广抗病品种和种子处理成功防治该病害。

【症状识别】

高粱丝黑穗病　病株一般较矮，色泽稍深，在抽穗前，病株穗的下部较为膨大，苞叶紧实，有的穗略歪向一面，剥去苞叶，穗部成为白色的棒状物，此即“乌米”。病穗外部有一层白色的膜，抽穗后外膜破裂，散出大量黑色粉末，此即冬孢子。病穗散出冬孢子后，里面有成束的黑色丝状物，即残存的花絮维管束组织，与散黑穗病和坚黑穗病两种黑穗病有明显的区别。有的病穗仅顶端一部分或一侧露出，但也有黑穗全部露出的。叶片染病，在叶片上形成红褐色条状斑，扩展后呈长梭形条斑，后期条斑中部破裂，病斑上产生黑色孢子堆，但孢子量不大，维管束组织不受破坏。病株侧芽或分蘖也常被侵染，形成“二茬乌米”。有时有几种黑穗病可并发于同一株高粱上。如主蘖或主穗为丝黑穗病，分蘖或侧穗为散黑穗病，或者相反，甚至3种黑穗病并发于同一分蘖上，但不常见。该病在辽宁、吉林、山西发生普遍且严重。

高粱散黑穗病　多数品种病株稍矮，茎较细，叶片稍窄，抽穗较早，分蘖有不同程度的增加，但较细小。被害植株的花器多被破坏，子房内形成黑粉，即病原菌的冬孢子，但也有少数籽粒未遭破坏，能正常结实。病粒破裂前有灰白色薄膜一层，系有疏松连接的菌丝细胞所组成，孢子成熟后，膜即破裂，黑粉散出，露出长而稍弯曲的黑色中柱，为寄主维管束残余组织，是高粱散黑穗病症状特点之一。

高粱坚黑穗病　通常全穗籽粒都变成卵形的灰包，外膜坚硬，不破裂或仅顶端稍裂开，内部充满黑粉。抽穗前病株与健株形态无明显区别，抽穗后可见病穗籽粒变为灰包（菌瘿），露出于颖壳之外。穗形不变，内、外颖很少被害。灰包圆筒形，比健粒稍大，其内部充满病原菌黑粉状冬孢子，外被灰白色薄膜。薄膜较坚硬，不易破裂。破裂时，由顶部裂开小口，露出短形中轴的尖端。病穗全部或大多数籽粒被害，但有时也残留一些健粒。

【病原菌】

高粱丝黑穗病　病原菌为高粱丝轴黑粉菌 *Sphacelotheca reiliana*（Ktllln.）Clint. 异名 *Sorosporium reiliaum*（Ktlhn.）Mc. Alp. 属担子菌亚门真菌。冬孢子球形至卵圆形，暗褐色，壁表具小刺，大小（10～15）μm×（9～13）μm。初期冬孢子常30多个聚在一起，后形成球形至不规则形的孢子团，大小50～70μm，但紧密，成熟后即散开。孢子堆外初具由菌丝组成的薄膜，后破裂冬孢子散出。冬孢子需经生理后熟才能萌发，在32～35℃，湿润条件下处理30d，萌发率明显提高。病菌在人工培养基上能生长。

高粱散黑穗病　病原菌为高粱轴黑粉菌 *sphacelotheca cruenta*（Kühn）Potter。属担子菌亚门真菌。冬孢子堆上具由菌丝体组成的灰白色被膜。冬孢子暗褐色，球形至卵球形，大小5～10μm，表面具隐约可见的花纹。该菌冬孢子在水中、营养液中均可萌发。在麦芽汁营养液中，能产生大量担孢子。在高温下及蒸馏水中不能形成担孢子，能产生分枝菌丝。该菌有生理分化或异宗结合现象。

高粱坚黑穗病　病原物为高粱坚团散黑粉菌 *Sporisorium sorghi* Erenb. ex Link。属担子菌亚门，冬孢菌纲，黑粉菌目，团散黑粉菌属。

【发生规律】

高粱丝黑穗病　以种子带菌和土传为主。散落在土壤中的病菌能存活1年，冬孢子深埋土内可存活3年。散落于土壤或粪肥内的冬孢子是主要侵染源。冬孢子萌发后以双核菌丝侵入高粱幼芽，从种子萌发至芽长1.5cm时，是最适侵染期。侵入的菌丝初在生长锥下部组织中，40d后进入内部，60d后进入分化的花芽中。该病是幼苗系统侵染病害。病菌有高粱、玉米两个寄主专化型。高粱专化型主要侵染高粱，虽能侵染玉米，但发病率不高。玉米专化型只侵染玉米，不能侵染高粱。中国已发现3个生理小种。土壤温度及含水量与发病密切相关。土温28℃、土壤含水量15%发病率高。春播时，土壤温度偏低或覆土过厚，幼苗出土缓慢易发病。连作地发病重。

高粱散黑穗　种子和土壤均可传病，以种子传病为主。主要是以冬孢子在种子表面附着，带病种子播种后，病菌与种子同时发芽，侵入寄主组织。病菌侵入后，菌丝蔓延到幼苗生长锥，以后随着植株生长点向上生长而伸长，最后在穗部形成冬孢子。附着在种子表面的冬孢子在室内条件下能存活3~4年，散落在土壤中的冬孢子也能存活1年，存活率约20%，据试验在含有该菌厚垣孢子的土壤里种上高粱，发病率很低。厚垣孢子在12~36℃条件下均能萌发，侵染适温20~25℃。一般适合高粱种子发芽的条件，也适合该菌侵染。生产上播种过早，土温偏低，高粱从发芽到出苗持续时间长，病菌侵染时间拉长，侵染机会增多，发病重。

坚黑穗病菌　坚黑穗病菌冬孢子随种子越冬传病。冬孢子萌发后侵入高粱幼芽，系统侵染发病。土壤中的冬孢子易于萌发，存活到下一季的概率小，土壤传染的可能性不大。冬孢子经过牲畜消化道后死亡，因而农家肥也不能传病。冬孢子在温度24℃以下都能侵入高粱幼芽，低温、低湿更为有利。地温高于24℃，土壤湿度高于30%就不利于侵染发病。在种子带菌率高、高粱播种过深或覆土过厚、出苗缓慢时发病加重。高粱坚黑穗病菌有多个生理小种，且易于发生变异。高粱品种间抗病性有差异，存在抗病种质材料和抗病品种。

【防治方法】选用抗病品种和种子处理是防治高粱黑穗病最重要，最简单，最有效的粉法。

（1）实行3年以上轮作，以减少土中菌量。

（2）选用优良抗病品种。目前生产上抗丝黑穗病的杂交种有：黑杂34、黑杂46、齐杂1号、晋杂5号、忻杂5号、忻杂7号、冀杂1号、辽杂4号、辽饲杂2号等。抗病亲本有黑龙14A、7152A、吉农105A等。

（3）种子浸种和新高脂膜拌种处理。①2%立克秀按种子重量的0.1%~0.2%拌种（米汤拌种）或50%禾穗胺按种子重量的0.5%拌种子。②用20%粉锈宁乳油100mL，加少量水，拌种100kg，力求拌均匀，摊开晾干后播种。③用20%萎锈灵乳油（或可湿性粉剂）0.5kg，加水3kg拌种40kg，闷种4h，晾干后播种。以上拌种过程中喷施新高脂膜600~800倍液，提高药效和出苗率。

（4）适期播种，覆土不宜过深，并在土壤表面喷施新高脂膜，可保墒保肥、减少病菌入侵，提高出苗率。

（5）做好田间观测，发现病株，在孢子堆膜破裂散出黑粉前及时拔除带出田外深埋或烧毁。

二、高粱虫害发生与防治

（一）高粱舟蛾

高粱舟蛾 *Dinara combusta*（Walker）又名高粱天社蛾，分布于南北各地，是一种暴食性食叶害虫、主要为害高粱、玉米、甘蔗等作物，在河北省夏玉米田为害严重。幼虫食叶，受害叶片缺刻状，严重时可将叶肉吃光，残留叶脉，甚至成为光秆。近年该虫对夏玉米的危害有加重趋势。

【形态特征】高粱舟蛾属鳞翅目舟蛾科，有成虫、卵、幼虫和蛹等虫态。

成虫：体长20~25mm，雄蛾翅展49~68mm，雌蛾略大。头、胸背面淡黄色，翅基片和后胸深褐色，腹部背面褐黄色，每节两侧各有1个黑色斑纹，雄蛾腹末2~3节后缘各有1条黑色横线，雌蛾腹末第二节黑褐色。前翅浅黄色，中脉至前缘有数条断续的细纵线，中脉至肘脉之间红棕色，外缘线至亚外缘线间黑褐色，外缘线波状，黄褐色。后翅黄色，中部向外缘部分黑褐色渐深。

卵：半球形，初产时深绿色，后变白色，近孵化时变为黑色。

幼虫：末龄幼虫体长60~70mm，头红褐色，体黄绿色或蓝绿色，体上被有淡黄色毛。亚腹线由不连续的黑褐色斑点组成，气门线色淡，气门黄色，围气门片黑色。胸足黄绿色，端部褐绿色，腹足与体色相近，端部白色。

蛹：黑褐色，纺锤形，末端有1对臀棘。

【发生规律】在河北省1年发生1代，以蛹在土层6.5~10cm深处越冬。翌年6月下旬至7月中旬成虫羽化，6月底田间开始见卵，7月上中旬为产卵盛期，7月下旬始见幼虫，7月中、下旬至8月上旬为幼虫发生盛期，发育早的在7月下旬开始入土结茧化蛹，一般在8月中旬或下旬以末龄幼虫在土中吐丝黏结土粒作茧化蛹越冬，发育不整齐。成虫有趋光性，白天隐蔽，夜间活动。卵产在高粱、玉米等叶片背面主脉附近或端半部近边缘处，每雌产卵80~410粒，单粒散产或2~8粒一堆，卵期约5d。幼虫期30d左右，共6个龄期。初孵幼虫群居，啃食叶背表皮和叶肉，残留上表皮，呈窗孔状。2龄后分散，向中、上部嫩叶转移，从叶缘咬食，啃成缺刻，四至五龄暴食，可将叶片吃完。该虫喜湿怕旱，夏季气温偏低，雨日多，大气湿度高有利于其发生，若夏季干旱或降暴雨则不利于其发生。黏性土壤较沙质土壤发生重。

【防治方法】在高粱收获后翻耕整地，高粱茬麦田进行冬灌，消灭越冬蛹。实行人工扑虫，在越冬期间挖蛹，在卵期摘除卵块，在低龄幼虫期顺垄逐棵捕捉幼虫。在成虫发生期利用黑光灯诱蛾。另外，还可喷施菊酯类杀虫剂，每亩喷洒2.5%溴氰菊酯乳油20~30mL，对水100L。

（二）禾谷缢管蚜

禾谷缢管蚜 *Rhopalosiphum padi* 为半翅目蚜科缢管蚜属，又名粟缢管蚜、小米蚜、麦缢管蚜。分布于全国各地，主要为害小麦、大麦、青稞、燕麦、高粱、玉米、水稻等作物和禾本科草。该蚜群集叶片、茎秆、穗部吸取汁液，影响植株正常生长。被害处初呈黄色小点，后变为条斑，严重时有蚜株枯萎死亡。禾谷缢管蚜能传播大麦黄矮病毒、玉米矮花叶病毒等重要植物病毒。

【形态特征】禾谷缢管蚜属于同翅目蚜科，田间常见无翅孤雌蚜和有翅孤雌蚜。

无翅孤雌蚜：体长 1.9mm，宽 1.1mm，虫体黑绿色，嵌有黄绿色纹，常被有薄粉。头部光滑，胸腹背面有清楚网纹。复眼黑色。触角 6 节，黑色，长度超过体长之半，第六节鞭部的长度是基部 4 倍。腹部暗红色，腹管黑色，圆筒形，端部缢缩瓶颈状。尾片长圆锥形，具 4 根毛。

有翅孤雌蚜：体长 2.1mm，宽 1.1mm，长卵形，头、胸部黑色，腹部深绿色，具黑色斑纹。触角比体长短，第三节具圆形次生感觉圈 19~30 个，第四节 2~10 个。前翅中脉 3 条，前 2 条分叉甚小。腹部 7、8 节背面有中横带。腹管近圆形，黑色，短，端部缢缩瓶颈状。

卵：初产时黄绿色，较光亮，稍后转为墨绿色。

若蚜：末龄体墨绿色，腹部后方暗红色；头部复眼暗褐色；体长 2.1mm，宽 1.0mm。

【发生规律】每年发生 10 余代至 20 代以上。在北方寒冷地区，禾谷缢管蚜以卵在桃、李、杏、梅等李属植物上越冬。春季越冬卵孵化后，先在树木上繁殖几代，再迁飞到禾本科植物上繁殖为害。秋后产生雌雄性蚜，交配后在李属树木上产卵越冬。在冬麦区或冬麦、春麦混种区，以无翅孤雌成蚜和若蚜在冬麦上或杂草上越冬。冬季天气较温暖时，仍可在麦苗上活动。春季主要为害小麦、青稞等，麦收后转移到玉米、高粱、谷子或自生麦苗上持续为害，秋后迁往麦田或草丛中。冬季潜伏在麦苗根部，近地面的叶鞘中，杂草根部或土缝内。禾谷缢管蚜在 30℃上下发育最快，较耐高温，畏光喜湿，不耐干旱。

【防治方法】

（1）农业防治。消除田埂、地边杂草，减少蚜虫越冬和繁殖场所。

（2）保护和利用天敌昆虫。保护异色瓢虫（每头异色瓢虫成虫每天可捕食禾谷缢管蚜 90 多头），黑缘红瓢虫等。

（3）药剂防治。要搞好麦田的防治工作，减少向高粱田转移的虫口数量，麦收后防治高粱田蚜虫。可喷施 1%灭虫灵乳油 2 000~3 000 倍液，或用 10%~20%除虫菊脂 2 000~3 000 倍液，或用 10%蚜虱净超微可湿性粉剂 3 000~5 000 倍液，或用 15%哒嗪酮乳油 1 000~2 000 倍液。

（三）高粱条螟

高粱条螟 *Chilo sacchariphagus*（Bojer）又名甘蔗条螟，俗称高粱钻心虫。分布于大多数省区，常与玉米螟混合发生，主要危害高粱和玉米，还为害谷子、薏米、甘蔗、麻等作物。低龄幼虫在心叶内蛀食叶肉，只剩表皮，呈窗户纸状，龄期增大后咬成不规形状小孔，3 龄后在原咬食的叶腋间蛀入茎内取食。高粱苗较小时，被害株呈现枯心。被害茎秆内常有数头至十多头幼虫蛀食茎秆组织，并多作环状蛀食，植株易被风折。

【形态特征】

成虫：体长10~14mm，翅展24~34mm，雄蛾略小。头、胸部背面淡黄色，复眼暗黑色。下唇须较长，向前方伸出。前翅灰黄色，顶角尖锐，其下部略向内凹，外缘略成直线，有7个小黑点；翅面有20多条暗色纵纹，中央有1个小黑点，雄蛾此小黑点较雌蛾明显。后翅颜色较淡，雄蛾淡黄色，雌蛾银白色。腹部及足黄白色。

卵：长1.3~1.5mm，宽0.7~0.9mm，扁平椭圆形，表面有龟甲状纹，数粒或数十粒排成“人”字形双行重叠的卵块。初产时乳白色，后变为深黄色，孵化前卵粒中央出现小黑点。

幼虫：老熟幼虫体长20~30mm，乳白至淡黄色，具紫褐色纵纹4条，头部黄褐至黑褐色。初孵化时乳白色，上有许多淡红褐色斑连成条纹。幼虫分夏、冬两型。夏型幼虫腹部各节近前缘有4个暗褐色毛片排成横列，中间2个较大，近圆形，近后缘有2个黑褐色长圆形的毛片，腹部背面中部的4个毛片排列成正方形，上生刚毛。冬型幼虫越冬前蜕皮1次，蜕皮后黑褐色毛片消失，体背出现4条淡紫色纵纹。腹足趾钩双序缺环，腹面颜色纯白。

蛹：长12~16mm，红褐色或黑褐色。腹部第5~7节背面前缘有深色不规则网纹。腹末有2对尖锐小突起。

【发生规律】高粱条螟在东北南部、华北大部、黄淮流域一年发生2代，在江西省发生4代，广东省和台湾省发生4~5代。以老熟幼虫在玉米和高粱秸秆中越冬。北方越冬幼虫在翌年5月中下旬化蛹，5月下旬至6月上旬羽化；成虫夜晚活动，白天栖息在植株近地面处。卵多产在叶背的基部和中部，也有的产在叶面和茎秆上。每头雌虫可产卵200~300余粒，卵期5~7d。

在华北地区，第一代幼虫于6月中下旬出现，为害春玉米和春高粱。初孵幼虫极为活泼，迅速爬至叶腋，再向上钻入心叶内，群集为害。幼虫还能吐丝下垂，转移到其他植株心叶内为害。初孵幼虫啃食心叶叶肉，残留透明表皮，稍大后咬成不规则小孔。在心叶内为害10d左右发育至3龄，其后在原咬食的叶腋间蛀入茎内，也有的在叶腋间继续为害。蛀茎早的咬食生长点，受害高粱出现枯心。高粱条螟蛀茎部位多在节间的中部，与玉米螟多在茎节附近蛀入不同。条螟多为几头至十余头群集为害，蛀茎处可见较多的排泄物和虫孔。蛀茎后幼虫环状取食茎的髓部，受害株遇风易折断，断处呈刀割状。多数幼虫有6~7个龄期，有的个体可达9龄，幼虫期30~50d。老熟幼虫在7月中旬开始化蛹，7月下旬至8月上旬羽化为成虫。高粱条螟在越冬基数较大、自然死亡率低、春季降水较多的年份，第一代发生严重。

在华北地区，第二代卵7月末始见，盛期为8月中旬。第二代幼虫多数在夏高粱、夏玉米心叶期为害，少数在夏高粱穗部为害，直到收获。老熟幼虫在越冬前蜕一次皮，变为冬型幼虫越冬。

在中国西南地区，条螟主要为害春玉米，为害程度已超过玉米螟、桃蛀螟、大螟等害虫。根据在重庆市的系统调查，高粱条螟主要在春玉米秸秆中越冬，翌年4月下旬为越冬幼虫化蛹高峰期，5月中旬为羽化高峰期。条螟在春玉米上一年发生2代。第一代幼虫为害盛期为6月中旬，正值春玉米抽雄扬花期。第二代幼虫发生期已近玉米收获，幼虫蛀入茎秆，连续越夏和越冬，成为下一年的虫源。在混合种植春玉米和夏玉米的地方，则可发生第三代甚至第四代幼虫。

高粱条螟越冬基数较大，自然死亡率低，春季雨水较多的年份，第一代发生重，一般田间湿度较高对其发生有利。

【防治方法】

（1）农业防治。在越冬幼虫化蛹与羽化之前，将高粱或玉米秸秆处理完毕，以减少越冬虫源。秸秆处理可采用粉碎、烧毁、沤肥、铡碎、泥封等不同方法。条螟成虫有趋光性，可设置黑光灯诱杀从残存秸秆中羽化出来的成虫。

（2）生物防治。保护天敌：主要天敌有赤眼蜂、黑卵蜂、绒茧蜂、稻螟瘦姬蜂等。释放赤眼蜂：在卵盛期，每亩次1万头左右，隔7~10d释放1次，连续放2~3次。此外，也可喷施Bt乳剂以及用性诱剂诱蛾。

（3）药剂防治。幼虫钻蛀后难以防治，应在卵盛期进行药剂防治，因此需按虫情确定防治时期。第一代防治适期6月中旬，第二代防治适期在8月上中旬。条螟与玉米螟混合发生时，一般比玉米螟晚7~15d，有时两者发生盛期接近，一次用药可以兼治。若两者发生盛期相差10d以上，应防治2次。心叶期施药要在条螟蛀茎之前，即幼虫在心叶内为害时最好。在二代孵卵盛期前7d，喷施菊酯类药剂1 500倍液。

高粱对敌百虫、敌敌畏、辛硫磷、杀螟硫磷、杀螟丹等杀虫剂十分敏感，生产上不宜使用，以免产生药害。

（四）高粱蚜

在高粱上为害的蚜虫主要是高粱蚜，其次还有麦二叉蚜、麦长管蚜、玉米蚜、禾谷缢管蚜、榆四条蚜。高粱蚜 *Melanaphis sacchari*（Zehntner），同翅目蚜科，又名甘蔗蚜、甘蔗黄蚜，分布于全国各地，主要危害高粱、甘蔗、荻草。据国外记载，还为害稗属、稻属、黍属、狗尾草属、狼尾草属、芒属、须芒草属以及其他禾本科植物。是中北方高粱产区的大害虫，在东北、内蒙古、山西、山东、河北等地常大发生。成、若蚜聚集在高粱叶片背面，由下部叶片向上蔓延，刺吸汁液，并排出大量蜜露，滴落在茎叶上，油亮发光，致寄主养分大量消耗，影响光合作用和产品质量。轻的叶片变红，重的叶枯，穗粒不实或不能抽穗，能传带粟红叶病毒，造成严重减产或绝收。而玉米蚜主要在心叶或穗部刺食。

【形态特征】无翅孤雌蚜，无翅，黄色或紫色，腹部中央有成列的褐色横纹，触角6节为体长的1/2。有翅孤雌蚜，淡黄或淡紫色，腹部中央有黑褐色斑，触角6节为体长的2/3。

【发生规律】高粱蚜在河南省1年发生20代左右，以卵在荻草或其他寄主的叶背或叶鞘内越冬，翌年3月下旬，越冬卵开始孵化，然后先在寄主植物的嫩芽、嫩茎上取食。当6月高粱出苗后，迁入高粱田繁殖为害，苗期呈点片发生。7—8月为害最重。然后又产生有翅蚜迁入越冬寄主上越冬。高粱蚜发育最适温度为24~28℃、湿度为60%~70%。若6—7月，持续两旬平均气温在22℃以上，降雨均在25mm以下，高粱蚜即可能大发生，反之若在此期间降水量较多，气温偏低，就不利于蚜虫发生。

【防治方法】要想控制高粱蚜虫为害，必须协调化学防治与天敌保护。高粱蚜6月初开始出现，直到9月上旬，在高粱上繁殖、为害3个多月。但从6月初到7月10日以前是蚜虫发生的波动期，一般数量不大。除部分适于蚜虫发生的岗地、沙土地和弱苗田块，一般不需施药防治，即使点片发生“窝子蜜”，局部施药即可达到保护天敌防治蚜虫的目的。

（1）农业防治。选用对高粱蚜具有抗性抗虫品种。采用高粱、大豆间作，改善田间小气候，控制高粱蚜繁殖为害。清除田间、沟渠杂草，以减少虫源。早期消灭中心蚜株（即窝子蜜），方法可轻剪有蚜底叶，带出田外销毁。

（2）药剂防治。每亩用10%吡虫啉乳油1 500倍液，或用3%啶虫脒1 500倍液，或用50%抗蚜威乳油3 000倍液，或用40%蚜灭克乳油1 000倍液，进行喷雾防治。

（五）叶螨（spider mite）

又称为红蜘蛛，在我国为害小杂粮的叶螨主要有朱砂叶螨 *Tetranychus cinnabarinus*（Boisduval）、截形叶螨 *Tetranychus truncatus* 和二斑叶螨 *Tetranychus urticae* Koch 等三种。叶螨多食性，为害高粱、谷子、玉米、麦类、豆类、棉花、向日葵、马铃薯、蔬菜等几十种农作物，150种经济作物。叶螨刺吸作物叶片中的养分，受害叶片先从近叶柄的主脉两侧出现苍白色斑点，随着为害的加重，可使叶片变薄成灰白色及至暗褐色，抑制光合作用的正常进行，严重时叶片焦枯以致提早脱落。在植物上结一疏松的丝网，所以有时误认为是小蜘蛛。

【形态特征】叶螨体型小，圆形或椭圆形，体长0.2~0.6mm，大型种类可达1mm。有红、橙、褐、黄、绿等色。体侧有黑色斑点，前外侧各有1对眼，体壁柔软，表皮具线状、网状、颗粒状纹或褶皱。背面有成排的背毛，一般不超过16对，呈刚毛状、叶状或棒状。螯肢针状，位于可伸缩的针鞘内。颚体包括1对须肢和 口器，须肢5节，须肢 跗节具6~7根刚毛。气门沟发达，位于颚体基部。各足跗节爪具黏毛，爪间突有或无黏毛。足Ⅰ、Ⅱ跗节通常具有1根感觉毛和1根触觉毛相伴而生，称为双毛结构。雌螨生殖区具褶皱，生殖孔横裂。

朱砂叶螨　雌成虫：体长0.28~0.32mm，体红至紫红色（有些甚至为黑色），在身体两侧各具一倒“山”字形黑斑，体末端圆，呈卵圆形。雄成虫：体色常为绿色或橙黄色，较雌螨略小，体后部尖削。卵：圆形，初产乳白色，后期呈乳黄色产于丝网上（图6-1）。

截形叶螨　成螨雌螨 体长0.55mm，宽0.3mm。体椭圆形，深红色，足及颚体白色，体侧具黑斑。须肢端感器柱形，长约为宽的2倍，背感器约与端感器等长。气门沟末端呈“U”形弯曲。各足爪间突裂开为3对针状毛，无背刺毛。雄体长0.35mm，体宽0.2mm；阳具柄部宽大，末端向背面弯曲形成一微小端锤，背缘平截状，末端1/3处具一凹陷，端锤内角钝圆，外角尖削。

二斑叶螨　雌成螨：体长0.42~0.59mm，椭圆形，体背有刚毛26根，排成6横排。生长季节为白色、黄白色，体背两侧各具1块黑色长斑，取食后呈浓绿、褐绿色；当密度大，或种群迁移前体色变为橙黄色。在生长季节绝无红色个体出现。滞育型体呈淡红色，体侧无斑。与朱砂叶螨的最大区别为在生长季节无红色个体，其他均相同。雄成螨：体长0.26mm，近卵圆形，前端近圆形，腹末较尖，多呈绿色。与朱砂叶螨难以

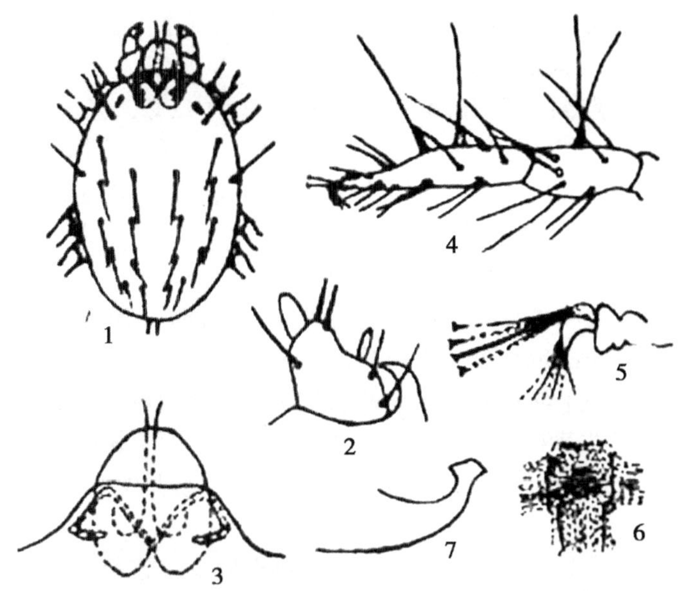

1.雌螨背面观 2.须肢 3.口针鞘和气门沟 4.足I
5.爪和爪间突 6.菱状斑纹 7.阳茎

图 6-1　朱砂叶螨

区分。卵：球形，长 0.13mm，光滑，初产为乳白色，渐变橙黄色，将孵化时现出红色眼点。幼螨：初孵时近圆形，体长 0.15mm，白色，取食后变暗绿色，眼红色，足 3 对。若螨：前若螨体长 0.21mm，近卵圆形，足 4 对，色变深，体背出现色斑。后若螨体长 0.36mm，与成螨相似。

【发生规律】叶螨的一生经过卵、幼螨、前期若螨、后期若螨和成螨 5 个阶段，从卵到成体约需 3 周。幼螨具 3 对足，若螨和成螨具 4 对足。每一虫态之前有一个静止期，在此期间，螨体固定于叶片或丝网上，后足卷曲，不再取食，准备蜕皮。叶螨的生活周期短，繁殖迅速，一般数天至十数天完成 1 代，1 年可完成数代全十数代，对作物常造成极其严重的为害。

温度是影响叶螨种群数量消长的一个重要因素。叶螨活动的温度范围和适宜温度常随种类而不同。多数叶螨喜好干燥的气候，相对湿度以 40%～70%为宜。因此，干燥而炎热的天气往往导致叶螨的猖獗。

叶螨的繁殖方式主要是两性生殖，还可进行产雄孤雌生殖，即未受精的雌螨仅产生雄性后代。

叶螨可凭借风力、流水、昆虫、鸟兽和农业机具进行传播，或是随苗木的运输而扩散。叶螨的很多种类有吐丝的习性，在营养恶化时能吐丝下垂，随风飘荡。

朱砂叶螨　在北方棉区 1 年发生 12～15 代，长江流域棉区 18～20 代，华南棉区 20 代以上。以雌成螨及其他虫态在蚕豆、冬绿肥、杂草上、土缝内、寄主枯枝落叶下及桑、槐树皮裂缝内越冬。越冬期间气温上升，仍能活动取食。翌春 5 日平均气温上升至

5~7℃（2月下旬至3月上旬）开始活动。先在越冬或早春寄主上繁殖2代左右，待高粱出土后再转移至高粱田为害。高粱衰老后再迁至晚秋寄主上繁殖1代。当气温继续下降至15℃以上时，便进入越冬阶段。

朱砂叶螨的发育起点温度为10.49℃，上限温度为42℃，完成1代的有效积温为163.2℃，在平均温度为26℃左右时，发育历期最短。一般雌成螨的寿命比雄成螨长。雌成螨产卵前期在日平均温度26~31℃时为1.5d，20℃时为3d左右。每雌每日产卵量以日平均温度30℃时最高，每天可产卵3~20粒，平均6~8粒，最长产卵期为25d。有孤雌生殖习性，但其后代全为雄螨；在田间的雌雄比为5：1。

成、若螨均在叶背面吸食汁液。当叶背有螨1~2头时。叶面即显出黄色斑点；当叶背有螨5头时，叶面即出现红斑。螨的数量愈多，红斑愈大。叶片受害后出现黄白斑到形成红斑，需要经历一个显症期。显症期的长短明显地随着温度的升高和虫量的增加而缩短。5、6月间由于朱砂叶螨从杂草寄主扩散到高粱田的螨量不同，形成了显症期迟早的差别。在挑治叶螨时，提出“发现一株打一片”就是为了防治其周围尚未显示症状的有螨株。

朱砂叶螨种群的消长和扩散与气候、寄主、耕作制度及施肥水平等因子有关。气候因子是影响朱砂叶螨种群消长的决定因子，尤以5—8月降水量最为重要。而7—8月的南洋风对种群增长起加强作用。干旱并具备一定的风力是其繁殖和扩散最有利的条件。暴风雨连带泥水的冲刷和黏附，常使朱砂叶螨的死亡率增大。因此，高粱生长期间降水量的大小，往往成为衡量当年发生严重程度的重要标志。

从温度和风力来看，7—8月正是高温和风多的季节，因此，是其繁殖和外散的极有利的时机。朱砂叶螨扩散的距离和范围视风力的大小而定。一般2~3级南风扩散距离可达3~4m，5~6级则可达8m左右，加上此期朱砂叶螨的繁殖速度快，每扩散1次只需5~10d，朱砂叶螨在高温条件下借风力猖獗蔓延。从常年该螨的扩散规律来分析，5—6月由于降雨的影响，扩散株率仅占全年总扩散株率的5%左右，7—8月则占90%以上。扩散高峰期最早出现在7月中旬，最迟在8月中旬，一般在7月下旬至8月上旬。据此规律，把朱砂叶螨控制在6月底以前，是至关重要的。

截形叶螨　年发生10~20代。华北地区以雌螨在土缝中或枯枝落叶上越冬。翌年早春气温高于10℃，越冬成螨开始大量繁殖，有的于4月中下旬至5月上中旬迁入为害，先是点片发生，后向周围扩散。在植株上先为害下部叶片，后向上蔓延，繁殖数量多及大发生时，常在叶或茎、枝的端部群聚成团，滚落地面被风刮走扩散蔓延。为害枣树者多在6月中、下旬至7月上树，气温29~31℃，相对湿度35%~55%适宜其繁殖，一般6—8月为害重，相对湿度高于70%繁殖受抑。

斑叶螨　在南方发生20代以上，在北方12~15代。在北方以受精的雌成虫在土缝、枯枝落叶下或小旋花、夏至草等宿根性杂草的根际等处吐丝结网潜伏越冬。在树木上则在树皮下、裂缝中或在根颈处的土中越冬。出蛰温度为10℃左右，3月下旬开始发现其出蛰活动，越冬雌虫开始出蛰活动并产卵。主要在地面早春绿色植物上活动，4月上旬，二斑叶螨开始褪去橘红色，变成黄绿色，取食后背部前区两横山形斑明显，并产卵。由于二斑叶螨体色和山楂叶螨的幼若螨体色相近，且二者均有吐丝结网习性，故常被误认为山楂叶螨的后期若螨，于是沿用山楂叶螨防治手段，使二斑叶螨乘机不断源源上树，数量是暴发式增加，以致泛滥成灾。

越冬雌虫出蛰后多集中在早春寄主如小旋花、葎草、菊科、十字花科等杂草和草莓上为害，第一代卵也多产这些杂草上，卵期 10 余 d。成虫开始产卵至第 1 代幼虫孵化盛期需 20~30d，以后世代重叠。

在早春寄主上一般发生一代，于 5 月上旬后陆续迁移到蔬菜上为害。由于温度较低，5 月一般不会造成大的危害。随着气温的升高，其繁殖也加快，在 6 月上中旬进入全年的猖獗为害期，于 7 月上中旬进入年中高峰期。据作者研究，二斑叶螨猖獗发生期持续的时间较长，一般年份可持续到 8 月中旬前后。10 月后陆续出现滞育个体，但如此时温度超出 25℃，滞育个体仍然可以恢复取食，体色由滞育型的红色再变回到黄绿色，进入 11 月后均滞育越冬。二斑叶螨营两性生殖，受精卵发育为雌虫，不受精卵发育为雄虫。每雌可产卵 50~110 粒，最多可产卵 216 粒。喜群集叶背主脉附近并吐丝结网于网下为害，大发生或食料不足时常千余头群集于叶端成一虫团。

为害寄主不同，其发育历期亦不相同，如取食花生叶片，在 25℃和 30℃下发生一代需 11. 04d 和 7. 96d；而取食苹果叶片则相应的天数为 11. 48d 与 8. 63d。寄主的差别对雌成螨的生殖力影响最大，据作者研究，在 30℃花生叶饲养条件下，单雌平均产卵 56 粒，而在相同条件下，饲喂苹果叶片，产卵量仅为 29 粒。

取食中的二斑叶螨每隔 30min 把相当于身体 25%的水分通过后肠以尿的形式排出。另外，该螨还释放毒素或生长调节物质，引起植物生长失衡，以致有些幼嫩叶呈现凹凸不平的受害状，大发生时树叶、杂草、农作物叶片一片焦枯现象。

二斑叶螨有很强的吐丝结网集合栖息特性，有时结网可将全叶覆盖起来，并罗织到叶柄，甚至细丝还可在树株间搭接，螨顺丝爬行扩散。

【防治方法】

(1) 人工防治。早春越冬螨出蛰前，刮除树干上的翘皮、老皮、清除果园里的枯枝落叶和杂草，集中深埋或烧毁，消灭越冬雌成螨；春季及时中耕除草，特别要清除阔叶杂草，及时剪除树根上的萌蘖，消灭其上的二斑叶螨。

(2) 药剂防治。在越冬雌成螨出蛰期，树上喷 50%硫 悬浮剂 200 倍液或波美 1 度石硫合剂，消灭在树上活动的越冬成螨。加强田间害螨监测，在点片发生阶段注意挑治，注意选用选择性杀螨剂。常用药剂有 40%的菊杀乳油 2 000~3 000 倍液，或用 40%的菊马乳油 2 000~3 000 倍液，或用 20%的螨卵酯 800 倍液。20% 三唑锡悬浮剂 1 500 倍液、5%霸螨灵乳油 2 500 倍液、5% 尼索朗乳油 2 000 倍液、20% 双甲脒乳油 1 200 倍液、10% 浏阳霉素乳油 1 000 倍液、5%增效浏阳霉素 1 000 倍液、1. 8% 齐螨素乳油 6 000 倍液。

(3) 生物防治。主要是保护和利用自然天敌，或释放捕食螨。捕食性天敌主要有深刻点食螨瓢虫、黑襟毛瓢虫、长毛钝绥螨、德氏钝绥螨、异绒螨、塔六点蓟马、横纹蓟马、小花蝽、姬猎蝽、中华草蛉、食螨瘿蚊、草间小黑蛛、三突花蛛、拟长刺钝绥螨等。其中以利用一种植绥螨（*Phytoseiulus similis*）效果最好。据四川资料，每株棉苗平均有叶螨 91. 6 头时，接种 6 头塔六点蓟马若虫，10d 后棉叶螨减少 67. 5%，15d 后减少

93.25%；每株棉苗平均有叶螨 56.5 头，不接种的 10d 后则增加 266.72%。由此可见过多施药常引起叶螨的再猖獗，主要原因是杀伤了天敌所致。当田间的益害比为 1：（10~15）时，一般在 6~7d 后，害螨将下降 90%以上。

（六）高粱芒蝇

高粱芒蝇 *Atherigona soccata* Rondani，分布于湖北、湖南、四川、贵州、云南、广东和广西。在南欧、北非、西非、南亚、东南亚（缅甸、泰国）等热带和亚热带地区也广为分布。初孵幼虫由心叶间隙钻入生长点附近取食，造成枯心苗或穗畸形。高粱苗期被害后生育期推迟，失去授粉时机，严重影响繁育和制种。

【形态特征】成虫体长 4.5mm 左右，灰黄色，间额棕黑色，下额须黑色。雄蝇端部色浅，前足股节全黄或末端部分黑色，雌蝇前足腿节端半部黑色；雄蝇第 3 腹节背板正中两侧各具一梯形棕斑。第 4 背板棕斑小，近圆形；雌蝇第 3、第 4 腹节背板各具 1 对三角形斑，第 5 节斑纹很小（图 6-2）。

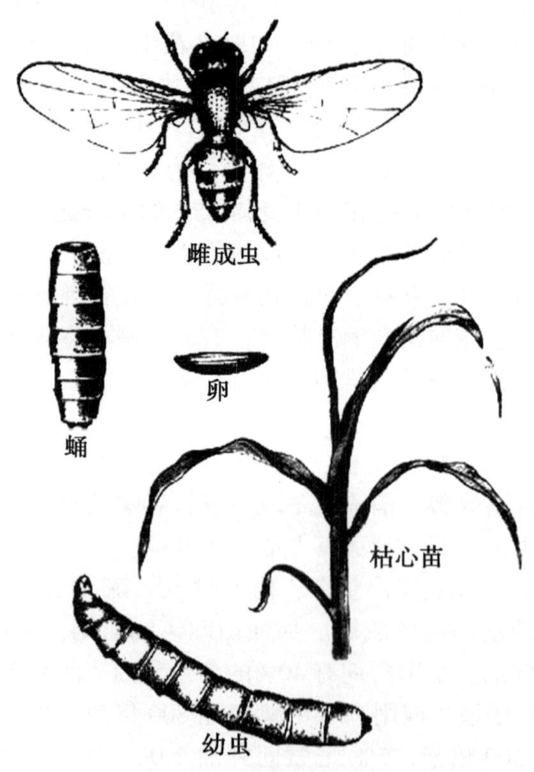

图 6-2 高粱芒蝇生活史

卵：长 1.3mm，白色船形两端稍平，呈波浪状。卵中央纵行隆起，上面具网状纹，两边似船缘。

幼虫：末龄幼虫体长 7~8mm，蛆形，初浅黄白色，老熟时黄色或鲜黄色，中央一对黑色气门显著突起，口钩黑色，全体共 11 节。第 11 节末端黑色，这是该种别于其他种的主要特征。

蛹：长3.5~5mm，圆筒状，棕褐色至深棕褐色，前端平截边缘隆起似桶盖。

【发生规律】高粱芒蝇每年发生代数因地而异，少则5~6代，多则11~12代。以老熟幼虫或蛹在生育后期高粱的分蘖苗里及土中越冬。世代重叠。雌成虫对腐臭鱼虾等发酵物质有强烈趋性。成虫取食含糖物质以及蛋白质类食料作补充营养始能性成熟。成虫经补充营养交配产卵，每雌一生产卵24~34粒，多把卵散产在最内3片心叶上，前期产卵在叶背。6片全叶期卵多产在叶面的叶尖和边缘处。每株1粒。幼虫多于7时前孵化后从高粱喇叭口和叶缝侵入，侵入后1d出现枯心。以苗期被害为主。产卵盛期如与高粱苗期相吻合，发生为害就重。幼虫有假死习性。高湿或叶片有露水时有利侵入活动，但对成虫产卵的寿命有不利影响。不转株为害。心叶维管束细胞壁厚、木质化程度高、最早三片叶鞘外表皮的三氧化硅体排列紧的品种受害轻。天敌有寄虫蜂、细菌等。

【防治方法】

（1）因地制宜选用抗虫品种。

（2）调整播种期，将高粱苗期与高粱芒蝇产卵盛期错开。

（3）加强田间管理。及时拔除枯心苗、再生苗和自生高粱，高粱收获后深翻土地，破坏越冬场所，减少来年虫源。

（4）利用成虫的趋化性进行诱杀。以鱼粉或腐臭动物拌和敌百虫制成诱剂诱杀成虫等。

（5）保护与利用天敌。

（6）在幼虫侵入之前喷洒35%驱蛆磷乳油2 000倍液或20%氰戊菊酯乳油3 000倍液、10%氯氰菊酯乳油4 000倍液。每亩喷对好药液75~100L。

（七）高粱狭长蝽

高粱狭长蝽*Dimorphopterus spinolae* Signoset，别名高粱长蝽象、高粱长蝽，分布于河北、山东、湖北、江西、湖南、福建、广东等。寄主植物为高粱、小麦、水稻、芦苇等禾本科植物。成、若虫刺吸汁液，严重时造成叶片枯黄，植株生长缓慢。

【形态特征】雌成虫体长3.5~6.0mm，雄成虫4.5~5.0mm，体黑色，长方形，末端钝圆。头黑色，近棱形，具粗大刻点。触角、喙均4节，复眼红褐色，半圆形突出。单眼漆黑色。前胸背板近方形，肩角钝圆。小盾片三角形。腹部腹面黑褐色。前翅革质部具一大一小近三角形斑纹，膜质部具3~4条简单纵脉，后翅透明，膜质。卵长1~1.2mm，香蕉状，初乳白色，后变橙黄色，孵化前变为深红色。初孵若虫头、前胸和中胸背板、翅芽基部均为黑色，胸部和1、2腹节乳黄色，余腹节橘红色。若虫腹部较头胸部宽，各腹节具横排小黑点4~6个，末端黑色，随龄期长大，腹部变成灰褐色。

【发生规律】以成虫在地下茎残秆、叶鞘处或2~3m深土表越冬。越冬代成虫于4月上旬开始产卵，4月下旬至5月上旬进入产卵盛期，5月上旬开始孵化，第一代若虫出现，6月中旬可见一代成虫。成虫交配后于6月下旬产卵，7月中下旬出现二代若虫。9月中旬二代成虫开始越冬。

【防治方法】在成、若虫发生期喷洒80%敌敌畏乳油900~1 000倍液或90%晶体敌百虫700倍液、95%巴丹可湿性粉剂1 000倍液，每亩喷对好的药液75kg。

（八）高粱桃蛀螟

高粱桃蛀螟 *Conogethes punctiferalis*（Guenée），分布北起黑龙江、内蒙古，南至台湾、海南、广东、广西、云南南缘，东接俄罗斯东境、朝鲜北境，西面自山西、陕西西斜至宁夏、甘肃后，折入四川、云南、西藏。寄主包括高粱、玉米、粟、向日葵、蓖麻、姜、棉花、桃、柿、核桃、板栗、无花果、松树等。幼虫蛀入高粱幼嫩籽粒，严重的把高粱粒蛀食一空，蛀秆造成穗折。

【形态特征】

成虫：体长 12mm，翅展 22~25mm，黄至橙黄色，体、翅表面具许多黑斑点似豹纹：胸背有 7 个；腹背第 1 和第 3~6 节各有 3 个横列，第 7 节有时只有 1 个，第 2、第 8 节无黑点，前翅 25~28 个，后翅 15~16 个，雄第 9 节末端黑色，雌不明显。

卵：椭圆形，长 0.6mm，宽 0.4mm，表面粗糙布细微圆点，初乳白渐变橘黄、红褐色。

幼虫：体长 22mm，体色多变，有淡褐、浅灰、浅灰蓝、暗红等色，腹面多为淡绿色。头暗褐，前胸盾片褐色，臀板灰褐，各体节毛片明显，灰褐至黑褐色，背面的毛片较大，第 1~8 腹节气门以上各具 6 个，呈 2 横列，前 4 后 2。气门椭圆形，围气门片黑褐色突起。腹足趾钩不规则的 3 序环。

蛹：长 13mm，初淡黄绿后变褐色，臀棘细长，末端有曲刺 6 根。茧长椭圆形，灰白色。

【发生规律】危害高粱时成虫把卵单产在吐穗扬花的高粱穗上，一穗产卵 3~5 粒，初孵幼虫蛀入高粱幼嫩籽粒内，用粪便或食物残渣把口封住，在其内蛀害，吃空一粒又转一粒直至三龄前。三龄后吐丝结网缀合小穗中间留有隧道，在里面穿行啃食籽粒，严重的把高粱粒蛀食一空。此外还可蛀秆，为害情况参见玉米螟。

辽宁年生 1~2 代，河北、山东、陕西 3~4 代，河南 4 代，长江流域 4~5 代，均以老熟幼虫在玉米、向日葵、蓖麻等残株内结茧越冬。在河北一代幼虫于 5 月中下旬至 6 月下旬先在桃树上为害，2~3 代幼虫在桃树和高粱上都能为害。以 3 代幼虫越冬，翌年越冬幼虫于 4 月初化蛹，4 月下旬进入化蛹盛期，4 月底至 5 月下旬羽化，越冬代成虫把卵产在桃树上。6 月中旬至 6 月下旬一代幼虫化蛹，一代成虫于 6 月下旬开始出现，7 月上旬进入羽化盛期，二代卵盛期跟着出现，这时春播高粱抽穗扬花，7 月中旬为 2 代幼虫为害盛期。二代羽化盛期在 8 月上、中旬，这时春高粱近成熟，晚播春高粱和早播夏高粱正抽穗扬花，成虫集中在这些高粱上产卵，第 3 代卵于 7 月底 8 月初孵化，8 月中下旬进入 3 代幼虫为害盛期。8 月底 3 代成虫出现，9 月上中旬进入盛期，这时高粱和桃果已采收，成虫把卵产在晚夏高粱和晚熟向日葵上，9 月中旬至 10 月上旬进入 4 代幼虫发生为害期，10 月中下旬气温下降则以 4 代幼虫越冬。

在河南一代卵期 8d，2 代 4.5d，3 代 4.2d，越冬代 6d；1 代幼虫历期 19.8d，2 代 13.7d，3 代 13.2d，越冬代 208d，幼虫共 5 龄；1 代蛹期 8.8d，2 代 8.3d，3 代 8.7d，越冬代 19.4d；一代成虫寿命 7.3d，2 代 7.2d，3 代 7.6d，越冬代 10.7d。成虫羽化后白天潜伏在高粱田经补充营养才产卵，把卵产在吐穗扬花的高粱上，卵单产，每雌可产卵 169 粒，初孵幼虫蛀入幼嫩籽粒中，堵住蛀孔在粒中蛀害，蛀空后再转一粒，3 龄后则吐丝结网缀合小穗，在隧道中穿行为害，严重的把整穗籽粒蛀空。幼虫在穗中或叶腋、叶鞘、枯叶处及高粱、玉米、向日葵秸秆中越冬。雨多年份发生重。天敌有黄眶离缘姬蜂、广大腿小蜂。

【防治方法】

(1) 清除越冬幼虫。在每年4月中旬，越冬幼虫化蛹前，清除玉米、向日葵等寄主植物的残体，并刮除苹果、梨、桃等果树翘皮、集中烧毁，减少虫源。

(2) 诱杀成虫。在桃园内点黑光灯或用糖、醋液诱杀成虫。

(3) 药剂防治。在高粱抽穗始期要进行卵与幼虫数量调查，当有虫（卵）株率20%以上或100穗有虫20头以上时即需防治。施用药剂，50%磷胺乳油1 000~2 000倍洒，或用40%乐果乳油1 200~1 500倍液，或用2.5%溴氰菊酯乳油3 000倍液喷雾，每亩使药液75kg。

在产卵盛期喷洒Bt乳剂500倍液。

(九) 高粱穗隐斑螟

高粱穗隐斑螟 *Cryptoblabes gnidiella* (Milliere)，分布华东、华南、中南等。主要为害高粱。为害状参见桃蛀螟。

【形态特征】

成虫：体长8~9mm，翅展11~16mm，前翅狭长，紫褐色，暗褐小点满布。翅基前缘近基部的一半和内缘及中室朝外的各翅脉带深红色，前翅中央具2条下凹的宽黑纵纹及几条较细黑纹。外横线白色，横贯细黑纹间，翅外缘有小黑点6个。后翅灰白色，略透明。翅尖、内缘及各翅脉颜色略深。

卵：长0.3~0.4mm，椭圆形，扁薄，中间稍隆，表面具皱纹。

幼虫：末龄幼虫体长10~14mm，纺锤形，体细长，低龄幼虫黄白色，长大后变为土黄色至草绿色或灰黑色。背线浅褐色，细，中胸到腹末体背两侧各具绿色波形纵带1条。亚背线较宽，黑褐色，腹节中央具一横纹划分为前后两部分，各具毛片2个，呈方形排列。

蛹：长6~7mm，黄褐色至红棕色，背面具刻点，腹部末节具2根靠得很近的直刺及4~6根弯钩小刺。

【发生规律】河北1年生3代，以老熟幼虫在高粱穗内或穗茎叶鞘处结茧越冬。翌年6月下旬至7月上旬羽化为成虫。成虫有趋光性。每穗有虫3~5条，多的可达数十条，7月中旬进入第一代幼虫为害盛期，7月下旬幼虫老熟在穗内结茧化蛹，幼虫期20~25d，蛹期6~8d，7月底8月初成虫羽化，第二代幼虫为害盛期在8月中下旬。第3代幼虫发生在9月上旬至10月。

【防治方法】

(1) 农业措施。受害高粱及时收割、脱粒和晾晒，散落和遗留的穗秆、穗渣要集中烧毁。

(2) 在高粱开花至乳熟期喷洒50%杀螟松乳油或马拉硫磷乳油1 000倍液，喷穗1次或2次。

第四节　燕麦病虫害的发生与防治

燕麦是禾本科燕麦属一年生粮、饲兼用作物，有带稃型和裸粒型2大类。带稃型籽粒带壳，常称为皮燕麦，裸粒型籽粒不带壳，常称为裸燕麦，即莜麦。燕麦和莜麦性喜冷凉、湿润的气候条件，适于在日照较长、无霜期较短、气温较低的华北北部、西北、西南等高寒地区种植，主产省（区）为内蒙古、河北、山西、甘肃、陕西、云南、四川、宁夏、贵州、青海等，各地以种植莜麦为主，但青海省以种植皮燕麦为主。我国燕麦和莜麦的病虫害问题相对较轻。病害以坚黑穗病最重要，其他较重要的还有散黑穗病、锈病、炭疽病、叶斑病、红叶病等。害虫有地下害虫、黏虫、麦蚜、草地螟、蝗虫等。

一、燕麦炭疽病

炭疽病是燕麦的常见病害，通常不重。高感品种发病可导致叶片黄枯，植株衰弱，易倒伏，籽粒不饱满，甚至严重减产。

【症状识别】病原菌侵染麦株叶片、叶鞘、茎秆甚至穗部。多在病株基部叶片、叶鞘上产生黄褐色椭圆形病斑，扩展后变不规则形、长条形，严重时叶片变黄枯死。根颈部与茎秆基部褪绿，产生黑褐色斑块，分蘖瘦弱或枯死。炭疽病的主要识别特征是在病斑上产生多数黑色小粒点，即病原菌的分生孢子盘，小粒点在叶脉间成行排列。用手持扩大镜可见小黑点上有隐约可见的黑色刺毛。

【病原菌】病原真菌为禾谷炭疽菌，属于半知菌腔孢纲黑盘孢目炭疽菌属。其寄主范围很广，寄生燕麦属、剪股颖属、雀麦属、拂子茅属、鸭茅属、披碱草属、羊茅属、茅香属、大麦属、黑麦草属、早熟禾属、棒头草属和小麦属植物。禾谷炭疽菌侵染引起多种麦类作物和草坪禾草炭疽病。

【发生规律】病原菌以分生孢子盘和菌丝体在病株残体上或在杂草寄主上越夏或越冬，然后产生分生孢子，侵染幼苗。分生孢子借风雨传播，可引起多次再侵染，使发病植株逐渐增多。另外，种子也可以带菌传病。麦类作物连作，杂草多，土壤瘠薄、缺磷、pH值高时，发病增多。田间管理不良，天气多雨高湿时病重。

【防治方法】炭疽病通常发生不重，不需采取特定防治措施，可在防治其他病害时予以兼治。重病田块可与非禾本科作物进行2年以上轮作，清除田间病残体和杂草。同时加强田间管理，增施肥料，特别是有机肥和磷肥。

二、燕麦、莜麦德氏霉叶斑病

德氏霉叶斑病是燕麦、莜麦的常见病害，分布于各燕麦产区，南方发生较多，通常不严重。种植高感品种，且当季田间湿度较高，有可能流行，造成减产。

【症状识别】病原菌主要危害叶片和叶鞘，引起叶斑与叶枯。幼苗叶片上生椭圆形至长条形病斑，浅红褐色至褐色，严重时苗枯。成株叶片初生紫红色小病斑，后扩展成为椭圆形、梭形至不规则形条斑，褐色，长度可达 0.7～2.5cm，后期有些病斑中部色泽较淡，黄褐色或红褐色，边缘色泽较浓，黑褐色或紫褐色，病斑周围可能有黄色晕环。严重时多个病斑汇合，叶片干枯。高湿时，病斑上生黑褐色霉状物。病原菌还可侵染颖壳和籽粒，病部变褐色。

【病原菌】病原真菌无性态为燕麦德氏霉，是一种半知菌，有性态为毛壳核腔菌，是一种子囊菌。该菌除了燕麦、莜麦外。还侵染大麦、小麦以及多种禾草。

【发生规律】分生孢子、菌丝体在病残体上或病种子上越冬。种子内部和种子表面都可能带菌。翌年春天越冬菌源产生分生孢子，萌发后从幼苗幼嫩组织侵入，发病后又产生分生孢子，进行多次再侵染。播种后若地温低而土壤湿度高，幼苗易发病。生长期间天气多雨高湿，适于成株叶斑和叶枯症状发展，从基部叶片先开始发病，逐渐向上层叶片部扩展。

【防治方法】种植抗病或轻病品种，收获后及时清除田间病残体，使用无病种子，必要时实行种子药剂处理。发病重的地区或田块，于发病初期开始喷施甲基硫菌灵、多菌灵或代森锰锌等杀菌剂，防治 1～2 次。

三、燕麦、莜麦壳多孢叶斑病

壳多孢叶斑病是燕麦、莜麦常见病害，病原菌危害叶片、叶鞘和茎秆，引起叶枯和倒伏，也可以侵染穗部和籽粒，在阴湿冷凉的地区发生较多，感病品种可因病减产15%以上。

【症状识别】

（1）叶片症状。叶片上生梭形、椭圆形病斑，黄褐色、红褐色或黑褐色，边缘有黄晕，扩大后病斑长径可达 1cm。多个病斑可相互汇合，形成形状不规则的斑块，造成叶枯。病斑上形成多数黑色小粒点，即病原菌的分生孢子器。病斑可由叶片基部延伸到叶鞘和茎秆上，叶鞘上病斑红褐色至黑褐色。

（2）茎秆症状。茎秆上产生灰褐色至黑褐色不规则形、长条形斑块，有光泽，多发生在上部两个茎节上，高度感病品种几乎全秆发病，严重时病斑环缢茎秆。茎秆内腔生有灰色菌丝体，病茎秆腐坏，常折倒，造成结实减少或不结实。

（3）穗部症状。颖壳上形成不规则形黄褐色或褐色斑块，外稃和内稃上生出黑色或暗褐色斑块，严重时种子也变色。

【病原菌】病原菌无性态为燕麦壳多孢燕麦专化型，是一种半知菌，有性态为燕麦暗球腔菌燕麦专化型，是一种子囊菌。

【发生规律】病原菌主要以菌丝体和分生孢子器在田间病残体中越冬，含有未腐熟病残体的有机肥，也是传染源。种子也能带菌传病。春季，越冬病残体产生分生孢子，也可能产生有性态子囊壳与子囊孢子，因地而异。分生孢子和子囊孢子主要随风雨传播，也可被昆虫、农机具等携带而传播。在一个生长季中，发生多次侵染，发病部位从基部叶片，逐渐上移。多雨高湿的天气适于发病。品种间发病程度有明显差异，早熟品种发病较轻，有的还能避病。

【防治方法】发生轻微的地区，可在防治其他病害时予以兼治。发病较重地区应采用以栽培抗病、轻病或早熟避病品种为主的综合措施。要使用无病种子，收获后要及时清除病残体，深耕灭茬，施用腐熟有机肥，搞好田间卫生，重病田可停种燕麦2~3年。育种田、种子田和高感品种生产田，可在病情上升前喷施杀菌剂药液。

四、燕麦、莜麦锈病

该病包括冠锈、秆锈和条锈3种，遍布国内外燕麦种植区。冠锈病和秆锈病是中国燕麦、莜麦的主要锈病种类，分布普遍，且偏南燕麦区受害重。冠锈病危害叶片、叶鞘和穗，秆锈病则主要危害茎秆和叶鞘，在适宜的气象条件下，能迅速暴发成灾，造成严重减产。中度至重度流行时减产达10%~40%。

【症状识别】燕麦锈病主要发生在燕麦生长的中后期，病斑生在叶片、叶鞘和茎秆上。发病初期，叶片上产生橙黄色椭圆形小斑，后病斑渐扩展出现稍隆起的小疮胞，即夏孢子堆。当孢子堆上的包被破裂后，散发出夏孢子。后期燕麦近枯黄时，在夏孢子堆基础上产生黑色的、表皮不破裂的冬孢子堆。

【病原菌】燕麦冠锈病菌 *Puccinia coronata* f. sp. *avenae* Erikss、秆锈病菌为 *Puccinia graminis* Pers. var. *avenae* Eriks. et E. Henn.。侵染燕麦的为 *P. coronata* f. sp. *avenae* Erikss 称禾冠柄锈菌燕麦专化型。性孢子器生于鼠李属植物的叶面，锈孢子器生于叶背，夏孢子堆生于燕麦叶背，椭圆形至长条形，大小（1.2~2.0）mm×（0.8~1.2）mm。夏孢子浅黄色，球形或近球形，大小（18.8~25）μm×（15~21.3）μm，壁外具细刺，无侧丝。冬孢子堆生在叶背，椭圆形，大小0.6~1.1mm，包被不破裂。冬孢子深褐色，双细胞，棍棒状，大小（33~62）μm×（14~25）μm，顶端具指状突起3~7个，状似皇冠，因此称为冠锈病。

寄生在燕麦、鸭茅等少数禾草上的秆锈菌定名为 *P. graminis* Pers. var. *avenae* Eriks. et E. Henn. 称为禾柄锈菌燕麦变种或燕麦秆锈菌。性孢子器生于小檗叶的两面，锈孢子器生在隆起的、橙黄色斑点的背面，夏孢子堆生在燕麦秆、叶或叶鞘上，长椭圆形，夏孢子球形至椭圆形，有细刺，浅褐色，大小（18~40）μm×（15~25）μm，具芽孔4个。冬孢子堆黑色，椭圆形；冬孢子双胞，棍棒状，顶部隆起或近圆形，大小（28~64）μm×（14~24）μm。

【发生规律】病害是由杂草寄主上产生的锈孢子传染而发病。在条件适合时，从病斑产生大量的夏孢子，借助雨水、昆虫、风等引起再侵染。低温地区始发于4月上旬，5月中下旬进入盛发期，一般在低洼下湿地、沟地，或密度大、通风不良、氮肥使用过多、植株贪青徒长情况下发病较重。

【防治方法】

（1）选育抗病品种如内蒙古的永456，引进的哈里曼、海蒙、罗瑟尔、加拿大西部3号、盖密涅、加利、罗德纳等。此外哈里曼、永456、73-10等抗秆锈。

（2）提前播种，使大田锈病盛发期处在燕麦的生育后期，可减少损失。

（3）大田锈病始发期和始盛期及时喷20%三唑酮乳油1 500~2 000倍或25%敌力脱乳油4 000倍液、20%敌锈钠可湿性粉剂1 000倍液，隔15~20d 1次，防治1~2次。

五、燕麦、莜麦黑穗病

为害大麦和燕麦，主要侵害籽粒，大部分整穗发病，个别中、下部穗粒发病。我国黑龙江、吉林、辽宁、河北、山西、内蒙古、四川、江苏、福建、台湾均有发生。一般减产10%左右，在河北、山西、内蒙古最高发病率曾高达40%～90%，造成大幅度减产。

燕麦、莜麦黑穗病主要是坚黑穗病和散黑穗病。坚黑穗病分布广泛，危害严重，是燕麦、莜麦最重要的真菌病害。散黑穗病也常发生，病穗率一般不过2%，但有的品种病穗率可高达25%，亦需防治。

【症状识别】燕麦坚黑穗病主要发生在抽穗期。病、健株抽出时间趋于一致。染病种子的胚和颖片被毁坏，其内充满黑褐色粉末状厚垣孢子，其外具坚实不易破损的污黑色膜。厚垣孢子黏结较结实不易分散，收获时仍呈坚硬块状，故称坚黑穗病。有些品种颖片不受害，厚垣孢子团隐蔽在颖内难以看见。

燕麦散黑穗病主要侵害穗粒，大部分整穗发病，个别中、下部穗粒发病。病株矮小，仅是健株株高的1/3～1/2，抽穗期提前。病状始见于花器，染病后子房膨大，致病穗的籽粒充满黑粉，外被一层灰膜包住，后期灰色膜破裂，散出黑褐色的厚垣孢子粉末，剩下穗轴。

【病原菌】燕麦坚黑粉菌 *Ustilago levis*（Kell. et Swing）Magn 属担子菌亚门真菌。孢子堆生在花器里。厚垣孢子球形至椭圆形，黑褐色，表面光滑无刺突，大小6～9μm。该菌有不同的生理小种。燕麦散黑穗 *Ustilago avenae*（Pres.）Rostr.。病菌孢子堆生于花器中，一般只破坏部分小穗。穗轴和芒颖受害较轻。厚垣包子圆形至椭圆形，大小（5～6）μm×（7～9）μm，橄榄褐色，表面具细刺，孢子萌发产生担子和担孢子。

【发生规律】燕麦坚黑粉菌在收获或打场时散出厚垣孢子附在种子上或落入土壤及混在肥料中越冬或越夏。孢子抗逆性强，可在土中存活2～5年，成为翌年的初侵染源。春播种子萌发时，冬孢子也随之发芽产生具3个横隔的圆棒形担子，在担子顶端产生4个担孢子。担孢子萌发后产生次生小孢子，异宗小孢子萌发后相互质配，产生具双核的菌丝，侵入寄主的幼芽。后随植株生长而向上扩展，开花时进入花器中，子房被破坏，产生大量厚垣孢子，形成病穗。厚垣孢子萌发温度范围为4～34℃，适温为15～28℃。温度高、湿度大利于发病。大莜麦、小莜麦、华北1号、尖莜麦、秃莜麦等易感病。

燕麦散黑穗病菌以厚坦孢子存在于颖片与种子之间，或以孢子萌发后的菌丝潜伏在颖片与种子之间越冬或越夏。带病种子播种后，孢子萌发或休眠菌丝恢复活动后，随之侵入幼苗。该菌是以双核菌丝从寄主幼苗的胚芽基部胚芽短于2.5cm时侵入，后随植株生长，向生长点和穗部扩展，在燕麦籽实里形成厚垣孢子。燕麦开花期，病株上的厚垣孢子散布降落在健株的花上，以菌丝体侵入护颖和种皮，使种子染病成为外观上看不出来的带菌种子。病菌在种子内越冬。病菌发育温限4～34℃，适温为18～26℃。生产上播种期降雨少，土壤含水量低于30%，幼苗出苗慢，生长缓慢，病菌侵入期拉长，当年易发病。播种过深发病重。

【防治方法】

（1）选用抗病品种。抗坚黑穗病的内蒙古的燕麦2号（品1163）、黑龙江海伦县2001品种、河北张北县2031野生种、新疆额敏2056品种、新疆沙弯2131、2132、2151品种、青海黄燕麦、黑珠子燕麦、竹子燕麦、红燕麦、苏联品种苏联燕麦1号、苏联燕麦2号、苏维埃339、匈牙利君士坦、普遍野麦、澳大利亚夫尔马克、维多利亚品种阿缓等。抗散黑穗的内蒙古的二虎头莜麦、山西北部的五寨莜麦。

（2）种子处理。①温汤浸种，用55℃热水浸种10min也可先用冷水预浸3h，然后用52℃热水浸种5min，再放入冷水中冷却，捞出晾干备用。②1%福尔马林液均匀喷在种子上，充分拌匀后盖上草袋，放置5h后马上播种。③用5%皂矾液浸种4~6h或用种子重量0.5%~1%的细硫黄粉拌种。④50%多菌灵可湿性粉剂或50%苯菌灵可湿性粉剂、15%三唑酮可湿性粉剂、50%禾穗胺可湿性粉剂，用种子重量的0.2%拌种，防效优异。

（3）抽穗后发现病株及时拔除，携至田外集中烧毁。

六、燕麦、莜麦红叶病

由大麦黄矮病毒引起的麦类黄矮病是世界性病害，小麦黄矮病流行范围最广，危害最大。但许多燕麦品种被大麦黄矮病毒侵染后，引起叶片发红，根据这一特点被称为“红叶病”。红叶病也是燕麦、莜麦的重要病害。近年该病间歇性地流行，有的年份造成很大损失。

【症状识别】幼苗得病后，病叶自叶尖变成紫红色，叶的背面较正面为深，尔后沿叶脉向下部发展，逐渐扩展成红绿相间的条斑或斑驳，病叶变厚变硬，后期呈橘红色，叶鞘紫红色，手摸叶正面有叶脉条纹凸起的粗糙感觉。病株有不同程度矮化、早熟、枯萎现象，由于病毒导致韧皮部畸形，干扰糖类的正常输送而溢出外面，使腐生性真菌得到良好的繁殖条件，故后期常呈黑色的外观。裸莜麦受红叶病侵染后，植株光合性能减弱或早衰，穗粒数、穗粒重明显下降。

【病原菌】莜麦红叶病是蚜虫传播的大麦黄矮病毒引起的，与小麦黄矮病是同一病源。病原 Barley yellow dwarf virus，简称BYDV，称大麦黄矮病毒，属病毒。病毒粒子为等轴对称的正20面体。病叶韧皮部组织的超薄切片在电镜下观察，病毒粒体直径24nm，病毒在汁液中致死温度为65~70℃。

【发生规律】病毒只能经麦蚜传染。传毒蚜虫有麦二叉蚜（*Schizaphis graminum*）、禾谷缢管蚜（*Rhopalosiphum padi*）、麦长管蚜（*Sitobion avsnae*）、麦无网长管蚜（*Metopolophium dirhodum*）、玉米缢管蚜（*Rhopalosiphum maidis*）等。这些蚜虫以持久性方式传毒。蚜虫获毒后10d内传毒率高，10d后下降，20d后仅有少数个体还能传毒。病毒由蚜虫传到燕麦植株后，经过一段时间潜育即发病。

【防治方法】

（1）选用抗病品种。

（2）清除田间周围杂草，减少传毒虫源。

（3）播种前种子用75%甲拌磷或40%甲基异柳磷乳油浸种，用药量为1kg对水

100kg 喷拌 燕麦种子 1 000 kg，晾干后播种，是一项简便易行的有效防蚜措施。

（4）药剂防治蚜虫。发现中心病株，及时灭蚜控制传毒。方法见蚜虫防治。

七、灰飞虱

灰飞虱 *Laodelphax striatellus*（Fallén）是禾谷类作物的大害虫，分布于全国各地。寄主广泛，包括小麦、青稞、大麦、莜麦、燕麦、玉米、高粱、谷子、水稻等作物以及多种禾本科草。成虫、若虫刺吸叶片汁液，使之发黄干枯，造成减产，灰飞虱还能传播病毒。能传播黑条矮缩病、条纹叶枯病、小麦丛矮病、玉米粗短病及条纹矮缩病等多种病毒病。南自海南岛，北至黑龙江，东自我国台湾省和东部沿海各地，西至新疆均有发生，以长江中下游和华北地区发生为害较重。

【形态特征】

成虫：成虫有长翅型和短翅型两种，长翅型体长（连翅）雄虫 3.5mm，雌虫 4.0mm；短翅型体雄虫 2.3mm，雌虫 2.5mm。头顶与前胸背板黄色雌虫则中部淡黄色，两侧暗褐色。前翅近于透明，具翅斑。胸、腹部腹面雄虫为黑褐色，雌虫色黄褐色，足皆淡褐色，

卵：呈长椭圆形，稍弯曲，长 1.0mm，前端较细于后端，初产乳白色，后期淡黄色。

若虫：共 5 龄。第 1 龄若虫体长 1.0~1.1mm，体乳白色至淡黄色，胸部各节背面沿正中有纵行白色部分。2 龄体长 1.1~1.3mm，黄白色，胸部各节背面为灰色，正中纵行的白色部分较第 1 龄明显。3 龄体长 1.5mm，灰褐色，胸部各节背面灰色增浓，正中线中央白色部分不明显，前、后翅芽开始呈现。4 龄体长 1.9~2.1mm，灰褐色，前翅翅芽达腹部第 1 节，后胸翅芽达腹部第 3 节，胸部正中的白色部分消失。5 龄体长 2.7~3.0mm，体色灰褐增浓，中胸翅芽达腹部第 3 节后缘并覆盖后翅，后胸翅芽达腹部第 2 节，腹部各节分界明显，腹节间有白色的细环圈。越冬若虫体色较深。

【发生规律】在北方地区 1 年发生 4~5 代。翌年春旬均温高于 10℃越冬若虫羽化，发育适温 15~28℃，冬暖夏凉易发生。华北地区越冬若虫于 4 月中旬至 5 月中旬羽化，迁向禾本科杂草和作物产卵繁殖，第 1 代若虫于 5 月中旬至 6 月大量孵化，5 月下旬至 6 月中旬羽化，5 月下旬至 6 月初为成虫羽化高峰，一代灰飞虱的有效转化率较高，由于基数高，成虫寿命长，成虫羽化期、迁移峰期逐年延长。随着农作物的收割，大量灰飞虱将不断集中向其他农作物迁移，范围广且数量大。第 2 代若虫于 6 月中旬至 7 月中旬孵化，并于 6 月下旬至 7 月下旬羽化为成虫，第 3 代于 7 月至 8 月上、中旬羽化，第 4 代若虫在 8 月中旬至 11 月孵化，9 月上旬至 10 月上旬羽化，有部分则以第 3、第 4 龄若虫进入越冬状态，第 5 代若虫在 10 月上旬至 11 月下旬孵化，并进入越冬期，全年以 9 月初的第 4 代若虫密度最大，大部分地区多以第 3、第 4 龄和少量第 5 龄若虫在田边、沟边杂草中越冬。

灰飞虱属于温带地区的害虫，耐低温能力较强，对高温适应性较差，其生长发育的适宜温度在 28℃左右，冬季低温对其越冬若虫影响不大，在辽宁盘锦地区亦能安全越冬，不会大量死亡，在-3℃且持续时间较长时才产生麻痹冻倒现象，但除部分致死外，

其余仍能复苏。当气温超过2℃无风天晴时，又能爬至寄主茎叶部取食并继续发育。灰飞虱耐寒力、耐饥力强，在全国均能越冬。

成虫翅型变化较稳定，越冬代以短翅型居多，其余各代以长翅型居多，雄虫除越冬外，其余各代几乎均为长翅型成虫。喜通透性良好的田间环境，栖息于植物植株的部位较高，并常向田边移动集中，因此，田边虫量多。成虫喜在生长嫩绿、高大茂密的地块产卵。雌虫产卵量一般数十粒，越冬代最多，可达500粒左右，每个卵块的卵粒数，由1~2粒至10余粒，大多为5~6粒。

传毒特点：不同地区灰飞虱带毒率差异显著，轻病区带毒率明显偏低；灰飞虱带毒率最高可达49%，最低仅为7%，没有带毒率为零的群体，但同时调查采集样品田块发现，灰飞虱带毒率与田间发病情况无相关性，带毒率高低可能与原始侵入灰飞虱种群带毒情况有关；对越冬代、第一代和第二代灰飞虱带毒率进行检测，结果发现灰飞虱带毒率呈“V”字形结构，多数地区越冬代带毒较高，第一代灰飞虱不能从田间获毒，带毒略有下降，第二代获毒后带毒率又有所上升，这暗示田间条件下灰飞虱带毒状况存在自然衰减和累积效应；对不同龄次及雌雄虫带毒量不同稀释度检测，发现灰飞虱体内带毒浓度随着龄次的增长而提高，低龄虫带毒浓度较低可能是其能够存活的主要理由，病毒可能会对介体的存活有一定影响。同时不同带毒灰飞虱家系的卵传带毒有高达45%以上的灰飞虱家系带毒率维持在100%，60%以上的家系带毒率在80%以上，20%的家系带毒率在40%~70%，约20%的家系带毒率在20%以下，灰飞虱种群增长及感病品种大面积种植，导致病害的突然流行，表现为流行上的暴发性。重发区病害迅速被控制，表现为间歇性，但同时轻发区可能出现病害流行，表现为流移性。

【防治方法】

（1）农业防治。增加田间通风透光度，降低湿度，创造促进作物生长而不利于飞虱孳生的田间小气候，是控制飞虱为害的重要环节。大力清除禾本科杂草，特别是稗草比较集中的发生基地，提高通透性，减轻隐蔽度。同时，还应利用化学除草剂进行大面积化学除草，消灭杂草寄主。

（2）生物防治。灰飞虱各虫期寄生性和捕食性天敌种类较多，除寄生蜂、黑肩绿盲蝽、瓢虫等外，还有蜘蛛、线虫、菌类对白背虱的发生有很大的抑制作用。保护利用好天敌，对控制白背飞虱的发生为害能起到明显的效果。协调化学防治与保护自然天敌的关系，采用选择性农药，改进施药方法，调整用药时间，减少用药次数等措施，以便充分发挥天敌的治虫作用。

（3）药剂防治。采用“突出重点、压前控后”的防治策略，选用高效、低毒、选择性农药。药剂防治灰飞虱可用喷粉、喷雾等办法。目前对飞虱的防治主要有两种特效农药——扑虱灵和吡虫啉。

扑虱灵在低龄若虫阶段施用效果最好。该药具有长效、高效但显效较慢的特点，用药后3~5d才开始显示效果，15d后效果最明显，可持续1个月。一般发生年份每亩用25%扑虱灵可湿性粉剂15g，重发生年份可提高到20~25g，加水50~60L喷雾。

吡虫啉的速效性远好于扑虱灵，持效期更长。一般年份每亩用10%吡虫啉可湿性粉剂15~20g，大发生年份可提高到30~35g，可用常规喷雾、粗水喷雾或撒毒土等方法，药后3d防效即可达90%以上，7~25d防效最好，持效期达1个半月。

长期、大面积使用少数农药极易诱发飞虱的抗药性，应选其他药剂轮换使用。喷粉常用2%叶蝉散粉、2%混灭威粉或3%速灭威粉，每亩用2~2.5kg喷粉。喷雾常用10%叶蝉散可湿性粉，每亩200g；50%混灭威乳油或50%速灭威乳油，每亩75~100g。

八、条沙叶蝉

条沙叶蝉 *Psammotettix striatus*（Linnaeus）又称为条斑叶蝉，为同翅目，叶蝉科。主要分布于西北、华北的干旱、半干旱地区。该虫危害小麦、大麦、青稞、莜麦、燕麦、黑麦、玉米、高粱、谷子和多种禾本科草，除以成、若虫直接刺吸植物汁液，分泌毒素，产生叶斑或引起整叶枯黄外，还传播小麦红矮病毒病病毒。

【形态特征】

成虫：体长4~4.3mm，全体灰黄色，头部呈钝角突出，头冠近端处具浅褐色斑纹1对，后与黑褐色中线接连，两侧中部各具1不规则的大型斑块，近后缘处又各生逗点形纹2个，颜面两侧有黑褐色横纹，是条沙叶蝉主要特征。复眼黑褐色，1对单眼，前胸背板具5条浅黄色至灰白色条纹纵贯前胸背板上与4条灰黄色至褐色较宽纵带相间排列。小盾板2侧角有暗褐色斑，中间具明显的褐色点2个，横刻纹褐黑色，前翅浅灰色，半透明，翅脉黄白色。胸部、腹部黑色。足浅黄色。

卵长：0.93mm，长卵形，浅黄色。

若虫：共5龄，5龄时背部可见深褐色纵带。

【发生规律】河北二作区一年发生3~4代，一作区发生3代，以卵在麦茬叶鞘内壁或枯枝落叶上越冬。翌年3月初开始孵化，4月可见越冬代成虫，4—5月成、若虫混发，集中在麦田为害，后期向杂草滩或秋作物上迁移。秋季麦苗出土后，成虫又迁回麦田为害并传播病毒病。

成虫耐低温，冬季0℃麦田仍可见活成虫，夏季气温高于28℃，活动受抑，成虫善跳，趋光性较弱，遇惊扰可飞行3~5m，14~16时活动最盛，风天或夜间多在作物基部蛰伏。谷子、糜黍种植面积大的地区或丘陵区适合该虫发生，早播或向阳温暖地块虫口密度大。

【防治方法】

(1) 农业防治。通过合理密植，增施基肥、种肥，合理灌溉，改变田间小气候，增强长势，抑制该虫发生。

(2) 合理规划，实行农作物大区种植，科学安排禾谷类早秋谷糜地、小麦地块，及时清除禾本科杂草，控制越冬基地，减少虫源。

(3) 该虫天敌有。叶蝉缨小蜂、赤眼蜂等，注意保护自然天敌。

(4) 及时用药。在早播田、向阳小气候优越地块，用直径33cm的捕虫网捕捉成、若虫，当每30单次扫捕10~20头时，及时喷撒1.5%乐果粉或1%对硫磷粉剂、4%敌马粉剂、4.5%甲敌粉剂，每亩用药1.5~2kg。

第五节　食用豆病虫害的发生与防治

食用豆类种类较多，其中以蚕豆、豌豆、芸豆、绿豆、小豆等最重要。豆类作物往往是许多重要病虫的共同寄主。

蚕豆属于豆科野豌豆属，具有食用、饲用、药用、培肥地力等多方面的用途。我国南北各地都有蚕豆种植，可划分为秋播蚕豆种植区和春播蚕豆种植区。春播蚕豆种植区主要包括甘肃、青海、内蒙古、山西、陕北、冀北、宁夏、新疆、西藏、川西北等地，播种面积约占全国的16%。一般3—4月播种，8月收获。普遍发生的主要病害有赤斑病、褐斑病、轮纹病、锈病、茎疫病、灰霉病、立枯病、根腐病、枯萎病、菌核病和病毒病害等多种。赤斑病和锈病是多数栽培区的重点防治对象，根腐病、枯萎病、黄萎病和多种病毒病害，有重发、多发的趋势和较大的潜在危险性，需加强监测和防控。蚕豆常见害虫有地下害虫、夜蛾类、豆天蛾、豆野螟、豆荚螟、芫菁类、盲蝽类、叶甲类、豆象类、豆根蛇潜蝇、豌豆彩潜蝇、豆秆黑潜蝇、斑潜蝇类、蚜虫类、粉虱、叶螨类等。多种蚜虫和斑潜蝇往往是田间主治对象，收获入贮后则要重点防治各种豆象。

豌豆是豆科豌豆属的世界性栽培作物，产品有干豌豆和鲜豌豆。豌豆适应性很强，我国各地均有栽培，我国豌豆有越冬栽培、春季栽培和秋季栽培等3种栽培方式。在北方地区一般春播夏收。豌豆的常见病害有褐斑病、锈病、炭疽病、菌核病、根腐病、枯萎病、霜霉病、细菌性疫病以及病毒病害等。豌豆根腐病是由多种病原菌单独或复合侵染引起的重要病害。豌豆重要害虫有斑潜蝇、豌豆彩潜蝇、豆秆黑潜蝇、蚜虫、豆荚螟、黏虫及其他夜蛾类幼虫、豌豆象等。

芸豆是普通菜豆和多花菜豆的总称，芸豆是我国主要的食用豆类，也是主要的出口杂豆，占各种杂豆出口量的60%左右。普通菜豆主要分布在我国东北、华北、西北和西南的高寒、冷凉地区，多花菜豆又叫大白芸豆，主要分布在我国西南高寒山区。黑龙江、内蒙古、云南等省是主要芸豆的生产基地。

芸豆常见的和重要的病害有锈病、白粉病、叶斑病、炭疽病、菌核病、根腐病、枯萎病、细菌性疫病、病毒病害以及根结线虫病等。重要害虫有地下害虫、斑潜蝇、蚜虫、粉虱、豆荚螟、豆野螟、大豆卷叶螟、银纹夜蛾和其他夜蛾类、大造桥虫、叶螨、菜豆象等。

绿豆和小豆都是豆科豇豆属的栽培种，均为高蛋白、中淀粉、低脂肪的药食同源作物。我国是世界上绿豆、小豆的生产大国，总产量和出口量均居世界第一位。全国大部分省区都有绿豆和小豆栽培。绿豆的主产区集中在东北三省和内蒙古。小豆的主要产区在东北、华北及黄淮地区，尤以东北三省、内蒙古、河北、陕西、山西、江苏、河南、山东、四川等省区种植较多。大体在东北、内蒙古和华北北部种植春小豆，一般5—6月播种，9月末至10月初收获；在黄淮一带和华北南部于冬小麦收获后复播夏小豆，一般6月上中旬播种，10月上中旬收获；我国种植的小豆类型也多，但以红小豆为主，占小豆种植面积的90%以上。

常见而重要的绿豆、小豆病害有锈病、白粉病、轮纹斑病、红斑病、炭疽病、菌核病、立枯病、根腐病、枯萎病、细菌性疫病以及病毒病害等。重要的害虫有地下害虫、蚜虫、豆荚螟、大豆卷叶螟、豆天蛾、夜蛾类、叶螨、绿豆象等。

在上述小杂粮作物中，只有谷子和高粱的病虫害有过详细和较深入的研究，而对其他小杂粮的病虫害，研究很不充分，防治实践也较少，不清楚的问题很多。

目前几乎没有登记用于小杂粮病虫害防治的农药品种，田间用药的实践和研究都较少。在面临病虫害大发生的紧急时刻，施用药剂几乎是唯一可行的技术措施，必须避免环境和产品污染，保障食品安全，为此必须提高药剂防治的技术水平，尽量少用农药。

一、食用豆主要病害

（一）豌豆褐斑病

褐斑病是豌豆的常见病害，分布广泛。该病菌侵染20余属50多种植物，其中有豌豆、大豆、菜豆、豇豆、蚕豆、甜豌豆、扁豆、苜蓿、三叶草等作物，但不同寄主植物的分离菌有一定的专化性。该病菌还可与另外两种壳二胞属病原菌共同危害，引起相似症状，统称为“壳二胞疫病”，生产上黑斑病、基腐病、褐斑病常混发，产量损失一般5%～15%，严重时可达50%以上。

【症状识别】病原菌侵染叶片、叶柄、茎蔓和豆荚。叶片上病斑近圆形，淡褐色、褐色，有明显的深褐色边缘，有的病斑上有2～3圈轮纹，后期病斑上长出黑色小粒点，为病原菌的分生孢子器。叶柄和茎蔓上病斑纺锤形，长椭圆形，或不规则形，褐色至紫褐色，边缘色泽较浓。茎基部发病后缢细，易倒伏，称为“基腐”或“脚腐”。果荚上病斑近圆形，灰褐色至紫褐色，边缘明显，略凹陷，后期也产生黑色小粒点。种子病斑不明显，湿度大时呈污黄色或灰褐色。

【病原物】病原真菌主要为豌豆壳二胞 *Ascochyta pisiLibert*，异名 *Diplodiamacrophomoides* Camara，是一种半知菌，有性态为豌豆亚隔孢壳，是一种子囊菌。病菌分生孢子器黑褐色，球形或扁球形，大小（100～180）μm×（100～120）μm，器壁膜质，孔口圆形，成熟时释放出分生孢子。分生孢子近圆形，双胞，无色，大小（10～14）μm×（3～5）μm，每个细胞内具1个油点。病菌发育适温15～26℃，最高33℃，最低8℃。

【发病规律】病原菌以分生孢子器或菌丝体附着在种子上或随同病残体在土壤越冬。种子带菌率较高，易于引起幼苗发病，严重时大量死苗。当季病株产生的分生孢子，随风、雨、灌溉水传播，发生再侵染。温暖、高湿、多雨露时病重，田间多雨潮湿易诱发豌豆褐斑病发生。据测定，发病的温度范围为4～35℃，适温20～21℃，叶面需保持水湿状态6h以上。条件适宜时潜育期仅6～8d。

【防治方法】

（1）重病田与非豆科蔬菜实行2～3年轮作，种植豌豆抗病或轻病品种。收获后及时清洁田园，进行深翻，减少越冬菌源。

（2）选留无病种子，同时要进行种子消毒。将种子在冷水中预浸4～5h后，置入50℃温水中浸5min，再移入冷水中冷却，晾干播种。用种子重量0.3%的70%甲基硫菌灵可湿性粉剂，或50%敌菌灵可湿性粉剂拌种。

（3）选择高燥地块，合理密植，采用配方施肥技术，提高抗病力。

（4）药剂防治。发病初期喷洒50%苯菌灵可湿性粉剂悬浮剂800倍液、70%甲基托布津可湿性粉剂500倍液、75%百菌清可湿性粉剂600倍液，每7d1次，连喷2~3次。硫悬浮剂800倍液、70%甲基硫菌灵可湿性粉剂500倍液、30%绿叶丹可湿性粉剂500~800倍液、80%喷克可湿性粉剂600倍液、75%百菌清可湿性粉剂600倍液，隔7~10d防治1次，连续防治2~3次。

（二）豌豆白粉病

白粉病是豌豆的主要病害之一，各地普遍发生。病株叶片由下向上逐层枯黄，提前衰老，豆荚产量大幅降低，品质变劣。发病轻的田块产量损失10%~30%，发病严重的更达40%以上。

【症状识别】豌豆白粉病在豌豆的整个生育期都可发生，多发生在中后期，主要为害叶、茎蔓和荚，多始于叶片。叶面染病初期现白粉状淡黄色小点，不易被察觉，随着病情扩展症状表现逐渐明显，扩大呈不规则形粉斑，互相连合，病部表面被白粉覆盖，叶背呈褐色或紫色斑块。病情扩展后波及全叶，致叶片迅速枯黄。茎、荚染病也出现小粉斑，严重时布满茎荚，致茎部枯黄，嫩茎干缩，所结豆荚萎蔫皱缩，荚粒变形坏死。后期病部现出小黑点，即闭囊壳。

【病原菌】病原菌豌豆白粉菌 *Erysiphe pisi* DC. 属子囊菌亚门真菌。分生孢子桶形至柱形，无色，单胞，大小（25.4~38.1）μm×（12.7~17.8）μm。子囊壳暗褐色，扁球形，直径92~120μm，壁细胞不规则，多角形，直径7.1~20.3μm。附属丝丝状，12~34根，为子囊壳的1~3倍。子囊5~8个，卵形，大小（55.9~76.2）μm×(35.6~42.2）μm，子囊孢子3~5个，卵形，带黄色，大小（20.3~25.4）μm×（12.7~15.2）μm。

【发生规律】该病菌可通过豌豆荚侵染种子，是一种少见的种子带菌传播的白粉病。病残体上的闭囊壳及病组织上的菌丝体，也可越冬，翌年产生子囊孢子进行初侵染，借气流和雨水溅射传播。病部产生分生孢子进行多次重复侵染，使病害逐渐蔓延扩大，后期病菌产生闭囊壳越冬。在温暖地区，病菌以分生孢子在寄主作物间辗转传播为害，无明显越冬期，也未见产生闭囊壳。在日暖夜凉、多露潮湿的环境下白粉病易发生和流行，但即使在气候干旱条件下，白粉病也有可能严重发生。品种间抗性有差异，细荚豌豆较大荚豌豆抗病。

【防治方法】

（1）农业措施。选用抗病品种，如“中豌2号”适于北京、浙江、湖北种植，“晋硬1号”“晋软1号’适于华北及西北部分地区种植，“绿珠豌豆”“小青荚豌豆”适于华北部分地区种植；提早播种期和种植早熟品种，使豌豆在病害流行前已采收，病害对其产量和品质的影响较小；收获后及时清洁病残体，集中烧毁。

（2）药剂防治。豌豆发病初期每亩喷施50%代森铵可湿性粉剂100~150g，或用15%粉锈宁可湿性粉剂50g，加水50~60kg喷雾或43%戊唑醇2 000倍、30%氟菌唑2 000倍、20%丙环唑800倍、15%三唑酮1 000倍、40%多酮800倍喷雾。重病田隔7~

10d 再喷 1 次，连续防治 2~3 次。

（三）豌豆根腐病

豌豆根部可被多种病原菌侵染，发生根腐病，严重时造成大片死苗、死株。根腐病分布很广泛，在各栽培区都有发生，且严重程度逐年递增，已成为主要防治对象之一。

【症状识别】幼苗期至成株期均可发病，以开花期染病多，主要为害根或根茎部。病株下部叶片先发黄，逐渐向中、上部发展，致全株变黄枯萎。主、侧根部分变黑色，纵剖根部，维管束变褐或呈土红色，根瘤和根毛明显减少，轻则造成植株矮化，茎细，叶小或叶色淡绿，个别分枝呈萎蔫或枯萎状，轻病株尚可开花结荚，但荚数大减或籽粒秕瘦；重病株的茎基部缢缩或凹陷变褐，病部皮层腐烂或开花后大量枯死，颗粒无收，致全田一片枯黄。

【病原菌】*Aphanomy ceseuteiches* Dreehsler 称根腐丝囊霉、*Pythiumultimum* Trow 称终极腐霉，均属鞭毛菌亚门真菌。*Fusariumsolani*（Martius） f. sp. *pisi*（Jones） Snyder et Hansen 称茄类镰孢豌豆专化型，属半知菌亚门真菌。

A. euteiches 藏卵器亚球形或近球形，顶生于通常较短的分枝上，大小 19~24μm，壁的内表面呈波纹状。卵孢子椭圆形或亚球形，近无色至深黄色，直径 14~31μm，壁厚 1~2μm。雄器顶生，多弯曲常分枝。菌丝分枝不太繁茂，游动孢子囊由营养菌丝一端产生隔膜直接形成，成熟后释放出几十至几百个游动孢子，游动孢子先成群休止，休止时球形，大小 6~10μm，不久即分散，多先生一乳头，从乳头处再释放出若干长有二根鞭毛的游动孢子，有时游动孢子休止后可直接萌发，长出芽管。

P. ultimum 在 CMA 上菌落无特殊形状，在 PCA 上呈放射状，主菌丝宽 6.2μm，孢子囊球形或近球形，多间生，个别顶生大小 19~24μm；藏卵器球形，光滑，多顶生，个别间生，大小 20~23μm；雄器 1~3 个，多为 1 个，呈囊状弯曲，典型同丝生，无柄，紧挨藏卵器，少数异丝生，具柄，大小（9.2~12.3）μm×（5.5~7.6）μm；卵孢子球形，大小 16~19μm，内含贮物球及折光体各 1 个。菌丝生长适温 32℃，最高 36~40℃，最低 4℃。

F. solani 在 PDA 培养基上菌落圆形或近圆形，白色，棉絮状，镜检有少量卵圆形或长椭圆形小型分生孢子。在燕麦皮培养基中可形成大型分生孢了，呈镰刀形，两端较钝、弯曲，多具 3 个隔膜，脚孢不明显。厚垣孢子顶生、间生或串生，呈淡褐色圆形或近圆形，表面平滑。

Thielaviopsis basicola（Berk. et Br.） Ferr. 称根串株霉、*Fusarium oxysporum*（Schl.）称尖镰孢菌、*Rhizocto-niasolani* Kühn 称立枯丝核菌、*Sclerotinia sclerotiorum*（Libert） de Bary 称核盘菌，也都可引致根腐病。

【发生规律】根腐丝囊霉和终极腐霉均可在土壤中营腐生生活，以藏卵器和菌丝体在土壤中越冬。翌年春季土壤中水分充足时，产生孢子囊。孢子囊释放出大量游动孢子，发芽后穿透幼苗子叶下轴或根部外皮层侵入，经潜育即发病。豌豆根腐病发生与土壤水分关系密切，病菌在 20℃ 左右生长良好，土壤温度低，出苗缓慢，有利于病菌侵入，易发病。排水不良的下湿地、土壤黏重发病重。茄类镰孢豌豆专化型，可从须根侵入，向侧根及主根扩展，产生长形褐色病斑，使主根缢缩，根部皮层坏死。病斑也可扩展至茎基部，造成地上部矮缩枯死。

【防治方法】

（1）选用抗病品种。如甘肃的贡井选、麻豌豆、小豆 60、704 等较抗病。

（2）与十字花科蔬菜或葱蒜实行 3 年以上轮作。

（3）药剂拌种。用种子重量 0.25%的 20%三唑酮乳油拌种或用种子重量 0.2%的 75%百菌清可湿性粉剂拌种均有一定效果。

（4）药剂防治。发病初期喷洒 20%甲基立枯磷乳油 1 200 倍液或 72%杜邦克露可湿性粉剂 1 000 倍液、72.2%普力克（霜霉威）水剂 400 倍液。喷洒恶霉灵 1 200~1 500 倍液，不仅能够土壤消毒，而且还能促进植物生长，并能直接被植物根部吸收，进入植物体内，移动极为迅速。在根系内移动仅 3h 便移动到茎部，24h 移动至植物全身。

（四）蚕豆和豌豆病毒病害

蚕豆和豌豆可遭受多种病毒侵染，发生症状复杂的病毒病害，各地发生的病毒种类并不清楚，需要通过病毒鉴定，逐步澄清。还需要警惕从国外随种子传入新病毒。

【症状识别】病毒病害的症状复杂，通常表现出重花叶、株矮、叶皱及早枯等严重症状。

【病原菌】蚕豆萎蔫病毒 Broad bean wilt virus 简称 BBWV。豌豆病毒病种类很多，国外鉴定出 30 多种，我国已鉴定出 9 种，其中 BBWV 是我国豌豆主要毒源，占检测样本 59%。病毒粒体球形，直径 25nm，钝化温度 50~55℃，稀释限点 1 000~10 000 倍，体外保毒期 72h。

【发生规律】可由桃蚜、豆蚜以非持久性方式传毒。在田间经常出现 BBWV 与 BYMV（Bean yellow mosaic virus）、CYMV（Clover yellow vein virus）、PSbMV（Rolling-borne mosaic virus）等复合侵染的情况。各种病毒均可在田间或在保护地内的植物活体上越冬。另外，种子也可带毒，成为第二年主要初侵染来源。翌年播了带毒的种子，发芽时病毒即侵染，田间出现幼苗病株。病毒在田间传播蔓延，主要靠蚜虫传毒。此外，农事操作接触摩擦也可传播，致使田间病株越来越多。发病与温、湿度有关，一般温度高，气候干旱，湿度低，利于发病。发病还与蚜虫有关，管理粗放，蚜虫多，发病重。此外，肥料不足，植株生长衰弱，加上不及时浇水，土壤干燥等，病毒也会加重。

【防治方法】

（1）农业措施。①选用内软 1 号豌豆等抗病品种。②合理规划成片种植，由于近郊菜区毒源作物多，发病重，尤其小片地发病更重。提倡向远郊发展，成片集中种植，避病作用明显。③从无病地上留种，或从无病株上采种。④与大蒜套栽，避蚜防病作用明显。⑤适时播种，施足基肥，增施磷、钾肥。适时灌水，调节田间小气候，增加湿度，有利于豌豆生长不利于蚜虫发生。⑥避免农事操作接触传播，最好两人一组，一人专管病株，一人专管健株，干完活后用浓肥皂水洗手。

（2）种子消毒。用 10%磷酸三钠浸种 20min 后捞出种子，用清水冲洗干净晾干后播种。

（3）早期治蚜防病保苗。根据天气、苗情、虫情在第一片真叶长出后及时喷药灭蚜，以后视情况 5~7d 后再喷 1 次。常用药剂：50%抗蚜威可湿性粉剂 2 000 倍液或 20%氰杀乳油 2 000 倍液。

（4）发病初期防治病毒。喷洒 20%毒克星可湿性粉剂 500 倍液或 1%~5%植病灵乳剂 1 000 倍液、83 增抗剂 100 倍液，隔 10d 左右 1 次，连续防治 2~3 次。采收前 5d 停止用药。

（五）蚕豆赤斑病

赤斑病是蚕豆的主要病害，各地都有发生，在长江流域、东南沿海栽培地区以及西北的阴湿地带发病尤其普遍，严重时病株叶片早落，早衰枯死，甚至可成片死亡，减产高达 50%~70%。

【症状识别】该病主要侵害叶、茎、花部，叶片染病初生赤色小点，后逐渐扩大为圆形或椭圆形斑，直径 2~4mm，中央赤褐色略凹陷，周缘浓褐色稍隆起，病健部交界明显，病斑布于叶两面；茎或叶柄染病开始也现赤色小点，后扩展为边缘深赤褐色条斑，表皮破裂后形成裂痕；花染病遍生棕褐色小点，扩展后花冠变褐枯萎；荚染病透过荚皮进入种子内，致种皮上出现小红斑。

【病原菌】*Botrytis cinerea* Pers.、*Botrytis fabae* Sard. 称蚕豆壳二孢，均半知菌亚门真菌。前者寄主广泛，后者只侵染蚕豆。但寄生性更强，分生孢子个体更大，菌核较小。前一种分生孢子（9~15）μm×（6.5×9.5）μm，菌核 5~8mm。后一种分生孢子（11~25）μm×（8~23）μm，菌核（0.5~1.5）mm×（0.2~0.7）mm。

【发生规律】赤斑病以菌核在土壤中、以菌丝体在病残株上越夏、越冬，种子也可带菌，带菌率仅 1.5%。在南方各蚕豆区病菌尚可在秋末冬初侵染蚕豆，以菌丝体在病株上越冬。在适宜条件下，菌核和菌丝都能产生分生孢子，引起初次侵染。以后田间病株上陆续产生大量的分生孢子，借风雨传播，进行重复侵染。病菌侵染最低温度为 1℃左右，最高 30℃，最适温度为 20℃，35℃以上分生孢子不能萌发，菌丝停止生长。在寄主表面有一层水膜时才能发芽侵入。潜育期约 48h，到产生行动分生孢子完成侵染循环，7~10d。蚕豆开花后，抗病力减弱，容易发病。播种过早，冬前发病重；密度高、生长柔嫩的蚕豆田、排水不良的低湿田、缺钾田，发病均重。连作田中，单作田块比豆麦间作出病重。

【防治方法】

（1）种植抗病品种，合理轮作，提倡高畦深沟栽培，雨后及时排水，降低田间湿度，适当密植，注意通风透光。

（2）种子及土壤消毒处理，播种前种子用 1%石灰水加新高脂膜 800 倍液浸种 24h；土壤处理用 50%敌磺钠湿粉（敌克松）500 倍液加新高脂膜 800 倍液喷施土壤。

（3）药剂防治，田间喷雾可用 2：1：200 波尔多液或甲基托布津 1 000 倍液，或亩用 75%百菌清 WP 90g、60%唑醚·代森联 WG 60g、80%代森锰锌 WP 160g、250g/L 吡唑醚菌酯 EC 40mL 均有较好预防效果，在蚕豆初花期进行第一次喷药，间隔 7~10d 第二次喷药，连续喷药 2~3 次，注意不同类型药剂轮换使用。对鲜食籽粒上市的田块，还应注意安全用药间隔期。

（六）蚕豆轮纹病和褐斑病

轮纹病和褐斑病是蚕豆的重要病害，在我国东北、华北和长江流域各省普遍发生，尤以长江流域各省发病为重。各地都有程度不同的发生。早期发病，可能造成幼苗枯死；成株期大发生时造成落叶，折茎，病株衰弱、枯死或严重减产。蚕豆褐斑病见豌豆褐斑病。

【症状识别】蚕豆轮纹病主要危害叶片，有时也危害茎、叶柄和豆荚。叶片染病，初生约 1mm 大小的紫红褐色小点，后扩展成边缘清晰的圆形或近圆形的黑褐色轮纹斑，边缘明显隆起，病斑直径 5～7mm。叶片上常生多个病斑，病斑扩展不受叶脉限制，相互融合后成不规则大型斑，导致病叶变成黄色，最后成黑褐色，直至病部穿孔或干枯脱落。遇到湿度大的雨后及阴雨连绵的天气，病斑正、背两面均可长出灰白色薄霉层（即病原菌的分生孢子梗和分生孢子）。叶柄和茎染病，产生梭形至长圆形、中间为灰色的凹陷斑，病斑具深赤色边缘。豆荚染病，病斑微小，圆形直径约 1mm，呈黑色凹陷状。

【病原菌】蚕豆尾孢菌 *Cercospora fabae* Fautrey（异名为轮纹尾孢 *Cercospora zonata* Winter）属半知菌亚门真菌。蚕豆尾孢在培养基上，菌落初为白色，渐呈浅灰至深灰色或深橄榄色至黑色。中间稍凸起，边缘具 1、2 条轮纹，不产孢。分生孢子梗褐色束状，由叶面抽出，具隔膜 0～5 个，不分枝，大小（15.8～99.4）μm×（4.6～6.0）μm。分生孢子无色透明，顶生，细长，直或弯，鞭形至倒棒状，具隔膜 1～15 个，大小（56～64）μm×（3.8～4.2）μm。

【发生规律】病菌以菌丝块随病叶遗落在土表或附在种子上越夏和越冬。翌年产生的分生孢子为初次侵染源，借助风雨传播进行再侵染。病菌发育的最适温度为 25℃左右，最高温度为 30℃，最低温度为 5℃。病叶的增加和扩展主要受气温高低及前 3～5d 早晨叶片上有无露水两个条件制约。一般连续 3d 早晨蚕豆叶上有露水，气温 18～20℃，病叶出现高峰。蚕豆苗期时潮湿多雨易发病，土壤黏重、排水不良或缺钾的田块发病重。此外，播种早、蚕豆和玉米套种发病重。蚕豆与洋芋套种可减轻发病。

【防治方法】

（1）农业防治。选择抗病品种，适时播种，提倡高畦栽培，雨后及时排水，增施有机肥，收获后清洁田园和深耕。

（2）种子处理。播种前用 56℃的温水浸种 5min。

（3）药剂防治。在发病初期开始防治，每隔 5～7d 喷 1 次，连续防治 2～3 次。可选用 20%龙克菌悬浮剂 400 倍液，或用 14%络氨铜水剂 300 倍液，或用 77%可杀得可湿性粉剂 500 倍液等，进行喷雾防治。

（七）蚕豆锈病

蚕豆锈病是蚕豆的常见病害，该病害已遍及中国各蚕豆种植区。借气流传播扩散到寄主叶面，直接侵入蚕豆，病株叶片、茎秆、豆荚上布满锈菌孢子堆，抑制光合作用，甚至引起落叶，感病品种在大发生年份减产可达 50%以上。

【症状识别】该病菌主要为害叶和茎。初期仅在叶两面生淡黄色小斑点，直径约 1mm，后颜色逐渐加深，呈黄褐色或锈褐色，斑点扩大并隆起，形成夏孢子堆。夏孢子堆破裂飞散出黄褐色的夏孢子，后产生新的夏孢子堆及夏孢子扩大蔓延，发病严重的整个叶片或茎都被夏孢子堆布满，到后期叶和茎上的夏孢子堆逐渐形成深褐色椭圆形或不规则形冬孢子堆，其表皮破裂后向左右两面卷曲，散发出黑色的粉末即冬孢子。

【病原菌】蚕豆单胞锈菌 *Uromyces fabae*（Pers.）de Barv 属担子菌亚门真菌。夏孢子堆生于叶两面或叶柄和茎上，初埋生，后突破表皮，呈褐红色，大小 0.2～1.0mm。夏孢子淡褐色，有刺，球形至椭圆形，大小（22～33）μm×（16～27）μm，壁厚 1.5～2.5μm，具 3～5 个芽孔。冬孢子堆生于叶两面或叶柄及茎上，长 1～5mm，黑褐色或黑色。冬孢子椭圆形，顶部圆或平，下部略窄，大小（22～42）μm×（15～30）μm。

【发生规律】我国北方以冬孢子附着在蚕豆病残株上越冬。第二年冬孢子萌发时产生担子及担孢子，担孢子成熟后脱落，借气流传播到寄主叶面，萌发时产出芽管，直接侵入蚕豆，后在病部产生性子器及性孢子和锈子腔及锈孢子，然后形成夏孢子堆产出夏孢子，借气流传播形成再侵染，秋季形成冬孢子堆及冬孢子越冬。南方以夏孢子进行初侵染和再侵染，并完成侵染循环。

锈病的发生与温度、湿度、品种及播种期等有密切关系。锈菌喜温暖潮湿，气温 14～24℃，适于孢子发芽和侵染，夏孢子迅速增多，气温 20～25℃易流行，所以多数蚕豆产区都在 3—4 月气温回升后发病，尤其春雨多的年份易流行。从土质和地势看，低洼积水、土质黏重、生长茂密、通透性差发病重。植株下部的茎叶发病早且重。早熟品种生育期短，可避病。

【防治方法】采用综合防治法才能收到较好的效果。

（1）适时播种，防止冬前发病，减少病原基数，生育后期避过锈病盛发期。

（2）选用早熟品种，在锈病大发生前收获或接近成熟时收获。

（3）合理密植，开沟排水，及时整枝，降低田间湿度。

（4）不种夏播蚕豆或早蚕豆，减少冬春菌源；冬播时清水洗种也可减轻发病。

（5）发病初期开始喷洒 15%三唑酮可湿性粉剂 1 000～1 500 倍液、50%萎锈灵乳油 800 倍液、50%硫黄悬浮剂 200 倍液、25%敌力脱乳油 3 000 倍液、25%敌力脱乳油 4 000 倍液加 15%三唑酮可湿性粉剂 2 000 倍液，隔 10d 左右 1 次，连续防治 2～3 次。

（八）芸豆菌核病

菌核病是芸豆的重要病害，可引起茎蔓枯死，豆荚腐烂。病原菌可以在土壤中长期生存并随土壤和病残体传播，若防治不力，病原菌在土壤中不断积累，使病情逐年加重，甚至可能造成毁灭性损失。

【症状识别】该病主要发生在保护地栽培的春芸豆和秋延后芸豆上。从幼苗到成株均可发病，以花期为害最重。其主要鉴别特点是各发病部位软腐，潮湿时，产生白色棉絮状菌丝体和较大的黑色鼠粪状菌核。严重时导致植株萎蔫枯死。

幼苗期先在茎基部出现暗褐色水浸状病斑，向上、下发展，使整个幼茎变褐软腐，叶片萎蔫脱落，幼苗枯死。病苗根部腐烂，须根少，可以很容易地从土壤中拔出。

成株茎基部或第 1 分枝分杈处，产生水浸状不规则形暗绿色、污褐色病斑，后变为灰白色，病部皮层纤维状干裂。茎蔓相互缠绕相连处，以及茎蔓与叶片相接触处易发病。蔓生菜豆多在贴近地面的茎蔓部分变褐腐烂。发病部位以上茎叶萎蔫，枯死。茎基部腐烂的，往往全株枯死。发病茎蔓表面和茎组织内产生密集的白色菌丝和黑色菌核。

叶片发病，生出暗绿色水浸状不规则形大病斑，叶片略向背面卷缩，叶片背面产生密集的白色菌系。腐烂部分可扩展到叶柄，病叶褪绿，继而萎蔫干枯。病原菌能在衰老花瓣上腐生，花器褐腐并生白色菌丝，进而侵染嫩荚，引起豆荚变褐腐烂。

豆荚还可以从与茎蔓或叶片接触部位开始发病，出现水浸状腐烂。病豆荚也产生白色菌丝和黑色菌核。贮藏期豆角堆积过密，环境湿度过大，豆荚可继续腐烂，并波及周围健康豆荚。

【病原菌】菌核病由子囊菌门的核盘菌 *Sclerotinia scerotiorum*（Lib.）de Bary 引起。核盘菌能危害 400 多种植物，包括多种蔬菜。

【发生规律】核盘菌以菌核夹杂在种子或落在土壤中，或在病株残体、堆肥上越季，成为下茬初侵染的来源。越季菌核萌发产生子囊盘，继而放散出子囊孢子，子囊孢子和菌丝借气流、雨水、灌溉水侵染传播，蔓延。菌核萌发还可直接产生菌丝，侵染植物。通过植株之间的相互接触，发病部位长出的菌丝也能蔓延到邻近健康茎、叶、果荚，引起再侵染。病菌发生的适宜温度为 5～20℃，最适温度 15℃，相对湿度 100%，冷凉潮湿的条件下发病较重。

【防治方法】

（1）种子处理。种子混有菌核时，可用 10%盐水选种，彻底剔除菌核，用清水洗净后播种。

（2）农业防治。在无病株上留种；实行轮作，拉秧时清除病株残体，结合整地进行深翻，将菌核埋入土壤深层。不偏施氮肥，增施磷钾肥提高植株抗性。保护地实行地膜覆盖，阻隔子囊盘出土。适当提高棚内温度（25℃），及时摘除老叶。控制浇水，尽量降低棚室湿度。

（3）药剂防治。发病初期及时喷药保护，对老叶与植株基部土壤重点喷药，开花期后转至植株上部。常用药剂有 10%速克灵烟剂，每亩每次 250g，傍晚点燃，或用 40%菌核净可湿性粉剂 1 000 倍液，50%多菌灵可湿性粉剂 800 倍液，30%醚菌酯水剂 1 200 倍液，40%嘧霉多菌灵 1 000 倍液，苯甲丙环唑 1 200 倍液，30%恶霉灵水剂 1 200 倍液，65%烟酰嘧霉胺 800 倍液，50%啶酰菌胺 1 000 倍液等叶面喷施。每隔 10d 喷 1 次，共喷 2~3 次。

注意：40%菌核净可湿性粉剂和 10%菌核净烟雾剂是防治菌核病的常用药剂。具有保护作用和内渗治疗作用，持效期较长。现已发现保护地种植的菜豆伸蔓期和芹菜苗期对该药剂较敏感，用 40%菌核净进行常规喷雾后，对蔬菜的生长会有明显的抑制作用，对菜豆的开花、结荚产生明显的不利影响，延迟芹菜的收获期 20d 左右，应慎用。10%菌核净烟雾剂，每亩温室大棚中，设烟剂放置点 10～15 个，每点用药 25g，各点的位置要距离蔬菜 30cm 以上。

（九）芸豆镰刀菌根腐病

镰刀菌根腐病是芸豆的常见病害，由于连茬增多，发病趋重，严重时甚至连片死秧，产量损失可达 50%～70%。镰刀菌根腐病还常与其他种类的根部病原菌复合侵染，症状复杂，危害加重。

【症状识别】从苗期到成株都可发病，主要危害根部和茎基部皮层，造成皮层腐烂，导致地上部叶片萎蔫黄枯。高湿时病株根部、茎基部生出粉红色霉状物，干旱时病根干缩。

幼苗多在出苗后2~3周发病，先是初生根发病，随之次生根也发病，病部表面出现红褐色斑点或条斑，扩展后根部变红褐色或黑褐色腐烂，可深达皮层内部。腐烂部分略下陷，皮层易剥离，有时纵裂。侧根也腐烂变褐，残留很少。幼茎基部病痕褐色，长条形，可环绕茎基部一周。因根部腐烂，幼苗叶片自下部开始相继发黄，上部真叶也萎蔫，但病叶一般不脱落。发病严重的幼苗烂死。

成株根系被侵染，从主根根尖开始变褐腐烂，病变部分稍下陷，表皮开裂，变色腐烂部位还向根内发展，深入皮层，小根、侧根腐烂脱落，整个根系变红褐色坏死。腐烂部分可延伸到茎基部。有时在主根腐烂部分的上方生出多数侧根。一般到开花结荚期，地上部分表现出明显异常，病株矮小，下部叶片变黄，荚瘪瘦。因根系腐烂，病株很容易地被拔出。

根腐病与枯萎病都造成叶片变黄枯萎，容易混淆。但根腐病局部侵染，引起根部皮层腐烂，枯萎病系统侵染，剖视茎基部，可见维管束变褐色。

【病原菌】病原 *Fusarium oxysporum* Schl. f. sp. *ptsi*（van Hall）Snyder & Hansen. 称尖孢镰刀菌豌豆专化型，属半知菌类真菌。在PSA培养基上，菌丝平铺或厚密，正面苍白色或带紫白色，背面米黄色、紫色或蓝紫色，菌株培养5d的菌落直径45.5~71mm。小分生孢子长椭圆形至卵圆形或腊肠形，着生在侧生瓶状小梗上或短的侧生分生孢子梗上的瓶状小梗上。厚垣孢子近球形、淡黄色，大分生孢子是对称型镰刀形，中间宽，向两端渐窄，顶端细胞略呈喙状，多3个分膈，大分生孢子大小（22.95~50.1）μm×（3.06~4.08）μm。

【发生规律】根腐病为土壤习居菌，主要以菌丝体、厚垣孢子或菌核在土壤、病残体和种子中越冬，成为主要初侵染源。病菌主要分布在0~25cm耕作层，翌年种子发芽时，耕作层病菌数量迅速增多。

初侵染过程：在接种24h后，豌豆尖孢镰刀菌从豌豆幼苗根部的根冠、分生区、伸长区、根毛区、根毛和根毛后区均可成功侵染。但各侵染区的情况因细胞壁的木质化程度不同而有所不同。当菌丝从根冠、分生区和幼根毛等薄壁细胞组织侵入时，菌丝形态未见异常变化，可从细胞间隙或细胞壁直接侵入，通常菌丝顶端呈锥形，寄主细胞反应亦不明显，有时可见寄主细胞壁内侧原生质有颗粒状抗性物质产生。而当菌丝从伸长区、根毛区、根毛后区及木质化根毛侵入时，通常菌丝顶端明显膨大呈“头状”，附着于寄主细胞壁，后产生一个极细的侵入丝，穿透木质化的细胞壁而进入寄主细胞，当侵入丝进入细胞壁后呈卵形膨大，迅速杀死寄主细胞，后进一步向内部细胞侵入。初侵入有时可见寄主细胞在菌丝侵入点上产生一个乳状突起，阻止菌丝进入。当菌丝进入寄主体内从一个细胞进入另一个细胞时，薄壁细胞亦可直接侵入，木质化细胞在菌丝通过细胞壁时明显缢缩。

该病属弱寄生性—环境主导作用发生型病害，病原寄生性不强，寄主植物由于受到不利环境条件的影响，致原有的抗性减小而感病。病害发生流行的主要因素是土壤温度和湿度，根腐病菌的生长最适温度为25~30℃。土壤湿度大，持续时间长的情况下才会发病。害虫发生多，连作地块往往发病较重。凡不利幼苗生长发育的条件，常利于根腐病发生。春季低温及低洼地或下水头，连续降雨，根、茎基部伤口多易发病。播种过深、过早、幼苗出土慢及重茬、耕作粗放地块发病重。

【防治方法】

（1）农业防治。种植轻病、耐病品种。病田不宜连作，需换种禾谷类作物、白菜类蔬菜、葱蒜类蔬菜等非寄主作物，实行3~4年以上轮作。在多雨地区或灌区，宜采用高垄栽培，合理排灌，避免土壤过湿或过干。要适期播种，合理密植，增施肥料，保证植株健壮生长。发现病株后要立即拔除，病穴及四周撒施生石灰粉或药土消毒。

（2）药剂防治。药剂防治要提早，在茎叶症状明显时用药已为时过晚，需在发病初期施药。有效药剂有70%甲基硫菌灵可湿性粉剂800~1 000倍液或60%多菌灵盐酸盐水溶性粉剂800倍液或30%恶霉灵（土菌消）水剂600倍液或10%苯醚甲环唑（世高）可混性粉剂3 000倍液等，在发病初期喷淋茎基部。连喷2~3次。另外，还可用多菌灵、代森锰锌、可杀得等杀菌剂的药液灌根，或者用多菌灵、甲基硫菌灵等制成的药土穴施。

（十）芸豆枯萎病

枯萎病是菜豆重要的萎蔫性病害，各主要芸豆栽培地区都有发生，发病植株茎叶枯萎，结荚显著减少，发病严重的在结荚盛期就可能死亡。严重时病株率高达30%~50%，个别田块可达90%以上，甚至整畦枯萎死亡，对菜豆产量影响很大。

【症状识别】病株地上部分的症状，通常在开花结荚期方明显表现，病害由茎基迅速向上发展，引起茎一侧或全茎变为暗褐色，凹陷，茎维管束变色。先从下部叶片开始发黄，逐渐向上部叶片发展。发病叶片的叶脉变褐，叶脉间变黄，有时叶尖和叶缘变黑焦枯，继而叶片萎蔫以至枯死。发病早的病株明显矮小。急性发病时，病害由茎基向上急剧发展，引起整株青枯。结荚明显减少，豆荚的背部腹缝合线也出现黄褐色。剖视茎、枝和叶柄，可见一侧或全部维管束变黄褐色或黑褐色。病情较轻的植株常在晴天中午萎蔫，早晚恢复，一般在结荚盛期会引起植株大量枯死。

病株根变色，侧根少。与根腐病不同，病株根部、茎部在发病初期并不表现外在症状，但剖检茎基部可见维管束变褐色或红褐色。到发病后期，特别是并发其他根部致病菌后，也发生根系腐烂，细根先变褐腐烂，以后主根也腐烂。

【病原菌】此病由真菌半知菌亚门尖孢镰孢菜豆专化型 *Fusarium oxysporum* f. sp. *phaseoli* Kendrick & Snyder 侵染引起。

【发生规律】病菌以菌丝、厚垣孢子、菌核随病残体在田间越冬，在土中在无寄主的条件下可存活3年以上。种子也带菌，通过流水、雨水、农具、土壤、带菌肥料等进行短距离传播。病菌从芸豆的根尖或伤口侵入，在寄主维管束内扩展蔓延，导致导管堵塞，影响水分输送，引起病株萎蔫。

病菌生长发育的适温为28℃，最适宜发病的气候条件为温度24~28℃，相对湿度80%。当平均气温达20℃时，田间开始出现病株；气温上升到24~28℃时，病害进入盛发期，病害发展迅速。适温多雨天气发病重，多年连作、地势低洼、土壤湿度大、肥力不足、管理粗放的田块发病重。

【防治方法】

（1）选用抗病品种。要因地制宜选用抗病丰产品种。对枯萎病的抗病性可能具有小种专化性，仅对一定的小种有效，在育种和引种时应注意小种变化。

（2）轮作。重病地应换种禾谷类作物或其他非寄主作物 3 年以上。前茬收获后及时清除病株残体并集中烧毁。

（3）种子处理。播种不带菌种子或进行种子药剂处理。可用种子重量 0.5%的 50%多菌灵可湿性粉剂拌种，或用 40%甲醛 300 倍液浸种 30min，再用清水冲洗干净，晾干后播种。

（4）土壤处理。播种前用 50%多菌灵可湿性粉剂每亩用药 1.5kg，加细土 30kg，混匀制成药土施用。初发病地块，应及时清除病株，深埋或销毁，病穴撒施药土或灌浇杀菌剂药液消毒。

（5）药液灌根。在田间出现零星病株时，用杀菌剂药液灌病株根部，可用 70%甲基硫菌灵可湿性粉剂 800 ~1 000 倍液，50%多菌灵可湿性粉剂 600 倍液，10%双效灵水剂 300~400 倍液，10%恶得灵（土菌消）水剂 400 倍液，或用 10%苯醚甲环唑（世高）可湿性粉剂 3 000 倍液等。每株不少于 50mL，间隔 7~10d 后，再灌 1 次。

（十一）芸豆细菌性疫病

细菌性疫病是芸豆的常见病害，还侵害绿豆、小豆、豇豆和扁豆等。病株叶片干枯，病田呈现火烧状，因而又称为“火烧病”或“叶烧病”。发病严重时芸豆产量和品质剧降。

【症状识别】叶片、茎蔓、豆荚和种子等部位都可受害，而以叶部为主。在叶片上先出现暗绿色油渍状小斑点，后扩大成为较大的褐色病斑，近圆形至不规则形，病斑周围有明显黄色晕环。往往在叶尖和叶缘发生较多，在叶缘的病斑多发展成为“V”字形斑。病斑组织干枯变薄，近透明，易破裂穿孔。多个病斑汇合后可使全叶变褐枯萎，通常病叶不脱落。茎蔓上产生红褐色稍凹陷的溃疡状条斑，扩展后可绕茎一周，导致上部茎叶枯萎。豆荚上病斑不规则形，红褐色，严重时豆荚萎缩，种子变色，脐部有黄褐色、稍凹陷的小斑。潮湿时各部位病斑上有淡黄色的菌脓溢出，干燥后变成黄白色的菌膜。

【病原菌】病原为 *Xanthomonds phaseoli*（Smith）Dowson. 属黄单胞杆菌。细菌杆状，（0.5~3.0）μm×（0.3~0.8）μm，极生鞭毛一根，有夹膜，不产生芽孢。革兰氏反应阴性。

【发生规律】病菌主要在种子内越冬，可存活 3~5 年，也可随病残体留在土壤中存活 1~2 年。带菌种子萌芽后，先后其子叶发病，子叶上产生的病原细菌，再通过风雨、昆虫、人畜等传播到豆株上，从气孔和伤口侵入。温度 20~32℃，寄主表面有水珠适于本病流行，但到 36℃时病害则逐渐停止。在高温下潜育期一般为 2~3d。高温多雨特别是暴风雨该病加重。红蜘蛛、蚜虫为害重，播种过早过密，植株生长不良，病害均加重。

【防治方法】

（1）减少菌源。病地与非豆科作物轮作 3 年以上。收获后彻底清除病株残体，深耕翻土，以减少田间菌源。应使用无病种子，不用病田病区生产的种子。种子可用 95%敌磺钠（敌克松）粉剂拌种，用药量为种子重量的 0.3%。还可用农用链霉素药液浸种，药液浓度和浸种时间由试验确定。

（2）加强栽培管理。实行高畦定植，地膜覆盖，加强通风，避免环境高温高湿。施用腐熟有机肥，促进植株健壮生长。

（3）药剂防治。发病初期可喷洒 47%春雷・王铜（加瑞农）可湿性粉剂 800 倍液、77%氢氧化铜（可杀得）可湿性粉刘 800 倍液、30%琥胶肥酸铜可湿性粉剂 600～800 倍液、12%松脂酸铜（绿乳铜）乳油 600 倍液、60%琥・乙膦铝可湿性粉剂 500 倍液、10%双效灵（混合氨基酸铜络合物）水剂 300～400 倍液、78%波尔・锰锌（科博）可湿性粉剂 600 倍液、20%噻菌铜（龙克菌）悬浮剂 500～700 倍液、或用 72%农用硫酸链霉素可溶性粉剂 3 000～4 000 倍液等。一般间隔 7～10d 喷 1 次（科博施药间隔期为 10～15d），连喷 2～3 次。

（十二）菜豆花叶病

花叶病是由多种病毒单独或复合侵染所产生的病害，发生普遍，是芸豆的重要病害。栽培高感品种或早期发病，损失率可高达 30%～40%。

【症状识别】侵染芸豆，引起花叶症状的病毒有多种，各种病毒引起的症状有所不同，田间发病往往是几种病毒复合侵染的结果，症状表现更为复杂。

菜豆普通花叶病毒侵染后，病株表现黄绿相间的花叶，有时叶片沿主脉下卷。嫩叶初期还有明脉现象。另外，叶面还出现疱状突起，沿叶脉有绿色带以及叶片畸形等异常现象。早期侵染的植株生育不良，矮小，变黄。荚果短小，表现斑驳、褪绿、畸形等症状。有的品种还发生系统性叶脉黄化，叶脉坏死或局部坏死斑。具有抗病基因 I 的品种则发生全株系统性过敏性坏死。

菜豆黄色花叶病毒的典型症状为黄花叶，也常出现叶片畸形、扭曲、落叶等症状、早期被侵染的植株矮小。该病毒有的植株系引起下叶基部变紫色，叶柄、茎部坏死，或叶片产生局部坏死斑。

黄瓜花叶病毒菜豆株系的症状与菜豆普通花叶病毒相似，表现花叶、卷叶、疱斑等，有的品种发病后沿主脉出现拉链状皱纹。

【病原菌】引起菜豆花叶病的病毒有三种：菜豆普通花叶病毒（BGMV），除为害菜豆外，一些菜豆属植物蚕豆、豇豆和扁豆等也被害。病毒长杆状，大小 750μm×（12～13）μm，致死温度钝化点 56～58℃，体外存活 24～32h，不侵染豌豆。

菜豆黄色花叶病毒（BYMV），除包括菜豆普通花叶病毒的寄主植物外，还有豌豆、大豆、两种三叶草、白色扇扁豆、白色甜三叶、黑色紫苜蓿、唐菖蒲等。病毒长杆状，大小 750μm×（12～13）μm，致死温度钝化点 60～65℃，体外存活 24～32h。

黄瓜花叶病毒芸豆株系（CMV）只为害芸豆。

【发生规律】菜豆普通花叶病毒借种子传毒率达 30%～50%，田间主要靠蚜虫传毒。菜豆黄色花叶病毒未发现种子传毒，极易汁液接种，也可由桃蚜等多种蚜虫传播。黄瓜花叶病毒主要蚜虫传毒。高温干旱、排水不良、氮肥过量、土壤黏重等条件均利于发病。

【防治方法】防治蚜虫是关键防治措施，要及早安排。方法见蚜虫防治。

(1) 农业防治。种植抗病、轻病、耐病品种。品种间抗病性有明显差异，要因地制宜，鉴选抗病品种。缺乏抗病品种时，要尽量利用轻病或耐病品种、前者症状表现相对较轻，后者虽然发病较重，但产量损失较轻。另外，要选留无病种子，不由病田留种。

(2) 种子处理。将种子用清水预浸后，再放入 10%磷酸三钠溶液中浸种 20~30min，捞出后用清水冲洗干净。可以钝化种子表面的病毒。

(3) 药剂防治。发病初期可选喷 1.5%植病灵乳剂 1 000 倍液、NS83 增抗剂 100 倍液、20%盐酸吗啉胍·铜（病毒 A）可湿性粉剂 500 倍液、5%菌毒清水剂 300 倍液等，10d 左右 1 次，连续防治 3~4 次。

(十三) 绿豆和小豆红斑病

红斑病也称为尾孢叶斑病，是绿豆和小豆的常发病害，在多雨高湿条件下，高感品种可严重发生，病株叶片由下而上枯死，造成减产，若发生较晚，则受害较轻。

【症状识别】病株叶片上病斑圆形、近圆形、不规则形，多数直径 5~8mm，病斑的边缘浓褐色，中间灰褐色至红褐色，后期病斑背面密生灰黑色霉状物。严重时，病斑之间相互汇合，致使病叶干枯。茎上和豆荚上也产生类似病斑。

【病原菌】病原真菌 *Cercospora canescens* Ell. et Mart. 为变灰尾孢，是一种半知菌，其寄主植物除了绿豆、小豆外，还有豇豆、菜豆、扁豆、大豆、黑豆、四棱豆（翼豆）、野豌豆，以及籽粒苋、蓖麻、蓖麻、番茄等。

【发病规律】病原真菌主要随病残体越冬，种子也可带菌传病。分生孢子和菌丝体在绿豆种子中至少存活 8 个月。在生长季节，病株产生分生孢子，随风雨传播，引起多次再侵染，开花结荚期病情趋重。高温高湿有利于该病流行，连作地发病重。

【防治方法】要因地制宜地栽培抗病或轻病品种。发病地块在收获后要深耕灭茬，清除病残体，重病田应轮作谷类作物。选无病株留种，使用健康种子，市贩可疑带菌种子可行温汤浸种。加强田间发病监测，在发病初期喷施杀菌剂，有效药剂有多·霉威、百菌清、代森锰锌、加瑞农、松脂酸铜或碱式硫酸铜等。

(十四) 绿豆和小豆锈病

锈病是绿豆和小豆的重要病害，危害叶片、茎秆和豆荚。种植抗病、轻病品种时锈病发生较轻、较晚，但若品种感病，往往酿成锈病流行，造成严重减产。

【症状识别】叶片正面散生近圆形小斑点，背面出现锈褐色的隆起疱斑（夏孢子堆），后表皮破裂外翻，散出红褐色粉末（夏孢子），秋季则产生黑色隆起疱斑（冬孢子堆）。发病重的叶片早期脱落。茎蔓和豆荚上症状与叶片相似。

【病原菌】病原真菌为疣顶单胞锈菌，该菌寄主广泛，侵染绿豆、小豆、芸豆、扁豆、荷包豆、利马豆等多种豆类，但也有人将侵染小豆的种类定名为疣顶单胞锈菌小豆变种或小豆单胞锈菌。锈菌有致病性分化现象，存在多个致病性不同的小种。

【发生规律】绿豆、小豆锈病的病原菌来源有以下 3 种不同的途径。第一条途径是以冬孢子越冬而完成整个生活史，该病原菌是单主寄生的，在生长季的末期，病株上产生冬孢子堆和冬孢子，冬孢子随病残体越冬，翌年春季冬孢子萌发，产生担孢子。担孢子随气流分散传播，侵染豆株，先后在病叶片上产生性子器和锈子器。锈子器产生的锈孢子随气流传播，又侵染豆株，产生夏孢子堆和夏孢子。性子器和锈子器发生的时间很短，夏孢子堆与夏孢子发生时期很长，是主要危害菌态。第二条途径是以夏孢子世代反复侵染的方式，完成周年循环。这发生在冬季较温暖，从而全年有豆类作物生长的地区。第三条途径是依赖外来菌源。病原菌在当地不能越冬，每年较早发病的地区提供夏孢子，随气流远程传播而来，引起当季发病。多雨高湿，气温20℃以上，昼夜温差大，结露时间长易发生锈病。在冬孢子随病残体越冬地区，连作地块发病早而重，早播地块发病也重。品种之间抗病性有明显差异，种植感病品种往往是锈病流行的主要诱因。

【防治方法】防治锈病的主要措施是栽培抗病品种和适期喷施杀菌剂，具体方法参见本书蚕豆锈病。

（十五）绿豆和小豆白粉病

是绿豆和小豆的重要病害，发生相当普遍，当种植感病品种，天气条件又适宜，田间发病提早，病情加重，可造成30%~50%或更高的产量损失，需采取应急防治措施。

【症状识别】白发病菌侵染叶片、茎秆和果荚。叶片两面产生白色粉斑，扩展后形成一层白色粉状物，后期变灰白色至灰褐色，并密生黑色小粒点（闭囊壳）。严重时病叶片变黄，提早脱落。茎秆和果荚上症状相似。发病早的病株矮小，叶片扭曲、变黄。

【病原菌】能够侵染绿豆、小豆的白粉病菌较多，先后报道的有蓼白粉菌，单囊壳、黄芪单囊壳、棕黑叉丝单囊壳等，皆为寄主植物广泛的种类。引起当地绿豆、小豆发病的白粉病菌是哪一种，需进行鉴定，不能一概而论。

【发病规律】病原菌以闭囊壳随病残休越冬，翌年条件适宜时释放子囊孢子进行初侵染。另外，白粉病菌也可以在越冬作物或杂草上存活，产生分生孢子，持续侵染下一季豆类。白粉病菌的分生孢子可以随气流远程传播。因而，有些地方造成白粉病流行的可能不是当地越冬菌源，而是远处传来的异地菌源。当季发病后，病叶产生分生孢子，随气流或雨滴飞溅传播，进行再侵染。在一个生长季节中，可发生多次再侵染。与其他寄主植物间作套种，有利于菌源交流，会加重白粉病发生。温度适中，干、湿交替有利于白粉病流行。有研究表明，蓼白粉菌引起的绿豆白粉病适宜的天气条件为平均日最高温度27.2~30.3℃，早晨大气相对湿度67%~90%，中午12%~38%，风速2.3~4.1km/h。绿豆和小豆品种间抗病性有明显区别，但抗病性也因病原菌种类或小种不同而有变化。

【防治方法】防治绿豆、小豆白粉病，应栽培抗病或轻病品种，避免与其他感病作物接茬种植或间作套种。要清除田间杂草和自生豆苗，收获后及时清除病残体，搞好田间卫生。要加强水肥管理，培育壮株。在发病初期喷施多·硫、三唑酮、氟硅唑、苯醚甲环唑、农抗120或武夷霉素等药剂，参见芸豆白发病的防治。

（十六）绿豆和小豆轮纹斑病

轮纹斑病是绿豆和小豆的常见病害，分布广泛。严重发生时，病叶片枯死或早期脱落，结实减少，籽粒不饱满。

【症状识别】主要危害叶片，病叶片上产生圆形、近圆形、不规则形病斑，多数病斑直径 4~10mm，但在叶片边缘等处也产生更大的病斑。病斑灰褐色、褐色，边缘色泽略深，周围稍褪绿。轮纹斑病的主要特征是病斑上有明显而较致密的同心轮纹，后期出现多数黑色小粒点，即病原菌的分生孢子器。干燥时病斑易破碎穿孔。

【病原菌】病原真菌为短小茎点霉短小变种，是一种半知菌。该菌寄主范围较宽，据称自然寄主有 14 科 48 种植物，其中包括豆类作物。

【发病规律】病原菌主要随病残体越冬或越夏，成为下一季豆类发病的初侵染菌源。种子也可带菌传病。在生长季节，病株产生分生孢子，借气流或雨水溅射分散传播，进行再侵染。高温高湿的气象条件有利于轮纹斑病发生，田间管理不良、过度密植或施肥不当，造成植株长势过旺或长势衰弱，都使病情加重。

【防治方法】病地收获后要彻底清除病残体，深耕晒土，减少越季菌源，重病地块最好轮作禾谷类作物。要栽培抗病品种，播种无病田采收的不带菌种子，加强田间肥水管理，增强植株抗病能力。在发病初期及早喷施甲基硫菌灵、百菌清、多·硫、氢氧化铜、加瑞农或碱式硫酸铜等杀菌剂。

二、食用豆虫害的发生与防治

（一）甜菜夜蛾

甜菜夜蛾 *Spodoptera exigua* Hiibner 俗称白菜褐夜蛾，隶属于鳞翅目，夜蛾科，是一种世界性分布、间歇性大发生的以为害蔬菜为主的杂食性害虫。具有暴发性，是多种豆类的大害虫，寄主种类多，还严重为害甜菜、十字花科蔬菜、绿叶菜和葱类等。幼虫取食茎叶，小龄幼虫在叶片上咬成透明小孔，大龄幼虫吃成孔洞或缺刻，严重的将叶片吃成网状。

【形态特征】

成虫：体长 10~14mm，翅展 25~34mm。头胸及前翅灰褐色，前翅基线仅前端可见双黑纹，内、外线均双线黑色，内线波浪形，剑纹为一黑条。环、肾纹粉黄色，中线黑色波浪形，外线锯齿形，双线间的前后端白色，亚端线白色锯齿形，两侧有黑点；后翅白色，翅脉及端线黑色。腹部浅褐色。雄蛾抱器瓣宽，端部窄，抱钩长棘形，阳茎有一长棘形角状器。

卵：圆馒头形，白色，表面有放射状的隆起线。

幼虫：体长约 22mm。体色变化很大，有绿色、暗绿色至黑褐色。腹部体侧气门下线为明显的黄白色纵带，有的带粉红色，带的末端直达腹部末端，不弯到臀足上去。大龄幼虫有假死性，老熟幼虫入土吐丝化蛹。

蛹：体长 10mm 左右，黄褐色。

【发生规律】甜菜夜蛾在江淮、黄淮流域为害较为严重，受害面积较大。一年发生 5~6 代，世代重叠。第一代高峰期为 5 月上旬至 6 月下旬，第二代高峰期为 6 月上中旬至 7 月中旬，第三代高峰期为 7 月中旬至 8 月下旬，第四代高峰期为 8 月上旬至 9 月中下旬，第五代高峰期为 8 月下旬至 10 月中旬，第六代高峰期为 9 月下旬至

11 月下旬，不完全世代。在寄主田越冬。成虫白天隐藏于阴蔽处，栖止时翅多平贴于腹背，黄昏至上半夜是成虫活动、取食、产卵的高峰期，有强趋光性和弱趋化性，平均每头雌蛾可产卵 4~5 块，100~600 粒，于叶背面集中产卵。初孵幼虫群集叶背，吐丝结网，在叶内取食叶肉，留下表皮，成透明的小孔，可将吃成孔洞或缺刻。严重时，可吃光叶肉，仅留叶脉，甚至剥食茎秆皮层。幼虫稍受惊动即吐丝下垂而转移。幼虫可成群迁移，稍受震扰吐丝落地，有假死性。3~4 龄后，白天潜于植株下部或土缝，傍晚移出取食为害。7—8 月，高温、干旱年份发生量大，常和斜纹夜蛾混发，对叶菜类威胁甚大。

温度和降水量是影响甜菜夜蛾生长、发育和繁殖的主要因素，甜菜夜蛾属喜温性害虫，发生危害最适宜的气候条件为温度 25~35℃，相对湿度 80%~95%，土壤含水量 20%~30%。甜菜夜蛾在田间发生的早晚，取决 1—3 月温度的高低，而每年 6—8 月的降水量和雨日数直接影响了夏季甜菜夜蛾的发生量，当旬降水量 100mm 以上时，降雨时间越长，该虫发生量越小，严重发生的时间越短；反之，该虫发生量越大，严重为害的时间越长。总之，在寄主植物种植面积较广的情况下，甜菜夜蛾在田间发生为害程度主要取决于温度和该时期的降水量。

另外，甜菜夜蛾成虫具有较强的飞行能力，但温度对其飞行能力有显著的影响，其飞行时间所要求的温度较高。温度对甜菜夜蛾迁飞的影响不仅反映在它生长发育时间的长短，而且还对成虫迁飞的过程具有重要作用。

【防治方法】防治上一定要掌握及早防治。

（1）结合田间管理，及时摘除卵块和虫叶，集中消灭。

（2）诱杀成虫。黑光灯诱杀、性诱芯诱杀，采用每 0.45~0.67hm^2 设 9 个性诱点，防治效果较好，可使卵块孵化率降低 44.5%~57.6%防治效果达到 50%~63.6%，不仅可直接杀死甜菜夜蛾，而且可避免杀伤天敌等有益生物，不污染环境。

（3）保护利用自然天敌。甜菜夜蛾的天敌资源丰富，特别是寄生性天敌种类较多。常见的捕食性天敌有各种蛙类、鸟类、蜻类、蜘蛛类以及螳螂、蟾蜍、蠼、螋、草蛉步甲、瓢虫等。据不完全统计，甜菜夜蛾寄主性天敌种类有 80 多种，其中寄生蜂和寄生蝇就有 60 多种，病原物有 10 种，寄生线虫有 10 种。寄生蜂和寄生蝇是甜菜夜蛾的主要寄生性天敌，常寄生于幼虫、蛹和卵内。其寄生蜂和寄生蝇主要有螟蛉悬茧姬蜂 *Cheroplor biclor*（Szepligeti）、棉铃虫齿唇姬蜂 *Campoletis chlorideae* Uchida、姬蜂 *Ichneumon* sp.、螟蛉绒茧蜂 *Apanteles ruficrus*（Haliday）、现翅悬茧蜂 *Meteorus pulchricornis*（Wesmael）、白胫侧沟茧蜂 *Microplitis ablotibialis* Telenga、沟茧蜂 *Microplitis* sp.、黑卵蜂 *Telenomus* sp.、赤眼蜂 *Trichogramma* sp. 及双斑膝芒寄蝇 *Gonia bimaculata* Wiedemann、埃及等鬓寄蝇 *Peribaea orbata* Wiedemsnn 和温寄蝇 *Winthemia* sp. 等。在田间侵入甜菜夜蛾的病原微生物有真菌、病毒以及微孢子虫等。真菌中主要为球孢白僵菌 *Beaurveria bassiana*（Balsamo）。甜菜夜蛾核型多角体病毒（SeNPV）病毒对甜菜夜蛾的感染能力较强，另外颗粒体病毒（GV）对甜菜夜蛾也有一定的感病作用。微孢子虫主要侵染甜菜夜蛾中肠、脂肪体和马氏管，具有很高的致病力。钟玉林等在武汉地区蔬菜地里调查发现甜菜夜蛾幼虫可被地老虎六索线虫（*Hexamermis agrotis*）、白色六索线虫

(*H. preris*) 和太湖六索线虫 (*H. taihvensis*) 所寄生，且寄生率高达34%。

(4) 药剂防治 此虫抗药性强，防治上一定要掌握及早防治，在初卵幼虫未发为害前喷药防治。在发生期每隔3~5d田间检查一次，发现点片发生要重点防治。喷药应在傍晚进行。适宜药剂抓住1~2龄幼虫盛期进行防治，可选用下列药剂喷雾：5%抑太保乳油4 000倍液、或用5%卡死克乳油4 000倍液或5%农梦特乳油4 000倍液或20%灭幼脲1号悬浮剂500~1 000倍液或25%灭幼脲3号悬浮剂500~1 000倍液或40%菊杀乳油2 000~3 000倍液或40%菊马乳油2 000~3 000倍液或20%氰戊菊酯2 000~4 000倍液或茴蒿素杀虫剂500倍液。将害虫消灭于3龄前。对3龄以上的幼虫，用30虫螨腈专攻悬浮液30mL/亩喷雾，每隔7~10d喷一次。5d的防治效果均达90%以上。

(二) 大豆卷叶螟

大豆卷叶螟 *Lamprosema indicata* Fabricius 又名大豆卷叶野螟，是豆类重要害虫，危害大豆、绿豆、小豆、芸豆、豇豆、扁豆以及其他豆类作物，分布于我国浙江、江苏、江西、福建、台湾、广东、湖北、四川、河南、河北、内蒙古等省市。近年有发生加重的趋势。幼虫取食为害豆叶，卷叶或缀叶，受害叶片出现缺刻或孔洞，甚至仅残留叶脉，还能蛀食茎蔓。

【形态特征】

成虫：体长10mm，翅展18~21mm，体色黄褐，胸部两侧附有黑纹，前翅黄褐色，外缘黑色，翅面生有黑色鳞片，翅中有3条黑色波状横纹，内横线外侧有黑点，后翅外缘黑色，有2条黑色横波状横纹。

卵：椭圆形，淡绿色。

幼虫：共5龄，老熟幼虫体长15~17mm，头部及前胸背板淡黄色，口器褐色，胸部淡绿色，气门环黄色，亚背线、气门上下线及基线有小黑纹，体表被生细毛。

蛹：长约12mm，褐色。

【发生规律】

河北一年发生4~5代。以蛹在土壤中越冬，越冬代成虫出现于6月中下旬，基本是1个月1代，第1、第2、第3代分别在7月、8月和9月上旬出现，第4代在9月上旬至10月上旬出现成虫，10月下旬以蛹越冬。

成虫夜出活动，具趋光性，产卵于花蕾、叶柄及嫩荚上，单粒散产，每雌产卵平均在40~70粒。初孵幼虫蛀入花蕾和嫩荚，被害蕾易脱落，被害荚的豆粒被虫咬伤，蛀孔口常有绿色粪便，虫蛀荚常因雨水灌入而腐烂。幼虫为害叶片时，常吐丝把两叶粘在一起，躲在其中咬食叶肉、残留叶脉。叶柄或嫩茎被害时，常在一侧被咬伤而萎蔫至凋萎。成虫趋光性强，白天常躲在阴蔽处。另外，老熟幼虫常在阴蔽处的叶背、土表等处作茧化蛹。该虫适宜生长发育温度范围在18~37℃，最适环境条件为气温22~34℃，相对湿度75%~90%。卵期4~7d，幼虫期8~15d，蛹期5~9d，成虫寿命7~15d

【防治方法】

(1) 农业防治。在幼虫发生期，及时清除田间落花、落荚等，摘除被害的卷叶和豆荚，集中烧毁。作物收获后，清除田间及四周枯叶、杂草，集中烧毁，深翻地灭茬，减少越冬虫源数量。加强田间管理，雨季及时开沟排水，降低田间湿度，以减少大豆卷叶螟发生。

（2）药剂防治。在各代发生期，调查害虫发生情况，1%～2%的植株有卷叶为害时开始药剂防治，隔7～10d防治一次，药剂可选用16 000 IU/mg Bt可湿性粉剂600倍液，或用1%阿维菌素乳油1 000倍液，或用2.5%敌杀死乳油3 000倍液等。也可在防治豆荚螟时兼治。

（三）豆荚螟

豆荚螟 *Etiella zinckenella* Treitschke，又名豇豆荚螟，属鳞翅目螟蛾科。寄主有60余种豆科植物，包括绿豆、小豆、豌豆、蚕豆、芸豆、豇豆、刀豆、扁豆、大豆等食用豆类作物以及柽麻、苕子等豆科绿肥，幼虫蛀食豆荚和种子。为世界性分布的豆类害虫，我国各地均有该虫分布，以华东、华中、华南等地区受害最重。豆荚螟为寡食性，幼虫可吐丝缀卷叶片在内蚕食叶肉，还可在豆荚内蛀食豆粒，一般豆荚螟从荚中部蛀入，被害籽粒重则蛀空，仅剩种子柄；轻则蛀成缺刻，几乎都不能作种子，被害籽粒还充满虫粪，变褐以致霉烂，造成枯梢、落花、落荚。

【形态特征】

成虫：体长10～12mm，翅展20～24mm，体灰褐色或暗黄褐色。前翅狭长，沿前缘有条白色纵带，近翅基1/3处有一条金黄色宽横带。后翅黄白色，沿外缘褐色。

卵：椭圆形，长约0.5mm，表面密布不明显的网纹，初产时乳白色，渐变红色，孵化前呈浅菊黄色。

幼虫：共5龄，老熟幼虫体长14～18mm，初孵幼虫为淡黄色。以后为灰绿直至紫红色。4～5龄幼虫前胸背板近前缘中央有“人”字形黑斑，两侧各有1个黑斑，后缘中央有2个小黑斑。

蛹：蛹外包有白色丝质的椭圆形茧。体长9～10mm，宽约7mm，表面常黏附土粒黄褐色。臀刺6根，长约10mm，宽约3mm，黄褐色，羽化前两天颜色加深。

【发生规律】该虫在浙江、江苏、安徽、湖北等地年发生4～5代，辽宁、陕西等地为2代，山东、河北等地为3～4代，广东、广西等地为7代。多以老熟幼虫在寄主植物附近或晒场周围的土表下1～5cm处结茧越冬。翌年3月下旬越冬幼虫开始化蛹，4月上中旬陆续羽化。以幼虫在豆荚内蛀食籽粒为主，一般造成10%～30%的虫荚率，为害轻者不能食用，重者籽粒全被食空。8—9月为为害高峰。

成虫昼伏夜出，白天多躲在豆株叶背、茎上或杂草上，傍晚开始活动，趋光性不强。成虫羽化后当日即能交尾，隔天就可产卵。每荚一般只产1粒卵，少数2粒以上。其产卵部位大多在荚上的细毛间和萼片下面，少数可产在叶柄等处。在大豆上尤其喜产在豆荚上。

初孵幼虫先在荚面爬行1～3h，再在荚面吐丝结一白色薄茧躲藏其中，经6～8h，咬穿荚面蛀入荚内。幼虫进入荚内后，即蛀入豆粒内为害，3龄后才转移到豆粒间取食，4～5龄后食量增加，每天可取食1/3～1/2粒豆，1头幼虫平均可吃豆3～5粒。在一荚内食料不足或环境不适，可以转荚为害，每一幼虫可转荚为害1～3次。豆荚螟为害先在植株上部，渐至下部，一般以上部幼虫分布最多。幼虫在豆荚籽粒开始膨大到荚壳变黄绿色前侵入时，存活显著减少。幼虫除为害豆荚外，还能蛀入豆茎内为害。老熟的幼虫，咬破荚壳，入土作茧化蛹，茧外粘有土粒，称土茧。

豆荚螟发育适宜的温度范围为20~35℃，最适环境条件为温度26~30℃，相对湿度70%~80%，土壤含水量10%~15%。卵、幼虫、蛹的发育起点分别为13.9℃、15.1℃、14.6℃，所需有效积温分别为67.9℃·日、166.5℃·日、147.1℃·日。在29~30℃的温度下，卵期为3~5d，幼虫期为10~12d，蛹期为9~11d，成虫寿命为7~12d。

豇荚螟喜干燥，在适温条件下，湿度对其发生的轻重有很大影响，雨量多湿度大则虫口少，雨量少湿度低则虫口大；地势高的豆田，土壤湿度低的地块比地势低、湿度大的地块为害重。豆荚螟化蛹期如土壤湿度很大或遇雨水多时，土中蛹死亡率增高，发生量就减轻。结荚期长的品种较结荚期短的品种受害重，荚毛多的品种较荚毛少的品种受害重，豆科植物连作田受害重。豆荚螟的天敌有豆荚螟甲腹茧蜂、小茧蜂、豆荚螟白点姬蜂、赤眼蜂等，以及一些寄生性微生物。

【防治方法】

（1）农业防治。选用结荚期短、荚上无毛或少毛的抗性品种。调整播期，错开豆荚螟产卵盛期。避免豆科作物多茬口混种及连作。

（2）药剂防治。防治适期为大豆初荚期，当田间蛀荚率达6%~7%时，每隔7~10d喷1次，连续防治两次。药剂可选用1%杀虫素乳油1 000倍液，或用25%广治乳油1 000倍液，或用3.5%锐丹乳油1 000倍液，或用55%农蛙乳油1 000倍液，或用2.5%敌杀死乳油3 000倍液等，注意交替使用。

（四）豆天蛾

豆天蛾（*Clanis bilineata*）昆虫纲鳞翅目天蛾科豆天蛾属。为豆类的重要害虫，分布于南北各地。低龄幼虫将豆叶吃成缺刻或孔洞，三龄以后幼虫可将叶片吃光，受害植株成为光秆，使之不能结荚，严重发生时减产50%以上。

【形态特征】

成虫：体长40~45mm，翅展100~120mm。体、翅黄褐色，头及胸部有较细的暗褐色背线，腹部背面各节后缘有棕黑色横纹。前翅狭长，前缘近中央有较大的半圆形褐绿色斑，中室横脉处有一个淡白色小点，内横线及中横线不明显，外横线呈褐绿色波纹，沿 R；有褐绿色纵带，近外缘呈扇形，顶角有一条暗褐色斜纹，将顶角分为二等分；后翅暗褐色，基部上方有超色斑。

卵：椭圆形，2~3mm，初产黄白色，后转褐色。

老熟幼虫：体长约90mm，黄绿色，体表密生黄色小突起。胸足橙褐色。腹部两侧各有7条向背后倾斜的黄白色条纹，臀背具尾角一个。

蛹：长约50mm，宽18mm，红褐色。头部口器明显突出，略呈钩状，喙与蛹体紧贴，末端露出。5~7腹节的气孔前方各有一气孔沟，当腹节活动时可因摩擦而微微发出声响；臀棘三角形，具许多粒状突起。

本种的另一亚种为南方豆天蛾 *Clanis bilineata bilineata*（Walker）。

【发生规律】豆天蛾每年发生1~2代，一般黄淮流域（在河南、河北、山东、安徽、江苏等省）年发生1代，长江流域和华南地区发生2代。以老熟幼虫在土中9~12cm深处越冬，越冬场所多在豆田及其附近土堆边、田埂等向阳地。翌春移动至表土层化蛹。

成虫在4—10月出现，昼伏夜出，白天栖息于生长茂盛的作物茎秆中部，傍晚开始活动。飞翔力强，可作远距离高飞。有喜食花蜜的习性，对黑光灯有较强的趋性。喜在空旷而生长茂密的豆田产卵。卵多散产于豆株叶背面，少数产在叶正面和茎秆上。每叶上可产1~2粒卵。初孵幼虫有背光性，白天潜伏于叶背，1~2龄幼虫一般不转株为害，3~4龄因食量增大则有转株为害习性。

一代发生区，一般在6月中旬化蛹，7月上旬为羽化盛期，7月中下旬至8月上旬为成虫产卵盛期，7月下旬至8月下旬为幼虫发生盛期，9月上旬幼虫老熟入土越冬。二代发生区，5月上中旬化蛹和羽化，第一代幼虫发生于5月下旬至7月上旬，第二代幼虫发生于7月下旬至9月上旬；全年以8月中下旬为害最烈，9月中旬后老熟幼虫入土越冬。

豆天蛾在化蛹和羽化期间，如果雨水适中，分布均匀，发生就重。雨水过多，则发生期推迟，天气干旱不利于豆天蛾的发生。在植株生长茂密、地势低洼、土壤肥沃的淤地发生较重。

豆天蛾的天敌有赤眼蜂、寄生蝇、草蛉、瓢虫等，对豆天蛾的发生有一定控制作用。

【防治方法】

（1）农业防治。①选种抗虫品种，在种植大豆时，选用成熟晚、秆硬、皮厚、抗涝性强的品种，可以减轻豆天蛾的为害。②及时秋耕、冬灌，降低越冬基数。③水旱轮作，尽量避免连作豆科植物，可以减轻为害。

（2）物理防治。利用成虫较强的趋光性，设置黑光灯诱杀成虫，可以减少豆田的落卵量。

（3）生物防治。用杀螟杆菌或青虫菌（每克含孢子量80亿~100亿）稀释500~700倍液，每亩用菌液50kg。

（4）药剂防治。①喷粉用2.5%敌百虫粉剂或2%西维因粉剂，每亩喷2~2.5kg。②喷雾用90%晶体敌百虫800~1 000倍，或用45%马拉硫磷乳油1 000倍，或用50%辛硫磷乳油1 500倍液，或用2.5%溴氰菊酯乳剂5 000倍液，每亩喷药液75kg。

（五）豆象

豆象均属鞘翅目，豆象科，约1 000种，分布于世界各地，中国40多种，是豆类生产重要害虫，也是重要的仓储害虫。豌豆象 *Bruchus pisorum*（Linnaeus），分布在中国大部分省区，尤以江苏、安徽、山东、陕西等省为重，为害豌豆、扁豆等。蚕豆象 *Bruchus rufimanus* Boheman，仅为害蚕豆，原产欧洲，现遍及我国华东、华中、华南等蚕豆产区，是蚕豆生产中的重要害虫，被害豆籽一般在10%以上，甚或50%。绿豆象 *Callosobruchus chinensis*（Linnaeus）为害菜豆、豇豆、扁豆、豌豆、蚕豆、绿豆、赤豆。

幼虫蛀食豆荚，取食豆粒，影响产量，并且受害豆荚气味难闻，不能食用。豆粒入贮后，豆象幼虫继续在豆内为害，在内化蛹，羽化成为成虫后才脱粒飞出。豆粒被蛀食一空，贮藏中的种子表面出现直径2~3mm的圆孔。

【形态特征】

豌豆象　成虫长椭圆形，黑色，体长 4～5mm，宽 2.6～2.8mm；触角基部 4 节，前、中足胫节、跗节为褐色或浅褐色；头具刻点，背淡褐色毛；前胸背板较宽，刻点密，被有黑色与灰白色毛，后缘中叶有三角形毛斑，前端窄，两侧中间前方各有 1 个向后指的尖齿；小盾片近方形，后缘凹，被白色毛；鞘翅具 10 条纵纹，覆褐色毛，沿基部混有白色毛，中部稍后向外缘有白色毛组成的 1 条斜纹，再后近鞘翅缝有 1 列间隔的白色毛点；臀板覆深褐色毛，后缘两侧与端部中间两侧有 4 个黑斑，后缘斑常被鞘翅所覆盖；后足腿节近端处外缘有 1 个明显的长尖齿。雄虫中足胫节末端有 1 根尖刺，雌虫则无。

卵：橘红色，较细的一端具 2 根长约 0.5mm 的丝状物。

幼虫：复变态，共 4 龄。体乳白色，头黑色，胸足退化成小突起，无行动能力，胸部气门圆形，位于中胸前缘。1 龄幼虫略呈衣鱼形，胸足 3 对短小无爪，前胸背板具刺；老熟幼虫体长 5～6mm，短而肥胖多皱褶，略弯成“C”形。

蛹：长约 5.5mm，初为乳白色，后头部、中胸、后胸中央部分、胸足和翅转为淡褐色，腹部近末端略呈黄褐色；前胸背板侧缘中央略前方各具 1 个向后伸的齿状突起；鞘翅具 5 个暗褐色斑。

蚕豆象　成虫椭圆形，体长 4～5mm，宽约 2.7mm，黑色。头部密布刻点，着生黄褐色与浅黄色的毛；触角锯齿形，基部 4 节；上唇与前足浅褐色。前胸背板宽，前端中间与两侧各有 1 个白色毛斑，两侧中间有 1 枚向外的钝齿，后缘中叶有 1 个三角形的白色毛斑，小盾片接近方形，后缘凹陷。鞘翅具小刻点，密布褐色或灰白色毛，各有 10 条纵纹，近翅缝向外缘有灰白色毛点形成的横带，臀板中间两侧有两个不明显的斑点。腹部腹板两侧各有 1 个灰白色毛斑。后足腿节近端部外缘有 1 枚短而钝的齿。

卵：初产时为乳白色，后转为黄白色，孵化前黄中略带红，较细的一端无丝状物。

幼虫：乳白色。老熟幼虫 体长约 6mm，上颚较大，额前有 1 条红褐色带包围触角基部；色带较宽，向两侧延伸并在前缘中央向下弯曲；背部隆起有 1 条红褐色线条。

蛹：前胸背板及鞘翅上密生细而皱的条纹，前胸两侧各具 1 个不明显的齿状突起。

绿豆象　成虫体长 2～3.5mm，宽 1.3～2mm，卵圆形，深褐色；头密布刻点，额部具一条纵脊，雄虫触角栉齿状，雌虫锯齿状；前胸背板后端宽，两侧向前部倾斜，前端窄，着生刻点和黄褐、灰白色毛，后缘中叶有 1 对被白色毛的瘤状突起，中部两侧各有一个灰白色毛斑。小盾片被有灰白色毛。鞘翅基部宽于前胸背板，小刻点密，灰白色毛与黄褐色毛组成斑纹，中部前后有向外倾斜的 2 条纹。臀板被灰白色毛，近中部与端部两侧有 4 个褐色斑。后足腿节端部内缘有一个长而直的齿，外端有一个端齿，后足胫节腹面端部有尖的内、外齿各一个。

卵：长约 0.6mm，椭圆形，淡黄色，半透明，略有光泽。

幼虫：长约 3.6mm，肥大弯曲，乳白色，多横皱纹。

蛹：3.4～3.6mm，椭圆形，黄色，头部向下弯曲，足和翅痕明显。

【发生规律】

豌豆象 一年1代，以成虫在贮藏室缝隙、田间遗株、树皮裂缝、松土内及包装物等处越冬。翌春飞至春豌豆地取食、交配、产卵。成虫需经6~14d取食豌豆花蜜、花粉、花瓣或叶片，进行补充营养后才开始交配、产卵。卵一般散产于豌豆荚两侧，多为植株中部的豆荚上，每雌可产卵700~1 000粒，产卵盛期一般在5月中下旬。卵期7~9d。幼虫孵化后即蛀入豆荚，幼虫期约37d，老熟时在豆粒内化蛹。化蛹盛期在7月上中旬，蛹期8~9d（此期随收获的豌豆入库），成虫羽化后经数日待体壁变硬后钻出豆粒，飞至越冬场所，或不钻出就在豆粒内越冬。成虫寿命可达330d左右。成虫飞翔力强，可达3~7km，以晴天下午活动最盛。豌豆象发育起点温度为10℃，发育有效积温为360℃·日。

蚕豆象 在全国各地均为1年发生1代，多数以成虫在籽粒内、仓库角落及包装物缝隙中越冬，少数在田间作物的残株、杂草或砖石下越冬。温暖地区翌年春季3月中旬或4月上旬，寒冷地区5月上旬越冬成虫飞入蚕豆地，并开始产卵。蚕豆象的卵粒均匀分布，其产卵期常与蚕豆结荚期相吻合，卵多散产于豆枝中下部的11~20d的嫩荚上，每荚产卵1~5粒，多的可达20粒。每只雌成虫平均产卵35~40粒，最多达96粒。卵期为7~12d。幼虫孵化后即蛀入豆荚鲜籽粒内取食为害，初孵幼虫的蛀入孔很小，在鲜食蚕豆表面留有针尖状的黑褐色小点。幼虫期为96~133d，在豆粒中化蛹，蛹期7d。5月下旬至7月上旬是幼虫发生盛期，8月为化蛹盛期，蛹期为5~12d。8月上旬至9月下旬，成虫羽化并在籽粒内越冬，如遇惊扰可爬出籽粒飞至角落缝隙处越冬。成虫寿命可达230d左右。蚕豆象抗逆力强，可耐饥4~5个月，在冷水中浸16d，仍能存活。幼虫随籽粒入仓，继续在籽粒内取食，将籽粒蛀食成空洞，影响其产量和质量。如果蚕豆胚部受害或单个籽粒上有多个羽化孔时，还影响其发芽，间接影响下一年产量。

绿豆象 北方1年发生4~5代，南方可发生9~11代，成虫与幼虫均可越冬。成虫可在仓内豆粒上或田间豆荚上产卵，每雌可产70~80粒。成虫善飞翔，并有假死习性。幼虫孵化后即蛀入豆荚或豆粒。

【防治方法】

（1）日光暴晒。种子收获后，选择晴朗的天气，将种子摊晒在干燥的地块，暴晒4~6d，晒种时要勤翻动，使温度升高到46~50℃，杀虫灭菌，并趁热进仓储藏。暴晒后立即收到塑料袋中并扎紧，或埋进干净麦糠堆里，密闭贮藏半个月至一个月，可杀死所有成幼虫。

（2）“三灰”防虫。将暴晒过的种子倒入缸内，不要装满（离缸口2~3cm），在上面铺一层纸，在纸上装草木灰、或石灰、煤灰，加盖保存。

（3）沸水烫种。将蚕豆种子装在箩筐内，置于沸水中半分钟，然后取出放于凉水中浸凉，摊开晒干，可全部杀死豆象，并且对种子的发芽没有影响。

（4）收获半个月内，将脱粒晒干后的种子，置入密闭容器内，用56%磷化铝熏蒸，每200kg豌豆用药量3.3g（1片），密闭3d后，再晾4d。必须严格遵守熏蒸的要求和操作规程，避免人畜中毒。

（5）严格检疫。及时对仓库的缝隙、旮旯以及仓外的草垛、垃圾等卫生死角清理，因为这些地点都有可能成为越冬成虫的栖身场所。种植豌豆期间，可进行田间喷药，降低豆象的发生率。收获后，在半个月内使用塑料薄膜密封气控保管或熏蒸处理。停止种植豌豆 3 年，彻底消灭豌豆象和蚕豆象。

巴西豆象 *Zabrotes subfasciatus*，菜豆象 *Acanthoscelides obtectus*（Say）被中国列为对外检疫的一种危害性害虫，主要借助被侵染的豆类通过贸易、引种和运输工具等进行传播。卵、幼虫、蛹和成虫均可被携带。引进种子要密封灭虫。

（6）田间防治。在蚕豆初花期至盛花期每亩用 20%速灭杀丁 20mL 对水 60kg 喷雾毒杀成虫，7d 后再喷 1 次，防效良好。在蚕豆终花期，喷施 40%乐果 1 000 倍液，对毒杀幼虫也有良好效果。

（六）大造桥虫

大造桥虫 *Ascotis selenaria* Schiffermuller et Denis 又名棉大尺蠖，属鳞翅目尺蛾科。世界性害虫，我国主要分布于华南、华中、华东和西南等地。该虫是间歇性暴发害虫，寄主很多，包括多种豆类、棉花、蔬菜、花卉、果树等，一般年份主要为害豆类和棉花。幼虫食害芽、叶、嫩茎，严重时植株被吃成光秆。

【形态特征】

成虫：体长 15~20mm，翅展 38~45mm。体色变化很大，一般为淡褐色。前翅上的横线均为暗褐色波状纹，前翅亚基线和外横线锯齿状，中横线及亚缘线较模糊，外缘线由半月形点列组成，中室端具一肾状斑纹，外缘中部附近也有一斑块。后翅横线与斑纹和前翅相似并相对应连接。雌蛾触角丝状，雄蛾羽状，淡黄色。

卵：直径 0. 7mm，长椭圆形，初产时青绿色，上面有许多小颗粒突起，孵化前灰白色。

幼虫：老熟幼虫体长 38~49mm，幼龄灰黑色，老龄多为灰黄色或黄绿色。头部黄褐色至褐绿色，头顶两侧各具一黑点。背线宽，淡青色至青绿色，亚背线灰绿色至黑色，气门上线深绿色，气门线黄色，杂有细黑色纵线，气门下线至腹部末端，淡黄绿色，第三和第四腹节上有黑褐色斑，气门黑色，围气门片淡黄色。胸足褐色，腹足仅有 2 对，着生于第六和第十腹节，黄绿色，端部黑色。

蛹：深褐色，长约 14mm，尾端尖锐，臀棘 2 根。

【发生规律】长江流域 1 年发生 4~5 代，河北地区一年发生 3 代，世代重叠，以蛹在土中越冬。每年 4 月下旬成虫羽化，成虫有趋光性，昼伏夜出。成虫一般将卵产在地面、土缝和草秆上。大发生时，叶背、枝条上等处均可着卵。卵期约 7d。初孵幼虫借风吐丝扩散，行走时常曲腹如桥形，不活跃，常拟态如嫩枝条栖息。幼虫为害期在 5—10 月。10 月老熟幼虫入土化蛹越冬。

【防治方法】冬季深翻土壤，减少越冬蛹。生长季节利用黑光灯、频振式杀虫灯诱杀成虫或人工网扑。在幼虫三龄以前喷药防治，常用有机磷和菊酯类杀虫剂。

（1）农业防治。①入冬清园。冬季修剪病虫害枝叶，清除园内枯枝落叶，破坏粗胫翠尺蛾幼虫的越冬场所，减少下一代虫源的基数。②结合中耕除草，铲除果园内的杂草，消除部分虫源。③粗胫翠尺蛾的低龄幼虫只取食荔枝的嫩梢和嫩叶，因此统一放梢、修剪荫枝嫩梢、合理施肥，促进新梢整齐健壮等农业措施对尺蛾种群数量有非常明显的抑制作用。

(2) 物理防治。粗胫翠尺蛾成虫趋光性很强，可以用黑光灯、高压汞灯或频振式杀虫灯进行诱杀。

(3) 生物防治。叉角厉蝽可捕食粗胫翠尺蛾幼虫，平均每天每头可捕食三 至五龄尺蛾幼虫 2 头。

(4) 药剂防治。做好测报工作，抓住一至二龄期幼虫喷杀。有效的药剂包括：4.5%高效氯氟氰菊酯乳油 1 000~1 500 倍液、2.5%溴氰菊酯乳油 1 000~1 500 倍液、20%甲氰菊酯乳油 1 000~1 500 倍液、1.8%阿维菌素乳油 1 500~2 000 倍液、2%甲氨基阿维菌素苯甲酸盐乳油 2 000~2 500 倍液、15%茚虫威 2 500 倍液、2.5%多杀霉素悬浮剂 1 000 倍液、20%氯虫苯甲酰胺悬浮剂 2 000 倍液。

（七）豌豆蚜

豌豆蚜 *Acyrthosiphon pisum* 又称豆蚜、豆无网长管蚜，属于蚜总科的蚜科，在世界各地广泛分布，是豌豆、蚕豆、苜蓿和苕子的重要害虫，还可危害沙打旺、山黧豆、草木樨等豆科植物以及荠菜等。该蚜刺吸植物韧皮部汁液，植株顶部幼嫩部位，花、豆荚、幼茎，叶片等都可被害，使植物营养损失，发育受阻，并出现畸形生长、早衰，甚至整块田间植株死亡的现象。此外，豌豆蚜还传播苜蓿花叶病毒、豌豆耳突花叶病毒等 25 种病毒。

【形态特征】豌豆蚜属同翅目蚜科，田间常见无翅孤雌蚜和有翅孤雌蚜。

(1) 无翅孤雌蚜。体长 4.9mm，宽 1.8mm，纺锤形。全体草绿色，体表光滑，稍有曲纹。触角细长，约与体同长，腹管细长筒状，尾片长锥形。

(2) 有翅孤雌蚜。体长 4.1mm，宽 1.3mm，长纺锤形，腹部淡绿色。触角比体稍长，第 3 节有感觉圈 14~22 个，于基部 2/3 处排成一行。腹管细长筒状，尾片长锥形，有短毛 8~9 根。

【发生规律】在北方以卵在豆科多年生草本植物上越冬，翌年春季孵化为干母，干母再产生干雌，干母和干雌均无翅，第三代产生有翅迁移蚜，转移到豌豆、绿豆，蚕豆等寄主上为害，11 月份产生两性蚜，交尾后产卵于多年生豆科植物上越冬。在温暖的南方或温室内，全年可孤雌生殖，不发生两性世代。该虫一年能繁殖十多代，世代重叠现象严重。确定豌豆蚜的越冬场所并调查越冬卵基数，有利于预测来年豌豆蚜的发生数量并指导有效防控。条件适宜 4~6d 即可完成 1 代，每头无翅胎生雌蚜可产若蚜 100 多头，因此极易造成严重危害。

豌豆蚜的捕食性天敌主要有瓢虫、草蛉、蝽和食蚜蝇等，寄生性天敌蚜茧蜂。瓢虫的个体大小和龄期均能够影响其对豌豆蚜的捕食效率，个体较大的瓢虫捕食效率较高，成虫和 4 龄幼虫捕食作用较其他龄期强。七星瓢虫（*Coccinella septempunctata*）成虫，攻击率最强且处理时间最短。大灰食蚜蝇（*Metasyrphus corollae*）对豌豆蚜具有较强的捕食作用。而一种杂食性椿象（*Macrolophus pygmaeus*）对豌豆蚜也具有捕食作用。

【防治方法】

(1) 清除田间地头的杂草、残株、落叶并烧毁，以减少虫口密度。

(2) 防治豆蚜首选 25%避蚜雾水溶性分散剂 1 000 倍液喷雾，对防治蚜虫有特效，并可以保护天敌。也以可选用10%吡虫啉可湿性粉剂2 000倍液，或用20%好年冬乳油1 500倍液，或用21%增效氰马乳油6 000倍液，或用20%蚜克星乳油1 000倍液。

（八）豌豆彩潜蝇

豌豆彩潜蝇 *Chromatomyiahorticola*（Goureau）又名豌豆潜叶蝇，属双翅目，潜蝇科。除西藏外各地均有发生。寄主范围非常广泛，主要为害甜豌豆、荷兰豆、蚕豆、扁豆、菜心、白菜、生菜、茼蒿、长叶莴苣、苦菜、樱桃萝卜、樱桃番茄、马铃薯、西瓜、甜瓜等，其中以豌豆、蚕豆、油菜、十字花科蔬菜、莴苣等受害最重。以幼虫潜入叶片组织中取食叶肉，形成迂回曲折的隧道，仅留上下表皮。严重时全叶枯萎，不仅直接影响叶菜的商品价值，还影响果菜的果荚、果实或种子质量和产量。

幼虫发育成熟后在叶片内化蛹，区别于其他多种斑潜蝇在叶外化蛹。幼虫还可潜食嫩荚和花梗。成虫还可用产卵器刺破叶表皮，吸食汁液，形成许多小白点。

【形态特征】

成虫：体长2~3mm，翅展5~7mm，暗灰色。头部黄色，短而宽。复眼椭圆形，红褐色。触角3节，短小，黑色。胸部发达，翅1对，透明，有紫色闪光。后翅退化为平衡棒，黄色至橙黄色。

卵：椭圆形，长约0.3mm，乳白或灰白色，略透明。

幼虫：蛆状，体长2.9~3.5mm，前端可见能伸缩的口钩。体表光滑柔软，由乳白色转为黄白色或鲜黄色。

蛹：卵圆形，略扁，长约2.5mm，围蛹。初为黄色，后呈黑褐色。

【发生规律】豌豆彩潜蝇在中国由北向南世代逐渐增加，辽宁年发生4~5代，华北5代，江西12~13代，广东近20代。淮河以北蛹在被害叶中越冬，淮河秦岭以南至长江流域主要以蛹越冬，少数幼虫、成虫也可越冬，华南地区周年发生。

各地均从早春起虫口数量逐渐上升，春末夏初达到猖獗为害时期。气温超过35℃时有蛹期越夏现象。秋后可造成轻度为害。成虫白天活动，吸食花蜜，也可在寄主叶面吸食汁液，形成许多不规则小白点，对甜汁有较强趋性，补充营养后产卵。卵散产，多产在叶背边缘叶肉上，尤以叶尖居多。成虫寿命一般7~20d。每头雌蝇产卵45~98粒。卵期8~11d。幼虫孵后即潜食叶肉，虫量大时短期内致使全叶发白干枯。幼虫期5~14d，共3龄，老熟后在蛀道末端化蛹，伸出2个气门梗呼吸。蛹期5~16d。

华北地区以蛹在被害的叶片内越冬。翌春4月中下旬成虫羽化，第一代幼虫为害阳畦菜苗、留种十字花科蔬菜、油菜及豌豆，5—6月为害最重；夏季气温高时很少见到为害，到秋天又有活动，但数量不大。成虫白天活动，吸食花蜜，交尾产卵。产卵多选择幼嫩绿叶，产于叶背边缘的叶肉里，尤以近叶尖处为多，卵散产，每次1粒，每雌可产50~100粒。幼虫孵化后即蛀食叶肉，隧道随虫龄增大而加宽。幼虫3龄老熟，即在隧道末端化蛹。各虫态发育历期：13~15℃时，卵期3.9d，幼虫期11d，蛹期15d，共计30d左右；23~28℃时，各虫态历期分别为2.5、5.2、6.8d，计14d左右，成虫寿命一般7~20d，气温高时4~10d。

【防治方法】

（1）收获后及时清除败叶和铲除地边、道边等处的杂草，将其集中处理，可减少虫源。

（2）药剂防治。初见为害状时为成虫大量活动期（5 月中下旬），幼虫处于初龄阶段，大部分幼虫尚未钻蛀隧道，药剂易发挥作用。常用药剂有：50%马拉硫磷乳油 1 000~2 000 倍液，20%氰戊菊酯乳油或 2.5%溴氰菊酯乳油或 20%甲氰菊酯乳油 6 000~7 000 倍液，隔 7~10d 喷 1 次，连续防治 2~3 次，除豌豆田外，地边、道边等处的杂草上也是成虫的聚集地，应进行防治。

（九）豆秆黑潜蝇

豆秆黑潜蝇 *Melanagromyza sojae*，又名豆秆蝇，是分布范围很广的蛀食害虫。为害大豆、绿豆、小豆、芸豆、菜豆、豇豆、蚕豆、豌豆、紫苜蓿、田菁等多种豆科作物。初孵幼虫由叶脉、叶柄的幼嫩部位蛀入主茎，蛀食髓部及木质部，在茎内形成弯曲的隧道，受害幼苗茎叶枯萎，形成枯心苗，成株期发育不良，造成严重减产。

【形态特征】

成虫为小型蝇，体长 2.5mm 左右，体色黑亮，腹部有蓝绿色光泽，复眼暗红色；触角 3 节，第 3 节钝圆，其背中央生有角芒 1 根，长度为触角的 3 倍，仅具毳毛。前翅膜质透明，具淡紫色光泽，Sc 脉全长发达，在到达 c 脉之前与 r 脉联合，r-m 横脉位于中室近端部 2/5 处，腋瓣和缘缨白色。无小盾前鬃，平衡棍全黑色。雄虫下生殖板甚宽，阳茎内突长，基阳体与端阳体复合体由膜质部分开较远；雌虫产卵器瓣浅褐色，锯齿约 28 枚左右，齿端部稍钝圆。卵长椭圆形，0.31~0.35mm，乳白色，稍透明。三龄幼虫体长约 3.3mm。额突起或仅稍隆起；口钩每颚具 1 端齿，端齿尖锐，具侧骨，下口骨后方中部骨化较浅；前气门短小，指形，具 8~9 个开孔，排成 2 行；后气门棕黑色，烛台形，具 6~8 个开孔，沿边缘排列，中部有几个黑色骨化尖突，体乳白色。蛹长筒形，长 2.5~2.8mm，黄棕色。前、后气门明显突出，前气门短，向两侧伸出；后气门烛台状，中部有几个黑色尖突。

【发生规律】豆秆黑潜蝇，在山东年发生 5 代，以蛹在寄主根茬和秸秆中越冬。翌年 6 月中下旬羽化、产卵。各代幼虫盛发期：1 代 7 月上旬；2 代 7 月末 8 月初；3 代 8 月下旬；4、5 代在 9 月上中旬重叠发生。成虫飞翔力、趋化性均较弱，在 25~30℃是取食、交配和产卵的适温，成虫早晚最活跃，多集中在豆株上部叶面活动，夜间、烈日下、风雨天则栖息于豆株下部叶片或草丛中。常以腹末端刺破豆叶表皮，吸食汁液，致使叶面呈白色斑点的小伤孔。卵单粒散产于叶背近基部主脉附近表皮下，以中部叶片着卵多。幼虫孵化后即在叶内蛀食，形成一条极小而弯曲稍透明的隧道，沿主脉再经小叶柄、叶柄和分枝直达主茎，蛀食髓部和木质部。幼虫老熟后，在茎壁上咬一羽化孔，而后在孔口附近化蛹。

开花后主茎木质化程度较高，豆秆黑潜蝇只能蛀食主茎的中上部和分枝、叶柄，豆株受害较轻。虫道蜿蜒曲折如蛇行状，1 头幼虫蛀食的虫道可达 1m。多雨多湿的季节发生严重。

【防治方法】

(1) 农业防治。收获后，清除落在地上的茎、叶和叶柄、脱粒后的茎秆等，于冬季作燃料烧毁，有条件地区可进行沤制或高温发酵处理。豆茬深翻入土，压低越冬虫蛹基数。增施基肥、提早播种、适时间苗、轮作换茬等措施。

(2) 药剂防治。每日清晨 6—8 时在豆田捕捉成虫，捕虫网口径 33cm、长 57cm，沿豆垄来回走动扫网。在成虫达到防治指标时（即网捕法第一代成虫 20~30 头/100 网，第二代成虫 40~50 头/100 网），在成虫盛发期至幼虫蛀食之前进行药剂防治。

可选用 40%氧化乐果、50%马拉硫磷、50%杀螟松、50%辛硫磷或 20%氰戊菊酯，每亩用量 50~75mL；或以上列药剂各稀释 1 000 倍，亩施药液 75kg，作叶面常规喷雾，对成虫都有较好的防治效果。并在防治成虫的基础上，隔 6~7d 再防治一次幼虫，就可基本消灭。

(十) 豆银纹夜蛾和银锭夜蛾

豆银纹夜蛾 *Autographa nigrisigna* Walker 又名黑点银纹夜蛾，分布于华东、华北、东北、宁夏、内蒙古等地，为害豆类，也为害十字花科蔬菜、莴苣、向日葵等，以幼虫蚕食叶片，造成孔洞和缺刻。与豆银纹夜蛾形态相似的还有银锭夜蛾 *Macdunnoughia crassisigna*（Warren)，也是多食性害虫，豆田常见。

【形态特征】

豆银纹夜蛾。①成虫：体长约 17mm，翅展 34mm，全体灰褐色。前翅深褐色，翅中央有 1 个“Y”字形银白色斑纹和 1 个近三角形的银白色斑点。肾状纹外方有 3 个小黑点，亚外缘线为波浪形。后翅淡褐色，外缘黑褐色。②卵：直径 0.5mm 左右，馒头形，黄绿色，表面有纵横网格。③幼虫：末龄幼虫体长 32mm，身体前端较细，后端较粗。头部褐色，胸部黄绿色，背面具 8 条淡色纵纹，气门线淡黄色。胸足 3 对，黑色，腹足 2 对，尾足 1 对，黄绿色。第一对和第二对腹足退化，行走时体背拱曲。④蛹：长 15~20mm，褐色，臀棘有分叉钩刺，其周围有 4 个小钩。蛹体外包被疏松的白色丝茧。

银锭夜蛾。①成虫：体长 15~16mm，翅展 35mm，头、胸部灰黄褐色，腹部黄褐色。前翅深灰褐色，翅中央有 1 个凹槽形银白色斑，肾状纹褐色，外方有 1 条银色纵纹。亚外缘线细锯齿形。后翅褐色。②幼虫：末龄幼虫体长 30~34mm，头较小，身体前端略较细。头部黄色，体青绿色。体背具淡色纵纹，气门线黄白色，很明显。胸足 3 对，黄褐色，腹足 2 对，尾足 1 对。

【发生规律】该虫在中国年发生 2~3 代，浙江年发生 5 代，第 2~4 代主要为害大豆，7—9 月为发生盛期，以蛹越冬。北方地区豆银纹夜蛾每年发生 2~3 代，以老熟幼虫结薄茧越冬。6—8 月成虫出现，成虫具趋光性，卵散产或块产于叶背。幼虫 6 龄，幼虫有假死习性。初孵幼虫群集在叶片背面取食叶肉，残留上表皮，大龄幼虫食量大，蚕食叶片、嫩茎、嫩荚。幼虫 6—10 月间为害豌豆、大豆、甘蓝、白菜、莴苣、向日葵等作物叶片，吃成孔洞，老熟幼虫在植株上结薄茧化蛹。豆银纹夜蛾生长发育适宜温度 15~35℃，最适温度 20~30℃，相对湿度 60%~80%。夏秋季节少雨的年份一般发生严重。

银锭夜蛾在内蒙古、黑龙江、河北 1 年生二代，以蛹越冬，幼虫于 6—9 月出现，7

月中旬老熟幼虫在叶间吐丝缀叶，结成浅黄色薄茧化蛹，8 月上旬羽化为成虫。分布在西藏的是银锭夜蛾西藏亚种。

【防治方法】参见甜菜夜蛾。

（十一）点蜂缘蝽

点蜂缘蝽 *Riptortus pedestris*（Fabricius）属半翅目缘蝽科，分布河北、河南、江苏、浙江、安徽、江西、湖北、四川、福建、云南、西藏。为害芸豆、菜豆、蚕豆、豌豆、大豆、扁豆、豇豆等豆类作物，还为害稻、麦、棉、蔬菜等作物。成虫和若虫刺吸汁液，在豆类开始开花结荚时，往往群集危害，导致蕾、花凋落，果荚不充实，形成瘪粒，严重时全株枯死。

【形态特征】点蜂缘蝽属半翅目缘蝽科，有成虫、卵和若虫等虫态。

（1）成虫。体长 15~17mm，宽 3.6~4.5mm，体形狭长，黄褐色至黑褐色，被白色细绒毛。头在复眼前部成三角形，后部细缩如颈。触角第一节长于第二节，第一节至第三节端部稍膨大，第三节、第四节基半部色淡。前胸背板平斜如梯状，其前叶向前倾斜，前缘具领片，后缘有 2 处弯曲，后侧角呈刺状。小盾片三角形。前翅膜片棕褐色，稍长于腹末。腹部的背腹板接缘处稍外露，黄黑相间。足与体同色，后足腿节粗大，有黄斑，腹面具 4 个较长的刺和几个小齿，后足胫节向背面弯曲。

（2）卵。长约 1.3mm，半卵圆形，附着面弧状，上面平坦，中间有一条不太明显的横形带脊。

（3）若虫。共 5 龄。一至四龄若虫体似蚂蚁，但触角鞭状。五龄若虫与成虫相似，仅翅较短，体长 12.7~14mm。

【发生规律】1 年发生 2~3 代，以成虫在枯枝落叶和草丛中越冬。在江西 1 年发生 3 代，翌年 3 月下旬开始活动，4 月下旬至 6 月上旬产卵。第一代若虫于 5 月上旬至 6 月中旬孵化，6 月上旬至 7 月上旬羽化为成虫。第二代成虫于 7 月中旬至 9 月中旬羽化，第三代成虫于 9 月上旬至 11 月中旬羽化，10 月下旬以后陆续进入越冬。点蜂缘蝽的成虫和若虫极活跃，都取食危害。卵多散产于叶背、嫩茎和叶柄上。

【防治方法】

（1）冬季结合积肥清除田间枯枝落叶及杂草，及时堆沤或焚烧，可消灭部分越冬成虫。

（2）成虫、若虫为害盛期，选用 245%丙溴辛硫磷 1 000 倍液，20%氰戊菊酯 1 500 倍液+ 5.7%甲维盐 2 000 倍混合液等药剂喷雾 1~2 次。

（十二）苜蓿蚜

苜蓿蚜 *Aphis craccivora* Koch 又名花生蚜、豆蚜、槐蚜。分布于甘肃、新疆、宁夏、内蒙古、河北、山东、四川、湖南、湖北、广西、广东等地，寄主植物共有 200 余种，主要为害豌豆、芸豆、菜豆、豇豆、扁豆、蚕豆、花生、苜蓿、苕子、紫云英、刺槐、国槐、紫穗槐以及荠菜、地丁、刺儿菜、野豌豆等。蚜虫是一种暴发性害虫，多群集于植株的嫩茎、幼芽、花器各部上，吸食其汁液，造成植株生长矮小，叶子卷缩、变黄、落蕾，豆荚停滞发育，发生严重，植株成片死亡。

【形态特征】苜蓿蚜，有翅胎生蚜成蚜体长 1.5~1.8mm，黑绿色，有光泽。触角 6

节黄白色。第三节较长，上有感觉圈 4~7 个。翅痣、翅脉皆橙黄色。各足褪节、胫节、跗节均暗黑色，其余部分黄白色。腹部各节背面均有硬化的暗褐色横纹，腹管黑色，圆筒状，端部稍细，具覆瓦状花纹。尾片黑色，上翘，两侧各有 3 根刚毛。

若虫体小，黄褐色，体被薄蜡粉，腹管、尾片均黑色。

无翅胎生蚜成虫体长 1.8~2.0mm，黑色或紫黑色，有光泽，体被蜡粉。触角 6 节，第一至第二节、第五节末端及第六节黑色，其余部分尾黄白色。腹部体节分界不明显，背面有一块大型灰色骨化斑。若虫体小，灰紫色或黑褐色。卵长椭圆形，初产为淡黄色，后变草绿色，最后呈黑色。

【发生规律】苜蓿蚜一年发生 20 余代，主要以无翅成蚜和若蚜在寄主心叶及根茎处越冬，少数以卵越冬。在山东越冬蚜虫 3 月上、中旬开始活动，先在越冬寄主上为害和繁殖，4 月下旬气温上升到 14℃时，产生大量有翅蚜向附近春季寄主上迁飞。10 月产生有翅蚜迁飞至越冬寄主上为害繁殖，最后以无翅成蚜和若蚜越冬。少则产生性蚜，交配产卵，以卵越冬。

温度是影响苜蓿蚜繁殖和活动的重要因素。繁殖适宜温度是 16~23℃，最适温度为 19~22℃，低于 15℃或高于 25℃，繁殖受到抑制。耐低温能力较强，越冬无翅若蚜在-14~-12℃下持续 12h，当日平均湿度回升到-4℃时，又复活动。无翅成蚜在日均温-2.6℃时，少数个体仍能繁殖。苜蓿蚜在北方的发育起点温度为 1.7℃，完成 1 代的积温是 136℃。

大气湿度和降雨是决定蚜虫种群数量变动的主导因素。在适宜的温度范围内，相对湿度在 60%~70%时，有利于大量繁殖，高于 80%或低于 50%时，对繁殖有明显抑制作用。如 5、6 月的气候条件抑制繁殖，当年为害极轻；5 月适宜，6 月抑制，则为害短而轻；5 月抑制，6 月适宜，则蚜害晚，5、6 月均适宜，则为害早而严重。

【防治方法】

（1）农业防治。冬灌可降低地面温度，恶化蚜虫越冬环境，杀死大量蚜虫。灌溉方式采用喷灌可以抑制蚜虫的发生、繁殖以及迁飞扩散。清除田边杂草，也可以减少虫源。

（2）保护利用自然天敌。该虫天敌主要有瓢虫、食蚜蝇、草蛉、蚜茧蜂、蜘蛛等。在自然条件下，天敌比蚜虫发生晚，但中、后期数量增多，对蚜虫发生有明显的控制作用。应用选择性强的化学农药来控制、治理蚜虫的发生为害。

（3）药剂防治。①50%马拉硫磷乳油、50%杀螟松乳油、25%亚胺硫磷乳油，均 1 000 倍液；②40%乐果乳油 1 000~1 500 倍液；③50%辛硫磷乳油 2 000 倍液；④灰敌合剂，草木灰 50kg 加水 200kg 浸泡 24h，过滤，每 50kg 滤液加晶体敌百虫 4kg，配成母液，300 倍液喷雾，对天敌杀伤小；⑤50%西维因可湿粉剂 400 倍液；⑥喷粉，1.5%乐果粉剂、2%杀螟松粉剂或 2.5%亚胺硫磷粉剂，用量为 22.5~30kg/hm^2。⑦撒毒土，1.5%乐果粉剂 1kg 对细土或细沙 50kg，每公顷 750kg 撒布。

（十三）白条芫菁

白条芫菁 *Epicauta gorhami* Marseul 又名豆芫菁或锯角豆芫菁，是芫菁类中分布广而危害较重的一种。寄主植物除了豆类外，还有花生、马铃薯、甘薯、番茄、茄子、辣椒、蕹菜、苋菜、甜菜、棉花、桑、曼陀罗等。以成虫群集为害豆科植物的叶片及花瓣，严重时豆叶只剩叶脉或食光全叶，致使不能结实。

【形态特征】成虫：体长 15~18mm，黑褐色。头部略呈三角形，赤褐色。前胸背板中央和两个鞘翅上各有一条纵行的黄白色条纹。卵：长椭圆形，由乳白色变黄白色，卵块排列成菊花状。幼虫：复变态，各龄幼虫形态不同。1 龄为（虫丙）型，为深褐色的三爪蚴，行动活泼；2~4 龄都是蛴螬型；5 龄化为伪蛹；6 龄又为蛴螬型。蛹：长 15mm 左右，黄白色，前胞背板侧缘及后缘，各生有较长的刺 9 根。

【发生规律】在河北、河南、山东每年发生一代，湖北每年发生二代，均以 5 龄幼虫（伪蛹）在土中越冬，于次年春蜕皮成六龄幼虫化蛹。一代区 6 月中旬开始化蛹，成虫在 6 月下旬到 8 月中旬为害，多在白天活动取食，以中午最盛，群居性强，成群迁飞，有时数十头群集在一株上，很快将整株成片的叶子吃光；偶遇惊扰，即迅速逃避或堕落，并分泌出一种含芫菁素的黄色液体，能引起人体皮肤红肿、起疱。成虫产卵于土穴中，穴深 4~5cm，每穴产卵 70~150 粒，约 2h 产完卵，用泥土封穴口后离去，单雌产卵 400~500 粒。豆芫菁成虫为植食害虫，但幼虫为肉食性，以蝗卵为食。幼虫孵出后分散觅食，如无蝗虫卵可食，则饥饿而死。一般一个蝗虫卵块可供 1 头幼虫食用。

【防治方法】

（1）冬季深翻土地，能使越冬的伪蛹暴露于土表冻死或被天敌吃掉，减少次年虫源基数。

（2）人工捕杀，利用成虫群集为害的习性，用网捕杀，但应注意勿接触皮肤。

（3）药剂防治每亩用 90%敌百虫 150g，对水 60~75kg 喷雾，或用 2.5%敌百虫粉剂，每亩喷 1.5~2.5kg。

（十四）斑潜蝇

在为害豆类的斑潜蝇中，当前分布最广、危害最重的是美洲斑潜蝇 *Liriomyza sativae* Blanchard 和南美斑潜蝇。都是传入我国历史不久，多食性大害虫，可为害数百种植物，除了豆类（蚕豆、豌豆、芸豆、菜豆、豇豆、扁豆等）以外，还为害黄瓜、番茄、甜菜、辣椒、芹菜等蔬菜作物。幼虫和成虫的为害可导致幼苗全株死亡，造成缺苗断垄；成株受害，可加速叶片脱落，引起果实日灼；幼虫和成虫通过取食还可传播病菌，特别是传播某些病毒病，降低花卉观赏价值和叶菜类食用价值。一般减产达 25%左右，严重的可减产 80%，甚至绝收。

【形态特征】

美洲斑潜蝇成虫：小，体长 1.3~2.3mm，浅灰黑色，胸背板亮黑色，体腹面黄色，雌虫体比雄虫大。

卵：米色，半透明，大小（0.2~0.3）mm×（0.1~0.15）mm。

幼虫：蛆状，初无色，后变为浅橙黄色至橙黄色，长 3mm。

蛹：椭圆形，橙黄色，腹面稍扁平，大小（1.7~2.3）mm×（0.5~0.75）mm。

注：美洲斑潜蝇形态与番茄斑潜蝇极相似，美洲斑潜蝇成虫胸背板亮黑色，外顶鬃常着生在黑色区上，内顶鬃着生在黄色区或黑色区上，蛹后气门三孔。而番茄斑潜蝇成虫内、外顶鬃均着生在黑色区，蛹后气门 7~12 孔。

【发生规律】1 年可发生 14~17 代。世代周期随温度变化而变化：15℃时，约 54d；20℃时约 16d；30℃时约 12d。成虫具有趋光、趋绿和趋化性，对黄色趋性更强。有一定飞翔能力。成虫吸取植株叶片汁液；卵产于植物叶片叶肉中；初孵幼虫潜食叶肉，主要取食栅栏组织，并形成隧道，隧道端部略膨大；老龄幼虫咬破隧道的上表皮爬出道外化蛹。主要随寄主植株调运而传播。

美洲斑潜蝇和南美斑潜蝇都以幼虫和成虫为害叶片，美洲斑潜蝇以幼虫取食叶片正面叶肉，形成先细后宽的蛇形弯曲或蛇形盘绕虫道，其内有交替排列整齐的黑色虫粪，老虫道后期呈棕色的干斑块区，一般 1 虫 1 道，1 头老熟幼虫 1d 可潜食 3cm 左右。南美斑潜蝇的幼虫主要取食背面叶肉，多从主脉基部开始危害，形成弯曲较宽（1.5~2mm）的虫道，虫道沿叶脉伸展，但不受叶脉限制，可若干虫道连成一片形成取食斑，后期变枯黄。两种斑潜蝇成虫为害基本相似，在叶片正面取食和产卵，刺伤叶片细胞，形成针尖大小的近圆形刺伤“孔”。“孔”初期呈浅绿色，后变白，肉眼可见。

【防治方法】

（1）农业防治。在害虫发生高峰时，摘除带虫叶片销毁。依据其趋黄习性，利用黄板诱杀。

（2）利用自然天敌。在不用药的情况下，寄生蜂寄生率可达 50%以上。（姬小蜂 *Diglyphus* spp.、反领茧蜂 *Dacnusin* spp.、潜蝇茧蜂 *Opius* spp. 等，这 3 种寄生蜂对斑潜蝇寄生率较高。）

（3）药剂防治。在幼虫 2 龄前（虫道很小时），喷洒 1.8%爱福丁乳油 2 000~3 000 倍液，或用 40%绿莱宝，或用 98%巴丹原粉 1 500~2 000 倍液。各地应根据当地的具体情况采取不同的措施。药剂的施用最好采用不同单剂交替使用，以免使害虫的抗药性增加。苏云金杆菌的商品制剂可以有效地降低美洲斑潜蝇的为害，并且对天敌没有杀伤作用。

第六节 河北省小杂粮主要地下害虫

一、蝼蛄

蝼蛄，俗称拉拉蛄、地拉蛄，属直翅目蝼蛄科。在河北低平原地区，主要有两种蝼蛄，单刺蝼蛄又称华北蝼蛄（*Gryllotalpa unispina* Saussure）和东方蝼蛄（*Gryllotalpa orientalis* Burmeister），是谷田主要地下害虫。以成虫或若虫在地下串行，取食未出苗的种芽和谷苗根茎，造成缺苗断垄。

【形态特征】蝼蛄身体梭形，前足为特殊的开掘足，雌性缺产卵器，雄性外生殖结构简单，雌雄可通过翅脉识别（雄性覆翅具发声结构）。

单刺蝼蛄成虫，身体比较肥大，雌虫体长 45~66mm，头宽 9mm，雄虫体长 39~45mm，头宽 5.5mm。体黄褐色，全身密布黄褐色细毛；前胸背板中央有 1 凹陷不明显的暗红色心脏形斑；前翅黄褐色，长 14~16mm，覆盖腹部不到一半，后翅长 30~

35mm，纵卷成筒形附于前翅之下；腹部圆筒形、背面黑褐色，有 7 条褐色横线；足黄褐色，前足发达，中后足细小，后足胫节背侧内缘有距 1～2 个或消失。卵椭圆形。初产时黄白色，较小，长 1.6～1.8mm，宽 1.3～1.4mm，孵化前膨大为长 2.4～3.0mm，宽 1.5～1.7mm。颜色变为黄褐色，孵化前呈暗灰色。若虫共 13 个龄期，初龄若虫头小，腹部肥大，行动迟缓，全身乳白色，渐变土黄色，以后每蜕 1 次皮，颜色随之加深，5 龄以后，与成虫体色、体形相似。初孵若虫体长 3.56mm，末龄若虫体长 41.2mm，体长增加 10 余倍。

东方蝼蛄成虫，体长 30～35mm，灰褐色，腹部色较浅，全身密布细毛。头圆锥形，触角丝状。前胸背板卵圆形，中间具一明显的暗红色长心脏形凹陷斑。前翅灰褐色，较短，仅达腹部中部。后翅扇形，较长，超过腹部末端。腹末具 1 对尾须。前足为开掘足，后足胫节背面内缘有 3～4 个距，别于华北蝼蛄。卵初产时长 2.8mm，孵化前 4mm，椭圆形，初产乳白色，后变黄褐色，孵化前暗紫色。若虫共 8～9 龄，末龄若虫体长 25mm，体形与成虫相近。

单刺蝼蛄体型比东方蝼蛄体型大，黄褐色，前胸背板心形凹陷不明显，后足胫节背面内侧仅 1 个距或消失。卵椭圆形，孵化前呈深灰色。若虫共 13 龄，形态与成虫相似，翅尚未发育完全，仅有翅芽。5～6 龄后体色与成虫相似。东方蝼蛄体型略小，前胸背板心形凹陷明显，后足胫节背面内缘有 3～4 个距，卵孵化前呈暗紫色或暗紫色，若虫 7～8 龄，初孵若虫乳白色渐变黄色浅褐色。

【发生规律】蝼蛄为多食性害虫，喜食各种蔬菜、花卉、作物幼苗，为害严重。蝼蛄成虫和若虫在土中咬食刚播下的种子和幼芽，或将幼苗根、茎部咬断，使幼苗枯死，受害的根部呈乱麻状。蝼蛄在地下活动，将表土穿成许多隧道，使幼苗根部透风和土壤分离，造成幼苗因失水干枯致死，缺苗断垄，严重的甚至毁种，使蔬菜大幅度减产。

蝼蛄在北方地区 2～3 年发生 1 代，在南方 1 年 1 代，以成虫或若虫在地下越冬。清明后上升到地表活动，在洞口可顶起一小虚土堆。5 月上旬至 6 月中旬是蝼蛄最活跃的时期，也是第一次为害的高峰期，6 月下旬至 8 月下旬，天气炎热，转入地下活动，6—7 月为产卵盛期。9 月气温下降，再次上升到地表，形成第二次为害高峰，10 月中旬以后，陆续钻入深层土中越冬。蝼蛄昼伏夜出，以夜间 9—11 时活动最盛，特别在气温高、湿度大、闷热的夜晚，大量出土活动。早春或晚秋因气候凉爽，仅在表土层活动，不到地面上，在炎热的中午常潜至深土层。蝼蛄具趋光性，并对香甜物质，如半熟的谷子、炒香的豆饼、麦麸以及马粪等有机肥，具有强烈趋性。成、幼虫均喜松软潮湿的壤土或沙壤土，20cm 表土层含水量 20%以上最适宜，小于 15%时活动减弱。当气温在 12.5～19.8℃，20cm 土温为 15.2～19.9℃时，对蝼蛄最适宜，温度过高或过低时，则潜入深层土中。

蝼蛄为不完全变态，完成一世代需要三年左右。以成虫或较大的若虫在土穴内越冬，第二年 4、5 月开始活动，并为害作物的幼苗。若虫逐渐长大变为成虫，继续为害。越冬成虫从 6 月中旬开始产卵，7 月初孵化，初孵幼虫有聚集性，3 龄分散为害，到秋季达 8～9 龄，深入土中越冬。第二年春越冬若虫恢复活动继续为害，到秋季达 12～13 龄后入土越冬。第三年春有活动为害。夏季若虫发育为成虫，成虫越冬。

单刺蝼蛄在北方 3 年发生 1 代，多与东方蝼蛄混杂发生。以 8 龄以上若虫或成虫在冻土层下越冬，一般深度 50~120cm。翌年春季土壤温度升到 8℃时越冬蝼蛄开始表层土壤活动。华北地区成虫 6 月上中旬开始产卵，每头雌虫产卵 80~800 粒，当年秋季以 8~9 龄若虫越冬；第二年 4 月上中旬越冬若虫开始活动，当年可蜕皮 3~4 次，以 12~13 龄若虫越冬；第三年春季越冬高龄若虫开始活动，8—9 月蜕最后 1 次皮后以成虫越冬；第四年春天越冬成虫开始活动，于 6 月上中旬产卵，至此完成 1 个世代。成虫具一定趋光性，白天多潜伏于土壤深处，晚上到地面危害，喜食幼嫩部位，为害盛期多在播种期和幼苗期。

东方蝼蛄在北方 2 年 1 代，以成虫或若虫在冻土层以下越冬。第二年春上升到地面为害，4—5 月是春季为害盛期，在保护地内 2—3 月即可活动为害。5 月下旬产卵，每头雌虫平均产卵 150 粒，孵化后为害夏秋作物，10 月越冬。初孵若虫群集，逐渐分散，有趋光性、趋化性、趋粪性、喜湿性。

【防治方法】结合农业防治，进行种子处理或土壤处理。

（1）农业防治。①深翻土壤：夏收后，及时翻地，破坏蝼蛄的产卵场所。②合理肥水：施用腐熟的有机肥料，不施用未腐熟的肥料；在蝼蛄为害期，追施碳酸氢铵等化肥，散出的氨气对蝼蛄有一定驱避作用；秋收后，进行大水灌地，使向深层迁移的蝼蛄，被迫向上迁移，在结冻前深翻，把翻上地表的害虫冻死；③合理轮作：改良盐碱地，有条件的地区实行水旱轮作，可消灭大量蝼蛄、减轻危害。

（2）灯光诱杀。蝼蛄发生为害期，在田边或村庄利用黑光灯、白炽灯诱杀成虫，以减少田间虫口密度。

（3）人工捕杀。结合田间操作，对新拱起的蝼蛄隧道，采用人工挖洞捕杀虫、卵。

（4）种子处理。播种前，用 50%辛硫磷乳油，或用 40%甲基异柳磷乳油按种子重量 0.1%~0.2%拌种，堆闷 12~24h 后播种。

（5）毒饵诱杀。敌百虫毒饵。将麦麸、豆饼、秕谷、棉籽饼或玉米碎粒等炒香，按饵料重量 0.5%~1%的比例加入 90%晶体敌百虫制成毒饵，每亩施毒饵 1.5~2.5kg，于傍晚时撒在已出苗的谷田表土上，或随播种撒于播种沟内。

（6）土壤处理。每亩用 3%辛硫磷颗粒剂 2~2.5kg，均匀撒于地表，翻耕混匀。

二、蛴螬

蛴螬种类很多，成虫通称金龟子，幼虫通称蛴螬，为害谷子的主要有东北大黑鳃金龟（*Holotrichia diomphalia* Bates）、华北大黑鳃金龟（*Holotrichia oblita*）、铜绿丽金龟（*Anomala corpulenta*）、黄褐丽金龟（*Anomala exoleta*）。蛴螬在各地普遍发生。为害多种作物，如豆科、茄科、小麦、玉米等，尤其喜食大豆、花生等。

【形态特征】蛴螬为金龟子幼虫，不同种类大小有所差别，一般体长 30~45mm，乳白色，体壁柔软、多皱，向腹面弯曲成“C”形，体表疏生细毛。头大而圆，多为黄褐色或红褐色。有胸足 3 对，一般后足较长。腹部 10 节，臀节生有刺毛，不同种类刺毛的数量和排列有明显差别。铜绿丽金龟幼虫臀节刺毛由两种刺毛组成，前段为尖端向中央弯曲的短锥状刺毛，一般每列 10~15 根，后段为长针状刺毛，每列 7~13 根，均为两行排列。华北大黑鳃金龟幼虫和东北大黑鳃金龟幼虫臀节无刺毛，只有钩毛群。

【发生规律】蛴螬是多食性害虫，幼虫能直接咬断幼苗的根、茎，造成枯死苗；或啃食块根、块茎，使作物生长衰弱，直接影响产量和品质。成虫主要取食叶片。

东北大黑鳃金龟和华北大黑鳃金龟两年发生一代，成虫和蛹均能越冬，越冬成虫 4 月下旬开始出土，6—7 月交尾、产卵，7 月中下旬进入卵孵化盛期，10 月中下旬幼虫入土越冬。越冬幼虫 5 月上中旬上升至耕层为害，7 月中旬后陆续化蛹、羽化并就地越冬。

铜绿丽金龟、黄褐丽金龟一年发生一代，以幼虫越冬，5—6 月越冬幼虫上升到耕土层为害，6 月中下旬化蛹、羽化，产卵高峰期在 6—7 月，7 月中下旬卵孵化为幼虫，10 月转入深土层越冬。

蛴螬共 3 龄，各龄幼虫均有互相残杀习性，初孵化幼虫先取食土中腐殖质，以后取食苗木、杂草及农作物的地下根部，各龄的初期和末期食量较小，3 龄食量最大，取食根茎及播下的种子。幼虫具假死性。常沿垄向前移动，在新鲜被害株下很容易找到幼虫，上下垂直活动力较大，每年随地温升降而上下活动。在土壤中活动的适宜温度为 13～18℃，高于 23℃或低于 10℃即逐渐向深土层（20～5cm）转移。一般有机质多、疏松地块蛴螬发生重，相反土壤黏重、有机质含量低的地块发生轻。土壤湿度对幼虫的生长发育有很大影响，过湿或过干都会造成幼虫大量死亡，尤其是 10cm 以下的幼虫，反应更为灵敏，如土壤含水量低于 10%，初龄幼虫就会很快死亡，当土壤含水量在 10.2%～25.7%范围内幼虫则生长发育良好。取食为害期间，如遇雨水或灌水则下移，深处暂停为害，如浸渍 3d 以上，则窒息而死。老熟幼虫下潜至 20～38cm 深处，营建一个长椭圆形蛹室，在其中不食不动，进入预蛹期。预蛹期 23d，蛹期 22～25d。11 月中旬后地温降到 6℃以下时，则移至 30～40cm 深处越冬。

所有金龟子成虫都在傍晚飞出取食、交尾，黎明前又钻入土中。晚 8—9 时为出土高峰期，以后又逐渐减少至后半夜 2 时相继入土潜伏，白天很少出动。初羽化成虫，出土后先在地面爬行，后做短距离飞行觅食，尤其喜欢在路旁、地边群集取食交尾，并在近处土壤里产卵。卵散产于有机质较多的土壤里，产卵深度为 5～10cm，常 4 至 10 余粒连在一起，每雌虫一生产卵量为 100～200 粒。有假死性和较强趋光性，对黑光灯的趋性更强，但雌成虫很少扑灯。对未腐熟的厩肥有较强的趋性。

【防治方法】地下害虫蛴螬的防治必须贯彻“预防为主，综合防治”的植保方针，以农业防治为基础，把化学农药防治与其他防治方法协调起来，因地制宜地开展综合防治，才能将蛴螬的危害控制住。

（1）农业防治措施。①冬前耕翻土地，消灭地边、荒坡、田埂等处的蛴螬，可将部分成、幼虫翻至地表，使其风干、冻死或被天敌捕食、机械杀伤，防效明显。②合理施肥，施用充分腐熟的有机肥，防止招引成虫飞入田块产卵，减少将幼虫和卵带田间，堆柴底部的腐殖土全部销毁，不能用来沤肥。③谷豆轮作。④7 月中下旬幼虫孵化盛期灌水对蛴螬有一定杀伤力。秋末进行冬灌，水量越大蛴螬死亡率越高，可使第二年春季蛴螬危害减轻。

（2）人工捕杀。施有机肥前应筛出其中的蛴螬。发现幼苗被害可挖出根际附近的幼虫。利用成虫的假死性，在其停落的作物上捕捉或震落捕杀。

（3）生物防治。在蛴螬卵期或幼虫期，每亩用蛴螬专用型白僵菌杀虫剂 1.5～2kg，与 15～25kg 细土拌匀，在作物根部土表开沟施药并盖土。或者顺垄条施，施药后随即浅锄，能浇水更好。此法高效、无毒无污染，以活菌体施入土壤，效果可延续到下一年。目前，美国等国已筛选出乳状菌及其变种，用于蛴螬防治。在美国乳状茵制剂 Doom 和 Japidemic 已有乳状菌商品出售，防治用量是每 23m^2 用 0.05kg 乳状菌粉，防治效果一般为 60%～80%。

（4）物理防治。5—8 月利用金龟子趋光性强的生物特性，用黑光灯或频振式诱虫灯诱杀成虫，减少田间虫卵量。用黑绿单管双光灯（一半绿光，一半黑光），对金龟子的诱杀量比黑光灯提高 10%左右。

（5）化学药剂防治。①种子处理。40%辛硫磷乳油、70%吡虫啉可湿性粉剂按种子量的 0.3%拌种，然后堆闷 12～24h，晾干后播种。也可使用包衣种子。②土壤处理。在蛴螬发生严重地块，种子处理不能有效控制蛴螬为害时可进行土壤处理。亩用 10%杀地虎（二嗪磷颗粒剂）500g，与 15～30kg 细土混匀后撒于播种沟内后覆土。或亩用 2.5%敌百虫粉剂 2～2.5kg 拌适量细土施用。③灌根。在蛴螬发生较重的田块，50%辛硫磷乳油 1 000 倍液，或用 80%敌百虫可湿性粉剂 800 倍液灌根，每株灌 150～250mL，可杀死根际附近的幼虫。④撒毒土。6 月中旬成虫盛发期，每亩用 50%辛硫磷乳剂 250g、或用 5%敌百虫粉剂 2.5～3kg，对 20～25kg 干细土撒施，并浅锄入土内，可有效毒杀成虫，减少田间卵量。7 月中下旬幼虫孵化盛期每亩用 50%辛硫磷乳剂 250g，对干细土 20～25kg，拌匀撒施，结合中耕，锄入土中，对防治幼虫有较好的效果。在谷子生长期可选用灌根、沟施毒土等措施。

三、金针虫

【分布为害】金针虫是叩头虫的幼虫，属鞘翅目叩头甲科。在河北低平原地区为害谷子的主要种类有沟金针虫（*Pleonomus canaliculatus*）、细胸金针虫（*Agriotes fusicollis*）、褐纹金针虫（*Melanotus caudex*），在土中为害根部、茎基、取食新播种子，咬断幼苗，并能钻到根和茎内取食，致使幼苗死亡，缺苗断垄。同时为害小麦、大麦、玉米、高粱、粟、花生、甘薯、马铃薯、豆类、棉、麻类、甜菜和蔬菜等多种作物，也可为害林木幼苗。

沟金针虫主要分布区域北起辽宁，南至长江沿岸，西到陕西、青海，旱作区的沙壤土和沙黏壤土地带发生较重；细胸金针虫从东北北部，到淮河流域，北至内蒙古以及西北等地均有发生，但以水浇地、潮湿低洼地和黏土地带发生较重；褐纹金针虫主要分布于华北。

【形态特征】

成虫：三种金针虫体色深褐色至黑色，体形细长或扁平，具有梳状或锯齿状触角。胸部下侧有一个爪，受压时可收入中胸腹板的沟穴中。头部能上下活动似叩头状，故俗称“叩头虫”。当叩头虫仰卧，若突然敲击，叩头虫即会弹起，向后跳跃。沟金针虫体长 14～18mm，细胸金针虫和褐纹金针虫 7～14mm。

幼虫：体细长，25~30mm，金黄或茶褐色，末端有两对附肢，体表坚硬，有光泽，故名“金针虫”。沟金针虫体长20~30mm，宽4mm，黄褐色，有光泽，背部中央有一条纵向细沟，尾巴分叉，叉的内侧各有一个小齿。细胸金针虫幼虫体长23mm，宽1.3mm，浅黄褐色，有光泽。尾节圆锥形，不分叉。褐纹金针虫幼虫色较深，红褐色，长20~30mm，宽1.7mm，尾节近圆锥形，末端有3个齿状突起。

蛹：纺锤形，初为乳白色，后变黄色。沟金针虫蛹15~17mm，细胸金针虫和褐纹金针虫蛹8~12mm。

卵：均为乳白色，宽0.5~1.0mm。

【发生规律】金针虫幼虫长期生活于土壤中，随温度变化上移为害，下移越冬。因不同种类而不同，常需3~5年才能完成一代，各代以幼虫或成虫在地下越冬，越冬深度约在20~85cm间。10cm土层温度降低到4~8℃时下移越冬，高于上述温度时上移为害。

沟金针虫3~4年完成一代。在华北地区，越冬成虫于3月上旬开始活动，4月上旬为活动盛期。成虫白天躲在麦田或田边杂草中和土块下，夜晚活动，雌性成虫不能飞翔，行动迟缓有假死性，没有趋光性，雄虫飞翔较强，有趋光性。卵产于土中3~7cm深处，卵孵化后，幼虫直接为害作物。翌年3月中旬当10cm土层土温达到4~8℃时幼虫开始上升活动；3月下旬土温为8~12℃时，上升到根际进行为害；5月中旬土温升高，幼虫向13~17cm土层深处移动，土温为21~22℃时停止为害；9月下旬至10月上旬，表土温度渐低（6~10cm土层土温约18℃）时幼虫又回升到13cm以上的土层活动。沟金针虫在8—9月间化蛹，蛹期20d左右，9月羽化为成虫。沟金针虫喜好有机质少、疏松沙质土壤，适宜的土壤湿度为15%~18%，较能适应干燥，主要发生在旱地块。

细胸金针虫2~3年完成一代，生活习性与沟金针虫基本相同，但比沟金针虫更适应低温，适宜在有机质丰富的粉沙黏土或黏土中，适宜土壤含水量为20%~25%，主要发生在水浇地或潮湿低地。早春为害严重，一般土温超过17℃时停止为害。

褐纹金针虫3年1代，成虫没有趋光性，喜好湿润疏松、有机质含量高于1%以上的土壤。

【防治方法】前茬冬小麦田，金针虫严重地块，夏季翻耕暴晒，进行药剂拌种或土壤处理保护幼苗。防治前要调查虫情，每点取0.25m^2，挖虫深度为：春季3~17cm，秋季20cm，平均每平方米有虫2~3头时要及时药剂防治。

（1）农业防治方法。①种植前要深耕多耙，收获后及时深翻；夏季翻耕暴晒。②精细整地，适时播种，合理轮作，消灭杂草，适时早浇，及时中耕除草，创造不利于金针虫活动的环境，减轻作物受害程度。

（2）药剂防治。①药剂拌种：用60%吡虫啉悬浮种衣剂拌种，比例为药剂、水与种子=1：200：10 000。②施用毒土：用50%辛硫磷乳油每亩200~250g，加水10倍，喷于25~30kg细土上拌匀成毒土，顺垄条施，随即浅锄；用5%辛硫磷颗粒剂每亩2.5~3kg处理土壤。

四、地老虎

【分布为害】地老虎，别名切根虫、夜盗虫、俗称地蚕、土蚕。属夜蛾科。多食性作物害虫，谷子出苗后，以幼虫咬断幼苗，造成缺苗断垄。同时为害棉、玉米、高粱、粟、麦类、薯类、豆类、麻类、苜蓿、烟草、甜菜、油菜、瓜类以及多种蔬菜等。药用植物、牧草和林木苗圃的实生幼苗也常受害。多种杂草常为其重要寄主。全国有10余种地老虎可给农业生产造成为害，在河北以小地老虎、黄地老虎和大地老虎为主。

小地老虎（*Agrotis ipsilon*）世界性分布，分布最广。在中国遍及各地，但以南方旱作及丘陵旱地发生较重；北方则以沿海、沿湖、沿河、低洼内涝地及水浇地发生较重。南岭以南可终年繁殖；由南向北年发生代数递减，如广西南宁7代，江西南昌5代，河北4代，黑龙江2代。

黄地老虎在中国主要分布在新疆及甘肃乌鞘岭以西地区及黄河、淮河、海河地区。华北和江苏一带年发生3~4代，新疆2~3代，内蒙古2代。

大地老虎分布也较普遍，并常与小地老虎混合发生；以长江流域地区为害较重。中国各地均一年发生1代。

【形态特征】

小地老虎，成虫体长16~23mm，翅展42~54mm；前翅黑褐色，有肾状纹、环状纹和棒状纹各一，肾状纹外有尖端向外的黑色楔状纹与亚缘线，内侧2个尖端向内的黑色楔状纹相对。卵半球形，直径0.6mm，初产时乳白色，孵化前呈棕褐色。老熟幼虫体长37~50mm，黄褐至黑褐色；体表密布黑色颗粒状小突起，背面有淡色纵带；腹部末节背板上有2条深褐色纵带。蛹体长18~24mm，红褐至黑褐色；腹末端具1对臀棘。

黄地老虎 成虫体长14~19mm，翅展32~43mm；前翅黄褐色，肾状纹的外方无黑色楔状纹。卵半球形，直径0.5mm，初产时乳白色，以后渐现淡红斑纹，孵化前变为黑色。老熟幼虫体长32~45mm，淡黄褐色；腹部背面的4个毛片大小相近。蛹体长16~19mm，红褐色。

大地老虎 成虫体长20~23mm，翅展52~62mm；前翅黑褐色，肾状纹外有一不规则的黑斑。卵半球形，直径1.8mm，初产时浅黄色，孵化前呈灰褐色。老熟幼虫体长41~61mm，黄褐色，体表多皱纹，头部褐色，中央具黑褐色纵纹1对，额（唇基）三角形，底边大于斜边，各腹节2毛片与1毛片大小相似。气门长卵形黑色，臀板除末端2根刚毛附近为黄褐色外，几乎全为深褐色，且全布满龟裂状皱纹。蛹体长23~29mm，腹部第4~7节前缘气门之前密布刻点。

【发生规律】

成虫：有趋光性和趋化性。小地老虎、黄地老虎对黑光灯均有趋性；对糖酒醋液的趋性以小地老虎最强；黄地老虎则喜在大葱花蕊上取食作为补充营养。

卵：多产在土表、植物幼嫩茎叶上和枯草根际处，散产或堆产。

幼虫：3龄前的幼虫多在土表或植株上活动，昼夜取食叶片、心叶、嫩头、幼芽等部位，食量较小。3龄后分散入土，白天潜伏土中，夜间活动为害，常将作物幼苗齐地面处咬断，造成缺苗断垄。有自残现象。

越冬习性：地老虎的越冬习性较复杂。黄地老虎以老熟幼虫在土下筑土室越冬。大地老虎以3~6龄幼虫在表土或草丛中越夏和越冬。小地老虎越冬受温度因子限制：1月份0℃（北纬33°附近）等温线以北不能越冬；以南地区可有少量幼虫和蛹在当地越冬；而在四川则成虫、幼虫和蛹都可越冬。

迁飞：1979—1980年，中国首次取得了小地老虎越冬代成虫，由低海拔向高海拔迁飞直线距离22~240km和由南向北迁飞490~1 818km的记录。并查明1月10℃等温线以南的华南为害区及其以南是国内主要虫源基地，江淮蛰伏区也有部分虫源，成虫由虫源地区交错向北迁飞为害。

影响地老虎发生的主要生态因素如下。

（1）温度。高温和低温均不适于地老虎生存、繁殖。在温度（30±1）℃或5℃以下条件下，可使小地老虎1~3龄幼虫大量死亡。平均温度高于30℃时成虫寿命缩短，一般不能产卵。冬季温度偏高，5月气温稳定，有利于幼虫越冬、化蛹、羽化，从而第1代卵的发育和幼虫成活率高，为害就重。黄地老虎幼虫越冬前和早春越冬幼虫恢复活动后，如遇降温、降雪，或冬季气温偏低，易大量死亡。越冬代成虫盛发期遇较强低温或降雪不仅影响成虫的发生，还会因蜜源植物的花受冻，恶化了成虫补充营养来源而影响产卵量。

（2）湿度和降水。大地老虎对高温和低温的抵抗能力强，但常因土壤湿度不适而大量死亡。小地老虎在北方的严重为害区多为沿河、沿湖的滩地或低洼内涝地以及常年灌区。成虫盛发期遇有适量降雨或灌水时常导致大发生。土壤含水量在15%~20%的地区有利于幼虫生长发育和成虫产卵。黄地老虎多在地势较高的平原地带发生，如灌水期与成虫盛发期相遇为害就重。在黄、淮、海地区，前一年秋雨多、田间杂草也多时，常使越冬基数增大，翌年发生为害严重。

（3）其他因素。如前茬作物、田间杂草或蜜源植物多时，有利于成虫获取补充营养和幼虫的转移，从而加重发生为害。自然天敌中如姬蜂、寄生蝇、绒茧蜂等也对地老虎的发生有一定抑制作用。

【防治方法】清洁杂草，翻耕土地，根据当地预报，在幼虫3龄前施药防治，可取得较好效果，幼虫四龄后进入暴食阶段，为害加重。

（1）农业防治。①清洁田园，铲除菜地及地边、田埂和路边的杂草。②进行秋耕冬灌、春耕耙地、结合整地人工铲埂等，可杀灭虫卵、幼虫和蛹。③种植诱集植物，利用小黄地老虎喜产卵在芝麻幼苗上的习性，种植芝麻诱集产卵带，引诱成虫产卵，在卵孵化初期铲除并携出田外集中销毁，如需保留诱集用芝麻，在3龄前喷洒90%晶体敌百虫1 000倍液防治。

（2）物理防治。①在春季成虫发生期黑光灯诱杀越冬代成虫。②糖醋液诱杀成虫：糖6份、醋3份、白酒1份、水10份、90%敌百虫1份调匀，或用泡菜水加适量农药，在成虫发生期设置，均有诱杀效果。③人工捕杀幼虫。用新鲜泡桐叶，用水浸泡后，每亩50~70片叶，于1代幼虫发生期的傍晚放入田内，次日清晨人工捕捉。④草堆诱杀幼虫。谷子种植前地老虎仅以田中杂草为食，因此可选择地老虎喜食的灰菜、刺儿菜、苦荬菜、小旋花、苜蓿、艾蒿、青蒿、白茅、鹅儿草等杂草堆放诱集地老虎幼虫，鲜草或菜叶每亩20~30kg，在田内撒成小堆诱集捕捉，或拌入药剂毒杀。

（3）药剂防治。①用2.5%敌百虫粉剂每亩2.0~2.5kg喷粉。②撒施毒土：用2.5%敌百虫粉剂每亩1.5~2kg加10kg细土制成毒土，顺垄撒在幼苗根际附近，或用50%辛硫磷乳油0.5kg加适量水喷拌细土125~175kg制成毒土，每亩撒施毒土20~25kg。③撒毒饵：在3龄后开始取食时应用，每亩用2.5%敌百虫粉剂0.5kg或90%晶体敌百虫1 000倍液均匀拌在切碎的鲜草上，或用90%晶体敌百虫加水2.5~5kg，均匀拌在50kg炒香的麦麸或碾碎的棉籽饼上，或用50%辛硫磷乳油50g拌在5kg棉籽饼上，制成的毒饵于傍晚在谷田内每隔一定距离撒成小堆。④用90%晶体敌百虫800~1 000倍液，或用50%辛硫磷乳油800倍液，或用50%杀螟硫磷1 000~2 000倍液，或用20%菊杀乳油1 000~1 500倍液，或用2.5%溴氰菊酯乳油3 000倍液喷雾。⑤灌根：在虫龄较大、为害严重的谷田，可用80%敌敌畏乳油或50%辛硫磷乳油，或用50%二嗪农乳油1 000~1 500倍液灌根。

第七节 河北省主要杂粮田间杂草防治

河北低平原地区谷田杂草有30多种，主要有谷莠子、狗尾草、马唐、牛筋草、稗草、马齿苋、苍耳、荠菜、葎草、地锦、刺儿菜、龙葵、酸模叶蓼、苦苣菜、山苦荬、苣荬菜、田旋花、圆叶牵牛、打碗花、猪毛菜、问荆、反枝苋、白苋、铁苋菜、藜、小藜等。杂草争水、争肥、争光，造成作物减产，形成草荒可以几乎绝收。同时，杂草还是有些病虫害的寄主和栖息场所，是杂粮病虫害的侵染源。

人工除草和机械除草分别面临劳动强度大、工效低和杂草难以除净的问题，化学除草是实现大面积、高效率、高质量除草的唯一途径，人工和机械只能作为中耕结合除草的辅助措施。

根据除草剂防治杂草种类和除草剂不敏感的作物选择不同作物的除草剂。仔细阅读化学除草剂说明书，详细了解该除草剂特性，防除对象、适用作物、使用方法、作业时期、需要注意事项等，一定要按除草剂说明操作。喷施器械专药专用。

规范加水对药作业程序：

（1）清洗干净药罐。喷药机加水前，必须清洗干净药罐，杜绝残留药物产生药害。

（2）按程序加水加药。清洗干净药罐后，先加半罐水，再把除草剂原药药对水稀释成药液，原药稀释顺序为先可湿性粉剂、悬浮剂、乳油、水剂，把稀释的药液搅拌均匀后加入已加半罐水的药罐中，稀释的药液所用器具清洗液全部加到药罐中，然后再向药罐中加水，加到规定的喷液量为止，待药液搅拌均匀后再进行田间施药作业。

（3）施药作业时间。施药作业时间一定要避开大风天气和高温时段，并注意风向和相邻地块所种植的作物，避免因漂移而发生药害。苗期茎叶处理施药作业时间要求更为严格，早上露水未干、中午高温时段、晚上有露水后、雨前4h、降雨后雨水未干前、大风天等都不能进行施药作业。

(4) 施药作业标准。田间施药作业，要查好垄定准埑，不重不漏，雾化均匀，恒压恒速。

一、谷田杂草发生与防治

(1) 除草策略是在谷子苗期解决草害的问题，除草时间越早、杂草越小效果越好。夏谷播种前一定要翻耕灭草，播种后，趁着墒情好马上用谷友等除草剂封地面，苗后有草芽冒出时，补喷一遍苗后除草剂。抗拿捕净的谷子品种在谷子 3~5 叶期，可用壮谷灵每亩 100mL 顺垄喷施，即可间苗，又可防治一年生和多年生禾本科杂草，该药不抗拿捕净谷田不能使用。针对漏除的阔叶杂草可以喷施二甲四氯，有漏除的杂草长大，要在草籽成熟前及时拔除。

(2) 选用谷田除草剂。经过反复小面积除草试验筛选和田间应用效果比较，兼顾防治单子叶和双子叶杂草，推荐以下除草剂，结合田间实际情况谨慎使用。每种除草剂只能用一次，严格按标准用药，用量不要超过每亩 100mL 或 100g。

拿捕净：通用名烯禾啶（sethoxydim），本来用于阔叶作物防除禾本科杂草。由于抗拿捕净谷子品种培育成功，可用来防治抗拿捕净谷田中的稗草、野燕麦、狗尾草、马唐、牛筋草、看麦娘、野黍、臂形草、黑麦草、稷属、旱雀麦、自生谷苗、自生小麦、狗牙根、芦苇、冰草、假高粱、白茅等一年生和多年生禾本科杂草。可以杀死谷莠子。用药量：12.5%拿捕净机油乳剂、20%拿捕净乳油，防治一年生禾本科杂草 3 叶期每亩用 67mL（有效成分 8.4g 和 13.4g）；4~5 叶期用 100mL（有效成分 12.5g 和 20g）。对水 30~40kg 喷雾。

二甲四氯：为苯氧乙酸类选择性内吸传导激素型除草剂，可以破坏双子叶植物的输导组织，使生长发育受到干扰，茎叶扭曲，茎基部膨大变粗或者开裂。二甲四氯对禾本科植物的幼苗期很敏感，3~4 叶期后抗性逐渐增强，分蘖末期最强，而幼穗分化期敏感性又上升。在气温低于 18℃时效果明显变差，对未出土的杂草效果不好。通常用量每亩 30~60g（有效成分）。严禁用于双子叶作物。

苗后 4 叶期喷施，每亩 56%二甲四氯钠可湿性粉剂 100g，对水 30~40kg 均匀喷雾。可防治马齿苋、荠菜、刺儿菜、酸模叶蓼、苦苣菜、苣荬菜、田旋花、反枝苋、藜等阔叶杂草和莎草科杂草。

谷友：又称谷草灵，是 44%单嘧磺隆+扑灭津可湿性粉剂，低毒内吸性除草剂。播后苗前封地面，夏谷田每亩 100g，对水 50kg 田间均匀喷雾。对没有出土的杂草有封杀作用，对已经出土的杂草有抑制作用，对谷子有蹲苗作用，药效期 45d。能有效控制稗草、野燕麦、狗尾草、马唐、牛筋草、马齿苋反枝苋、藜等一年生单子叶和双子叶杂草，不能杀死谷莠子。

扑灭津：杀草谱广，对单、双子叶杂草均有较好的防效，对刚刚萌发的杂草防效最好。对谷苗有抑制作用，对后茬安全。每亩 50%扑灭津可湿性粉剂 50~80g，对水 40~50kg，均匀喷施于地表。

单嘧磺隆：单嘧磺隆能有效防除播娘蒿、荠菜、反枝苋、藜等阔叶杂草。对单子叶效果较差。每亩 10%单嘧磺隆可湿性粉剂 30~40g，对水 40~50kg 均匀喷雾。

（3）不同药剂有不同的施药时期、剂量、施药环境要求，一定要仔细阅读使用说明，严格按说明操作。封地面药剂在墒情好的情况下效果最好。避开谷子敏感期用药，尽量在晴天施药，保证播后 7d 无雨。

二、高粱田杂草发生与防治

防治以播后苗期封地面为主。

（1）播种后至出苗前对土壤的处理。根据幼苗出土时间和杂草出土时间的时差而选择的除草剂，播种后在幼苗未出土，而萌发早的杂草被迅速灭除。用 25%绿麦隆可湿性粉剂，每亩用量 200~300g，需要对水 50kg，均匀地喷洒于高粱田土表即可。

莠去津（atrazine）38%水胶悬剂防治高粱田阔叶杂草，而对稗草等禾本科杂草防除效果稍差。在土壤有机质 3%以下，沙质土每公顷用 2.5L，壤质土用 3.75L，黏质土用 6.25L；土壤有机质 3%~5%，沙质土每公顷用 4.0L，壤质土用 7.0L，黏质土用 7.9L。喷液量为人工喷雾每公顷 450~600L。防治稗草、狗尾草、鸭跖草、剪股颖、看麦娘、牛筋草、早熟禾、藜、铁苋菜、反枝苋、苍耳、柳叶刺蓼、酸模叶蓼、荠菜、龙葵、猪毛菜、苘麻、鬼针草、狼把草、马齿苋、豚草属、曼陀罗、酸浆属、繁缕、猪殃殃等一年生杂草。高粱收获后敏感作物如大豆、谷子、水稻、甜菜、油菜、亚麻、小麦、大麦、西瓜、甜瓜、蔬菜等均不能种植。

（2）苗期高粱田的除草，这一时期主要利用的是高粱和杂草的不同代谢，来有选择性地进行灭杀，出苗后叶片长至 5~8 片的时候抗药力最强，常用的 72% 2,4-D 丁酯乳油、40%阿特拉津胶悬液等除草剂，具体用量一定要根据说明书上的用量来使用。

72% 2,4-D 丁酯乳油，每亩用 40~65mL，对水 35kg 左右，于高粱出苗后 4~5 叶期，均匀喷雾杂草茎叶，主要防除阔叶杂草和莎草科杂草，对禾本科杂草无效。

40%阿特拉津胶悬液，每亩用 200~250mL，对水 35kg，于高粱 4~5 叶期，均匀喷雾杂草茎叶。可防除单、双子叶杂草以及深根性的杂草。

三、糜子田杂草发生与防治

播种后至出苗前对土壤的处理，50%阿特拉津可湿性粉剂，每亩 60~80g，加水 60kg。防治双子叶杂草。不影响糜子出苗。

四、菜豆田杂草发生与防治

（1）种植前与土壤混合和播后苗前处理。种植前施药并与表土混合的除草剂有拉索、都尔、氟乐灵、丰光和地乐胺。

都尔最好在播前 14d 混入 5cm 深的土中，各类荚用菜豆都可用，也可在播后苗前喷雾作土壤处理。用量为 70%都尔乳油 100~150mL/亩，一般土壤用低量，有机质含量高于 3%的黏壤土用高量。用药后 120d 内不可将喷药的作物作干草用。

拉索也可在播后苗前喷雾作土壤处理，用量为 48%拉索乳油 200mL/亩。但应注意施用拉索时如遇寒冷天气会推迟成熟或减产。拉索还可与氟乐灵混用在豆粒用菜豆和利马豆（lima beans）上，用量约为常量的一半。

氟乐灵、丰光和地乐胺播前使用，如遇湿冷天气会加重药害。丰光和地乐胺亦可在播后苗前作土壤处理，但因豆类作物出苗前一般不灌水，所以药效不好。不可在出苗时施药，否则出现药害。用量为48%氟乐灵乳油120~150mL/667m^2、33%丰光乳油150mL/667m^2、48%地乐胺乳油200mL/667m^2。后两种药可与拉索混用在播前豆粒用菜豆上，可与都尔混用在播前豆粒用和荚用菜豆上。播前用氟乐灵纯药每亩40~60g对水喷洒后耙地，拌土后播种。

（2）出苗后可用拉苯达松防除阔叶草与莎草。在湿热天气使用，用量为48%苯达松水剂80~160mL/亩。拿捕净、稳杀得防除禾本科杂草，不能与其他除草剂混用，否则会加大药害。

五、燕麦、莜麦田杂草发生与防治

燕麦田主要分布的是旱生杂草，如狗尾草、藜、反枝苋、猪毛菜等优势杂草，连作田危害严重。迄今为止，我国尚未有燕麦田注册的除草剂，没有专门针对燕麦田禾本科草的除草剂可以使用。燕麦田除草主要沿用小麦田的方法，而燕麦与小麦的种植地区以及对除草剂的敏感性等方面的差异使得其除草效果很不稳定，给燕麦生产带来了一定的困难。尤其是对燕麦田的禾本科草，使用除禾本科杂草的除草剂，苗期喷雾，药害严重。值得一提的是，燕麦生产中有的使用除草剂2,4-D丁酯，防效虽好，但是田间观察，该除草剂会引起植株根部畸形，根长势慢，根系减少，分蘖减少，籽粒较秕，带壳率增加，降低燕麦的品质和产量。

目前，生产使用的除草剂均对燕麦造成显著减产，谨慎选用。

六、食用豆田杂草发生与防治

播种前常用土壤处理的除草剂有氟乐灵、都尔、豆花玉等。出苗后喷施除草剂，使用除草剂更要掌握好时期，要选择杂草70%萌发以后，到5叶期之前进行喷施效果比较好。常用的有银孔雀、杂豆欢（复配剂，对杀阔叶和针叶都有效）；还有精喹禾灵系列（杀针叶杂草）和苯达松（杀阔叶杂草）也比较有效。

精喹禾灵制剂（quizalofop-p-ethyl），对阔叶作物田的禾本科杂草有很好的防效。药效稳定，不易受雨水气温及湿度等环境条件的影响。施药后，杂草植株发黄，2d内停止生长，施药后5~7d，嫩叶和节上初生组织变枯，14d内植株枯死。适用大豆、豌豆、蚕豆、绿豆、红小豆外，还可在甜菜、油菜、马铃薯、亚麻、烟草、西瓜、棉花、花生、阔叶蔬菜等多种作物及果树、林业苗圃、幼林抚育、苜蓿等田间施用。除治野燕麦、稗草、狗尾草、金狗尾草、马唐、野黍、牛筋草、看麦娘、画眉草、千金子、雀麦、大麦属、多花黑麦草、毒麦、稷属、早熟禾、双穗雀稗、狗牙根、白茅、匍匐冰草、芦苇等一年生和多年生禾本科杂草。土壤水分空气湿度较高时，有利于杂草对精禾草克的吸收和传导。

苯达松（bentazone），触杀性除草剂。适用豌豆蚕豆、菜豆田等，除治苍耳、反枝苋、凹头苋、刺苋、蒿属、刺儿菜、大蓟、狼把草、鬼针草、酸模叶蓼、柳冲刺蓼、节蓼、马齿苋、野西瓜苗、猪殃殃、向日葵、辣子草、野萝卜、猪毛菜、刺黄花稔、苣荬菜、繁缕、曼陀罗、藜、小藜、龙葵、鸭跖草（1~2 叶期效果好，3 叶期以后药效明显下降)、豚草、荠菜、遏蓝菜、旋花属、芥菜、苘麻、野芥、芸薹属等莎草科杂草和阔叶类杂草。对禾本科杂草无效。

具体方法如下。

（1）一般每公顷用 48%氟乐灵乳油 1.5~3L。播前 5~7d 土壤处理，即交叉混土5~7cm 深。防治一年生禾本科杂草及部分双子叶杂草。

（2）苗后 1~2 片复叶，阔叶杂草 2~4 叶期，用 15%杂豆欢 75~100g/亩，或用 20.8%银孔雀 75~100g/亩。防治阔叶杂草，兼治禾本科杂草。

（3）禾本科杂草较小时，用 5%精喹禾灵 50~70mL/亩，对水 30~40kg，茎叶喷雾，防治一年生禾本科杂草。

（4）苗后 1~3 复叶，杂草 3~4 叶期时，每亩用 48%苯达松液剂 100~200mL（或 25%水剂 200~400mL），对水 30~40kg，对杂草茎叶均匀喷雾，可防除苍耳、苋、蓼、猪殃殃及油莎草、碎米莎草等杂草。

第七章　杂粮的保健功能

第一节　谷子的保健功能

一、小米的保健价值

谷子，即粟，脱壳后为小米，是我国北方地区种植的主要粮食作物之一。据史料记载，小米被称为医食同源的重要食物。

《本草纲目》：“治反胃热痢，煮粥食，益丹田，补虚损，开肠胃。”《滇南本草》：“主滋阴，养肾气，健脾胃，暖中。”王喜英等研究表明小米油对小鼠烫伤皮肤有一定修复作用，李暮男试验表明，在基础饲料中添加一定比例小米，可以明显改善高血糖小白鼠的健康状况，维持正常的生命活力；在基础饲料中添加大米，高血糖小白鼠的健康状况不好，生命活力下降。

小米中含有大量的维生素 B_1 和维生素 B_2 具有防止消化不良和口角炎作用，富含维生素 E 具有清除自由基、抗氧化和美容功效，富含铁能够预防缺铁性贫血。常食用小米及其制品可以提供机体全方位的营养。

小米提供给人体所需的几十种营养素的含量相对稳定，不存在明显的某种营养物质含量极高和极度缺乏现象。依据中国营养学会推荐的营养素日摄入量标准，对几种粮食作物的营养均衡性进行评价，其结果为：小米>小麦>稻米>玉米，所以小米更是一种营养均衡的粮食作物。

小米中蛋白质消化率为 83.4%，含有人体所需的八种必需氨基酸，根据 FAO/WHO 推荐的必需氨基酸指数比较，小米的必需氨基酸组成比稻米、小麦、玉米、高粱和莜麦都好。小米脂肪为优质脂肪，消化率为 90.8%，以不饱和脂肪酸为主（高达 85.54%），而且必需脂肪酸含量达到 70%左右，对防止动脉硬化、减少心脑血管疾病、降血压和抗癌具有重要作用。小米中的碳水化合物主要为淀粉（约 70%），在体内酶的作用下被转化为葡萄糖和能量以供机体利用，其消化率为 99.4%（表 7-1）。

表 7-1　谷子蛋白质必需氨基酸含量与 FAO/WHO 模式　（mg/g）

必需氨基酸	小米	鸡蛋	FAO/WHO
异亮氨酸	42.71	54	40
亮氨酸	133.40	86	70

（续表）

必需氨基酸	小米	鸡蛋	FAO/WHO
赖氨酸	20.00	70	55
蛋+胱氨酸	40.80	57	35
苯丙+酪氨酸	89.25	93	60
苏氨酸	36.61	47	40
色氨酸	13.96	17	10
缬氨酸	52.37	66	50
必需氨基酸总量	429.15	490	360

*转引自陈卫军等（2000）

谷子中富含已知对人体健康有益的功能成分：膳食纤维、抗性淀粉、植酸、酚类和维生素 E 等，对预防和治疗慢性代谢性疾病和抗氧化等具有重要作用。

二、谷糠的利用价值

谷糠有大量的不饱和脂肪酸，可以提炼高品质的油品，此项工作主要停留在研究阶段。

米糠油是一种国内外公认的极具营养保健价值及市场前景的植物油，受到人们普遍关注，但目前的米糠油多指大米糠油，小米糠油的开发利用还处于起步阶段，谷糠多直接用于饲料，其价值远未发掘出来。

近年来，随着人民生活水平的提高，膳食结构发生了变化，一批科研工作者和企业家开始重视相关研究，力求找出促进谷子产业发展的有效举措，如谷草饲用价值的开发、加工副产品的利用等。

1. 小米糠开发现状

小米糠作为小米加工的副产品，分为粗糠和细糠（油糠），细糠可出油 10%左右，购糠的主要用途是在饲料中直接添加，当地饲料加工企业添加量一般不超过 10%。由于细糠容易变质，不易储存，碾米厂普遍缺乏贮存条件，质量难以保证，只能是尽快出售。

我国是全世界小米产量最大的国家，小米糠资源十分丰富。据 2012 年农业部的统计，全国小米的种植面积约 140 万 hm^2，年产量 450 万 t 左右，初步计算每年加工小米将产生 45 万 t 的小米糠，可加工糠油 4.5 万 t 左右，因此对小米糠进行深加工开发，不仅能够使农业废弃物资源得到利用、变废为宝，而且还能增加农民收入，因此小米糠的开发利用具有重要意义。

小米糠含有脂肪、糠蜡、氨基酸、磷脂、糖脂、多种维生素、多糖等营养成分。目前，关于小米糠开发应用的文献主要有：许洁在《小米谷糠油蛋白提取及其保健功能的研究》中研究了小米糠蛋白的提取及其成分分析和其抗肝损伤的研究、小米糠多糖的提取；单树花等对小米糠蛋白进行了分离纯化并研究了抗癌细胞增殖的活性蛋白；霍权恭等对小米糠油的脂肪成分进行了研究；Shaohua Liang 等对小米糠油的化学性质及脂肪酸组成进行了研究。

2. 小米糠油的研发现状

功能性研究多处于研究阶段，加工、销售还处于探索阶段，只有少量的产品，目前没有查到关于小米糠油的产量数据。但这一工作对于产业链延伸的意义毋庸置疑。

最新的科学研究表明，小米糠中脂肪含量略偏低，但多数为优质的不饱和脂肪酸，适合开发功能性油，其中亚油酸含量高达 70%以上。此外，还含有维生素 E、植物甾醇、谷维素等多种活性成分，可见，小米糠具有较大的开发潜能。

目前与企业结合，由企业投资近 80 万元购买了造粒设备等相关设备并改进了谷糠油提取的工艺，进行了中试，现已利用 100t 谷糠生产了谷糠油 10t 左右，加工糠粕 90t 左右，并联系了饲料企业进行了试生产，准备在蛋鸡饲料中添加。

已经完成了谷糠油的营养指标测试，正在联系专业的营养研究机构对相关进行指标进行综合测评，并开展相关试验，掌握一手数据后再进行大力推广。以期为谷子产业的发展开辟一条新的道路。

浸出的毛油的各项指标，酸价 40，为了更好地说明问题，把它与市售的大米糠油进行了对比，两者在主要成分是基本接近的，基本可以确定在精炼后可以参考大米糠油进行利用。

3. 小米糠油的理化指标

亚油酸、亚麻酸是两种人体必需脂肪酸，而且属于功能性脂肪酸。小米糠油中含有 89%左右的不饱和脂肪酸，70%以上的亚油酸，其含量是大米糠油的 2 倍多；小米糠油中的亚麻酸含量为 2.98%，而大米糠油中未检出亚麻酸。必须脂肪酸越多营养价值越高，在对心血管的保护、降低血脂、提高机体免疫力等方面小米糠油占优势会更多些。所以，小米糠油是一种具有营养保健功效的新型植物油脂。

精炼后小米油的酸值低于 1.5mgKOH/g，过氧化值为 2.9mmol/kg，低于我国一级食用油规定的过氧化值 5mmol/kg，表明氧化链反应发生会较慢，因此，该油脂的稳定较高。

碘值越大，不饱和程度越大，油脂容易被氧化引起酸败变质，由表 7-2 可见，小米糠油的碘值高于花生油和菜籽油，低于常见的大豆油和葵花籽油，其中又含有维生素 E、植物甾醇等天然抗氧化剂可以防止其氧化。

表 7-2　常见食用油理化指标比较

种类	大豆油	葵花籽油	小米油	芝麻油	玉米油	菜籽油	花生油	橄榄油
碘值（g/100g）	115.3	114.2	108.0	105.1	105.1	101.1	91.2	87.8

众所周知，影响油脂酸败的因素最主要的是温度和与空气接触的时间，此外油脂的化学组成（主要是不饱和度）、是否存在抗氧剂、光照等因素也有比较大的影响。因此需要使用透光性差的容器密闭包装，低温保存。

4. 小米糠油生产面临的问题

(1) 原料分散、出油率低且不易储存。米糠是碾米过程中产生的副产品，它的产生受制于碾米厂的生产规模、生产方式，出油率仅10%左右，远低于常规油料作物，更大的难题就是米糠容易酸败，刚从碾米机下来的米糠前几个小时内其酸价增高的速度惊人，其酸度能以每小时增加1%的速度增加，酸败变质米糠不仅出油率低，而且油色深，酸价高，不易精炼，因此，必须使新鲜米糠及时榨油。

在我国，浸出油厂多达2 500家，但基本上以大豆和菜籽油为主，米糠因易变质和酸败，一直未受到重视，随着科技的进步，已经可以通过先进的米糠膨化技术有效地钝化米糠中的脂肪酶和过氧化物酶，并尽可能多地保存营养成分，膨化后的米糠有利于浸出，出油后的糠粕更容易作为饲料使用。

(2) 缺少统一规划，宣传力度不大。经调查和统计，国内粮油加工企业有20多万个，其中大米加工企业有10万多个。据中国粮食行业协会统计，2006年入统的大米加工企业（日产30t以上）7 548个，其中日加工100t以下的6 143个，占81.4%，而其中的民营企业6 676个，占88.5%，面对80%以上的中小企业和民营企业，缺少一个权威部门和统一规划来对资源的利用进行规划，虽然近年来也有诸多的新工艺、新设备的信息及文章对米糠综合利用进行宣传，但是仅停留在技术层面，缺少产业性的示范，政策层面的支持力度也不大。

第二节 其他杂粮的保健功能

一、高粱

高粱是世界主要作物中唯一起源于非洲的作物，在作物起源进化和驯化研究中起着重要作用，是仅次于小麦、玉米、水稻、大麦的种植面积较广泛的第五大谷类作物，高粱的营养很丰富，含有人体所需的多种营养成分，如：淀粉、蛋白质、纤维素、矿物质等，此外，还含有多种功能活性成分，例如多酚、花青素、植物固醇等。既可食用、饲用，又可加工用。

高粱有营养性、医疗保健性、安全卫生性三个突出特点。它营养成分全、蛋白质含量高且比例合理，是最佳营养食品之一。

中医上认为，高粱性平味甘、涩、温、无毒，具有和胃、健脾、消积、温中、涩肠胃、止霍乱等功效，适量地食用高粱米能健脾止泻，对预防肠胃疾病、糖尿病、高血压、心脑血管病、动脉硬化等疾病有很好的食疗和药用保健作用，同时还具有减肥和美容的功效。现代研究已经证明，高粱中含有多酚、抗性淀粉等多种主要活性成分。通过对多种谷物多酚含量进行测定分析表明，高粱中多酚类物质含量是最高的，且种类最为齐全，几乎囊括了所有的植物多酚类物质。现代医学研究证明，高粱多酚具有抗氧化、抗诱变、抗癌、抑菌等功效，已在食品、药品、化妆品等工业领域中得到广泛的应用。研究表明，高粱中含有数量可观的抗性淀粉，其含量存在显著差异，与品种、种植等有很大关系，但总的来说，与玉米、大米、小麦等其他谷物相比较，高粱中的抗性淀粉含量要比它们高得多，处于较高的水平。

现代医学试验证明，抗性淀粉可以降低人体血液中总胆固醇值（TC）的水平，还可以减少三酰甘油（TG）的含量，同时能降低葡萄糖浓度水平、减少胰岛素的分泌，并且可以有效地预防结肠癌，对人体健康十分有益。

此外，高粱还含有多种植物化学物质，如膳食纤维、植物固醇等，在健康食品和保健食品方面（抗癌、减肥和预防心血管疾病）有潜在的市场前景。

但是，高粱的表皮中含有一种具有涩味的多酚化合物——单宁，它是一种抗营养因子，可以与高粱中的蛋白质、酶、矿物质（如铁）、B族维生素（如硫胺素、维生素 B_6）结合，不仅降低高粱的营养价值，也降低了高粱的适口性，影响高粱资源的开发利用。但可以通过挤压加工处理的方式来降低单宁含量，试验研究表明，挤压加工处理后高粱中单宁含量降低了50%以上，明显改善了高粱食用品质。

二、绿豆

传统中医学认为，绿豆种子性味甘寒，内服具有清热解毒、消暑利尿、抗炎消肿、保肝明目、止泻痢、润皮肤、降血压、降胆固醇、防动物粥样硬化等功效；外用可治疗创伤、烧伤、疮疖、痈疽等症。绿豆芽性味甘平，利三焦、解酒毒。其药用价值有《本草纲目》为证：“补益元气，调和五脏，安精神，行十二经脉，去浮风，润皮肤，止消渴，利肿胀，解毒。”

此外，在《开宝本草》《本草经疏》等医学著作中均有记载，故绿豆颇受历代医家重视。用绿豆汤防止中暑；用开水冲服绿豆粉，解煤气中毒；用绿豆加红糖煎汤催乳；把绿豆皮炒黄加冰片研末，治烫伤；用绿豆马齿苋汤治痢疾、肠炎；用猪苦胆汁加绿豆粉，治高血压；绿豆还经常用于肝炎、胃炎、尿毒症及酒精、药物和重金属中毒病人的临床治疗。

绿豆对农药中毒、腮腺炎、烧伤、麻疹合并肠炎等症疗效尤为明显。绿豆荚可治赤痢经年不愈。绿豆叶能治霍乱。绿豆皮能清风热、去目翳、化斑疹，做枕头解热明目，治痰喘。绿豆可用于治疗夏日皮炎、痱子、丹毒、流感、麻疹等，可辅助治疗肾炎、糖尿病、高血压、动脉硬化、视力减退及高血脂等。

现代医学认为绿豆及其芽菜中含有丰富的维生素 B_{17} 等抗癌物质及一些具有特殊医疗保健作用的营养成分，常吃绿豆芽能有效防止直肠癌和其他一些癌症。干绿豆虽然不含维生素C，但发芽以后则含有丰富的抗坏血酸。绿豆含有生物碱、香豆素、植物甾醇等生理活性物质，对人类和动物的生理代谢活动具有重要的促进作用。

绿豆中含有丰富的蛋白质，生绿豆水浸磨成的生绿豆浆蛋白含量颇高，内服可保护胃肠黏膜。绿豆蛋白、鞣质和黄酮类化合物可与有机磷农药、汞、砷、铅化合物结合形成沉淀物，使之减少或失去毒性，并不易被胃肠道吸收。

绿豆淀粉中含有相当数量的低聚糖（戊聚糖、半乳聚糖等）。这些低聚糖因人体胃肠道没有相应的水解酶系统而很难被消化吸收，所以绿豆提供的能量值比其他谷物低，对于肥胖者和糖尿病患者有辅助治疗的作用。而且低聚糖是人体肠道内有益菌——双歧杆菌的增殖因子，经常食用绿豆可改善肠道菌群，减少有害物质吸收，预防某些癌症。

绿豆中含有的植物甾醇结构与胆固醇相似，植物甾醇与胆固醇竞争酯化酶，使之不能酯化而减少肠道对胆固醇的吸收，并可通过促进胆固醇异化和在肝脏内阻止胆固醇的生物合成等途径使血清胆固醇含量降低。

此外，高温出汗可使机体因丢失大量的矿物质和维生素而导致内环境紊乱，绿豆含有丰富无机盐、维生素。在高温环境中以绿豆汤为饮料，可以及时补充丢失的营养物质，以达到清热解暑的治疗效果。

一般来说，蛋白质、淀粉主要存在于绿豆子叶内，其他成分大多分布在被称为绿豆衣的绿豆皮中。

绿豆皮中的单宁物质能凝固微生物原生质，故有抗菌、保护创面和局部止血作用。另外，单宁还具有收敛性，能与重金属结合生成沉淀，进而起到解毒作用。绿豆衣提取液对葡萄球菌有抑制作用。根据有关研究，绿豆所含的单宁能凝固微生物原生质，可产生抗菌活性。

绿豆中纤维素主要存在于绿豆皮中，绿豆皮占绿豆总质量的7%～10%，而在绿豆皮中，纤维素含量占50%～60%，它转化成功能性食品膳食纤维，被添加到面包、面条、果酱和糕点等食品中，可补充食品中膳食纤维含量之不足，并作为高血压、肥胖病患者疗效食品。

绿豆是中国、日本、菲律宾等亚洲国家和地区人民所喜爱的食品。绿豆医食同源，口感好，既是调剂人们生活的营养保健品，又是食品、饮料加工业的重要原料。目前市场上比较常见的产品有各式各样的风味绿豆糕、晶莹剔透的粉皮和凉粉、绿豆饮料、绿豆棒棒冰、绿豆沙、绿豆面条等副食品琳琅满目。

但绿豆食用过多之后，有饱胀闷气不适之感，一般情况不宜食之过多。特别是脾胃虚寒、大便溏泻、肾气不足、腰痛、肢冷者不宜多食。

三、红豆

红豆富含高蛋白、高碳水化合物、低脂肪，它属于一种高蛋白低脂的保健食品。喜光、喜温、味甘、无毒的豆科杂粮植物，又名赤豆、小豆、红小豆等。自古以来红豆不仅拥有丰富的文化内涵和情感寄托，更是受人热捧的滋补食材，红豆中的低脂优质蛋白不仅吸收率较好，而且热量和脂肪含量低，深受减肥女士的喜爱；此外，红豆还是人体的天然抗氧化剂，具有利尿通便、预防肝硬化和结石、延缓衰老等功效。

有利尿消肿通便的功效，红豆中含有较多的可对肠道有刺激作用的皂角甙，皂角甙可以有利于增尿的作用，可以达到解毒、解酒、消热的作用，有利于心脏病和肾病的治疗，具有消减水肿的作用；同时红豆中含有较多的膳食纤维，它可以降低血压血脂、调节血糖的平衡、抗癌、解毒、润肠通便、预防结石、以及对女生们的健美减肥都有促进的良好作用。

抗衰老，防早衰研究表明，红豆中富含许多有益健康的成分，其中，黄酮类化合物、硫胺素、核黄素、烟酸等具有生物活性的物质，它对机体内有害物质和自由基的清除有良好的促进作用，因此可以作为一种天然的抗氧化剂使用。同时它对延缓衰老、抗肿瘤、防治肿瘤类疾病和心脑血管疾病等方面具有重要作用。

防治心血管疾病，调节血糖红豆中含有不饱和脂肪酸——亚油酸、维生素和较多膳食纤维等，其中，亚油酸能使人体内胆固醇分解成胆汁酸排出体外，预防胆固醇在体内聚积，从而对减少人体胆固醇的含量有良好功效，而且红豆也能达到促进肌肤红润有光泽的功效。此外，红豆所含的维生素，主要是 B 族维生素和膳食纤维等物质，对于心脏的防护有良好的作用。红豆中也含有大量的淀粉，据研究表明，若是将红豆与大米、面粉等主食混合食用时，这时碳水化合物的消化速率将有明显的降低，对糖尿病患者有重要的协助作用。

抑菌杀菌，解毒作用，据现代医学研究说明，对于一些微生物，如伤寒杆菌、双歧杆菌、金黄色葡萄球菌等，红豆有明显的抑菌甚至杀菌作用。红豆中的膳食纤维对改善冠状动脉硬化所导致的心脏病、预防结肠癌和便秘有良好的促进的作用，对糖尿病人的血糖水平的调节，肥胖病和胆结石的预防均具有有效的作用，红豆中的纤维和元素钾，可以将体内不必要的胆固醇和盐分排出体外，从而体现解毒作用。

进入 21 世纪以来，“饮食与健康”成为一个世界性话题。具有生物活性的植物性食品逐渐增多，而红豆作为人们日常饮食中常见的一种食材，具有良好的营养保健功能，在提高广大人民群众的营养与健康水平方面发挥着无可替代的作用。目前，我国作为红豆的原产地，产量丰富。红豆作为一种新型的保健食品，而且它是一种低投入、高收入的食品，将具有良好的发展前景和市场潜力，例如红豆可以加工成酸奶、果酒等。

加强对红豆产品的研发和种植，同时深入去研究红豆中更多活性物质的功效，对现在甚至未来人们的需求发展具有重要意义。

四、糜子

糜子起源于我国，由于从古至今糜子在各地的名称不同，所以糜子的称谓也十分混乱（糜子、稷、黍）。糜是我国糜子的主要称谓，在我国糜子生产中占主导地位；黍的称谓区域主要在华北某些地区和山东、河南，但河北中南部、山东、河南现已不是糜子主产区；稷的称谓区域主要在山东、河南和河北南部，在历史上曾广泛使用，但现在这些地区糜子已很少种植。

研究发现，粳性糜子中的直链淀粉含量为 215. 1～235. 8g/kg，很适合制备抗性淀粉，抗性淀粉由于不容易被消化吸收，食用后人体的血糖含量升高缓慢，因此，现已被作为防治高血压、高血糖和肥胖症的功能成分，成为研究热点。

糜子籽粒中常量元素及微量元素的含量均高于小麦、大米和玉米。其中 Mg^{2+} 的含量较高，为 116mg/100g，是大米的 3. 4 倍，小麦的 2. 3 倍，玉米的 1. 05 倍，Mg^{2+} 在人体内主要起到抑制冠状动脉粥样硬化的作用。因此，常食用糜子制品可以预防动脉粥样硬化。糜子籽粒中 Fe 元素的含量为 5. 7mg/100g，是玉米的 4. 4 倍，大米的 2. 5 倍，小麦的 1. 6 倍。Ca^{2+} 的含量约为 30 mg/100g，是玉米和大米的 2. 3 倍。由此可见，糜子是高铁、高锌、高钙的天然绿色食品，具有很高的营养价值。

糜子籽粒中富含丰富的食用纤维，纤维素是膳食中重要的构成部分，被称为第七营养素。在人体内，纤维素通过吸水浸胀增加粪便体积，与此同时，肠道细菌产生的酶将纤维素分解为乳酸、乙酸等短链脂肪酸，不仅促进胃肠蠕动，减少了细菌产生的酶对肠壁的刺激，降低肠道内肿瘤的发病率，还可以防止血浆胆固醇的形成，从而防止冠心病的发病率。因此，经常食用糜子产品，可以有效防治胃肠道肿瘤和冠心病。

五、燕麦

燕麦有两种类型：带稃型（皮燕麦）和裸粒型（裸燕麦）。世界各国栽培的燕麦以皮燕麦为主，我国主要种植裸燕麦。裸燕麦在我国华北地区称为莜麦；西北地区称为玉麦；西南地区称为燕麦；东北地区称为铃铛麦。皮燕麦主要用作饲料，而裸燕麦以食用为主。

燕麦在《本草纲目》中被称为野麦子、雀麦，营养价值高，经济效益好，是优质的营养强化和药食同源类产品的原料，在我国是重要的旱区调剂和救灾短季节作物。我们平时食用的燕麦片是通过燕麦去壳之后研磨精加工成的，外形扁平状。

我国传统医学认为燕麦性凉，能克制热病；荞麦味甘，性凉，能健脾除湿，消积降气。而糖尿病、高血脂、动脉粥样硬化等疾病是热病的主要病例。

1. 降胆固醇降血脂

目前国内很多科研机构和医院营养科都对燕麦食品进行了大量临床研究。1997 年，美国食品和药物管理局（FDA）认证：燕麦可降低胆固醇，预防心血管疾病；降低胆固醇的功效成分是β-葡聚糖；推荐每天饮食β-葡聚糖含量<3.0g，60~75g 燕麦即可有效降低心血管疾病发病的风险。2012 年新疆新化医院临床试验证明，64 例高血脂患者连续 8 周每日服用 40g 燕麦片，结果显示，60 名患者甘油三酯有不同程度降低，平均降幅为 19%，总胆固醇平均降幅为 11.3%，同时能够提高高密度脂蛋白胆固醇（增幅为 15.8%），并且能够部分降低体重。另外 56 例高血脂患者连续 8 周每日服用 50g 燕麦米，结果显示，甘油三酯和总胆固醇显著降低（降幅为 15.7%和 13.5 %），同时能够提高高密度脂蛋白胆固醇（增幅为 11.2%），并且能够部分降低体重。

2. 减肥、降低血糖

燕麦是一种低热量、高蛋白质的食物，吃后血糖也不易上升，并且食用燕麦有很强的饱腹感。燕麦中含有丰富的膳食纤维，膳食纤维有助于吸附肠道内的废弃物，并使之排出体外，促进排便，所以燕麦既是一种减肥食物，也是适宜糖尿病患者食用的一种食物。

燕麦中可溶性膳食纤维的含量是玉米的 7.7 倍。国内外研究发现，β-葡聚糖是燕麦可溶性膳食纤维的主要成分，是一种黏性多糖，β-葡聚糖主要分布于燕麦籽粒的亚糊粉层中，是燕麦中重要的非淀粉多糖，也是燕麦可溶性膳食纤维的主要成分，有着重要的功能作用：在肠道内形成高黏度环境，阻碍脂质的吸收和分布，以调节脂质与血糖代谢，研究表明，燕麦β-葡聚糖可降低血脂水平，调节脂质代谢的紊乱，减少氧自由基的生成，清除过氧化物，保护生物膜，对于防止高血脂症诱发的动脉粥样硬化病变具有重要的意义。

与其他粮食作物相比，燕麦中蛋白质含量非常高，谷类作物中，燕麦的蛋白质含量最高，多数在 16%左右，但因品种不同而异，最高可达 20%，是小麦的 4 倍、大米的

2.3 倍。燕麦蛋白质中赖氨酸含量较高，含量为 680mg/100g，是大米和小麦粉的 2 倍以上。赖氨酸在促进人体发育、免疫增强、提高中枢神经组织功能等方面具有重要作用，燕麦氨基酸配比接近于 FAO/WHO 推荐的营养模式。

3. 美容养颜

燕麦中含有燕麦蛋白、燕麦 β-葡聚糖、燕麦油等物质，这些物质能够美容养颜。燕麦蛋白在人体内被酶分解后变成氨基酸和肽链，而这些物质都有着亲水的作用，能够吸收水分帮助皮肤锁水，改善皮肤干涩，使皮肤保湿。燕麦 β-葡聚糖通过 β-（1-3）和 β-（1-4）糖苷键和 β-D-吡喃葡萄糖单位相结合形成一种高分子的聚合物，这种高分子聚合物也有着亲水的性质，并且还能促进纤维细胞中胶原蛋白的合成，所以燕麦 β-葡聚糖能够使皮肤光滑保湿。

燕麦中含有能够抑制酪氨酸酶活性的物质，而酪氨酸是在酪氨酸酶的生化反应之后形成黑色素的，那么抑制了酪氨酸酶的活性也就抑制了黑色素的形成，这样可以使皮肤变白。

燕麦中还含有很多有着抗氧化功效的物质，例如：香草酸、丁香酸、原儿茶酸、水杨酸、没食子酸、咖啡酸、香豆酸、安息香酸、阿魏酸、芥子酸、类黄酮物质、维生素 E、燕麦蒽酰胺（是燕麦特有的抗氧化物质）等，这些物质都有着抗氧化的功效，能够清除人体内的自由基，从而达到抗衰老的作用。

六、荞麦

荞麦一般被分为甜荞、苦荞以及金荞等多个种类，其中甜荞食用品质最好，苦荞保健功效较好。

《本草纲目》记载，荞麦壳味甘、平寒、无毒，作枕可明目。很多科学研究表明荞麦中的黄酮类物质对降低血糖有明显的功效。近代研究结果显示，荞麦具有降血糖、降血脂、降血压的效果，对三高人群比较有利。有学者在荞麦与糖尿病的相关研究中发现，以荞麦为主食地区人群的高血糖患病率大约为 1.56%，明显低于以玉米、大米或面粉为主食地区人群的患病率。马挺军、陕方等人的研究表明，荞麦冲剂颗粒对糖尿病小鼠有明显的降糖作用，苦荞醋对小鼠血糖的影响结果表明血糖比模型组下降了 17.2%。

参考文献

白凤梅，蔡同一 . 1999. 类黄酮生物活性及其机理的研究进展［J］. 食品科学，20（8）：11-13.
白金铠 . 1997. 杂粮作物病害［M］. 北京：中国农业出版社 .
白廷军，杨茁萌 . 2015. 燕麦干草的生产与利用［J］. 中国奶牛（18）：26-28.
白玉 . 2009. 谷子萌发期和苗期抗旱性研究及抗旱鉴定指标的筛选［D］. 北京：首都师范大学 .
柴婷婷 . 2009. 湖北省小麦免耕栽培技术推广应用研究［D］. 武汉：华中农业大学 .
陈冰嬬，李继洪，王阳，等 . 2013. 高粱种质资源研究进展［J］. 西北农林科技大学学报（自然科学版）（1）：67-71，72.
陈德芳 . 2014. 论林农间作的优势及注意事项［J］. 吉林农业，2014（22）：26.
陈良弼，魏淑红 . 1993. 小豆种质资源抗尾孢菌叶斑病鉴定研究［J］. 作物品种资源（1）：28-29.
陈钦 . 2011. 脱毒马铃薯种薯快繁技术推广研究——以汉中地区为例［D］. 杨凌：西北农林科技大学 .
陈少裕 . 1989. 膜脂过氧化与植物逆境胁迫［J］. 植物学通报，6（4）：211-217.
陈淑艳，宿莲芝 . 2003. 播种期对谷子生长发育及产量结构的影响［J］. 辽宁农业科学（3）：7-8.
陈新，崔晓艳，陈华涛，等，2012. 国内外小豆病虫害最新研究进展及未来发展方向［J］. 江苏农业科学（3）：1-3.
陈新，袁星星，顾和平，等 . 2014. 不同药剂处理对绿豆产量性状及绿豆象防治效果的影响［J］. 金陵科技学院学报（3）：122-123.
陈一舞，邵桂花，常汝镇 . 1997. 盐胁迫下大豆子叶细胞器超氧化物歧化酶的影响［J］. 作物学报（2）：214-219.
陈轶，张倩倩 . 2011. 催熟剂敌草快在单季晚稻上的应用效果初探［J］. 中国稻米，17（2）：45-46.
陈友荣，侯任昭，范仕容，等 . 1993. 水稻免耕法及其生理生态效应的研究［J］. 华南农业大学学报，14（2）：10-17.
程汝宏，师志刚，刘正理，等 . 2010. 谷子简化栽培技术研究进展与发展方向［J］. 河北农业科学，14（11）：1-4，18.
程汝宏，师志刚，刘正理，等 . 2010. 抗除草剂简化栽培型谷子品种冀谷 25 的选育及配套栽培技术研究［J］. 河北农业科学，14（11）：8-12.
程汝宏 . 2005. 我国谷子育种与生产现状及发展方向［J］. 河北农业科学，9（4）：86-90.
程玉臣，赵存虎，贺小勇，等 . 2015. 绿豆田土壤处理除草剂筛选［J］. 植物保护（5）：212-216.
初广洲，宋殿友，季世松，等 . 2010. 玉米免耕技术理论的试验研究［J］. 吉林农业（3）：77，80.
崔林，刘龙龙 . 2009. 中国燕麦品种资源的研究［J］. 现代农业科学（11）：120-123.

代小冬，徐心志，朱灿灿，等. 2016. 谷子苗期对不同程度干旱胁迫的响应及抗旱性评价［J］. 作物杂志（1）：140-143.

代小冬，杨育峰，陈煜，等. 2014. 施肥对谷子农艺性状、产量及抗倒伏能力的影响［J］. 河南农业科学，43（10）：47-52.

单树花，武海丽，李宗伟. 2013. 小米米糠中抗癌细胞增殖活性蛋白的分离纯化［J］. 食品科学，34（09）：296-299.

邓蓉，张定红，王安娜，等. 2012. 金荞麦营养成分分析及饲喂猪试验［J］. 畜牧与兽医，44（4）：43-45.

邓芸，王佛生，李元龙. 2008. 绿豆象的发生特点及其防治试验研究［J］. 杂粮作物（6）：385-386.

刁现民，柴岩，万富世. 2007. 中国谷子生产与发展方向［A］//中国小杂粮产业发展报告［M］. 北京：中国农业出版社.

刁现民. 2011. 中国谷子产业与技术体系［M］. 北京：中国农业科学技术出版社.

丁保金，金丽琴，吕建新. 2004. 多糖的生物活性研究进展［J］. 中国药学杂志，39（8）：561-564.

丁声俊，蒋慧芳. 2008. 发展杂粮特色产业大有作为［J］. 农业展望，4（2）：35-39.

丁小涛，金海军，张红梅，等. 2010. 遮荫处理对温室四种蔬菜生长及光合作用日变化的影响阴［J］. 浙江农业学报，22（1）：51-56.

董立，马继芳，董志平. 2013. 谷子病虫草害防治原色生态图谱［M］. 北京：中国农业出版社.

董立，马继芳，郑直，等. 2010. 我国谷子害虫种类初步调查［J］. 河北农业科学（14）：51-53.

窦长田，李彩菊，等. 1999. 河北省绿豆品种特点及育种目标［J］. 国外农学——杂粮作物，19（3）：7-8.

杜金泉，方树安，蒋泽芳，等. 1990. 水稻少免耕技术研究Ⅰ. 稻作少免耕类型、生产效应及前景的探讨［J］. 西南农业学报，1990，3（4）：26-32.

杜金泉，帅志希，胡开树，等. 1992. 水稻少免耕技术研究Ⅱ. 高产的系列配套技术［J］. 西南农业学报，5（3）：18-22.

段灿星，朱振东，孙素丽，等. 2013. 中国食用豆抗性育种研究进展［J］. 中国农业科学，46（22）：4 633-4 645.

段培姿，郭珠，刘亮，等. 2014. 衡水市马铃薯生产现状、限制因素和发展对策［J］. 农业开发与装备（11）：23.

段永侯，肖国强. 2003. 河北平原地下水资源与可持续利用［J］. 水文地质工程地质（1）：2-8.

樊修武，池宝亮. 2011. 谷子杂交种与常规种水分利用效率及耗水规律差异［J］. 山西农业科学，39（5）：428-431，452.

范保杰，刘长友，等. 2017. 绿豆新品种冀绿13号选育及丰产稳产性分析［J］. 河北农业科学，21（2）：92-95.

冯佰利，蒋纪芸，曾盛名，等. 1996. 生态高度对糜子籽粒蛋白质及氨基酸含量的影响. 西北农业大学学报（5）：80-84.

冯革良，倪旭照，朱晓康. 2002. 油菜催熟剂应用与机械收获配套技术研究［J］. 江苏农机化，92（5）：16.

付喜龙. 2015. 北方山区核桃林下生态种养模式研究［J］. 农村科技（9）：75-77.

傅永斌，许建铭，奚玉银，等. 2012. 冀北黍子产业生产概况及发展对策［J］. 河北北方学院报（自然科学版）（8）：56-58.

高凤菊，王乐政，曹鹏鹏，等 . 2012. 辛硫磷、乐果不同施药方式对夏播高粱粟穗螟的田间防治效果 [J]. 山东农业科学 (10) . doi：10. 3969/j. issn. 1001-4942. 2012. 10. 027.

高士杰，陈冰，胡喜连 . 2010. 高粱：边际土地的拓荒者 [J]. 中国农村科技 (5)：68-69.

古世禄 . 1980. 谷子需水规律研究 [J]. 山西农业科学 (6)：10-11.

管延安 . 1994. 我国谷子科研与生产概况 [J]. 国外农学—杂粮作物 (5)：16-19.

郭京泽，曹寿先 . 1992. 河北省赤豆花叶病毒分离物的鉴定 [J]. 植物病理学报，22 (4)：307-311.

郝洪波，崔海英，李明哲，等 . 2012. 免耕播种对麦茬夏谷生长发育及产量的影响 [J]. 河北农业科学，16 (2)：8-14.

郝洪波，崔海英，李明哲，等 . 2013. 免耕对谷子生长发育及产量的影响 [J]. 作物杂志 (5)：104-108.

郝志龙，刘必龙，陈青青，等 . 光照对绿宝石叶绿素荧光特性的影响 [J]. 亚热带农业研究，7 (1)：17-21.

何红中 . 2014. 全球视野下的粟黍起源及传播探索 [J]. 中国农史 (2)：16-25.

何锦风，郝利民 . 1997. 论膳食纤维 [J]. 食品与发酵工业 (5)：63-68.

河北省土地管理局 . 2000. 河北土地资源 [M]. 北京：科学技术出版社：1-26.

侯永清，呙于明，周毓平，等 . 2001. 日粮蛋白质、赖氨酸、蛋氨酸及苏氯酸水平对早期断奶仔猪免疫机能的影响 [J]. 中国畜牧杂志，37 (4)：18-20.

胡家蓬 . 1999. 中国小豆种质资源的收集与评价 [J]. 作物品种资源 (1)：17-19.

胡新中，李小平 . 2013. 燕麦荞麦产品加工现状与思考 [J]. 农业工程技术 (农产品加工业)，12：24-27.

胡新中，魏益民，任长忠 . 2009. 燕麦品质与加工 [M]. 北京：科学出版社 .

胡兴雨，王纶，张宗文，等 . 2008. 中国黍稷核心种质的构建 [J]. 中国农业科学，41 (11)：3 489-3 502.

胡战朝，赵桂琴，等 . 2012. 除草剂对燕麦田杂草的防效及其对燕麦产量的影响 [J]. 甘肃农业大学学报，47 (2) 97-103.

黄晨，李艳，刘爱婷，等 . 2014. 邢台市黑龙港流域春播油葵最佳施肥量研究 [J]. 中国农技推广 (6)：36-38.

黄发新，章凡，高仁富 . 2002. 红豆毛薯乳酸豆奶 [J]. 冷饮与速冻食品工业，8 (1)：202-221.

黄锦法，俞慧明，陆建贤，等 . 1997. 稻田免耕直播对土壤肥力性状与水稻生长的影响 [J]. 浙江农业科学 (5)：28-30.

霍权恭，范璐，毕艳兰，等 . 2006. 小米油脂成分研究 [J]. 中国油脂，31 (1)：63-64.

吉雯雯，张泽燕，张耀文，等 . 2017. 小豆疫霉病的研究进展 [J]. 山西农业科学 (9)：1 553-1 556.

籍增顺，张树梅，薛宗让，等 . 1998. 旱地玉米免耕系统土壤养分研究：土壤有机质、酶及氮变化 [J]. 华北农学报，13 (2)：43-48.

籍增顺 . 1994. 国外免耕农业研究 [J]. 山东农业科学，22 (3)：63-68.

贾殿春 . 2017. 高粱高产种植技术 [J]. 吉林农业 (2)：94-94.

姜超，殷建军，郭秀娟 . 2016. 6 种不同除草剂对糜子田杂草的防除效果 [J]. 作物杂志 (5)：167-169.

蒋社才，张峰，黄盛枝 . 2013. 储粮害虫综合防治新技术应用研究 [J]. 粮食储藏 (5) . doi：10. 3969/j. issn. 1000-6958. 2013. 05. 002.

金亚征，谢瑞芝，李少昆 . 2008. 华北平原保护性耕作方式下冬小麦稳产技术研究 [J]. 作物杂志 (4)：50-52.
金宗亭，赵永红，王惠滨，等 . 2006. 棉花催熟剂的使用技术 [J]. 中国棉花 (2)：28.
景蕊莲，昌小平 . 2003. 用渗透胁迫鉴定小麦种子萌发期耐旱性的方法分析 [J]. 植物遗传资源学报，4 (4)：292-296.
康乐 . 1996. 斑潜蝇的生态学与持续控制 [M]. 北京：科学出版社 .
康永锋，李艳，段吴平 . 2011. 超声波辅助提取赤豆中总黄酮的工艺研究 [J]. 时珍国医国药，22 (7)：1 695-1 697.
孔令杰 . 2006. 用乙烯利催熟棉花应注意的几个问题 [J]. 农村百事通 (16)：39-40.
寇兴凯，徐同成，宗爱珍，等 . 2015. 高粱营养及其制品研究进展 [J]. 粮食与饲料工业 (12)：45-48.
冷平生，苏淑钗，土天华，等 . 2002. 光强与光质对银杏光合作用及黄酮苷与帖类内酯含量的影响 [J]. 植物资源与环境学报，11 (1)：1-4.
冷廷瑞，杨君 . 2011. 几种除草剂在燕麦田的应用效果 [J]. 杂草科学 (1)：70-71.
李刚，杨粉团，姜晓莉，等 . 2010. 基于抗旱低碳的秸秆覆盖免耕栽培玉米 [J]. 作物杂志 (5)：10-13.
李彩菊，高义平，等 . 2005. 河北省红小豆育种成就及今后育种目标 [J]. 杂粮作物，25 (3)：154-155.
李昌华，曾可，韦善清，等 . 2011. 不同耕作方式下水分管理对水稻水分利用的影响 [J]. 作物杂志，(4)：81-84.
李得庆，张国良 . 2007. 3 种化学除草剂防除苗圃杂草的比较 [J]. 农技服务 (12)：55.
李合生 . 2013. 植物生理学 (第 3 版) [M]. 北京：高等教育出版社 .
李军虎，秦建国，陈钢，等 . 2002. 油葵杂交种春播产比试验及适宜播期的确定 [J]. 种子 (4)：13-14.
李里特 . 2005. 杂粮的营养与开发 [J]. 农产品加工 . 学刊 (12)：4-7.
李明哲，郝洪波，谢楠，等 . 2010. 黑龙港地区谷—草一年两作种植模式的可行性研究 [J]. 河北农业科学，14 (12)：5-7.
李萍，黄正蓉，张思嘉，等 . 2010. 麻黄连翘赤小豆汤在皮肤科中的应用现状 [J]. 辽宁中医药大学学 12 (6)：6-9.
李世，苏淑欣，陈万翔 . 2000. 河北省糜黍品种资源类型及分布特点研究 (3)：30-35.
李书田，赵敏，刘斌，等 . 2010. 谷子新品种播期 · 密度与施肥的复因子试验 [J]. 内蒙古农业科技 (3)：33-34.
李顺国，刘猛，赵宇，等 . 2012. 河北省谷子产业现状和技术需求及发展对策 [J]. 农业现代化研究，33 (3)：286-289.
李顺国，刘斐，刘猛，等 . 2014. 我国谷子产业现状、发展趋势及对策建议 [J]. 农业现代化研究，35 (5)：531-535.
李素娟，李琳，陈阜，等 . 2007. 保护性耕作对华北平原冬小麦水分利用的影响 [J]. 华北农学报 (增刊) (22)：115-120.
李素娟，陈继康，陈阜，等 . 2008. 华北平原免耕冬小麦生长发育特征研究 [J]. 作物学报，34 (2)：290-296.
李文体，刘向华，冯谦诚 . 2000. 河北省地下水超采区划分及现状分析研究 [J]. 地下水 (2)：50-54.

李新举，张志国，邓基先，等．1998. 免耕对土壤生态环境的影响［J］. 山东农业大学学报（4）：104-110.

李兴，史海滨，程满金，等．2008. 集雨补灌区谷子种植方式对产量及水分利用效率的影响［J］. 灌溉排水学报，27（2）：106-109.

李扬汉．1988. 中国杂草志．［M］. 北京：中国农业出版社.

李荫梅，等．1997. 谷子育种学［M］. 北京：中国农业出版社（3）：422.

李英杰，赵世强，杨金深．2011. 河北省油葵产业现状分析［J］. 河北农业科学，6（2）：56-60.

李颖，毛培胜．2013. 燕麦种质资源研究进展［J］. 安徽农业科学，41（1）：72-76.

李竹，陈新，赵平，等．2001. 妇女增补叶酸预防神经管畸形推广研究五年成果和工作总结［J］. 中国公共卫生，17（8）：725-727.

李自超，刘文欣，赵笃乐．2001. PEG 胁迫下水、陆稻幼苗生长势比较研究［J］. 中国农业大学学报，6（3）：16-20.

梁丽雅，闫师杰．2004. 红小豆的加工利用现状［J］. 粮油加工与食品机械（3）：68-69.

梁梅．2012. 邢台市春播油葵地膜覆盖栽培技术［J］. 作物栽培，现代农村科技（12）：15.

梁永海，李凤林，庄威，等．2005. 红小豆双歧杆菌发酵保健饮料生产工艺的研究［J］. 冷饮与速冻食品工业，11（4）：18-20.

廖祥儒，朱新产．1996. 活性氧代谢和植物抗盐性［J］. 生命的化学（6）：19-23.

林汝法，柴岩，廖琴，等．2002. 中国小杂粮［M］. 北京：中国农业科学技术出版社.

刘长友，程须珍，王素华，等．2006. 中国绿豆种质资源遗传多样性研究［J］. 植物遗传资源学报，7（4）：459-463.

刘长友，田静，范保杰，等．2010. 豇豆属 3 种主要食用豆类的抗豆象育种研究进展［J］. 北京：中国农业科学，（12）：2 410-2 417.

刘长友，王素华，王丽侠，等．2008. 中国绿豆种质资源初选核心种质构建［J］. 作物学报，34（4）：700-705.

刘恩魁，段喜顺，刘红霞，等．2013. 春谷种植密度与产量的数量关系及其分析［J］. 中国农学通报，29（30）：118-123.

刘海萍，王素英，王淑君，等．2012. 谷子新品种豫谷 15 不同密度及肥料配合效果研究［J］. 园艺与种苗（9）：44-46.

刘洪银，石金柱．1990. 大豆皂角甙及其应用前景［J］. 食品科技（2）：19.

刘怀珍，黄庆，李康活，等．2000. 水稻连续免耕抛秧对土壤理化性状的影响初报［J］. 广东农业科学（5）：8-11.

刘环，刘恩魁，周新建，等．2013. 夏谷播期与籽粒产量的回归分析［J］. 作物栽培与设施园艺，19（3）：77-82.

刘慧．2012. 我国绿豆生产现状和发展前景［J］. 农业展望（6）：36-39.

刘京涛，刘炳强，吴振美，等．2006. 立收谷水剂催熟对小麦机械收割效果的影响［J］. 作物杂志（3）：53.

刘敬科，刁现民．2013. 我国谷子产业现状与加工发展方向［J］. 农业工程技术（12）：15-17.

刘兰英，原蕾．1996. 浅谈大豆皂角甙的性质和开发［J］. 粮食科技与经济（4）：35-36.

刘倩楠．2014. 维生素 B 族的作用及情绪调节［J］. 医学信息（9）：582-583.

刘生荣，刘党培．2004. 不同熟性棉花乙烯利催熟效应研究［J］. 耕作与栽培，（5）：85-86.

刘素娟．2003. 河北省杂粮、杂豆良种发展概况［J］. 种子世界（7）：26-27.

刘为红，孙黛珍，卢布，等．1996. 谷子根系生长发育规律及环境条件对其影响的研究［J］. 干旱地区农业研究，14（2）：20-25.
刘晓东，白丽，于树会，等 . 2011. 河北省谷子生产现状调查研究［J］. 江西农业学报，23（10）：199-201.
刘旭，陈亮，李钥莹，等 . 2009. 高粱丝黑穗病研究综述，安徽农业科学，37（31）：15 290-15 291，15 298.
刘勇，姚惠源，王强 . 2006. 黄米营养成分分析 . 食品工业科技（2）：172-174.
刘振恒，武高林，仁青草，等 . 2007. 发展以燕麦为支柱产业的可持续高寒草地畜牧业［J］. 草业科学，24（9）：67-69.
刘振兴，周桂梅，陈健，等 . 2017. 不同药剂对小豆花叶病毒病防治效果研究［J］. 作物杂志（4）：165-168.
刘振兴，周桂梅，陈健 . 2015. 几种药剂对绿豆象的田间防效［J］. 植物保护（3）：215-219.
卢庆善 . 2011. 高粱种植资源多样性和评价，园艺与种苗（40）：1-5.
鲁松 . 2013. 叶绿素荧光动力学在植物抗逆性研究中的应用［J］. 四川林业科技，34（4）：69-71.
吕海峰 . 2013. 高粱高产栽培技术［J］. 现代化农业（7）：22-23.
罗音，李卫民，孙明高，等 . 2003. 几个经济树种抗旱性的评价及其抗旱指标的选取［J］. 山东林业科技（3）：3-5.
麻慧芳，杨成元，史关燕，等 . 2015. 我国谷子种质资源保存研究综述［J］. 甘肃农业科技（3）：57-60.
马晓刚，任有成，王显萍，等 . 2004. 发展燕麦生产在青海经济和生态建设中的作用［J］. 作物杂志（5）：9-11.
玛丽肖，杜雄，张立峰 . 2009. 华北农牧交错带畜牧业外部经济效应解析［J］. 草业学报，18（4）：155-162.
苗明三 . 1997. 怀山药多糖抗氧化作用研究［J］. 中华中医药杂志（2）：22-23.
缪小平，林东昕 . 2003. 叶酸与肿瘤［J］. Chinese Journal of Cancer，22（6）：668-671.
倪新 . 2001. 山东省临沂市出口农产品仓储昆虫群落结构的初步研究［J］. 山东农业大学学报（自然科学版）（3）：317-319.
宁鸿珍，齐啸，贾春媚，等 . 2008. 燕麦 β-葡聚糖抗氧化及降血脂作用的研究［J］. 食品科技（9）：153-155.
裴凌鹏，惠伯棣，金宗濂，等 . 2004. 黄酮类化合物的生理活性及其制备技术研究进展［J］. 食品科学，25（2）：203-207.
彭娟莹，杨仁斌，郭正元 . 2007. 敌草快在甘蔗及土壤中的残留动态［J］. 生态与农村环境学报，23（4）：76-77，82.
戚向阳，陈维军，张俐勤，等 . 2006. 罗汉果皂甙清除自由基及抗脂质过氧化作用的研究［J］. 中国农业科学，39（2）：382-388.
齐宏伟 . 2013. 油葵新品种比较试验［J］. 农业科技通讯（6）：140-143.
祁果 . 2011. 捆裹青贮燕麦草饲喂幼龄绵羊增重效果对比试验研究［J］. 畜牧兽医杂志，30（4）：111-112.
祁娟，徐柱，王海清，等 . 2009. 披碱草与老芒麦苗期抗旱性综合评价［J］. 草地学报，17（1）：36-42.
钱龙，王嘉福，杨正德，等 . 2011. 苦荞对高寒山区杂交猪育肥及屠宰性能的影响［J］. 贵州畜牧兽医，35（6）：5-7.

秦岭，杨延兵，管延安，等 . 2013. 济谷 14 对留苗密度和氮肥施用量的响应［J］. 河北农业科学，17（1）：1-5.

秦爱红，杨向红，李海秋，等 . 2010. 油葵杂交品种 S31 种植密度试验研究［J］. 安徽农学通报，16（7）：91，171.

屈冬玉，金黎平，谢开云 . 2010. 中国马铃薯着产业 10 年回顾［M］. 北京：中国农业科学技技出版社（5）：76-80.

任全军，黄文胜，刘玉贵 . 2009. 大力发展旱作农业 推进特色杂粮产业［J］. 农产品加工（6）：67-69.

桑丹，孙海洲，付晓峰，等 . 2010. 燕麦青干草营养成分分析及活体外瘤胃发酵参数测定畜牧与饲料科学 31（5）：45-46.

山西农业科学院 . 1987. 中国谷子栽培学［M］. 北京：农业出版社 .

尚启兵，高运青，徐东旭，等 . 2012. 冀北蚕豆主要病虫害及其防治［J］. 农业科技通讯（6）：122-123.

邵长建，董勤成 . 2009. 简述黄淮海地区夏玉米丰产配套栽培技术［J］. 安徽农学通报：下半月刊，15（6）：66，129.

邵继智 . 1996. 膳食纤维与肠内营养［J］. 肠外与肠内营养（1）：55-57.

师志刚，夏雪岩，刘正理，等 . 2010. 谷子抗咪唑乙烟酸新种质的初步研究［J］. 河北农业科学，14（11）：133-134，136.

石文艳，潘晓亮，万鹏程 . 2005. 铁元素的生理功能及其研究进展［J］. 畜牧兽医科技信息（3）：15-18.

时丽冉 . 2011. 盐胁迫对不同品种夏谷光合性能及水分利用率的影响［J］. 农业科技与装备（10）：1-3.

史振声，钟雪梅，黄海皎，等 . 2013. 遮荫胁迫对不同耐阴性玉米叶绿素含量的影响［J］. 玉米科学，21（4）：55-63.

斯迪 . 2013. 谈谈各种果树的不同耐旱性［J］. 内蒙古气象（2）：37.

宋希，杨正德，刘青等 . 2012. 苜蓿、葛根、苦荞对生长肥育猪氨基酸沉积的营养调控［J］. 贵州农业科学，40（9）：143-145.

隋月，张伟，张李香 . 2018. 高温处理对绿豆象不同虫态的致死效果［J］. 中国农学通报（28）120-123.

孙山，王少敏，王家喜，等 . 2008. 黑暗中脱水对金太阳杏离体叶片 PS Ⅰ 和 PS Ⅱ 功能的影响［J］. 园艺学报，35（1）：1-6.

孙淑珍 . 2010. 从水资源角度看黑龙满港区域农业种植结构优化［J］. 河北工程技术高等专科学校学报，3（1）：4-6.

孙小凡，魏益民，张国权，等 . 2003. 麦类作物青贮饲料营养价值分析［J］. 粮食与饲料工业（4）：27-29.

孙元枢 . 2002. 中国小黑麦遗传育种研究与应用［M］. 杭州：浙江科学技术出版社 .

汤兆铮 . 2001. 杂粮主食品及其加工新技术［M］. 北京：中国农业出版社.

唐秀梅，钟瑞春，揭红科，等 . 2011. 间作遮荫对花生光合作用及叶绿素荧光特性的影响［J］. 西南农业学报，24（5）：1 703-1 707.

陶若娟，塔西普拉提 · 亚克亚 . 2009. 果树套种春小麦的除草剂施用要点［J］. 农村科技（6）：54-54.

田伯红，王建广，李雅静，等 . 2008. 谷子发芽期和幼苗前期耐盐性鉴定指标的研究［J］. 河北农业科学，12（7）：4-6.
田伯红，王素英，李雅静，等 . 2008. 谷子地方品种发芽期和苗期对 NaCl 胁迫的反应和耐盐品种筛选［J］. 作物学报，34（12）：2 218-2 222.
田伯红，王建广，李雅静，等 . 2010. 杂交谷子适宜除草剂筛选研究［J］. 河北农业科学，14（11）：46-47.
田长叶 . 2011. 河北省燕麦产业技术需求调研报告［J］. 河北农业，51.
田静，范宝杰 . 2002. 河北省小豆、绿豆生产研究现状及发展建议［J］. 河北农业科学，6（3）：59-64.
田静，范保杰 . 2002. 河北省小豆品种资源主要农艺性状的遗传变异分析［J］. 河北农业大学学报（25）4：17-20.
田静，范保杰 . 2004. 河北省食用豆类生产研究现状及发展建议［J］. 园艺与种苗，24（4）：240-243.
田敏，饶龙兵，李纪元 . 2005. 植物细胞中的活性氧及其生理作用［J］. 植物生理学通讯，41（2）：235-241.
田平芳，葛喜珍，张志铭 . 2006. 赤小豆种子内部寄藏真菌的分离与鉴定［J］. 作物杂志（2）：65-67
汪兴鉴，陈小琳 . 2000. 中国斑潜蝇属重要害虫的发生概况及其防治对策［A］. 31-34.
王崇爱，方波，崔香连，等 . 2005. 免耕晚播小麦生育特点及高产栽培技术［J］. 山东农业科学（3）：30-32.
王大力 . 1995. 豚草属植物的化感作用研究综述［J］. 生态学杂志，14（4）：48-53.
王德兴，崔良基，孙恩玉，等 . 2010. 密度对不同生育期油葵杂交种产量的影响［J］，黑龙江农业科学（9）：28-31.
王法宏，冯波，王旭清 . 2003. 国内外免耕技术应用概况［J］. 山东农业科学（6）：49-53.
王凤翼 . 1983. 以大豆为中心的皂角甙在食品营养学上的重新评价［J］. 食品工业科技（2）：61-65.
王贵玲，陈浩，蔺文静，等 . 2006. 河北省京津以南平原区未来 30 年地下水供需预测［J］. 干旱区资源与环境，20（6）：63-68.
王桂华 . 2011. 油葵栽培技术［J］. 现代农业科技（8）：55-56.
王桂盛，田中午，陈发，等 . 1997. 机采棉化学脱叶催熟技术的应用研究［J］. 中国棉花，24（10）：25-26.
王海滨，夏建新 . 2010. 小米的营养成分及产品研究开发进展［J］. 粮食科技与经济，35（4）：36-38.
王海飞，宗绪晓 . 2011. 蚕豆种质资源、抗病育种和 QTL 定位及抗逆性研究进展［J］. 植物遗传资源学报 12（2）：259-270.
王冀川，万素梅，徐雅丽，等 . 2004. 杂交油葵品种 G101 种植密度效应研究［J］，甘肃农业科技（8）：9-11.
王建花，王丽侠，程须珍，等 . 2017. 食用豆类抗性育种研究进展［J］. 中国农学通报，33（12）：30-35.
王均华，闫保罗，李平海，等 . 2011. 夏玉米免耕直播密植高产栽培技术［J］. 现代农业科技（5）：75，88.
王丽娟，徐秀德，董怀玉，等 . 2013. 多种除草剂防除高粱田杂草的研究［J］. 中国植保导刊（1）：51-53.

王丽娜，王丽冬 . 2010. 几种除草剂在果树生产上的应用［J］. 农业科技通讯（6）：224-225.
王丽侠，程须珍，王素华，等 . 2013. 我国小豆应用核心种质的生态适应性及评价利用［J］. 植物遗传资源学报，14（5）：794-799.
王丽侠，程须珍，王素华，等 . 2014. 中国绿豆核心种质资源在不同环境下的表型变异及生态适应性评价［J］. 作物学报，40（4）：739-744.
王亮亮，胡跃高，关鸣 . 2011. 燕麦青干草和东北羊草对奶牛产奶量及乳成分的影响［J］. 中国奶牛（23）：43-44.
王纶，王星玉，乔治军，等 . 2013. 黍稷种质穗型与主要农艺性状的关系［J］. 山西农业科学，41（8）：789-792，796.
王纶，王星玉，乔治军，等 . 2013. 黍稷种质资源粒色分类及其特性表现［J］. 山西农业科学，41（11）：1 162-1 166，1 170.
王纶，王星玉，乔治军，等 . 2015. 中国黍稷种质资源收集、保护、创新与共享利用［J］. 植物遗传资源学报，16（2）：422-427.
王纶，王星玉，温琪汾，等 . 2005. 中国黍稷种质资源研究与利用［J］. 植物遗传资源学报，6（4）：474-477.
王述民，曹永生，Redden R J，等 . 2002. 我国小豆种质资源形态多样性鉴定与分类研究［J］. 作物学报，（11）727-733 .
王述民，曹永生，胡家蓬 . 2002. 中国小豆种质资源核心样品的初步建立［J］. 华北农学报，17（1）：35-40.
王万兴，孔德男，李明哲，等 . 2015. 华北漏斗区雨养条件下马铃薯品种的筛选［J］. 中国马铃薯（1）：8-13.
王熹，施一平 . 1975. 乙烯利对水稻的催熟效应［J］. 植物学报，17（4）：284-290.
王熹 . 1995. 水稻的化学催熟［J］. 中国稻米（3）：36-37.
王晓东 . 2008. “杂粮”产业化发展问题探索［J］. 农业经济（8）：52-53.
王星玉 . 1991. 中国黍稷品种资源特性鉴定研究［J］. 作物品种资源（4）：7-9.
王璇琳 . 1999. 越桔的资源、品质及药用研究概况［J］. 中国林副特产（8）：42-44.
王学奎 . 2006. 植物生理生化实验原理和技术（第 2 版）［M］. 北京：高等教育出版社 .
王彦，范保杰，刘长友，等 . 2015. 绿豆品种冀绿 10 号种性保纯及高效繁殖技术［J］. 中国种业（12）：76-77.
王彦，田静，范保杰，等 . 2011. 小豆主要病害研究进展［J］. 华北农学报（S2）：197-201.
王洋，戴绍军，阎秀峰 . 2004. 光强对喜树幼苗叶片次生代谢产物喜树碱的影响［J］. 生态学报，24（6）：1 118-1 122.
王洋，张明生，李祥栋，等 . 2014. 不同高粱种质资源形态多样性及其形态标记聚类分析［J］. 贵州农业科学，42（6）：1-5.
王永宏，仵均祥，苏丽 . 2003. 玉米蚜的发生动态研究［J］. 西北农林科技大学学报（自然科学版），31（z1），25-28.
王有增，郭安强，李爱国 . 2014. 河北高粱产业的现状及发展前景分析［C］// 2014 中国现代农业发展论坛论文集 .
王月芬 . 2004. 河北省杂粮产业现状及发展对策［C］// 中国农学会杂粮分会成立大会暨首届中国杂粮产业发展论坛 .
王增远，孙元枢，陈秀珍，等 . 2002. 新饲料作物—小黑麦［J］. 作物杂志（4）：44-45.
王志刚 . 2003. 豌豆资源类型筛选抗病性鉴定与利用评价［J］. 内蒙古农业科技（1）：12-13.

王忠武 . 2006. 农田杂草抗药性研究进展［J］. 杂粮作物（2）：130-132.
王宗尧，欧阳凤仔，朱瑞琴 . 2012. 油菜化学催熟技术研究概况［J］. 浙江农业科学（1）：26-28.
吴凯，于静洁，谢贤群 . 2001. 河北南部平原地下水位变化趋势及其对农业生态环境的影响［J］. 农业环境保护，2（6）：401-404.
吴美娟，黄洪明 . 2009. 喷施乙烯利对油菜角果催熟的效果试验［J］. 浙江农业科学（1）：111-112.
吴能表，谈锋，肖文娟，等 . 2005. 光强因子对少花桂幼苗形态和生理指标及精油含量的影响［J］. 生态学报，25（5）：1 159-1 164.
吴艳艳，黄俊波，张海岚 . 2014. 植物对遮荫响应的研究进展［J］. 南方农业，8（21）：159-161.
吴兆海 . 2014. 不同牧草补饲模式对犊牛生长及胃肠道发育的影响［J］. 太古：山西农业大学 .
武海燕，杜成章，等 . 2017. 冀黑绿 12 号黑绿豆新品种的选育［J］. 农业科技通讯（1）：148-149.
夏雪岩，马铭泽，杨忠妍，等 . 2012. 施肥量和留苗密度对谷子杂交种张杂谷 8 号产量及主要农艺性状的影响［J］. 河北农业科学，16（1）：1-5.
夏雪岩，师志刚，刘正理，等 . 2010. 栽培方式对简化栽培品种冀谷 25 生长发育的影响［J］. 河北农业科学，14（11）：5-7，12.
肖文娜，周可金 . 2010. 不同化学催熟剂对油菜光合生理及产量和品质的影响［J］. 西北农林科技大学学报（自然科学版），38（3）：106-112.
肖文一，陈德新，吴渠来 . 1989. 饲用植物栽培与利用［M］. 北京：农业出版社 .
谢德体，曾觉廷 . 1990. 水田自然免耕土壤孔隙状况研究［J］. 西南农业大学学报，12（4）：394-397.
谢洪喜，李红军，陈惠娟，等 . 2001. 高粱舟蛾生物学特性的研究［J］. 河北农业大学学报，24（3），46-48.
谢小峰，周玉明 . 2013. 燕麦草青贮和全株玉米青贮对奶牛产奶量和乳成分的影响［J］. 畜牧与兽医，45（9）：35-37.
徐东旭，高运青，任红晓，等 . 2013. 冀西北绿豆抗旱高产栽培技术［J］. 中国种业（4）：86.
徐洪志，廖淑梅，曾川，等 . 2011. 稻田免耕直播油菜三峡油 3 号的种植密度研究［J］. 作物杂志（5）：114-115.
徐向东 . 2010. 豆类（小红豆、大红豆和荷包豆）淀粉和蛋白质性质的研究［D］. 广州：华南理工大学 .
许洁 . 2012. 小米谷糠油蛋白提取及其保健功能的研究［D］. 太原：山西大学 .
许正刚，史正军，谢良生，等 . 2009. 遮荫处理下两种园林植物叶绿素含量及荧光参数的研究［J］. 甘肃科技，25（3）：158-161.
延玺，刘会青，邹永青，等 . 2008. 黄酮类化合物生理活性及合成研究进展［J］. 有机化学，28（9）：1 534-1 544.
严少华，黄东迈 . 1995. 免耕对水稻土持水特征的影响［J］. 土壤通报，26（5）：198-199.
颜兵，刘龙，岳小强，等 . 2008. 浅析仲景对赤小豆的配伍运用［J］. 安徽中医学院学报，27（5）：7-9.
杨才 . 2009. 河北省燕麦产业发展现状及建议对策［J］. 现代农业科技（20）：48.
杨德智，杨素梅，霍阿红，等 . 2010. 河北省向日葵产业现状及发展对策［J］. 农业科技通讯

（5）：17–19.

杨国航，张春原，陈国平，等 . 2006. 此京地区杂交油葵适宜密度、水分管理、除草刻试验研究［J］. 种子世界（1）：22–24.

杨慧杰，原向阳，祁祥，等 . 2017. 谷子对拔节期弱光胁迫的光合生理响应［J］. 核农学报，31（2）：386–393.

杨生华 . 浅谈蚕豆育种的几点体会 .

杨天育，黄相国，何继红，等 . 2003. 谷子遗传资源多样性研究进展［J］. 西北农业学报，12（1）：43–47.

杨艳君，郭平毅，曹玉凤，等 . 2012. 施肥水平和种植密度对张杂谷 5 号产量及其构成要素的影响［J］. 作物学报，38（12）：2 278–2 285.

姚亚平，田呈瑞，张国权，等 . 2009. 糜子淀粉理化性质的分析［J］. 中国粮油学报，24（9）：45–52.

药食两用赤小豆［J］. 家庭医药（3）：68.

于章龙，段欣，武晓娟，等 . 2011. 红小豆功能特性及产品开发研究现状［J］. 食品工业科技（1）：360–363.

于振文 . 作物栽培学各论（北方本），379.

喻少帆，金文林，张清润 . 1997. 小豆种质资源抗白粉病鉴定［J］.，15（03）：40–44.

岳增富 . 2007. 夏谷的生长特点及栽培技术［J］. 现代农业科技（17）：164–171.

曾宪成，张曾凡，张德海 . 2006. 小麦免耕撒播栽培技术［J］. 安徽农学通报，12（13）：200.

张艾英，郭二虎，范惠萍，等 . 2014. 谷子不同生育时期水分胁迫抗旱生理特性研究［J］. 山西农业科学，42（7）：669–671.

张艾英，张喜文，李萍，等 . 2009. 小米蛋白在加工应用中的研究［C］// 首届全国谷子产业大会.

张爱胜，马吉利，崔爱珍，等 . 2006. 不同耕作方式对冬小麦产量及水分利用状况的影响［J］. 中国农学通报，22（1）：110–113.

张波，薛文通 . 2012. 红小豆功能特性研究进展［J］. 食品科学，33（9）：264–266.

张朝华，贾存英 . 2002. 富铁元素与人体健康［J］. 微量元素与健康研究，19（3）：41–42.

张德权，台建祥，付勤 . 1999. 生物类黄酮的研究及应用概况［J］. 食品与发酵工业，25（6）：52–57.

张富强，李凡，于继静 . 2017. 河北省甜高粱产业发展策略［J］. 合作经济与科技（3）：46–47.

张广学 . 1983. 中国经济昆虫志［M］. 北京：科学出版社 .

张国静，杨伟强 . 2012. 北京地区主要行道树树种适应性评价及病虫害防治［J］. 中国城市林业，10（3）：47–50.

张海金 . 2007. 谷子在旱作农业中的地位和作用［J］. 安徽农学通报，13（10）：169–170.

张红雨，陈德展 . 2000. 酚类抗氧化剂清除自由基活性的理论表征与应用［J］. 生物物理学报，16（1）：1–9.

张红雨 . 1999. 黄酮类抗氧化剂结构–活性关系的理论解释［J］. 中国科学，29（1）：91–96.

张金龙，刘学锋，于长文 . 2012. 河北省干旱分布特征和变化规律分析［J］. 干旱区研究，29（1）：41–46.

张锦鹏，王茅雁，白云凤，等 . 2005. 谷子耐旱性的苗期快速鉴定［J］. 植物遗传资源学报，6（1）：59–62.

张京芳 . 2000. 杜仲红枣复合饮料加工工艺研究［J］. 西北林学院学报，15（1）：60–63.

张娟，杜先锋，戴前颖，等 . 2006. 燕麦 β-葡聚糖的研究［J］. 农产品加工（7）：34-37.
张丽娟，杨晓明，陆建英，等 . 2015. 豌豆白粉病研究进展［J］. 植物保护（1），7-12.
张守仁 . 1999. 叶绿素荧光动力学参数的意义及讨论［J］. 植物学通报，16（4）：444-448.
张树花 . 2001. 杂交油葵栽培技术［J］. 河北农业科技（2）：12.
张婷，师志刚，王根平，等 . 2015. 咪唑乙烟酸对冀谷 33 生长发育的影响及对后茬作物的安全性［J］. 中国农业科学，48（24）：4 916-4 923.
张伟，张静，王建春，等 . 2014. 氯氟吡氧乙酸异辛酯对枣园田旋花的防效研究［J］. 安徽农业科学（13）：3 899-3 899.
张喜文，武钊 . 1993. 谷子栽培生理［M］. 北京：中国农业科技出版社 .
张筱秀，周运宁，连梅力，等 . 1995. 山西省储粮昆虫调查研究［J］. 山西农业科学（4）.
张延坤 . 1997. 膳食纤维在食品中的应用［J］. 食品工业（6）：30.
张艳萍，尤玉如，戴志远 . 2008. 山茱萸多糖体外清除自由基和抗氧化作用研究［J］. 中国食品学报，8（6）：18-22.
张勇勇，顾克章，张顺泉 . 1997. 水稻免耕旱播耕作法的效益及其对土壤理化性状的影响［J］. 浙江农业科学（3）：20-22.
张泽溥 . 2004. 我国农田杂草治理技术的发展［J］. 植物保护（2）：28-33.
赵陈勇 . 2012. 功能性小米糠油的研究［D］. 太原：山西大学 .
赵存虎，孔庆全，陈文晋，等 . 2018. 蚕豆田除草剂筛选初报［J］. 作物杂志（5）：167-172.
赵尔成，王祥云，韩丽君，等 . 2005. 常用植物生长调节剂残留分析研究进展［J］. 安徽农业科学，33（9）：1 709-1 711.
赵逢涛，宫慧慧，等 . 2015. 新常态下绿豆育种方向思考［J］. 种子技术（8）：49-45.
赵海超，曲平化，龚学臣，等 . 2012. 不同播期对旱作谷子生长及产量的影响［J］. 河北北方学院学报（自然科学版），28（3）：26-30.
赵继磊 . 2012. 威县地膜杂交油葵栽培技术要点［J］. 现代农村科技（11）：10.
赵凯 . 2008. 淀粉非化学改性技术［M］. 北京：化学工业出版社 .
赵琳 . 2007. 促进黑龙港地区经济发展的财政对策研究［J］. 经济论坛（19）：30-32.
赵敏，李书田 . 2007. 内蒙古糜子资源与综合利用［J］. 内蒙古农业科技（6）：101-102.
赵宇，刘斐，刘猛，等 . 2013. 基于 SWOT 分析的河北省谷子产业发展战略研究［J］. 湖北农业科学，52（1）：239-242.
郑建仙 . 2005. 功能性膳食纤维［M］. 北京：化学工业出版社 .
郑曦，季春娟，仝炜 . 2008. 悬铃木落叶水提液对三种植物种子萌发和幼苗生长的影响［J］. 种子，27（5）：26-27，31.
中国预防医学科学院营养与食品卫生研究所 . 1992. 食物成分表［M］. 北京：人民卫生出版社：18-21.
周海涛，杨才，李天亮，等 . 2012. 冀北燕麦种植及利用情况的分析［J］. 中国种业（5）：14-15.
周汉章，刘环，薄奎勇，等 . 2010. 除草剂谷友对谷田杂草的除草效果及对谷子安全性的影响［J］. 河北农业科学，14（11）：40-43.
周可金，官春云，肖文娜，等 . 2009. 催熟剂对油菜角果光合特性、品质及产量的影响［J］. 作物学报，35（7）：1 369-1 373.
周可金 . 2009. 油菜化学催熟及其生理机制的研究［D］. 长沙：湖南农业大学 .
周林珠，杨祥良，周井炎，等 . 2002. 多糖抗氧化作用研究进展［J］. 中国生化药物杂志，23

(4)：210-212.

周双桥，薛慧，郭伟杰，等. 2002. 维生素 B 族在保健食品中的作用［J］. 中国病毒病杂志，4（2）：113-114.

周素梅，申瑞玲. 2009. 燕麦的营养及其加工利用［M］. 北京：化学工业出版社：1-2.

周威，王璐，范志红. 2008. 小粒黑大豆和红小豆提取物的体外抗氧化活性研究［J］. 食品科技，33（9）：145-148.

朱文珊. 1984. 夏玉米免耕增产效果的初步研究［J］. 北京农业大学学报，10（1）：41-48.

朱学海，宋燕春，赵治海，等. 2008. 用渗透剂胁迫鉴定谷子芽期耐旱性的方法研究［J］. 植物遗传资源学报，9（1）：62-67.

朱振东，王晓鸣，2003. 小豆疫霉茎腐病病原菌鉴定及抗病资源筛选［J］. 植物保护学报（3）：289-294.

朱钟麟，卿明福，郑家国，等. 2005. 免耕和秸秆覆盖对小麦、油菜水分利用效率的影响［J］. 西南农业学报，18（5）：63-66.

宗绪晓. 2002. 食用豆类高产栽培与食品加工［M］. 中国农业科学技术出版社.

邹应斌，李克勤，任泽民. 2003. 水稻的直播与免耕直播栽培研究进展［J］. 作物研究（1）：52-59.

Andersor D M，Swanton C J，Hail J C，et al. 1993. The influence of soil moisture simulated rainfall and time of application on the officacy of glufosinate-ammonium［J］. Weed Research（Oxford），33：2，149-160.

Derpsh R，Sidiras N，Roth C H. 1986. Results of studies made from 1977 to 1984 to control ersion by cover crops and no-tillage techniques in Barana Brazil［J］. Soil & Tillage Research（8）：253-263.

KB. lber T，Meier J S，Kreuzer M，et al. 2011. Flowering catch crops used as forage plants for dairy cows：Influence onacids and tocopherols in milk［J］. of Dairy，94（3）：1 477-1 489.

Lassiter C A，Huffman C F，Dexter S T，et al. 1958. Corn versus Oat Silages as a Roughage for Dairy Cattle［J］. J Dairy Sci，41（9）：1282-1285.

LIANG Shaohua，YANG Guolong，MA Yuxiang. 2010. Chemical characteristics and fatty acid profile of Foxtail millet Bran. Oil［J］. Journal of the American Oil Chemists Society，87（1）：63-67.

Logan J，Gwathmey C O. 2002. Effects of weather on cotton responses to harvest-aid chemicals［J］. J Cotton Sci（6）：1-12.

Mohamed A.，Biresaw G. 2008. Oats protein isolate：thermal，rheological，surface and functional properties［J］. Food Research International（32）：43-50.

OBA M A，M S A. 1999. Evaluation of the importance of the digestibility of neutral detergent fiber from forage. Effects on dry matter intake and milk yield of dairy cows［J］. J Dairy Sci，82（3）：589-596.

Ojeniyi S O. 1986. Effect of zero-tillage and disc ploughing on soil water，soil temperature and growth and yield of maize［J］. Soil & Tillage Research（7）：173-182.

Peter J. Wood. 2007. Cereal β-glucans in diet and health［J］. Journal of Cereal Science（46）230-238.

Ramoslarios G，Phillips J P，Cuesta L C. 2008. Screening the activity of plants and spices for decreasing mminal methane production *in vitro*［J］. Animal Feed Science&Technology，147（1）：36-52.

Strasser R J，Srivastava A，Govindjee. 1995. Polyphasic chlorophyll afluorescence transient in plants and cyanobacteria［J］. Photochem Photobiology，61（1）：32-42.

Uniyal R C，Nautiyal A R. 1998. Seed germination and seedling extension growth in Qugeinia dalbergioides Benth. Under water salinity stress [J]. New Forests, 16: 265-272.

Wen X X, Zhang D Q, Liao Y C, et al. 2012. Effects of Water-Collecting and Retaining Techniques on Photosynthetic Rates, Yield, and Water Use Efficiency of Millet Grown in a Semiarid Region [J]. Journal of Integrative Agriculture, 11 (7): 1 119-1 128.

Wen Xiaoxia, Zhang Deqi, Liao Yuncheng, et al. 2012. Effects of Water-collecting and retaining techniques Photosynthetic rates, yieldand water use efficiency of Millet Grown in a semiarid region [J]. Journal of Integrative Agriculture, 11 (7): 1 119-1 128.

Wijngarrd H H, Arredt E K. 2006. Buckwheat [J]. Cereal Chemistry, 83: 391-401.